Studien- und Übungsbücher der Wirtschafts- und Sozialwissenschaften

Herausgegeben von
Dr. Heiko Burchert
und
Universitätsprofessor Dr. Thomas Hering

Bisher erschienene Werke:

Arens-Fischer · Steinkamp, Betriebswirtschaftslehre
Bechtel, Einführung in die moderne
Finanzbuchführung, 7. Auflage
Berlemann, Allgemeine Volkswirtschaftslehre
Burchert · Hering · Keuper, Kostenrechnung
Burchert · Hering · Keuper, Controlling
Burchert · Hering, Betriebliche Finanzwirtschaft
Burchert · Hering · Rollberg, Produktionswirtschaft
Burchert · Hering · Rollberg, Logistik
Guba · Ostheimer, PC-Praktikum
Keuper, Finanzmanagement
Keuper, Strategisches Management
Koch, Wirtschaftspolitik im Wandel
Koch · Zacharias, Gründungsmanagement

Gründungs-management

mit Aufgaben und Lösungen

Herausgegeben
von

Univ.-Prof. Dr. Lambert T. Koch

und

Prof. Dr. Christoph Zacharias

R. Oldenbourg Verlag München Wien

Die Deutsche Bibliothek - CIP-Einheitsaufnahme

Gründungsmanagement : mit Aufgaben und Lösungen / hrsg. von Lambert T.
Koch und Christoph Zacharias. – München ; Wien : Oldenbourg, 2001
   (Studien- und Übungsbücher der Wirtschafts- und
   Sozialwissenschaften)
   ISBN 3-486-25745-5

© 2001 Oldenbourg Wissenschaftsverlag GmbH
Rosenheimer Straße 145, D-81671 München
Telefon: (089) 45051-0
www.oldenbourg-verlag.de

Gedruckt auf säure- und chlorfreiem Papier
Gesamtherstellung: Druckhaus „Thomas Müntzer" GmbH, Bad Langensalza

ISBN 3-486-25745-5

Geleitwort

von Prof. Dr. Dr. h.c. Norbert Szyperski

Die Anfänge der betriebswirtschaftlichen Gründungsforschung in Deutschland reichen nunmehr 25 Jahre zurück. Gleichwohl ist dieser Gegenstands- und Beobachtungsbereich der wirtschaftswissenschaftlichen Forschung lange Zeit ein Orchideenthema geblieben. Ein Thema, mit dem sich weder Wissenschaft noch Praxis genügend auseinandergesetzt haben, wobei die herausragende Bedeutung der Genese neuer Unternehmen für die wirtschaftliche Entwicklung unbestritten blieb.

Erst in den 90er Jahren zeichnet sich ein Sinneswandel ab. Sowohl Politik als auch Wirtschaft erkennen, dass Gründungsforschung und -lehre ein weitgehend brachliegendes Thema in der deutschsprachigen Wirtschaftswissenschaft darstellen. Diese Erkenntnis nun setzt im Zuge der Diskussion um die Leistungsfähigkeit des Standortes Deutschland entscheidende Kräfte frei: Neben vielfältigen öffentlichen Förderprogrammen zur Steigerung der Gründungtätigkeit ist in jüngerer Zeit auch an deutschen Hochschulen eine wachsende Anzahl von Initiativen und Aktivitäten um die Gründungsthematik herum zu beobachten. Hierzu zählen auch Engagements privatwirtschaftlicher Träger von Stiftungslehrstühlen und Einzelveranstaltungen. Insgesamt gibt es inzwischen fast 30 Gründungslehrstühle an Hochschulen in Deutschland.

Naturgemäß befinden sich somit Gründungsforschung und -lehre als neuer Gegenstandsbereich wirtschaftswissenschaftlicher Erkenntnisgewinnung noch im Aufbau. Es gilt, Strukturen zu entwickeln, Kommunikationsplattformen zu schaffen und eine dauerhafte Etablierung des Faches „Unternehmensgründung" zu sichern. Neben der Integration der z.T. auf die Tradition von Jahrzehnten zurückblickenden ausländischen – insbesondere US-amerikanischen – Forschung, müssen nun auch hierzulande Forschungsgebiete definiert sowie Lehr- und Lernprogramme gestaltet werden.

Das vorliegende Buch widmet sich dem letztgenannten Problemfeld in lobenswerter Weise. Die Herausgeber und Autoren strukturieren das derzeit vorhandene Wissen zum Gründungsmanagement und machen es detailliert – und auch als Einführung für den Laien geeignet - fassbar. Dank der didaktischen Struktur der Textsammlung können Leser sich die Thematik sowohl sequentiell als auch selektiv erarbeiten. Die Aufgabenstellungen samt Lösungshinweisen ermöglichen eine Vertiefung des Stoffes und geben Ansatzpunkte zur Gestaltung von Seminaren und Übungen.

Im Bewusstsein, dass dieses Werk ein wichtiger Schritt auf dem langen Weg zur Etablierung des Faches „Unternehmensgründung" darstellt, wünsche ich allen Lesern großen Nutzen aus der Beschäftigung mit dem dargereichten Wissen.

Vorwort

Nachdem noch bis vor wenigen Jahren keineswegs klar war, ob das Thema „Unternehmensgründung" auch an deutschen Hochschulen einen derartigen Siegeszug antreten würde, wie seinerzeit in den Vereinigten Staaten, zeigt sich hierzulande inzwischen eine Entwicklung, die durchaus hoffen lässt. Berechtigt scheint die Berufung von „Gründungsprofessoren" und die nachfolgende Aufnahme des Themas in die wirtschaftswissenschaftlichen Curricula allemal. Denn die Förderung von Gründungen und Gründungskultur ist im Zuge der Globalisierung zu einem nationalen und daher politischen Anliegen erster Ordnung geworden. Die internationalen Herausforderungen sind hinlänglich bekannt; sie lauten u.a.: Massenarbeitslosigkeit und Armutsbekämpfung auf der einen sowie Technologiewettlauf und Standortwettbewerb auf der anderen Seite.

Aus vielerlei Gründen erhofft man sich in dieser Situation Hilfe auch und gerade von Seiten technologieorientierter KMUs (kleiner und mittlerer Unternehmen) – einer Spezies, die in Deutschland und anderen Staaten keineswegs ausreichend vertreten ist. Nicht zuletzt deshalb macht es Sinn, darüber nachzudenken, wie man potentielle Gründer an Hochschulen und anderen Bildungseinrichtungen adäquat qualifizieren bzw. fit machen kann für einen erfolgreichen Start als Gründerunternehmer in einer Gegenwart, die durch ein hohes Maß an technologischer und ökonomischer Diskontinuität geprägt ist.

An diese Überlegungen schließt das vorliegende Werk an. Denn auch im Kontext von Gründungsqualifizierung scheint es unabdingbar zu sein, Studierenden gute Lehrbücher an die Hand zu geben – ungeachtet verstärkt aufkommender Angebote computergestützten Lernens. „Gut" kann dabei nicht heißen, zweispaltige Tabellen zu verfassen mit einer Problembeschreibung in der ersten und der passenden Lösung in der zweiten Spalte. Dies würde den Anforderungen, die der erwähnte Umweltwandel an eine moderne Gründungsausbildung stellt, nicht gerecht. Je kürzer „Wissenshalbwertszeiten" ausfallen und je ungewisser zugleich ist, welches Faktenwissen die Zukunft abfragt, desto wichtiger wird es, generalisierbares Know-how zu vermitteln. „Generalisierbar" sollte dabei vor allem heißen, dass man neue Situationen im ökonomischen Alltag schnell erfassen und strukturieren kann, um dann über Analogiebildungen aus allgemeinen Lösungsheuristiken eigene spezifische Lösungen zu generieren. Das dahinter stehende Lehrkonzept muss mithin Züge einer „Hilfe zur Selbsthilfe" tragen.

Der so beschriebenen Anforderungen waren sich die Herausgeber des vorliegenden Werkes bewusst. Daher stand im Mittelpunkt das Bemühen, eben nicht vorrangig Faktenwissen zusammenzustellen, sondern jeweils problemorientierte Einführungen zu den wichtigsten gründungsrelevanten Handlungs- und Entscheidungsfeldern zu geben. Um dabei der Schwierigkeit gerecht zu werden, dass Problemorientiertheit kein objektivierbares Kriterium ist, war es ein weiteres Anliegen, über die Auswahl der Autoren möglichst unterschiedliche Perspektiven der Gründungsthematik einzufangen. Wenn deshalb im Gesamtspektrum der Beiträge Heterogenitäten erkennbar sind, ist dies beabsichtigt. Es steht dahinter die Erwartung, dass sich akademische, politische und unternehmerische Sichtweisen, die über die unterschiedlichen Tätigkeitsbereiche der Autoren Eingang gefunden haben, wechselseitig ergänzen. Indem dem Leser Einblicke in die „mental models" nicht nur von „Theoretikern", sondern auch von „Praktikern" gewährt werden, besteht zudem die Chance, noch unmittelbarer Rückschlüsse auf die Logik des realen Gründungsgeschehen zu ziehen und hieraus zu lernen.

Da nach Ansicht der Herausgeber Gründungsqualifizierung vor allem das Ziel verfolgen sollte, die gesellschaftliche Gründungskultur positiv zu beeinflussen, unter anderem als Voraussetzung für tragfähige Start-Ups, will dieses Buch neben potentiellen Gründern weitere Zielgruppen ansprechen: So die zukünftigen Meinungsführer und Entscheidungsträger in Politik und Verbänden, die zum Beispiel die Evolution des gründungsrelevanten Rechts mitbestimmen. Die zukünftigen Manager in größeren Betrieben, die als Intrapreneure auch innerhalb der Strukturen solcher Organisationen Weichen für die Innovationskraft und Anpassungsfähigkeit unserer Wirtschaft stellen. Die Lehrer an Schulen und Weiterbildungseinrichtungen, die in den Heranwachsenden ein Verständnis für die Bedeutung von Gründung und Innovation als Motor der ökonomischen und gesellschaftlichen Entwicklung wecken können. Und schließlich die Berater in Kreditinstituten und entsprechenden Unternehmen, die über ihre Tätigkeit gleichfalls einen wichtigen Einfluss auf die Gründungskultur einer Gesellschaft haben.

In diesem Sinne wünschen die Herausgeber allen Lesern eine Lektüre, die ebenso lohnenswert wie hilfreich im Sinne der je eigenen Qualifizierungsziele sein mag. Allen, die am Zustandekommen des Werkes mitgearbeitet haben, sei sehr herzlich gedankt. Dieser Dank gilt neben den Autoren insbesondere denjenigen, die mit unermüdlichem Fleiß dazu beigetragen haben, das Werk in formaler Hinsicht zu gestalten. Namentlich seien hier Daniel Eissrich, Michaela Funke, Wolfgang Kuhn und Britta Zwiehoff genannt.

Lambert T. Koch und Christoph Zacharias

Inhaltsverzeichnis

Abkürzungsverzeichnis

A

a.a.O.	am angegebenen Ort
Abb.	Abbildung
Abs.	Absatz
AfA	Absetzung für Abnutzung
AFG	Arbeitsförderungsgesetz
AG	Aktiengesellschaft
AGB	Allgemeine Geschäftsbedingungen
AGBG	Gesetz zur Regelung des Rechts der Allgemeinen Geschäftsbedingungen (AGB-Gesetz)
AK	Anschaffungskosten
AktG	Aktiengesetz
AO	Abgabenordnung
APV	Adjusted Present Value
ArbG	Arbeitsgericht
ArbPlSchG	Arbeitsplatzschutzgesetz
ArbSchG	Arbeitsschutzgesetz
ArbSichG	Arbeitssicherheitsgesetz
ArbStättV	Arbeitsstättenverordnung
ArbZG	Arbeitszeitgesetz
ArGe	Arbeitsgemeinschaft
Art.	Artikel
AV	Arbeitslosenversicherung
Az.	Aktenzeichen

B

BAB	Betriebsabrechnungsbogen
BaföG	Bundesgesetz über die individuelle Förderung der Ausbildung
BAG	Bundesarbeitsgericht
BAN	Business Angel-Netzwerk
Bd.	Band
BDSG	Bundesdatenschutzgesetz
BDU	Bundesverband Deutscher Unternehmensberater
BJU	Bundesverband Junger Unternehmer
bes.	besonders
BetrVG	Betriebsverfassungsgesetz
BfA	Bundesversicherungsanstalt für Angestellte
BFH	Bundesfinanzhof
BGB	Bürgerliches Gesetzbuch
BGB-Gesellschaft	Gesellschaft bürgerlichen Rechts
BGH	Bundesgerichtshof
BMA	Bundesministerium für Arbeit und Sozialordnung
bmb+f	Bundesministerium für Bildung und Forschung
BMF	Bundesfinanzministerium
BMWi	Bundesministerium für Wirtschaft und Technologie
BSchuG	Beschäftigungsschutzgesetz
BSG	Bundessozialgericht
Bsp.	Beispiel
bspw.	beispielsweise
BTU	Beteiligungskapital für kleine Technologieunternehmen

BUGH	Bergische Universität Gesamthochschule
BUrlG	Bundesurlaubsgesetz
BUZ	Berufsunfähigkeits-Zusatzversicherung
BVerfG	Bundesverfassungsgericht
BVerwG	Bundesverwaltungsgericht
BVK	Bundesverband Deutscher Kapitalbeteiligungsgesellschaften
bzgl.	bezüglich
bzw.	beziehungsweise

C

CAPM	Capital Asset Pricing Model
CASE	Computer Aided Software-Engineering

D

D	Fremdkapitalquote
DATEV	Datenverarbeitung und Dienstleistung für die steuerberatenden Berufe
DAX	Deutscher Aktienindex
DBMS	Datenbankmanagementsystem
DCF	Discounted Cash Flow
d.h.	das heißt
DIHT	Deutscher Industrie- und Handelstag
DIN	Deutsche Industrienorm
DM	Deutsche Mark
DtA	Deutsche Ausgleichsbank
DV	Datenverarbeitung
DVO	Durchführungsverordnung

E

ebd.	ebenda
EBO	Employee Buy Out
EBS	European Business School
EDV	Elektronische Datenverarbeitung
EFZG	Entgeltfortzahlungsgesetz
eG	eingetragene Genossenschaft
EG	Europäische Gemeinschaft
EIF	Europäischer Investitionsfond
EK	Eigenkapital
EKE	Eigenkapitalergänzungsdarlehen
EKH	Eigenkapital Hilfeprogramm
EKR	Einzelhandelskontenrahmen
EKS	Engpass-konzentrierte Gründungsstrategie
ErbStG	Erbschaftsteuergesetz
ERM	Entity Relationship Model
ESt	Einkommensteuer
EStDV	Einkommensteuer-Durchführungsverordnung
EStG	Einkommensteuergesetz
EStH	Einkommensteuer-Hinweise
EStR	Einkommensteuer-Richtlinien
et al.	et aliter
etc.	et cetera
EU	Europäische Union
EuGH	Europäischer Gerichtshof
EUR	Euro

e.V.	eingetragener Verein
EVCA	European Private Equity and Venture Capital Association
evtl.	eventuell
EW	Einheitswert
EWG	Europäische Wirtschaftsgemeinschaft
EWR	Europäischer Wirtschaftsraum

F

f.	folgende
FA	Finanzamt
ff.	fortfolgende
FG	Finanzgericht
FIFO	First In First Out
FinMin.	Finanzministerium
FinVerw.	Finanzverwaltung
FK	Fremdkapital
FuE	Forschung und Entwicklung
FU	Freie Universität
FUTOUR	Förderung technologieorientierter Unternehmensgründungen in den neuen Bundesländern

G

GATT	General Agreement of Tariffs and Trade (Allgemeines Zoll- und Handelsabkommen)
GbR	Gesellschaft bürgerlichen Rechts
GE	Geldeinheit
gem.	gemäß
GewO	Gewerbeordnung
GewSt	Gewerbesteuer
GewStG	Gewerbesteuergesetz
GG	Grundgesetz der Bundesrepublik Deutschland
ggf.	gegebenenfalls
GH	Gesamthochschule
GK	Gesamtkapital
GKR	Gemeinschaftskontenrahmen
GmbH	Gesellschaft mit beschränkter Haftung
GmbHG	Gesetz betreffend die Gesellschaften mit beschränkter Haftung
GoB	Gesetze ordnungsmäßiger Buchführung
GP	Grenzpreis
GrSt	Grundsteuer
GuV	Gewinn- und Verlustrechnung
GWB	Gesetz gegen Wettbewerbsbeschränkungen
GWG	geringwertige Wirtschaftsgüter

H

H	Hauptsatz
HandwO	Handwerksordnung
HdB	Handbuch
HGB	Handelsgesetzbuch
HIFO	Highest In First Out
HK	Herstellkosten
HR	Handelsregister
Hrsg.	Herausgeber

HWK	Handwerkskammer

I

i	Zins
i.A.	im Allgemeinen
i.d.F.	in der Fassung
i.d.R.	in der Regel
i.e.S.	im engeren Sinne
IfM	Institut für Mittelstandsforschung
IHK	Industrie- und Handelskammer
IKR	Industriekontenrahmen
InvZul	Investitionszulage
IPO	Initial Public Offering
i.S.	im Sinne
i.S.d.	im Sinne des / der
i.S.e.	im Sinne eines
IT	Informationstechnik
i.w.S.	im weiteren Sinn

J

JArbSchG	Jugendarbeitsschutzgesetz
Jg.	Jahrgang

K

Kap.	Kapitel
KapESt	Kapitalertragsteuer
KapGes	Kapitalgesellschaft
KEF	kritische Erfolgsfaktoren
KfW	Kreditanstalt für Wiederaufbau
Kfz	Kraftfahrzeug
KG	Kommanditgesellschaft
KGaA	Kommanditgesellschaft auf Aktien
KiSt	Kirchensteuer
KMU	Kleine und mittlere Unternehmen
KO	Konkursordnung
KSchG	Kündigungsschutzgesetz
KSt	Körperschaftsteuer
KV	Krankenversicherung

L

LBO	Leveraged Buy Out
LG	Landgericht
LIFO	Last In First Out
LKW	Lastkraftwagen
LOFO	Lowest In First Out
LohnfortzG	Lohnfortzahlungsgesetz
LSt	Lohnsteuer
lt.	laut
LuF	Land- und Forstwirtschaft
LVA	Landesversicherungsanstalt

M

max.	maximal
MBI	Management Buy In
MBO	Management Buy Out
Mio.	Million
MM-Theorem	Modigliani-Miller-Theorem
Mrd.	Milliarden
mtl.	monatlich
MuSchG	Mutterschutzgesetz
MWSt	Mehrwertsteuer

N

NachweisG	Nachweisgesetz
NEMAX	Neuer Marktindex
Nr.	Nummer
NRW	Nordrhein-Westfalen

O

OECD	Organisation für wirtschaftliche Zusammenarbeit und Entwicklung
o.g.	oben genannt
oHG	offene Handelsgesellschaft
o.J.	ohne Jahresangabe
OLAP	OnLine Analytical Processing
OLG	Oberlandesgericht
OP	Operation
orig.	original
OSEN	Offenes IT-gestütztes Entscheidungsnetzwerk
o.V.	ohne Verfasser
OVG	Oberverwaltungsgericht

P

p	Wahrscheinlichkeit
p.a.	pro anno (für das Jahr, jährlich)
PartG	Partnerschaftsgesellschaft
PatG	Patentgesetz
PC	Personal Computer
Pkw	Personenkraftwagen
PR	Public Relations
Präs.	Präsident

Q

qm	Quadratmeter

R

RA	Rechtsanwalt
rd.	rund
Rev.	Revision
Rspr.	Rechtsprechung
RV	Rentenversicherung

S

S.	Seite

SÄ	Sicherheitsäquivalent
Schr.	Schreiben
SES	Senior Experten Service
SGB	Sozialgesetzbuch
SKR	Spezialkontenrahmen
sog.	sogenannt
SolZ	Solidaritätszuschlag
Sp.	Spalte
StB	Steuerberater
StGB	Strafgesetzbuch
SWOT	Strengths-Weakness-Opportunities-Threats

T

t	Zeit
T	Tausend
Tab.	Tabelle
tbg	Technologiebeteiligungsgesellschaft
TDM	Tausend Deutsche Mark
TS	Tax Shield
TU	Technologieunternehmen
TVG	Tarifvertragsgesetz

U

u.a.	und andere
u.ä.	und ähnliches
UBG	Unternehmensbeteiligungsgesellschaft
UDM	Unternehmensdatenmodell
UK	United Kingdom
Umw	Umwandlung
UmwG	Umwandlungsgesetz
UrhG	Urheberrechtsgesetz
USA	United States of America
USt	Umsatzsteuer
UStG	Umsatzsteuergesetz
usw.	und so weiter
u.U.	unter Umständen
u.v.m.	und vieles mehr
UWG	Gesetz gegen den unlauteren Wettbewerb

V

VC	Venture Capital
VCG	Venture Capital Gesellschaft
Verf.	Verfasser
vgl.	vergleiche
VGR	Volkswirtschaftliche Gesamtrechnung
v.H.	vom Hundert
VO	Verordnung
VStG	Vermögensteuergesetz
v.T.	vom Tausend
VuV	Vermietung und Verpachtung
VwL	Vermögenswirksame Leistungen
VZ	Veranlagungszeitraum

W

WACC	Weighted Average Cost of Capital
WG	Wirtschaftsgut
Wj.	Wirtschaftsjahr
WK	Werbungskosten
WP	Wirtschaftsprüfer

Z

z	Risikozuschlag
z.B.	zum Beispiel
ZDG	Zivildienstgesetz
ZÜ	Zahlungsüberschüsse
z.T.	zum Teil

Teil 1: Einordnung des Gründungsphänomens

I Unternehmensgründung als Motor der wirtschaftlichen Entwicklung

Lambert T. Koch

1 Die historische Dimension

Die Bedeutung des Gründungsphänomens für die Entwicklung und den Wohlstand von Wirtschaftssystemen ist in der Vergangenheit schon vielfach, teils auch kontrovers, diskutiert worden. Namentlich die Person des gründenden Unternehmers avancierte zum Mittelpunkt zahlreicher Untersuchungen. Bei Tillich beispielsweise erscheint der Gründer als „dämonische Figur", die gleichermaßen ein *schöpferisches, wie ein zerstörerisches Element* in sich trägt (Schäfer 1972, S. 9) – ein Bild, das auf zwei zentrale Funktionen des Entrepreneurs abhebt: Einerseits auf den Kreator von Neuem, der im Zuge der Industrialisierung die materiellen Voraussetzungen für die Verbreitung mannigfaltigster (Kultur-)Güter schafft und so ganze Lebenswelten verändert; andererseits auf den „Destrukteur", der durch seine Innovativkraft dazu beiträgt, dass Bewährtes obsolet wird, Märkte niedergehen und noch so verdientes Wissen einer schleichenden Entwertung anheim fällt.

Dass unternehmerische Kreativkraft immer schon die wirtschaftliche Entwicklung geprägt hat, zeigt sich etwa im Kontext der sogenannten *Transportkostenrevolution*, die maßgeblich zur Beschleunigung des europäischen Industrialisierungsprozesses beitragen sollte. Anfang des 19. Jahrhunderts bricht sie in eine Zeit hinein, in der „die Schiffsreisen kein Ende nehmen und der Landtransport wie gelähmt ist" (Braudel 1990, Bd. 1, S. 452). Schlammige, weitgehend ungeebnete Pisten müssen vorrangig mit Ochsen- und Pferdegespannen bewältigt werden und die Post als wichtigstes öffentliches Transportmittel ist wochen- wenn nicht gar monatelang unterwegs, was selbst die einfachsten zwischenmenschlichen Kontakte in höchstem Maße erschwert.

Motor der besagten „Revolution" sind findige *Ingenieure und Gründerunternehmer*, die das gesellschaftliche Leben tiefgreifend ändern, indem sie mit ihren Erfindungen den Menschen bis dahin ungeahnte Möglichkeiten der Fortbewegung er-

öffnen. Einer von ihnen ist August Borsig, später Chef eines Weltkonzerns, der seine Karriere als Maschinenbauer im eigenen Ein-Mann-Betrieb beginnt und ebendort
auch seine erste Lokomotive baut. Die gesellschaftliche Skepsis gegenüber dieser
Erfindung und ihren Möglichkeiten ist zuerst groß und Kapitalgeber sind rar. Doch
Borsig zeigt sich von all dem unbeeindruckt, was zur Folge hat, dass bereits nach
wenigen Jahren eine wahre Auftragsflut ein rasantes Unternehmenswachstum bewirkt. Erfindungen, wie die seinige, die von ähnlichen „Revolutionen" in anderen
Branchen begleitet werden, lassen nunmehr die wirtschaftlich lähmende Wirkung
unzureichender Transport- und Kommunikationsmittel in riesigen Schritten abnehmen. Eisenbahn- und Dampfschiffverbindungen sowie die Vernetzung über Fern-
schreiber und Telefone fördern die Ausdehnung auch solcher Märkte, die bis dahin
engen räumlichen Begrenzungen unterworfen waren. Das Gewicht des Verkehrssektors in den sich industrialisierenden Ländern Europas wächst mit hoher Geschwindigkeit und in Deutschland zum Beispiel nimmt die durchschnittliche jährliche Wertschöpfung des Verkehrssektors zwischen 1850 und 1913 inflationsbereinigt
von 84 Millionen auf 2.896 Millionen Mark zu (Mieck 1993, S. 107).

Dieses historische Beispiel steht zu Beginn, da es vor Augen führen soll, welche
enorme Bedeutung dem Wirken von Gründerunternehmern im Rahmen der wirtschaftlichen und gesellschaftlichen Entwicklung innewohnen kann. Deshalb wird im
Folgeabschnitt auch zunächst untersucht, welche Mechanismen generell dazu führen, dass in Wirtschaftssubjekten innovative Kräfte freigesetzt werden, die solch einen strukturellen Wandel bewirken können. Anschließend geht es dann vertiefend
um die gesamtwirtschaftlichen Wirkungen des Gründungsgeschehens, während als
Ausblick die wirtschaftspolitischen Implikationen der darzulegenden Zusammenhänge beleuchtet werden sollen.

2   Märkte als Ursache und Resultat unternehmerischer Kreativkraft
2.1   Untersuchungsebenen

Unternehmer, Unternehmen und Märkte sind die alles überragenden Teilphänomene
moderner Wirtschaftssysteme. Der Schlüssel zum Verständnis des Funktionierens
von Marktwirtschaften ist dabei die Einsicht, dass sich die Existenz von Unternehmen und Märkten wechselseitig bedingt: Entweder entstehen *neue Märkte*, dadurch
dass Gründerunternehmer mit einer marktkonstituierenden Innovation an die Öffentlichkeit treten – dies ist der in der Realität seltener anzutreffende Fall – oder es
erfolgen Gründungen in *bestehende Märkte* hinein. Ausschlaggebend für letzteres
kann eine günstige Nachfragesituation sein; es kann dahinter aber auch die Hoffnung auf Positionierungsvorteile durch *Produktdifferenzierung* oder ein überlegenes
Herstellungsverfahren stehen.
    Welche Gründungsstrategien jeweils gewählt werden, hängt von einer ganzen
Reihe von Faktoren ab, die sich vereinfachend drei Ebenen zuordnen lassen. Auf der
Individualebene geht es um solche Einflüsse, die sich an der Gründerperson selbst
festmachen lassen (typische Eigenschaften, Verhaltenscharakteristika, demographi-
sche Merkmale etc.). Sie werden im vorliegenden Lehrbuch im Wesentlichen zu Be-

ginn des zweiten Teiles zu behandeln sein (siehe Teil 2, Kapitel I.1 / I.2). Auf der *Marktebene* hingegen geht es um Faktoren, die die Wechselbeziehungen zwischen marktlicher Situation (z.b. Produkteigenschaften, Alter des Marktes, Anzahl der Wettbewerber) und unternehmerischer Aktion betreffen. Die *Systemebene* schließlich umfasst die ökonomischen, politischen, kulturellen und institutionellen Rahmenbedingungen des Gründungsgeschehens.

2.2   Evolutorische Markttheorie als Erklärungsrahmen

Wie sich allgemein der Anreiz zu innovativem Handeln – einschließlich der Gründung neuer Unternehmen – aus ökonomischem Interagieren ergibt, versucht die *evolutorische Markt- und Wettbewerbstheorie* zu erklären, die die drei gerade unterschiedenen Untersuchungsebenen zusammenführt. Maßgeblich beeinflusst von Arbeiten Clarks (1940), Arndts (1952) und Heuß (1965) hat sie sich in den vergangenen Jahrzehnten zu einem eigenständigen, der Schumpeterschen Tradition verpflichteten Ansatz entwickelt. Zuvor dominierten klassische und neoklassische Erklärungsversuche: Adam Smith etwa rückte zunächst die freie Konkurrenz auf offenen Märkten in den Mittelpunkt nationalökonomischen Interesses. Angesichts der Realität heterogener Märkte, oligo- und monopolistischer Marktstrukturen sowie mangelnder marktlicher Selbstregulierung folgten jedoch schon bald zahlreiche Differenzierungen: Sraffa (1926), Chamberlin (1933) und Robinson (1933) beispielsweise stehen für eine Linie, die sich namentlich mit den Ursachen und Folgen des Ausbleibens der Smithschen Idealwelt marktlicher Interaktion beschäftigt.

Die für uns wesentliche Erweiterung der überkommenen Sicht von Markt und Wettbewerb ist jedoch erst mit der konsequenten Hinwendung zum *methodologischen Individualismus* zu konstatieren: Zwar hatte auch schon Smith erkannt, dass bestimmte Wesenszüge des handelnden Individuums von Bedeutung für die Funktionsfähigkeit von Märkten sind; dennoch sah er das Subjekt letztlich als willenlos eingespannt in den objektiven Mechanismus einer höheren Funktionslogik. Die überragende Bedeutung der *individuell-kreativen Bewegkraft* menschlichen Agierens bringt erst Schumpeter mit seinem Unternehmerkonzept in die ökonomische Diskussion (Schumpeter 1911, S. 110 ff.). Heute weiß man, dass es für die erfolgreiche Umsetzung neuer Ideen und Güter zum einen der *kognitiven* Fähigkeit bedarf, Neues überhaupt erkennen zu können; sie kann bis zu einem gewissen Grad als anthropologische Grundkonstante angesehen werden (Hesse 1990). Zum anderen unterstreicht man die Relevanz einer *motivationalen* Komponente, die letztlich dafür verantwortlich ist, wie die Umsetzungschancen eingeschätzt werden und in welchem Maße eine Idee in der Folge tatsächlich realisiert wird. Hier kommen gleichermaßen intrinsische wie umgebungsbedingte Restriktionen zum Tragen, die im Folgeabschnitt zu thematisieren sein werden.

2.3   Zur Logik von Marktprozessen

Ausgangspunkt für diesen Abschnitt ist die zuletzt erwähnte Annahme, dass das menschliche Gehirn die grundsätzliche *Möglichkeit* eröffnet, innovativ zu handeln, während im Marktprozess *Bedingungen* hinzukommen, die gegebenenfalls die Möglichkeit zur Realität werden lassen. Wie aber müssen diese Bedingungen beschaffen sein, damit sich die Motivation zur Hervorbringung neuer Güter und Dienste, zur Entwicklung neuer Produktionsverfahren oder zur Gründung neuer Unternehmen erhöht? Betrachten wir dafür zunächst das *Aktionsparameterspektrum*, mit dem Unternehmen in einem bestehenden Markt relative Wettbewerbsvorteile zu erlangen suchen (siehe auch Hesse / Koch 1997, S. 511 ff.). Zu nennen sind hier unter anderem Preis, Menge, Qualität, Stückkosten sowie Produkt- und Verfahrensinnovationen. Nehmen wir weiterhin vereinfachend an, in einer Situation gäbe es zur Erlangung von Wettbewerbsvorteilen nur die beiden Strategieoptionen: Variation des Preises eines gegebenen Produktes oder Einführung eines neuen Produktes. Zudem sei ein Markt gegeben, auf dem sich die Anbieter nach einiger Zeit soweit kennen, dass sie die Reaktion der Nachfrager auf Preisänderungen abschätzen können. Versuchte nun in dieser Situation einer der Anbieter, sich über eine relative Preissenkung Wettbewerbsvorteile vor seinen Konkurrenten zu verschaffen, so wäre dies – selbst wenn es verdeckt, zum Beispiel über Preisnachlässe, geschehen würde – von jenen sehr schnell zu entdecken und über eigene Preissenkungen zu neutralisieren. Genau deshalb gewinnt die andere Option an Bedeutung: Wird nämlich versucht, über eine Produktinnovation Vorteile zu erlangen, sieht die Lage in der Regel deutlich günstiger aus. Zum einen können die Konkurrenten Produktinnovationen nicht so einfach und schnell wie Preisänderungen nachahmen; zum anderen sind die Folgen derartiger Innovationen wesentlich schwerer abschätzbar als diejenigen von Preisänderungen auf etablierten Märkten, so dass der Innovator auch von dieser Seite her nicht mit einer quasi-automatischen Imitation seines Verhaltens rechnen muss.

Vor diesem Hintergrund erscheint es nur konsequent, wenn Akteure nach Möglichkeit Innovationen dem Einsatz anderer verfügbarer Aktionsparameter zur Erlangung relativer Positionsverbesserungen vorziehen. Je nach Neuheitsgrad resultierender Produktinnovationen kann dieses Verhalten zugleich die Entstehung neuer zusammen mit der Stagnation oder dem Niedergang bestehender Märkte erklären helfen. Dabei erfolgt das *Entstehen und Vergehen von Märkten* in vielen Fällen zyklisch, wie es etwa von Heuß unterstellt wird, der vier *Marktphasen* unterscheidet (Heuß 1965, S. 14 ff.): In der ersten, der sogenannten *Experimentierungsphase* tritt im Zusammenhang mit intensiven Forschungs- und Entwicklungsaufwendungen das den Markt konstituierende neue Produkt erstmals auf den Plan. In der *Expansionsphase* (Phase 2) gewinnt das Produkt volkswirtschaftliche Relevanz. In der *Ausreifungsphase* (Phase 3) sinken dann die relativen Wachstumsraten des Marktes wieder und in der *Stagnationsphase* (Phase 4a) bewegt sich das Produkt höchstens noch im Durchschnitt der volkswirtschaftlichen Wachstumsrate *oder* aber verliert in einer *Rückbildungsphase* (Phase 4b) wieder an ökonomischer Relevanz.

Dass die Position eines Unternehmens in einem neuen Markt keineswegs gesichert ist, belegen empirische Untersuchungen von Gort und Klepper (1982). Diese weisen nach, dass im Durchschnitt ca. 50% der in den mittleren Phasen in einem Markt befindlichen Unternehmen später wieder verdrängt werden. Die Akteure müssen daher ständig größte Anstrengungen unternehmen, um mittels produkt-, verfahrens- und kapazitätspolitischer Maßnahmen im Wettbewerb bestehen zu können. Wenn im Laufe der Marktentwicklung keine bedeutenden Produkt- und Verfahrensänderungen mehr möglich sind, gewinnt der Preis als Aktionsparameter eine immer größere Bedeutung – mit der Folge, dass der Anreiz, dem entstehenden Preiswettbewerb durch Innovationen auf anderen Gebieten auszuweichen, zunimmt. Auf diese Weise resultiert gewissermaßen automatisch eine hohe Innovationsrate und somit ein hohes Wandlungstempo des Güterraumes.

Die Richtung des so beschriebenen Wandels ist einerseits eine Resultierende aus den jeweiligen technologischen und organisatorischen Möglichkeiten der *Unternehmen* (technology-push), andererseits aus dem Verhalten der *Nachfrager* (demand-pull). Das heißt, auch die Konsumentenseite liefert Gründe für die Diffusion neuer Güter. Ein in diesem Zusammenhang oftmals erwähntes Phänomen ist der sogenannte „Häufigkeitsabhängigkeitseffekt", der den Mechanismus einer Selbstverstärkung oder positiven Rückkoppelung beschreibt (Witt 1994). Danach hängt, vereinfachend ausgedrückt, die Wahrscheinlichkeit für den Erwerb eines neuen Produktes auch von der bisherigen Zahl der Käufer ab – etwa in Folge des Wunsches, mit anderen mithalten zu wollen, oder weil mit der Zahl seiner Konsumenten auch das Vertrauen in die Zuverlässigkeit eines Produktes steigt.

2.4   Unternehmensgründung als Form des Markteintritts

Inwieweit Innovationsanreize, die sich aus der gerade beschriebenen Evolution von Märkten ergeben, nicht nur zu Produkt- und Verfahrensinnovationen, sondern auch zur Gründung *neuer Unternehmen* führen, hängt von Faktoren ab, die zum Teil jenseits marktlicher Zusammenhänge liegen. Trotzdem ist die Aussicht darauf, dass Innovatoren genauso wie flexiblen Imitatoren auf jungen Märkten hohe Zusatzrenditen zufließen, nicht nur für Intrapreneure, sondern auch für Entrepreneure ein entscheidendes Motiv. Während Intrapreneure ihre Innovativkraft innerhalb bereits bestehender Unternehmen entfalten, geschieht dies bei Entrepreneuren typischerweise im Rahmen einer Unternehmensgründung.

Häufig ist die *Gründung eines eigenen Betriebes* unter anderem deshalb der bevorzugte Weg, in einem neuen Markt aktiv zu werden, weil Akteure die Chance, ihre innovativen Ideen in einer *bestehenden Organisation* umzusetzen, als geringer einstufen. Offenbar begünstigen junge, dynamische Organisationsstrukturen die Genese innovativer Produkte und Verfahren. Hier dürfte unter anderem eine Rolle spielen, dass die erfolgreiche Umsetzung von Neuem von allen Mitgliedern einer Organisation Fähigkeiten erfordert, die in älteren, größeren Unternehmen bisweilen (intendiert oder unintendiert) unterdrückt werden. Ein förderliches *Innovationsklima* verlangt insbesondere ein gemeinsames Problembewusstsein aller Akteure, Flexibilität der Entscheidungen, Anpassungsfähigkeit im Wandel und eine möglichst hierarchiefreie Kommunikation. Unternehmen, in denen diese Merkmale ausgeprägt anzutreffen sind, werden auch als *lernende Organisationen* bezeichnet (Little 1997).

Eine Ausweitung der Betrachtung auf den *Makrokontext* unternehmerischen Handelns führt jedoch zu weiteren wichtigen Argumenten, die helfen, die heute beobachtbare Zunahme innovativer Unternehmensgründungen zu erklären (empirische Belege siehe DtA 1998, S. 3 ff.). In den Blick zu nehmen ist insbesondere die technologische Entwicklung, die Hand in Hand geht mit einem tiefgreifenden Strukturwandel der Rahmenbedingungen ökonomischen Interagierens. So bewirkt die anhaltende Transport- und Kommunikationskostenreduktion eine immer engmaschigere Vernetzung der Weltwirtschaft. Dabei wird das Zusammenwachsen der Märkte von einer Beschleunigung relevanter Produktions- und Tauschprozesse einerseits sowie Markt- und Produktzyklen andererseits begleitet. Dies wiederum begünstigt die Tertiarisierung der Wirtschaft: Die Arbeitsintensität der Produktion sinkt, die Wissensintensität steigt; zunehmend komplexe Produkte erfordern integrierte Produkt-Service-Lösungen; dem Wegfall von Arbeitsplätzen in den traditionellen Sektoren steht die Schaffung neuer Jobs in der sogenannten „New Economy" gegenüber.

Dass diese Entwicklung die Entstehung von kleineren und mittleren Unternehmen (KMU) begünstigt, ist offensichtlich. Denn die Beschleunigung nahezu aller ökonomischen Prozesse bei gleichzeitiger Ausdehnung des ökonomisch relevanten Raumes erfordert zunehmend *flexible Leistungseinheiten* (Smart Companies), die sich zeitpunktgerecht zu *projektbezogenen Wertschöpfungsketten* zusammenschließen können – je nach Abgrenzung und Leistungsbezug lässt sich auch von virtuellen Konzernen sprechen. Genau diese Flexibilität und Dynamik bieten jedoch, wie zuvor gezeigt, vor allem junge technologieorientierte Unternehmer und Unternehmen. Noch nicht erwähnt wurden dabei Wettbewerbsvorteile, die sich unmittelbar aus der zunehmenden Relevanz moderner Informations- und Kommunikationstechnologien (IT) für den Unternehmensalltag ergeben. Hier lassen sich drei Bereiche unterscheiden, in deren Kontext sich diese Vorteile bemerkbar machen (Zillessen / Dörner 2000).

Der erste Bereich kann mit dem Begriff „Customer Interaction" beschrieben werden und stellt auf die technologiegetriebene Verstärkung der Kundenbindung ab. Dabei muss die Möglichkeit, Kunden zunehmend individueller – etwa über Call Center oder das Internet – zu betreuen und im Direktvertrieb zu bedienen, als *Wettbewerbsparameter* begriffen werden. Indem sich nämlich solche neuen Optionen eröffnen, werden sie auch genutzt, so dass für etablierte Unternehmen nun der Zwang erwächst, ebenfalls einzusteigen, um nicht an Boden zu verlieren. Die damit verbundenen Umstellungen kommen jedoch nicht selten einer internen Revolution gleich. Denn während Newcomer die Chance haben, ihre Organisationsstrukturen von Beginn an entsprechend einzurichten, werden ältere Konkurrenten im internen Kampf gegen personelle und materielle Widerstände bisweilen an den Rand des Machbaren gedrängt.

Ähnliches lässt sich aus wettbewerbstheoretischer Sicht mit Blick auf den zweiten Bereich sagen: „Supply Chain Integration" meint die Fähigkeit, virtuelle Geschäfte tätigen zu können, was bedeutet, „physische Interaktion mit dem Kunden in Gänze durch elektronische zu substituieren, oder durch informationstechnologische

Integration mehrere Unternehmen zu einem neuen, virtuellen zu verbinden (Zilles-sen / Dömer 2000, S. 14). „Knowledge Leverage" als dritter Bereich verweist schließlich auf die Notwendigkeit, auf der Mitarbeiter- und Systembetreuungsebene die ständige Versorgung mit Erfahrungswissen höchster Qualität und Zeitpunktnähe zu gewährleisten. Ein solcher netzwerkgestützter Know-how-Transfer wird ange-sichts der immer höheren technologischen Anforderungen bei zugleich sinkenden Wissenshalbwertszeiten zu einem Grunderfordernis an Geschäftssysteme im „Wis-sens-Zeitalter". Auch hier lässt sich ableiten, dass für etablierte Wettbewerber größte Anstrengungen notwendig werden, um bei der Einführung komplexer Systeme des *Knowledge Managements* mit jungen Technologieunternehmen konkurrieren zu können.

Zusammenfassend ist festzuhalten, dass mit der fortschreitenden, technologiegetrie-benen Tertiarisierung unserer modernen Wirtschaftssysteme gerade kleinen und mittleren Unternehmen (KMU) in mancherlei Hinsicht relative Wettbewerbsvorteile gegenüber etablierten Großunternehmen erwachsen. Neben der „echten" Neugrün-dung gewinnen dabei auch andere Spielarten des Wandels industrieller Produktions-strukturen – vor allem über das Outsourcing von Dienstleistungsfunktionen – an Relevanz: so beispielsweise der Management-Buy-Out (MBO), Management-Buy-In (MBI), Spin-off oder auch Split-off (siehe hierzu auch Teil 2, Kapitel III.1).

3   Wirkungen innovativer Unternehmensgründungen
3.1 Langfristiger Strukturwandel

Der vorangegangene Abschnitt hat unter anderem gezeigt, dass im Wandel der tech-nologischen und ökonomischen Voraussetzungen einer globalen Umwelt, die Chan-cen für innovative Unternehmensgründungen im Wachsen begriffen sind. In diesem Abschnitt soll nun die umgekehrte Perspektive gewählt werden, indem nach den *Wirkungen* solcher Gründungen gefragt wird. Dabei zeigt sich eine wechselseitige Abhängigkeit: So, wie der heute beobachtbare Wandel innovative, technologieorien-tierte Gründungen begünstigt, verstärken im Gegenzug solche Start-Ups ebendiesen Wandel.

Dass es „Gründerzeiten" mit einer besonderen Entwicklungsdynamik schon in vergangenen Tagen gegeben hat, ist bereits angeklungen. So spricht aus historischen Perspektive vieles dafür, dass Schumpeter recht hatte, wenn er wirtschaftliche Ent-wicklung in verschiedenen, sich überlagernden Zyklen beschreibt (Schumpeter 1939). Als längste dieser Wellenbewegungen stellt er hierbei die *Kondratieffzyklen* heraus, die gemäß ihrem Entdecker Kondratieff (1926) fünfzig bis sechzig Jahre dauern und durch bestimmte Basisinnovationen, wie sie etwa am Anfang der indus-triellen Revolution standen, ausgelöst werden. Als *Basisinnovationen* können rück-blickend etwa die Erfindungen der Dampfmaschine, des maschinellen Webstuhls oder auch des elektrischen Lichts angesehen werden (siehe folgende Abbildung). Ih-re besondere *Entwicklungsrelevanz* verdanken sie zahllosen Folgeinnovationen, komplementären und substitutiven, über die es zu einer Ausbreitung des anfängli-chen Technologieimpulses kommt, die tendenziell wellenförmig verläuft. Während die Zeit im Anschluss an eine Basisinnovation besonders reich an Chancen für technologisch anspruchsvolle Gründungen ist, nimmt dieser Effekt in der Folge wieder ab, bis dann ein neuer Impuls einen neuen Prozess anstößt.

Bei einer solchen Betrachtungsweise darf allerdings nicht übersehen werden, dass es sich bei derartigen Wellenbewegungen keineswegs um repetitive Prozesse handelt. Sie sind viel mehr durch einen *irreversiblen Wandel* gekennzeichnet, der die Existenzbedingungen der jeweiligen Akteure tiefgreifend und in alle Lebensbereiche hinein verändert. Hauptmerkmal dieses Wandels ist das ständige Auftreten neuer Probleme, die nach immer neuen Problemlösungen verlangen. Genau dies ist zugleich der entscheidende Antrieb des oben beschriebenen Wettbewerbs auf Märkten, in dem es stets um die Konkurrenz alternativer Problemlösungen vor dem Hintergrund sich wandelnder Anforderungen geht.

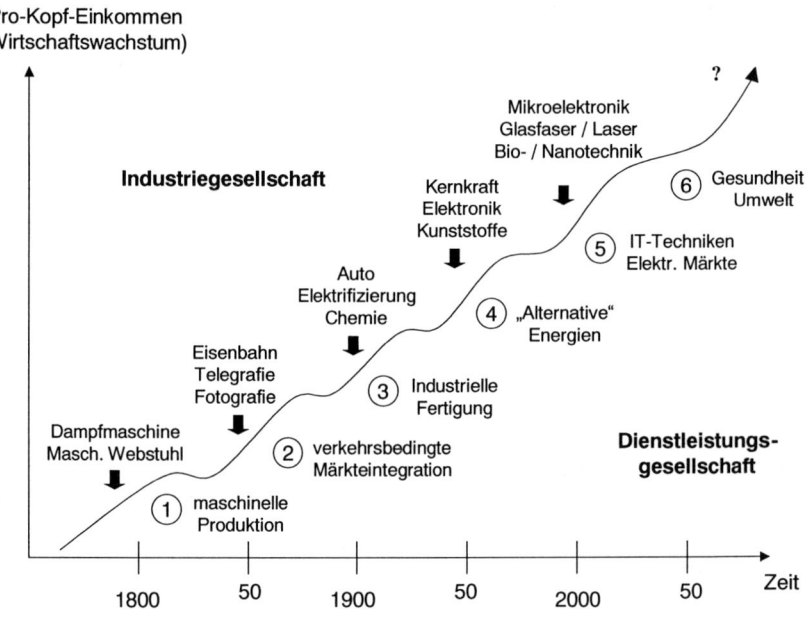

Abbildung 1: Kondratieff-Zyklen der Weltkonjunktur – stilisiert
(nach Zahn 1998, S. 3)

3.2   Gründung und volkswirtschaftlicher Wohlstand

Ohne an dieser Stelle auf die Problematik einer Definition des Wohlstandsbegriffes einzugehen (siehe hierzu Koch 2000b), zeigt sich in dem zuletzt beschriebenen Zusammenhang doch eine zentrale *wohlstandsrelevante* Wirkung von Unternehmensgründungen. Wichtig für ihr Verständnis ist dabei die evolutorische Sicht, aus der heraus Innovationen – als der Versuch, wahrgenommene Problemstellungen mit neuen Problemlösungen anzugehen – eine hohe gesellschaftliche Bedeutung erlangen. Gesellschaftliche und ökonomische Problemstellungen, die ständig neuer Lösungen bedürfen, ergeben sich gerade im Zuge der Globalisierung in wachsendem Ausmaß; exemplarisch sei nur auf Probleme der Ressourcenknappheit, der Überbevölkerung, der Klimaveränderung oder der Verkehrsbewältigung verwiesen. Daher stellt ein Wettbewerbskontext, aus dem heraus neuartige Problemlösungen zusammen mit innovativen Organisationsstrukturen hervorgehen, heute mehr denn je einen entscheidenden Mechanismus zum „Evolutionserfolg" soziokultureller Systeme dar. Auch *innovationsorientierte Unternehmensgründungen* erhöhen in diesem Sinne die Anpassungsflexibilität volkswirtschaftlicher Strukturen, die notwendig ist, will man den sich stellenden Problemen rechtzeitig begegnen. Dass dabei im globalen Kontext Volkswirtschaften als konkurrierende Standorte stets auch in einem gewissen Verdrängungswettbewerb untereinander stehen, soll an dieser Stelle nicht vertieft werden. Zweifellos jedoch kommt es aus dieser Sicht zusätzlich auf die relative Qualität der Gründungskultur in einem Land an. Denn es fällt in hohem Maße ins Gewicht, von welchem Standort aus wertschöpfungsrelevante Problemlösungen ihre wettbewerbliche Wirkkraft entfalten, sind doch – wie gezeigt wurde – am Anfang eines Markt- oder Produktzyklus' die höchsten Renditen zu erwarten.

Zu der soeben erläuterten Strukturanpassungswirkung, die zu den wichtigsten Gründungsfolgen zu zählen ist, gesellen sich nun weitere wohlstandswirksame Effekte hinzu (siehe nächste Abbildung).

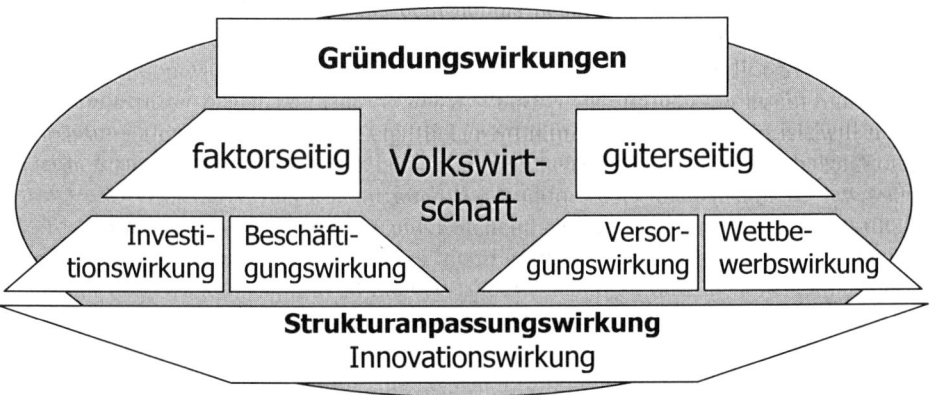

Abbildung 2: Wohlstandsrelevante Gründungswirkungen

Hierbei erscheint es hilfreich, zwischen *faktor-* und *güterseitigen* Wirkungen zu unterscheiden. Auf der Faktorseite steht zunächst die *Investitionswirkung*, womit die Möglichkeit angesprochen ist, dass mit einer Gründung dem Faktor Kapital neue, gegebenenfalls effizientere Investitionsmöglichkeiten geboten werden. In engem Zusammenhang mit der Investitionswirkung steht die *Beschäftigungswirkung*. Denn mit der Gründung eines Unternehmens und der damit verbundenen Akkumulation von Kapital ist in den meisten Fällen die Schaffung von Arbeitsplätzen verbunden.

Inwiefern solche Arbeitsplätze aus volkswirtschaftlicher Sicht tatsächlich *neu* sind, hängt mit der Art der Gründung zusammen. Handelt es sich um eine Aus- oder Umgründung wird der Netto-Arbeitsmarkt-Effekt häufig eher gering ausfallen. Ähnliches gilt für Gründungen, die zu einem *Verdrängungswettbewerb* führen. Sie kommen vor allem in schrumpfenden Branchen, in späten Marktphasen und / oder in überbesetzten Marktgebieten vor. Im innovationsgetriebenen Wettbewerb auf Wachstumsmärkten hingegen ist die Wahrscheinlichkeit für wohlstandserhöhende Arbeits- und Kapitalmarkteffekte deutlich höher.

Die Bedeutung kleinerer und mittlerer Unternehmen vor allem für den Arbeitsmarkt ist *empirisch* belegt (siehe etwa de Soto 1998, S. 44 ff.). So waren die neunziger Jahre durch ein relatives Wachstum der Anzahl von Betrieben der unteren Größenklassen zusammen mit einem *Anstieg der darin Beschäftigten* gekennzeichnet. In diesem Kontext wurde bereits erwähnt, dass insbesondere der als Tertiarisierung bezeichnete Strukturwandel in modernen Volkswirtschaften für solcherlei Veränderungen der Betriebsgrößenverteilung ausschlaggebend zu sein scheint. Als wachstumsstark fallen zum einen kleinbetriebliche Leistungen in arbeitsintensiven Tätigkeitsbereichen wie Reparatur, Installation, Wartung und Pflege ins Gewicht, die eine hohe Resistenz gegenüber Rationalisierung und Auslandsverlagerung aufweisen. Zum anderen ist eine relative Zunahme humankapitalintensiver Gründungen in technologieorientierten Branchen wie Information und Kommunikation, Medientechnik, Feinmechanik, Optik sowie Mess- und Regeltechnik zu verzeichnen (Leicht / Strohmeyer, 1998; DtA 1998).
   Diese Branchenunterscheidung führt uns zu einer weiteren Wirkungskategorie, die unmittelbar aus dem Aufkommen neuer Branchen bzw. Güter und Technologien resultiert. Hierzu ist davon auszugehen, dass der Nutzen Einzelner auch durch eine größere Vielfalt an Alternativprodukten sowie durch neue Güter, die Bedürfnisse (subjektiv) besser befriedigen, erhöht wird. Es soll daher, beide Teileffekte zusammenfassend, von *Versorgungswirkung* gesprochen werden. Als weitere güterseitige Wirkung ist schließlich die *Wettbewerbswirkung* zu nennen. Der Gründung neuer Unternehmen kommt nämlich stets auch eine Korrektivfunktion zu, indem etablierte Konkurrenten zu mehr Effizienz, zu wirksamerer Kostenkontrolle, zu Preisreduktionen und schließlich zu einer ständigen Aktualisierung ihrer Angebotspalette in Verbindung mit erhöhten Forschungs- und Entwicklungsbemühungen gezwungen werden.

Zu den Wirkungen, die sowohl auf der Güter- wie auf der Faktorseite relevant sind, gehört neben der Strukturanpassungswirkung die Innovationswirkung. Denn der Erfindung und Einführung neuer sowie Modifikation etablierter Produkte (Produktdifferenzierung) stehen Innovationen im Bereich der Herstellung gegenüber. Dazu zählen etwa Lernkurveneffekte, die unter anderem zur Folge haben, dass sich über das Qualifizierungsniveau des Faktors Arbeit Effizienzparameter der Produktion ändern.
   Dieser wichtige Bereich wohlstandsrelevanter Wirkungen wäre nun noch vielfältig zu ergänzen. Insbesondere Innovations- und Strukturanpassungswirkungen aufgrund der Herausbildung *regionaler Cluster* sind hier von immenser Bedeutung.

Ebenso wie durch die Integration von *Auslandsgründungen* in die nationale Wirtschaft kommt es zu Spillover- und anderen Netzwerkeffekten, deren tiefergehende Behandlung hier jedoch zu weit führen würde (hierzu etwa Koch 2000). Abschließend sei lediglich noch angemerkt, dass für ausländische Direktinvestitionen, denen im Rahmen der *Globalisierung* quantitativ wie qualitativ ein immer größeres Gewicht zukommt, ähnliches gilt, wie für *intra*nationale Gründungen: Sie bringen, sofern sie im Innovationswettbewerb stehen, nicht nur neue Arbeitsplätze, sondern erhöhen auch die notwendige Anpassungsdynamik ihres Wahlstandortes in der oben erläuterten Weise.

4   Die wirtschaftspolitische Dimension

Die zuvor dargelegten Zusammenhänge liefern an vielen Stellen Erklärungsbeiträge dafür, dass das Gründungsthema in den letzten Jahren immer mehr zu einem politischen Modethema geworden ist. Gerade in Zeiten hoher Arbeitslosigkeit, hervorgerufen durch den sich beschleunigenden Strukturwandel bei fehlender Anpassungsflexibilität, suchen Politiker nach Wegen, Anpassungen „künstlich" herbeizuführen, um so offensichtlichen Problemen medienwirksam zu begegnen.

Nun zeigt der vorliegende Beitrag, dass es durchaus wissenschaftlich ernstzunehmende Argumente gibt, die geeignet sind, die Motivation der Politik, Gründungsförderung zu betreiben, zu legitimieren. Innovative Unternehmensgründungen können, wie gezeigt wurde, dazu beitragen, eine autonome Revitalisierung der Wirtschaft zu generieren, die hohen Folgekosten von Strukturverkrustungen vorbeugt – Kosten, die entstehen, wenn Problemlösungen zunehmend importiert werden müssen, wenn der eigenen (veralteten) Produktion Nachfrager weglaufen, wenn ganze Branchen von der internationalen Kompetenzentwicklung abgekoppelt werden und so nach und nach Faktoren freigesetzt werden, die nicht mehr adäquat beschäftigt werden können.

Sehr heterogen sind jedoch in vielen Fällen die im Zuge der Gründungsförderung propagierten Ansätze. Grundsätzlich kann man zwischen Maßnahmen einer *direkten* und solchen einer *indirekten Förderung* unterscheiden. Im ersten Fall geht es vorrangig um die Schaffung konkreter Gründungsmotive. Dies können sein: (a) monetäre Anreize, wie beispielsweise gründerspezifische Steuervergünstigungen, Subventionen, Darlehen oder Bürgschaften, (b) Elemente einer gründerspezifischen Infrastruktur, wie Technologieparks oder Gründerzentren und (c) gezielte Qualifizierungsbemühungen – etwa in Form von Beratungen oder Schulungen.

Indirekte Gründungsförderung hingegen bezieht sich auf Versuche, die Gründungskultur in einer Jurisdiktion über den Abbau von Gründungshemmnissen zu verbessern. Auch hier lassen sich drei Kategorien von Maßnahmen nennen: (a) Veränderungen der Marktstruktur durch den Abbau von gründungsfeindlichen Wettbewerbsverzerrungen, (b) Aufklärung von Sachzusammenhängen und auf diesem Wege Stärkung des gesellschaftlichen Ansehens von Unternehmensgründern – beispielsweise durch die Einbringung des Gründungsthemas in Standard-Lehrpläne von Schulen und Universitäten und schließlich (c) Korrekturen im Bereich der rechtlich-administrativen Sphäre etwa durch den Abbau von Verfahrensineffizienzen und das Verhindern von Behördenwillkür.

Grundsätzlich spricht vieles dafür, vor dem verstärkten Einsatz von Mitteln der direkten Gründungsförderung zunächst Potenziale zur Verbesserung der Gründungskultur eines Standortes zu nutzen, die im Bereich der zuletzt genannten Maßnahmen liegen. Vor allem würde es dem Wesen marktwirtschaftlichen Denkens widersprechen, durch aktionistisches Handeln Defekte des Systems zu verschleiern, ohne zuvor den Versuch unternommen zu haben, deren Ursachen zu beseitigen.

Hinzu kommen konkrete Gefahren beim Einsatz direkter Maßnahmen. So wird beispielsweise immer wieder beobachtet, (a) dass Subventionen *zweckfremd* genutzt werden, (b) dass Vergünstigungen für Gründer bestehende Unternehmen schwerwiegend *benachteiligen*, wodurch der Wettbewerb (diesmal in die andere Richtung) verzerrt wird, (c) dass massive monetäre Alimentation schlichtweg *ungeeignete* Personen – mangels Alternativen – in die Selbstständigkeit führt, was die Insolvenzzahlen in die Höhe treibt und so ebenfalls mit sozialen Folgekosten verbunden ist, und (d) dass Vergünstigungen über zu lange Zeiträume gewährt werden, wodurch die Empfänger über ihre wahre Wettbewerbsposition *hinweggetäuscht* werden.

Diesen Gefahren stehen auf der anderen Seite gute Erfahrungen mit dem Versuch gegenüber, die allgemeine *gesellschaftliche Gründungskultur* im zuvor beschriebenen Sinne zu verbessern: Durch den Abbau institutioneller Hemmnisse, durch die Flexibilisierung von Kapital- und Arbeitsmärkten, durch eine anforderungskonforme Bildungspolitik, durch infrastrukturelle Maßnahmen. Die zentralen Leitfragen sollten dabei lauten: Wie viel Neuheit lässt der für einen Standort geltende institutionelle Kontext zu? Ist er eher gründerfeindlich? Werden vorhandene kreative Potenziale genügend genutzt? Und zusammenfassend: Ist im Sinne der Notwendigkeit, dem beschleunigten weltwirtschaftlichen Wandel durch eine Erhöhung der systemischen Anpassungsflexibilität begegnen zu müssen, die ökonomische Zukunftsfähigkeit der betreffenden Gesellschaft in hinreichendem Maße gesichert?

Weiterführende Literatur (zitierte Quellen siehe Anhang)

Braun, C.-F. (1994), Der Innovationskrieg: Ziele und Grenzen der industriellen Forschung und Entwicklung, München / Wien.

Heuß, E. (1980), Wettbewerb, in: Handwörterbuch der Wirtschaftswissenschaft, Bd. 8, Stuttgart usw., S. 679-697.

Kaufer, E. (1980), Industrieökonomik. Eine Einführung in die Wettbewerbstheorie, München.

Koch, L. T. (1999), Externes Gründungsmanagement: Globalisierungsbedingte Anforderungen an eine nationale Gründungskultur, Betriebswirtschaftliche Forschung und Praxis (BFuP) 3, S. 307-321.

Reynolds, P. D. / B. Miller / W. R. Maki (1995), Explaining Regional Variation in Business Birth and Death: U.S. 1976-88, Small Business Economics, 1, S. 181-191.

Stevenson, H. H. / M. J. Roberts / H. I. Grousbeck (1989), New Business Ventures and the Entrepreneur, Irwin / Homewood.

Van de Ven, A. H. / R. Garud (1989), A Framework for Understanding the Emergence of New Industries, in: R. Rosenbloom / R. Burgelman (Hrsg.), Research on Technological Innovation, Management and Policy 4, Greenwich, S. 195-225.

Verständnisfragen (Lösungen siehe Anhang)

Aufgabe 1:
Welche Wettbewerbsvorteile weisen technologieorientierte Start-Ups gegenüber großen Konkurrenten auf?

Aufgabe 2:
Welche positiven gesamtwirtschaftlichen Wirkungen können sich aus dem Gründungsgeschehen ergeben?

Aufgabe 3:
Welche Maßnahmen staatlicher Gründungsförderung lassen sich unterscheiden?

II Gründungsmanagement als komplexe unternehmerische Aufgabe

Christoph Zacharias

1 Vorbemerkungen: Einordnung des Gründungsmanagements in das Gründungsgeschehen

Zieht man die Anzahl der Gewerbeanmeldungen als einen Indikator für das Gründungsgeschehen in Deutschland heran, so wurden in den vergangenen zehn Jahren durchschnittlich ca. 2000 neue Unternehmen pro (Werk-)Tag (250 p.a.) gegründet. Zum Vergleich: Die Zahl der Neugeborenen liegt im gleichen Zeitraum bei ca. 2.200 täglich (bezogen auf 365 Tage). Man könnte folglich geneigt sein anzunehmen, dass die Gründung eines Unternehmens als etwas Alltägliches bestens erforscht ist und dass es hinreichend genaue Aussagen zu diesem Phänomen und seiner Handhabung gibt. Das Gegenteil ist jedoch der Fall. Die *Gründungsforschung* als wirtschaftswissenschaftliche Teildisziplin ist recht jung (einführend Klandt 1991; Grant 1998). Aus (bzw. in) der ökonomischen wie politischen Praxis liegen ebenfalls nur wenige fundierte und klare Erkenntnisse zum Gründungsgeschehen vor.

Die Entstehung eines neuen Unternehmens unterscheidet sich von der eines Kindes allerdings in wichtigen Punkten: Der Entstehungsprozess des Föten ist grundsätzlich gut prognostizierbar und von der Entwicklung und dem Verlauf her den Medizinern wenn nicht in allen, so doch in den meisten Facetten bekannt. Daher lässt er sich zumindest technisch betrachtet wiederholen. Anders ausgedrückt: Menschliche Klone als Ergebnisse identischer Reduplikationsprozesse sind möglich.

Für die *Genese eines Unternehmens* gibt es keinen genetischen Code, der die Entwicklung weitgehend determiniert. Weiterhin gibt es keine vordefinierten

Wachstumsprozesse, keine stets gleich ablaufenden chemophysikalischen Vorgänge. Das Entstehen eines neuen Unternehmens ist ein einmaliger, historischer Vorgang, der aus einmaligen, nicht wiederholbaren Situationen heraus initiiert wird und zu einmaligen, nicht klonbaren Ergebnissen führt.

Nach Abschluss des Entstehungsprozesses sind die jeweiligen Ergebnisse, der neue Mensch und das neue Unternehmen, in der Gesamtheit ihrer Merkmale und Ausprägungen beide einmalig und nicht kopierbar.

Da die Genese eines Unternehmens über eine a priori nicht festgelegte Anzahl von Freiheitsgraden verfügt (als Merkmal ihrer Kreativität und Innovativität), ist der Entstehungsprozess und damit auch das Management einer Gründung ein offener Prozess. Um gleichwohl über das Management der Unternehmensgründung reflektieren zu können, ist es angebracht, zunächst einen Überblick (Abbildung 1) über den idealtypischen Verlauf der frühen Entwicklung von Unternehmen zu geben.

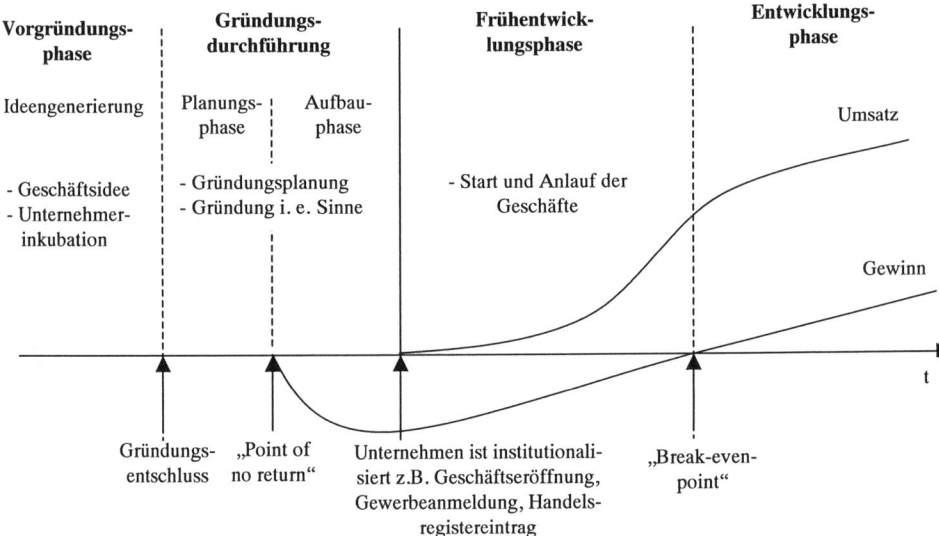

Abbildung 1: Phasenmodell der Unternehmensentwicklung

Im gesamten Prozess der Unternehmensgründung und -entwicklung bezieht sich das *Gründungsmanagement* ausschließlich auf die Phase der Gründung im engeren Sinne, auf die Planungs- und Aufbauphase. Es ist, ähnlich dem Turnaround- oder Krisenmanagement, ein spezielles phasenbezogenes Management. Dabei gilt es zu beachten, dass die einzelnen Phasen in der Realität oft nicht überschneidungsfrei sind. So kann z.B. eine Geschäftsidee vor dem Hintergrund eines ersten Auftrags geboren und entwickelt werden (Wenz 1993, S. 20). Phasenüberlappungen, Sprünge vorwärts und / oder rückwärts in den Aktivitäten oder auch der Abbruch der Gründung sind denkbar (Szyperski / Nathusius 1977, S. 33).

2   Zur Konzeption des Gründungsmanagements

Obwohl dem Begriff *„Management"* zentrale Bedeutung im Rahmen der betriebswirtschaftlichen Führungslehre zukommt, ist er bislang nicht eindeutig definiert (einführend: Koontz 1980). Im vorliegenden Kontext soll Management zunächst in Anlehnung an H. Ulrich (1984, S. 86 f.) als Gestalten, Lenken und Entwickeln sozialer Systeme verstanden werden. Dabei liegt der Schwerpunkt des Gründungsmanagements in der Gestaltung eines zukünftigen sozialen Systems. Lenkungs- und Entwicklungsprobleme stellen sich im Rahmen der konkreten Gründungsaktivitäten und im vorausgedachten Kontext der späteren Unternehmensevolution.

Die *Hauptaufgabe*, welche der oder die Gründer während der Planungs- und Aufbauphase zu bewältigen haben, ist die *Erstellung eines integrierten Gründungsplans* (Klandt 1999). Der Planerstellungsprozess kann wiederum selber Gegenstand einer Planung sein (Meta-Planung: Bleicher 1989). Weiterhin sind *Formalakte* (Meldungen bei Gewerbeamt, Finanzamt usw.) vorzunehmen und die *initiale Faktorkombination* ist so weit aufzubauen, dass die Phase der Gründung i.e.S. abgeschlossen und mit der Leistungserstellung begonnen werden kann. Die Aktivitäten der Gründung i.e.S. müssen daher nicht nur geplant sondern auch organisiert und realisiert werden. Die Aufgaben des Gründungsmanagements lassen sich daher zusammenfassen als die Planung, Durchführung und Kontrolle der Gründung im engeren Sinne.

2.1   Funktionen und Träger des Gründungsmanagements

Die Möglichkeiten, ein neues Unternehmen zu gründen sind vielfältig und im Vorhinein nicht zu benennen oder aufzuzählen. Die Errichtung einer neuen Betriebsstätte lässt sich ebenso wie die Übernahme eines bestehenden Betriebes oder die Fusion zweier Unternehmen zu einem neuen als Form der Unternehmensgründung auffassen. Die Akteure können hierbei sowohl Einzelpersonen sein, die sich aus einer abhängigen Tätigkeit heraus selbstständig machen als auch angestellte Manager, die für ihr Mutterhaus eine Dependance in einem anderen Land eröffnen. Daher ist Innovation auch kein zwingendes Merkmal einer Unternehmensgründung.

Systemtheoretisch betrachtet entspricht die Gründung eines Unternehmens der Genese eines neuen (im Sinne von: zusätzlichen) Systems innerhalb eines Umsystems, dessen Bestandteile (nicht notwendigerweise auch dessen Strukturen) bereits existieren. Im Extremfall definiert das neue System erst sein Umsystem. Dies ist z.B. dann der Fall, wenn mit der Gründung eines Unternehmens eine neue Branche entsteht. Wohingegen ein weiterer, nicht-innovativer Wettbewerber, der in eine Branche ein-

tritt, die bereits lange existiert, die System-Umsystem-Beziehungen oftmals nur
marginal verändert.

Zur genaueren Analyse möglicher Gründungsfälle und zur Entwicklung fallspezifi-
scher Problemstellungen und -lösungen für das Gründungsmanagement können nun
alternative Kombinationen von Trägern des Gründungsgeschehens, Faktorkombina-
tionsmöglichkeiten und Innovationsgrad unterschieden werden (Abbildung 2).

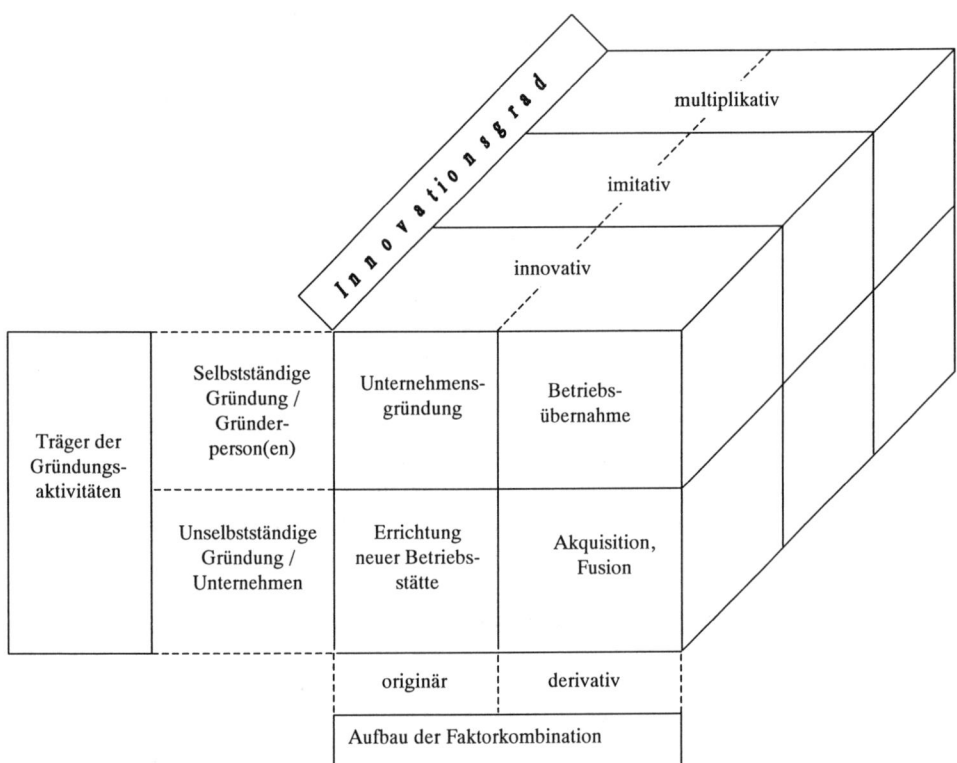

Abbildung 2: Typologie potenzieller Gründungsformen

Die Träger des Gründungsgeschehens werden im Rahmen der ersten Beschreibungs-
dimension in selbstständig und unselbstständig kategorisiert. Sie können selbstständig als Einzelperson bzw. Team agieren oder als abhängig beschäftigte Gründer im
Kontext der Erfüllung ihrer beruflichen Aktivitäten auftreten. Das zweite Kriterium
bezieht sich auf die Existenz der Faktorkombination, die nach der Gründung genutzt
werden soll: Existiert bereits eine Faktorkombination, so liegt eine derivative Gründung vor. Wird die Faktorkombination erstmals generiert, so ist die Gründung originär. Als dritte Dimension dient der Innovationsgrad der nach der Gründung genutz-

ten Faktorkombination. Er kann die Ausprägungsmerkmale „innovativ" (= die Kombination der Faktoren wird so erstmalig eingesetzt), „imitativ" (= grundsätzlich bekannt, mit leichten Variationen) und multiplikativ (= Wiederholung existierender Kombinationen) annehmen. Letzteres bezieht sich vornehmlich auf Franchisegründungen. Durch Kombination der drei Beschreibungsmerkmale lassen sich Gründungsformen typologisieren: So kann z.b. ein Gründer selbstständig eine derivative Faktorkombination übernehmen (Betriebsübernahme) und gleichwohl durch Rekombination der vorhandenen Faktoren innovativ sein. Die innovative Unternehmensgründung selbstständiger Gründerpersonen durch Aufbau einer originären Faktorkombination stellt somit nur einen Sonderfall aller denkbaren Gründungsfälle dar.

Den Trägern einer Gründung, ob selbstständig oder unselbständig, kommt eine *unternehmerische Funktion* zu. Diese stellt eine bestimmte Form ökonomischen Handelns dar (Ripsas 1997, S. 51, 71). Ein erster Zugang zur Präzisierung des konkreten Inhalts unternehmerischen Handelns ergibt sich, wenn man eine Liste der unternehmerischen Funktionen betrachtet, die bislang in der Literatur thematisiert wurden (Abbildung 3).

Unternehmerische Funktion	Vertreter u.a.
1) Innovator	Baudeau; Bentham; Schmoller; Schumpeter; Sombart; Thünen; Weber
2) Arbitrageur	Cantillon; Kirzner; Walras
3) Eigentümer	Hawley; Pigou; Quesnay; Wieser
4) Bereitstellen von Eigenkapital	Böhm-Bawerk; Edgeworth; Mises; Pigou; Smith; Turgot
5) Übernahme von Unsicherheit	Cantillon; Cole; Hawley; Knight; Mangoldt; Mill; Mises; Shackle; Thünen
6) Entscheider	Cantillon; Cole; Keynes; Marshall; Menger; Mises; Schultz; Shackle; A. Walker; F. Walker; Wieser
7) Ressourcenallokation	Cantillon; Kirzner; Schultz
8) Koordination u. Organisation von Ressourcen	Clark; Coase; Davenport; Say; Schmoller; Schumpeter; Sombart; Walras; Weber; Wieser
9) Verträge schließen	Bentham
10) Arbeitgeber	Keynes; A. Walker; F. Walker; Wieser
11) Führungsfunktion	Marshall; Menger; Mill
12) Industrial Leader	Marshall; Saint-Simon; Say; Schumpeter; Sombart; A. Walker; F. Walker; Weber; Wieser

Abbildung 3: Funktionen des Unternehmers (nach Hébert / Link 1988, S. 152)

Hieraus könnte der Eindruck entstehen, dass ein *Unternehmer* nahezu omnipotent sein muss. Unter Berücksichtigung der konkreten Vielfalt möglicher Gründungsfälle und der jeweiligen interessegeleiteten Beobachtungsposition der Untersuchungen wird deutlich, dass im Einzelfall keine Notwendigkeit zur persönlichen Übernahme aller unternehmerischen Funktionen gegeben ist. Das Gründungsmanagement bezieht sich im realen Anwendungsfall auf konkrete Problemstellungen. Dabei können neben den Trägern der Gründung auch Helfer im Gründungsmanagement eingesetzt werden, etwa Berater, Coaches oder Mentoren. Dem Gründer obliegt die Gesamtverantwortung für die Konzeption und die Durchführung der Gründung. Insbesondere im Rahmen der innovativen Gründung ist er für die Entwicklung der Gründungsidee verantwortlich.

2.2   Der prozessuale Charakter des Gründungsmanagements

Die Gründung eines Unternehmens wird nunmehr als „... *mehrstufiger, interaktiver und interdisziplinärer* Prozess verstanden, der grundsätzlich alle Aktivitäten (Planungs- und Vorbereitungsschritte) beinhaltet, die notwendig sind, um eine Idee (Gründungsidee) durch Schaffung eines lebensfähigen (i.S.e. marktfähigen) Unternehmens zu verwerten ..." (Unterkofler 1989, S. 35). Dieser Prozess wird von Personen vollzogen, deren Handeln eben dadurch als unternehmerisch zu kennzeichnen ist. Ziel des Gründungsmanagements ist folglich die *Schaffung eines neuen Systems*, das dauerhaft lebensfähig sein soll (Ausnahme: Projektgesellschaften). Die Intention, ein solches System zu generieren, reicht von der „kreativen Zerstörung" (Schumpeter 1987, S. 134 ff.), die Ausdruck innovativer Schaffenskraft ist, bis zur Expansionsstrategie etablierter Unternehmen, die der Festigung und / oder Verbesserung der Wettbewerbsposition dient.

Die *Lebensfähigkeit* eines Systems beruht auf der Aufrechterhaltung aller notwendigen System-Umsystem-Beziehungen. Da sich das System selber als auch die relevante Umwelt in einem beständigem Wandel befinden, gilt es, ein Fließgleichgewicht des Austauschverhältnisses von Unternehmen und Umwelt auf Dauer zu etablieren. Hierzu zählt insbesondere die zeitliche Taktung der System-Umsystem-Interaktionen (Zacharias 1998).
    Dabei gilt es zu beachten, dass ein System nur dann überlebensfähig ist, wenn seine Eigenkomplexität der Fremdkomplexität seines Umsystems entspricht (Ashby´s law of requisite variety: Ashby 1956).

2.3   Die Komplexität des Gründungsprozesses

Komplexität wird verstanden als der im Zeitablauf variierende Grad an Vielschichtigkeit, Vernetzung und Folgelastigkeit eines Handlungsraumes (Abbildung 4). Aus der genannten Forderung nach Gleichheit von System- und Umsystemkomplexität ergeben sich nun ein Strukturierungs- und ein (Aus-) Wahlproblem: Die Anzahl möglicher System- und Umsystemelemente und -beziehungen ist unendlich.

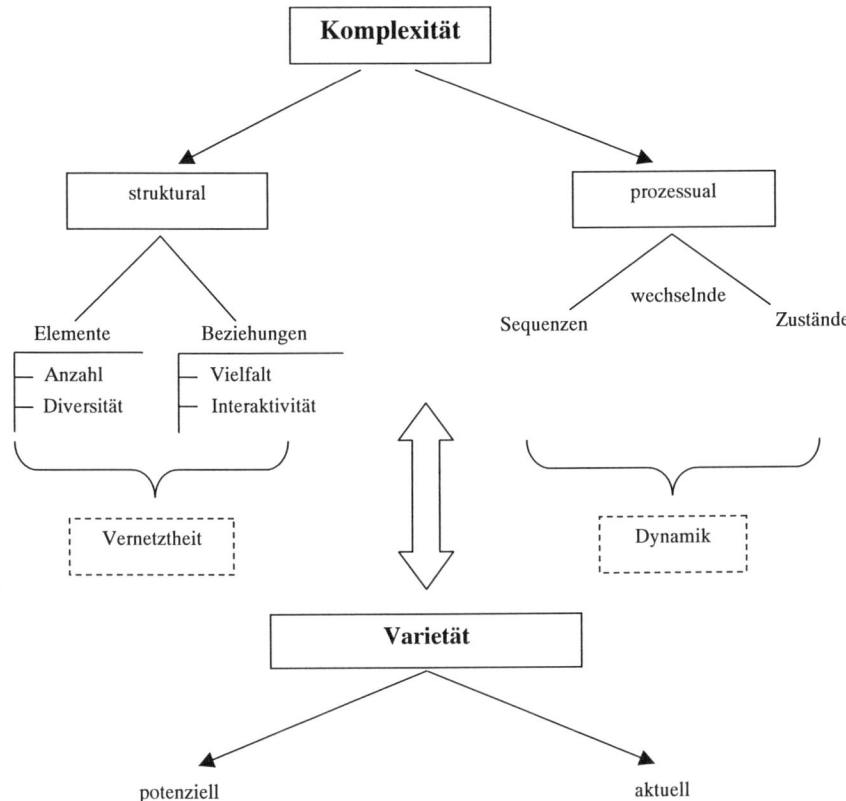

Abbildung 4: Komplexität und Varietät
(Quelle: In Anlehnung an Bleicher 1994, S. 38)

Bezüglich der *strukturellen Komplexität* der Umsystembeziehung (und damit auch der sich darin spiegelnden Systemprozesse) kann auf den Ansatz des strategischen Anspruchsgruppenkonzepts zurückgegriffen werden (Janisch 1993). Dieses Konzept greift die strategische Umweltanalyse auf und fragt zugleich nach der Relevanz der an das System gestellten Ansprüche. Abbildung 5 zeigt auf, mit welchen Umsystemgruppen ein Unternehmen in Interaktion treten kann. Ausgehend vom Mittelpunkt, dem Gründungsunternehmen, nimmt die Häufigkeit von Austauschprozessen zwischen dem Unternehmen und seiner Umwelt ab. Zumeist auch nimmt auch die Bedeutung der Austauschverhältnisse für das Gründungsunternehmen mit wachsender Entfernung ab.

Die *prozessuale Komplexität* ist anhängig vom zu erwartenden Wandel im relevanten Umsystem. Tendenziell kann dieser in modernen Wirtschaften als hoch beschrieben werden.

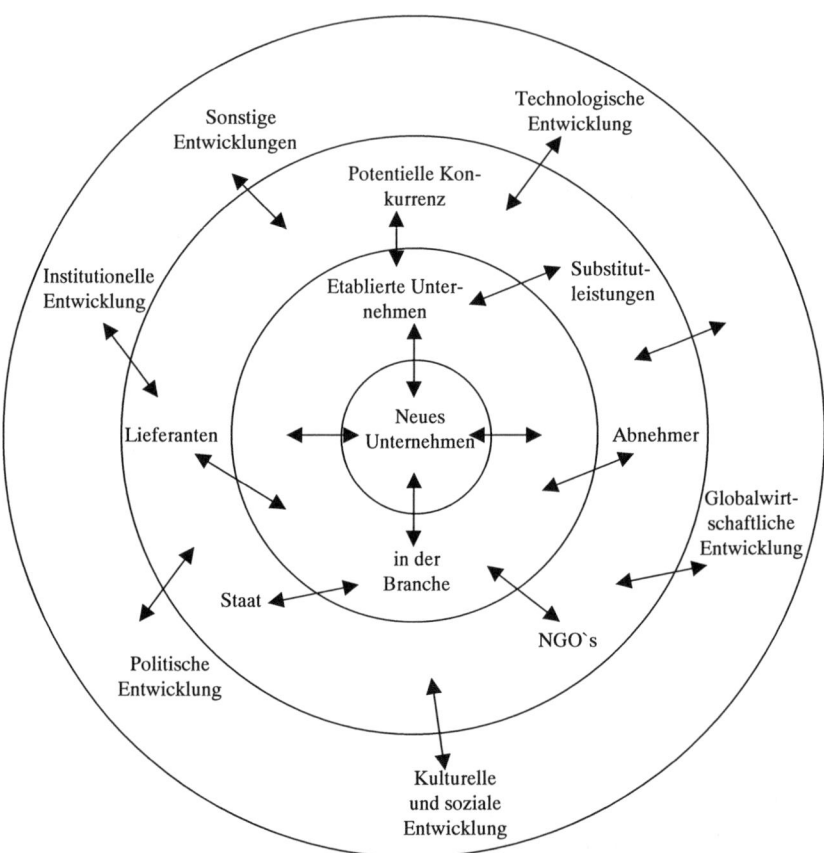

Abbildung 5: Interdependenzgefüge der Unternehmensentwicklung

2.4 Problemstellungen des Gründungsmanagements

Somit kann an dieser Stelle festgehalten werden, dass die *zentralen Aufgaben des Gründungsmanagements* darin bestehen, eine iterative, interdependente und evolutive Definition
– des zu gründenden Systems (Elemente, Beziehungen),
– der als relevant erachteten Umwelt (Branche, stakeholder etc.)
– sowie der aufzubauenden und zu erhaltenden System-Umsystem-Beziehungen zu liefern.

Dies konkretisiert sich im Gründungsplan (= business plan) und z.T. im persönlichen Aufbau der als notwendig erachteten Beziehungen. Um diese Problemstellungen bewältigen zu können, muss das Gründungsmanagement auf adäquate Methoden zurückgreifen können.

3   Methoden des Gründungsmanagements

Die *Methoden* des Gründungsmanagements müssen berücksichtigen, dass die Entwicklungspfade, die eine Gründung nehmen kann, offen strukturiert, unscharf definiert und beliebig komplex sind (Matthes / Dederichs / Pütz 2000, S. 206 f.). In solchen Problemsituationen greifen *heuristische Lösungskonzepte*. Diese können aus bekannten Problemkontexten der Betriebswirtschaftslehre entlehnt oder für das Gründungsmanagement originär entwickelt werden.

3.1   Der heuristische Charakter von Problemlösungsmethoden im Gründungsmanagement

Unter einer *Heuristik* wird ein offenes System von Sätzen zur Formulierung praktischer Problemlösungsstrategien sowie deren Weiterentwicklung und deren Übertragung in bekannte und neue Problemkontexte verstanden (Klein 1989, S. 133). Heuristiken sind also Denkrahmen zur Beschreibung und allgemeinen Lösung von Problemen. Ihren praktischen Wert beweisen sie in ihrer erfolgreichen Anwendung. Zudem bieten sie Argumentationshilfen zur Legitimation erzielter Ergebnisse, deren Exaktheit nicht nachgewiesen werden kann.

Die Bedeutung einer Heuristik im vorliegenden Kontext ergibt sich durch die *Struktur der Probleme*, die mit Hilfe des Gründungsmanagements bearbeitet werden sollen. Diese sind zumeist schlechtstrukturierte, komplexe Probleme, gekennzeichnet durch Informationsdezentralisation und -asymmetrie, polypersonelle Macht- und Interessenverteilung, inkonsistente, inkohärente und fallible Informationen sowie dynamische und offene Umweltentwicklungen. Lösungen sind nicht auf der Basis substantiv-rationaler Überlegungen und deduktiver Ableitungen von Handlungsempfehlungen aus exakten Theorien zu generieren (Zacharias 1988, S. 18-31).
   Für das Management einer Unternehmensgründung müssen Werkzeuge für den jeweiligen Problemkontext entwickelt werden. Das heißt, dass neben einer Beurteilungskunst (ars iudicandi) für Lösungen bekannter Probleme rationale Heuristiken im Sinne einer Erfindungskunst (ars inveniendi) zur Lösung neuer, unbekannter Probleme treten müssen. Erst dadurch kann das Management einer Gründung in lebensweltlichen, nicht rekurrenten und evolutiven Kontexten gelingen. Heuristiken besitzen demnach die Aufgabe, im Sinne einer aktivistischen Konstruktion als Orientierungs- und Lösungshilfen für die Gründungspraxis zu dienen.

Dabei können sie als *substantive Heuristik* Auskunft darüber geben, worauf im Gründungsprozess zu achten sein soll und worauf nicht. Als ein Beispiel kann hier die Forderung nach stets ausreichender Liquidität angeführt werden. *Prozedurale Heuristiken* strukturieren hingegen Hypothesen der Gründungsdurchführung selber. So erscheint es logisch, sich zunächst Klarheit über das zu gründende Geschäft zu verschaffen, bevor man eine Eintragung in das Handelsregister initiiert. Ebenso hilfreich ist die Erstellung eines Gründungsplans, bevor man ein Gespräch mit einer Venture-Capital Gesellschaft führt. In diesem Zusammenhang kann man auch auf Teile des Strategiekonzepts von Porter zurückgreifen. Dieses ist im Sinne einer prozeduralen Wettbewerbsvorteilsheuristik zu interpretieren. Der wettbewerbsanalytische Rahmen „(...) lenkt die kreativen Energien (...) auf diejenigen Aspekte der Branchenstruktur, welche für die langfristige Rentabilität am wichtigsten sind. Der analytische Rahmen soll dabei die Chancen, eine erstrebenswerte strategische Innovation ausfindig zu machen, verbessern" (Porter 1989, S. 25).

3.2   Analoge Problemlösungsheuristiken aus dem strategischen Management

Der Ansatz von Porter wird der Positionierungsschule im strategischen Management zugeordnet (Mintzberg / Ahlstrand / Lampel 1999). Neben den Aspekten und Konzepten der strategischen *Wettbewerbspositionierung* und der *Strategiewahl* bieten auch andere Denkschulen des strategischen Managements Ansätze für Problemlösungsheuristiken im Gründungsmanagement. Exemplarisch seien einige wenige Beispiele genannt:
–   Betrachtung der kognitiven Prozesse der Generierung neuer Ideen / Sichtweisen im Kontext der Entwicklung von Kreativitätstechniken (Brainstorming, Methode 635, Morphologischer Kasten, Synektik etc.),
–   Entwicklung eines Prozessmodells für internal corporate venturing (Burgelman 1983),
–   Grundlagen und Bedeutung beabsichtigter und sich herausbildender Strategien (Mintzberg / Waters 1985),
–   Modelle für das Management von Prozess- und Produktinnovationen,
–   Modelle für SWOT-Analysen,
–   Share- und / oder stakeholder management etc.

Die unternehmerische Schule im strategischen Management stellt explizit das unternehmerische Handeln in den Fokus ihrer Betrachtung. Neben den Aspekten der visionären Führung, treten Fragen des Entre- und Intrapreneurships sowie Fragen des Verhältnisses von Unternehmertum und Planung. Bhide (1994) interviewt Gründer von 100 Unternehmen aus der Liste der 500 Unternehmen in den USA, die am schnellsten wachsen. Bezüglich des Aufwandes für einen Gründungsplan verteilen sich die Antworten wie folgt (Bhide 1994, S. 152):

- 41% verfügten über keinen Gründungsplan,
- 26% hatten einen rudimentären, zum Teil auf Zetteln gekritzelten Plan gefertigt,
- 5% hatten für Investoren Finanzprognosen ausgearbeitet und
- 28% erstellten einen umfassenden Gründungsplan.

Dies verweist darauf, dass das Management einer Gründung oftmals primär auf impliziten Handlungskonzepten beruht. An dieser Stelle befindet sich auch ein möglicher Ansatz zur Entwicklung eigener Problemlösungsheuristiken des Gründungsmanagements.

3.3   Originäre Problemlösungsheuristiken des Gründungsmanagements

Die Adaption von Problemlösungsheuristiken aus anderen Disziplinen, wie z.B. dem strategischen Management, beruht auf einer Ähnlichkeit der Problemstrukturen. Somit müssen originäre Lösungskonzepte des Gründungsmanagements auf eigene, spezifische Probleme verweisen. Die Betrachtung der Träger des Gründungsmanagements ist ein möglicher Ausgangspunkt.

Die Gründerperson ist (mit wenigen Ausnahmen) im Gründungsprozess nicht ersetzbar. Sie bestimmt mit ihren Fähigkeiten über Erfolg und Misserfolg des Gründungsgeschehens. Hierzu muss sie nicht über alle Kompetenzen verfügen, die in Abbildung 3 aufgelistet sind sondern über jeweils situationsadäquate Problemerkennungs- und -lösungsfähigkeiten. Dabei ist zu berücksichtigen, dass Probleme nicht „entdeckt", sondern erfunden werden. Anders ausgedrückt: Der oder die Gründer definieren selber die Probleme, die er bzw. sie lösen wollen.

Shackle (1970) weist darauf hin, dass der Unternehmer sich neue Gelegenheiten vorstellen muss. In der Deutung von Schumpeter (1993, S. 119 ff.) verfügt er über den „Blick", eine Intuition, um auch in unbekannten Situationen entscheiden (und handeln) zu können. Die Entschlüsselung dieser kognitiven Eigenschaften und ihr Verhältnis zum Handeln sind die wichtigsten Ansatzpunkte zur Entwicklung originärer Problemlösungsheuristiken im Gründungsmanagement.

4   Fazit

Die Probleme und Methoden des Gründungsmanagements sind weit gefasst und reflektieren den derzeitigen Stand eines offenen, evolutionären Prozesses, der mit der Entwicklung seines Beobachtungsgegenstandes, den Gründungen von Unternehmen, fortschreitet. Das Management einer Gründung bezieht sich auf eine Vielzahl konkret zu unterscheidender Gründungsformen, deren Gemeinsamkeit darin besteht, die Etablierung überlebensfähiger Systeme zum Ziel zu haben. Hierzu bieten sich Adaptionen von Problemlösungsvorschläge u.a. des strategischen Managements an.

werden. Auf der Objektebene gilt es einen (wenn auch manchmal nur impliziten) Gründungsplan zu erstellen, Beziehungen auf- und auszubauen, Verträge vorzubereiten und z.T. abzuschließen sowie Formalakte zu vollziehen. Auf der Prozessebene ist der Vollzug der einzelnen Aktionen zu strukturieren und zu koordinieren. Dies gilt besonders für den zeitlichen Aspekt des Ablaufs der Gründung im engeren Sinne. Eine Metaplanung des Prozesses selber betrifft dann das Selbstmanagement der Träger der Gründung. Gründungsmanagement ist folglich ein komplexer Prozess, der von unternehmerisch handelnden Personen vollzogen wird.

Weiterführende Literatur (zitierte Quellen siehe Anhang)

Dörner, D. (1989), Die Logik des Mißlingens: Strategisches Denken in komplexen Situationen, Hamburg.

Frick et al. (1998), Möglichkeiten zur Verbesserung des Umfeldes für Existenzgründer und Selbstständige: Wege zu einer neuen Kultur der Selbstständigkeit / RWI Essen.

Kirsch, W. (1997), Beiträge zu einer evolutionären Führungslehre, Stuttgart.

Sikora, K. (1989), Systemgrenzen und Planung, in: N. Szyperski (Hrsg.), Handwörterbuch der Planung, Sp. 1953-1970, Stuttgart.

Simon, H. (2000), Das große Handbuch der Strategiekonzepte, herausgegeben von H. Simon, Frankfurt a.M. / New York.

Stoner, J. A. F. / R. E. Freeman (1989), Management, Englewood Cliffs, New Jersey.

Willke, H. (1987), Systemtheorie, Stuttgart / New York.

Verständnisfragen (Lösungen siehe Anhang)

Aufgabe 1:
Die Wettbewerbsvorteilsheuristik nach M. Porter unterscheidet zwei generische Strategietypen. Erläutern Sie die Grundgedanken dieses Konzeptes und der Strategietypen. Unter Berücksichtigung sogenannter „hybrider Strategien" kann dieser Bezugsrahmen erweitert werden. Wie kann dies ausgestaltet sein?

Aufgabe 2:
Im Rahmen des gesamten Gründungsmanagements kann der Produktinnovationsprozess gesondert betrachtet werden. Er umfasst mehrere Phasen von der Ideengewinnung bis zur Prototypen- / Vorserienmusterherstellung. Erläutern Sie den Nutzen der Netzplantechnik in diesem Zusammenhang.

Aufgabe 3:
Beschreiben Sie verschiedene Gründe, die für das Scheitern einer Produkteinführung verantwortlich sein können.

Teil 2: Teilaspekte des Gründungsmanagements

I Gründerperson
1 Der Unternehmer in der wirtschaftswissenschaftlichen Literatur

Nils H. Tröger

„Es gibt Leute, die halten den Unternehmer für einen räudigen Wolf, den man totschlagen müsse. Andere meinen, der Unternehmer sei eine Kuh, die man ununterbrochen melken kann. Aber nur wenige sehen in ihm das Pferd, das den Karren zieht." (Winston Churchill)

1.1 Grundlagen

Entrepreneurship ist zu Beginn des 21. Jahrhunderts en vogue, gleichzeitig aber eine noch sehr junge Disziplin innerhalb des wirtschaftswissenschaftlichen Theoriegebäudes. Was veranlasst immer mehr Hochschulabsolventen dazu, als Berufsziel die Gründung eines eigenen Unternehmens anzustreben, und gestandene Manager, ihre Position und ein festes Gehalt gegen ein Engagement bei einem Gründungsunternehmen zu tauschen? Es ist offensichtlich, dass in den Köpfen der Akteure und in der Wirtschaftspolitik eine Kehrtwende im vorherrschenden theoretischen Paradigma stattgefunden hat. Eine nachfrageorientierte Wirtschaftspolitik, die nach dem zweiten Weltkrieg durch das Theoriegebäude von John Maynard Keynes geprägt war und der zufolge eine antizyklische Steuerung der Nachfrage von seiten des Staates Konjunkturzyklen ausgleichen sollte, ist aufgegeben worden. Nun steht – auch vor dem Hintergrund der andauernden Massenarbeitslosigkeit – vielmehr die Förderung junger Wachstumsunternehmen und somit eine angebotsorientierte Wirtschaftspolitik im Mittelpunkt. Dies ist auch kaum verwunderlich, haben sich doch gerade Neugründungen als wahrhafte „Jobmaschinen" erwiesen, im Gegensatz zu den etablierten Großunternehmen, die in der Vergangenheit Arbeitsplätze abgebaut haben.

Neben der Gründung neuer Unternehmen, die als besonders flexibel, innovativ und wachstumsstark gelten, setzen mittlerweile auch die Großunternehmen auf das Fördern des unternehmerischen Potenzials ihrer Mitarbeiter. Der Paradigmenwechsel innerhalb der Wirtschaftspolitik führt daher auch zu einer Rückbesinnung auf die Person des Unternehmers, die dadurch in der wirtschaftswissenschaftlichen Forschung eine Renaissance erlebt. Giersch geht sogar soweit, das letzte Viertel des 20. Jahrhunderts als „the Age of Schumpeter" zu bezeichnen, in Anlehnung an Joseph

A. Schumpeter, den wohl populärsten Ökonomen im Bereich der Unternehmerforschung (Giersch 1984). Der vorliegende Beitrag beschäftigt sich mit der Unternehmerfigur, also einer natürlichen Person, und auch Gründungen mehrerer Unternehmer in Teams. Hiervon zu trennen ist die Theorie der Unternehmung, die sich mit dem Entstehen und der dauerhaften Existenz von Unternehmen als ökonomische Institutionen auseinandersetzt. Recht ernüchternd ist die Tatsache, dass sich innerhalb des ökonomischen Theoriegebäudes bis heute keine einheitliche Definition des Entrepreneurs heraus gebildet hat: „It should now be clear that a well defined entrepreneurial population does not exist and research findings are difficult to compare" (Brockhaus / Horwitz 1986, S. 26). Die Schwierigkeit, den Unternehmer verbal adäquat abzubilden, zeigt bereits, dass John Stuart Mill den Begriff des Entrepreneurs – der zuerst von Cantillon verwendet wurde – aus dem Französischen übernahm, bedauernd, dass kein zufriedenstellender Begriff in der englischen Sprache existiere (siehe Schumpeter 1949, S. 3-5). In diesem Beitrag werden drei Ansätze der Unternehmerforschung exemplarisch dargestellt, ohne eine Wertung aller in diesem Felde gemachten Forschungsarbeiten vornehmen zu wollen. Dies unterstreicht lediglich die Schwierigkeit, trotz des zunächst einfach erscheinenden Begriffes, zu einer einheitlichen Abgrenzung zu gelangen. Anschließend wird der Unternehmertyp durch eine Synthese mehrerer Ansätze zusammenfassend charakterisiert.

1.2   Begriffsdefinitionen und -abgrenzungen

Zunächst gilt es, zwischen den Begriffen „Entrepreneur" und „Entrepreneurship" zu trennen. Während sich der erste Begriff stets auf eine Person bezieht, bildet der Begriff des Entrepreneurship einen ökonomischen Prozess ab, bei dem in Anlehnung an die amerikanische Managementlehre, alle im Rahmen einer Gründung oder Übernahme einer Unternehmung erforderlichen Aktivitäten Bestandteil der Forschung sind (siehe Peterson 1981, S. 65). Ebenso wie sich für den Begriff des „Entrepreneurs" bis dato noch keine einheitliche Definition herausgebildet hat, fehlt eine solche auch für den Begriff „Entrepreneurship". „In summary, a substantial amount of journal space has been devoted to the attempt to define ‚Entrepreneurship', but no consensus has emerged" [...]. „Entrepreneurship is like obscenity: Nobody agrees what it is, but we all know it when we see it" (Shaver 1991, S. 23-24). Dass aber eine einheitliche Definition nicht zwingend notwendig ist, sondern der Fokus darauf liegen solle, vielmehr jede einzelne Forschungsarbeit mit einer klaren Beschreibung des Forschungsobjektes zu versehen, wird von Johnson vertreten. „Given the inevitable diversity in definition of commonly used terms, perhaps the field would be better served by moving away from the use of such terms as „entrepreneur" [...] at least for research purposes" (Johnson 1990, S. 48-49).

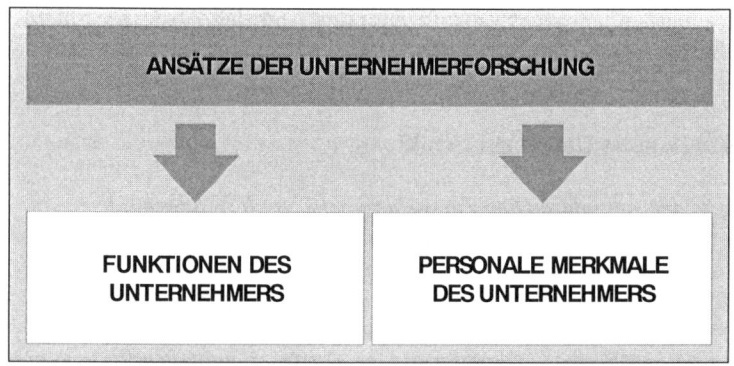

Abbildung 1: Ansätze der Unternehmerforschung

Neben der begrifflichen Trennung zwischen Person und Prozess kann eine weitere Differenzierung innerhalb der Definition des Entrepreneurs vorgenommen werden. Hierbei wird eine Betrachtung der ökonomischen Funktionen, die der Unternehmer innerhalb der Volkswirtschaft ausübt, von der Untersuchung der individuellen, persönlichen Verhaltensweisen und Fähigkeiten, die einen (erfolgreichen) Unternehmer charakterisieren, unterschieden (siehe Stevenson / Roberts 1999, S. 5).

1.3 Ausgewählte Unternehmerbilder

1.3.1 Historische Einordnung

Die Auseinandersetzung mit der Unternehmerperson ist keineswegs neu. In Anlehnung an Welzel können die Beiträge zur Unternehmerforschung in drei Epochen klassifiziert werden (siehe Welzel 1995, S. 41-155):

1. Die Zeit vor der Neoklassik mit Werken, die bis ins 16. Jahrhundert zurück reichen. Als bedeutendste Vertreter sind Richard Cantillon (1697-1734), Adam Smith (1723-1790), Jean Baptiste Say (1767-1832), John Stuart Mill (1806-1873) und Karl Marx (1818-1883) zu nennen.

2. Die Zeit der Neoklassik: Die Epoche, die mit Einführung der Grenznutzenanalyse und dem allgemeinen Marktgleichgewichtsmodell eine Revolution des ökonomischen Denkens darstellte, wurde in Bezug auf die Unternehmerforschung vor allem durch Carl Menger (1838-1917), Alfred Marshall (1842-1924) und Frank Knight (1885-1972) geprägt.

3. Die Post-Neoklassik: Hier sind es insbesondere Joseph A. Schumpeter (1883-1950), Israel M. Kirzner und Mark Casson, die mit ihrem Unternehmerbild eine Abkehr vom neoklassischen Paradigma einfordern.

Im vorliegenden Beitrag werden zwei Vertreter der Post-Neoklassik, Schumpeter und Kirzner, näher betrachtet, da sie bereits Beiträge früherer Autoren verarbeiten konnten. Neben der Vorstellung dieser zwei funktional orientierten Perspektiven, wird der Unternehmer im Anschluss daran anhand des Ansatzes von McClelland personenbezogen betrachtet.

1.3.2 Funktionales Unternehmerbild

Der Prozess der schöpferischen Zerstörung bei Joseph A. Schumpeter
In seiner „Theorie der wirtschaftlichen Entwicklung" entdeckt Schumpeter die Bedeutung des Unternehmers für die gesamtwirtschaftliche Analyse. Ausgangspunkt ist eine Kritik an einer stationären volkswirtschaftlichen Modellwelt, wofür als Beispiel das bekannte neoklassische Gleichgewichtsmodell dienen kann, bei dem sich Angebot und Nachfrage mengenmäßig in Abhängigkeit des Preises ausgleichen (Modellannahmen des neoklassischen Modells sind eine vollständige Konkurrenz, homogene Produkte, eine unendliche Transparenz der Märkte mit unendlicher Reaktionsgeschwindigkeit und fehlende individuelle Präferenzen in Bezug auf die räumliche und zeitliche Verfügbarkeit der Produkte).

Innerhalb dieses rein statischen Modells des Marktgleichgewichts wird die Koordinationsfunktion des Preises als „unsichtbare Hand" in den Vordergrund gestellt. Hier sorgt allein der Preis für eine Markträumung. Die Kritik an dieser modelltheoretischen Sichtweise ist daher auch sehr vielfältig. So gilt neben dem statischen Charakter des Modells auch die Annahme der vollständigen Konkurrenz, bei der sich Anbieter und Nachfrager in einem bilateralen Polypol gegenüberstehen, als unrealistisch. Die Hersteller der (homogenen) Produkte sind hier gezwungen, den Preis als Datum zu akzeptieren und sich als reine Mengenanpasser zu verhalten. Eine Beschränkung der Anbieter auf lediglich einen Wettbewerbsparameter ist aber kaum zu verstehen, findet in der Realität der Wettbewerb ebenso über Qualität, Konditionen, Service oder Werbung statt. Das Modell kann auch nicht erklären, wie es – aus einer Gleichgewichtslage heraus – überhaupt zu zwischenzeitlichen Ungleichgewichten kommen kann. Unter Annahme von Gewinnmaximierung und vollständiger Konkurrenz bieten Unternehmen so lange ihre Produkte an, bis die Grenzkosten gerade dem Grenzerlös entsprechen. Der Gewinn der Unternehmen ist dann gerade Null. Innerhalb des Modells lässt sich eine Abweichung vom Gleichgewichtszustand allein durch exogene Einflussfaktoren erklären, wie z.B. eine wachsende Bevölkerung oder gar Kriege. Die Rolle des Unternehmers beschränkt sich somit passiv darauf, mengenmäßig auf veränderte Präferenzen der Nachfrager zu reagieren.

Damit ist aber das neoklassische Modell nicht in der Lage, endogen den Prozess der wirtschaftlichen Entwicklung zu erklären, d.h. der Unternehmer kann von der Angebotsseite her nicht selbst eine Veränderung in den Präferenzen bewirken beispielsweise über Wettbewerbsparameter wie Produktinnovationen oder Qualität. Diese Sicht – wirtschaftliche Veränderungen allein auf exogene Schocks in den Rahmenbedingungen zurückzuführen – lehnt Schumpeter daher auch strikt ab. Die wirtschaftliche Entwicklung, so seine Forderung, müsse aus sich selbst heraus erklärbar sein. Entsprechend seiner elitären Grundüberzeugung führt er die dynamischen wirtschaftlichen, technischen und auch politischen Entwicklungsprozesse auf eine Gruppe besonders begabter Wirtschaftssubjekte mit Führungsqualitäten zurück – die Unternehmer (siehe Giersch 1984, S. 103-109). Die wirtschaftliche Dynamik wird von der Angebotsseite, der Produktion getrieben. Veränderungen auf der Nachfrageseite, wie etwa Veränderungen der Konsumentenbedürfnisse, schätzte Schumpeter als weit weniger bedeutend in Bezug auf die wirtschaftliche Entwicklung ein. Dies ist völlig plausibel, würde es doch bedeuten, dass bereits vor der Existenz von Kernkraftwerken, die Konsumenten durch ihre Nachfrage schon deren Stromerzeugung derjenigen von Kohlekraftwerken vorgezogen haben müssten.

In seinem Ansatz spielt neben der Betrachtung der Angebotsseite vor allem auch die kategorische Ablehnung statischer oder auch komparativ-statischer Gleichgewichtsmodelle eine Hauptrolle. Daraus folgt, „dass es eine Gleichgewichtslage [...] nicht geben kann" (Schumpeter 1997, S. 100).

Sollte diese dennoch zustande kommen, würde sie im Modell Schumpeters sofort durch die Initiative von Unternehmern gestört. Solche Störungen werden als ein „Durchsetzen neuer Kombinationen am Markt" bezeichnet, ein Prozess unter dem Schumpeter folgende Fälle versteht (siehe Schumpeter 1997 S. 100-101):

– Herstellung eines neuen, d.h. dem Konsumentenkreise noch nicht vertrauten Gutes oder einer neuen Qualität eines Gutes.

– Einführung einer neuen, d.h. dem betreffenden Industriezweig praktisch noch nicht bekannten Produktionsmethode, die keineswegs auf einer wissenschaftlich neuen Entdeckung zu beruhen braucht und auch in einer neuen Weise bestehen kann, mit einer Ware kommerziell zu verfahren.

– Erschließung eines neuen Absatzmarktes, d.h. eines Marktes, auf dem der betreffende Industriezweig des betreffenden Landes noch nicht eingeführt war, mag dieser Markt schon vorher existiert haben oder nicht.

– Eroberung einer neuen Bezugsquelle von Rohstoffen oder Halbfabrikaten, gleichgültig ob diese Bezugsquelle schon vorher existierte und bloß nicht beachtet wurde bzw. als unzugänglich galt – oder ob sie erst geschaffen werden muss.

– Durchführen einer Neuorganisation, wie Schaffen einer Monopolstellung oder Durchbrechen eines Monopols.

Deutlich wird bei der Betrachtung der fünf Kategorien, dass das Unternehmerbild klar funktional angelegt ist, d.h. wer eine der aufgezeigten Tätigkeiten durchführt, ist Unternehmer. Schumpeter spezifiziert auch den Begriff der „neuen Kombinationen" etwas genauer, indem er darunter keineswegs jede marginale Änderung einer Produktionsmethode bzw. eines Produktes versteht. Vielmehr erfordert die Handlung des Durchsetzens neuer Kombinationen, dass diese bedeutende Auswirkungen auf die gesamtwirtschaftliche Entwicklung nach sich ziehen müssen.

Eine Zusammenfassung der Unternehmerfunktionen liefert Schumpeter auch in seinem späteren Werk „Kapitalismus, Sozialismus und Demokratie". Die Unternehmerfunktion besteht darin, „die Produktionsstruktur zu reformieren oder zu revolutionieren, entweder durch die Ausnützung einer Erfindung oder, allgemeiner, einer noch unerprobten technischen Möglichkeit zur Produktion einer neuen Ware bzw. zur Produktion einer alten auf neue Weise oder durch die Erschließung einer neuen Rohstoffquelle oder eines Absatzgebietes oder durch die Reorganisation einer Industrie" (Schumpeter 1950, S. 214).

Die Betonung des Begriffes der Durchsetzung von Innovationen verdeutlicht zudem, dass Schumpeter explizit zwischen Unternehmer und Erfinder differenziert. „Die Funktion des Erfinders – oder überhaupt des Technikers – und die des Unternehmers fallen nicht zusammen. Der Unternehmer kann auch Erfinder sein, aber nur zufälligerweise" (Schumpeter 1997, S. 129), wodurch folgerichtig die Trennung zwischen dem Erfinden und dem Vermarkten eines Produktes vorgenommen wird. Das Etablieren neuer Produkte am Markt, verlangt nicht, dass der Unternehmer Eigentum an Produktionsmitteln besitzt, der Unternehmer ist daher auch nicht Träger des betrieblichen Risikos. Bedingung ist lediglich eine Verfügbarkeit von Produktionsmitteln. Das Risiko trägt der Unternehmer nur dann, wenn die Unternehmerfunktion und die des Kapitalisten in einer Person zusammenfallen. Den Unternehmerprofit generiert der Unternehmer folglich auch nur aus dem Durchsetzen der neuen Kombinationen, nicht aus dem Eigentum an Produktionsmitteln.

An der funktionalen Kategorisierung zeigt sich, dass Schumpeter Angestellte eines Unternehmens vom Typus eines Unternehmers nicht ausschließt. Entrepreneur zu sein, bedeutet keineswegs einen Status, der einmal angeeignet nicht mehr verloren gehen kann. Seine Vorstellung des Unternehmers liegt in einer Art Führerfunktion mit überlegenen persönlichen Merkmalen, die in den allermeisten Fällen nur temporär eingesetzt werden können. Ein Pionierunternehmer schafft es nicht ständig, durch Innovationen ein Marktungleichgewicht hervorzurufen und somit zumindest kurzfristig Monopolgewinne aus seinem Vorsprung vor Imitatoren erzielen zu können. Ist ein Unternehmer gerade nicht mit dem Durchsetzen neuer Kombinationen beschäftigt, wird er von Schumpeter als „Wirt" bezeichnet, der in seiner Funktion als Manager von Routineaufgaben oder durch Produktinventionen das Unternehmen „kreislaufmäßig weiterbetreibt", nicht aber erfolgreich Innovationen durchsetzt (siehe Schumpeter 1997, S. 116).

Peterson bemerkt hierzu „Entrepreneurship is not management", wobei der Begriff des Managements in diesem Zusammenhang mit dem Schumpeterschen Begriff des Wirtes gleichzusetzen ist. So schreibt er weiter, „the transition from entrepreneurial innovation to steady growth through management [...] is often difficult for entrepreneurs to make [...]". Aber das reine Management als Unternehmertum zu klassifizieren, „is simply to grant an honoric title [...] and that robs the term entrepreneurship of any distinctive meaning" (Peterson 1981, S. 65-66).

Während Schumpeter in seiner „Theorie der wirtschaftlichen Entwicklung" die unternehmerische Funktion noch auf eine natürliche Person beschränkt sieht, wird er in seinem späteren Werk „Kapitalismus, Sozialismus und Demokratie" auch den aufkommenden Forschungsabteilungen innerhalb von Großunternehmen gerecht, indem er unternehmensintern entwickelte Innovationen in seine Analyse mit einschließt. Es ist nun nicht mehr allein der Pionierunternehmer, sondern auch das Pionierunternehmen, das durch seine Innovationen stets eine statische Gleichgewichtslage verhindert. Veränderungen der Angebotsseite sind somit für den „Prozess der schöpferischen Zerstörung" verantwortlich, in dem neue Kombinationen in einem unstetigen Prozess als Innovationen bestehende Märkte gravierend verändern, ja sogar obsolet machen können, aber auch völlig neue Märkte schaffen, in denen jeweils überdurchschnittliche Gewinne bzw. Verluste erzielt werden können (siehe Schumpeter 1949, S. 134-138 und S. 215-216).

Entrepreneure identifizieren in diesem Zusammenhang „Opportunities" – neue, durchsetzbare Kombinationen –, die bislang den Wirtschaftssubjekten, per Definition, unbekannt geblieben sein müssen oder sich noch nicht erfolgreich am Markt behauptet haben (siehe Kaish / Gilad 1991, S. 48). Dies steht erneut im direkten Widerspruch zum neoklassischen Modell, bei dem eine vollkommene Information der Wirtschaftssubjekte vorausgesetzt wird. Darüber hinaus ist der Wettbewerb bei Schumpeter, getrieben von Innovationen, durch temporäre Monopole gekennzeichnet und nicht durch atomistischen Wettbewerb. Diese Charakterisierung des Marktgeschehens, bei dem Unternehmer, angelockt durch überdurchschnittliche Profiterwartungen aufgrund kurzfristig möglicher Monopolgewinne, in Märkte eintreten, ist sicherlich realitätsnäher als das allgemeine neoklassische Gleichgewichtsmodell, bei dem die Unternehmergewinne annahmegemäß aufgrund des atomistischen Wettbewerbs bei Null liegen.

Der Unternehmer als Entdecker im Modell von Israel M. Kirzner
In der herausragenden Bedeutung des Unternehmers für die gesamtwirtschaftliche Entwicklung stimmt das Unternehmerbild von Kirzner mit dem Schumpeters überein. Obwohl Amerikaner, wird Kirzner der neoösterreichischen Schule zugeordnet, da seine Arbeiten auf den Werken von Hayek, v. Mises und Lachmann aufbauen. So übernimmt er das Konzept des „homo agens" v. Mises, wodurch er gleichzeitig die vorherrschende Annahme eines „homo oeconomicus" in der wirtschaftswissenschaftlichen Theoriebildung ersetzt sehen möchte. Ein in allen Fällen ökonomisierendes, nach maximaler Effizienz unter Ausgleichung den jeweiligen Grenznutzen alloziierendes Wirtschaftssubjekt wird somit nicht mehr unterstellt. An dessen Stelle tritt ein menschlich handelndes Wirtschaftssubjekt, dessen Aktivitäten weiter gefasst sind. Vor dem Prozess des Ökonomisierens, also der zweckbestimmten Abwägung des Einsatzes gegebener, also per Definition schon bekannter Mittel, muss sich der Mensch über den Zweck seines Handelns Klarheit verschaffen und die zur Verfügung stehenden Mittel bereits kennen. Wie Kirzner dies ausdrückt, muss also schon ein bestimmter Zweck-Mittel-Rahmen bestehen. Daher muss sich der homo agens, im Gegensatz zum homo oeconomicus, im ersten Schritt zunächst über seine Zielvorstellung klar werden und gleichzeitig überlegen, mit welchen Mitteln er diese erreichen möchte. Erst wenn er dies geklärt hat, kann im zweiten Schritt versucht werden, die Mittel möglichst nutzenmaximal einzusetzen. Nur durch diese Erweiterung kann, folgert Kirzner, die menschliche Neugier nach dem Entdecken bisher unbekannter Ressourcen erklärt werden: „Soweit die Suche jedoch in den Rahmen der Ökonomisierung eingeordnet werden kann, unterstellt sie zweifellos irgendeinen ins Auge gefassten Zweck-Mittel-Hintergrund" (siehe Kirzner 1978, S. 28).
Hiermit wird das unternehmerische Element Kirzners deutlich. Es liegt in dem Finden neuer Ziele oder neuer verfügbarer Ressourcen. Dieses „Element der Findigkeit" innerhalb eines neoklassischen Modellrahmens identifizieren zu wollen, wo ja annahmegemäß vollkommene Informationstransparenz besteht, ist natürlich kaum möglich. Somit lehnt Kirzner – wie auch Schumpeter – die Vorstellung einer Gleichgewichtslage auf den Märkten ab. In der Realität sind die Märkte vielmehr aufgrund einer asymmetrischen Informations- und Wissensverteilung stets im Un-

gleichgewicht. Zum Abbau der Informationsasymmetrien dient der Marktmecha-
nismus, der den Teilnehmern permanent neues Wissen vermittelt.

Unvollkommene Informationen und die Möglichkeit des Lernens („Findens")
sind also zentrale Bausteine im Ansatz Kirzners. Nun ist aber das unternehmerische
Element in der bisherigen Behandlung keiner speziellen Gruppe vorbehalten, sondern scheint gleichermaßen bei allen Wirtschaftssubjekten vorhanden zu sein. Daher
geht Kirzner noch einen Schritt weiter, indem er den „reinen Unternehmer" einführt.
Dieser ist definiert als ein „Entscheidungsträger, dessen gesamte Rolle ausschließlich in seiner Findigkeit bezüglich bisher unbekannter Gelegenheiten besteht" und
„der ohne eigene Mittel beginnt" (Kirzner 1978, S. 32). Der Unternehmer ist demnach auch hier nicht gleichzeitig Kapitalist, da ein Besitz von Produktionsmitteln
nicht erforderlich ist.

Die Findigkeit des Unternehmers repräsentiert das Unvorhersehbare innerhalb
des Wirtschaftsprozesses, bisher ungenutzte Informationen auf dem Markt einzusetzen. Das unternehmerische Element tritt somit immer im Marktungleichgewicht auf,
da nur hier ungenutzte Gewinngelegenheiten bestehen. Diese Gelegenheiten müssen
ja per Definition bis zu ihrer Entdeckung durch den Unternehmer unbekannt gewesen sein, ansonsten hätte ja bereits ein anderer Marktteilnehmer diese genutzt. Die
Perspektive von Kirzner postuliert demnach, dass sich Verhaltensweisen der Wirtschaftssubjekte nicht vorhersagen lassen, da eine Prognose des Unbekannten ausgeschlossen ist.

Als einfaches Beispiel für die Rolle des reinen Unternehmers kann ein Wirtschaftssubjekt gelten, das samstags auf den Markt geht. Durch seine Findigkeit entdeckt es zwei Stände, die jeweils Tomaten zu unterschiedlichen Preisen verkaufen.
Daher bietet sich dem Unternehmer, ohne eigene Mittel (hier: Tomaten) zu besitzen,
die Möglichkeit der Arbitrage. Er kauft beim billigeren Stand Tomaten ein und versucht sie direkt neben dem teureren Stand zu verkaufen, dessen Kunden wegen fehlender Informationen bereit sind, einen höheren Preis für die Tomaten zu bezahlen.
Hierbei setzt er den Preis so fest, dass er über dem billigeren, aber unter dem Preis
des teureren Stands liegt. Schon anhand dieses kurzen Beispiels werden die Funktionen des Unternehmers bei Kirzner deutlich (siehe Welzel 1995, S. 138-142):
-   Der Unternehmer ist Arbitrageur: Die Findigkeit ermöglicht es, Preisdifferenzen
    zu erkennen und auszunutzen. Diese können sowohl räumlich (zwischen ver-
    schiedenen Orten) als auch zeitlich (zwischen unterschiedlichen Zeitpunkten)
    ausgenutzt werden.
-   Der Unternehmer klärt die Marktteilnehmer durch seine Aktivitäten über Preis-
    differenzen auf und verringert somit Informationsasymmetrien.
-   Marktungleichgewichte werden durch die Verbreitung neuer Informationen re-
    duziert, wodurch die Märkte zum Marktgleichgewicht tendieren.
-   Die wirtschaftliche Entwicklung wird gefördert, wenn der Unternehmer seine
    Findigkeit – neben der reinen Arbitrage – auch für das Entwickeln innovativer
    Produkte, Produktionstechniken oder das Entdecken neuer Absatzwege einsetzt.

Die Entwicklung auf ein Marktgleichgewicht hin wird auf die im Marktprozess erworbenen Kenntnisse zurückgeführt, also auf ein Lernen aller Wirtschaftssubjekte.
Eine neoklassische Gleichgewichtslage ist daher der gedankliche Endpunkt stetig

immer neu revidierter Pläne und Erwartungen der Marktteilnehmer. Das Lernen und eine damit einhergehende Verbreitung des Wissens, ausgelöst durch die unternehmerische Aktivität, führen dazu, dass sich die Märkte in Richtung des Gleichgewichtes bewegen. Hierfür sorgen das Erkennen effizienterer Produktionsmöglichkeiten oder genauere Kenntnisse über die Konkurrenten auf der Angebotsseite sowie eine zunehmende Transparenz über Preise und Qualität der Produkte auf der Nachfrageseite. Ist eine Gleichgewichtslage einmal erreicht, wird der Unternehmer jedoch überflüssig, da keine Informationsdifferenzen als unternehmerische Gelegenheiten mehr ausgenutzt werden können.

Der reine Unternehmer verfügt also grundsätzlich über besseres Wissen als andere Marktteilnehmer. Gemeint ist ein Vorsprung im Methodenwissen, d.h. in der Art und Weise wie unternehmerische Gelegenheiten aufgespürt werden können, und nicht bloßes Faktenwissen. Das Aneignen von Faktenwissen ist vielmehr Konsequenz aus dem Methodenwissen, da der Unternehmer genau weiß, wie und wo er an die relevanten Marktdaten gelangt. Entscheidend für den Unternehmer ist das Nutzbarmachen bereits existierender Informationen, die ihn in die Lage versetzen, Wirtschaftsgüter zwischen der Angebotsseite und Nachfrageseite zu vermitteln (siehe Kirzner 1978, S. 55).

Betrachtet man die einzelnen Funktionen, so zeigt sich, dass der Unternehmer im Modell von Kirzner nicht notwendigerweise eine natürliche Person sein muss. Sofern die unternehmerischen Funktionen im obigen Sinne ausgeübt werden, kann jeder Marktteilnehmer, also auch ein Unternehmen oder ein Team, die Unternehmerrolle einnehmen.

1.3.3   Persönlichkeitsbezogenes Unternehmerbild

Das Interesse an den Charakterzügen des Entrepreneurs geht im Wesentlichen auf die Arbeiten von McClelland zurück, wodurch sich der Fokus der akademischen Unternehmerforschung von der wirtschaftlichen Aktion zu den Akteuren verlagerte. McClelland begründet den Wechsel in der Forschungsrichtung mit: „It is the fantasies of the person, his thoughts and associations, which give us his real ‚inner concerns' at the time working" (McClelland 1961, S. 41). Der Forschungsansatz gründet auf der von Max Weber aufgestellten These eines Zusammenhangs zwischen protestantischer Arbeitsethik und wirtschaftlicher Entwicklung. Ein solch personenbezogener Ansatz wird auch in der deutschsprachigen Unternehmerforschung verteidigt, da die „Eigenschaften des Gründers durch die Personalunion zumindest in der Anfangsphase gleichzusetzen sind mit den Eigenschaften [...] des Gründungsunternehmens" (Szyperski / Nathusius 1999, S. 35).

Ein personeller Forschungsansatz wurde – zumindest in der amerikanischen Literatur – aber schon bald kritisiert, bedingt unter anderem dadurch, dass der Nachweis eines kausalen Zusammenhangs zwischen besonderen Persönlichkeitsmerkmalen und dem Unternehmenserfolg nicht zwingend erbracht werden konnte. Vielmehr könnte auch eine umgekehrte Kausalität in Frage kommen, so dass ebenso der unternehmerische Erfolg beispielsweise zu einer gesteigerten Leistungsbereitschaft ge-

führt hat (siehe Brockhaus / Horwitz 1986, S. 27). Resultat war wiederum eine
Rückbesinnung der Forschung auf einen funktionalen Ansatz, da „[...] the search for
a single psychological profile of the entrepreneur is bound to fail" (Stevenson / Ro-
berts 1999, S. 5; siehe z.B. Gartner 1988, S. 11-32). Im Folgenden soll trotzdem die
Arbeit McClellands kurz angerissen werden, da sie im Bereich der psychologischen
Charaktereigenschaften des Unternehmers den wohl bedeutendsten Beitrag darstellt.

Als unternehmerspezifisches Merkmal hat McClelland in seinen Arbeiten eine ver-
gleichsweise höhere Leistungsmotivation (Need for Achievement) herausgearbeitet.
Im Gegensatz zu den in diesem Beitrag behandelten funktionalen Unternehmerbil-
dern, gründen die Aussagen auf einer empirischen Untersuchung. Hierbei wurde die
– direkt nicht messbare – Leistungsbereitschaft der untersuchten Gruppe anhand der
Aufgabe einer zu schreibenden Geschichte beurteilt, die auf der Basis von gezeigten
Bildern angefertigt werden sollte. Bestandteil der Untersuchungen waren aber auch
erfolgreiche Manager. Folglich wurde auch hier Eigentum an Produktionsmitteln
nicht als Kriterium für einen Unternehmer verwandt. Der Begriff des Leistungsmo-
tivs kann durch das Streben eines Individuums nach Effizienz umschrieben werden,
d.h. bestimmte Handlungen schlichtweg effizienter, schneller oder besser zu gestalten, mit anderen Worten, einer Umsetzung des ökonomischen Prinzips. So kommt
beispielsweise Klandt in seinen Untersuchungen zu dem Schluss, dass für Deutschland eine positive Beziehung zwischen Leistungsmotivation und Gründungsaktivität
nachweisbar ist. Auch international gilt: „Leistungsmotiv und Gründungsaktivität
sind klar positiv und linear korreliert" (Klandt 1984, S. 152).

Die höhere Leistungsbereitschaft des Unternehmertyps drückt sich durch die folgenden Charakterzüge aus (siehe McClelland 1962, S. 99-112; siehe Hisrich / Peters
1988, S. 69):
- Der Unternehmer fühlt sich selbst verantwortlich, für Probleme Lösungen zu finden, wobei er deren Lösung nicht Dritten oder gar dem Zufall überlässt.
- Der Unternehmer setzt sich mittelschwere, aber lösbare Aufgaben, wobei er gut
  kalkulierbare Risiken bevorzugt.
- Der Unternehmer präferiert Arbeitssituationen, bei denen ein konkretes Feedback bezüglich seiner Leistungen erwartet werden kann. Als Beispiel kann hier
  die Form eines erfolgsabhängigen Gehalts gelten.

Aus seinen Studien zieht McClelland den Schluss, dass Personen mit diesen Charakteristika eine hohe Korrelation mit unternehmerischem Erfolg aufweisen. Als
Konsequenz für die Wirtschaftspolitik ergibt sich daraus, dass die Zielsetzung einer
gesteigerten wirtschaftlichen Entwicklung, insbesondere in den Entwicklungslän-
dern, nicht nur durch einen verstärkten Ressourceneinsatz zu erreichen ist. Nach
Auffassung McClellands existieren überall unausgenutzte Gewinnmöglichkeiten, die
oftmals nur aufgrund einer unzureichenden Leistungsmotivation nicht realisiert werden. Wird die individuelle Leistungsmotivation, z.B. durch Motivationstrainings
oder die Implementierung besonderer gesellschaftlicher Werte erhöht, kann langfristig auch gesamtwirtschaftlich mit einem verstärkten Wachstum gerechnet werden
(siehe McClelland 1965, S. 6-24 und S. 178).

Weiterführende Literatur (zitierte Quellen siehe Anhang)

Kirzner, I. M. (1978), Wettbewerb und Unternehmertum, Tübingen.

Klandt, H. (1984), Aktivität und Erfolg des Unternehmensgründers, Eine empirische Analyse unter Einbeziehung des mikrosozialen Umfeldes, Band 1 der Reihe Gründung, Innovation und Beratung, Bergisch-Gladbach.

McClelland, D. C. (1961), The Achieving Society, Princeton.

Schumpeter, J. A. (1997), Theorie der wirtschaftlichen Entwicklung, Berlin.

Welzel, B. (1995), Der Unternehmer in der Nationalökonomie. Untersuchungen zur Wirtschaftspolitik, Band 101, hrsg. vom Institut für Wirtschaftspolitik an der Universität zu Köln.

Verständnisfragen (Lösungen siehe Anhang)

Aufgabe 1:
Wie können die Begriffe „Entrepreneur" und „Entrepreneurship" definiert und voneinander abgegrenzt werden?

Aufgabe 2:
Welche Rolle spielt das Eigentum an Produktionsmitteln, um Unternehmer im Sinne Schumpeters zu sein?

Aufgabe 3:
Was versteht Kirzner unter der „Findigkeit" des Unternehmers.

I Gründerperson
2 Funktionen und Eigenschaften des Unternehmers in der Praxis

Heinz Klandt / Nils H. Tröger

> *„Business is like chess: To be successful, you must anticipate several moves in advance." (William A. Sahlman)*

2.1 Überblick

Die Literatur, die sich mit dem Unternehmer auseinandersetzt, hat – wie im vorigen Beitrag deutlich wurde – eine Fülle unterschiedlicher Definitionen und Ansätze hervorgebracht. Ohne auf individuelle Forschungsarbeiten abzustellen, werden nun dem Unternehmer nach dem derzeitigen Stand der Forschung zugeschriebene Funktionen und Charaktereigenschaften vorgestellt. Somit wird eine Synthese von Forschungsarbeiten vorgenommen, wobei als Klassifikation erneut zwischen dem funktionalen und personenbezogenen Ansatz differenziert wird. Aber auch die allgemeine Darstellung unternehmertypischer Funktionen und persönlicher Merkmale muss sich aufgrund der Komplexität auf die wichtigsten Punkte beschränken. Darüber hinaus werden in diesem Beitrag gesamtwirtschaftliche Funktionen des Unternehmens aufgearbeitet und empirische Ergebnisse zu den Determinanten der Unternehmeraktivität und des Unternehmenserfolges integriert (zu den empirischen Ergebnissen siehe insbesondere Klandt 1984). Des weiteren werden die Themenbereiche des Unternehmers in der Unternehmung, das sogenannte „Intrapreneurship" sowie Aspekte von Teamgründungen behandelt, da diese in der unternehmerischen Realität stark an Bedeutung gewonnen haben. Abschließend wird die praktische Relevanz durch einen Fragenkatalog („Gründertest") deutlich, der es dem Leser erlaubt, sich anhand einer Checkliste über die eigenen Möglichkeiten und Grenzen in Bezug auf eine Unternehmensgründung klar zu werden. Hierbei stehen zwei Problemfelder im Vordergrund. Zum einen, ob man sich selber bewusst ist, welche Faktoren überhaupt mit einer Unternehmerrolle verbunden sind, und zweitens, ob man hierfür die nötigen Fähigkeiten mitbringt.

2.2 Gesamtwirtschaftliche Funktionen des Unternehmers

– Der Unternehmer als *Träger von Unsicherheit und Risiko*: Da der Unternehmer für den Markt produziert, ist er gezwungen, die Bedürfnisse anderer Personen abzuschätzen. So sind die absetzbare Menge und der erzielbare Preis völlig unsicher. Auch hat das Einkommen des Unternehmers häufig residualen Charakter. Dies gilt natürlich nur, wenn zumindest ein (Teil-)Eigentum an den Produktionsmitteln unterstellt wird. Das Tragen von Risiko wird insbesondere von Knight als Unternehmerfunktion gesehen (siehe Knight 1921). Der erzielte Gewinn ist daher von der Abschätzung der zukünftigen Marktentwicklung abhängig. Die Entscheidungen über Preise, Mengen und den Einsatz der Produktionsfaktoren werden also stets unter Unsicherheit gefällt, und der Unternehmer trägt daraufhin das Risiko eines möglichen Schadens, z.b. eines Einkommensausfalls.

– Der Unternehmer als *Faktorkombinierer*: Die Aufgabe des Unternehmers ist es, durch ein Verarbeiten von Informationen, eine Entscheidung über den Einsatz bestimmter Produktionsfaktoren zu treffen. Die Ressourcen können dann gleichermaßen für das Erstellen von Innovationen oder Imitationen eingesetzt werden. Der Unternehmer als Träger dispositiver Entscheidungen besitzt sowohl für eine einzelwirtschaftliche als auch eine gesamtwirtschaftliche Perspektive eine Relevanz. Der Unternehmer reagiert auf eine Veränderung der Marktdaten mit einer Variation der Inputfaktoren. Daraus ergibt sich gesamtwirtschaftlich eine Reallokation der verfügbaren Ressourcen, das Marktangebot wird qualitativ und quantitativ anders zusammengesetzt und das ursprüngliche Marktgleichgewicht verändert. Hierbei kann sowohl eine Tendenz zum Gleichgewicht hin, als auch vom Gleichgewicht weg herbeigeführt werden.

– Der Unternehmer als *Informator und Kommunikator*: In der Realität ist der Markt nicht vollkommen. Es existieren sowohl Transaktionskosten als auch unvollkommene und asymmetrische Informationen. Somit sind auch die Märkte vielmehr durch Ungleichgewichte als durch das theoretische Konstrukt eines allgemeinen Marktgleichgewichtes geprägt. Der Mangel an Informationen schafft permanent Preisdivergenzen und unausgenutzte Profitchancen für alle Wirtschaftssubjekte. Der Unternehmer als Marktteilnehmer entdeckt und verarbeitet verfügbare Informationen, die dann in Produkte umgesetzt werden. Über seine Tätigkeit liefert er dem Markt bisher verborgene Informationen und erhöht dadurch die Markttransparenz.

Die Klassiker der Ökonomie haben sich zumeist mit den Funktionen des Unternehmers auseinandergesetzt, aber dabei selten die praktischen Besonderheiten der ersten Lebensphase einer selbstständigen Existenz berücksichtigt. Zu einer umfassenden Analyse gehören neben den persönlichen Merkmalen auch das mikro- und makrosoziale Umfeld des Gründers. Im Folgenden wird daher ein Überblick über relevante Determinanten des (erfolgreichen) Unternehmers vermittelt.

2.3 Persönliche Eigenschaften des Unternehmers

– *Hohe Leistungsmotivation* (Need for Achievement): Wie bereits in der Behandlung der Beiträge McClellands für die Unternehmerforschung angeklungen ist (Teil 2, I. 1) , gilt die erhöhte Leistungsmotivation als ein psychisches Eigenschaftsmerkmal des Unternehmers. Sie wird umschrieben, als das Bestreben, die eigene Tüchtigkeit in allen Tätigkeiten zu steigern oder möglichst hoch zu halten. Dies gilt für Aktivitäten, in denen man einen Gütemaßstab für verbindlich hält und deren Ausführung deshalb „gelingen" oder „misslingen" kann. Unternehmensgründer zeigen sich in der Realität tatsächlich durch eine deutlich höhere Leistungsmotivation gegenüber anderen gesellschaftlichen Gruppen aus. Auch innerhalb der Gründer sind diejenigen am erfolgreichsten, für die auch die höchsten Leistungsmotivwerte gemessen wurden.

– *Machbarkeitsstreben* (Locus of Control): Eng verbunden mit der erhöhten Leistungsmotivation ist die Vorstellung eines erhöhten Machbarkeitsdenkens beim Unternehmer. Die Hypothese lautet, dass Unternehmer in Wahrnehmung der Umwelt davon ausgehen, diese selbst entscheidend beeinflussen zu können und daher auch eine höhere Leistungsbereitschaft zeigen. Im Gegensatz dazu sind die Nicht-Unternehmertypen davon überzeugt, Ereignisse seien gewissermaßen schicksalhaft, zufällig oder eine Laune der Natur. Die Leistungsmotivation und damit auch der Glaube an die Machbarkeit bei der Umsetzung eigener Ideen sind daher entsprechend gering. Auch hier gilt natürlich, dass eine solche Aussage wiederum kaum in der Lage ist, Unternehmer von Nicht-Unternehmern abzugrenzen. So müssen ja beispielsweise auch Manager oder Extremsportler von ihrem Einfluss auf die Umwelt überzeugt sein. Dies wird häufig auch mit einem höheren *Vertrauen in die eigenen Möglichkeiten* umschrieben. Voraussetzung ist die persönliche, subjektive Überzeugung, die unternehmerische Selbstständigkeit mit Erfolg durchstehen zu können. Der Glaube an den eigenen Erfolg ist oftmals schon der „halbe" Erfolg.

– *Risikobereitschaft* (Risk-Taking Propensity): Die Übernahme von Risiko wird in sehr vielen Beiträgen zur Unternehmerforschung thematisiert. Auf der individuellen Ebene sieht sich der Unternehmer zwei Risiken gegenüber: zum einen dem Risiko, das mit der Entscheidung zugunsten der Selbstständigkeit einhergeht, zum anderen dem spezifischen Risiko eines Misserfolges in der gewählten Unternehmertätigkeit. Einen anderen Ansatz wählt Klandt, der das Risiko innerhalb der Gründungsaktivität in das monetäre Risiko, das Karriererisiko, das familiäre und das psychische Risiko (siehe Klandt 1984, S. 167-170) aufgliedert. Es ist aber keineswegs so, dass Gründer besonders risikobereit wären oder eine höhere Risikobereitschaft gar zu einem größeren Gründungserfolg führt. Die Risikobereitschaft der Unternehmer ist mit der anderer Gruppen vergleichbar und liegt im mittleren Bereich. Dies ist unter anderem darauf zurück zu führen, dass aus einem erhöhten Machbarkeitsdenken eine reduzierte subjektive Risikowahrnehmung des Unternehmers resultiert. Dies überrascht, lässt sich aber auf den Umstand zurückführen, dass er von seiner Aktivität so überzeugt ist, dass der Glaube an ein Scheitern relativ gering ist.

– *Unabhängigkeitsstreben:* Insbesondere auf das Werk von Collins und Moore geht die Identifikation eines höheren Unabhängigkeitsstrebens bei Unternehmern zurück. Unabhängigkeit wird hierbei als Ablehnung von Unterordnungsverhältnissen unter eine Autorität verstanden (siehe Collins / Moore 1964, S. 239-241). So wird dem Unternehmertyp eine Abneigung gegenüber der Einordnung in traditionelle hierarchische Systeme nachgesagt. Darüber hinaus ist auch der Aspekt der Selbstverwirklichung, also der Durchsetzung eigener Ideen und Wertvorstellungen, integrativer Bestandteil des Unabhängigkeitsstrebens. Das Unabhängigkeitsstreben hat allerdings keine Auswirkung auf den Erfolg, den man als Gründer hat.

– *Soziale Initiative und Begeisterungsfähigkeit:* Ein weiterer typischer Charakterzug von Unternehmensgründern ist ihre soziale Initiative. Dies drückt sich dadurch aus, dass sie als unternehmungslustig gelten, gerne mit ihren Mitmenschen verkehren, gesellig und stets ansprechbar sind. Weiterhin sind Gründer stark begeisterungsfähig. Sie gelten daher als besonders humorvoll und stehen bei gesellschaftlichen Anlässen gerne im Mittelpunkt. Auch prägt sie ein hoher Grad an Individualität, moralischer Unabhängigkeit und geringer Normenorientierung. Flexibilität und Spontaneität sind ohnehin unabdingbare Voraussetzung für erfolgreiche Gründer. Besonders erfolgreich sind diejenigen Gründer, die eine besonders ausgeprägte soziale Initiative zeigen sowie eine höhere Gruppenorientierung und Zuversicht aufweisen.

– *Gesunder Menschenverstand:* Die von herkömmlichen psychologischen Intelligenztests gemessenen Ergebnisse von Gründern unterscheiden sich überraschenderweise nicht deutlich von ihren Mitmenschen. Dies ist aber auch nicht besonders verwunderlich, denn der unternehmerische Erfolg hängt keineswegs von einem besonders hohen Grad an „Testintelligenz" ab. Vielmehr kann der Ausdruck des „gesunden Menschenverstandes" eher das abbilden, was der Unternehmer zur erfolgreichen Aufgabenerfüllung benötigt. Dazu gehört die Fähigkeit, mit komplexen, intransparenten Problemen umgehen zu können und auch bei Vorliegen von beschränkten Informationsmöglichkeiten zu vernünftigen Vorstellungen über Handlungsalternativen zu kommen. Dies wird als ausgeprägtes Systemdenken bezeichnet (siehe Dörner et al. 1983). Auch ist für Gründer das divergente Denken typisch, also eine hohe Kreativität bzw. die spezielle Fähigkeit, neuartige Perspektiven und Visionen zu entwickeln und umzusetzen (siehe Goebel 1990).

Neben diesen Faktoren wird dem Unternehmer noch eine Reihe weiterer Charakteristika zugeschrieben. Hierzu gehören z.B. eine gesteigerte Problemlösungskompetenz, ein gesteigertes Machtstreben, eine hohe Kreativität in der Umsetzung von Innovationen, ein hohes Selbstbewusstsein und ein starker Realitätssinn. Der Wissenschaft ist es aber kaum gelungen, psychologische Merkmale von Unternehmern zu identifizieren, die sie deutlich von anderen Gruppierungen abgrenzen könnten. Insbesondere ist eine Differenzierung gegenüber Topmanagern schwer zu ziehen. So kommen auch Brockhaus und Horwitz zu der Schlussfolgerung: „There is not a single type of entrepreneur" (Brockhaus / Horwitz 1986, S. 40). Eine Vorhersage, ob eine Person zum Unternehmer wird oder nicht, ist aufgrund der Persönlichkeit somit auch nicht machbar. Anders formuliert: „Economic circumstances are important, social networks are important, entrepreneurial teams are important, even public agency assistance is important. But none of these will, alone, create a new venture" (Shaver / Scott 1991, S. 39).

2.4   Persönliche Lebensumstände des Unternehmers

Erfolgreiche Gründer werden noch durch eine Reihe zusätzlicher Rahmenbedingungen aus dem mikro- und makrosozialen Umfeld beeinflusst, die für den Beginn einer unternehmerischen Tätigkeit von hoher Bedeutung sind. Hierzu zählen:

– *Familiäre Herkunft*: Insbesondere eine gegebene Selbstständigkeit der Eltern lässt die Kinder später verstärkt in die berufliche Selbstständigkeit streben. Dies gilt gleichermaßen für (elterliche) Betriebsübernahmen und eigene Unternehmensneugründungen. Das im Zuge der Kindheit hautnah erlebte Beispiel der selbstständigen Berufsausübung des Elternhauses lässt diese Möglichkeit für eine eigene berufliche Aktivität stärker ins Bewusstsein treten. Auch das Vertrauen in die Umsetzbarkeit und Beherrschbarkeit einer solchen Aufgabe wird hierdurch gestärkt. Allerdings darf der Lerneffekt nicht überschätzt werden, so sind Gründer mit selbstständigen Vätern oder Müttern in der eigenen Selbstständigkeit kaum erfolgreicher als andere Gründer.

– *Wichtige berufliche Erfahrungen*: Die schulische und berufliche Ausbildung von Gründern ist in der Regel deutlich besser als die anderer Berufstätiger. Allerdings besitzen Gründer im Vergleich zu Führungskräften eher eine schlechtere formale Qualifikation. Es gibt sogar einige überraschend provokante Hinweise für eine negative Korrelation zwischen Schulausbildung und Unternehmererfolg! Wichtig für den Gründungserfolg sind offenbar vor allem auch erworbene Berufserfahrungen und Branchenkenntnisse des Unternehmers vor dem Wechsel in die Selbstständigkeit. Hier wird die entscheidende Rolle des letzten Arbeitgebers, des Inkubators deutlich. Der potenzielle Gründer hat sich meist bei seinem bisherigen Arbeitgeber mit den Produkten, Leistungen und Kundenkreisen vertraut gemacht. Diese Kenntnisse kann er sich – sofern die Gründung innerhalb der gleichen Branche erfolgt – hervorragend zu Nutze machen. Sie sind für den Gründungserfolg von erheblicher Bedeutung.

– *Der Einfluss des Ehepartners und der Arbeitszufriedenheit*: Wesentlichen Einfluss auf das Ergreifen unternehmerischer Aktivitäten nimmt der Ehe- bzw. Lebenspartner des potenziellen Gründers, da er zumeist in den Entscheidungsprozess über den gewagten Schritt in die unternehmerische Selbstständigkeit eingebunden wird. Auch kann angenommen werden, dass der Partner einen Einfluss auf den unternehmerischen Erfolg hat. In Bezug auf die Arbeits- und Lebenszufriedenheit kann festgestellt werden, dass nicht etwa ein niedriges Zufriedenheitsniveau den Wechsel in die Selbstständigkeit forciert. Vielmehr ist das Gegenteil der Fall. Diejenigen, die ein Unternehmen gründen, sind meist vor der beruflichen Veränderung durch eine höhere Lebens- und Arbeitszufriedenheit geprägt als ihre Arbeitskollegen. Eine höhere Lebens- und Arbeitszufriedenheit vor der Gründung verbindet sich auch mit einem (späteren) größeren Gründungserfolg.

– *Einfluss der Finanzierungsmöglichkeiten:* Die tatsächliche Gründung ist erheblich von der subjektiven Einschätzung der eigenen Finanzierungsmöglichkeiten des Gründungsvorhabens geprägt. Sieht man aber von speziellen, sehr kapitalintensiven Gründungen einmal ab, so dürfte insbesondere auch bei den gegebenen öffentlichen Fördermöglichkeiten die Finanzierungsseite nur in Ausnahmefällen wirklich eine objektive Hürde für die Umsetzung eines starken Wunsches nach beruflicher Selbstständigkeit sein. Auch hat sich der Markt für privates Wagniskapital (Venture Capital) in den letzten Jahren in Deutschland sehr stark entwickelt. Zudem stehen immer mehr finanzkräftige Privatpersonen (Business Angels) bereit, sich an innovativen Unternehmensgründungen mit Kapital und Know-how zu beteiligen. Eine solide, dem Gründungsvorhaben angemessene finanzielle (vor allem Eigenkapital-) Absicherung ist trotz allem noch immer ein wichtiger Garant für den späteren Gründungserfolg. Dazu gehört eine realistische Einschätzung möglicher „Durststrecken", die in der anfänglichen Kapitalausstattung berücksichtigt werden sollten ebenso dazu, wie eine angemessene Liquiditätsplanung, bei der z.B. Steuertermine eine erhebliche Rolle spielen können.

– *Nachhaltigkeit der Gründungskonzeption*: Für den Erfolg der Gründung ist die gewählte Struktur von nicht zu unterschätzender Bedeutung, da auf dieser langfristig das Unternehmen aufgebaut werden muss. Dies beinhaltet Entscheidungen zur Frage nach möglichen Gründungspartnern (Anzahl, Qualifikation, Aufgabentrennung etc.). Natürlich ist auch die Auswahl der Branche, in der das Unternehmen sich etablieren soll, von entscheidender Bedeutung. Vor allem im Hinblick auf eine mögliche Finanzierung des Unternehmens durch Venture Capital oder Business Angels ist es oftmals von entscheidender Bedeutung, ob man sein Vorhaben in einem Wachstumssegment oder in einem stagnierenden Umfeld umsetzen möchte. Weitere Fragen sind, ob man ein bestehendes Unternehmen mit bestehender Struktur übernehmen oder die Struktur von Grund auf selbst errichten möchte.

– *Unternehmer-Image und Gründungsklima*: Berücksichtigen sollte der Unternehmer auch die soziale „Großwetterlage". Diese bestimmt z.B., mit welchem Image ein Gründer zu kämpfen hat. Wurde der Unternehmer früher als „Kapitalist" oder gar als „Ausbeuter" gesehen, so werden heute Unternehmertypen vielfach als die neuen Helden der Gesellschaft gefeiert. Mittelbar hat dies natürlich auch einen Einfluss auf die staatliche (finanzielle) Förderung des Unternehmers.

Deutlich wird bei der Behandlung der persönlichen Merkmale und der Lebensumstände, durch die der Gründer geprägt ist, dass die Faktoren, die das Gründungsgeschehen und auch den Gründungserfolg beeinflussen, extrem vielschichtig sind, und sich kaum auf einige wenige Aspekte reduzieren lassen.

2.5 Intrapreneurship

Wie bereits in der Behandlung der Unternehmerfunktionen insbesondere bei Schumpeter und Kirzner deutlich wurde, ist für die Definition des Unternehmers das Eigentum an den Produktionsmitteln keine Voraussetzung – entscheidend ist lediglich die Verfügbarkeit. Diese Sichtweise war auch die Geburtsstunde des „angestellten" Unternehmers. Im Rahmen der großen Unternehmen folglich als „Intrapreneur" bezeichnet, soll er die Defizite der großen Unternehmen im Konkurrenzkampf mit den aufstrebenden Wachstumsunternehmen auszugleichen versuchen. Somit kann Intrapreneurship definiert werden als ein Konzept zur Förderung unternehmerischen Verhaltens auf allen Ebenen einer bestehenden großen Organisation. Intrapreneurship hat zum Ziel, Innovationen zu stimulieren und zu realisieren sowie der neuerungsfeindlichen Atmosphäre am Arbeitsplatz entgegenzuwirken. Dabei beinhaltet Intrapreneurship neben der Identifikation und Förderung der Intrapreneure auch die Schaffung der entsprechenden innovationsfördernden Strukturen sowie der unternehmenskulturellen Voraussetzungen, deren es zur Realisierung eines solchen Konzeptes bedarf.

Ein großes Unternehmen wird in diesem Zusammenhang nicht durch typische Kriterien wie Beschäftigten- oder Umsatzzahl gemessen. Vielmehr stellt der Begriff auf bestimmte Problembereiche ab, die sich in der Regel in komplexeren Organisationen finden lassen. Dazu gehören die Nachteile, die sich aufgrund von standardisierten Arbeitsabläufen, einer zunehmenden Spezialisierung, manifestierten Hierarchien und einer Tendenz zur „Bürokratisierung" ergeben. Die fehlende Innovationsschwäche der Großunternehmen ist meist keine Folge fehlender Kreativität, sondern die Organisationsstruktur erlaubt es nicht oder bietet keinerlei Anreize, erfolgversprechende Ideen der Mitarbeiter zu identifizieren und umzusetzen (siehe Neugebauer 1997, S. 1-11).

Als Abgrenzung zum Entrepreneur, der seiner Geschäftstätigkeit ausschließlich zur eigenen Nutzenmaximierung nachgeht, dient die unternehmerische Tätigkeit des Intrapreneurs sowohl der eigenen Person als auch dem Unternehmen, für das er tätig ist. Dafür geht er keine persönlichen finanziellen Risiken ein, erhält aber auch nicht den gesamten Gewinn seiner unternehmerischen Tätigkeit. Neben den in den vorherigen Abschnitten als „unternehmerisch" beschriebenen Eigenschaften ist für den Intrapreneur noch zusätzliches Können ausschlaggebend. Da er als Angestellter nicht allein entscheiden darf, unterliegt er gewissen Restriktionen, die ihm sein Arbeitgeber auferlegt. Um Ressourcen jeglicher Art muss er kämpfen, d.h. er ist auf die Unterstützung seitens der Unternehmensleitung angewiesen. Hierdurch wird der Intrapreneur quasi automatisch zum Teamspieler, da er für sein Projekt stets Teammitglieder gewinnen muss. Ein Intrapreneur ist daher durch ein überdurchschnittliches Verhandlungsgeschick, eine starke Ausdauer in der Überwindung von Hindernissen sowie einen hohen Grad an Flexibilität gekennzeichnet (siehe Dyckerhoff 1995, S. 52-59).

2.6   Teamaspekte

Bisher wurde stets „der" Unternehmer betrachtet, was die Vorstellung unterstreicht, man habe es stets mit einem einsamen unternehmerischen „Helden" zu tun. Doch wird eine Vielzahl von Unternehmen durch mehrere Personen gegründet und auch geführt. In diesen Fällen verteilen sich die Unternehmerfunktionen und -eigenschaften auf mehrere Schultern. Im Rahmen von Unternehmensgründungen sind vor allem Teamgründungen relevant. Ein Gründerteam bezeichnet eine Anzahl von Individuen, die in langfristig stabilen Rollen-Status-Beziehungen zueinander stehen. Ein Team entsteht nicht durch die bloße Ansammlung von natürlichen Personen. Vielmehr zeichnet sich ein Team dadurch aus, dass mehrere Personen zielgerichtet zusammengestellt sind. Der Teambegriff wird hierbei auch häufig normativ ausgelegt, wobei dem Team – als Instrument zum Erreichen der gemeinsamen Zielsetzung – all diejenigen Eigenschaften zugeordnet werden, die zur Zielerreichung notwendig sind (siehe Hertog / Tolner 1996, S. 1705-1706).

Neben der geteilten Zielsetzung, zeichnen sich die Mitglieder des Teams dadurch aus, dass sie innerhalb ihrer Interaktionen gemeinsame Wertvorstellungen und Normen teilen, die auch die Verhaltensweisen in allen für das Team relevanten Bereichen steuern. Weiterhin muss der Aspekt des Eigentums am Unternehmen betont werden. Zum Team im engeren Sinne zählen lediglich die Personen, denen auch ein gewisser Teil des Unternehmens gehört. Diese Sichtweise vertritt auch Nathusius, der hierunter eine Gemeinschaft von unternehmerisch Handelnden mit gleichen Zielen, gemeinsamen Leitungsaufgaben bei gemeinsamer Haftung versteht. Nur bei gleichzeitigem Vorliegen aller drei Aspekte kann von einer „echten" Partnerschaft gesprochen werden (siehe Nathusius 1994, S. 26-28). Nathusius differenziert zwischen primären und sekundären Unternehmerpartnerschaften. Von primären Unternehmerpartnerschaften kann dann gesprochen werden, „wenn das Partnerobjekt die Kernaktivität des unternehmerischen Handelns der Beteiligten betrifft" (Nathusius 1994, S. 13). Sobald eine getrennte unternehmerische Einheit betroffen ist, z.B. eine Tochtergesellschaft, wird bereits der Begriff der sekundären Unternehmerpartnerschaft angewendet (siehe Nathusius 1994, S. 12-14). Die Stakeholder, wie Berater, Banken, Referenzkunden und Lieferanten, gehören daher nicht zum Team, obwohl diese Beziehungen von den Beteiligten gerne als „Partnerschaft" bezeichnet werden.

Somit liegt bei Betonung des Eigentumsaspektes bereits ein großer Vorteil des Einzelunternehmers bzw. Alleingründers auf der Hand: Eigentum und damit die Kontrolle über alle Entscheidungen innerhalb des Unternehmens liegen uneingeschränkt in seiner Hand. Aber gerade in der Frage des Eigentums sind die Übergänge oftmals fließend. Bei Unternehmen, die in ihrer Gründungsphase mehr finanzielle Mittel erfordern als das Unternehmen aufbringen kann, findet häufig eine Bezahlung Dritter mit Hilfe von Unternehmensanteilen statt. Auch gelingt es solchen Unternehmen oft nur durch die Bezahlung mittels Aktienoptionen, qualifiziertes Personal zu attrahieren. Ob dann alle Mitarbeiter zum Team im engeren Sinne gezählt werden sollen, ist wohl mehr als fraglich. So wird neben den Aspekten der Haftung, Leitung und gemeinsamer Zielverfolgung zudem für den Teambegriff das Kriterium einer annähernd gleichen Haftung – entsprechend den Kapitalanteilen – gefordert (siehe Verleger 1994, S. 221).

Die entscheidende Frage, ob die Bildung eines Teams gegenüber einer einzelnen Person für den Erfolg des Unternehmens vorteilhafter ist, kann pauschal nicht beantwortet werden. So kommt Peters in einer Untersuchung über die Wachstumsaussichten zwischen Einzel- und Teamgründungen in den Niederlanden und Deutschland zu folgendem Schluss: „Solo and teams start-ups show far less differences in growth in the long run than expected [...]." (Peters 1994, S. 96). In einer weiteren Untersuchung haben sich aber für Deutschland Teamgründungen im Hinblick auf den erzielten Umsatz als wachstumsstärker erwiesen (siehe Kirchhoff / Klandt / Winand 1994, S. 123).

Folglich gilt es, die Vor- und Nachteile im Einzelfall zu prüfen. Mittlerweile existieren sogar Software-Programme, die dem Nutzer die erfolgreiche Zusammensetzung von Teams erleichtern sollen (siehe Belbin 1996). Neben den gründungsspezifischen Problemfeldern kann auch aus einer organisationstheoretischen Perspektive heraus der Vergleich zwischen Individuen und Gruppen zu einer Beurteilung herangezogen werden (siehe Vesper 1993, S. 105-118; siehe Laux / Liermann 1997, S. 96-98). Als Vorteile der Teamgründung gelten:
-   Der Einzelunternehmer ist sehr wahrscheinlich mit der Fülle der Aufgaben sowohl quantitativ als auch im Hinblick auf seine Qualifikation überfordert. Ein überlegt zusammen gestelltes Team vermag diese Anforderungen besser zu bewältigen. So können die Partner die verschiedenen funktionalen Bereiche des Unternehmens entsprechend den eigenen Kompetenzen führen. Das Wissens- und Erfahrungsspektrum und die Originalität der Lösungen des Teams sind größer als bei einer Einzelperson, vorausgesetzt das Team wurde heterogen zusammengesetzt.
-   Die Motivation von Teammitgliedern wird gefördert, da sie am Unternehmenserfolg direkt beteiligt sind.
-   Der finanzielle Aufwand im Rahmen einer Gründung wird auf mehrere Schultern verteilt. Damit kann zum einen ein höherer Kapitalbedarf bereitgestellt werden, zum anderen kann auch das monetäre Risiko verteilt werden.
-   Bei kooperativen Teams kann durch die Gruppenmitgliedschaft eine höhere Motivation entstehen. Darüber hinaus werden Fehler von mehreren in der Regel schneller entdeckt, auch die Bereitschaft zur Selbstkritik steigt.

- Ein Team befriedigt auch soziale Bedürfnisse, wie z.b. Nähe, Sicherheit oder Anerkennung.
- Der Einzelne erhält ein unmittelbares Feedback von den anderen Teammitgliedern.
- Durch den Austausch vorhandener und neu beschaffter Daten kann der Informationsstand des Teams gegenüber einer einzelnen Person überproportional erhöht werden.

Demgegenüber lassen sich aber auch eine Reihe von Nachteilen der (möglichen) Teamgründung identifizieren:
- Das Eigentum an der Unternehmung – und damit auch der Anspruch auf alle zukünftigen Erträge – muss geteilt werden.
- Verbunden mit der Frage des Eigentums ist die Kontrolle über die Gesellschaft. Entscheidungen können von Einzelunternehmern frei ohne Rücksprache gefällt werden, was den Entscheidungsprozess beschleunigen kann. So besteht bei Teams die Gefahr, dass bei wichtigen Entscheidungen keine Übereinstimmung getroffen werden kann oder diese viel Zeit in Anspruch nehmen. Auch muss sich der Einzelne gegenüber seinen Miteigentümern für sein Handeln rechtfertigen, was ein erhöhtes Konfliktpotenzial birgt.
- Spannungsfelder können entstehen, wenn aus Sicht des Einzelnen der Arbeitseinsatz eines oder mehrerer Partner nicht im richtigen Verhältnis zur Gewinnbeteiligung steht.
- Werden früh Unternehmensanteile an Partner abgegeben, mindert dies gleichzeitig die Möglichkeit einer späteren Kapitalbeschaffung gegen Anteile.
- Einzelne Teammitglieder könnten aufgrund von Gruppenzwängen ihr Potenzial nicht voll ausschöpfen.
- Ein Mitglied des Teams kann plötzlich andere Ziele verfolgen. Im schlimmsten Fall wird es dann versuchen, seinen Anteil am Unternehmen einzufordern, was die finanzielle Lage stark belasten kann.
- Die Koordination der einzelnen Teammitglieder verursacht Kosten.

Der Vergleich zwischen Teams und Einzelpersonen ist jedoch problematisch, da ein Einzelunternehmer durch externe Berater, informelle Kontakte oder Mitarbeiter viele der angesprochenen Nachteile kompensieren kann. Bei der Bildung von Teams kann auch von einem ertragsgesetzlichen Verlauf in Bezug auf die Leistungssteigerung ausgegangen werden, so dass die zusätzliche Leistungssteigerung des Teams mit jedem neuen Teammitglied abnimmt (siehe Staehle 1999, S. 287). So weisen Laux / Liermann darauf hin, dass bei Entscheidungen innerhalb eines Teams bereits bei einer isolierten Entscheidungsfindung, d.h. ohne eine vorherige Diskussion der Mitglieder und anschließende Abstimmung, ein besseres Ergebnis erzielt werden kann als bei einem Alleinentscheider. So ist mit der Abstimmung in einem Team ja stets die Chance verbunden, dass eine allein gewählte ungünstige Entscheidung durch die anderen Mitglieder überstimmt wird. Hierfür kann das folgende Beispiel von Laux / Liermann dienen (siehe Laux / Liermann 1997, S. 95-96): Ein Team besteht aus drei Mitgliedern M1, M2 und M3. Jeder würde die für das Unternehmen günstige Alternative mit einer Wahrscheinlichkeit von $p = 0,8$ wählen. Dies entspricht gleichzeitig der Wahrscheinlichkeit, mit der eine Einzelperson die günstige Entscheidung träfe. Somit beträgt also die Wahrscheinlichkeit der Auswahl einer schlechten Alternative durch den Einzelnen 20 Prozent (p = 0,2).

Die drei Personen wählen nun voneinander unabhängig die ihrer Meinung nach bessere Alternative aus und vertreten diese im Rahmen der Abstimmung innerhalb des Teams. Umgesetzt wird diejenige Alternative, die in der Abstimmung eine Mehrheit, also mindestens zwei Stimmen, erhält. Die nachstehende Tabelle zeigt nun alle Abstimmungsvarianten auf, die in diesem Verfahren möglich sind. Mit „Ja" und „Nein" ist die Zustimmung des Einzelnen zur günstigen Alternative aus Sicht des Unternehmens gekennzeichnet.

ABSTIMMUNG	M1	M2	M3	WAHRSCHEINLICHKEITEN
1	„JA"	„JA"	„JA"	0,8x0,8x0,8= 0,512
2	„JA"	„JA"	„NEIN"	0,8x0,8x0,2= 0,128
3	„JA"	„NEIN"	„JA"	0,8x0,2x0,8= 0,128
4	„NEIN"	„JA"	„JA"	0,2x0,8x0,8= 0,128
5	„NEIN"	„NEIN"	„JA"	0,2x0,2x0,8= 0,032
6	„NEIN"	„JA"	„NEIN"	0,2x0,8x0,2= 0,032
7	„JA"	„NEIN"	„NEIN"	0,8x0,2x0,2= 0,032
8	„NEIN"	„NEIN"	„NEIN"	0,2x0,2x0,2= 0,008

Abbildung 1: Abstimmungsverhalten (Quelle: Laux / Liermann 1997)

Für die gewählte Entscheidung (günstig oder ungünstig) für das Unternehmen infolge der Abstimmung ergeben sich folgende Wahrscheinlichkeiten: Die günstige Alternative wird mit einer Wahrscheinlichkeit von p = 0,896 gewählt, also der Addition der Wahrscheinlichkeiten der Abstimmungen eins bis vier. Die ungünstige Alternative wird im Rahmen der Abstimmung hingegen nur mit einer Wahrscheinlichkeit von p = 0,104 gewählt (Addition der Wahrscheinlichkeiten der Abstimmungen fünf bis acht). Daraus folgt, dass ein Team innerhalb einer Gruppenabstimmung auch bei isolierter Entscheidungsfindung die günstigere Alternative mit einer höheren Wahrscheinlichkeit wählen wird als ein Alleinunternehmer. Oder anders herum ausgedrückt: Das Team wählt in weniger Fällen die ungünstigere Alternative aus. Dies gilt aber nur dann, wenn von den Einzelnen die günstige Alternative mit p > 0,5 gewählt würde! Wählen alle Beteiligten beispielsweise im Vorfeld die ungünstige Alternative mit einer Wahrscheinlichkeit von 80 Prozent aus, dann steigt innerhalb dieses Modells auch die Wahrscheinlichkeit der Wahl der ungünstigen Alternative nach Abstimmung auf 0,896. Die günstige Alternative wird in einem solchen Fall unwahrscheinlicher gewählt als bei einer Alleinentscheidung.

Verlässt man die Annahme einer isolierten Entscheidung der beteiligten Teammitglieder und lässt im Rahmen des Entscheidungsprozesses einen Informationsaustausch und eine Diskussion der Argumente zu, so wird natürlich die Informationsbasis des Teams insgesamt verbreitet, wodurch die Wahrscheinlichkeit der Auswahl der günstigen Alternative zusätzlich steigen sollte. Natürlich steht aber auch dem Alleinunternehmer die Möglichkeit offen, seine Entscheidungsalternativen im Voraus mit Dritten zu diskutieren. Daraus folgt: „Es kann also nicht generell davon ausgegangen werden, eine Gruppe treffe bessere Entscheidungen als ein Individuum" (Laux / Liermann 1997, S. 93).

Die Unterschiede zwischen Einzelunternehmer und Teams wurden auch im Rahmen von computergestützten Planspielen empirisch untersucht (siehe hierzu Klandt 1994, S. 39 ff.). Grundlage war die Durchführung von insgesamt 379 Planspielen mit 552 Teilnehmern. Als Unternehmerteams galten diejenigen, die in Zweier- bzw. Dreiergruppen an dem Planspiel teilgenommen haben. Es zeigte sich, dass in den Bereichen Beschaffung, Marketing und Produktion keine wesentlichen Verhaltensunterschiede zwischen Einzel- und Teamspielern bestanden. Für den Finanz- und Personalbereich traf dies jedoch nicht zu. Hier haben Partnerspieler viel häufiger Entscheidungen getroffen, was auf eine höhere Informationssicherheit in Bezug auf finanzielle Entscheidungen und eine verstärkte Auseinandersetzung mit sozialen Aspekten im Personalbereich schließen lässt. Interessant sind aber vor allem die Erkenntnisse, dass Partnerspieler nur halb so oft Konkurs gemacht und auch einen wesentlich höheren Unternehmensgewinn erzielt haben als Einzelspieler. Doch bei einer Pro-Kopf Betrachtung lagen dagegen wiederum die Einzelspieler vorne.

2.7   Praktische Testfragen für potenzielle Gründer

Die folgenden Fragen sollen dem Gründer als eine Art Checkliste dienen, damit er sich im Vorfeld der Gründung über die Unternehmerrolle mit all ihren Vor- aber auch Nachteilen im Klaren ist. Zunächst gilt es, einen Vergleich mit der bisherigen beruflichen Situation zu ziehen, um besser einschätzen zu können, was beruflich aufgegeben bzw. neu hinzugewonnen wird.
- Welche Aufstiegschancen und Verdienstmöglichkeiten haben Sie bei ihrem bisherigen Arbeitgeber bzw. haben Sie allgemein als Angestellter in ihrem Beruf?
- Wie lange wird es dauern, bis Sie dieses Niveau als Selbstständiger wieder erreicht haben?
- Wie sind die Chancen zu beurteilen, dass Sie sich auch darüber hinaus weiterentwickeln können, wenn Sie selbstständig sind?

Neben dem beruflichen Risiko geht der Gründer aber noch eine Reihe weiterer zusätzlicher Risiken ein. Hierzu gehören das Kapitalrisiko, das Einkommensrisiko, das familiäre und psychologische Risiko sowie das Gesundheitsrisiko. Die Beantwortung der folgenden Fragen gibt einen Einblick in mögliche Problemfelder dieser Art:
- Haben Sie daran gedacht, dass Sie die Sicherheit ihres Einkommens, ihrer Altersversorgung und Krankheitsversorgung möglicherweise aufs Spiel setzen, wenn Sie sich selbstständig machen?

– Wissen Sie, dass 60, 70, ja auch 80 Stunden und mehr in der Woche Arbeitszeit nicht ungewöhnlich sind, dass keine Trennung von Freizeit und Arbeitszeit mehr möglich ist und in der Anlaufphase meist keine Zeit für die Familie oder für einen Urlaub bleibt? Sind Sie zu solch einer Lebensführung bereit?
– Haben Sie auch daran gedacht, dass das bisher vertraute und für viele Menschen auch wichtige Gespräch von Kollege zu Kollege wegfällt, wenn Sie eine Gründung alleine durchziehen?
– Haben Sie daran gedacht, dass Sie in einer gewissen sozialen Isolation innerhalb des Unternehmens stehen?
– Ist ihnen bewusst, dass auf Sie eine Vielzahl frustrierender Erlebnisse, häufige Rückschläge und Misserfolge zukommen, die Sie zu verarbeiten haben, wenn Sie auch weiter am Ball bleiben wollen?
– Ist ihnen auch bewusst, dass Sie, wenn Sie Angestellter in einer Führungsposition waren, den bisherigen Apparat vermissen werden, z.B. die Mitarbeiter, an die Sie eine Vielzahl Routinearbeit delegieren konnten, und dass Sie als Gründer eben auch Kleinkram oftmals selber machen müssen?
– Wollen und können Sie auf ein regelmäßiges und sicheres Einkommen verzichten?
– Können und wollen Sie auch für eine bestimmte Zeit auf den Ausbau ihrer Altersversorgung verzichten?
– Können und wollen Sie, wenn Sie ihre Gründung als Einzelkämpfer durchsetzen müssen, auf die stützende und tragende Hilfestellung von Kollegen verzichten?

Die Gründung eines Unternehmens ist ein extrem komplexer Vorgang, innerhalb dessen teilweise sehr schnell auf Veränderungen reagiert werden muss. Niemand zeigt dem Unternehmensgründer, wo es lang geht. Er muss also selber fähig sein, sich Ziele zu setzen und diese ohne äußeren Druck zu verfolgen und außerdem eine gestalterische Phantasie entwickeln.
– Trauen Sie sich dies zu?
– Der Gründer muss vorhandene Informationslücken erkennen und selbstständig schließen. Können Sie dies?
– Haben Sie also die Fähigkeit, in komplexen Situationen auch unter zeitlichem Druck schnell und sicher die richtige Entscheidung zu fällen?

Dass eine Unternehmensgründung kaum ohne Rückschläge durchzuführen ist, die nur bei Vorliegen einer sehr hohen Leistungsmotivation aber auch körperlicher Fitness nicht zur Aufgabe des Vorhabens führen, ist fast selbstverständlich. Ist es für Sie daher wichtig:
– eigene Ideen umzusetzen,
– große Handlungsfreiheit zu besitzen,
– nicht für andere arbeiten zu müssen, sondern für sich selbst,
– etwas wichtiges im Leben aufzubauen,
– die eigene Leistungsfähigkeit unter Beweis zu stellen,
– wirtschaftlich unabhängig zu sein? Und weiter:
– Waren Sie in den letzten Jahren durchgehend körperlich fit und leistungsfähig,

– halten Sie auch Stresssituationen auf Dauer stand und weichen nicht aus, sondern lösen die Probleme, die anstehen?

Dass die persönlichen Eigenschaften für den Unternehmer eine hohe Relevanz haben, ist in den vorherigen Abschnitten bereits angeklungen. Können Sie die folgenden Fragen mit „Ja" beantworten?

– Trauen Sie sich wirklich zu, ein Unternehmen zu gründen und erfolgreich aufzubauen und zu leiten?
– Sind Sie kontaktfreudig und initiativ oder sind Sie eher menschenscheu?
– Haben Sie ein Gefühl dafür, was andere Menschen wollen und brauchen?
– Sind Sie kompromissfähig, aber auch unabhängig genug von der Meinung anderer?
– Sind Sie diszipliniert?
– Können Sie Ihr Verhalten gut steuern?

Die Branchen- und Berufserfahrung spielt eine große Rolle für den Erfolg der Gründung.

– Wie sieht es also mit ihrer Berufsausbildung aus? Passt sie zur Branche, in der Sie sich selbstständig machen wollen?
– Haben Sie bisher schon praktische Erfahrungen in der Branche sammeln können, in der Sie nun als Gründer aktiv werden wollen?
– Kennen Sie die Usancen und die „Bräuche" der Branche?
– Sind Sie bisher auch schon mit der Führung und Leitung von Mitarbeitern betraut gewesen, d.h. haben Sie schon Führungserfahrungen sammeln können?
– Besitzen Sie neben ihrer eventuellen technischen-fachlichen Qualifikation auch eine gut fundierte kaufmännische oder betriebswirtschaftliche Ausbildung und Erfahrung?
– Haben Sie vorher genügend Vertriebserfahrung sammeln können?

Die Bedeutung der privaten Sphäre für das Gelingen oder Nichtgelingen einer Gründung wird meist unterschätzt, aber der Gründer steht in der Regel nicht allein im Leben.

– Weist ihr Ehe- / Lebenspartner eine positive Einstellung zur beruflichen Selbstständigkeit auf?
– Wäre ihr Ehe- / Lebenspartner auch zur Mithilfe in einem neu gegründeten Unternehmen bereit und fähig?
– Wäre der Ehe- / Lebenspartner auch fähig, durch eigenes Arbeitseinkommen von außerhalb über eine gewisse Zeitspanne für den gemeinsamen Lebensunterhalt zu sorgen bzw. zu ihm beizutragen?

Finanzielle Aspekte und ein wahrscheinlich zunächst erforderlicher Wandel der Ausgabengewohnheiten sind Schlüsselfaktoren im Rahmen einer jeden Gründung. Sie sollten sich fragen:

– Welches laufende Einkommen steht Ihnen bzw. Ihrer Familie unabhängig von den Gewinnen ihres neugegründeten Unternehmens zur Verfügung?

– Über welche veräußerbaren, beleihbaren Vermögensgegenstände verfügen Sie oder verfügt Ihr Ehe- / Lebenspartner?
– Welche persönlichen Darlehen usw. können Sie bei Freunden und Verwandten für Ihr Gründungsvorhaben bekommen?
– Welche Beträge brauchen Sie laufend zur Abdeckung Ihres privaten Haushalts für Wohnung, Essen, Kleidung, Auto, Versicherung, Ratenverpflichtungen, evtl. Ausbildung der Kinder, etc.?
– Welche finanziellen und zeitlichen Verpflichtungen haben Sie aus Ehrenämtern in Verbänden, Vereinen, im politischen Bereich oder durch Hobbies? Können und wollen Sie diese aufgeben?

Auf weitere mögliche Einschränkungen geben noch die folgenden Fragen einen Hinweis:
– Wird ein guter Leumund, ein Nachweis der Gesundheit, eine Meisterprüfung oder eine Approbation in der von Ihnen geplanten Branche verlangt?
– Erfüllen Sie die gestellten Anforderungen?

Ein Teil der Bedingungen, die Sie erfüllen sollten, wenn Sie sich selbstständig machen, ist sicherlich gegeben und kann von Ihnen nicht verändert werden. Es gibt aber auch eine Reihe von Aspekten, die Sie selber positiv beeinflussen können, in dem Sie sich auf den Moment des Wechsels in die Selbstständigkeit entsprechend gut vorbereiten. Fragen Sie sich deshalb:
– Haben Sie alle Möglichkeiten der Vorbereitung auf einen Wechsel in die unternehmerische Selbstständigkeit, z.b. in Form des Besuchs von Seminaren, der Inanspruchnahme von Beratungsleistungen, des Durcharbeitens von informativen Schriften, der Aufstellung eines detaillierten Unternehmenskonzeptes, ausgeschöpft?
– Sind Sie z.B. durch eine Konkurrenzklausel in ihrem Arbeitsvertrag oder aber durch lang ausgedehnte Kündigungsfristen an Ihr Arbeitsverhältnis gebunden?

Natürlich liegt es an Ihnen, diesen Katalog persönlich zu erweitern und auf ihre Anforderungen „maßzuschneidern". Hierbei können Gesprächspartner aus unterschiedlichsten Gebieten hilfreich sein, die man für eine neutrale Sicht der Dinge unbedingt bemühen sollte. Natürlich kann auch Ihr Gesprächspartner sich jeweils in der Beurteilung irren, aber er hat auf jeden Fall mehr Distanz zu diesen Fragen. Um ganz sicher zu sein, sollten Sie deshalb diese Aspekte mit mehreren Gesprächspartnern durchgehen und vor allen Dingen auch den beruflich (fachlich und branchenbezogen) qualifizierten Gesprächspartner suchen. Viel Erfolg beim Test und bei der Realisierung Ihrer Pläne. Nur wer wagt, kann tatsächlich auch gewinnen!

Weiterführende Literatur (zitierte Quellen siehe Anhang)

Müller-Böling, D. / K. Nathusius (Hrsg.) (1994), Unternehmerische Partnerschaften, Stuttgart.

Klandt, H. (1984), Aktivität und Erfolg des Unternehmensgründers, Eine empirische Analyse unter Einbeziehung des mikrosozialen Umfeldes, Band 1 der Reihe Gründung, Innovation und Beratung, Bergisch-Gladbach.

Vesper, K. H. (1993), New Venture Mechanics, New Jersey.

Dyckerhoff, C. S. (1995), Intrapreneuring, Band 2 der St. Gallener Beiträge zum unternehmerischen Wandel, Bern / Stuttgart / Wien.

Verständnisfragen (Lösungen siehe Anhang)

Aufgabe 1:
Was ist wichtiger für den unternehmerischen Erfolg? Eine sehr gute schulische Ausbildung oder eine langjährige Berufserfahrung?

Aufgabe 2:
Welche Risiken sind mit einer Unternehmensgründung verbunden?

Aufgabe 3:
Welche Vor- und Nachteile gibt es gegenüber einer angestellten Tätigkeit?

I Gründerperson

3 Wirtschaftsdidaktische Förderung der Handlungskompetenz von Unternehmensgründerinnen und -gründern

Ulrich Braukmann

3.1 Einleitung

Wird eine Unternehmensgründung auch im Sinne der Aufnahme eines Berufes interpretiert, so gilt: Wie bei fast jedem Start in einen neuen Beruf, muss sich auch der angehende Unternehmensgründer[*] die Fragen stellen, ob er die nötigen persönlichen Voraussetzungen für seine zukünftige Tätigkeit mitbringt und ob er den täglichen Anforderungen, die auf ihn zukommen werden, gerecht werden kann. Häufig schließt sich diesem Abgleich von Voraussetzungen und Anforderungen die Frage an, ob er diesbezügliche Defizite rechtzeitig u.a. durch Aus- und Weiterbildungsmaßnahmen ausgleichen kann. Aus der Perspektive der Wirtschaftsdidaktik stellt sich hierbei der systematische Aufbau eines betriebswirtschaftlichen und branchenbezogenen Wissens über Unternehmensgründungen als zumeist eher unproblematisch dar. Steht jedoch die Person des Unternehmensgründers unter dem Anspruch, dieses Wissen überzeugend und effizient zur Anwendung bringen bzw. als Persönlichkeit dieses Wissen handelnd umsetzen zu können, so erscheint der Aufbau einer solchen beruflichen Handlungskompetenz bereits angesichts der in der US-amerikanischen Entrepreneurship-Literatur (z.B. Lück / Böhmer 1994, S. 406) aufgeworfenen Fragen wie „Werden Unternehmer für ihre Tätigkeit geboren oder werden sie dazu gemacht?" (Morrison 1998, S. 6 f.) bzw. „Kann Entrepreneurship gelehrt werden oder nicht?" (Gibb 1996, S. 312) als ungleich schwieriger.

Die Auffassung einer 'Lehr- bzw. Erlernbarkeit' einer gründungsbezogenen Handlungskompetenz wird auch durch einzelne Beiträge in der Entrepreneurship-Education-Diskussion (z.B. Grüner 1993, S. 490; Ripsas 1998, S. 218) gestützt. Zudem fungiert die berufliche Handlungskompetenz nicht nur seit Jahren als erreichbare Zielkategorie der beruflichen Aus- und Weiterbildung (Braukmann 1993, S. 313-343), sondern ist konsequenterweise ein traditioneller Gegenstandsbereich der Wirtschaftspädagogik und -didaktik.

---

[*] Die ausschließliche Verwendung der maskulinen Form erfolgt hier und im nachfolgenden aus Gründen der sprachlichen Vereinfachung. Selbstverständlich sind auch die (angehenden) Gründerinnen in diesen Ausführungen berücksichtigt, bzw. sollen durch sie angesprochen werden.

Bevor auf dieses – auch und gerade für eine persönlichkeits- und verhaltensori-
entierte Gründungsqualifizierung nutzbare – Konstrukt der beruflichen Handlungskompetenz im wirtschaftsdidaktischen Kontext (siehe 3.3) eingegangen wird, soll in
Kapitel 3.2 durch einen eher exemplarischen Rekurs auf die in der Literatur von Unternehmensgründern abverlangten Fähigkeiten und Eigenschaften die Vielzahl an
möglichen Aspekten, Ausdifferenzierungen und Konkretisierungen einer beruflichen
Handlungskompetenz veranschaulicht werden. In Kapitel 3.4 werden die in der
Wirtschaftspädagogik und -didaktik entwickelten Ansprüche und Möglichkeiten des
Aufbaus einer auch gründungsbezogenen Handlungskompetenz vorgestellt. Als Ex-
emplaria der wirtschaftsdidaktischen Förderung der Handlungskompetenz von Unternehmensgründern werden abschließend Veranstaltungskonzeptionen einer innovativen wirtschaftsdidaktischen Gründungsförderung aus der Hochschule (siehe
3.5) vorgestellt.

3.2   Zur Vielfalt der Gründern in der Literatur abverlangten
Fähigkeiten und Eigenschaften

In nahezu jedem eher populärwissenschaftlichen Ratgeber zur Unternehmensgründung finden Gründungsinteressierte zumindest eine Skizzierung des idealtypischen
erfolgreichen Jungunternehmers vor. In dieser Beratungsliteratur lässt sich eine
Vielfalt der Merkmalsbeschreibungen eines Unternehmensgründers finden. So nennt
Wollny (1998, S. 24 f.) unter der Überschrift „Unternehmereigenschaften" u.a.: die
„richtige Einstellung zum Unternehmerdasein", die Bereitschaft, die „Anstrengung-
en einer Unternehmensgründung durchzustehen" sowie eine unternehmerische Ent-
scheidungsfreudigkeit. Kotsch-Faßhauer (1997, S. 26-28) thematisieren lediglich
„einige Aspekte der Führungsqualität", unter die sie u.a. eine „optimistische Grund-
haltung", ein „Organisationstalent", überlegtes und zielstrebiges Handeln, Durchset-
zungs- und Integrationsvermögen fassen. Martin (1996, S. 13-15) beantwortet die
selbst gestellte Frage „Wodurch zeichnet sich ein erfolgreicher Unternehmer aus?"
mittels eines Fragebogens, der zumindest indirekt Antriebsstärke, Verantwortungs-
befähigung, Organisationstalent, Arbeitsbelastbarkeit, Führungsstärke, Entschei-
dungsfreudigkeit, Ehrlichkeit, gute Gesundheit und mitmenschliche Fähigkeiten als
wesentliche Erfolgsgrößen anspricht (zu diesbezüglich weiterer Literatur z.B.
Braukmann 2000b, S. 6). Bereits mit dieser exemplarischen Auflistung könnte der
Eindruck entstehen, dass der Gründer ein nahezu grenzenlos einsatzbereites und be-
lastbares Multitalent sein sollte, das über eine fast unerschöpflich wirkende Vielfalt
von abverlangten Fähigkeiten und Eigenschaften verfügt. Anzumerken ist, dass die
Begrifflichkeiten der Ausführungen in dieser eher populärwissenschaftlichen Literatur häufig auch nicht trennscharf verwendet werden. So fällt angesichts fehlender
Nominaldefinitionen oder Konkretisierungen z.B. die Einschätzung schwer, ob es
sich bei dem jeweils genannten Merkmal um eine charakterliche Eigenschaft, eine
angeborene oder zu entwickelnde Fähigkeit oder um eine erlernte bzw. erlernbare
Qualifikation handelt.

Vor diesem Hintergrund ist es zu begrüßen, dass mit der spätestens seit Mitte der neunziger Jahre einsetzenden Bedeutungszunahme der Existenzgründungsthematik (z.b. Braukmann 2000a, S. 87-89; 2000b, S. 3-5) die Person des Unternehmensgründers verstärkt in den Fokus auch der wissenschaftlichen Aufmerksamkeit rückt. So widmet sich z.b. Klandt (1999, S. 11-21) als exponierter Vertreter der jungen, noch um Anerkennung ringenden (z.b. Fallgatter 2000), Disziplin des Gründungsmanagements u.a. den Fragen (Klandt 1999, S. 11), was den Unternehmensgründer im Vergleich zu anderen Bevölkerungsgruppen auszeichnet und durch welche Merkmale sich erfolgreiche Gründer von den weniger erfolgreichen Unternehmern unterscheiden. Als Ergebnis der verstärkten Forschung in diesem Bereich, kann bereits auf umfangreiche Systematiken der personellen Merkmale erfolgreicher Unternehmensgründer zurückgegriffen werden. Kußmaul (1999, S. 392) stellt z.b. in seiner „Betriebswirtschaftslehre für Existenzgründer" eine Systematisierung von Pleitner (1996, S. 259) auf, welche die Anforderungen an den Unternehmer in die Kategorien intellektuelle Fähigkeiten, charakterliche Fähigkeiten, unternehmerische Fähigkeiten, Führungsfähigkeiten und personale Fähigkeiten einteilt. Jeder Kategorie sind verschiedene Merkmalsausprägungen zugeordnet, so werden z.b. Zielstrebigkeit, Initiative, Risikofreude, Mut zur Veränderung, Entscheidungsfreude, Entschlusskraft, Pionierbereitschaft, Dynamik, Agilität, Extrovertiertheit und Kommunikationsfähigkeit unter die unternehmerischen Fähigkeiten subsummiert. Indem Pleitner die einzelnen Entwicklungsphasen eines Unternehmens in seine Überlegungen mit ein bezieht, kann er in einer Synopse sogar die unterschiedlich ausgeprägte Relevanz verschiedener Fähigkeiten in Abhängigkeit zu den spezifischen Anforderungen der jeweiligen Entwicklungsphase des Unternehmens ausweisen.

Ebenso interessiert sich der Wirtschaftspsychologe Müller für die Untersuchung der „individuellen Potenzialfaktoren beruflicher Selbstständigkeit" (Müller 1999b, S. 174). Angenommen wird, dass die psychologischen Voraussetzungen des Gründers ebenso wichtig für den Erfolg des Unternehmens sind, wie die ökonomischen (Frese 1998, S. 2). So werden insbesondere durch den Vergleich von unternehmerisch tätigen und nicht unternehmerisch tätigen Personen Eigenschaftsmerkmale ermittelt, die zwischen den beiden Gruppen differieren und somit einen Rückschluss auf die Spezifika einer etwaigen „unternehmerischen Persönlichkeit" (Müller 1999a, S. 463) bzw. auf diejenigen Persönlichkeitsmerkmale (wie z.b. Motive, Fähigkeiten, Eigenschaften) zulassen, die die Aufnahme einer selbstständigen Tätigkeit unterstützen (Müller 2000, S. 6 f.). Müller (2000, S. 13 f.) stuft von den untersuchten Eigenschaftsmerkmalen folgende fünf als zwischen den Personengruppen differenzierungsfähig ein:

− *Leistungsmotivstärke*
   Diese kann als Bereitschaft verstanden werden, sich vor allem mit den Arbeitsaufgaben auseinandersetzen zu wollen, die eine Herausforderung an die eigenen Kompetenzen und Fähigkeiten darstellen (Müller 1999b, S. 175).
− *Internale Kontrollüberzeugung*
   Diese beschreibt die Überzeugung, etwas initiieren und bewegen zu können. So sehen sich Personen mit einer ausgeprägten Kontrollüberzeugung − im Kontrast zu Menschen, die Situationen als gegeben hinnehmen und dementsprechend wenig Initiative zeigen − eher als Verursacher von Ereignissen (ebenda).

– *Ambiguitätstoleranz*
Diese lässt sich als „Ausmaß eines produktiven (...) Umgangs mit unklaren, mehrdeutigen oder widersprüchlichen Situationen" (Müller 2000, S. 14) beschreiben.

– *Unabhängigkeitsstreben*
Dieses entspricht dem Bedürfnis nach Autonomie und Selbstverwirklichung (ebenda).

– *Durchsetzungsvermögen*
Dieses kann als „sozial akzeptable Dominanz und Konkurrenzorientierung" (ebenda) verstanden werden.

Auch die im wissenschaftlichen Kontext Gründern in der Literatur zugesprochenen Fähigkeiten und Eigenschaften sind – u.a. aufgrund der paradigmatischen Ausgangslagen und der jeweiligen Erkenntnisinteressen der Disziplinen – durch Vielzahl, Heterogenität und durch Probleme der Trennschärfe gekennzeichnet. Dies indiziert, dass sich die diesbezügliche interdisziplinäre Gründungsforschung noch in einem frühen und keineswegs abschließenden Etablierungsstadium zu befinden scheint. Da ein allenthalben anerkannter, präzise ausdifferenzierter und zugleich empirisch bewährter Katalog an Fähigkeiten und Eigenschaften eines Gründers noch zu erarbeiten ist, fehlt einer fundierten Konzeptionalisierung von Aus- und Weiterbildungsmaßnahmen eigentlich eine konsistente, zentralen Ansprüchen der wirtschaftsdidaktischen Theorie genügenden, Basis der Lernzieloperationalisierung.

Dieses Defizit kann durch die Orientierung an dem in der wirtschaftsdidaktischen Disziplin bereits vorliegenden Konstrukt der beruflichen Handlungskompetenz ansatzweise kompensiert werden. Hierbei sind die aufgelisteten Fähigkeiten und Eigenschaften für die wirtschaftsdidaktisch geleitete Förderung der Handlungskompetenz von Gründern insofern bedeutsam, als dass sie Anhaltspunkte für die nähere Spezifizierung einer gründungsbezogenen Handlungskompetenz darstellen. Mit dieser Unterstützung der Lernzielbestimmung leisten sie auch einen Beitrag zu der im Rahmen der wirtschaftsdidaktischen Disziplin zu lösenden Aufgabe, geeignete Lerninhalte sowie die Methoden bzw. Medien zu deren Vermittlung zu bestimmen (Esser / Twardy 1998, S. 9).

3.3 Handlungskompetenz im wirtschaftsdidaktischen Kontext

Als ein wesentlicher Ausgangspunkt für die seit spätestens Mitte der 80er Jahre stattfindenden Auseinandersetzung mit dem Konstrukt der „beruflichen Handlungskompetenz" können mit Beck (1994, S. 13) die „Strukturveränderungen auf allen Gebieten", insbesondere die qualifikatorischen Herausforderungen des Beschäftigungssystems (Stichwort: veränderte betriebliche Organisations- und Arbeitsstrukturen), bezeichnet werden. Berufliche Handlungskompetenz kann – in Anlehnung an Bader, der Eckert (zitiert nach Eckert 1992, S. 56) zufolge ihre unterschiedlichen Dimensionen gut zusammenfasst – umschrieben werden als „die Fähigkeit und Bereitschaft des Menschen in beruflichen Situationen sach- und fachgerecht, persönlich durchdacht und in gesellschaftlicher Verantwortung zu handeln, d.h. anstehende

Probleme zielorientiert auf der Basis geeigneter Handlungsschemata selbstständig zu lösen, die gefundenen Lösungen zu bewerten und das Repertoire seiner Handlungsschemata weiterzuentwickeln." Für die übergreifende Zielkategorie einer beruflichen Handlungskompetenz ist ein ganzheitliches berufliches Bildungsverständnis (z.B. Ott 1995) konstituierend, welches keinesfalls auf die ausschließliche Förderung des kognitiven Lernbereiches ausgerichtet ist. Vielmehr rücken zumindest in gleichem Maße affektive und psychomotorische Fähigkeiten (z.B. Pätzold 1993, S. 24-52) in den Fokus der Bildungsbemühungen. Es wird davon ausgegangen, dass am ganzheitlichen Entwicklungsprozess eines Menschen „'Kopf', 'Herz' und 'Hand' gleichzeitig untrennbar beteiligt sind" (Arnold / Müller 1992, S. 101). Die so erworbenen Handlungskompetenzen stehen zwar auch, aber nicht ausschließlich, in einem direkten beruflichen Verwertungszusammenhang und werden unter den Begriffen „extrafunktionale Qualifikationen" oder auch „Schlüsselqualifikationen" (zur originären Definition Mertens 1974, S. 40; siehe aktuell Bank / Reckstadt 1998) diskutiert. Mit anderen Worten: Soll also die berufliche Handlungskompetenz den tradierten, stofforientierten Bildungsauftrag zugunsten eines umfassenden Handeln-Könnens und -Wollens ablösen, so beinhaltet sie nicht nur berufliche Fachqualifikationen, sondern auch in einem besonders ausgeprägten Umfang fach- und berufsübergreifende Elemente (Braukmann 1993, S. 313-317), wie die Qualifikations- und Kompetenzstrukturierung der beruflichen Handlungsfähigkeit nach Halfpap (1992, S. 143; siehe Abbildung 1) verdeutlicht.

In der Literatur werden als weitere Binnendifferenzierungselemente u.a. auch auf Individual-, Sach-, Human-, Lern- und Sprachkompetenz rekurriert, jedoch scheint sich die Dreiteilung in Fach-, Methoden- und Sozialkompetenz als üblich durchgesetzt zu haben (z.B. Esser / Twardy 1998, S. 12; Halfpap 1992, S. 143-145; Eckert 1992, S. 57, Middendorf 1997, S. 524). Hierbei bezieht sich in exemplarischer Anlehnung an Ott (1995, S. 59) Fachkompetenz u.a. auf die vornehmlich kognitiven Fähigkeiten des inhaltlich-fachlichen Wissens, die Methodenkompetenz umfasst die Beherrschung grundlegender Lern- und Arbeitstechniken sowie die Anwendungsmöglichkeit methodisch-problemlösender Vorgehensweisen und die Sozialkompetenz bezieht sich auf die Befähigung, grundlegende Kooperations- und Kommunikationstechniken einzusetzen. Esser / Twardy (1998, S. 12) verwenden diese Triade bereits als „Ordnungsschema für die Interpretation von Qualifikationsanforderungen in den Existenzgründungsphasen bzw. der damit einhergehenden Systematisierung von unterschiedlichen Anforderungsprofilen." Sie unterstellen, „dass sich die für Entrepreneure typischen Verhaltensmöglichkeiten als Fach-, Methoden- und Sozialkompetenzen beschreiben lassen, bspw. die Aufstellung eines Investitionsplanes als Ausdruck betriebswirtschaftlicher Fachkompetenz, die Anwendung von Problemlösungsheurismen als Ausdruck von Methodenkompetenz wie auch das Verhandeln eines Darlehens als Ausdruck von Sozialkompetenz."

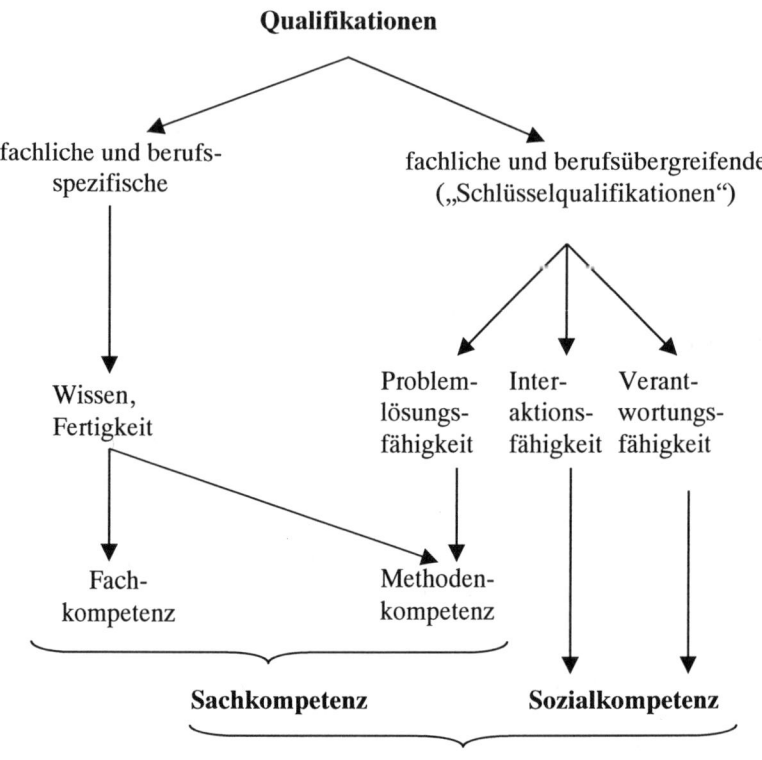

Qualifikationen

fachliche und berufs-   fachliche und berufsübergreifende
spezifische   („Schlüsselqualifikationen")

Wissen,   Problem-   Inter-   Verant-
Fertigkeit   lösungs-   aktions-   wortungs-
                 fähigkeit   fähigkeit   fähigkeit

Fach-   Methodenkompetenz   kompetenz

Sachkompetenz   **Sozialkompetenz**

berufliche Handlungsfähigkeit

Abbildung 1: Qualifikations- und Kompetenzstruktur
der beruflichen Handlungsfähigkeit (in Anlehnung an Halfpap)

3.4   Aufbau einer gründungsbezogenen Handlungskompetenz

Voraussetzung für die Aneignung einer umfassenden beruflichen Handlungskompetenz ist ein Lehren und Lernen, durch das u.a. alle Lernbereiche angesprochen und entwickelt werden. Betrachtet man die bestehenden Bildungsangebote für angehende Gründer, so wird deutlich, dass diesem Anspruch in der Praxis nur bedingt genüge getan wird. Die Gründerqualifizierung ist zumeist in die Strukturen des traditionellen Bildungswesens (zur Situation der Aus- und Weiterbildung z.B. Bund-Länder-Kommission für Bildungsplanung und Forschungsförderung 1997) eingebettet, welches bislang eher auf die Vermittlung von Faktenwissen ausgerichtet war. Demgemäss kommen auch Methoden des Lehrens und Lernens zur Anwendung, wie beispielsweise der Frontalunterricht in den Schulen oder die klassische Vorlesung an der Hochschule, die dieser Zielsetzung angemessen sein können. Ohne den Wert solcher Veranstaltungen schmälern zu wollen – ein umfangreiches betriebswirtschaftliches Fachwissen stellt das elementare Rüstzeug eines Gründers dar (Walterscheid 1998, S. 15) – erscheinen solche Lehr-Lernarrangements jedoch im Hinblick auf die Vermittlung einer umfassenden Handlungskompetenz als zu kurz greifend. So vernachlässigen sie die Dimensionen der Sozial- und Methodenkompetenz und erschweren bzw. verhindern damit den Erwerb ganzheitlicher Fähigkeiten im oben beschriebenen Sinne. Die sowohl im Rahmen der eher populärwissenschaftlichen wie auch der wissenschaftlichen gründungsbezogenen Literatur geäußerte – z.T. implizite – Kritik an einer konventionellen Gründerqualifizierung weist in die gleiche Richtung: Bemängelt werden z.b. von Garavan / O'Cinneide (1994, S. 13) „too little emphasis on the development of specific entrepreneurial competences" und insbesondere die verwendeten Lehrmethoden, die auf eine passive bzw. rezeptive Aufnahme des dargebotenen Lernstoffs (Taylor 1997, S. 38) und somit gerade nicht auf eine aktive, persönlichkeitsbezogene Auseinandersetzung mit der Gründungsthematik ausgerichtet sind. Explizit reklamiert der reputierte Wirtschaftspädagoge Twardy zusammen mit Esser (Esser / Twardy 1998, S. 14): „Das in der Universität zumeist vorzufindende methodische Spektrum im Vorlesungs- oder Seminarzusammenhang betont mehr oder weniger dozentenzentrierte Aktions- und Sozialformen, die auf die Förderung kognitiven Wissens abstellen. Diese Ausprägung einer Lernumgebung erscheint für das hier modellierte Anforderungsprofil als unzureichend." Ebenso insistieren z.b. Schulte / Klandt (1996, S. 102) darauf, dass die „Unternehmerausbildung (...) zusätzlich andere Formen (z.b. Selbststudiensysteme auf multimedialer, interaktiver Basis (...), Rollenspiele, Planspiele, etc.) und andere Schwerpunkte" brauche. Derartige Aussagen sind gleichbedeutend mit der Forderung nach der Entwicklung innovativer Veranstaltungskonzeptionen und Methoden zur Gründer(aus)bildung (Ripsas 1998, S. 224).

Im Kontext wirtschaftsdidaktischer Ansätze wird in diesem Zusammenhang zur Förderung einer beruflichen Handlungskompetenz insbesondere auf die umfassende Konzeption der handlungsorientierten Didaktik rekurriert, die spätestens seit Mitte der achtziger Jahre die didaktische Diskussion bis dato (mit)bestimmte (z.b. Sloane 1993 und insbesondere Braukmann 1996, S. 76-78). Ein wesentlicher Ausgangspunkt dieses Didaktikansatzes ist die herrschende Auffassung, dass insbesondere die fach- und berufsübergreifenden Qualifikationen bzw. die Methoden- und Sozialkompetenz – also der ganze rechte Bereich in der strukturierenden Abbildung 1 – nicht mit herkömmlichen, fast ausschließlich auf den Kenntniserwerb ausgerichteten, Lehr- / Lernarrangements zu erreichen ist. Exemplarisch sei hierbei auf Beiderwieden (1994, S. 80-82) verwiesen, der die selbstgestellte Frage „Lässt sich der Erwerb von Schlüsselqualifikationen auf herkömmliche Weise fördern?" folgendermaßen dezidiert beantwortet:

„Klar dürfte sein,
- dass die Lernenden Selbstständigkeit nicht in Situationen erwerben können, die weitgehend von den Lehrenden dominiert und vorstrukturiert sind,
- dass Planungsfähigkeit nicht erworben werden kann, wenn das meiste von den Lehrenden vorgeplant ist,
- dass Kooperationsfähigkeit und Kommunikationsfähigkeit nicht erlernt werden können, wenn Kooperations- und Kommunikationsprozesse hauptsächlich von

den Lehrenden initiiert werden und zwischen Lehrenden und Lernenden verlaufen, kaum jedoch zwischen den Lernenden selbst,
- dass die Lernenden nicht das Denken in Zusammenhängen erwerben können, wenn ihnen Wissen in Form isolierter Fächer und in Form stundenweiser Häppchen angeboten wird,
- dass die Lernenden nicht Selbstkontrolle und Selbstkritik erlernen können, wenn sie hauptsächlich von den Lehrenden kontrolliert und bewertet werden,
- dass sie nicht Kreativität erwerben können, wenn sie nicht auch selbst Aufgabenstellungen aussuchen und erforschen dürfen, wenn man sie nicht selbst ihre Lernwege, -umwege und -irrwege beschreiten lässt, wenn man sie nicht selbsttätig lernen lässt, sondern sie belehren will (...).

Das traditionelle Lernen stößt an seine Grenzen. Es steht im Widerspruch zur Förderung von Schlüsselqualifikationen."

Auch im Rahmen der Entrepreneurship Education – dieser Begriff eines gründungsbezogenen Forschungsbereiches kann in prägnanter Form mit „Aus- und Weiterbildung von Unternehmensgründern" (Walterscheid 1998, S. 1) definiert werden – wird auf eine Übertragung des handlungsorientierten Didaktikansatzes auf die Gründerqualifizierung verwiesen. So heißt es beispielsweise in der Erläuterung zur These 5 der zehn Berliner Gründerthesen zur Förderung unternehmerischer Kultur an den Hochschulen (Braukmann 2000b, S. 28) im Hinblick auf die universitäre Gründerausbildung: „Die Handlungsorientierung in Studium und Lehre sollte entwickelt und intensiviert werden. Selbstständiges Denken und Handeln erlernt man am besten durch selbstständiges Denken und Handeln. Aufgabe der Hochschullehrer ist es, Methoden zu entwickeln und zu verfeinern, die die Möglichkeit bieten, selbstständiges Denken und Handeln zu erproben und zu trainieren. Die Gründerausbildung soll die Chancen bieten, sich zur Unternehmerpersönlichkeit zu entwickeln".

Wodurch zeichnet sich nun das didaktische Konzept der Handlungsorientierung aus? Eine Beschreibung dessen, was eine handlungsorientierte Unterrichtsgestaltung ausmacht, wird durch die Vielzahl der in der Literatur vorfindbaren Ansätze erschwert, die sich bereits in der Anzahl der Kennzeichen handlungsorientierten Lernens unterscheiden und sich nach Ebner / Reinisch (1989, S. 3) hinsichtlich der jeweils angeführten „Zielperspektiven, Begründungszusammenhänge und Argumentationslinien" ebenfalls zu sehr unterscheiden, „als dass von einem deutlich konturierten didaktischen Konzept gesprochen werden kann" (u.a. Gudjons 1997, S. 7; Mackert 1997, S. 462-464). Auch Braukmann (1993, S. 271 f.) verweist darauf, dass die in der Literatur aufgeführten theoretischen Begründungszusammenhänge des Konzepts der Handlungsorientierung genau so „vieldeutig" seien wie die Auslegung des Terminus „Handeln" und „Handlungsorientierung" (z.B. Schelten 1994, S. 166). Deshalb sollen hier nicht ein „eigener, und damit weiterer Ansatz", sondern wesentliche bzw. charakteristische Grundsätze für eine handlungsorientierte Gestaltung wirtschaftswissenschaftlichen Unterrichts vorgestellt werden, die von Braukmann (z.B. 1996) aus den bestehenden differenzierten Vorschlägen (z.B. Beck 1996, S. 17-52) in der Literatur als Schnittmenge destilliert und von Beck (1996, S. 56 f.) im Anschluss an die Darstellung von 19 handlungsorientierten Ansätzen als „Zusammenschau der wesentlichen Merkmale handlungsorientierten Unterrichts" etikettiert wurden.

(1) Im Vordergrund des handlungsorientierten Unterrichts steht die *Ganzheitlichkeit*. Sie wird dokumentiert in dem Postulat nach Schaffung von „realitätsbezogenen und damit lebensbedeutsamen didaktisch strukturierten, persönlichkeitsfördernden Lernsituationen" (Halfpap 1988 / 1991, S. 33) bzw. Lehr- / Lernarrangements, die

(1.1) ein mehrdimensionales Lernen im Sinne einer zielorientierten Ansprache aller Verhaltensdimensionen (z.b. Schelten 1994, S. 165),

(1.2) ein Denken bzw. Lernen in vollständigen (Schelten 1994, S. 163-168; 168; Halfpap 1998, S. 167), komplexen Handlungsvollzügen, die von Zielfindungs- und Orientierungsprozessen über Ausführungs-, sowie Kontroll- und Bewertungsprozesse reichen sollten und nach Schelten (1994, S. 163-168; 168) in allen Ansätzen handlungsorientierten Unterrichts insofern ein Kernelement darstellt, als dass „zwischen dem Tun, dem Wahrnehmen und Denken eine Wechselwirkung besteht, indem über das Tun sich erst das Wahrnehmen und Denken zur Steuerung des Tuns entwickelt",

(1.3) einen engen Theorie-Praxis-Bezug (z.b. Backes-Haase 1998, S. 165), insbesondere durch die Ermöglichung eines „theoretischen Lernens auf der Grundlage eigenen Handelns" (Kaiser 1987, S. 13) und

(1.4) eine fächerübergreifende bzw. -integrative Auseinandersetzung mit Lehr- / Lerngegenständen (z.b. Reimers 1996; insbesondere Middendorf 1994)

ermöglichen. Somit geht mit dem Kriterium der Ganzheitlichkeit auch die Forderung nach einer stärkeren Berücksichtigung des Situationsprinzips im Sinne der Ermittlung von Lernzielen aus der Analyse von (beruflichen) Lebenssituationen der Adressaten (z.b. Braukmann 1993, S. 308 f.; Wittwer 1998) einher. Dies impliziert bei der didaktischen Aufbereitung (Lernzielbestimmung, inhaltliche Aufbereitung und Sequenzierung etc.) eine stärkere Orientierung an dem Lernfeldkonzept (z.b. Pukas 1999; Middendorf 1997) und nicht an Fachstrukturen der jeweiligen Bezugswissenschaft (Halfpap 1996, S. 297 f.) und damit auch eine Berücksichtigung des Postulates nach einer Isomorphie zwischen Funktions-, Prüfungs- und Lernfeld (siehe Abbildung 2).

(2) Durch eine *lerneraktive, weitgehend selbstständige Aneignung von Lehr- / Lerninhalten* wird insbesondere die Methoden-, vor allem die Problemlösungs- und Transferkompetenz gefördert. Wird mit Meyer (1996a, S. 107) unter der Methodenkompetenz des Teilnehmers von Bildungsmaßnahmen „die Fähigkeit" verstanden, „den eigenen Arbeits- und Lernprozess bewusst, zielorientiert, ökonomisch und kreativ zu gestalten", sind im Rahmen einer handlungsorientierten Konzeption solche unterrichtlichen Organisationsformen zu bevorzugen, die

(2.1) lerneraktives problemlösendes, relativ selbstständig entdeckendes Lernen (Backes-Haase 1998, S. 165),

(2.2) zumindest äußerlich schüleraktive Aktions- und Sozialformen (Braukmann 1993, S. 358-368) und

(2.3) interaktions- und kooperationsbetonte, soziale Lernprozesse ermöglichen.

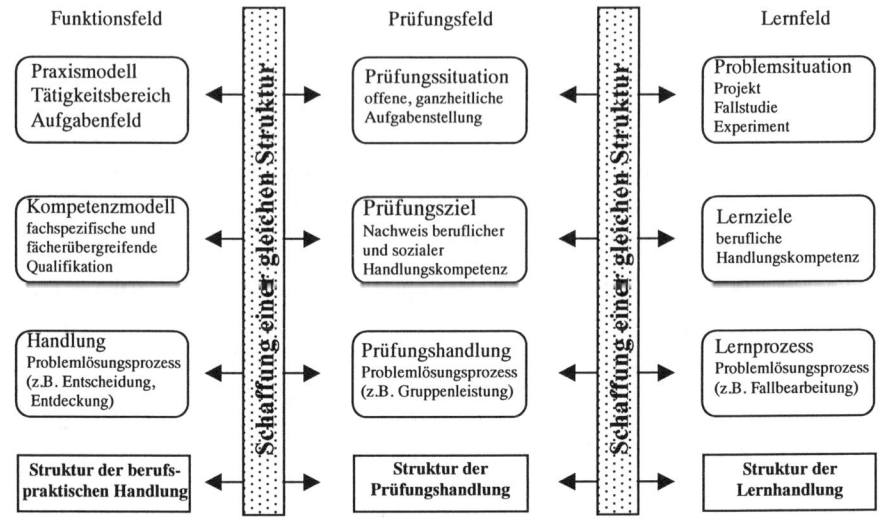

Abbildung 2: Isomorphie zwischen Funktions-, Prüfungs- und Lernfeld

(3)   *Lernerorientierung* und damit *Individualisierung* des Unterrichts werden insbesondere durch die Prämisse der Subjektgebundenheit und -abhängigkeit allen
Handelns (Meyer 1996b, S. 412-416) begründet. Der handlungsorientiert gestaltete
Unterricht stellt den Lernenden als handelndes Individuum in den Mittelpunkt des
Lernprozesses. Dies wiederum erfordert ein hohes Maß an *Binnendifferenzierung*,
die sich vorwiegend in dem Bestreben äußert:
(3.1) an vorhandene Erfahrungen der Teilnehmer anzuknüpfen bzw. sie in den Lernprozess zu integrieren.
(3.2) die Fremd- bzw. Außensteuerung durch den Lehrenden abzubauen, um eine
Selbststeuerung bzw. -organisation der individuellen Lernprozesse durch die
Lernenden zu ermöglichen.

(4)   Eine *reflexive* bzw. *metakognitive Auseinandersetzung* mit Lernprozessen resultiert vor allem aus der Prämisse der Bewusstheit des Handelns. Derartige zwi-
schengeschaltete und / oder den Lernprozess abschließende Phasen der „Arbeits-
rückschau" bzw. „methodischen Besinnung" (Aebli 1991, S. 368) seitens der Lernenden dienen vor allem der Kultivierung des Problemlösungs- und Lernhandelns.

Diese skizzierten handlungsorientierten Grundsätze finden sich nicht nur in der allgemeinen wirtschaftspädagogischen und -didaktischen Fachliteratur. Sie werden
auch, oft implizit, im Rahmen der Entrepreneurship Education in einer starken Vereinfachung als didaktischer Qualitätsmaßstab für eine Ausbildung von Unternehmensgründern diskutiert. Hier wird zwar oftmals nicht explizit auf das didaktische
Konzept der Handlungsorientierung verwiesen. Doch lassen sich unschwer Paralle-

len zu dessen Grundsätzen ausmachen. Sie kommen beispielsweise zum Ausdruck in Forderungen nach einem ganzheitlichen Verständnis der Persönlichkeit, der Umsetzung des Wissens in „den praktischen Vollzug" (Walterscheid 1998, S. 10); nach Kategorien aktiver Erfahrung und aktiver Anwendung in der Gründerausbildung (Grüner 1993, S. 497) sowie dem Einsatz von Methoden, die zum Aufbau von Selbstvertrauen bei den Lehrenden beitragen sollen, „die Denken und Handeln bzw. Theorie und Praxis in einer experimentellen Art und Weise miteinander verbinden" und die den Lernenden im Kontrast zur bloßen Stoffvermittlung erlauben, eigene Erfahrungen zu machen (Klandt zitiert nach Walterscheid 1998, S. 12). Des weiteren finden im Hinblick auf die Verbesserung der Ausbildung von Unternehmensgründern insbesondere komplexere Methodenarrangements Beachtung, die traditionell im wirtschaftsdidaktischen Kontext zur Anwendung gebracht wurden und werden: Beispielsweise können durch den Einsatz der Fallmethode, des Rollen- sowie Planspiels (Klandt 1998), des Projekts (Grüner 1993, S. 496) oder der weniger bekannten Methodenkonzeptionen Lernbüro, Leittext und Juniorenfirma (Braukmann 2000c, S. 120-124) grundlegende Prinzipien eines handlungsorientierten Unterrichts umgesetzt werden (zu handlungsorientierten Methoden insbesondere Bonz 1999, S. 109-163).

Um Möglichkeiten der Umsetzung der zuvor beschriebenen Grundsätze und Methoden einer handlungsorientierten Didaktik zu verdeutlichen, sollen im Folgenden innovative Veranstaltungskonzeptionen einer Förderung der Handlungskompetenz von Unternehmensgründern exemplarisch vorgestellt werden. Es handelt sich um einen wirtschaftsdidaktischen Beitrag im Rahmen des bizeps-Projektes, einer u.a. an der Bergischen Universität Wuppertal angesiedelten Initiative zur Förderung von Existenzgründern aus Hochschulen.

3.5 Exemplaria innovativer hochschuldidaktischer Gründungsförderung

Richtungsweisend für die Curriculumentwicklung waren im Vorfeld zwei wesentliche Zielsetzungen: Zunächst sollte ein breites Spektrum der Hochschulangehörigen erreicht und weitestgehend zielgruppenspezifisch gefördert werden. Es geht also nicht nur darum, Angebote für die bereits zur Gründung entschlossenen Studierenden bereithalten zu können. Ein – gerade aus wirtschaftsdidaktischer Sicht – wichtiger Schwerpunkt liegt auch auf der Entwicklung von Maßnahmen, durch die für eine Auseinandersetzung mit der Gründungsthematik sensibilisiert und motiviert werden kann. Ferner sollte, neben den notwendigen Vorlesungen zur Vermittlung gründungsrelevanter Fachinhalte, ein hochschuldidaktisch innovatives Veranstaltungsangebot entwickelt und implementiert werden. Voraussetzung für letzteres war die Konzeption und Einrichtung einer spezifisch auf die Bedürfnisse potenzieller Existenzgründer abgestimmte Existenzgründerwerkstatt. Diese Werkstatt ist als Veranstaltungs- bzw. Experimentierraum eingerichtet (siehe Abbildung 3) und ermöglicht u.a. die Schaffung einer Atmosphäre des Besonderen und des Wohlfühlens, den Zugang und die Nutzung modernster Informations- und Kommunikationstechnologien sowie den ständigen Wechsel der Aktions- und Sozialformen.

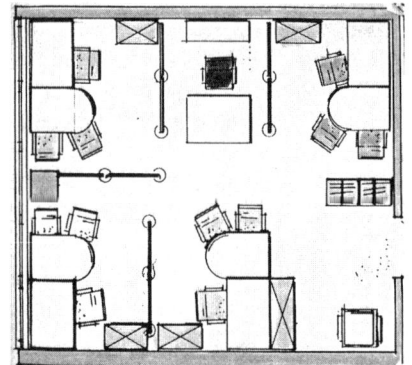 

Abbildung 3: Grundrissskizze und Einblick in die bislang fertig erstellte Existenzgründungswerkstatt

Neben anderen Maßnahmen (Braukmann 2000a, 2000b, 2000c, 2000d) wurden im wirtschaftsdidaktisch ausgerichteten bizeps-Teilprojekt bislang drei Grundtypen von Lehrveranstaltungen entwickelt und in der Existenzgründungswerkstatt erfolgreich angeboten, für die die Umsetzung der oben skizzierten handlungsorientierten Grundsätze leitend waren.

Die Akronyme ihrer Bezeichnungen haben programmatischen Anspruch:

START: Selbstständigkeit als Perspektive
wendet sich an alle potenziellen Existenzgründer aus Hochschulen, insbesondere an diejenigen, die bislang unentschlossen oder unsicher waren, ob eine berufliche Selbstständigkeit für sie eine Zukunftsperspektive darstellen könnte, bzw. an solche, die u.a. aufgrund ihrer familiären und beruflichen Sozialisation eine solche Abwägung bislang nicht vorgenommen haben. Insbesondere den Studierenden nicht-wirtschaftswissenschaftlicher Studiengänge soll die Erfahrung ermöglicht werden, die an den Unternehmer gerichteten Anforderungen einer Gründung bewältigen zu können. Gleichzeitig sollen die Studierenden zu einer realistischen Einschätzung über den Komplexitäts- bzw. Schwierigkeitsgrad einer Unternehmensgründung gelangen und eine Standortbestimmung hinsichtlich ihrer aktuellen gründungsbezogenen Handlungskompetenzen vornehmen können. Besondere Betonung liegt auf der Auseinandersetzung mit den Motiven für eine Existenzgründung, Chancen und Risiken der Selbstständigkeit sowie Ansätzen einer Eignungsdiagnostik in Hinblick auf das individuelle Gründerpotenzial. Die Methoden der Veranstaltung sind sehr teilnehmerbezogen und -aktivierend. Bevorzugt werden dialogorientierte Verfahren eingesetzt, wie z.B. die Gruppenarbeit und -diskussion sowie Rollenspiele. In vielen der Diskussionen übernimmt die Veranstaltungsleitung eine moderierende Experten-

funktion: Die Diskussion in Anschluss an eine reduzierte Simulation zu strategischem unternehmerischen Handeln erfolgt primär teilnehmeraktiv und fordert die Teilnehmer insbesondere in ihrem sozialen Verhalten. START zeichnet sich ferner durch eine hohe Lernerorientierung aus: Beispielsweise knüpft die durch Metaplantechnik vorbereitete Diskussion über Chancen und Risiken einer Unternehmensgründung an den vorhandenen Erfahrungshorizont der Teilnehmer an. Die Notwendigkeit einer Explizierung dessen, was die einzelnen Teilnehmer mit den von ihnen eingebrachten Aspekten verbinden, und die Ermittlung vordringlicher Problemfelder ermöglicht eine Selbststeuerung der Lernprozesse. Ein wesentlicher Bestandteil jeder Lehr / Lernsituation ist die abschließende gemeinsame Diskussion der Ergebnisse. Beispielsweise folgt auf den Einsatz der Instrumente zur Eignungsdiagnostik immer eine Reflexion der Geschehnisse auf der Metaebene. Dies führt in diesem konkreten Fall zum einen zur Festigung des Selbstbilds der Teilnehmer. Zum anderen führt es zu einer Auseinandersetzung damit, wie sich Teilnehmer in aktiven Lernprozessen berufliche Handlungskompetenz später auch selbstständig erschließen können. Die handlungsorientierten Verfahren unterstützen u.a. zum Aufbau einer Vertrauensbasis, die zum Abbau von gegebenenfalls vorhandenen Schwellenängsten beiträgt. Ein wesentlicher Schwerpunkt wird damit auf eine Orientierungsqualifizierung gelegt, um zur Förderung der Berufswahlkompetenz beitragen zu können. So werden Entscheidungshilfen angeboten, die sich z.B. auf die Auswahl weiterer Qualifizierungs- und Unterstützungsstationen bzw. -träger beziehen.

GEH: Gründungsrelevante Entscheidungs- und Handlungsfelder
unterbreitet den Teilnehmern das Angebot, persönlichkeitsbezogene Kompetenzen, die sowohl für Existenzgründer, Unternehmer und für Führungskräfte von Bedeutung sind, zu erwerben bzw. zu erweitern. Konstituierend für die Veranstaltungskonzeption ist insbesondere die Ganzheitlichkeit als ein wesentliches Kriterium der handlungsorientierten Didaktik. Neben der situationsadäquaten Anwendung fachbezogenen Wissens sollen nämlich insbesondere gründungsrelevante Fähigkeiten im affektiven und sozial-kommunikativen Lernbereich gezielt gefördert werden. Die Intention, möglichst alle Verhaltensdimensionen der Teilnehmer ansprechen zu können, war auch für die didaktische Aufbereitung der Veranstaltungsinhalte leitend. Diese liegen im einzelnen schwerpunktmäßig auf
– der teamorientierten Generierung von (Geschäfts-)Ideen, u.a. mittels Kreativitätstechniken,
– der Erarbeitung und Erprobung von Möglichkeiten, überzeugend zu kommunizieren und sich bzw. die eigene Geschäftsidee zu präsentieren sowie
– Vorschlägen zur Verbesserung des gründungsbezogenen Selbstmanagements.

Die ausgewählten Lerngegenstände gewährleisten zunächst einmal die interdisziplinär ausgerichtete Auseinandersetzung mit den fachlichen Inhalten der Gründungsthematik, die u.a. betriebswirtschaftliche, rechts- und sozialwissenschaftliche, psychologische, rhetorische und ethische Aspekte umfasst. Darüber hinaus sind sie insbesondere auf die Anwendung und Verbesserung methodischer Kompetenzen (z.B. sowohl kreatives als auch systematisch-analytisches Denken und Handeln sowie Organisations- und Problemlösefähigkeiten) und sozial-kommunikativer Kompetenzen (z.B. Dialog-, Konflikt- und Konsensfähigkeit) gerichtet. Die ganzheitliche Auseinandersetzung mit den Veranstaltungsinhalten erfolgt – im Sinne einer stärkeren Berücksichtigung des Situationsprinzips – i.d.R. in typischen Gründungs- und Führungssituationen: Konflikt-, Konkurrenz- und Kooperationssituationen werden als typische Problem- und Lernfelder im Gründungskontext identifiziert, didaktisch aufbereitet und in der Veranstaltung möglichst authentisch simuliert. So kann ein Lernen in vollständigen Handlungsvollzügen stattfinden. Die Teilnehmer erhalten beispielsweise die Möglichkeit, Handlungsstrategien vorzuplanen, in simulierten Verhandlungsgesprächen oder Konfliktsituationen zwischen Teamgründern anzuwenden und in einer anschließenden Reflexionsphase zu bewerten. Voraussetzung dafür ist die Anwendung teilnehmeraktivierender und -einbeziehender Methoden. So kommen in den Erarbeitungsphasen insbesondere Rollen- und Planspiele, komplexere Fallstudien und Kreativitätstechniken und in den Reflexionsphasen Diskussionen und Teilnehmervorträge zur Anwendung.

Durch die so beschriebenen didaktischen Arrangements können sowohl Gründungskenntnisse und Verhaltensanforderungen komplementär aufeinander bezogen, als auch persönliche Stärken und Schwächen erfahren und reflektiert werden.

ASS: Auf dem Weg zur Selbstständigkeit durch wirtschaftsdidaktische Simulation, ermöglicht es den Teilnehmern, unter professioneller Betreuung komplexes unternehmerisches Handeln zu erlernen bzw. einzuüben. So wird beispielsweise eine teamorientierte Gründung von der Geschäftsidee bis zur -eröffnung in unterschiedlichen Szenarien simuliert. Eine wichtige Intention der Veranstaltung ist es, unternehmerisches Handeln transparent und erlebbar zu machen. Das ganzheitliche Lernen und Denken in vollständigen Handlungsvollzügen steht im Vordergrund. Die Teilnehmer bewältigen sehr komplexe unternehmerische Situationen, in denen sie sich z.B. oft im Spannungsfeld zwischen Kooperationsbemühungen und Konkurrenzanforderungen bewegen müssen. Dieser Lernprozess ermöglicht ein problemlösendes und selbstständig entdeckendes Lernen. Ein elementares wirtschaftswissenschaftliches Basiswissen wird für die Teilnahme vorausgesetzt. ASS richtet sich dennoch sowohl an die Studierenden wirtschaftswissenschaftlicher, als auch nicht-wirtschaftswissenschaftlicher Studiengänge. Es wird nämlich an vorhandenes Wissen bzw. vorhandene Erfahrungen der Teilnehmer angeknüpft, so dass diese in den Lernprozess integriert werden können. Einen besonderen Stellenwert erhalten die eingesetzten Methoden zur Simulation, welche von Bonz (1999, S. 126) folgendermaßen erläutert wird: „Bei der Simulation werden komplexe Situationen, Strukturen oder Prozesse in einem wirklichkeitsnahen Modell abgebildet. Das Modell oder die Abbildung der Realität ermöglichen handlungsorientiertes Lernen." Es wird mit ASS der Versuch unternommen, den im Bereich der kaufmännischen Schulen bekannteren »Dreischritt: Lernbüro, Übungsfirma und Juniorenfirma« auf die Hochschule zu übertragen. Sowohl bei dem Lernbüro als auch der Übungs- und Juniorenfirma handelt es sich um methodische Großformen (siehe dazu die Beschreibungen sowie Literaturhinweise bei Braukmann 2000b, S. 33), deren Unterscheidungsmerkmale hier kurz umrissen werden sollen: Während bei dem Lernbüro Außenkontakte (Kundenbestellungen, Reklamationen etc.) in der Regel durch die Lehrenden simuliert werden und bei dem Übungsfirma-Konzept bereits mit anderen

Übungsfirmen kommuniziert bzw. interagiert wird, sind Juniorenfirmen häufig bereits juristisch selbstverantwortliche Marktakteure, die zumeist in der Rechtsform einer das Haftungsrisiko zumindest formal beschränkenden Kapitalgesellschaft geführt werden. Diese methodischen Großformen können als eine Kombination bzw. zeitliche Aneinanderreihung handlungsorientierter Methoden – wie Rollenspiele, Fallstudien, Planspiele und Projekte – interpretiert werden. Die so beschriebenen Methodenarrangements scheinen demnach nicht nur generell zur Umsetzung einer handlungsorientierten Gründerqualifizierung beizutragen. Durch den aufeinanderfolgenden Einsatz der methodischen Großformen Lernbüro, Übungs- und Juniorenfirma ist es zudem möglich, den Simulationsgrad eines (neu gegründeten) Unternehmens schrittweise, didaktisch moderiert und dosiert, zu steigern. In seinem Ausbildungsprozess nähert sich der potenzielle Gründer also sukzessive an die unternehmerische Realität an. Er kann sein Handeln den jeweils anspruchsvoller gestalteten Situationen anpassen, die durch einen jeweils höheren Komplexitätsgrad und zunehmende Ernsthaftigkeit gekennzeichnet sind. Dies wiederum soll zur Erweiterung der gründungsrelevanten Erfahrungs- und Handlungsspielräume und somit zu einer (Weiter-) Entwicklung ganzheitlicher gründungsrelevanter Kompetenzen beitragen.

Weiterführende Literatur (zitierte Quellen siehe Anhang)

Braukmann, U. (2000), Förderung von Existenzgründungen aus Hochschulen: Im Rahmen des bizeps-Projektes entwickelte Konturen einer Gründungsdidaktik, in: H. Klandt et al. (Hrsg.), G-Forum 1999: Dokumentation des 3. Forums Gründungsforschung, FGF Entrepreneurship-Research: Band 20, Lohmar / Köln, S. 103-134.

Braukmann, U. (1993), Makrodidaktisches Weiterbildungsmanagement, Köln.

Hisrich, R. D. / M. P. Peters (Hrsg.) (1998), Entrepreneurship, Boston usw.

Mertens, D. (1974), Schlüsselqualifikationen, Mitteilungen zur Arbeitsmarkt- und Berufsforschung 1, S. 36-43.

Morrison, A. (Hrsg.) (1998), Entrepreneurship: An international perspective, Oxford usw.

Twardy, M. (Hrsg.) (1983), Kompendium Fachdidaktik Wirtschaftswissenschaft, Band 3 / Teile I-III, Düsseldorf 1983.

Verständnisfragen (Lösungen siehe Anhang)

Aufgabe 1:

Geben Sie eine kurze Stellungnahme zu der Frage: „Ist unternehmerisches Denken und Handeln lehr- bzw. lernbar?"

Aufgabe 2:

Beschreiben Sie bitte den Begriff der beruflichen Handlungskompetenz und benennen sie deren einzelne Komponenten. Wie ließe sich eine gründungsbezogene Handlungskompetenz anhand dieser Teilkompetenzen konkretisierend beschreiben? Geben Sie ein Beispiel.

Aufgabe 3:

Skizzieren Sie bitte das Konzept einer handlungsorientierten Didaktik anhand mindestens vier wesentlicher Kriterien.

II Gründungskonzept
1 Engpasskonzentrierte Gründungsstrategie

Wolfgang Mewes

„Man kann durch spitz-konzentriertes Vorantreiben des Know-hows ganze Wirtschaftszweige von sich abhängig machen, ohne selbst eine Maschine zu besitzen oder persönliches Risiko zu übernehmen. – Die Vertiefung in diese Lehre (gemeint ist die Engpasskonzentrierte Strategie) sei jedem empfohlen." (Groß 1975)

1.1 Die zentrale Bedeutung der Strategie für den Erfolg einer Unternehmensgründung

Ein Gründungs-Berater äußerte sich in einer Fernsehsendung etwa wie folgt: Wer sich selbstständig machen will, solle damit rechnen, für einige Jahre auf Gewinn, Freizeit und Familienleben verzichten zu müssen. Vor ihm lägen mindestens drei Anlaufjahre harter Arbeit unter Risiko, Sorgen und Stress.

Richtig ist wohl, dass Derartiges vorkommt. Doch wenn es geschieht, ist es ein Warnzeichen dafür, dass falsch vorgegangen wird. Die beste Gegenstrategie ist, zunächst allgemein gesagt, sich bewusst auf das Wichtigste zu konzentrieren. Das heißt, statt sich von den vielen Problemen, die mit einer Gründung verbunden sind, verwirren zu lassen und sich zu verzetteln, sich konsequent auf die Engpässe zu konzentrieren. Je präziser man sich auf die Lösung der Engpässe, das heißt der Kernprobleme konzentriert, desto mehr lösen sich viele der Probleme, mit denen die meisten Gründer zu kämpfen haben, wie von selbst bzw. treten gar nicht erst auf.

Dass sich Probleme „von selbst" lösen, können viele zunächst nicht glauben. Dabei ist der Begriff „Kernproblem" zumeist bekannt. Ein *Kernproblem* hat zwischen vielen anderen Problemen eine Schlüsselstellung. Löst man es, lösen sich zahlreiche andere Schwierigkeiten automatisch mit. Die Engpasskonzentrierte Strategie (EKS®, nachfolgend kurz: EKS), die im Weiteren für den Gründungskontext plausibel gemacht werden soll, nutzt diese natürliche „Problemlösungs-Automatik".

Dabei wird hier nicht dem leichtfertigen Sprung in die Selbstständigkeit das Wort geredet. Im Gegenteil. Doch ist es oft und aus nahezu jeder Position – selbst der eines Arbeitslosen – heraus möglich, zumindest das Gleiche wie bisher zu verdienen und hierbei übermäßige Beanspruchungen durch Arbeit, Risiken, Stress und vor allem das nicht selten bereits mit angelegte Scheitern der Unternehmung zu vermeiden. Denn es ist alles eine Frage der Strategie, d.h. der vorausschauenden Vorgehensweise.

Die erste und wichtigste Voraussetzung einer erfolgreichen Unternehmensgründung ist deshalb neben der Finanzierung und der überzeugenden Geschäftsidee, die richtige *Strategie*. Die zentrale Bedeutung der Strategie ist in der Betriebswirtschafts- und Managementlehre in den letzten Jahren immer deutlicher hervorgetreten. „Zentrale Bedeutung" heißt dabei, dass es die Strategie oder anders gesagt: die grundsätzliche Vorgehensweise ist, die über Erfolg oder Misserfolg entscheidet.

Bevor mit EKS eine besonders erfolgreiche strategische Variante im Gründungskontext näher vorgestellt werden soll, mögen die beiden folgenden Beispiele zeigen, dass sich unter der richtigen Strategie die „zündende Geschäftsidee", die man zur Gründung eines Unternehmens braucht, sowie die Finanzierung „wie von selbst" entwickeln. Denn der erste Fehler beim Übergang von der Angestelltentätigkeit in die Selbstständigkeit ist es häufig, dies als „Sprung ins kalte Wasser" zu verstehen. Man kann seine spätere Selbstständigkeit schon in der vorausgehenden Angestelltentätigkeit oder sogar bereits im Studium so vorbereiten, dass der Weg in die Selbstständigkeit zum fließenden und risikoarmen, oft sogar vom derzeitigen Arbeitgeber unterstützten Übergang wird.

Die Beispiele sollen weiterhin zeigen, dass zum Übergang in die Selbstständigkeit weder eigenes Kapital noch besondere Intelligenz, Mut oder Energie erforderlich sind. Wenn man von vornherein Kapital hat, ist zwar manches leichter und schneller zu realisieren. Eine große Gefahr besteht aber darin, im Vertrauen auf das zunächst reichlich vorhandene Kapital zu leichtfertig vorzugehen und irgendwann vor einer unschließbaren Finanzlücke, dem *Burn Out*, zu stehen. Auch und gerade die großzügigen Existenzgründungshilfen des Staates können unter der richtigen Vorgehensweise eine große Hilfe sein, haben aber bei nicht gründlich genug überlegtem Vorgehen bisweilen zu um so größeren Pleiten geführt.

1.1.1 Fallbeispiel 1

Alexander Ebert (Name geändert) war Angestellter in der Filiale einer großen Sparkasse. Wie viele seiner Kollegen arbeitete er vorwiegend im Schalterdienst. Aber er wollte „vorwärtskommen". Um dies zu erreichen, begann er zunächst nebenher nach einer bestehenden „Kenntnislücke", sozusagen „beruflichen Marktlücke", in seinem angestammten Bereich zu suchen, um sich dann auf diese Lücke zu konzentrieren und einen überzeugenden Know-how-Vorsprung zu entwickeln.

Mit der Methodik der EKS fand Ebert eine ganze Menge solcher Kenntnislücken. Bei näherer Betrachtung war erstaunlich, was die Vorgesetzten und Kollegen eigentlich wissen sollten, aber nicht wussten. Ebert schrieb die gefundenen Kenntnislücken zunächst wahllos auf und sammelte sie in einem Ordner. Doch keine dieser Lücken begeisterte ihn, d.h. motivierte ihn zu größerer Aktivität. Aber die methodische Suche schärfte seinen Blick für solche Lücken. Eines Tages gab es in seiner Filiale einen Banküberfall. Trotz vorhandener Verhaltensanweisungen wusste im

entscheidenden Moment keiner recht, was er machen sollte. Tags darauf erkannte Ebert die für ihn geeignete berufliche Kenntnis- und Marktlücke:
Das Problem, wie man Banküberfälle verhindern, zumindest sie und ihre Folgen verringern kann, ist ein „brennendes Problem" der Banken. Aber es wurde damals nirgendwo konsequent erforscht und behandelt. Dies war die gesuchte Lücke. In den folgenden Wochen konzentrierte sich Ebert darauf, alle erreichbaren Informationen über Banküberfälle und die verschiedenen Möglichkeiten ihrer Verhinderung oder Folgenabschwächung zu sammeln und in einer Hängekartei zu sortieren. Schon nach wenigen Wochen wusste er mehr darüber als jeder andere in der Sparkasse. Und zwar

– erstens, weil die modernen Informationsverhältnisse, vor allem das Internet, erlauben, zu jedem Problem in kurzer Zeit eine Überfülle von Lösungsmöglichkeiten zu eruieren.

– Zweitens, weil es heutigentags wegen der rasanten Dynamik der technischen Entwicklungen jedes Jahr neue und bessere Lösungsmöglichkeiten als die bisher bekannten gibt. Dadurch, dass man die jeweils neuesten Entwicklungen gezielter erfasst, prüft und einbezieht, kann man selbst die auf dem Gebiet schon vorhandenen Fachleute strategisch „überflügeln".

– Und drittens, weil das menschliche Gehirn unter dieser Fütterung mit Informationen wie von selbst immer weitere, oft völlig neue Ideen kreiert. Selbst wenn man es wollte, könnte man dieses „Weiterdenken" gar nicht mehr verhindern. Je intensiver man sich mit den Informationen beschäftigt, desto deutlicher treten die Chancen zutage. Von den deutlicher werdenden Chancen wird man zu immer weiterer Nachforschung und besseren Ideen inspiriert.

Hinzu kam, dass die Zahl der Überfälle und die dadurch ausgelöste Angst im Bankgewerbe zunahm. Allen Beteiligten wurde das Problem immer stärker bewusst. Deshalb diskutierte man immer häufiger und engagierter darüber. Bei diesen Diskussionen fiel Ebert schließlich durch seine Spezialkenntnisse und Vorschläge auf. Seine Kollegen und Vorgesetzten zogen ihn immer häufiger zu Rate. Nach einiger Zeit fasste er seine Kenntnisse und speziell die entwickelten Lösungen in einer Dokumentation zusammen und reichte sie als Verbesserungsvorschlag bei seiner Zentrale ein. Dort war man froh, mit ihm einen Mann mit diesem Know-how-Vorsprung entdeckt zu haben. Man berief ihn zunächst zum Sicherheitsberater der Filiale, kurz darauf in die gleiche Funktion in die Zentrale. In achtzehn Monaten avancierte er auf diese Weise gegen alle Laufbahnvorschriften der Sparkasse vom Schalterbeamten zum Sachbearbeiter in der Zentrale und schließlich zum Leiter einer speziellen Arbeitsgruppe.
Nun liefen alle Erfahrungen, Informationen und Lösungen bei ihm zusammen. Unter dieser spezialisierten Beschäftigung entwickelten sich bei ihm die größten Erfahrungen und das überzeugendste Know-how. Seine EKS hatte zum Erfolg geführt: Er wurde einzigartig in seinem Bereich und steht heute mit niemandem in Konkurrenz. Zugleich ergänzt er die Kenntnisse seiner Kollegen in lebenswichtiger Weise.
„Irgendwie hat sich alles von selbst entwickelt", sagt Ebert heute. Zu seinem eigenen Erstaunen ist er inzwischen zu einem gefragten Vortragsredner geworden, er veranstaltet überbetriebliche Seminare und Trainings, schreibt in Zeitschriften und

Loseblatt-Werken. Durch die bewusste Zusammenfassung seiner wachsenden Erfahrungen in Form von schriftlichen Verhaltens-Richtlinien, Checklisten, Trainings-Programmen, Zeitschriftenartikeln, Büchern, Loseblatt-Werken, Software-Programmen, Adressenlisten usw. entwickelt sich sein Vorsprung und auch seine Bekanntheit immer weiter. Er hat einige Urheberrechte und Patente auf diesem Gebiet forciert. Er ist zum Gesprächspartner für den Verband, für die Fachmedien sowie für die Sicherheitsunternehmen und die Hersteller von Sicherungsanlagen geworden. Noch ist er Angestellter der Sparkasse. Aber auf der Basis seines Know-how-Vorsprunges, seiner Bekanntheit und seiner Beziehungen hat er jetzt die freie Wahl, ob er Angestellter bleiben oder sich in dieser oder jener Weise selbstständig machen will. Es gibt genug, die an seinem Spitzen-Know-how interessiert sind. Eine Großbank und zwei Headhunter werben schon seit längerem um ihn. Bei mehreren Unternehmensberatungen und einem Sicherheitsunternehmen könnte er ohne Kapitaleinzahlung als Partner eintreten. Er könnte aber auch ein völlig neues Unternehmen gründen. Im Wege des Outsourcing unterstützen dies immer mehr Arbeitgeber: Erstens, weil sie bei der größeren Selbstständigkeit des bisherigen Mitarbeiters eine schnellere Weiterentwicklung seines Know-hows und damit seines Wertes erwarten und zweitens, weil sie in der Gründung einer gemeinsamen Gesellschaft eine lukrative Verbindung sehen.

1.1.2 Fallbeispiel 2

Der zweite Fall zeigt die Entwicklung von Cornelius Boersch, Friedrich von Diest und der ACG AG (frei nach Friedrich 1999). Schon der Vater von Cornelius Boersch hatte mit der EKS gute Erfahrungen gemacht (siehe Friedrich 2000). Deshalb schärfte er seinem Sohn schon in jungen Jahren deren Quintessenz ein: Es gibt zwei verschiedene Wege der beruflichen Entwicklung. Entweder die übliche standardisierte Ausbildung: Dadurch wird man unweigerlich einer wie viele tausend andere und damit zu deren Konkurrenten. Oder aber man gelangt durch die Konzentration auf ein besonders erfolgversprechendes Gebiet in relativ kurzer Zeit zur Spitze, zum einzigartigen Monopolisten und zur optimalen Ergänzung anderer.

Derart „vorprogrammiert" begann Cornelius Boersch schon sehr früh nach einem besonders erfolgversprechenden Gebiet zu suchen. Aber entweder erschienen die Erfolgsaussichten bei näherer Analyse nicht besonders groß oder es schien aus seiner aktuellen Situation heraus zu schwer, schnell einen überzeugenden Know-how-Vorsprung zu erreichen. Keine der Möglichkeiten konnte ihn recht begeistern. Schließlich stieß er während seines Studiums in den USA auf ein Produkt namens „Notfallkarte". Das sind schlichte Plastikkärtchen, auf denen die wichtigsten medizinischen Daten des Trägers gespeichert werden. Im Notfall können die Ärzte sofort sehen, welche Blutgruppe, Allergien, chronischen Krankheiten der Patient hat, welche Medikamente er nimmt, ob er Organspender ist, wer benachrichtigt werden soll usw. Zurück in Deutschland, entwickelte Boersch aus dieser Idee die „Deutsche Notfallkarte". Sie fand schnell Interessenten und Absatz. Beflügelt von den guten Erfahrungen entwickelte er die Idee weiter zur „Dentcard". Sie speichert alle Informationen über die Zähne eines Patienten, aber diesmal auf einem Chip. Der Zahnarzt weiß sofort Bescheid, Doppeluntersuchungen, Leerlauf, Irrtümer, das Nichtbeachten individueller Risiken, bürokratischer Aufwand usw. werden vermieden. Nicht nur die Patienten, sondern vor allem die Krankenkassen und Zahnarztverbände waren daran interessiert und unterstützten Boersch bei der Verbreitung aus eigenem Interesse.

Inzwischen studierte Boersch an der European Business School (EBS) im Rheingau. Zusammen mit seinem Studienkollegen Friedrich von Diest revolutionierte er dort das Abrechnungssystem der Dienstleistungen. Die Studenten bekamen eine Smartcard, die sie an einem Automaten gegen Zahlung aufladen können. Mit ihr können sie dann in Mensa, Kopiershop usw. bezahlen, aber auch an einem Terminal ihre Prüfungsergebnisse, die geeigneten Vorlesungen, ihren Studienstatus und andere wichtige Informationen abrufen.

Die Vorteile sprachen sich herum. Man engagierte das Duo Boersch / von Diest immer häufiger als Berater. Mit der dafür gegründeten Sabeco GmbH verdienten sie schon zu Studienzeiten viel Geld. Was zunächst unsichtbar blieb, jedoch noch wichtiger werden sollte, war dass sie an Erfahrungen, Marktkenntnissen, Ruf, Image und Beziehungen gewannen – an Beziehungen einerseits zu Interessenten und andererseits zu Halbleiterherstellern, Medien und speziell zu Informatikern, die die jeweils erforderliche Technik beherrschten.

Die Sabeco GmbH beteiligte sich an Softwareentwicklungen, schuf eine Reihe eigener Patente und wickelte als Makler zwischen den Interessenten und den jeweils geeigneten Informatikern Kartenprojekte für Kunden ab. Umsatz und Gewinn stiegen, aber das große Geschäft war damit nicht zu machen. Cornelius Boersch erinnerte sich an das Prinzip der EKS: „Bei Licht betrachtet hatten wir uns ziemlich verzettelt und uns mit zu vielen Einzelprojekten herumgeschlagen. Wir mussten uns einfach besser auf unsere Stärken und die Engpässe im Markt konzentrieren." Dem ersten Schritt der EKS entsprechend analysierten sie ihre speziellen Stärken: Da war zum einen das exzellente Auftreten und das Verkaufstalent, zum anderen die perfekte Kenntnis des Marktes und der Technologie. „Der typische Kartenhersteller auf dem Markt hat 90 Mitarbeiter und einen Mann im Vertrieb, der mit kariertem Jackett und gestreiften Socken zum Kunden marschiert. Wir wollen es anders machen und uns ausschließlich auf den Vertrieb konzentrieren."

Die zentrale Frage lautete: Was war die erfolgversprechendste Zielgruppe und wo lag der brennendste Engpass der Kunden? Für kleinere Kunden waren die Programmierung und die Herstellung der SmartCards zu teuer. Genau auf diesen Engpass konzentrierten Boersch und von Diest ihre Überlegungen: Wie lassen sich die Vorteile der Smartcards auch für die Zielgruppe der kleineren und mittleren Unternehmen zugänglich machen? Als „Robin Hood des Chipkartenmarktes" wollten Boersch und von Diest als Broker auf dem Markt auftreten, als Mittler zwischen den kleinen und mittleren Unternehmen, deren speziellen Bedürfnissen, den großen Halbleiterproduzenten und den jeweils geeigneten Informatikern. „Durch die Marktübersicht und die aus der Bündelung der Nachfrage resultierende Einkaufsmacht sollten künftig auch für kleinere Bestellmengen Großabnehmer-Konditionen herausgeschlagen werden. Verabschieden wollte man sich dagegen von der Abwicklung eigener Projekte und in erster Linie als Broker, Händler und Berater auftreten."

Dank der sorgfältig definierten „Lücke" und der Konzentration der Überlegungen und Kräfte explodierte die Entwicklung. 1996 im Jahr des Börsengangs machte die ein Jahr zuvor gegründete ACG AG gerade mal einen Umsatz von 260.000 DM. 1998 waren es schon 25,5 Mio. DM und 1999 200 Mio. DM. Für 2000 ist die Verdopplung auf 200 Mio. Euro = ca. 400 Mio. DM und für 2001 auf 350 Mio. Euro. = ca. 700 Mio. DM geplant. Die Börse bewertet die ACG AG (Aktien mal Kurs) derzeit mit ca. 700 Mio. Euro = ca. 1,4 Milliarde DM. In Moskau fährt man heute U-Bahn mit einem kontaktlosen ACG-Fahrschein. In den Deutschen Bundestag kommt man nur mit einer SmartCard aus dem Hause ACG. Der deutsche Fußballmeister Bayern München ließ seine Mitgliedsausweise mit ACG-Hilfe anfertigen. Für die Deutsche Bahn hat die ACG in nur drei Monaten einen digitalen Fahrschein bis zur Serienreife entwickelt.

1.1.3 Zwischenfazit

Anhand dieser Fallbeispiele sollte bereits deutlich geworden sein, was „engpasskonzentriert" heißt. Es bedeutet, seine individuelle Ist-Situation zu analysieren und die erfolgversprechendste „Lücke" klar zu definieren. Auf dem Weg in diese Lücke stellen sich dann immer wieder neue Engpässe dem Gründer entgegen. In der Literatur werden sie auch als Kernprobleme (Gutenberg), Schlüsselprobleme (Heinen), Haupthindernisse (Karl Marx), Minimumfaktoren (Justus v. Liebig), kybernetisch wirkungsvollster Punkt (Wiener), neuralgischer Knoten Punkt (Beer) oder begrenzender Mangel bezeichnet. Sie sind jeweils genau zu definieren und mit konzentrierten Kräften zu überwinden.

So analysierten Cornelius Boersch und seine Partner, statt sich mit allen möglichen Problemen gleichzeitig herumzuplagen, immer wieder neu das jeweilige Engpassproblem und konzentrierten ihre Überlegungen darauf, es zu lösen. Der erste Engpass war, die optimale Strategie zu finden. Sie ist als „Wegweiser" durch das unübersehbare Labyrinth der Möglichkeiten nötig. Mit ihrer Hilfe ließ sich der zweite Engpass lösen, nämlich unter den verwirrend vielen denkbaren Geschäftsideen eine möglichst begeisternde zu finden. Der dritte Engpass war die praktische Erprobung der Idee. Der vierte die Entwicklung eines überzeugenden Geschäfts- bzw. Businessplanes auf der Basis der positiven Erprobungsergebnisse. Der Geschäftsplan ist der „Magnet", um die zur Verstärkung erforderlichen Partner als dem fünften Engpass anzuziehen; Partner, die nicht gegen feste Vergütung, sondern gegen eine Beteiligung an den von dem Geschäftsplan aufgezeigten Chancen bei der Realisierung helfen. Der sechste Engpass war die Finanzierung. Mit den vom Geschäftsplan aufgezeigten Chancen fand man einen Business Angel. Er übernahm die Anlauf-Finanzierung. Die explosiv wachsende Nachfrage ließ als siebten Engpass den Mangel an hochqualifizierten Mitarbeitern entstehen. Er wurde durch die Gründung der AG und die Börseneinführung gelöst, über die nun fast mühelos weitere Geldmittel beschafft werden können.

Die vielen anderen Probleme, an denen viele Gründungen scheitern, wie beispielsweise Verwaltung, Organisation, Behördenverhandlungen, steuerliche und juristische Fragen, Werbung, Öffentlichkeitsarbeit usw. konnte man wegen der Anziehungskraft des Geschäftsplanes und der dadurch reichlichen Finanzmittel an Partner und die jeweils bestgeeigneten Spezialisten wie Steuerberater, Organisatoren, Juristen, Banker delegieren.

Mit Friedrich (2000, S. 5 ff.) lässt sich zusammenfassen: „Das Beispiel der ACG AG zeigt besonders deutlich, was passiert, wenn herausragendes Spezial-Know-how auf die entscheidenden Engpässe im Markt gerichtet wird. Und es zeigt auch, dass sich viele gravierende Probleme sehr viel leichter lösen lassen, wenn die Basis – sprich: die Strategie – stimmt. Der große Nutzen, den das ACG-Team seinen Kunden, Partnern und Mitarbeitern bietet, macht es einfacher, Kapitalgeber und fähige Mitarbeiter anzuziehen und damit die beiden zentralen Wachstumsengpässe zu beseitigen. ‚Dem eigenen Wachstum sind praktisch keine Grenzen gesetzt, wenn man es versteht, andere Kräfte für die eigenen Ziele zu motivieren‘, behauptet EKS-Begründer Wolfgang Mewes, und Cornelius Boersch hat meisterhaft gezeigt, wie das in der Praxis funktioniert. Die unglaubliche Expansion des Unternehmens wurde nämlich ohne einen einzigen Bankkredit finanziert. ‚Drei junge Unternehmer zeigen, wie ein Start-up ohne Fremdkapital zu einem Star am Neuen Markt werden kann‘, überschrieb das manager magazin im August 1999 einen Artikel über die wundersame Erfolgsstory von Cornelius Boersch und Friedrich von Diest" (im Original teilweise kursiv).

1.2   Die Engpasskonzentrierte Strategie

Nach der Diskussion der Fallbeispiele soll nun die Grundidee der *Engpasskonzentrierten Strategie* systematisch vorgestellt werden. Andere Begriffe für die EKS sind Energo-kybernetische Strategie oder Evolutions-konforme Strategie. *Energo-kybernetische Strategie* deutet auf die unsichtbaren, unterschwelligen energetischen Wechselbeziehungen (Anziehungs- und Abstoßungsprozessen) zwischen den Informationen, Ideen, Vorgängen und Personen hin. *Evolutions-konforme Strategie* betont die Bedeutung von Entwicklungsgesetzen der Natur für die EKS. Diese war zunächst aus der Analyse von über tausend außergewöhnlichen Karriere- und Unternehmenserfolgen entstanden. Erst später stellte sich heraus, dass die wesentlichen Grundsätze, auf denen sie basiert, von Justus von Liebig schon an der Entwicklung der Pflanzen und ihrer Erträge entdeckt worden waren.

Das oberste Ziel der EKS ist, im Gegensatz zur herrschenden Betriebswirtschaftslehre, nicht die Maximierung des Gewinns, sondern des Nutzens für eine Zielgruppe und darüber hinaus deren Mitwelt. Der Drehpunkt aller Überlegungen ist deshalb nicht mehr: Wie steigere ich meinen *Gewinn*, sondern wie steigere ich meinen *Nutzen* für meine Zielgruppe und Mitwelt? Durch diesen Wechsel des Fluchtpunktes verändern sich nicht nur das eigene Denken und Handeln, sondern auch die Reaktionen der Umwelt. Sie reagiert positiver. Schon die beiden Beispiele Ebert und ACG zeigen, dass in dem Maße, wie man seinen Nutzen für seine Zielgruppe und Mitwelt steigert, deren Interesse, Motivation und Nachfrage wachsen. Dadurch erhöht sich wiederum der eigene Umsatz, die Stückzahlen, die Produktivität, die

Stückkosten-Degression, der Gewinn, die Liquidität und mit ihr die Bewegungsfreiheit. Die EKS ist aus der Praxis heraus entwickelt worden und kann inzwischen auf weit über tausend aus dieser Denkweise heraus entstandene außergewöhnliche Karriere- und Unternehmenserfolge verweisen. Einige bekanntere Beispiele sind: Kärcher KG, WEKA, Belimo AG, ASWO, Rational AG, Utimaco AG, MLP AG, ACG AG, Würth, Walcker Druck, Winterhalter, Kieser, Portas, Optima, Fröhlich, Schlekker, REWE. Im Überschwang des Erfolges fallen manche Unternehmen allerdings wieder in das alte Denken zurück. Charakteristisch dafür sind Aufstieg und Fall des Oppermann Versandes, Hamburg / Neumünster. Unter der Führung von Jürgen Oppermann und der EKS sind Umsatz und Gewinn in zehn Jahren von 600.000 DM und bescheidenem Gewinn auf 430 Mio. DM und ca. 40 Mio. DM Gewinn gestiegen. Als dann die Kaufhof AG und damit das alte Denken die Führung übernahm, sackte der Umsatz in kurzer Zeit auf ca. 200 Mio. DM zurück und aus dem Gewinn wurde ein Verlust. Hermann Simon (1996, S. 188) schreibt in seiner umfassenden Untersuchung der Erfolgsursachen der „Hidden Champions", der unbekannten Weltmarktführer: „Im Zusammenhang mit der Spezialisierung und Schwerpunktbildung konnten wir feststellen, dass die EKS-Methode erstaunlich oft eingesetzt wurde. Dies ist eines der wenigen 'Geheimnisse', die wir bei den 'Hidden Champions' aufdecken konnten."

Die wichtigste Frage der EKS ist, wie jeder Mensch und jeder Betrieb trotz seiner begrenzten Kräfte und Mittel einen überzeugend größeren Nutzen als seine Mitbewerber entwickeln kann. Dabei gliedert sich die EKS in sieben Grundschritte. Die Ausführung jedes Schrittes wird durch Vorbilder, Schritt-für-Schritt-Programme, Checklisten, Arbeitsformulare u.a. Software unterstützt. Der Übergang zur EKS ist grundsätzlich jedem und aus jeder Situation heraus möglich. Das Risiko ist wegen der schrittweisen Vorgehensweise, die sich fortwährend am Echo bzw. Feedback von Zielgruppe und Umwelt orientiert und korrigiert, praktisch Null.

Haupthindernis für eine schnelle Verbreitung der EKS ist, dass sie vielem, was uns über Jahrhunderte anerzogen worden ist und wir deshalb für richtig *halten*, widerspricht. Kurz gesagt: Unser bisheriges Denken und Handeln basiert auf einem vordergründigen materialistisch-mechanistischen Weltbild. Die EKS zeigt dagegen auf, dass alle lebenden Systeme, und dazu gehören auch Mensch, Betrieb, Markt und Staat, in Wahrheit nicht materialistisch-mechanistisch, sondern energetisch-organisch funktionieren. Sie funktionieren nicht wie mechanische Uhrwerke, sondern wie lebende, sich weitgehend selbstentwickelnde und selbstorganisierende Pflanzen. (Ausführlicher: Mewes / Friedrich 1998 ff.)

1. Schritt: Analyse der individuellen Eigenschaften und Stärken
Worin unterscheide ich mich (bzw. unterscheidet sich mein zukünftiger Betrieb) von meinen Mitbewerbern? Welche individuellen Eigenschaften und Stärken habe ich ihnen gegenüber? Die Praxis zeigt, dass selbst Kleinere, Schwächere, Unangepasste u.a. individuelle Eigenschaften und Stärken besitzen, durch die sie für bestimmte Aufgaben bzw. Probleme ihrer Umwelt besser geeignet sind als andere. Statt ge-

bannt auf die Nachteile und Schwächen zu starren, muss man systematisch nach den Unterschieden und individuellen Stärken suchen, die man hat und die gegenüber anderen einen Vorteil erlauben.

2. Schritt: Suche nach dem erfolgversprechendsten Aufgaben- bzw. Geschäftsfeld
Für welche Aufgaben meiner Mitwelt bzw. für die Lösung welcher ihrer Probleme bin ich durch meine individuellen Eigenschaften und Stärken besser geeignet als andere? Für bestimmte Aufgaben und Probleme können beispielsweise kleinere und noch unetablierte Betriebe besser als größere und etablierte sein.

3. Schritt: Konzentration und Spezialisierung auf eine konkrete Zielgruppe
In jedem Aufgaben- bzw. Geschäftsfeld gibt es verschiedene Zielgruppen mit verschiedenen Bedürfnissen. Deshalb ist in einem ersten Unterschritt zu fragen: Welchen Zielgruppen (= konkreten Personen oder konkreten Personengruppen) kann ich auf Grund meiner individuellen Stärken am meisten nutzen? Man braucht eine ganz konkrete, in ihren Problemen, Bedürfnissen und Wünschen zuverlässig analysierbare Zielgruppe, die kybernetisch betrachtet als Orientierungs- bzw. Führungsgröße für die eigene Entwicklung steht. Man braucht diesen hautnahen Kontakt vor allem auch, um die sich einstellende Spezialisierung immer wieder neu an die sich ändernden Probleme und Bedürfnisse seiner Zielgruppe anzupassen.

Es folgt als zweiter Unterschritt die Feineinstellung: Jede Zielgruppe lässt sich in Teilzielgruppen unterteilen. Die erfolgversprechendste Teilzielgruppe innerhalb der grundsätzlichen Zielgruppe ist herauszufiltern. Wichtig ist, sich von vornherein nicht auf einen einzigen Abnehmer, sondern nach dem Prinzip „Teile und Herrsche" auf eine Zielgruppe, also auf mehrere, miteinander konkurrierende Abnehmer zu konzentrieren.

4. Schritt: Analyse der Engpass-Probleme der wichtigsten Teilzielgruppe
Jede Zielgruppe hat viele Probleme, auf die sie unterschiedlich stark reagiert. Auf das von ihr am brennendsten empfundene Problem reagiert sie am sichersten, spontansten und stärksten. Hier ist der „Punkt des größtmöglichen Erfolges", denn der erforderliche Einsatz ist am geringsten und trotzdem sind Wirkung und Erfolg am größten.

5. Schritt: Die EKS-Innovations-Strategie
Als fünften Schritt hat die EKS eine spezielle Innovations-Strategie entwickelt. Sie lehrt, wie sich ein Problem am überzeugendsten lösen lässt. Die meisten Unternehmen verzetteln sich in ihren Innovationen. Sie versuchen, rundum alles zu verbessern, was sich verbessern lässt. Die EKS fokussiert die Überlegungen dagegen wie ein Brennglas auf ein Problem. Wichtig ist, frühzeitig und immer wieder die Reaktion bzw. das Echo der Zielgruppe auf die sich entwickelnde Innovation zu prüfen, beispielsweise durch Diskussionen, Befragungen, Verbesserungsvorschläge, andere Reaktionstests, Zeitschriftartikel, Vorstellen des Prototyps auf einer Messe und einer Homepage. Das Echo bzw. Feedback der Zielgruppe gibt stets weiterführende Anregungen und Ideen, es korrigiert, zeigt die verbliebenen Engpässe auf und verhindert die stets naheliegende Gefahr der Übertreibung ins Unrealistische. Wirkung

und Überzeugungskraft der speziell entwickelten Innovation lassen sich dann durch die Verbindung mit von der EKS vorgegebenen Standardinnovationen verstärken: z.B. Kybernetische Kalkulation, stärkere Einbeziehung des jeweils neuesten Standes der Informationstechnologie, der Mikroelektronik, stärkere Nutzung der Globalisierung u.a.

Ziel der EKS ist, den von der Zielgruppe und über sie hinaus der Mitwelt tatsächlich empfundenen Nutzen zu steigern und nicht einem Phantom oder einem überzogenen Qualitätsideal nachzujagen. Dazu muss man schon im Entwicklungsstadium fortwährend die Reaktion der Zielgruppe prüfen – allerdings nicht nur die Reaktion Einzelner, sondern des repräsentativen Querschnitts der Zielgruppe. Wichtig ist dabei auch, dass die Innovationen nicht, wie oft üblich, von der Technik zum Bedarf, sondern von einem brennenden Bedürfnis zur Technik hin entwickelt werden. Im ersten Falle hat man das Risiko, ob man für die sozusagen „ins Blaue" entwickelte Innovation Bedarf und Nachfrage findet, während sie hier von vornherein vorhanden ist und gewissermaßen in die Nachfrage „hineinentwickelt" wird.

6. Schritt: EKS-Kooperationsstrategie
Was ist zu tun, wenn die eigenen Kräfte, Mittel oder schon die Motivation und der Mut zum Vorantreiben und Durchsetzen der Innovation zu gering sind? Die EKS-Kooperationsstrategie zeigt, dass und in welchen Schritten man schon aus kleinsten Anfängen heraus die Hilfe anderer gewinnen kann. Es ist immer möglich, gegen die Beteiligung an einer Chance (also auch ohne vorhandenes Eigenkapital) andere zur Unterstützung zu motivieren. Schon mit ein oder zwei anderen zusammen ist man dann überproportional stärker, motivierter, ausdauernder und durchsetzungsfähiger als allein. Mit der Methode der Grenzkosten-Kooperation erleichtert die EKS die Entwicklung solcher Kooperationen.

7. Schritt: Von einem brennendsten Problem zum anderen den Vorsprung
       vergrößern und Marktführer werden
Mit einer einzelnen Innovation ist es nicht getan. Der Nachteil der Dynamik, d.h. der immer schneller werdenden Veränderungen der Verhältnisse, ist, dass sie alle bisherigen Lösungen und Leistungen immer schneller veralten lässt, ihr Vorteil dagegen, dass sie immer wieder neue und enorm wirkungsvolle Techniken, Chancen und Möglichkeiten hervorbringt. Wichtig ist deshalb, die neuen Möglichkeiten wacher als seine Mitbewerber zu erkennen und, wenn nützlich, aufzugreifen und sich von den alten früher zu trennen. Es kommt jedoch auf den richtigen Zeitpunkt an. Es ist gefährlich, neue Möglichkeiten und Chancen zu früh oder zu spät aufzugreifen und sich von den bisherigen zu früh oder zu spät zu trennen.

Das Ergebnis dieser sieben Schritte ist, dass man sich schneller, sicherer und tiefer in die Probleme und Wünsche seiner Zielgruppe hineinversetzt und für sie relativ rasch einen überzeugend größeren Nutzen entwickelt. Je größer der Vorsprung vor den Mitbewerbern wird, desto größer wird auch die soziale Anziehungskraft, die Machtposition und damit die Fähigkeit, den zunächst erreichten Vorsprung weiter auszubauen.

1.3 Erfolgsfaktoren der Engpasskonzentrierten (Gründungs-)Strategie

Die EKS hat in weit über tausend praktischen Fällen bewiesen, dass sich Wirkung und Erfolg jedes Menschen und jedes Unternehmens um ein Vielfaches steigern lassen. Und zwar nicht durch größere Anstrengungen, größere Intelligenz oder größeres Kapital, sondern durch die systematische Verbindung der folgenden Faktoren:

1. Spitzere Konzentration bzw. Spezialisierung
2. Genaueres Zielen auf den jeweils wirkungsvollsten Punkt
3. Konzentration auf die Steigerung seines Nutzens für Zielgruppe und Umwelt
4. Zunehmende Integration in eine erfolgversprechende Zielgruppe als „Hausmacht" bzw. „festen Punkt"
5. Gezieltere und dadurch schnellere Innovation und schneller wachsender Vorsprung
6. Fortschreitende Kooperation (seinen Erfolg durch größere Anstrengungen und stärkere Ausbeutung der Produktionskräfte zu steigern stößt schnell an eine Grenze und wirkt von dann an negativ. Durch zunehmende Kooperation und Synergie lässt er sich dagegen weiter steigern; siehe Haken 1984)
7. Gezieltere Beobachtung und Nutzung der Dynamik (durch die fortwährenden Veränderungen entstehen immer neue Möglichkeiten, seinen Vorsprung zu vergrößern).

Die EKS verbindet diese Faktoren zu einem ineinandergreifenden System. Durch diese systemische Bündelung verstärken sich die einzelnen Erfolgsfaktoren gegenseitig und schalten gleichzeitig die im Einzelnen mit ihnen verbundenen Gefahren aus.

Der Philosoph Karl Jaspers hat bereits 1958 in „Die Atombombe und die Zukunft des Menschen" gewarnt: Die Dynamik der technischen Entwicklung werde die Menschen zunehmend verwirren, überwältigen und schließlich vernichten, wenn es nicht gelingt, eine grundsätzlich neue soziale Verhaltensweise zu entwickeln. Nach Jaspers muss diese neue Verhaltensweise drei Bedingungen erfüllen: Sie muss erstens für jeden verstehbar und praktikabel sein, sie muss zweitens des eigenen Vorteils halber aus eigenem Interesse erlernt und praktiziert werden und nicht aufgezwungen werden müssen und sie muss drittens das Denken und Handeln zunehmend auf das Allgemeinwohl ausrichten. Die EKS ist darauf ausgerichtet, diese Bedingungen zu erfüllen.

Weiterführende Literatur (zitierte Quellen siehe Anhang)

Beratergruppe Strategie e.V. (2000), Mit Nischenstrategie zur Marktführerschaft, Zürich.

Bürkle, H. (1996), Aktive Karrierestrategie, Frankfurt a. M.

Cziksentmihalyi, M. (1995), Dem Sinn des Lebens eine Zukunft geben – Eine Psychologie für das 3. Jahrtausend, New York / Stuttgart.

Geffroy, E. K. (2000), Ich will nach oben, Landsberg / Lech.

Mewes, W. / K. Friedrich (1998), Lehrgang der EKS®-Strategie, Pfungstadt.

Popper, K. R. (1994), Alles Leben ist Problemlösen, München / Zürich.

Strategiebrief (o.J.), Pfungstadt und *StrategieJournal* (o.J.), Frankfurt veröffentlichen fortlaufend weitere EKS®-Erfolgsfälle.

Würth, R. (1986), Beiträge zur Betriebswirtschaft, Schwäbisch Hall.

Verständnisfragen (Lösungen siehe Anhang)

Aufgabe 1:

Ebert und Boersch boten sich zwei verschiedene Wege, ihren Erfolg zu steigern
a) Welche beiden Wege waren das?
b) Welchen Weg sind sie schließlich gegangen?
c) Warum wird es in der heutigen Zeit immer uneffektiver, traditionelle bzw. standardisierte Wege zu gehen?

Aufgabe 2:

Zählen Sie die wichtigsten Erfolgsfaktoren der EKS auf.

Aufgabe 3:

Wie verhindert die EKS die beiden größten Gefahren der Spezialisierung:
a) zunächst außerordentlich effektiv zu agieren, allmählich aber Spezialfähigkeiten durch den Wandel der Nachfragebedingungen aus dem Auge zu verlieren,
b) den Kontakt zu den Veränderungen der Verhältnisse und Bedürfnisse zu verlieren und sich dadurch zu vereinseitigen und isolieren?

Aufgabe 4:

Informatiker Klaus Bär hat breite theoretische Kenntnisse der Informationstechnologie und möchte sich gern selbstständig machen. Aber jedes von ihm ins Auge gefasste Aufgabengebiet ist schon von Spezialisten besetzt, die es besser beherrschen als er. Was raten Sie ihm zu tun?

II Gründungskonzept
2 Der integrierte Gründungsplan

Tanja H. Finke-Schürmann

2.1 Der Gründungsplan als Planungs- und Kommunikationsinstrument

Die Vorlage eines „Business Plans" gehört in Nordamerika schon seit langem zu den selbstverständlichen Erwartungen von Kapitalgebern als Grundlage zur Bewertung der Tragfähigkeit von Gründungskonzepten. Mit zunehmender Bedeutung von Gründerausbildung und von Venture Capital-Finanzierungen innovativer Start Ups in Deutschland beginnt sich dieses Planungskonzept auch in der deutschen Gründungslehre und Gründerpraxis durchzusetzen.

2.1.1 Aufgaben und Zielgruppen des Gründungsplans

Der Gründungs- oder Unternehmensplan als Ergebnisdokument der Aktivitäten der Gründungsplanung kann sowohl interne als auch externe Aufgaben erfüllen (siehe Abbildung 1).

Als *externes Kommunikationsinstrument* soll mit dem Gründungsplan zum einen eine Vertrauensbasis bei den verschiedenen externen Zielgruppen geschaffen werden und zum anderen stellt er oft eine notwendige Grundlage zur Kapitalbeschaffung dar. Externe Zielgruppen sind daher zunächst potenzielle weitere tätige Partner, die von den Vorteilen eines aktiven und finanziellen Engagements überzeugt werden sollen. Eine wichtige Zielgruppe ist der Kreis potenzieller Eigen- und Fremdkapitalgeber, neben Teilhabern, Banken und Venture Capital-Gesellschaften auch Institutionen der öffentlichen Hand, wenn Fördermittel akquiriert werden sollen. Schließlich kann mit einem überzeugenden Gründungsplan das Vertrauen bei zukünftigen Kunden, Lieferanten und Mitarbeitern gewonnen und die Kommunikation mit den Medien hilfreich unterstützt werden. Häufig unterschätzt wird die Bedeutung des Gründungsplans als *internes Planungsinstrument*. Für die Initiatoren des Vorhabens und ihre Partner ist die schriftliche Fixierung der Ziele und Maßnahmen eine wichtige Basis nicht nur für eine Orientierung in der Planungsphase, sondern auch ein Instrument zur Steuerung der Realisierung des Vorhabens und schließlich zur laufenden Kontrolle der Entwicklung. Die bewusste Formulierung der einzelnen Planungselemente unterstützt eine systematische und zielgerichtete Vorgehensweise und hilft bei der Abstimmung auch innerhalb des Gründungsteams. Mögliche Alternativen können festgehalten, geprüft und verglichen werden sowie Schwachstellen des Vorhabens und der Planung aufgedeckt werden. Weiterhin können Maßnahmen und Aktivitäten abgeleitet wie auch zeitlich koordiniert werden. Für die laufende Kontrolle über die Gründungsphase hinaus kann durch Soll-Ist-Vergleiche frühzeitig erkannt werden, wenn Ziele modifiziert und Maßnahmen verändert werden müssen.

	Zielgruppen	Aufgaben des Gründungsplans
Externe	- Kapitalgeber: Teilhaber, Banken, Öffentliche Hand, VC-Gesellschaften - Kunden, Lieferanten, Mitarbeiter - Medien	Kommunikationsinstrument: - Vertrauensbildung - Kapitalbeschaffung
Interne	- Initiatoren bzw. Gründer - Tätige Partner	Planungsinstrument: Orientierung in der Planungsphase - Fixierung und Abstimmung der Ziele - Basis für Realisierungsalternativen - Machbarkeitsprüfung - Aufdeckung von Schwachstellen - Überprüfung der internen Konsistenz Steuerung der Realisierung - Zeitliche Koordination der Einzelaktivitäten - Aufgabenteilung und Delegation Kontrolle - Laufende Kontrolle der Soll-Ist-Abweichung - Rechtzeitige Ziel- u. Maßnahmenanpassung

Abbildung 1: Zielgruppen und Aufgaben des Gründungsplans

2.1.2 Anforderungen an einen Gründungsplan

Unabhängig von den individuellen Besonderheiten eines konkreten Gründungsvorhabens lassen sich einige allgemeine Anforderungen an einen Gründungsplan aufstellen.

Zielgruppenorientierung und Verständlichkeit: Aufgrund der unterschiedlichen Aufgaben des Gründungsplanes kann es erforderlich sein, für die im vorigen Abschnitt erwähnten Zielgruppen verschiedene Versionen des Gründungsplan-Dokumentes zu erstellen. So können inhaltliche Schwerpunkte für externe und interne Zwecke unterschiedlich gesetzt werden. Für die Medien ist in der Regel eine deutlich kürzere und weniger detaillierte Fassung sinnvoll. Die Ausführlichkeit der Beschreibung von technischen Verfahren und Produktentwicklungen sollte sich z.B. nach den Vorkenntnissen und dem Interesse der Adressaten richten. Durch klaren Aufbau und eventuelle zusätzliche Erklärungen im Anhang kann die Verständlichkeit des Plans verbessert werden.

Äußere Form: Neben inhaltlichen haben in der Regel auch formale Aspekte einen Einfluss auf die Beurteilung eines Gründungskonzeptes. Der Gründungsplan kann als erste Arbeitsprobe verstanden werden, die von der Sorgfalt und Gründlichkeit der Planung zeugt. Neben einem professionellen Schriftbild, Ausdruck und einer entsprechenden Bindung sind auch ein fehlerfreier Text, eine umfassende und ausführliche Gliederung und ein ansprechendes Titelblatt selbstverständlich.

Glaubwürdigkeit: Für externe Zwecke soll das Gründungsvorhaben aus verschiedenen Gründen meist möglichst positiv dargestellt werden. Zur Vertrauensbildung ist es jedoch notwendig, nicht zu optimistisch und euphorisch zu formulieren, sondern durch ein Aufzeigen der Stärken und Schwächen des Konzeptes eine realistische und glaubwürdige Planung darzustellen. Dabei sind auch Scheingenauigkeiten zu vermeiden: ungefähre, aber richtige Aussagen sind wertvoller als genaue, die sich nicht belegen lassen.

Zeithorizont und zeitliche Differenzierung: Die übliche Zeitspanne, über die in einem Gründungsplan Aussagen gemacht werden können, liegt bei drei bis fünf Jahren. Bei umfangreichen Investitionen in Forschung und Entwicklung (z.B. Biotechnologie) kann dieser Zeithorizont notwendigerweise deutlich höher liegen, während bei Vorhaben in einem sich schnell wandelnden Markt, wie z.B. bei Internetgründungen, oft nicht glaubwürdig detaillierte Planungen für die nächsten drei Jahre vorgenommen werden können. Mit zeitlicher Differenzierung ist hier die Detaillierung der Planung gemeint. So kann z.B. in Monatsschritten, in Quartals- oder in Jahresschritten geplant werden. Für die einzelnen Teilpläne des Gründungsplans sind jeweils unterschiedliche zeitliche Differenzierungen sinnvoll.

Liquidität, Erfolg und Potenzial: Inhaltlich stehen diese drei Aspekte im Mittelpunkt der Gründungsplanung. Sie erfordern jeweils eine differenzierte Betrachtung. So geht es beim Liquiditätsaspekt um die Zahlungsströme des neuen Unternehmens. Die Zahlungsfähigkeit muss zu jeder Zeit sichergestellt werden, um die Gefahr eines frühzeitigen Konkurses auszuschließen. Für die mittel- und langfristige Substanzerhaltung und -erhöhung ist der Erfolg des Gründungsvorhabens abzuschätzen und zu planen. Entsprechende Aussichten auf einen Unternehmenserfolg sind Voraussetzung für die Sinnhaftigkeit des Vorhabens und die Attraktivität des Konzeptes für die Initiatoren und Investoren. Ergänzt werden sollte die Gründungsplanung um den Aspekt des langfristigen Potenzials des Konzeptes, bei dem abgeschätzt wird, wie sich bestehende Märkte und Produkte entwickeln werden und welche Möglichkeiten das neue Unternehmen hat, auf diese möglichen Veränderungen zu reagieren und sie zu nutzen.

Qualität der Informationen: Bei der Sammlung von Informationen als Grundlage für die Gründungsplanung ist nicht nur der Informationsinhalt zu betrachten, sondern vor allem auch eine bewusste Bewertung der Informationsqualität vorzunehmen. Nur so kann die Qualität der auf dieser Basis vorgenommenen eigenen Planung beurteilt werden. Da die Herkunft und der Entstehungsprozess von Informationen im Einzelfall oft nicht nachvollziehbar sind, ist häufig die Seriosität und Reputation der Informationsquelle der einzige Ansatzpunkt zu einer Qualitätsbeurteilung. Bereits bei der Auswahl der Informationsquellen sind daher gezielt vertrauenswürdige Institutionen und Personen anzusteuern. Bei einer für die Gründer motivationsfördernden optimistischen Haltung gegenüber dem Gründungsvorhaben besteht außerdem die Gefahr, dass Informationen nicht objektiv ausgewählt und interpretiert werden.

Schätzungen auf der sicheren Seite und Flexibilität: Die Unsicherheit der Annahmen über die gegenwärtige und zukünftige Realität, die der Gründungsplanung zugrunde liegen, erfordert eine bewusst vorsichtige Schätzung. Konkret sollten daher Outputgrößen (Einnahmen / Ertrag) eher niedriger und Inputgrößen (Ausgaben / Aufwand) eher höher geschätzt werden. Die Berücksichtigung verschiedener Szenarien im Sinne einer „worst case" und „best case" Betrachtung verschafft zusätzliche Planungssicherheit. Die Grundannahmen für die Planung sind im Gründungsplan deutlich zu benennen, um die Möglichkeit von schnellen und flexiblen Plananpassungen bei veränderten Bedingungen zu schaffen.

Interne Konsistenz – Integration der Teilpläne: Das hier vorgestellte Konzept einer integrierten Unternehmensgesamtplanung erfordert eine innere Konsistenz der Planung. Die im folgenden Abschnitt beschriebenen Teilpläne des Gründungsplanes bauen aufeinander auf und es bestehen vielfältige Abhängigkeiten. Planungsentscheidungen innerhalb eines Teilplanes wirken sich auf die Ergebnisse anderer Elemente aus. Diese Abhängigkeiten müssen während der gesamten Phase der Erstellung des Gründungsplans berücksichtigt und ständig überprüft werden.

2.1.3 Elemente des Gründungsplans: Mustergliederung

Die hier vorgestellte Mustergliederung für einen Gründungsplan stellt eine Orientierungshilfe für Standardfälle dar. Bei der Anpassung an ein konkretes Vorhaben müssen je nach sachlichen Gegebenheiten Schwerpunkte anders gesetzt oder Erweiterungen vorgenommen werden. Bei einem Industrieunternehmen mit hohem Investitionsbedarf sollte z.B. dem Investitionsplan ein deutlich höheres Gewicht beigemessen werden. Handelt es sich um hoch innovative technologieorientierte Gründungen, sind in der Regel umfassende Beschreibungen der Technologie wichtiger Bestandteil des Gründungsplanes.

Inhaltlich umfasst der Gründungsplan eine ausführliche Darstellung des vollständigen Gründungskonzeptes und gibt insbesondere Auskunft über das Leistungsangebot, das Gründungsteam und die Marktsituation. Daraus abgeleitet wird die Planung der notwendigen Input-Faktoren und der zu erwartenden Umsätze dargestellt. Wie oben erläutert zielen die Aussagen dabei sowohl auf Liquiditätsaspekte als auch auf Ertragsaussichten und zukünftige Potenziale des Unternehmens.

Die Inhalte werden innerhalb des Dokumentes zunächst verbal beschrieben und schließlich vorzugsweise in Tabellenform im Detail quantifiziert. So stellt der *verbale Teil* die Basis für die Entwicklung des *quantitativen Teils* dar. Zusätzlich zu diesen beiden Hauptteilen werden in einem *Anhang* die Belege zusammengestellt, mit denen die vorher gemachten Aussagen untermauert werden können. Schließlich wird dem Gründungsplan eine *Kurzfassung* mit der Zusammenfassung der wichtigsten Informationen vorangestellt. So ergibt sich die in Abbildung 2 vorgestellte Mustergliederung für einen integrierten Gründungsplan.

Mustergliederung eines integrierten Gründungsplans
A Kurzfassung (executive summary)
Kernidee, Gründer (-team), Gründungsform, Herkunft der Idee, Beginn des Vorhabens, Investitionsvolumen / Finanzierung, Chancen und Risiken
B Verbale Darstellung des Vorhabens

- Unternehmenskonzept
  (Kernidee, Leistungsangebot, Zielgruppen, Wettbewerbsvorteile, kritische Erfolgsfaktoren
  (KEF), Philosophie, Werte, Ziele, strategische Ausrichtung, Rechtsform etc.)
- Management und Gründer (-team)
- Absatz, Umsatz (Outputplanung)
  - Marktnachfrage und -volumen
  - Wettbewerb bzw. Konkurrenz
  - Marketing und Absatzpolitik
  - Chancen und Risiken
- Produktionsfaktoren (Inputplanung)
  - Anlagen (Investitionen: Immobilien, Einrichtungen, Maschinen)
  - Material und Waren (Roh-, Hilfs- und Betriebsstoffe, Handelswaren)
  - Arbeit (Personal, freie Mitarbeiter, Subunternehmer)
  - Zeitplanung (Darstellung der Meilensteile und Aktivitäten)

C Quantitative, zeitlich differenzierte Darstellung

- Erfassungsbereich
  - Outputgrößen: Umsatzplan
  - Inputgrößen: Investitions- / Abschreibungsplan, Material- / Warenausstattung, Lager, Personal
- Auswertungsbereich
  - Liquiditätsplan, Finanzierungsplan
  - Erfolgsplan, Planbilanz
  - Risikoanalyse, Sensibilitätstest
  - Mindestumsatzrechnung, Break-Even-Analyse etc.

D Anhang
Gutachten, Marktanalysen, Angebote für Anlagen oder Waren, Vertragsentwürfe, Testate, Lebensläufe, Sonstiges

Abbildung 2: Mustergliederung eines integrierten Gründungsplans

Da der verbale Teil nicht nur Grundlage für den quantitativen Teil ist, sondern auch gleichzeitig dessen Zusammenfassung und Erläuterung, ist ein *mehrstufiger Erstel lungsprozess* notwendig, bei dem zunächst verbale Grundvorstellungen formuliert werden, die zu einem groben quantitativen Ansatz führen. In einem nächsten Schritt kann der quantitative Teil weiter detailliert ausgestaltet werden und schließlich muss abschließend der verbale Teil aufgrund des fertiggestellten Zahlenteils korrigiert und ergänzt werden.

Die in der Mustergliederung (Abbildung 2) aufgeführten Inhalte werden im folgenden näher diskutiert und erläutert. Dabei soll im Mittelpunkt dieses Beitrages insbesondere die inhaltliche Vollständigkeit und sinnvolle Darstellung der einzelnen Aspekte im Gründungsplan stehen. Auf grundsätzliche Überlegungen zur Gründungsstrategie und zu einzelnen Planungsinhalten wird in speziellen Beiträgen innerhalb dieses Bandes näher eingegangen.

2.2 Verbale Vorstellung des Vorhabens
2.2.1 Das Unternehmenskonzept und das Team

Die Vorstellung des Vorhabens beginnt mit einer ausführlichen Beschreibung des *Gründungskonzeptes*. Dabei geht es darum, die Grundvorstellungen des Konzeptes darzulegen und somit die Eckpunkte des geplanten Vorhabens zu charakterisieren.

Als Einstieg sollte die *Kernidee* des Vorhabens kurz formuliert werden. Auch sollten Urheber der Idee und eventuelle Referenzfälle beschrieben und bewertet werden. Das Konzept ist in vorhandene Branchendefinitionen und nach seiner Wirtschaftsstufe (Urproduktion, Verarbeitung, Handel, Dienstleistung) einzuordnen.

In einem nächsten Schritt wird das geplante *Leistungsangebot* im einzelnen beschrieben und die *Zielgruppen*, also die potenziellen Abnehmerkreise für die einzelnen Leistungen und Produkte, sowie eine eventuelle regionale Eingrenzung des geplanten Einzugsgebietes werden definiert. Schließlich sind hier bereits *Wettbewerbsvorteile* gegenüber gegenwärtigen und eventuellen zukünftigen Konkurrenten darzulegen. Auch insgesamt ist zu beschreiben, worin sich das neue Angebot von bereits vorhandenen Angeboten unterscheiden wird.

Der Erfolg einer Gründung hängt von einer großen Anzahl verschiedener Einflussfaktoren ab, die nur zum Teil durch den Gründer beeinflussbar sind. Für eine effiziente Gründungsplanung sollten diejenigen Faktoren identifiziert werden, die für das Vorhaben von besonderer Bedeutung sind, sogenannte *kritische Erfolgsfaktoren (KEF)* (Daniel 1961, S. 111-121; Rentrop 1985). Auf diese sollten die Planungsbemühungen konzentriert werden. So könnten z.B. bei der Gründung eines Einzelhandelsgeschäftes der Standort und die Warenpräsentation solche kritischen Erfolgsfaktoren sein. Bei der Beschreibung des Unternehmenskonzeptes sollten die KEF des Vorhabens bereits deutlich dargestellt werden, da auf diesen Überlegungen die weitere Planung aufbaut.

In diesem Zusammenhang sind auch die *Zielgrößen* des Unternehmens (z.B. Rentabilität, Umsatz, Gewinn, Mitarbeiterzahl) zu definieren. Die Darstellung der *strategischen Ausrichtung* des Unternehmens legt fest, auf welchem Wege die gesetzten Ziele erreicht werden sollen. Strategische Aspekte sind z.B. Wachstumsgeschwindigkeit, Marktposition (z.b. Technologie-, Qualitäts- oder Preisführerschaft), Marktphaseneintritt (z.b. Pionier, Fast-Second etc.), regionaler Umfang der Aktivitäten und Leistungsbreite. Weiterhin sollten alle grundlegenden Werte, für die das Unternehmen stehen soll, als *Unternehmensphilosophie* bereits frühzeitig im Gründungsplan festgehalten werden, da bei einer Neugründung die Chance besteht, die Entwicklung der Unternehmenskultur von Anfang an gezielt zu steuern. Solche Werte können z.b. Kreativität, Flexibilität oder Termintreue sein.

Die *Gründungsart* und die *gewählte Rechtsform* des Unternehmens sollte ebenfalls dargelegt und begründet werden (siehe Kapitel III). Dabei ist insbesondere zu erklären, ob allein oder mit Partnern gegründet werden soll.

Abschließend ist der *Stand des Gründungsvorhabens* mit in die Erläuterungen aufzunehmen. Dabei sind bereits erfolgte Vertragsabschlüsse oder laufende Aktivitäten in Bezug auf den Absatzmarkt zu berücksichtigen und der geplante Termin der Geschäftseröffnung anzugeben.

Unter Experten im Gründungsumfeld besteht inzwischen Einigkeit über die herausragende Bedeutung des *Gründerteams* für den Erfolg des Gründungsvorhabens. Daher sollten die Stärken und Schwächen des Teams im Gründungsplan detailliert erläutert werden. Dabei sind berufliche und allgemeine Ausbildungsabschlüsse der Initiatoren ebenso zu nennen wie bisherige Führungs-, Gründungs- und Branchenerfahrungen. Bereits bekannte zukünftige Mitarbeiter in Schlüsselpositionen sollten ebenfalls beschrieben werden wie auch geplante Beiräte und einbezogene Berater.

2.2.2 Umsatzplanung – Outputbetrachtung

Aufgrund der vorher angesprochenen Abhängigkeiten der einzelnen Teilpläne muss ein Ausgangspunkt für die Gründungsplanung festgelegt werden. Im Regelfall ist der hart umkämpfte Absatzmarkt als Engpassfaktor des Unternehmens zu betrachten und so sollte in diesem Fall mit der Umsatzplanung begonnen werden, von der dann die anderen Teilpläne abgeleitet werden können. Von diesem Regelfall wird hier ausgegangen, jedoch können spezielle Gründungskonzepte ein anderes Vorgehen sinnvoll erscheinen lassen, z.b. wenn Kapital oder Personal Engpassfaktoren sind.

Der zu erwartende *Umsatz* ist abhängig von der Marktnachfrage und dem Marktvolumen sowie den herrschenden Wettbewerbsbedingungen. Weiterhin können Marketingaktivitäten die Gesamtnachfrage und Marktanteile beeinflussen. So müssen diese Aspekte umfassend erläutert und vor allem aufgrund von gründlichen Markt- und Wettbewerbsanalysen begründet und nachgewiesen werden (siehe Kapitel V). Nur so können bereits bei der Planung realistische Einschätzungen gewonnen und die Gründungsrisiken gemindert werden.

Aussagen über die *Marktnachfrage und das Marktvolumen* beinhalten Schätzungen über die zu erwartenden Umsätze für einzelne Produkte oder Produktgruppen bei speziellen Zielgruppen in einzelnen Zielregionen. Dazu müssen zunächst einzelne Leistungssegmente klar definiert aufgeführt werden. Zielgruppen können anhand eines jeweils idealtypischen Kunden beschrieben werden. Die Differenzierung der

Zielregion kann je nach Gründungskonzept sehr unterschiedlich ausfallen. Ein wichtiger Aspekt ist die Abschätzung der zukünftigen Entwicklung der Absatzmärkte.

Die Ergebnisse der *Wettbewerbsanalyse* sind im Hinblick auf ihre Bedeutung für eigene Umsatzpotenziale darzustellen. Dabei sollte neben einer Beschreibung und quantitativen Einschätzung der zukünftigen Wettbewerber in den einzelnen Teilmärkten auch eine Positionierung des eigenen Unternehmens im Wettbewerbsumfeld vorgenommen werden, bei der vor allem der subjektive Nutzenzuwachs aus Sicht der Kunden im Vordergrund stehen sollte.

Auf Grundlage der Erkenntnisse zu Markt und Wettbewerb wird nun die *Marketingstrategie* für den ersten Markteintritt des neuen Unternehmens beschrieben (siehe Kapitel V.3). Dabei sollte neben der grundsätzlichen Darstellung des Produktnutzens und -vorteils für den Kunden die Ausgestaltung der einzelnen Marketing-Instrumente erläutert werden. Das angestrebte Preisniveau, die Konditionen, aber auch Vertriebswege und Vertriebsorganisation sind als Planungsbasis festzulegen. Ebenso müssen Kommunikationsmaßnahmen in Art und Umfang geplant werden.

Als Resümée der wesentlichen Aspekte des Gründungsvorhabens sollten als nächstes die *Chancen und Risiken* des Konzeptes zusammengefasst werden. Dazu gehört auch eine Einschätzung der zukünftigen Entwicklungen des Marktes und die Beurteilung der Chance, aus diesen Entwicklungen Nutzen zu ziehen.

2.2.3 Einsatzplanung – Inputbetrachtung

Die Inputplanung betrachtet Fragen des Einsatzes von Produktionsfaktoren nach Art und Größenordnung. Dabei geht es insbesondere um die Planung von benötigten Flächen und Gebäuden, Maschinen, Anlagen und Ausstattung sowie um Personalbedarf und schließlich um den notwendigen Kapitalbedarf zur Realisierung des Vorhabens. Diese Planungen basieren im hier vorgestellten Regelfall auf den vorherigen Festschreibungen des Leistungssolls durch die ermittelten Absatzmöglichkeiten. Die Detaillierung der Darstellung der einzelnen Bereiche ist stark abhängig vom jeweiligen Gründungskonzept.

In Bezug auf *Flächen und Gebäude* sollte erläutert und begründet werden, welche Anforderungen an Produktions-, Lager-, Verkaufs- und Büroflächen gestellt werden müssen. Eventuell ist weiterer spezieller Flächenbedarf, z.B. für Parkmöglichkeiten, gegeben. Überlegungen über die Alternativen Kauf, Neubau oder Miete der notwendigen Flächen sind anzustellen.

Weiterhin werden die eventuell benötigten *Produktionsanlagen, Einrichtungen* der geplanten Räumlichkeiten (z.B. Arbeitsplätze, Möbel, Lampen) und die technische und sonstige Büroausstattung (z.B. Computer, Fax, Telefonanlage) beschrieben und beziffert. Schließlich sollten Mengen und Lieferzeitpunkte für Waren, Roh-, Hilfs- und Betriebsstoffe bestimmt werden.

Ein weiterer wichtiger Bereich ist die benötigte *Personalkapazität*. Dazu sollten nach verschiedenen Funktions- bzw. Aufgabenbereichen differenziert neben einer

Größenordnung des Personalbedarfs auch für die wichtigsten Positionen Anforderungsprofile definiert werden (siehe Kapitel VI.2).

Der *Kapitalbedarf* leitet sich aus den Input- aber auch Outputplanungen ab und wird im quantitativen Teil im Finanzierungsplan berücksichtigt. Im verbalen Teil des Gründungsplanes können jedoch Finanzierungsalternativen und mögliche Quellen diskutiert werden (siehe Kapitel IV).

2.2.4 Zeitplanung

Der verbale Teil schließt mit der Darstellung einer Zeitplanung der Unternehmensgründung. Dabei sollte der gesamte Zeitraum des Gründungsplans berücksichtigt werden, wobei jedoch Aktivitäten in weiterer Ferne deutlich weniger detailliert geplant werden können, als Aktivitäten direkt vor, während und nach dem Markteintritt. Anhand von hier festgelegten „Meilensteinen" kann die Zielerreichung laufend überprüft werden. Die Darstellung kann durch einfache Balkendiagramme anhand einer Zeitachse erfolgen oder bei komplexeren Vorhaben mit Hilfe von Projektplanungsprogrammen.

2.3 Quantitative, zeitlich differenzierte Darstellung

Der quantitative Teil des Gründungsplans ist die zahlenmäßige Darstellung und Auswertung der im Textteil erläuterten Planungen. Er ist im Wesentlichen auf zwei Zielpläne ausgerichtet: den Liquiditäts- und Finanzierungsplan sowie den Erfolgsplan für das neue Unternehmen. Dazu werden zunächst die Einzelpositionen der im verbalen Teil dargestellten Output- sowie Inputplanung quantifiziert und zeitlich differenziert erfasst (siehe Kapitel IV.1, Kapitel V, Kapitel VII sowie Kapitel VIII.1).

2.3.1 Erfassungsbereich

Bei der quantitativen Darstellung der *Outputplanung* werden in einem Ertrags- und Einnahmenplan alle liquiditäts- oder erfolgswirksamen Positionen erfasst. Dabei können die Hauptkategorien Umsatz, Kreditauszahlungen bzw. verlorene Zuschüsse, Einlagen und Umsatzsteuerrückerstattung unterschieden werden. Für das erste Jahr sollte in Monatsschritten geplant werden. (Eine mögliche Darstellungsform zeigt Abbildung 3.) Differenzierungsmöglichkeiten der Hauptkategorien werden im Folgenden dargestellt, müssen jedoch individuell angepasst werden.

Der *Planumsatz* sollte nach einzelnen Produkt- bzw. Leistungsgruppen und eventuell zusätzlich nach Marktsegmenten getrennt aufgeführt werden. Umsatzerlöse sind sowohl erfolgsrelevant (Rechnungsstellung) als auch liquiditätsrelevant (Zahlungseingang). Dabei sind verspätete oder ausfallende Zahlungen in branchenüblichem Umfang mit zu berücksichtigen.

Alle anderen Positionen der Outputplanung, mit Ausnahme von verlorenen Zuschüssen, wirken sich lediglich auf die Liquidität aus. Bei *Kreditauszahlungen* müssen Darlehen, öffentliche Zuschüsse, Kontokorrentrahmen und Gesellschafterkredite berücksichtigt werden. *Einlagen* können aus Bareinlagen und Sacheinlagen der Gesellschafter bestehen und sollten einzeln aufgeführt werden. Bei der USt-Rückerstattung sollte nach einzelnen Positionen, wie z.b. Kfz, Anlagen etc., unterschieden werden.

Bereits bei der Einnahmenplanung ist der private Bereich der Gesellschafter zu berücksichtigen. Die private Vermögenslage und die laufenden zu erwartenden Einkünfte sollten analysiert werden, um Nachschussmöglichkeiten und Reserven zu bestimmen.

	Zeit-differenz Zahlungs-eingang	Monat 1	Monat 2	Monat 3	Monat i
Betrieblicher Bereich					
Umsatz Produktgruppe a - Zielgruppe α - Zielgruppe β etc.	3 Monate sofort	Betrag α1 Betrag β1	Betrag α2 Betrag β2		
Kreditauszahlungen / verlorene Zuschüsse					
Einlagen					
USt.-Rückerstattung					
Privater Bereich					

Abbildung 3: Tabellarische Einnahmenplanung

Analog zum Einnahmenplan müssen alle Positionen der Aufwands- und Ausgabenplanung in einer Tabelle zumindest für das erste Jahr monatsweise erfasst werden (siehe dazu grobe Gliederung in Abbildung 4). Sinnvoll ist hier eine deutliche Trennung zwischen den einmaligen gründungsbezogenen Positionen und den wiederkehrenden laufenden Positionen.

Gründungsbezogen sind z.B. Notar- und Anwaltskosten, Gründungsberatung und Gewerbeanmeldung. Weitere Positionen können sich z.B. auf die Entwicklung des Corporate Layout, Eröffnungswerbung, Marktanalysen sowie auf den Erwerb von Immobilien oder Geschäftsausstattung beziehen.

Positionen des laufenden *Geschäftsbetriebes* können wie üblich in fixe (umsatzunabhängige) und variable Aufwendungen und Ausgaben unterteilt werden. So sind zunächst fixe Positionen, wie z.B. Miete, Zinszahlungen, Versicherungen, Löhne und Gehälter, Steuervorauszahlungen, Investitionen und Abschreibungen für Investitionen, aufzuführen. Variable Positionen umfassen z.B. Wareneinkauf, Wareneinsatz, Roh-, Hilfs- und Betriebsstoffe sowie Aushilfen bzw. Überstunden.

Im privaten Bereich sind Entnahmen zu berücksichtigen, daher sollte auch hier eine Analyse der privaten Zahlungsverpflichtungen vorgenommen werden.

	Zeit-differenz Zahlungs-ausgang	Monat 1	Monat 2	Monat 3	Monat i
Betrieblicher Bereich					
Gründungsbezogen - Notar, Gewerbemeldung - Geschäftsausstattung - etc.					
Laufender Geschäftsbetrieb Fixe Kosten Variable Kosten					
Privater Bereich					

Abbildung 4: Tabellarische Aufwands- und Ausgabenplanung

2.3.2 Auswertungsbereich

Die in den Erfassungsplänen aufgeführten Größen stellen die Grundlage für die Datenauswertung dar. In diesem Rahmen wird zunächst der Liquiditätsplan, daraus folgend der Finanzierungsplan und schließlich der Erfolgsplan für das Unternehmen erstellt (siehe Kapitel VIII). Weitere Planungsansätze, wie z.b. eine Risikoanalyse oder eine Break-Even-Berechnung, können ergänzt werden.

Mit der Aufstellung des *Liquiditätsplans* soll zum einen die Sicherung der jederzeitigen Zahlungsbereitschaft gewährleistet und zum anderen eventuell zusätzlicher Finanzierungsbedarf ermittelt werden.

	Anfangsbestand (bzw. Endbestand der Vorperiode)
+	**Einnahmen** ▪ Umsätze (zum Zeitpunkt des Zahlungseingangs) ▪ erhaltene MWSt / USt Rückerstattungen ▪ Einlagen und Darlehensauszahlungen
-	**Ausgaben** ▪ Mieten, Zinsen, Löhne, Werbung etc. ▪ Tilgung, Entnahmen ▪ Wareneinkauf, Investitionen ▪ Vorsteuer / MWSt Vorauszahlungen
=	**Endbestand der Periode**

Abbildung 5: Liquiditätsplan

Die Liquiditätsplanung berücksichtigt alle Einnahmen und Ausgaben im Planungszeitraum (ca. 3 Jahre) und sollte für das erste Jahr in Monatsschritten differenziert sein. Aufgeführt wird der Anfangsbestand sowie die zu erwartenden Einnahmen und

andere Zuflüsse. Von diesem Bestand pro Periode sind schließlich die Ausgaben zu
subtrahieren, so dass sich für den Liquiditätsplan folgende Grobgliederung ergibt:

Der Liquiditätsplan stellt so den periodisch differenzierten Mittelbedarf dar und bildet damit im wesentlichen die Basis für den *Finanzierungsplan*. Dieser soll einen
Ausgleich zwischen dem hier nach Bindungsdauer gegliederten Mittelbedarf und der
Mittelherkunft darstellen, die hier nach Haftung bzw. der Rechtsstellung der Kapitalgeber (Formen des Eigen- und Fremdkapitals) und wiederum nach Fristigkeit ge-
ordnet wird (zu Gründungsfinanzierung und Finanzierungsplanung siehe Kapitel
IV).

Der *Erfolgsplan* dient der Erhöhung und Sicherung der Unternehmenssubstanz. Der
dort abgebildete Zeithorizont sollte in der Regel ebenfalls auf drei Jahre ausgerichtet
sein. Jedoch reicht bei der Erfolgsplanung eine quartals- oder halbjahresweise Differenzierung in den ersten beiden Jahren und für das dritte Jahr eine ganzjährige Betrachtung. Berücksichtigt werden alle erfolgswirksamen Positionen der zuvor erstellten Erfassungspläne (Aufwendungen und Erträge). Zur besseren Vergleichbarkeit mit den späteren Ist-Werten empfiehlt sich eine Orientierung der Struktur des
Erfolgsplans an der Gliederung der Gewinn- und Verlustrechnung in Abhängigkeit
von den Anforderungen des Rechnungswesens der jeweiligen Rechtsform des Unternehmens. Auch eine Planbilanz (Gründungs- und Eröffnungsbilanz) kann dem
Gründungsplan angefügt werden (zum Gründungscontrolling siehe Kapitel VIII dieses Bandes).

2.4   Kurzfassung und Anhang

Nach Fertigstellung der schriftlichen Dokumentation der eigentlichen Gründungs-
planung wird schließlich ein Anhang zusammengestellt sowie eine Kurzfassung des
Gründungsplanes vorangestellt. Die Kurzfassung kann sinnvollerweise erst am
Schluss erstellt werden, da sie eine Zusammenfassung des Gründungsplans darstellt.

2.4.1   Kurzfassung

Mit der Kurzfassung soll das Interesse des Lesers am Gründungskonzept und der
Wunsch nach einer intensiveren Betrachtung des Gründungsplanes geweckt werden.
Daher sind insbesondere bei diesem Abschnitt hohe Anforderungen an die sprach-
liche Qualität in Bezug auf zielgruppenorientierte Verständlichkeit und Attraktivität
der Formulierungen zu stellen.
    Die Kurzfassung sollte etwa eine Seite, in keinem Fall jedoch mehr als zwei
Seiten umfassen. Dabei muss deutlich werden, wo die Besonderheiten des Konzep-
tes liegen und wie sich die Erfolgsaussichten darstellen. Insbesondere die folgenden
Aspekte sollten dabei berücksichtigt werden: Kernidee, Initiatoren, Herkunft der
Gründungsidee, Finanzierung des Unternehmens, Umsatz- und Gewinnerwartungen,
Zeitplanung, Rechtsform, Stärken und Schwächen sowie Chancen und Risiken.

2.4.2 Anhang

Im Anhang werden Belege für die im Gründungsplan ausgeführten Annahmen und Planungen zusammengestellt sowie eventuell Detail-Dokumentationen zu den Aussagen ergänzt. Bereits bestehende Verträge (z.b. Pacht, Mitarbeiter, Immobilienkauf), eigene Patente, Marktforschungsergebnisse, Gutachten, Beratungsberichte sollten in den Anhang aufgenommen werden. Ebenso sollten Angebote und Preislisten für wichtige Investitionen oder Waren- und Rohstoffbezüge sowie Aufträge und Kooperationsvereinbarungen aufgeführt werden. Feste Zusagen zur Finanzierung (Eigen- und Fremdkapital) gehören ebenfalls in den Anhang.

2.5 Abschließende Hinweise

Ein häufiger Fehler bei Business Plans ist die Festschreibung des Plansystems über Größen, die relativ leicht zu erfassen sind. Dabei wird häufig bei wichtigen Bereichen, wie z.b. der Umsatzschätzung, weniger sorgfältig geplant, wenn die Informationsbeschaffung größere Schwierigkeiten bereitet. Um wichtige Positionen nicht zu vergessen, sollten Checklisten eingesetzt und Gespräche mit kompetenten Partnern gesucht werden. Die notwendige Bewertung von Informationsquellen wurde bereits vorher angesprochen.

Die Integration der einzelnen Teilpläne und die Vermeidung von Widersprüchlichkeiten innerhalb des Gründungsplanes ist notwendige Voraussetzung für eine realistische und glaubwürdige Gründungsplanung. Die interne logische Stringenz sollte daher bei der Erstellung bereits ständig überprüft werden.

Auch wenn das Gründungsvorhaben gegenüber möglichen Kapitalgebern möglichst positiv dargestellt werden soll, ist eine zu optimistische Gründungsplanung nicht sinnvoll. Die Glaubwürdigkeit der Planung steigt mit einer realistischen Einschätzung und fundierten Begründungen. Im übrigen ist auch eine Finanzierungszusage für ein Gründungskonzept, von dem der Gründer nicht selbst überzeugt ist, für beide Seiten nicht von Vorteil.

Eine schriftliche Fixierung der Planung in einem Business Plan sollte auch dann vorgenommen werden, wenn keine externe Finanzierung benötigt wird, da der Gründungsplan auch für interne Zwecke ein wertvolles Instrument darstellt und Planungsfehler auf diese Weise vermieden oder zumindest früh erkannt werden können.

In diesem Beitrag wurde die Vorgehensweise bei der Gründungsplanung im Allgemeinen dargestellt. Bei einem konkreten Vorhaben muss eine Anpassung an die Besonderheiten des Konzeptes sowie an typische Branchenmerkmale und -anforderungen vorgenommen werden.

Weiterführende Literatur (zitierte Quellen siehe Anhang)

Emge, H. (1996), Wie werde ich Unternehmer?, Reinbeck bei Hamburg.
Hisrich R. D. / M. P. Peters (1997), Entrepreneurship, Richard D. Irwin.
Timmons, J. A. (1998), New Venture Creation: Entrepreneurship for the 21st Century, Richard D. Irwin.
Vesper, K. H. (1996), New Venture Experience, University of Washington.

Verständnisfragen (Lösungen siehe Anhang)

Aufgabe 1:
Was ist mit der Forderung nach einer *integrierten* Gesamtplanung eines Gründungsunternehmens gemeint und was bedeutet dieser Ansatz für die Vorgehensweise bei der Planung?

Aufgabe 2:
Welche Informationen müssen üblicherweise bei der Erstellung eines Gründungsplanes eingeholt werden?

Aufgabe 3:
Im vorliegenden Beitrag wurde die Vorgehensweise einer Gründungsplanung im Allgemeinen beschrieben. Worin sehen Sie die wichtigsten Besonderheiten bei der Erstellung eines Gründungsplans für eine Gründung im Bereich e-commerce?

III Gründungsformen
1 Wesen und Wege der Selbstständigkeit

Sean Patrick Saßmannshausen

1.1 Einleitung

Dieses Kapitel beschäftigt sich mit dem Phänomen der *Selbstständigkeit*. Ziel der Ausführungen ist es, einen systematischen Überblick über den Gegenstand zu geben. Dies soll einerseits einen Grundstein für die weitere methodische Erschließung des Themas Existenzgründung legen, zum anderen kann es Teil einer komplexen Entscheidungsgrundlage auf dem Weg in die Selbstständigkeit sein.

Während im ersten Teil das Wesen der Selbstständigkeit betrachtet wird, befasst sich der zweite Teil mit verschiedenen Wegen in die Selbstständigkeit. Die im Mittelpunkt stehenden Aspekte sind dabei 1. eine Systematisierung der Wege, 2. ihre definitorische Abgrenzung und 3. die Bedeutung von Instrumenten, die einem Gründer auf dem Weg in die Selbstständigkeit helfen.

1.2 Das Wesen der Selbstständigkeit

Konsultiert man gängige Nachschlagewerke zum Begriff der Selbstständigkeit, fallen drei Dinge auf: Erstens, die Ausführungen zu den relevanten Begriffen sind meist sehr knapp in Relation zur Größe und Bedeutung derjenigen Bevölkerungsteile in Deutschland, die jeweils betroffen sind (z.B. Brockhaus 1998, Bd. 20, S. 34). Zweitens, viele Handbücher – und dies gilt auch für Fachlexika – gehen auf den Begriff des Selbstständigen oder der Selbstständigkeit überhaupt nicht oder nur am Rande ein (Albers 1983). Und drittens: Selbstständigkeit wird häufig nur als steuerrechtliches Phänomen oder als Begriff der amtlichen Statistik verstanden (Gabler 1997, S. 3391).

1.2.1 Begriffsbestimmung durch Gesetz und Amt

Auch hier sei zunächst das Steuerrecht betrachtet (siehe Kapitel VII.1), genauer gesagt das Einkommensteuergesetz (EStG) vom 16.04.1997 (§§ 2 Abs. I u. II, 13, 15, 18 und 19) sowie die Einkommensteuer-Richtlinien (EStR) vom 15.12.1998 (Richtlinien R 134 und Hinweise H 134 bis einschließlich R 146). Die eigentliche Motivation des Steuerrechts für eine Begriffsdefinition in diesem Zusammenhang ist es, verschiedene Einkommensarten voneinander abgrenzbar zu machen. Zunächst findet man keine Definition des „Selbstständigen" oder der „Selbstständigkeit" im Steuerrecht. Vielmehr werden hier Einkünfte aus „Land- und Forstwirtschaft" (§ 13 EStG), aus „Gewerbebetrieb" (§ 15 EStG) und aus „Selbstständiger Arbeit" (§ 18 EStG) gegenüber solchen Einkünften aus „Nichtselbstständiger Arbeit" (§ 19 EStG) abgegrenzt.

Unter „Selbstständige Arbeit" versteht das Gesetz (§ 18 EStG) vor allem die Ausübung eines freien Berufes. Zu den freiberuflichen Tätigkeiten gehören „selbstständig ausgeübte wissenschaftliche, künstlerische, schriftstellerische, unterrichtende oder erzieherische Tätigkeit" sowie die „selbstständige Berufstätigkeit" als Arzt, Zahnarzt, Tierarzt, Rechtsanwalt, Notar, Patentanwalt usw. Diese positive Liste der *freien Berufe* schließt mit den Worten „und ähnliche Berufe", was scheinbar Raum zur Diskussion und Auslegung lässt. Diesen Raum begrenzen jedoch die Richtlinien und Hinweise R 146, H 136 sowie R und H 134 EStR.

Entscheidender ist in unserem Zusammenhang freilich die Frage, was der Gesetzgeber unter dem Charakteristikum der *selbstständigen* Berufstätigkeit per se versteht. Hierzu wird der H 134 EStR analog angewendet, der von „selbstständiger Tätigkeit" spricht, wenn sie „auf eigene Rechnung (Unternehmerrisiko) und auf eigene Verantwortung (Unternehmerinitiative) ausgeübt" wird. Damit liefert der Gesetzestext zwei wichtige Kriterien, die zum Wesen der Selbstständigkeit gehören: Nämlich erstens auf eigene Rechnung, d.h. ein Risiko tragend, zu handeln, und zweitens dies in eigener Initiative zu tun, mithin ohne Anstöße in Form von Weisungen zu erhalten – und sei es nur die Weisung, eigeninitiativ zu handeln. Fazit: Nicht jeder Arzt, Rechtsanwalt, Notar, also nicht jeder Angehöriger eines freien Berufes, ist per Gesetz Selbstständiger, sondern nur der, der seine berufliche Tätigkeit selbstständig, das heißt auf eigene Rechnung und Risiko und auf eigene Initiative hin weisungsungebunden ausübt.

Der Begriff der Selbstständigkeit begegnet einem aber nicht nur im Zusammenhang mit dem § 18 EStG und seinen freien Berufen. Auch in § 15 (Einkünfte aus Gewerbebetrieb) fällt das Stichwort, wenn im zweiten Absatz der Gewerbebetrieb (das Betreiben einer gewerblichen Tätigkeit, nicht der Gewerbebetrieb als räumliche Einrichtung) definiert wird als „eine *selbstständige* nachhaltige Betätigung, die mit der Absicht, Gewinn zu erzielen, unternommen wird und sich als Beteiligung am allgemeinen wirtschaftlichen Verkehr darstellt". Was dabei *selbstständig* heißt, sagt auch hier wieder der oben genannte H 134 EStR. Damit wird klar: der Gesetzgeber unterstellt Selbstständigkeit sowohl bei den Freiberuflern als auch bei den Gewerbetreibenden.

Wie verhält es sich nun mit den Land- und Forstwirten (usw.)? Im Text des § 13 taucht der Begriff der Selbstständigkeit zwar nicht auf. § 15 Abs. II lässt jedoch erkennen, dass der Gesetzgeber den Land- und Forstwirten selbstständige Tätigkeit wenn auch nicht explizit, wie im § 18 den freien Berufen, so doch implizit unterstellt, wenn sie *selbst tätige* Eigentümer oder Pächter ihres Betriebes sind.

Soweit zum Steuerrecht, das in seinen Ausführungen zur Selbstständigkeit durchaus dem allgemeinen Verständnis folgt. Wenden wir uns nunmehr der amtlichen Statistik zu. Das statistische Bundesamt bemüht sich, für die Volkswirtschaftliche Gesamtrechnung (VGR) zu erfassen, welche Einkommen aus unselbstständiger Arbeit und welche Einkommen aus selbstständiger Arbeit resultieren. In der Frage, was als selbstständige Tätigkeit anzusehen ist, folgt es den oben erläuterten Vorstellungen des Steuerrechts und zählt dazu *selbst tätige* Eigentümer von Einzelunternehmen und Personengesellschaften, selbstständige Landwirte (auch dann, wenn sie nur Pächter sind), selbstständige Handwerker, Handels- und Versicherungsvertreter, Zwischenmeister und die Freiberufler.

Das Bundesamt definiert zudem negativ: „Nicht zu den Selbstständigen zählen Personen, die gleichzeitig in einem Arbeits- oder Dienstverhältnis stehen und lediglich innerhalb ihres Arbeitsbereiches selbstständig disponieren können, wie leitende Angestellte aber auch Miteigentümer von Kapitalgesellschaften, die in dem Unternehmen tätig sind." (Brümmerhoff 1994, S. 335)

Nun besteht die - empirisch äußerst relevante - Möglichkeit, zwar abhängig Beschäftigter zu sein, zugleich aber nebenberuflich als Selbstständiger zu wirken. Man spricht hier von einer *selbstständigen Nebenerwerbstätigkeit*. Früher war die Gruppe der Nebenerwerbsselbstständigen durch eine große Zahl von Nebenerwerbslandwirten besonders in Südwestdeutschland geprägt. Heute ist der Trend zur „kleinen Selbstständigkeit" wieder zunehmend. Sie entspringt oft der wohlstandsbedingten Möglichkeit, aus einer Liebhaberei einen Gewerbebetrieb zu machen. So kann beispielsweise die Freude an „schönen Künsten" zunächst eine Hobbygalerie entstehen lassen, die später dann zu einem exklusiven gewerblichen Kunstsalon erweitert wird. Neue Medien und die Flexibilisierung der Arbeitszeit begünstigen solche Entwicklungen, die nach jeweiligem subjektiven Empfinden meist viel mit einem Gefühl von Selbstverwirklichung und Lifestyle zu tun haben. Wo sich dabei der Übergang von einer Liebhaberei zu einer nebengewerblich selbstständigen Tätigkeit vollzieht, sagt wiederum das Steuerrecht. Wichtig ist weiterhin, dass Nebenerwerbsselbstständige in den amtlichen Statistiken den Arbeitnehmern zugerechnet werden. Dabei ist zu bedenken, dass eine nebenberufliche selbstständige Tätigkeit häufig der erste Schritt auf dem Weg in eine „richtige" Selbstständigkeit ist.

Die statistisch erfasste Zahl der Selbstständigen lag 1882 (Deutsches Reich) bei 25,6%, 1950 (Bundesrepublik) bei 15,9%, 1989 bei 8,9% und 1997 (mit den Neuen Bundesländern) bei 9,9% der Erwerbspersonen. Der enorme Rückgang von 1950 bis 1989 wird vor allem mit dem Strukturbruch in der Landwirtschaft erklärt, in der viele kleine Betriebe aufgeben mussten. Die amtliche Statistik lebt allerdings mit dem Problem, die Schattenwirtschaft nicht erfassen zu können. Zur Schattenwirtschaft zählt zum einen die Haushaltsproduktion, zum anderen die Untergrundwirtschaft in Form von Grau- und Schwarzarbeit. In beiden Bereichen wird ein nicht unerheblicher Anteil der volkswirtschaftlichen Nettoproduktion *der Art nach in selbst-*

ständiger Tätigkeit erstellt – verbunden mit einem entsprechend hohen Einkommensanteil. Trotzdem sind die Schätzprobleme offensichtlich (u.a. Struck 1999).

Der *Anstieg der Selbstständigenquote* in jüngster Zeit wird vor allem als Ausdruck höherer Arbeitsteiligkeit auf Grund immer spezifischeren Wissens und immer schnellerer Innovationszyklen, die eine Entwertung bestehender Kenntnisse mit sich bringen, erklärt. Kleine, spezialisierte Firmen in dezentralen, arbeitsteiligen Netzwerken seien eher in der Lage, Innovationen zu generieren und den Wissenswandel zu bewältigen. Moderne Informations- und Kommunikationsmittel helfen, in den arbeitsteiligen Systemen Transaktionskosten zu minimieren. Der Anstieg in Deutschland wird zudem mit der schlechten konjunkturellen Lage und der hohen Arbeitslosigkeit in den neunziger Jahren in Zusammenhang gebracht. Selbstständigkeit als „self employment" ist hier ein möglicher Weg aus der Arbeitslosigkeit. Hinzu kommt, dass zunehmende Unsicherheit in abhängigen Beschäftigungsverhältnissen in Zeiten wirtschaftlicher Krisen die Bewertung der Risiken einer Selbstständigkeit verändert.

Gesetzgeber und Rechtsprechung sehen die Frage, wer Selbstständiger ist, keineswegs einheitlich. Das Arbeits- und Sozialrecht trennt nämlich – ganz im Sinne des Abstraktionsprinzips – zwischen der Organstellung eines leitenden Angestellten z.b. als Geschäftsführer, mit der eine Arbeitnehmerstellung unvereinbar sei, und dem schuldrechtlichen Anstellungsverhältnis. Die Frage, ob jemand Selbstständiger ist, kann daher zugleich bejaht und verneint werden, und zwar im folgenden Sinne (BAG, Urteil vom 26.05.1999, 5 AZR 664 / 98): Durch ihre Organstellung als Geschäftsführer ist einer Person die Arbeitnehmerfunktion gesellschaftsrechtlich abzusprechen; zugleich kann ihr aber schuldrechtlich der Arbeitnehmerstatus zuerkannt werden, wenn entsprechende Abgrenzungskriterien erfüllt sind. Zu diesen Kriterien zählen die persönliche Abhängigkeit, die Eingliederung (hierarchisch und zeitlich) in eine fremde Arbeitsorganisation und ein eventuelles Weisungsrecht des Vertragspartners (bzw. Arbeitgebers). Die Frage, wie die Vertretungsbefugnis ausgestaltet ist, spielt hingegen keine Rolle, da sie nach § 37 Abs. I GmbHG nur den gesellschaftsrechtlichen Bereich berührt. Die Tatsache, dass für einen Geschäftsführer Lohnsteuer und Sozialabgaben abgeführt werden, bedeutet keineswegs automatisch, dass eine Arbeitnehmereigenschaft vorliegt. Mit anderen Worten: Auch wenn gesellschaftsrechtlich eine Selbstständigkeit klar zu bejahen ist, kann arbeits- und sozialrechtlich eine Arbeitnehmerfunktion vorliegen, was etwa im Hinblick auf die Gestaltung von Angestelltenverhältnissen interessante Aspekte birgt (Pietzko 1999, S. 15 ff.). Steuerrechtlich wird hingegen immer von einem Arbeitnehmerstatus auszugehen sein, wenn es sich um eine Kapitalgesellschaft handelt. Gesetzesdefinitionen und Rechtssprechung zum Thema Selbstständigkeit sind also keineswegs einheitlich.

Mehrdeutigkeiten dieser Art verleiten Arbeitgeber dazu, freie Mitarbeiter angestellten Beschäftigten vorzuziehen, da erstere augenscheinlich zu den Selbstständigen zählen. Dadurch können seitens des Unternehmers besonders Sozialversicherungsabgaben eingespart werden. Folgerichtig konzentrierte sich die politische Kritik an solchem Verhalten darauf, dass traditionelle Arbeitnehmertätigkeiten auf Selbstständige verlagert würden, um das soziale Risiko und die Kosten seiner Absicherung vom eigenen Unternehmen auf die „freien" Mitarbeiter zu verlagern. Um dieser Praxis einen Riegel vorzuschieben, modifizierte der Gesetzgeber vor allem den § 7 und §7a viertes Buch Sozialgesetzbuch („Gesetz zur Scheinselbstständigkeit").

Wie bereits gezeigt wurde, sieht der Gesetzgeber „eine Tätigkeit nach Weisung und eine Eingliederung in die Arbeitsorganisation des Weisungsgebers" (§ 7 Abs. I 4 SGB IV) als Merkmal nicht selbstständiger Arbeit an. Der Absatz IV zählt sodann fünf weitere Merkmale auf, die eine abhängige Beschäftigung kennzeichnen. Aus ihnen lassen sich - ins Positive gekehrt – folgende weitere Kennzeichen der Selbstständigkeit herleiten:

- Die Beschäftigung von versicherungspflichtigen Arbeitnehmern, d.h. die Erfüllung einer Arbeitgeberfunktion.
- Das Vorhandensein mehrere Auftraggeber auf Dauer.
- Aufträge in Bearbeitung werden regelmäßig nicht durch Beschäftigte der Auftraggeber erledigt.
- Die Tätigkeit lässt typische Merkmale unternehmerischen Handelns erkennen.
- Sie ist nach ihrem äußeren Erscheinungsbild nicht die, die zuvor für den Auftraggeber auf Grund eines Beschäftigungsverhältnisses ausgeübt wurde.

Sind mindestens drei dieser Merkmale erfüllt, geht der Gesetzgeber davon aus, dass es sich um eine „echte" Selbstständigkeit handelt. Dabei ist allerdings zu bedenken, dass ein Existenzgründer oft anfangs keine Arbeitnehmer beschäftigt, häufig bei Aufnahme des Geschäftsbetriebes nur einen Auftraggeber hat und unter Umständen bewusst auf Aufträge aus ist, die der Auftraggeber zuvor durch seine Beschäftigten erledigen ließ. Man denke hier etwa an eine Gründungsidee, die darauf basiert, von *Outsourcingkonzepten* zu profitieren. Folglich erfüllen Gründer häufig nicht die Kriterien des § 7 Abs. IV 4 SGB IV und würden nicht als Selbstständige gelten. Auch wenn der Gesetzgeber angesichts dieser Problematik dazu aufruft, die Bestimmungen im Falle von Existenzgründern großzügig zu handhaben, sind diese doch einer stimulierenden Gründungskultur eher abträglich (Koch 2000; Frick et al.1998).

1.2.2 Selbstständigkeit, Unternehmertum und Entrepreneurship

Auf die wichtige Frage, was einen Selbstständigen außerhalb der gesetzlichen und amtlichen Statistik kennzeichnet, soll hier nicht eingegangen werden; diesem Thema hat das vorliegende Buch ein eigenes Kapitel gewidmet (siehe Kapitel I). Zu fragen ist nun viel mehr, wie die Phänomene *Selbstständigkeit* und *Existenzgründung* miteinander in Verbindung zu bringen sind. Hierfür ist zunächst die Rolle des Unternehmers und des Entrepreneurs zu analysieren.

Die Begriffe *Unternehmer* und *Entrepreneur* berühren und überschneiden sich. Von einigen wird eine Person bereits als Unternehmer betrachtet, wenn sie einen wesentlichen Kapitalanteil an einer Unternehmung hält, ohne selbst tätig zu werden. Für andere ist entscheidend, dass sie – ohne Kapitalbeteiligung – leitende Tätigkeiten im Unternehmen ausführt, wie es beispielsweise beim Vorstand einer großen

Aktiengesellschaft der Fall ist. Im Folgenden soll von einem Unternehmer, der *zugleich* Selbstständiger ist, gesprochen werden, wenn die Aspekte *wesentliches Eigentum am* und *leitende, selbstständige Tätigkeit im Unternehmen* zusammenfallen. In diesem Punkt tritt damit ein Gegensatz zur Definition des Steuerrechts und des statistischen Bundesamtes auf. Beim Begriff des Entrepreneurs hingegen ist es unerheblich, ob es sich um Unternehmer, Selbstständige oder sogar abhängig Beschäftigte (sog. *Intrapreneure*) handelt. Wichtig ist hier der Aspekt der *Durchsetzung von Neuem*. Zusammenfassend können wir daher folgenden systematischen Überblick über die Unterteilungen der erwerbsfähigen Personen in Selbstständige und abhängig Beschäftigte geben:

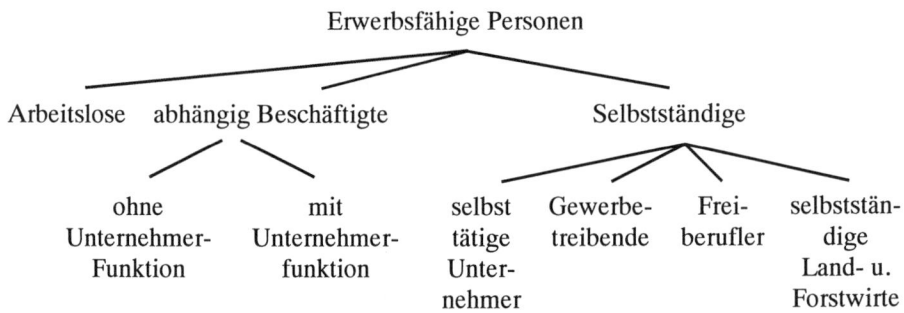

Abbildung 1: Systematik der Erwerbspersonen

Umreißen wir jetzt die idealtypischen Wesensmerkmalen selbstständiger Tätigkeit. Der Begriff der *selbstständigen Tätigkeit* wird dabei bewusst in Abgrenzung zum Unterbegriff der *selbstständigen Arbeit* verwendet, womit die steuerrechtliche Definition zu assoziieren ist. Neben den Merkmalen, auf eigene Rechung und auf eigenes Risiko zu agieren, ist hier die Weisungsungebundenheit, also der scheinbar uneingeschränkte Entscheidungsraum des Selbstständigen, zu nennen. Die Freiheit, eigene Entscheidungen treffen zu können, die persönlich zu verantworten sind, wird von vielen Existenzgründern als ein wesentliches Motiv angeführt. Bei genauerem Hinsehen erweist sich die Entscheidungsfreiheit jedoch als eingeschränkt. Der Druck des Marktes und die Eingebundenheit in einen institutionellen Rahmen schaffen Sachzwänge, denen immerfort mit neuen Problemlösungen zu begegnen ist, um der Gefahr vorzubauen, im Wettbewerb „ausselektiert" zu werden. Wilhelm Röpke (1966, S. 377) vergleicht den Unternehmer deswegen mit „einem Kapitän", „dessen Hauptaufgabe die ständige Navigation auf dem Meere des Marktes mit seinen der menschlichen Natur entsprechenden Unberechenbarkeiten ist." Seegang, Strömungen, Untiefen und plötzliche Stürme werden, um im Bild zu bleiben, die Auswahl der bei freier Entscheidung prinzipiell möglichen Kurse einschränken.

Da das Bild die Situation so anschaulich beschreibt, soll im Folgenden weiter darauf Bezug genommen werden. So kann, anders als ein Kapitän, der Gründer das Meer, auf dem er navigiert, stärker beeinflussen. Dabei begegnen ihm grundsätzlich zwei Kategorien von Umwelterfordernissen: Erstens die nicht-beeinflussbare Umwelt und zweitens die beeinflussbare Umwelt. Man spricht daher in diesem Zusammenhang auch von invarianten und unterschiedlich variablen Restriktionen, welche die Handlungsmöglichkeiten der Akteure beschränken und als Selektionsfaktoren bei der Wahlentscheidung zwischen wahrgenommenen Alternativen wirken (Hesse / Koch 1995). Die Grenzen zwischen beiden Restriktions- bzw. Umweltebenen sind über die Zeit variabel. So können neue technologische Möglichkeiten den Raum der beeinflussbaren Umwelt erweitern, z.b. durch verbesserte Kommunikationsmittel. Zum anderen ist zu beachten, dass time-lags, also Verzögerungen zwischen Einflussnahme und Wirkung, auftreten und nicht immer voll vorhersehbar sind.

1.3   Wege der Selbstständigkeit

Der Weg in die Selbstständigkeit führt über die Existenzgründung. Bleibt man bei dem zuletzt benutzten Bild Röpkes, so könnte man sagen, in der Existenzgründungsphase baut sich der Kapitän das Schiff, mit dem er auf dem Meer des Marktes navigieren will. Und so, wie es ganz verschiedene Schiffstypen gibt, steht auch dem Existenzgründer nicht nur ein Weg, sondern stehen ihm viele alternative Wege in die Selbstständigkeit zur Verfügung, die im Weiteren näher betrachtet werden sollen.

1.3.1   Die Systematik der Gründungswege

Zunächst zur Abgrenzung der Begriffe *Existenz- und Unternehmensgründung*: *Existenzgründung* lässt sich auffassen als die Schaffung eines Potenzials, auf dem sich aller Voraussicht nach mindestens eine materielle (Vollerwerbs-)Existenz begründen lässt. Populäres und einfachstes Beispiel eines solchen Gründers ist Robinson Crusoe, der auf seiner einsamen Insel sein Geschick *selbst* in die Hand nimmt, um sich so eine Existenzgrundlage zu schaffen. Der Umstand, dass man einen Robinson heute eher als Idealtyp des ‚Aussteigers' ansieht, zeigt dabei, dass die Bewertung von Gründungsphänomenen von Zeitpunkt und Ort der Gründung abhängig ist.

Von einer *Unternehmensgründung* sprechen wir erst dann, wenn bei einer Existenzgründung ein eingerichteter Betrieb entsteht, der bestimmten institutionellen Anforderungen entspricht. Dazu gehört, dass die Institution „Unternehmen" auch durch Dritte als solche anerkannt wird. Dies wiederum ist abhängig von der räumlichen Einrichtung einer Unternehmensstätte außerhalb der Privatsphäre (Wohnung) des Unternehmers. Ferner können die Firmierung, die Beschäftigung von Mitarbeitern und ein von der Person des Unternehmers abstrahierender ‚Spirit' - z.B. in Form einer Corporate Identity – weitere (institutionelle) Indizien sein. Die Bildung einer Gesellschaft, vor allem einer Kapitalgesellschaft, ist ein weiteres sehr wichtiges Kennzeichen. Auch wenn nicht jedes dieser Merkmale erfüllt sein muss, um von einer Unternehmensgründung sprechen zu können, müssen doch zumindest mehrere der genannten Merkmale zusammenfallen. Pfeiffer (1994, S. 9) definiert eine Unternehmensgründung in diesem Sinne als eine für jeden sichtbare Realisierung einer Standort- und Produktidee die zu einem Geflecht von Input- und Output-Beziehungen führt.

Damit können wir eine Begriffshierarchie schaffen, in der jede Unternehmensgründung zugleich eine Existenzgründung, aber nicht jede Existenzgründung eine Unternehmensgründung ist. Die Grenzen sind dabei intersubjektiv fließend: Ein Jurist, der sich als niedergelassener Anwalt mit einem Arbeitszimmer in seiner Wohnung selbstständig macht, ist sicherlich - auch wenn er eine Schreibkraft und einen Rechtspfleger beschäftigt - nur ein Existenz- und kein Unternehmensgründer. Anders jedoch verhält es sich, wenn eine Gruppe von Juristen eine Sozietät in Form einer Partnerschaftsgesellschaft in eigenen Büroräumen mit 25 Mitarbeitern gründet.

Eine Möglichkeit, eine Systematisierung des Gründungsphänomens zu betreiben, besteht darin, zu fragen, was bei einer Gründung *das Neue* ist, das umgesetzt werden soll. In diesem Zusammenhang unterscheiden wir zwischen innovativer und imitatorischer Gründung. Diese Unterteilung geht auf Schumpeters dynamische Wirtschaftstheorie zurück (Schumpeter 1929 u. 1934 und für einen ersten Überblick Bass 1998). Der innovative Unternehmer verschafft sich mittels der Durchsetzung von Neuem am Markt bzw. innerhalb seiner Organisation einen Vorsprungsgewinn. Dabei muss er ein gewisses Risiko eingehen, da er gewohnte Wege verlässt. Ist er erfolgreich, so wird die Konkurrenz nachrücken und durch Imitation oder als „schneller Zweiter" versuchen, an den Vorsprungsgewinnen zu partizipieren (Perlitz 1985). Will ein Unternehmensgründer erfolgreich sein, so muss er nicht nur Neues durchsetzen, sondern damit auch Wettbewerbsvorteile generieren. Dauerhaft ist dieser Erfolg allerdings nur, wenn solche Vorteile immer neu hervorgebracht (Red-Queen-Effekt) oder bestehende Vorteile konserviert werden können (z.B. durch gewerbliche Schutzrechte). Die folgende Übersicht fasst diese Überlegungen zusammen:

Was ist neu?	Existenz- bzw. Unternehmensgründung					
	Organisation?	Standort?	Inputfaktoren?	Produktionsverfahren?	Produkt (-idee)?	Markt?
	Wertschöpfungsgestaltung				Produkt-Markt-Kombinat.	
	Faktorkombinationen					
	Faktoren-Produkte-Märkte-Kombinationen					
Erfolg?	(immer neue) Wettbewerbsvorteile					
Dauerhaftigkeit?	Gewerbliche Schutzrechts-Strategien?	Sonstige Markteintrittsbarrieren?		Neue (Folge-) Innovationen?		Neue (weitere) Märkte?

Abbildung 2: Neuheit und dauerhafter Erfolg

Eine weitere anerkannte Methode der Systematisierung ordnet Gründungen nach den Dimensionen *Initiatoreigenschaften* und *Herkunftsentstehung*. In der ersten Dimension unterscheiden wir Einzel- und Teamgründungen mit den Unterkriterien Person(en) oder Unternehmen als Gründer. An Stelle eines Unternehmens könnte auch eine andere Institution, etwa eine Hochschule, die Initiatorfunktion besitzen. In der zweiten Dimension werden originäre Gründungen und derivate Gründungen unterschieden, wobei auch Mischformen möglich sind. Von *originären* Gründungen spricht man, wenn ein Unternehmen, eine Praxis, eine Kanzlei o.ä. *neu* aufgebaut wird. Um *derivate* Gründungen handelt es sich, wenn der Weg in die Selbstständigkeit über bestehende Institutionen verläuft. Mischformen zwischen originären und derivaten Gründungen sind denkbar. Mit der so gewonnenen Unterteilung lässt sich folgende Matrix erstellen:

Entstehung / Initiatoren		Originäre Gründungen	Misch- formen	Derivate Gründungen
Ein- zel- gründ- ungen	*Person*	Einzelgründung		Praxis- / Betriebs- übernahme / Nach- folge, Management- Buy-out / Buy-in
	Unterneh- men	Tochtergründung, Betriebsgründung		Akquisition, Fusion, Equity Carve-out
Ko- opera- tionen	*Personen*	Teamgründung		Praxis- / Betrieb- übernahme / Nach- folge Management-
	Person(en) + Unternehm.	Venture Nuturing, (Sponsored) Spin-Off, Corporate Venture Capital	Franchising	Buy-out / Buy-in Vertragsbe- teiligung, Split-off
	Unternehm. + Unterneh.	Joint Venture		New Style, Joint Venture

Abbildung 3: Ordnung potenzieller Gründungswege

Aus den bisherigen Überlegungen abgeleitet lassen sich nunmehr auch die Begriffe *Gründungswege*, *Gründungsformen* und *Wege in die Selbstständigkeit* gegeneinander abgrenzen. *Gründungswege* sind im hier gewählten Verständnis die im Zentrum von Abbildung 3 dargestellten Alternativen (z.B. Einzel- oder Teamgründungen, Franchising oder Joint Venture). Der Begriff *Gründungsformen* hingegen ist kategorial zu verstehen und umfasst die Möglichkeiten:

- originäre oder derivate Gründung bzw. Mischform,
- innovative oder imitatorische Gründung (genaue Abgrenzung schwierig),
- selbstständige oder unselbstständige Gründung (bestehende Unternehmen / Institutionen treten als Initiator auf; Wenz 1993, S. 9),
- Neugründung, Ausgründung oder Übernahme bzw. Mischformen zwischen Ausgründung und Übernahme (z.B. das Split-off) sowie zwischen Neugründung und Ausgründung (z.B. Spin-off),
- (nur) Existenzgründung oder (auch) Unternehmensgründung,
- Teil- oder Vollerwerbsgründung.

Ein *Weg in die Selbstständigkeit* schließlich ist, in Abgrenzung zu dem Begriff *Gründungswege*, der Gesamtprozess, der von der Idee bis zur Realisierung der Gründung führt.

Der folgende Abschnitt gilt nun der Behandlung verschiedener Gründungswege, wobei eine Konzentration auf solche Gründungen erfolgt, an denen eine natürliche Person oder ein Team beteiligt ist (siehe dazu auch Klandt 1999 oder Koch / Kuhn 2000). Auf alle Gründungswege, an denen nur Unternehmen beteiligt sind, wird hingegen hier nicht eingegangen.

1.3.2 Die Gründungswege im Einzelnen

Die klassische *Neugründung* („Start-Up") ist die *Einzelgründung*. Sie ist nach wie vor sehr häufig. Dies gilt besonders für den Bereich der freien Berufe. Von einer Einzelgründung sprechen wir auch noch dann, wenn dem Gründer ein stiller Gesellschafter oder ein Business Angel zur Seite steht. Neben den klassischen Varianten des Einzelkaufmanns und des Freiberuflers stehen dem einzelnen Gründer verschiedene Möglichkeiten offen, allein Gesellschaften zu gründen. Besonders sei auf die Möglichkeit der GmbH- und AG-Einzelgründung hingewiesen. Von Interesse sind auch die Varianten GmbH & Co KG sowie GmbH & Co KGaA. Errichtet ein Einzelner eine Publikums-KG, so ist auch hier von einer Einzelgründung zu sprechen, da Kommanditisten einer Publikums-KG i.d.R. nicht als Initiatoren der Gründung auftreten (siehe Kapitel III.2).

Teamgründungen nehmen in ihrer Anzahl zu. Dies liegt unter anderem daran, dass sich in den Bereichen der neuen Wissenschaftsindustrien wie Biotech oder Plasma- / Nanotechnik sehr hoch spezialisiertes Wissen entwickelt hat. In diesen Industrien werden Produkt- bzw. Gründungsideen häufig überhaupt nur durch das Zusammenführen verschiedener Kompetenzen technisch machbar und ökonomisch nutzbar. Aber auch in eher klassischen Branchen haben Teamgründungen ihre Berechtigung. Dies resultiert aus allgemeinen Vorteilen gegenüber den Einzelgründungen: In Teams können sich die Gründer durch verschiedene Fähigkeiten ergänzen, verschiedene Stärken- und Schwächen-Profile gleichen sich aus. Betrachtet man Zeit als einen wichtigen Wettbewerbsfaktor, so verfügen Teams hier prinzipiell über einen Vorteil durch die Möglichkeit der Aufgabenteilung. Die Ressourcen an Eigenkapital sind größer und der Zugang zu Fremdkapital leichter.

Die Teambildung birgt aber auch *spezifische Risiken*. Deren größtes liegt darin, dass das Team sich zerstreiten und auseinander fallen könnte und zwar auch noch Jahre nach der Gründung, z.B. aus Anlass einer strategischen Neuausrichtung oder einer Unternehmenskrise. Besonders aber während oder kurz nach der Gründung hat ein Zerbrechen des Teams verheerende Folgen. Daher sollten sich Gruppen über gemeinsame Zielvorstellungen im Klaren sein. Die Aufteilung der Verantwortung und Aufgabenbereiche, der Kosten, der Gewinne und der Verluste, Gehaltsfragen, strategische Ziele, Entscheidungsfreiräume des einzelnen und Kompetenzen, die bei dem Team im ganzen verbleiben, müssen klar definiert sein und sollten in einem schriftlichen Vertrag, z.B. dem Gesellschaftsvertrag, fixiert werden. Ein guter Gesellschaftsvertrag, der aus freier Willensbildung entsteht, ist keine Garantie, aber ein Meilenstein für eine dauerhafte Partnerschaft. Ferner kann mangelnde Kommunikation zu Reibungsverlusten und Ungleichgewichten zwischen den Partner führen. Ein Team sollte gleich zu Beginn eine geeignete Rechtsform wählen, die das Unternehmen möglichst weitgehend von den Geschicken einzelner Gesellschafter unabhängig macht. Dazu eignen sich die Kapitalgesellschaften, besonders die AG. Für Freiberufler hat der Gesetzgeber mit Schaffung der Partnerschaftsgesellschaft eine neue Rechtsinstitution geschaffen. Allerdings dürfen andere Notwendigkeiten der Rechtsformwahl nicht übersehen werden (siehe Kapitel III.2).

Übernahmen kennen wir in verschiedenen Varianten: Die *Nachfolge* ist die klassische Form der Übernahme. Familienmitglieder wachsen in die Geschäftsführung des Familienbetriebs hinein oder erhalten durch Schenkung oder Erbe einen wesentlichen Geschäftsanteil. Der Eigentumsübergang von Geschäftsanteilen allein begründet noch keine Selbstständigkeit, dazu muss der Erbe selbst leitend tätig werden. Geschätzt wird, das in naher Zukunft über 1,5 Millionen Familienunternehmen vor einer Nachfolgeproblematik stehen, da in der näheren Verwandtschaft potenzielle Interessenten fehlen. Dadurch gewinnen andere Übernahmeformen zunehmend an Bedeutung, die wir unter dem Begriff der *Sell-offs* zusammenfassen. Zu diesen Formen gehört das *Management-Buy-Out* (MBO), von dem man spricht, wenn leitende Mitarbeiter durch Übernahme der Anteile und Ausüben der Geschäftsführung die Unternehmerfunktion übernehmen. Das *Management-Buy-In* (MBI) unterscheidet sich vom MBO dadurch, dass es hier externe Personen sind, die sich in das Unternehmen einkaufen.

Übernahmen stellen andere *Anforderungen* an das Management als Neugründungen. Zum Beispiel verfügen i.d.R. übernommene Betriebe über einen gewachsenen Kundenstamm und lange Lieferantenbeziehungen. Die Geschäftsfelder sind entwickelt, es existiert eine strategische Ausrichtung. Die Mitarbeiter haben Erfahrung im operativen Geschäft. Will der Übernehmende das Unternehmen verändern, so verlangt dies vor allem Kenntnisse im Change-Management, oft sogar im Krisen- und Sanierungsmanagement, wohingegen der Neugründer mit den Problemen des Gründungsmanagements konfrontiert wird.

Welche Variante, ob Neugründung oder Übernahme, mehr Vor- oder Nachteile bietet, hängt vom Einzelfall ab. Mag einmal eine bestehende strategische Positionierung in einem Geflecht von Kunden- und Lieferantenbeziehungen von Vorteil sein, kann sie sich in einem anderen Fall als nachteilig erweisen. Oft auch wiegen bestehende Hemmnisse im Zuge des Versuches einer Neuausrichtung so schwer, dass eine Neugründung als der günstigere Weg erscheint. Zu diesen Hemmnissen zählen etwa Widerstände der Belegschaft gegen Veränderungen, Dauerschuldverhältnisse und Vertragsbeziehungen, die nicht ohne weiteres gelöst werden können oder gesetzliche Bestimmungen, wie der § 613a Abs. 4 BGB, der die Kündigung wegen Betriebsübergang ausschließt. Aus dieser Sicht bieten daher Neugründungen einen weiteren, flexibleren Handlungsspielraum. Andererseits gibt es Branchen, in denen die Markteintrittsbarrieren so groß sind, dass Neugründungen wenig hoffnungsvoll erscheinen. Der Übernehmende sollte all diese Faktoren kennen, um nicht „die Katze im Sack" zu kaufen.

Von einer *Praxis- oder Betriebsübernahme* sprechen wir dann, wenn es sich bei den übernommenen Institutionen nicht um Kapital- oder Mischgesellschaften (wie der GmbH & Co KG) handelt. Sie sind von besonderer Bedeutung für Freiberufler, im Handwerk und in der Landwirtschaft.

Ausgründungen sind dadurch gekennzeichnet, dass aus bestehenden Institutionen neue Unternehmen entstehen. Zu den Begriffen *Spin-off* und *Split-off* sind zahlreiche zum Teil konträre Definitionen zu finden, von denen zwei vorgestellt werden. Nach der ersten Definition werden bei Spin- und Split-off lediglich bereits existente Betriebs*teile* verselbstständigt. Dabei unterscheiden sich Spin- und Split-off dadurch, das bei ersterem sich die Verselbstständigung mit dem Einverständnis der Mutterinstitution vollzieht, während man vom Split-off spricht, wenn sie der Ausgründung feindlich gegenübersteht (Klandt 1999, S. 25 f.). Demnach wären beide Formen eher den Übernahmen als den Ausgründungen zuzurechnen.

Die zweite, alternative Definition orientiert sich daran, ob es sich um eine originäre oder derivate Gründung handelt und kann dadurch in die oben dargestellten Systematiken klar eingeordnet werden. Ein Spin-off ist demzufolge eine Ausgründung, die auf einer neuen Geschäftsidee fußt, welche innerhalb einer bestehenden Institution entstanden, von ihr aber am Markt noch nicht realisiert worden ist. Beim Split-off hingegen werden bereits bestehende Geschäftsbereiche oder sonstige betriebliche Aktivitäten verselbstständigt. Es handelt sich also um eine derivate Gründung. Zu Split-offs kommt es besonders im Rahmen von Outsourcing-Strategien, ferner im Rahmen von Sanierungsmaßnahmen, z.B. durch die Bildung von Betriebsübernahme- oder Übernahme-Auffanggesellschaften. Die Frage, ob Spin- oder Split-offs mit oder gegen den Willen bzw. mit oder ohne Beteiligung der bestehenden Unternehmung entstehen, gibt lediglich ergänzende Systematisierungsinformationen.

Sind die Mutterorganisationen positiv beteiligt, sprechen wir von *Sponsored* oder *Corporate-Spin-* bzw. *Split-offs*. Außerdem ist zu bemerken, dass mit dieser Definition ein Split-off zu einer Sonderform der MBO / MBI wird, bei der nur ein Teil einer bestehenden Gesellschaft abgespalten und übernommen wird. Eine klare Trennung zwischen Übernahme und Ausgründung ist für ein Split-off anders als für ein Spin-off nicht möglich.

Eine weitere Form der Ausgründung ist das *Venture Nuturing*. Hierunter ist eine Sonderform der sponsored Spin- oder Split-offs zu verstehen, bei denen die Institution, aus der heraus die Gründung erfolgt, eine Mehrheitsbeteiligung an dem zu gründenden Unternehmen eingeht. Man könnte von einer speziellen Form der Tochtergründung sprechen, quasi von einem Joint Venture, bei dem an Stelle des Unternehmenspartners eine oder mehrere natürliche Person(en) tritt bzw. treten, die gegebenenfalls zuvor im Unternehmen tätig waren.

Bei dem *Corporate Venture Capital* handelt es sich um eine ganz ähnliche Ausgründungsform, nur dass es hier zu einer Minderheitsbeteiligung des bestehenden Unternehmens kommt. Kennzeichnend für beide Formen gegenüber den einfachen Spin- und Split-offs ist also die Anteilsverquickung mit der Muttergesellschaft. Damit werden Fragen der Eigenkapitalfinanzierung, des Supports, aber auch der Freiheitsgrade und des Entscheidungsspielraums der Gründer berührt.

Unter dem Begriff des *Equity Carve-out* ist ein „initial public offering", also der Börsengang einer verselbstständigten Unternehmenseinheit eines Konzerns zu verstehen (Choi / Merville 1998, S. 128; Slovin, M. et al. 1995, S. 91). Populäres Beispiel ist die Infineon AG, eine Ausgründung aus dem Siemens-Konzern. Equity Carve-outs zählen nicht zu den Wegen in die Selbstständigkeit, da hier die leitenden Mitarbeiter, der Vorstand, weisungsgebunden bleiben. Denn anders als beim Spin- und Split-off sind sie nicht Partner mit maßgeblichem Anteil an dem neuen Unternehmen, sondern werden vom Mutterkonzern im Sinne einer Principal-Agent-Beziehung eingesetzt, bleiben also dem Aufsichtsrat und der Aktionärsversammlung verantwortlich, ohne in diesen Organen einen auf Kapitalanteile gestützten Einfluss zu haben. Es entsteht zwar ein neues Unternehmen, aber Erwerbspersonen gelangen nicht in die Selbstständigkeit.

Zuletzt sei die *Franchisegründung* angesprochen, die sowohl eine Mischform aus originärer und derivater, als auch aus Neu- und Ausgründung ist. Franchising ist eine Form der kooperativen Existenz- bzw. Unternehmensgründung. Ein bestehendes Unternehmen, der Franchisegeber, kooperiert mit einem Gründer. Der Erfolg hängt dabei von zwei Entrepreneuren ab: dem Franchisegeber und dem Franchisenehmer (Shane, Hoy 1996). Eine klare Definition des Begriffs Franchising wird angesichts der zunehmenden Vielfalt der Varianten immer schwieriger. Stanworth und Curran (1998, S. 324 ff.) fassen die wichtigsten Charakteristika zusammen. Demnach handelt es sich um eine Organisationsform unabhängiger Partner, die eine dauerhafte vertragliche Bindung mit klaren Festlegungen der Verantwortlichkeiten und Pflichten beider Partner eingehen. Einer der Partner, der Franchisegeber, produziert oder vertreibt Güter, besitzt Rechte an Dienstleistungen oder an Waren- bzw. Handelsmarken oder sonstigen gewerblichen Schutzrechten. Er sorgt für ein klares Unternehmenskonzept, einen einheitlichen Marktauftritt, stellt Marketinginstrumente zur Verfügung, legt Beschaffung, Wertschöpfung incl. Organisation und Absatz fest und gewährt die Nutzungsrechte an Schutzrechten. Der Franchisenehmer hingegen hat gegen Zahlung eines Preises das Recht, dieses am Markt erprobte Leistungspaket des Franchisegebers zu nutzen. Er übernimmt die Distribution, oft auch die Produktion *nach Weisung des Partners* in einem regional begrenzten Gebiet, für das er meist die Exklusivrechte erhält.

Oben wurde Schumpeters Konzept vom innovativen Pionierunternehmer und den Imitatoren erläutert. Das Franchising scheint diese Gegensätze zu überwinden: Der Innovator stellt seine Geschäftsidee anderen, den Imitatoren, willentlich und gegen Entgelt auf einer vertraglichen Kooperationsbasis zur Verfügung. So können die Imitatoren von der kreativen Leistung des Innovators profitieren. Dieser profitiert wiederum über den vereinbarten Preis für die Nutzung seiner Leistungen von den Imitatoren, die das Konzept des Gebers in einem neuen lokalen Markt durchsetzen, weswegen man bei Franchisegründungen auch von einer *multiplikativen* Gründungsform als dritte Variante neben der innovativen und imitatorischen Gründung spricht. Es zeigt sich jedoch bei einer näheren Betrachtung, dass das Franchising keineswegs die konfliktäre Situation zwischen Pionierunternehmer und Imitator aufhebt, sondern lediglich auf eine andere, eine privatvertragliche Ebene stellt. Die „Theorie des Konflikts in Franchise-Systemen" zeigt, dass das Niveau des Konfliktes in erster Linie abhängt von dem Wert, den der Franchisnehmer dem Franchisesystem in Relation zu seinen Kosten beimisst, die ihm durch Vertrag, Gründung und Betrieb seiner Filiale entstehen (Spinelli / Birley 1996). Daher sollte sich ein Gründer vor Vertragsabschluss umfangreich informieren und erwartete Erträge und Kosten genau abwägen.

1.3.3 Die Bedeutung der Planungsinstrumente

Abschließend betrachten wir die Rolle von *Planungsinstrumenten* für den Weg in die Selbstständigkeit. Auf Details wird nicht eingegangen, da dies an anderer Stelle dieses Buches geschieht. Die verschiedenen Instrumente (Marktanalysen, Organisationsplanung, Wertschöpfungsplan, Finanzierungs- und Liquiditätsplanung usw.) werden üblicherweise in den Business-Plan integriert, weswegen man vom „Integrierten Unternehmensplan" (Klandt 1999 und siehe Kapitel II.2) spricht. Der Gebrauch der entsprechenden Instrumente stellt jeweils einen wichtigen Schritt auf dem Weg in die Selbstständigkeit dar.

Der *integrierte Unternehmensplan* ist in der Praxis von großer Bedeutung. Er stellt sozusagen die Landkarte dar, an hand derer man sich auf dem Weg in die Selbstständigkeit orientiert. Dabei zerfällt der Plan in zwei Bereiche: In einem Bereich wird die Gestaltung des geplanten Unternehmens und der zu entwickelnden Aktivitäten festgelegt. Im anderen Bereich wird die Umwelt analysiert, in der man sich bewegen will. Wie sieht man seinen Absatzmarkt, wie die Konkurrenzsituation, welche Struktur haben die Beschaffungsmärkte, wo können finanzielle Mittel akquiriert werden? Beide Planungsbereiche korrespondieren miteinander: Die Gestaltung von Unternehmensaktivitäten und Unternehmensaufbau darf nicht an den Erfordernissen der Umwelt vorbei laufen. Umgekehrt sieht man vielleicht Möglichkeiten, durch eigene Aktivitäten die Umwelt zu beeinflussen.

Um noch einmal Röpkes Bild zu benutzen, stellt der eine Teil des Plans, der die Umwelt beschreibt, die nautische Seekarte dar, nach welcher der Kapitän navigieren will. Sie ist aber eine sehr persönliche Seekarte, da der Kapitän bereits Änderungen der Strömungen vorhersieht, die er durch seine Aktivitäten herbeiführen will. Der andere Teil entspricht dem Bauplan seines Schiffes, mit dem er sich auf das Meer des Marktes begeben will. Hier hat er eine große Auswahl an Schiffstypen, die wir als Gründungsformen und -wege besprochen haben. Letztlich werden aber die Erkenntnisse, die er aus seiner nautischen Karte gewinnt, seine Wahlmöglichkeiten beschränken und den Bauplan seines Schiffes beeinflussen.

Neben den genannten Funktionen der Umweltanalyse und der geordneten Planung kommt dem Business-Plan eine externe Bedeutung zu, die man als „Türöffnerfunktion" bezeichnen kann. Ein guter Plan erleichtert beispielsweise den Zugang zu Kapital oder zu Förderungen.

Ein guter Businessplan begleitet den Gründer auf dem Weg in die Selbstständigkeit weit über den Zeitpunkt der Gründung hinaus. Dazu muss er ständig überprüft und weiterentwickelt werden. Dieser Aufwand lohnt sich, wenn er dazu führt, dass veränderte Lagen und ungewollte Abweichungen vom Weg rasch erkannt werden und Korrekturen rechtzeitig erfolgen können. Der integrierte Unternehmensplan wird nach der Gründung damit zu einem Instrument, das Krisen und Fehlentwicklungen zu vermeiden hilft (siehe Kapitel II).

Weiterführende Literatur (zitierte Quellen siehe Anhang)

Bull, I. et al. (Hrsg.) (1995), Entrepreneurship: Perspectives on Theory Building, Oxford usw.

Collrepp, F. v. (2000), Handbuch Existenzgründung: für die ersten Schritte in die dauerhaft erfolgreiche Selbstständigkeit, Stuttgart.

Kotsch-Faßhauer, L. (2000), Wie macht man sich selbstständig? Rechtliche und praktische Hilfen zur Existenzgründung, Stuttgart.

Pfeiffer, F. (1994), Selbstständige und abhängige Erwerbstätigkeit: Arbeitsmarkt- und industrieökonomische Perspektiven, Frankfurt a.M. / New York.

Timmons, J. A. (Hrsg.) (1999), New Venture Creation: Entrepreneurship for the 21st Century, Boston usw.

Verständnisfragen (Lösungen siehe Anhang)

Aufgabe 1:

a) Klären und definieren Sie die Begriffe „Selbstständige Tätigkeit", „Zwischenmeister", „Selbstverwirklichung", „Red-Queen-Effekt" und „Business Angel".

b) Der Hinweis H 134 des Einkommensteuerrechts bezieht sich auf den § 15 und nicht auf den § 18 EStG. Trotzdem wurde er in Abschnitt III.1.2.1 auf den § 18 EStG angewendet. Warum ist dies zulässig? (Lesen Sie zur Beantwortung der Aufgabe die im ersten Absatz des genannten Kapitels erwähnten Gesetzestexte.)

Aufgabe 2:

Befassen Sie sich mit folgendem Fall: Anfang der siebziger Jahre unterschätzten Firmen wie IBM und Hewlett Packard, die Marktführer der IT-Branche, die Bedeutung neuer Mikroprozessoren für den Computermarkt. Dies schuf Raum für kleine, innovative Unternehmen. Eines dieser neuen Unternehmen war MITS, das mit dem „ALTAIR" einen der ersten Personal Computer auf den Markt brachte. Zwei Schulfreunde waren von der neuen Maschine begeistert und entwickelten einen BASIC-Interpreter, eine Software für den ALTAIR. Um das Produkt der Firma MITS anzubieten, gründeten die beiden Hobby-Programmierer am 4. April 1975 eine Personengesellschaft. Die beiden hießen übrigens Paul Allen und Bill Gates, das Unternehmen ist natürlich Microsoft.

Handelt es sich bei MITS und Microsoft um innovative, imitatorische oder multiplikative Neugründungen? Begründen Sie Ihre Meinung mit Hilfe der Argumentation Schumpeters!

III Gründungsformen
2 Die Wahl der Rechtsform

Thomas Bischoff

2.1 Grundsätzliches zur Rechtsformwahl

Eine im konkreten Gründungsfall ausgewählte Rechtsform bietet keine Gewähr dafür, dass das neu gegründete Unternehmen erfolgreich sein wird, denn entscheidend sind vor allem die Produktqualität bzw. die Qualität der Dienstleistungen, das richtige Marketing, die Kundenkontakte und das persönliche Engagement des Gründers. Dennoch bedeutet dies nicht, dass die Wahl der Rechtsform nur von untergeordneter Relevanz ist: Eine unzweckmäßige Rechtsform kann nicht nur dazu führen, dass Gründer mehr Steuern als nötig zahlen müssen, falsche gesellschaftsvertragliche Regelungen können auch zur Folge haben, dass bei Streitigkeiten zwischen Partnern die Gründung als Ganzes gefährdet wird. So kann beispielsweise eine OHG, die ohne weitere Absprachen gegründet worden ist, von einem Partner alleine wirksam vertreten werden. Dies hat zur Folge, dass der andere Partner für die Erfüllung von Vertragspflichten, selbst wenn der Vertrag gegen seinen Willen geschlossen wurde, mit seinem gesamten – d.h. auch privaten – Vermögen haftet.

Solche Probleme lassen sich durch die *Wahl der Rechtsform* bzw. durch die *Gestaltung des Gesellschaftsvertrages* vermeiden. Darüber hinaus wird die größte Zahl der Gründungen in den ersten 5 Jahren erfolglos abgebrochen. Viele junge Unternehmen werden insolvent – es wird ein Insolvenzverfahren beantragt und auch nach der neuen InsO häufig mangels Masse abgelehnt. In einem solchen Fall macht es natürlich einen erheblichen Unterschied, ob eine Rechtsform gewählt wurde, bei der nur das Betriebsvermögen der Unternehmung Haftungsgrundlage der Gläubiger ist oder aber auch das gesamte Privatvermögen das Haftungsobjekt darstellt. Haftet der Gründer mit seinem gesamten Privatvermögen, so ist es denkbar, dass er 30 Jahre lang für eine erfolglose Gründung Schulden begleichen muss, wenn es nicht gelingt, die Schulden über ein Insolvenzverfahren zu regulieren. Jeder Gründer muss sich daher *vor Geschäftsbeginn* mit der Wahl der Rechtsform befassen, um derartige existenzgefährdende Probleme zu reduzieren.

2.2 Übersicht über die für einen Gründer relevanten Rechtsformen

Im Bereich des deutschen Unternehmensrechts gibt es mehrere Rechtsformen, die aber nicht alle für Gründer von praktischer Bedeutung sind. Im folgenden werden daher Vereine, Genossenschaften, Reedereien und die Kommanditgesellschaft auf Aktien ausgeklammert. Auch soll auf die Partnerschaft nicht weiter eingegangen werden, da sie nur Freiberuflern zur Verfügung steht und diese Rechtsform sich in der Praxis bis heute nicht richtig durchgesetzt hat.

Soweit ein Unternehmen durch eine Person alleine gegründet werden soll, steht als einfachste und oft auch zweckmäßigste Unternehmensform die *Einzelunternehmung* – ggf. mit Eintragung in das Handelsregister in Form des kaufmännischen Geschäftsbetriebs – zur Verfügung, ferner auch die GmbH und die AG. Nach der Novellierung des HGB im Jahre 1998 kann zudem die Rechtsform der GmbH & Co. KG gewählt werden, da ein vollkaufmännischer Geschäftsbetrieb nicht mehr Voraussetzung für die HR-Anmeldung für Personenhandelsgesellschaften ist. Falls Gründer Ihr Unternehmen zusammen mit einem oder mehreren Partnern betreiben wollen und nicht die Kriterien eines vollkaufmännischen Gewerbes erfüllt sind, ist die einfachste Möglichkeit die Gründung einer *Gesellschaft bürgerlichen Rechts*. Durch Anmeldung zum Handelsregister stehen darüber hinaus – auch dann wenn kein vollkaufmännisches Unternehmen von Anfang an betrieben wird – die Personenhandelsgesellschaften zur Verfügung, d.h. die *offene Handelsgesellschaft* oder die *Kommanditgesellschaft*, aber auch die *GmbH & Co. KG*. Das Unternehmen kann außerdem die Rechtsform einer *GmbH* oder *AG* annehmen.

2.3 Der Kaufmannsbegriff im Sinne des HGB

Aus den vorherigen Ausführungen geht hervor, dass es bei der Rechtsformwahl von Bedeutung ist, ob der Betrieb ein vollkaufmännisches Gewerbe darstellt oder nicht. Aufgrund des Gesetzes zur Neuregelung des *Kaufmanns- und Firmenrechts* und zur Änderung anderer handels- und gesellschaftsrechtlicher Vorschriften vom 22.06.1998 hat der Kaufmannsbegriff des HGB eine neue Definition gefunden. Danach ist gemäß § 1 Abs. 1 HGB Kaufmann, wer ein *Handelsgewerbe* betreibt. Anders als im alten Recht wird mittlerweile als Handelsgewerbe jeder Gewerbebetrieb eingestuft. Es muss also nicht mehr geprüft werden, ob ein sog. Grundhandelsgeschäft vorliegt, wonach früher z.B. Handwerker auch mit Großbetrieben nicht automatisch Kaufmann wurden. Für den Begriff des Kaufmannes ist nunmehr zweierlei notwendig:

Erstens: Der Betrieb eines Gewerbes, worunter eine auf Gewinnerzielung und planmäßige Wiederholung gerichtete selbstständige Tätigkeit zu verstehen ist. Die rein wissenschaftliche und künstlerische Tätigkeit ist auch nach der Neuordnung des

HGB ebenso wenig ein Gewerbe, wie der freie Beruf des Anwalts, Arztes oder Steuerberaters, usw.

Zweitens: Das Unternehmen muss nach Art und Umfang einen in kaufmännischer Weise eingerichteten Geschäftsbetrieb erfordern (§ 1 Abs. 2 HGB). Als Kriterien für die Einordnung als *kaufmännischer Geschäftsbetrieb* werden folgende Indizien herangezogen:

– der Umfang des Warenlagers,
– die Höhe des eingesetzten Kapitals und
– die Zahl der Beschäftigten.

Dabei kommt es auf eine Gesamtschau der Unternehmung an. Zur Beurteilung, ob die Kaufmannseigenschaft eines Handelsgewerbes gegeben ist oder nicht, können die nachfolgenden Umsatzgrößenwerte als Faustregel zugrunde gelegt werden:

Einzelhandel	Umsatz	> Euro 250.000,- p.a.
Handelsvertreter	Provisionsumsatz	> Euro 125.000,- p.a.
Handwerkliche Unternehmen	Umsatz	> Euro 250.000,- p.a.
Dienstleister	Umsatz	> Euro 250.000,- p.a.
Objektgesellschaften	Gebäudewert	> Euro 1,25 Mio.

Abbildung 1: Indikatoren für das Vorliegen der Kaufmannseigenschaft

Soweit ein Betrieb schon aufgrund der vorgenannten Eigenschaften und Größenverhältnisse als vollkaufmännisch einzuordnen ist, muss dieser beim zuständigen Handelsregister zur Eintragung angemeldet werden. Allerdings werden nur wenige Gründer von Anfang an ein vollkaufmännisches Gewerbe betreiben. Die Gesetzesänderung ermöglicht es jedoch allen Kleingewerbetreibenden – sowohl als Einzelkaufleute als auch im Zusammenschluss mit anderen – durch eine Eintragung in das Handelsregister den Status des Vollkaufmannes mit den sich daraus ergebenden Rechten und Pflichten (z.B. gelten die Vorschriften zum Handelskauf, zur Übernahme mündlicher Bürgschaften u.a.) zu erlangen. Entscheiden sich Kleingewerbetreibende für eine Eintragung, so führt dies demnach zur Anwendung der Vorschriften des HGB.

2.4 Kriterien für die Rechtsformwahl

Auf die wichtigsten *sieben Kriterien* der Rechtsformwahl wird nachfolgend detailliert eingegangen.

2.4.1 Rechtsformbedingte Kosten und Mindestkapitalausstattung

Die Frage nach den Kosten einer Gründung und die Frage nach dem Mindestkapital wird von Gründern in der Praxis häufig gestellt. Wer keine Mittel für die formale

Gründung ausgeben will oder kann, hat im Regelfall auch kein großes Gründungsvorhaben im Auge und ist gegebenenfalls mit einer Einzelunternehmung – von Fragen der Haftung abgesehen – zufrieden.

Bei der Gründung fallen bei jedem Gewerbebetrieb *Kosten für die Gewerbeanmeldung* und je nach Tätigkeit auch die *Gewerbeerlaubnis* an, die im folgenden außer Betracht bleiben. Je nach Rechtsform können weiterhin *Notarkosten* für die Beurkundung des Gesellschaftsvertrages entstehen, wobei es hinsichtlich der Kosten-
höhe darauf ankommt, ob die Gründung durch eine Person oder durch mehrere Personen erfolgt. Ebenso kommt es auf die Höhe des Stammkapitals der Gesellschaft an
und auf die Frage, ob eine Sacheinlage erfolgte.

Bei der Gründung einer Kapitalgesellschaft durch eine Person entsteht eine ein-
fache Notargebühr und bei Gründung durch zwei oder mehrere Personen die doppelte Gebühr. In der nachfolgenden Tabelle wird, soweit eine Beurkundung erforderlich ist, von der Gründung durch mehrere Partner ausgegangen. Weiter entstehen
Notarkosten für die Anmeldung des Gewerbebetriebes oder der Gesellschaft zum
Handelsregister. Ebenso müssen die Kosten des Gerichts für die Eintragung der
Unternehmung im Handelsregister sowie die Veröffentlichung der Eintragung in den
Geschäftsblättern übernommen werden. Die Kosten für die Hinzuziehung eines An-
waltes werden nicht dargestellt, da dieser nicht zwingend notwendig ist und gegebenenfalls mit dem beratenden Anwalt auch eine Gebührenvereinbarung getroffen
werden kann.

Bei der AG gibt es die Besonderheit, dass eine Gründungsprüfung insbesondere
dann vorgenommen werden muss, wenn entweder eine Sacheinlage erbracht wird
oder mindestens einer der Gründer ein Aufsichtsrats- oder Vorstandsmandat übernimmt (§ 33 II AktG). Die *Kosten der Sacheinlageprüfung* hängen davon ab, welche
Art der Sacheinlage geleistet wird. So kann beispielsweise ein gängiger Neuwagen
oder ein Geschäftsbetrieb eingebracht werden. Die Kosten der Gründungsprüfung
im Falle einer Sachgründung können daher nicht vorab bestimmt werden. Die angegebenen Prüfungskosten beziehen sich deshalb nur auf eine Bargründung. Hierbei
wurden alle Werte in Euro geschätzt (ohne Umsatzsteuer). Die Beträge sind nur ca.
Angaben und können im Einzelfall höher oder niedriger liegen.

Rechtsform	Notar	Gründungs-prüfung	Gericht & Veröffentlichung	Total
Gewerbebetrieb	./.	./.	./.	0
Kaufmann	100	./.	250	350
GbR	./.	./.	./.	0
OHG + KG	100	./.	250	350
GmbH (25.000 Euro)	300	./.	450	750
GmbH&Co.KG	400	./.	900	1.300
AG (50.000 Euro)	400	1.000	500	1.900

Abbildung 2: Rechtsformbedingte Kosten (in Euro)

Auch die *laufenden Kosten* sind bei den vorbezeichneten Rechtsformen durch eine unterschiedliche Vielzahl an Formalia, z.b. im Rechnungswesen und bei den Steuern, unterschiedlich hoch.

Bei der GmbH & Co. KG ist darüber hinaus zu bedenken, dass es sich rechtlich gesehen um 2 Firmen handelt – nämlich um eine GmbH und um eine KG – für die zwei Buchhaltungen, zwei Jahresabschlüsse und natürlich die doppelte Anzahl von Steuererklärungen abzugeben sind.

Bei der AG ergeben sich aus den gesetzlichen Formvorschriften, mit deren Einhaltung Gründer regelmäßig am Anfang überfordert sind, Zusatzkosten. So z.b. werden (nicht zwingend) Aktienbücher geführt und Aktien ausgegeben. Es werden Hauptversammlungen durchgeführt und Aufsichtsratssitzungen abgehalten, die protokolliert werden müssen. Man sollte im ersten Jahr mit einer Größenordnung von ca. 2.000 Euro an Zusatzkosten rechnen, die durch die Rechtsform der AG entstehen, wenn diese Leistungen durch einen Anwalt erbracht werden.

Bei einer Investition von mehr als 10% des Stammkapitals innerhalb der ersten zwei Jahre nach der Gründung können für die Gründer einer AG weitere (hohe) Kosten entstehen, da dieser Vorgang – zumindest nach geltendem Recht (§ 52 AktG) – eine Nachgründungsprüfung voraussetzt. (Nach dem derzeitigen Stand soll die Vorschrift bald gestrichen werden.) Bei einer Nachgründung muss im Regelfall ein Wirtschaftsprüfer den Wert der Investition bestätigen. Hier wird man allein für den Kauf eines Neuwagens schnell Prüfungskosten von mindestens 2.000 Euro erreichen, die bei dem Erwerb einer Beteiligung an einem Unternehmen auch 20.000 Euro übersteigen können.

Häufig wird von Gründern, die auf Dauer zur Rechtsform der AG hin tendieren, aus Kostengründen vorgeschlagen, zu Beginn mit einem Einzelunternehmen oder einer GbR zu starten und die Gesellschaft später, wenn der Betrieb planmäßig arbeitet, in eine AG umzuwandeln. Hierbei ist darauf hinzuweisen, dass die Einsparung der Kosten in der Startphase zu erheblich höheren Kosten bei der Umwandlung führt. Eine formwechselnde Umwandlung in eine AG ist schnell mit Kosten von 20.000 Euro verbunden. Von daher ist es zumindest dann nicht sinnvoll aus Kostengründen eine einfachere Rechtsform vorzuschalten, wenn innerhalb von 2 Jahren die AG als Rechtsform benötigt wird.

Als *Kapitalausstattung* ist bei der GmbH ein Mindestkapital von 25.000 Euro, bei der AG von 50.000 Euro vorgeschrieben. Dabei müssen, wenn die GmbH oder AG mehrere Gesellschafter hat, mindestens 25% bzw. mindestens 12.500 Euro bei der Gründung eingezahlt werden. Bei einer Ein-Mann-GmbH oder AG muss das gesamte Stamm- bzw. Grundkapital eingezahlt werden. Alternativ können bei der Ein-Mann GmbH und AG 12.500 Euro eingezahlt und der Restbetrag durch Bankbürgschaft abgesichert werden. Gleiches gilt für die Komplementär-GmbH einer GmbH & Co. KG. Bei den anderen hier dargestellten Rechtsformen ist eine Mindestkapitalausstattung gesetzlich nicht vorgeschrieben.

Gründer sind häufig der Auffassung, dass das gesetzliche Stammkapital einer GmbH von 25.000 Euro zu hoch sei. Wenn man allerdings die Gründungskosten, Werbungskosten, die Investitionen, die Erstausstattung mit Waren und die Auftragsvorfinanzierung zusammenrechnet, so wird man bei nahezu jeder Gründung feststellen, dass 25.000 Euro Stammkapital einer GmbH den Kapitalbedarf gerade in der Startphase nicht abdecken. Meistens wird also ein Gründungsvorhaben mehr an Liquidität erfordern, als das gesetzliche Stammkapital einer GmbH.

2.4.2 Beeinflussung der finanziellen Risiken

Die Beeinflussung der finanziellen Risiken des Gründers durch die Rechtsform ist ein Aspekt, dem die meisten Gründer zu Recht erhebliche Bedeutung beimessen. Schon in der Gründungsphase geht man eine Vielzahl von *finanziellen Verpflichtungen* ein: Kredite werden für Investitionen aufgenommen, Miet- und Leasingverträge werden oft mit langer Vertragsdauer abgeschlossen, eventuell wird Personal eingestellt. Diese hohen laufenden Kosten können in der Anfangsphase regelmäßig noch nicht durch laufende Einnahmen gedeckt werden. Zudem werden neu entwickelte Produkte auf den Markt gebracht, die vielleicht noch nicht so ausgereift sind, dass sie völlig fehlerfrei funktionieren. Hiermit können erhebliche Haftungsrisiken verbunden sein.

Bleibt – aus welchen Gründen auch immer – der finanzielle Erfolg des Schrittes in die Selbstständigkeit aus, so summieren sich die finanziellen Verpflichtungen schnell zu einem so hohen Schuldenberg, der durch eine angestellte Tätigkeit oft nicht mehr abgebaut werden kann. Entscheidend ist in einer solchen Situation, ob und in welcher Höhe auf Privatvermögen des Gründers zurückgegriffen werden kann. Hier unterscheiden sich die Rechtsformen nach dem gesetzlichen Grundmuster erheblich.

Der Einzelunternehmer und jeder Gesellschafter einer OHG haften für sämtliche Verbindlichkeiten des Betriebes mit ihrem *gesamten Vermögen*. Gleiches gilt auch bei der Gesellschaft bürgerlichen Rechts. Zwar hat die Praxis durch Gestaltungen im Gesellschaftsvertrag eine Beschränkung der Haftung auf das Gesellschaftsvermögen versucht. Der Bundesgerichtshof hat diese Bemühungen jedoch 1999 zunichte gemacht, so dass hier in jedem Falle von einer unbeschränkten Haftung der Gesellschafter ausgegangen werden muss.

Bei der KG sind die finanziellen Risiken für die Gesellschafter unterschiedlich geregelt. Der persönlich haftende Gesellschafter, also der Komplementär, haftet – wie der Name schon sagt – persönlich mit dem gesamten, also auch mit dem privaten Vermögen. Der Kommanditist haftet grundsätzlich nur bis zur Höhe der im Handelsregister eingetragenen Einlage. Ist diese einmal gezahlt, so findet eine Haftung regelmäßig nicht mehr statt.

Bei der GmbH und der AG sind die Gesellschafter in der Regel nur zur Erbringung des Stamm- bzw. des Grundkapitals verpflichtet. Ist dieses Kapital ordnungsgemäß erbracht, so ist grundsätzlich jeder weitere Rückgriff auf das Privatvermögen ausgeschlossen. Soweit bei der GmbH oder AG nur ein Teil des Kapitals eingezahlt ist, besteht eine sogenannte „kollektive Deckungspflicht" der Gesellschafter bzw. Gründungsaktionäre für das restliche Kapital. Das heißt, dass die Gründer, auch wenn sie bereits den vertraglich vorgesehenen Betrag geleistet haben, solange zu weiteren Zahlungen *gesamtschuldnerisch* herangezogen werden können, bis das gesamte Stamm- bzw. Grundkapital durch die anderen Gesellschafter erbracht worden ist.

Hierbei muss aus Gründen der Vollständigkeit aber darauf hingewiesen werden, dass es bei der GmbH und der AG Durchbrechungen der gesetzlichen Haftungsbegrenzung auf das Gesellschaftsvermögen gibt. Die Problematik wird unter dem Begriff „Durchgriffshaftung" diskutiert. Ausnahmen von der Haftungsbegrenzung gibt es nicht nur dann, wenn etwa die Gesellschafter, die sich hinter der Rechtsform der GmbH verbergen, strafrechtlich relevante, wie z.B. *betrügerische Handlungen* gegenüber ihren Kunden begehen. Eine Haftung kann vielmehr auch in den Fällen gegeben sein, in welchen eine *Unterkapitalisierung* (streitig) oder eine *Vermögensvermischung* vorliegt. Ein Haftungsdurchgriff kann auch zustande kommen, wenn ein *Konzern* besteht und nachteilige Weisungen der Obergesellschaft nicht ausgeglichen werden. Nach der Rechtsprechung des BGH, liegt ein sogenannter faktischer Konzern unter Beteiligung einer GmbH auch dann vor, wenn beispielsweise ein Unternehmer ein Einzelunternehmen führt und daneben über eine GmbH am Markt agiert. Die persönliche Haftung kann aber auch dadurch begründet werden, dass das Stammkapital an die Gesellschafter zurückgewährt wird.

Ein weiterer, zur Haftung der Gesellschafter führender Aspekt ist der Bereich der sogenannten *verschleierten Sachgründung*, bei welcher die Gründer einer Kapitalgesellschaft mit der geleisteten Bareinlage Gegenstände von sich oder von nahestehenden Personen in einem engen zeitlichen Zusammenhang mit der Gründung erwerben.

Neben diesen Formen der Durchgriffshaftungen gibt es zusätzlich die Haftung des Geschäftsführers, Vorstandes oder Aufsichtsrates bei Pflichtverletzungen. Werden z.B. öffentlich-rechtliche Pflichten, wie die Abführung von Sozialversicherungsbeiträgen für Arbeitnehmer, verletzt, so begründet dies eine Haftung der Geschäftsführungsorgane mit ihrem Privatvermögen.

Alle vorbezeichneten Haftungsdurchbrechungen, die sowohl bei der GmbH als auch bei der AG gelten, sind in der Praxis recht häufig festzustellen. Sie führen in vielen Fällen aber nur dazu, dass das Kapital nochmals eingezahlt werden muss, so dass also insoweit eine Haftungsbeschränkung bestehen bleibt. Zudem ist in der Praxis festzustellen, dass eine Vielzahl von Gläubigern keinen Prozess gegen die Gesellschafter persönlich führen will, da zuvor häufig erhebliche Kosten für den vorgelagerten Prozess gegen die GmbH oder AG verauslagt werden müssen, welche in der Regel nicht erstattet werden.

Das vorbezeichnete gesetzliche Haftungsgrundmuster lässt sich jedoch auch durch Verträge, wie z.B. durch den Gesellschaftsvertrag, durch Bürgschaften und ähnliches stark verändern. Beispielsweise wurde das Konstrukt einer Personengesellschaft entwickelt, bei der keine „natürliche" Person mit ihrem Privatvermögen haftet. Dies ist die bereits erwähnte GmbH & Co. KG, bei der persönlich haftender Gesellschafter eine GmbH ist, welche ihrerseits nur beschränkt haftet.

Andererseits gibt es viele Möglichkeiten, mit denen die Haftungsbeschränkungen des Kommanditisten, des Gesellschafters einer GmbH oder des Aktionärs untergraben werden können. Als typische Ansatzpunkte sind Nachschusspflichten oder Bürgschaften zu nennen. Benötigt z.B. ein Gründer einen Kredit von 50.000 Euro, so wird die Bank nach entsprechenden Sicherheiten fragen. Gerade bei einer „Fünfundzwanzigtausend-Euro-GmbH" wird in aller Regel von den Banken eine persönliche Bürgschaft des Gesellschafters gefordert. Gleiches gilt für „professionelle" Vermieter, die ebenfalls Bürgschaften einfordern.

Wenngleich in der Gründungsphase der Vorteil der gesetzlich vorgesehenen Risikobeschränkung von GmbH-Gesellschaftern oder AG-Aktionären häufig vertraglich ausgehebelt wird, so bleibt die *beschränkte Haftung* für die Wahl der Rechtsform entscheidend: Für den Gründer ist es auch bei einer Verbürgung der Kreditlinie gegenüber seiner Hausbank von elementarem Unterschied, ob er im Insolvenzfalle nur seiner Hausbank oder darüber hinaus allen sonstigen Gläubigern der Gesellschaft haftet. Mit der Bank lässt sich beim Scheitern häufig eine moderate Regelung für die Rückführung der Schulden finden. Bei einer Vielzahl von Gläubigern werden sich regelmäßig einzelne einer vernünftigen Schuldenbereinigung widersetzen, so dass ein Insolvenzverfahren mit ungewissem Ausgang einzuleiten ist.

2.4.3 Rechtsformbedingter Unterschied in der Besteuerung

Bei den verschiedenen Gesellschaftsformen bestehen Unterschiede in der Besteuerung. Diese werden im vorliegenden Band unter Kapitel VII.1 behandelt. In der Praxis ist gerade der Unterschied in der Besteuerung von großer Bedeutung, was vor Einführung des *Anrechnungsverfahrens* entscheidend mit zur Ausgestaltung der GmbH & Co. KG geführt hatte. Wer als Freiberufler dem Privileg der Gewerbesteuerbefreiung unterliegt, wird seine Tätigkeit nicht gerne über eine GmbH erbringen wollen.

2.4.4 Auswirkungen auf Finanzierungsmöglichkeiten

Banken fordern – wie oben dargestellt – in der Regel bei Gründungsfinanzierungen für eine haftungsbegrenzende Rechtsform zusätzlich *persönliche Bürgschaften* der Gründer. Insoweit bestehen dann keine erheblichen Unterschiede zwischen den Rechtsformen hinsichtlich einer Bankfinanzierung. Für eine normale Bankenfinanzierung bleibt also die *persönliche Bonität* des Gründers mit entscheidend.

Allerdings verzichten Banken bei einem entsprechend hohen Stamm- oder Grundkapital oft auf eine persönliche Bürgschaft. Dieses ist u.U. im Rahmen einer AG mit einer Vielzahl von Aktionären leichter darstellbar. Deshalb kann die AG mit hohem Grundkapital im Einzelfall dazu führen, dass die Bank auf eine Bürgschaft verzichtet.

Unterschiede ergeben sich aber, wenn *private Gelder* für eine Gründungsidee gefunden werden sollen. So geben sich professionelle Venture Capital-Anleger im Allgemeinen genauso wie andere Privatanleger damit zufrieden, für ihre Gelder eine Unternehmensbeteiligung zu erhalten. Diese kann als *stille Beteiligung* oder gegen *Übertragung von Geschäftsanteilen* an der GmbH oder *von Aktien* an der AG erfolgen. Soweit eine stille Beteiligung an der AG gewünscht wird, ist allerdings zu berücksichtigen, dass diese nur dann wirksam wird, wenn sie als „Teilgewinnabführungsvertrag" in das Handelsregister eingetragen wird (§ 292 I Nr. 2 AktG). Da private Geldgeber sich mit einem festen Betrag an einer Idee beteiligen wollen, wünschen sie umgekehrt keine weitergehenden Risiken einzugehen. Für sie muss somit regelmäßig eine haftungsbeschränkende Rechtsform gefunden werden. In der Praxis scheiden daher Rechtsformen aus, bei welchen eine persönliche Haftung entstehen kann. Wenngleich damit auch eine Beteiligung als Kommanditist möglich wäre, besteht heute, neben dem Wunsch nach laufenden Gewinnen, stärker als früher die Hoffnung auf Steigerung des Wertes der Beteiligung. Dies kann aber regelmäßig nur dann erreicht werden, wenn die Beteiligung frei veräußerlich ist, was erklärt, warum heute ein erheblich größerer Investorenanteil Beteiligungen an einer AG anderen Rechtsformen vorzieht.

Darüber hinaus setzen gewisse öffentliche Fördermittel bestimmte Rechtsformen voraus. So zum Beispiel wird durch bestimmte Existenzgründungsprogramme nur eine gewerbliche Tätigkeit gefördert. Wenn z.B. die Entwicklung eines bestimmten EDV-Programms ohne weiteres in einer freiberuflichen Tätigkeit möglich wäre, wird jedoch diese freiberufliche Tätigkeit nicht gefördert, so dass für die Tätigkeit eine Kapitalgesellschaft gegründet werden muss, wenn die günstigen öffentlichen Fördermittel in Anspruch genommen werden sollen.

2.4.5 Gewinn- und Verlustverteilung, Entnahmemöglichkeiten

Zur Gewinn- und Verlustverteilung finden sich für die einzelnen Gesellschaftsformen gesetzliche Vorschriften, die jedoch weitgehend dispositives Recht sind, das heißt, diese Regelungen können durch entsprechende abweichende Abreden im Gesellschaftsvertrag verändert werden. Von daher ist es also möglich, einem Gesellschafter mehr vom Gewinn zuzuordnen, als einem anderen. Aspekte für die Gewinn- und Verlustverteilung zwischen den Gesellschaftern sind üblicherweise:

- die Tätigkeit der einzelnen Gesellschafter,
- die Verzinsung des investierten Kapitals,
- die Vergütung für die übernommene Haftung und
- das unterschiedliche Know-how der Partner.

Bei der AG sind, anders als bei anderen Rechtsformen, Teile des Gewinns in *gesetzliche Rücklagen* einzustellen, so dass nicht die gesamten Gewinne ausgeschüttet werden dürfen (§ 150 AktG). Da aber allgemein gerade in der Startphase häufig keine Gewinne anfallen, ist es für Gründer wichtig zu wissen, was sie aus der Gesellschaft *entnehmen* können.

Bei Personengesellschaften können – entsprechend den individuellen Erfordernissen – Vereinbarungen ohne rechtliche Beschränkung getroffen werden. Oft orientieren sich die Entnahmen an den persönlichen Bedürfnissen der Gesellschafter. Es wird also beispielsweise beschlossen, dass man mindestens 4.000 Euro pro Monat für die Lebenshaltung braucht und diesen Betrag auch entnehmen darf. Gerade bei der Gründung führen Entnahmen nur zu einer Erhöhung des Fremdkapitals und zu einer Aushöhlung der Liquidität der Gesellschaft. Von daher sind solche Vereinbarungen problematisch.

Bei GmbH und AG ist dagegen das Recht zur Entnahme von Vermögen durch die Gesellschafter beschränkt. Hier ist grundsätzlich nur eine Ausschüttung der Gewinne aufgrund eines ordnungsgemäßen Beschlusses der Gesellschafterversammlung möglich. Insbesondere dürfen Zahlungen an Gesellschafter nicht dazu führen, dass Teile des Stammkapitals an diese zurückbezahlt werden.

Es zeigt sich also, dass bei den Entnahmen beträchtliche Unterschiede zwischen Personen- und Kapitalgesellschaften bestehen. So kann auch selbstverständlich dem Gesellschafter-Geschäftsführer bei der GmbH oder dem Aktionärsvorstand einer AG ein Gehalt ausgezahlt werden, was aber anders als eine Entnahme in die Gewinn- und Verlustrechnung einfließt. Zudem muss ein Gehalt „angemessen" sein. Damit kann es maximal in der Höhe liegen, welches einem fremden Dritten für eine vergleichbare Tätigkeit gewährt würde. Schließlich ist es bei der AG nur unter den einschränkenden Voraussetzungen der §§ 71 a, 89, 115 AktG möglich, Gelder als Darlehn an Vorstand, Aufsichtsrat oder Aktionäre zu vergeben.

Damit ist festzustellen, dass Kapitalgesellschaften im Bereich der Entnahmen und des Geldtransfers an ihre Organe deutlichen Schranken unterliegen, welche Personengesellschaften so nicht kennen.

2.4.6 Unternehmensleitung (Geschäftsführung, Vertretung, interne Willensbildung)

Da Gesellschaften als solche nicht handeln können, benötigen sie Personen, die für sie tätig werden. Dies können je nach Rechtsform der Inhaber, die Gesellschafter (einzelne oder alle) oder Geschäftsführer bzw. Vorstände sein. Recht und Pflicht zum „Tätigwerden" für eine Unternehmung nennt man die *Geschäftsführungsbefugnis*. Diese ist zunächst einmal auf das Innenverhältnis der Gesellschaft bezogen. Das Recht hingegen, für die Gesellschaft Erklärungen im Außenverhältnis abzugeben (z.B. Verträge abzuschließen), nennt man die *Vertretungsbefugnis*.

Obwohl juristisch zwischen der Geschäftsführungsbefugnis und der Vertretungsbefugnis unterschieden wird, sind in der Regel die gleichen Personen mit der Geschäftsführung und der Vertretung der Gesellschaft betraut. Da einzelne Maßnahmen nicht unbedingt nur der Geschäftsführungs- oder Vertretungsbefugnis zugeordnet werden können, sondern häufig in beide Bereiche fallen, wird in der Praxis bisweilen nicht unterschieden. Wenn z.B. ein neuer Mitarbeiter angestellt wird, so werden die interne Entscheidung darüber, wer angestellt wird, und der Abschluss des Arbeitsvertrages häufig von den selben Personen vorgenommen.

(a) Geschäftsführung und Vertretung bei Personengesellschaften
Allen Personengesellschaften ist gemein, dass Geschäftsführungs- und Vertretungsbefugnisse zumindest *bei einem* der persönlich haftenden Gesellschafter liegen müssen. Es können aber auch *alle* persönlich haftenden Gesellschafter gemeinsam hierzu befugt sein. Die Geschäftsführungs- und Vertretungsbefugnisse können bei Perso-

nengesellschaften nur eingeschränkt auf Dritte oder Kommanditisten übertragen werden. Es ist allerdings möglich, Dritte oder Kommanditisten mit solchen rechtsgeschäftlichen Vollmachten auszustatten, dass ihre Befugnisse sehr nah an die Geschäftsführungs- und Vertretungsbefugnis eines Gesellschafters herankommen. Vorbehaltlich des Umstandes, dass die Geschäftsführungs- und Vertretungsbefugnisse weitgehend dispositiv sind, gilt bei den einzelnen Personengesellschaften folgendes (siehe Abbildung):

Rechtsform	Geschäftsführung / Vertretung
BGB-Gesellschaft	alle Gesellschafter gemeinsam
OHG	jeder Gesellschafter allein
KG	jeder Komplementär allein

Abbildung 3: Geschäftsführungsbefugnis bei Personengesellschaften

(b) Geschäftsführung und Vertretung bei GmbH und AG
Bei der GmbH wird die Geschäftsführung und Vertretung durch den Geschäftsführer, bei der AG durch den Vorstand wahrgenommen. Geschäftsführer bzw. Vorstand kann nicht nur ein Gesellschafter, sondern jeder Dritte sein. Bei der GmbH haben die Gesellschafter immer die Möglichkeit, aktiv in die Geschäftsführung einzugreifen. Der Geschäftsführer kann z.B. angewiesen werden, eine von den Gesellschaftern ausgewählte Person anzustellen, selbst wenn er einer anderen Person den Vorzug gegeben hätte. Allerdings verbleibt die Vertretungsbefugnis bei der Geschäftsführung, d.h. der Anstellungsvertrag muss vom Geschäftsführer (entsprechend der Anweisung der Gesellschafter) unterzeichnet werden.
Anders ist dies bei der AG. Der Vorstand einer AG kann von der Hauptversammlung nicht angewiesen werden, ob und wie er ein Geschäft ausübt. Auch der Aufsichtsrat ist hierzu nicht befugt, wenngleich durch Satzung oder Aufsichtsratsbeschluß bestimmt werden kann, dass der Vorstand für bestimmte (nicht aber alle) Geschäfte der Zustimmung des Aufsichtsrates bedarf.

(c) Gesellschafterversammlung
Oberstes Organ aller relevanten Rechtsformen ist die *Gesellschafterversammlung*, die bei der AG *Hauptversammlung* genannt wird. Die Gesellschafter- bzw. Hauptversammlung kann den Gesellschaftsvertrag abändern, z.B. den Geschäftszweck der Gesellschaft ändern. Bei allen Rechtsformen, mit Ausnahme der AG, kann die Gesellschafterversammlung die Geschäftsführungs- und Vertretungsbefugnis von Gesellschaftern bzw. Geschäftsführern erlöschen lassen bzw. diese Befugnis auf andere übertragen und über die Verwendung von Gewinnen oder über wichtige Investitionen entscheiden. Lediglich bei der AG ist die Hauptversammlung nur auf die ganz grundsätzlichen Entscheidungen beschränkt und die Aktionärsrechte werden weitgehend auf den Aufsichtsrat als Kontrollorgan übertragen. Nicht einmal die Wahl des Vorstandes liegt bei den Aktionären. Dieses Recht übt der Aufsichtsrat aus.

Bei Personengesellschaften sind nach den gesetzlichen Regelungen grundsätzlich einstimmige Entscheidungen der Gesellschafterversammlung erforderlich. Bei der GmbH und der AG sind Mehrheitsentscheidungen möglich, wobei für wesentliche Beschlüsse qualifizierte Mehrheiten erforderlich sind (z.B. Satzungsänderungen).

2.4.7 Darstellung der Unternehmung nach außen

In der Praxis wird man feststellen, dass die Wahl der Rechtsform häufig auch als *Marketingmaßnahme* gesehen wird und nicht zuletzt die Visionen der Gründer im Hinblick auf die spätere Größe der Unternehmung widerspiegelt.

Wer als Gewerbetreibender mit seinem Einzelunternehmen nach außen auftritt wird – selbst wenn dies nicht so sein muss – häufig als „kleiner Krauter" eingestuft. Gleiches gilt für die BGB-Gesellschaft. Oft ist es in der Praxis schwierig, die Vertretungsbefugnis bei einer BGB-Gesellschaft nachzuweisen, da diese in keinem Register eingetragen ist. Dem nicht im Handelsregister eingetragenen Gewerbetreibenden ist es untersagt, nach außen hin mit einer wohlklingenden Firma in Erscheinung zu treten. Nur dem Kaufmann oder den kaufmännischen Rechtsformen ist es gestattet, mit einer entsprechenden Phantasiebezeichnung als Firmenname im Rechtsverkehr aufzutreten.

Zudem beschreibt z.B. der Titel „Vorstand" die Funktion einer Person anders, als lediglich deren Vor- und Nachnamen. Mit diesen muss aber der nicht im Handelsregister eingetragene Gewerbetreibende nach außen auftreten. Ebenso müssen alle Gesellschafter einer BGB-Gesellschaft mit ihrem Vor- und Nachnamen im Rechtsverkehr auftreten, was gerade bei einer Vielzahl von Gesellschaftern mit praktischen Nachteilen verbunden sein kann, z.B. im Falle von Gesellschafterwechseln.

2.5 Schlussbemerkungen

Die vorbezeichneten Ausführungen haben gezeigt, dass die richtige Rechtsform für ein Gründungsvorhaben nicht ohne weiteres zu finden ist. Vielmehr muss im Einzelnen genau erfragt werden, welche Geschäftsidee der Gründer umsetzen will, welche Haftungsmöglichkeiten mit seiner Idee verbunden sind und wie er die Umsetzung seiner Idee finanziert. Dabei wird man die finanziellen Möglichkeiten des Gründers und auch seine geplante Zusammenarbeit mit Partnern im Auge behalten müssen. Wer mit wenig finanziellem Engagement mehr als „Einzelkämpfer" seine Gründung durchführen möchte, kann sicherlich besser mit der Einzelunternehmung erfolgreich sein, als der Gründer, der sich vorgenommen hat, nach 3 Jahren unter Beteiligung eines professionellen *lead investors* eine Zulassung für den Neuen Markt zu erhalten. Letzterem bleibt wohl nur die AG als Rechtsform.

Weiterführende Literatur

Collrepp, F. v. (2000), Handbuch Existenzgründung: für die ersten Schritte in die dauerhaft erfolgreiche Selbstständigkeit, Stuttgart.

Klandt, H. (1999), Gründungsmanagement. Der integrierte Unternehmensplan, München / Wien.

Leitermann, R. (1995), Rechtsformwahl, in: W. Dieterle / E. Winckler (Hrsg.), Gründungsplanung und Gründungsfinanzierung, München, S. 173-201.

Schierenbeck, H. (2000), Grundzüge der Betriebswirtschaftslehre, München / Wien.

Verständnisfragen (Lösungen siehe Anhang)

Aufgabe 1:

Ein Gründer möchte eine Gebäudereinigung eröffnen, ohne in absehbarer Zeit Mitarbeiter anzustellen. Für sein Gründungsvorhaben benötigt er keine erheblichen Investitionen und, da er seinen Lebensunterhalt für die nächsten 3 Monate aus Eigenmitteln bestreiten kann, auch keinerlei Finanzierungen. Er kann sein Gewerbe von zu Hause aus steuern, verfügt im übrigen über kein Vermögen und hat schon drei Kunden, mit welchen er eine wöchentliche Abrechnung vereinbart hat. Welche Rechtsform eignet sich in diesem Fall? Alternative: Das Gründungsvorhaben soll durch zwei Gründer umgesetzt werden.

Aufgabe 2:

Zwei Gründer haben ein EDV-Programm entwickelt, welches sie der Industrie anbieten möchten. Mit dem Programm können Produktionsabläufe gesteuert werden. Die Gründer meinen, ihr Programm arbeite fehlerfrei, sind sich dessen aber nicht ganz sicher. Ihre potentiellen Kunden werden das Programm nur zu ihren allgemeinen Einkaufsbedingungen abnehmen, die regelmäßig eine weitgehende Gewährleistung vorsehen. Für eine Marketingaktion und bis zur Erreichung eines positiven cash flow werde sie einschließlich eines Geschäftsführergehaltes von je 2.000 Euro pro Monat 100.000 Euro an liquiden Mitteln benötigen. Diese müssen über eine Bank finanziert werden. Einer der Gründer ist vermögenslos, der andere ist Eigentümer eines weitgehend unbelasteten Mehrfamilienhauses. Welche Rechtsform sollte gewählt werden?

Aufgabe 3:

Ein Gründer hat ein neuartiges Zahlungssystem für das Internet entwickelt. Er hat bereits mit einem professionellen lead investor gesprochen, der für das Gründungsvorhaben 2 Mio. Euro gegen eine Beteiligung von 20% für die Idee zur Verfügung stellen möchte. Der Investor geht davon aus, dass er einen weiteren Investor findet, welcher weitere 6 Mio. Euro für den Börsengang zur Verfügung stellen wird. Es muss in kurzer Zeit eine Mitarbeiterbeteiligung umgesetzt werden, damit die Mitarbeiter ihren Einsatz hoch motiviert durchführen. Welche Rechtsform wäre hier ratsam?

III Gründungsformen
3 Unternehmenskauf durch Management Buy Out / Management Buy In

Rainer Kasperzak

3.1 Zielsetzung

Ende der siebziger Jahre wurde im angelsächsischen Wirtschaftsraum im Bereich der Unternehmensübernahmen eine Entwicklung in Gang gesetzt, die erst wesentlich später in Deutschland – u.a. bedingt durch die Deutsche Einheit – ebenfalls einen erhöhten Stellenwert erlangt hat: der Unternehmenskauf durch Management Buy Out (MBO) bzw. Management Buy In (MBI).

Bei einem derartigen Kauf handelt es sich um eine komplexe Transaktion, die im Schrifttum im Zusammenhang mit einer Reihe von spezifischen Fragestellungen bereits ausführlich und breit diskutiert wurde. Eine relativ geringfügige Beachtung hat man allerdings dem Problemfeld der *Kaufpreisfindung* geschenkt. Daher soll, auch in Anbetracht der aktuellen Entwicklungen auf dem Gebiet der Unternehmensbewertung, hier die Gelegenheit genutzt werden, diesem Aspekt ein stärkeres Gewicht zu verleihen. Die grundlegenden Voraussetzungen zum Verständnis einer MBO / MBI-Transaktion sollen dabei nicht grundsätzlich vernachlässigt, sondern im Rahmen einer kurzen Einführung dem Schwerpunktkapitel „Kaufpreisfindung" vorangestellt werden.

3.2 Grundlagen eines MBO / MBI

Allgemein versteht man unter einem *MBO* die Übernahme eines ganzen Unternehmens bzw. eines Unternehmensanteils – bei diesem kann es sich um einen Geschäftsbereich oder auch um eine Tochtergesellschaft handeln – durch leitende Angestellten, eben Manager des zu verkaufenden Unternehmens (siehe Drukarczyk 1990, S. 545). Die bisherigen Eigentümer werden quasi „ausgekauft". Übernehmen auch weite Teile der Belegschaft Anteile, spricht man von einem *Employee Buy Out* (EBO) als Sonderform des Buy Out. Im Gegensatz zum MBO ist ein *MBI* dadurch charakterisiert, dass sich außenstehende Manager in das zur Disposition stehende Unternehmen „einkaufen".

In Zusammenhang mit den geschilderten Transaktionen findet sich vielfach auch der Begriff des *Leveraged Buy Out* (LBO). Er zielt darauf ab, dass MBO´s bzw. MBI´s, die auch in Kombination miteinander auftreten können, häufig in erheblichem Umfang mit Fremdkapital finanziert werden und somit potentielle *Hebel-* oder *Leverage-Effekte* auf die Eigenkapitalrendite entfalten können. Im Rahmen der weiteren Ausführungen sollen daher die Begriffe MBO / MBI und LBO synonyme Verwendung finden.

Von der Gründungsform MBO / MBI abzugrenzen sind die sogenannten *Spinoffs* und *Start-ups*. Bei einem Spin-off handelt es sich um die Herauslösung eines Unternehmensteils und, in Abgrenzung zur reinen Übernahme, um seine Etablierung als neues, selbstständiges Unternehmen. Häufig findet in diesem Zusammenhang auch der Begriff „Ausgründung" Verwendung. Dabei spielt das Mutterunternehmen eine unterstützende Rolle im Gründungsprozess, etwa durch die Bereitstellung von unternehmerischer Infrastruktur. Die Neugründung in Form eines Start-ups hat in jüngster Vergangenheit insbesondere im Bereich der sogenannten „New Economy" eine hohe Verbreitung erfahren. Auch Start-ups können durchaus das Ergebnis eines Ausgründungsprozesses sein. Allerdings fehlt in diesen Fällen typischerweise die Unterstützung des Mutterunternehmens, so dass auch von einer Unternehmensgründung „auf der grünen Wiese" gesprochen wird.

Idealtypisch ist ein MBO / MBI als *Asset Deal* oder als *Share Deal* darstellbar. Bei einem Asset Deal handelt es sich um die Übernahme der einzelnen Vermögensgegenstände und Schuldposten in Form der Einzelrechtsnachfolge. Bei dieser Konstruktion können sowohl die Vermögensgegenstände als auch der Cash Flow zur Kreditbesicherung herangezogen werde. Zumeist wird eine Vorschaltgesellschaft in der Rechtsform einer GmbH gegründet, die die Aktiva und Passiva der Zielgesellschaft übernimmt. Der Vorteil dieser Konstruktion liegt in der Entstehung von zusätzlichem Abschreibungspotenzial, das aus der Aufdeckung möglicher stiller Reserven resultieren kann. Nachteilig wirkt sich allerdings die fehlende Möglichkeit aus, steuerliche Verlustvorträge berücksichtigen zu können.

Im Gegensatz zum Asset Deal wird die Rechtsposition der Zielgesellschaft im Rahmen eines Share Deal nicht angetastet. Der Anteilserwerb wird lediglich zu Anschaffungskosten unter der Position „Beteiligungen" beim Erwerber bilanziert. Zusätzliches Abschreibungspotenzial entsteht hier nicht. Allerdings können in der Zielgesellschaft vorhandene Verlustvorträge i.d.R. weiter genutzt werden. Um die spezifischen Vorteile der beiden Grundtypen miteinander zu verbinden, haben sich in der Praxis zahlreiche Mischformen herausgebildet (siehe näher hierzu Betsch / Groh / Lohmann 1998, S. 243 f.).

Zur Finanzierung des Kaufpreises steht eine breite Palette von Finanzierungsinstrumenten zur Verfügung. In der Regel wird die Finanzierung derart strukturiert sein, dass sowohl Eigen- und Fremdkapital als auch Mischfinanzierungsformen (Mezzanine-Finanzierung) zum Einsatz kommen. Die Eigenmittel können etwa von den Managern und von institutionellen Investoren (Beteiligungsgesellschaften, Venture Capital-Gesellschaften) aufgebracht werden. Als Mischformen der Finanzierung kommen beispielsweise stille Beteiligungen, partialische Darlehen oder Genussrechte in Betracht. Typisch für den US-amerikanischen Markt sind hochverzinsliche Risikoanleihen, die sogenannten „Junk Bonds" (Ballwieser / Schmid 1990, S. 304).

Die Gründe dafür, warum die Hauptbeteiligten eines MBO / MBI, die Käuferpartei und die Verkäuferpartei, überhaupt ein Interesse an einer derartigen Transaktion haben, können recht vielfältig sein. Während, aus *Verkäufersicht* gesehen, bei mittelständischen, personenbezogenen Familienunternehmen oftmals noch ungelöste Nachfolgeprobleme die Hauptmotivation für die Durchführung eines MBO / MBI bilden, ist diese bei Großunternehmen häufig in einer Konzentration auf die Kernkompetenzen mit dem damit einhergehenden Verkauf von Geschäftsbereichen zu suchen. Demgegenüber bietet sich für die *Käuferpartei* die Möglichkeit, eine gewachsene Organisationsstruktur zu übernehmen. Die Risiken, die üblicherweise mit einer Neugründung einhergehen, lassen sich somit zu weiten Teilen ausschalten. Zudem verfügen die Manager in der Regel über ausgeprägte Branchen- und Marktkenntnisse und unterhalten bereits vielfältige Geschäftsverbindungen. Das entsprechende Know-how muss also nicht erst mühsam aufgebaut werden. Handelt es sich bei der Transaktion um ein reinen MBO oder eine MBO / MBI-Kombination, können die Manager darüber hinaus ihre internen Kenntnisse, die sie etwa über Finanzpläne und strategische Planungen besitzen, einbringen. Das Geschäftsrisiko (business risk) ist für sie mithin transparent und gut kalkulierbar.

Ein weiteres Argument, das oftmals als bedeutende Triebfeder für die Durchführung eines MBO / MBI genannt wird, ist die Erlangung von Vermögensvorteilen. Ein Indiz dafür könnten die erheblichen Prämien sein, die übernahmewillige Manager zu zahlen bereit sind, um die bisherigen Eigentümer abzufinden (siehe Drukarczyk 1993, S. 25 ff.). In Bezug auf die Übernahme von börsennotierten Gesellschaften hat sich gezeigt, dass diese „Aufgelder" bis zu 50% des vor der Ankündigung des Übernahmeangebots gültigen Aktienkurses betragen. Die Tatsache, dass Insider, und als solche müssen die Manager wohl bezeichnet werden, derartig hohe Prämien zahlen, hat eine rege Diskussion über die Gründe der Prämienzahlungen ausgelöst. Zum Teil wird argumentiert, die Kaufpreise wurden zu hoch berechnet. Diese Argumentation greift sicherlich zu kurz. Denn aus der Vielzahl möglicher Erklärungsversuche hat sich mit der sogenannten *Steuerhypothese* eine plausible Begründung herauskristallisiert, die sich zudem auch empirisch belegen lässt (u.a. Kaplan 1989). Gemäß der Steuerhypothese resultieren vor allem aus der finanzierungsbedingten Verschuldung Steuervorteile, da die Fremdkapitalzinsen von der steuerlichen Bemessungsgrundlage abzugsfähig sind. Im Rahmen der Bestimmung des Kaufpreises ist es somit von erheblicher Bedeutung, Informationen über den Wert der erzielbaren Steuervorteile zu erhalten. Der Schwerpunkt der nachstehenden Ausführungen zielt daher auf die Frage ab, welche der gängigen Unternehmensbewertungsverfahren sich im besonderen Maße eignen, die geforderten Informationen bereitzustellen und somit den kaufwilligen Managern das Entscheidungsfeld zu bereiten. Es wird dabei durchgängig die Perspektive der *Käuferpartei* eingenommen.

3.3 Die Kaufpreisbestimmung im Rahmen eines MBO / MBI
3.3.1 Grundlagen der Unternehmensbewertung

In der neueren Unternehmensbewertungsliteratur herrscht inzwischen weitgehende Einigkeit darüber, dass ausschließlich konsumierbare, den Kapitalgebern zufließende Geldmittel den Wert eines Unternehmens bestimmen (Drukarczyk 1998, S. 126 ff.). Demnach sind sämtliche negativen Zielbeiträge, dazu zählen neben den Unternehmenssteuern oder den Zinszahlungen auch persönlich zu entrichtende Steuern, in den Bewertungskalkül zu integrieren. Keinerlei Beachtung finden indes nicht-finanzielle Zielsetzungen. Sie mögen zwar ebenfalls von Bedeutung sein, bleiben in traditionellen Bewertungskalkülen aber i.d.R. außerhalb der Betrachtung. Grundsätzlich orientiert sich die Wertermittlung strikt am Konzept des *Alternativenvergleichs*, so dass der Unternehmenswert stets einen *Grenzpreis* darstellt. Der Wert eines Unternehmens wird mithin durch die eben verdrängte Handlungsmöglichkeit determiniert.

Die Grenzpreisermittlung kann einerseits auf einem reinen *Individualkalkül* und andererseits auf einem *marktorientierten Kalkül* beruhen. Während in die erstgenannte Methode idealtypischerweise ausschließlich streng subjektbezogene Größen Eingang finden, orientiert man sich im Rahmen des marktbezogenen Kalküls vornehmlich an „objektivierbaren" Einflussfaktoren. Das Individualkalkül wird üblicherweise mit dem *Ertragswertverfahren* assoziiert, die marktorientierte Grenzpreisermittlung lässt sich hingegen eher mit den *Discounted Cash Flow-Verfahren* in Verbindung bringen. Beide Kalküle, deren gemeinsame Berechnungstechnik die Barwertrechnung ist, sollen nachstehend kurz erläutert und auf ihre spezifische Eignung für die Bewertung eines MBO / MBI hin untersucht werden. Das in der Praxis beliebte *Multiplikatorenkonzept*, das den Unternehmenswert auf der Grundlage einer einfachen multiplikativen Verknüpfung zwischen dem „nachhaltig erzielbaren Gewinn" und einem bestimmten, meist branchenspezifischen Faktor errechnet, wird hier aufgrund seiner theoretischen Fragwürdigkeit nicht weiter verfolgt (kritisch dazu Ballwieser 1991, S. 86 ff.).

3.3.2 Das Ertragswertverfahren

Wie bereits ausgeführt, beruht die Bestimmung des Unternehmenswertes auf einem strikten Alternativenvergleich. Im Rahmen des Ertragswertverfahrens wird dieser Alternativenvergleich zumeist hergestellt, indem der bewertungsrelevante Zahlungsstrom, also der konsumierbare Geldmittelzufluss, mit der Rendite (i) einer langfristigen, „quasi-sicheren" Staatsanleihe, adjustiert um einen Risikozuschlag (z), abgezinst wird.

Die *Risikoanpassung* ist zwingend vorzunehmen, um die Vergleichbarkeit von Zähler- und Nennergröße des Bewertungskalküls zu gewährleisten, d.h. der aus der unsicheren unternehmerischen Tätigkeit resultierende Zahlungsstrom und die herangezogene Alternative in Form einer „quasi-sicheren" Verzinsung müssen „gleichnamig" gemacht werden. In der Praxis erfolgt die Wahl des Risikozuschlages in der

Regel intuitiv. Damit ist gemeint, dass die Höhe des Risikozuschlages nicht auf einer expliziert ausformulierten Risikonutzenfunktion beruht. Aus theoretischer Sicht ist eine derartige Verfahrensweise natürlich unbefriedigend. Zudem eröffnet sie erhebliche *Ermessens- und Manipulationsspielräume*, da schon geringe Veränderungen des Risikozuschlages enorme Auswirkungen auf den Grenzpreis entfalten. Da sich Risikonutzenfunktionen in der Bewertungspraxis allerdings nicht durchgesetzt haben, sind in der Unternehmensbewertungstheorie Plausibilitätsverfahren entwickelt worden, die dazu beitragen, die Höhe des Risikozuschlages zumindest einzugrenzen (siehe ausführlich Ballwieser 1990, S. 171 ff.; Schwetzler 1999).

Alternativ ist es auch möglich, die Grenzpreisbestimmung über die *Diskontierung von Sicherheitsäquivalenten (SÄ)* vorzunehmen. Sicherheitsäquivalente, die jenen Betrag widerspiegeln, den ein Individuum einer unsicheren Zahlungsverteilung gleichschätzt, lassen sich gewinnen, indem entweder erwartete Zahlungsüberschüsse um einen Risikoabschlag verkürzt oder direkt Bandbreiten von Zahlungsüberschüssen bestimmt werden, die dann in ein Sicherheitsäquivalent zu transformieren sind. Auch hier kann die Bestimmung intuitiv oder expliziert über die Formulierung einer Risikonutzenfunktion erfolgen. Beträgt eine (fiktive) gleichwahrscheinliche Zahlungsbandbreite beispielsweise 30-50 GE, so wird ein risikoscheuer Käufer ein Sicherheitsäquivalent nahe der unteren Grenze der Bandbreite, also in der Nähe von 30 GE wählen, während für einen risikofreudigen Käufer ein Sicherheitsäquivalent an der oberen Grenze der Bandbreite akzeptabel erscheinen mag. Da der individuellen Risikoeinstellung bereits im Zähler der Berechnungsformel Rechnung getragen wird, sind die Sicherheitsäquivalente mit dem risikofreien Zins zu diskontieren.

Die Berechnung des Grenzpreises (GP) lässt sich vereinfachend auf der Basis der Formel der *ewigen Rente* oder detaillierter, als sogenanntes *Phasenmodell* konzipieren. Die ewige Rente unterstellt einen uniformen Strom unendlich lang anfallender, erwarteter Zahlungsüberschüsse (ZÜ):

$$GP = \frac{Z\ddot{U}}{i+z} \ bzw. \ \frac{S\ddot{A}}{i}.$$

Die Verwendung der Formel der ewigen Rente wird der besonderen Problematik einer MBO / MBI-Transaktion allerdings nicht gerecht. Vielmehr ist eine Technik erforderlich, die einer zeitlichen Planungsphase besondere Beachtung schenkt, die als Detailplanungsphase bezeichnet wird. Diese Phase wird von der Entschuldungsstrategie, die eine sukzessive Rückführung der zur Finanzierung des Kaufpreises aufgenommenen Fremdmittel impliziert, maßgeblich berührt. Das Phasenmodell spezifiziert den Planungshorizont dahingehend, dass zunächst eine Detailprognose für die ersten Jahre erfolgt. Zumeist wird hier ein Planungshorizont von 3-5 Jahren unterstellt, wobei in dem hier betrachteten Kontext i.d.R. wohl das obere Ende der Bandbreite als geeigneter Eckwert für die Detailphase in Frage kommen dürfte. Im Anschluss an die *erste Phase*, die hinsichtlich der Rückführung der Fremdmittel gut antizipierbar ist, schließt sich die *fernere Phase* an. Hier erfolgt zumeist eine pauschale Fortschreibung des zuletzt ermittelten Zahlungsüberschusses aus der Detailprognose in Form einer ewigen Rente. Demnach sind die obenstehenden Formeln zu modifizieren:

$$GP = \sum_{t=1}^{T} \frac{Z\ddot{U}_t}{(1+i+z_t)^t} + \frac{Z\ddot{U}_{T+1}}{(i+z_{T+1})\cdot(1+i)^T} \quad bzw. \quad \sum_{t=1}^{T} \frac{S\ddot{A}_t}{(1+i)^t} + \frac{S\ddot{A}_{T+1}}{i\cdot(1+i)^T}.$$

Klammert man die durch Vertragsklauseln fixierte Entschuldungsstrategie einmal aus, sind die in die Berechnung des Grenzpreises einfließenden Faktoren in hohem Maße subjektiv. Im Hinblick auf die Qualität der Schätzung der künftigen Zahlungsmittelüberschüsse dürfte jedoch ein Unterschied darin bestehen, ob externe Manager als Käuferpartei auftreten (MBI) oder ob die Manager des zu bewertenden Unternehmens selbst ihr Kaufinteresse bekunden (MBO). Letztere sollten über einen weitaus besseren Informationsstand hinsichtlich der Potenziale, die mit der weiteren unternehmerischen Tätigkeit einhergehen, verfügen. Zudem können sie auf Finanzpläne sowie Daten der Kostenrechnung und der Betriebsstatistik zurückgreifen. Bei identischer Risikoeinstellung sind somit unterschiedliche, auf divergierende Informationsstände zurückzuführende Grenzpreise die Regel.

Wie bewältigt das Ertragswertverfahren nun die Abbildung der Steuervorteile, die ja als wesentliches Erklärungselement für die Zahlung der hohen Prämien herangezogen wurden? In diesem Zusammenhang ist zu bemerken, dass das Ertragswertverfahren als Nettoverfahren konzipiert ist. Das bedeutet, dass sich der zu bewertende Zahlungsstrom direkt auf den Käufer ausrichtet. Sämtliche Gläubigeransprüche in Form von Zins- und Tilgungsleistungen sind bereits in der Zählergröße abgesetzt und die Diskontierung erfolgt mit der Renditeforderung des Käufers. Die Höhe der Steuervorteile, die sich durch die Kürzung der steuerlichen Bemessungsgrundlage durch die Fremdkapitalzinsen realisieren lassen, wird somit nicht unmittelbar erkennbar, sondern lässt sich allenfalls über Nebenrechnungen ermitteln.

3.3.3 Die Discounted Cash Flow-Methode

In der *deutschen Bewertungspraxis* kam in der Vergangenheit hauptsächlich das Ertragswertverfahren zur Anwendung. Mittlerweile scheint sich aber auch hier die stark US-amerikanisch geprägte DCF-Methode durchzusetzen. Diese Entwicklung findet auch in jüngsten berufsständischen Verlautbarungen breite Unterstützung. Dort wird die DCF-Methode neben dem Ertragswertverfahren als gleichwertiges Verfahren zur Unternehmenswertermittlung vorgestellt (Wirtschaftsprüfer-Handbuch, Band II, 1998).

Das Ziel der *DCF-Methode*, die in der modernen Finanzierungstheorie eine starke theoretische Verankerung findet, besteht darin, den Marktwert des Eigenkapitals zu ermitteln. Grundsätzlich stehen dazu zwei verschiedene Wege offen. Die sogenannte *Bruttomethode* (Entity Approach) errechnet zunächst den Unternehmensgesamtwert als Summe der beiden Teilkomponenten Marktwert des Eigenkapitals und Marktwert des Fremdkapitals. Subtrahiert man vom Unternehmensgesamtwert im Rahmen des zweiten Bewertungsschritts den Marktwert des Fremdkapitals, erhält man den Marktwert des Eigenkapitals. Als Varianten des Bruttoansatzes stehen mit dem Weighted Average Cost of Capital (WACC) und dem Adjusted Present Value (APV) zwei alternative Verfahren zur Verfügung.

Der zweite Weg zur Berechnung des Marktwertes des Eigenkapitals ist die *Nettomethode* (Equity Approach). Dem Ertragswertverfahren ähnlich, wird die Zielgröße, hier also der Marktwert des Eigenkapitals, direkt ermittelt. Da sich der Equity Approach konzeptionell kaum von der Ertragswertmethode unterscheidet, erscheint es gerechtfertigt, im Rahmen dieses Beitrages auf eine entsprechende Darstellung zu verzichten.

Die Bezeichnung „Marktwert des Eigenkapitals" suggeriert, dass es sich hierbei nicht um einen Grenzpreis, sondern vielmehr um einen „fair value" handelt, mithin um einen für die abschlusswillige Käufer- und Verkäuferpartei gleichsam akzeptablen Preis. Die Manager dürften jedoch i.d.R. über Informationsvorsprünge verfügen, was dazu führt, dass sich ihre Schätzung hinsichtlich der künftig entziehbaren Einzahlungsüberschüsse von der Schätzung der Verkäuferpartei mehr oder weniger deutlich unterscheidet. Demzufolge errechnen beide Parteien unterschiedliche „Marktwerte", die jedoch als individuelle Grenzpreise zu interpretieren sind. In den nachstehenden Ausführungen wird noch zum Ausdruck kommen, dass die Marktorientierung der DCF-Methode „lediglich" in der Bestimmung eines risikoadjustierten Kapitalkostensatzes zum Ausdruck kommt.

(a) Der WACC-Ansatz

Bewertungsgegenstand im *WACC-Ansatz* ist ein erwarteter Zahlungsstrom, der die Forderungen sämtlicher Kapitalgeberpositionen abdeckt. Die so bezeichneten „Free Cash Flows" stehen somit zur Befriedigung der Ansprüche sowohl der Eigenkapitalgeber (r_{EK}) als auch derjenigen der Fremdkapitalgeber (i) zur Verfügung. Daher sind die „Free Cash Flows" auch an den Renditeforderungen sämtlicher Kapitalgeber zu messen. Der Diskontierungszinsfuß ist demnach ein entsprechend der Kapitalstruktur gewichteter Mischzins, bestehend aus den Kosten des Eigenkapitals und den Kosten des Fremdkapitals, jeweils bemessen auf Marktwertbasis.

Ein weiteres charakteristisches Merkmal des WACC-Ansatzes ist die Art der Erfassung von Fremdfinanzierungsmaßnahmen. Sie erfolgt ausschließlich im Nenner des Bewertungskalküls. Dies impliziert, dass die zu diskontierenden „Free Cash Flows" unter der (fiktiven) Prämisse eines vollständig eigenfinanzierten Unternehmens zu berechnen sind. Die Bewertungsformel folgt bei konstanten Kapitalkostensätzen dem Ausdruck:

$$UW = \sum_{t=1}^{T} \frac{Z\ddot{U}_t \cdot (1-s)}{(1+WACC)^t} + \frac{Z\ddot{U}_{T+1} \cdot (1-s)}{WACC \cdot (1+WACC)^T} - FK \ mit$$

$$WACC = r_{EK} \cdot \frac{EK}{GK} + i \cdot (1-s) \cdot \frac{FK}{GK}.$$

Die Berechnung der Renditeforderung der Eigenkapitalgeber erfolgt i.d.R. kapital-marktgestützt über das gleichgewichtsorientierte *Capital Asset Pricing Model* (CAPM). Danach setzt sich die erwartete Rendite r_{EK} eines Wertpapiers aus zwei Komponenten zusammen, der risikolosen Verzinsung i und einer zusätzlichen Risi-koprämie, die sich ihrerseits aus dem Produkt des Marktpreises für die Übernahme von Risiko und der unternehmensspezifischen Risikohöhe Beta (ß) ergibt:

$$r_{EK} = i + [E(R_M) - i] \cdot \beta \quad \text{mit}$$

$$\beta - \frac{\text{cov}(R_M, r)}{\sigma_M^2}.$$

Der *Beta-Faktor* eines Wertpapiers berechnet sich aus dem Quotienten der Kovarianz zwischen den Renditeerwartungen r dieses Unternehmens und dem Marktportefeuille M und der Renditevarianz des Marktportefeuilles M. Der Rendite / Risikozusammenhang gemäß CAPM postuliert, dass die Eigenkapitalgeber ausschließlich für die Übernahme von systematischem Risiko entlohnt werden. Diese auch als Marktrisiko bezeichnete Größe drückt die Sensibilität von erwarteten Renditen gegenüber allgemeinen, nicht diversifizierbaren Marktschwankungen aus, die z.B. durch politische Krisen oder Veränderungen des globalen konjunkturellen Umfeldes bedingt sind. In der Bewertungspraxis greift man in der Regel auf das Angebot von Beratungsgesellschaften zurück, die ständig aktualisierte Beta-Faktoren für einzelne Unternehmen aber auch für Branchen allgemein berechnen (siehe z.B. Stewart 1999, S. 451 f.). So lassen sich auch für nicht-börsennotierte Unternehmen – angesprochen sind hier auch die vielen MBO-Transaktionen in diesem Segment – die Eigenkapitalkosten anhand von *Branchen-Betas* approximativ nachbilden.

In der Bestimmung der risikoadjustierten Eigenkapitalkosten über das CAPM wird von vielen Autoren ein Vorteil gegenüber rein subjektiven Risikozuschlägen, so wie sie typischerweise im Rahmen des Ertragswertverfahrens Verwendung finden, gesehen. Denn die aus einem gleichgewichtstheoretischen Zusammenhang abgeleitete Prämie ist alternativ am Markt jederzeit erzielbar und spiegelt auf diese Weise den für sämtliche Unternehmenseigner relevanten Opportunitätskostensatz wider. Der Opportunitätskostensatz ist somit Ergebnis einer objektivierten, marktorientierten Bewertung. Gleichwohl sollte nicht unerwähnt bleiben, dass viele Autoren hierin nur eine Scheinobjektivierung sehen, da sich den an einer Unternehmensbewertung beteiligten Parteien in der praktischen Anwendung des Kalküls eine Vielzahl von Ermessensspielräumen eröffnet (dazu näher Kasperzak 2000).

Ist der WACC-Ansatz nun ein geeignetes Kalkül zur Kaufpreisfindung im Rahmen eines MBO / MBI? Zunächst ist festzuhalten, dass eine transparente Berechnung des *Steuervorteils* auch im WACC-Ansatz nicht stattfindet. Die hier im Mittelpunkt stehenden steuerbedingten Fremdfinanzierungsvorteile werden im Kapitalkostensatz des Bewertungskalküls erfasst. Dies geschieht rechentechnisch über die Verkürzung des Fremdkapitalkostensatzes mit dem Term (1-s).

Zudem spricht ein weiterer Aspekt gegen die Verwendung des WACC-Ansatzes im Rahmen einer MBO / MBI-Transaktion. Die Berechnung des Kapitalkostensatzes WACC setzt, da Marktwerte in die Berechnungsformel eingehen, die Kenntnis des Marktwertes des Eigenkapitals voraus. Dieser Wert stellt aber das Ziel des Bewertungsprozesses dar, es existiert mithin ein Zirkularitätsproblem. Analytisch lässt sich der Zirkel durch die Annahme einer konstanten Zielkapitalstruktur lösen. Das heißt es wird unterstellt, dass der *Verschuldungsgrad* des Unternehmens, als solcher ist das Verhältnis zwischen dem Marktwert des Fremdkapitals und dem Unternehmensgesamtwert definiert, sich im Zeitablauf nicht verändert. Dies hat wiederum zur Folge, dass der Fremdkapitalbestand mit dem Unternehmensgesamtwert schwankt, um die Einhaltung der Zielkapitalstruktur im Zeitablauf zu gewährleisten. Das Management müsste demzufolge zusätzliche Kredite aufnehmen bzw. Sondertilgungen vornehmen, wenn der Unternehmenswert steigt bzw. sinkt. Der Fremdkapitalbestand ist mit dem Unternehmensgesamtwert verknüpft, ein Umstand, der jedoch mit den „festgezurrten" Zins- und Tilgungsplänen einer MBO / MBI-Finanzierung nicht in Einklang steht.

(b) Der APV-Ansatz

Das Hauptmerkmal des *APV-Ansatzes* liegt in der Zerlegung des Unternehmenswertes in einzeln bewertbare Teilkomponenten. Zunächst gilt es, den Wert der operativen Tätigkeiten bei (fiktiver) reiner Eigenfinanzierung, hier mit V_U bezeichnet, zu ermitteln. Die Eigenkapitalkosten werden wiederum auf der Basis des CAPM bestimmt. V_U lässt sich wie folgt berechnen:

$$V_U = \sum_{t=1}^{T} \frac{Z\ddot{U}_t \cdot (1-s)}{(1+r_{EK})^t} + \frac{Z\ddot{U}_{T+1} \cdot (1-s)}{r_{EK} \cdot (1+r_{EK})^T}.$$

Um diesen ersten Bewertungsschritt zu vollziehen, muss ein *CAPM-gestützter Eigenkapitalkostensatz* herangezogen werden, der die unterstellte Eigenfinanzierung auch adäquat widerspiegelt. Empirische Beta-Faktoren reflektieren jedoch sowohl das leistungswirtschaftliche als auch das aus der Unternehmensverschuldung resultierende Risiko. Um die Äquivalenz zu wahren, sind die empirischen Beta-Faktoren durch Anwendung bestimmter Anpassungsformeln um den Verschuldungseffekt zu bereinigen (Drukarczyk / Honold 1999, S. 340 ff.). Darin liegt eine gewisse Problematik des APV-Ansatzes. Aus pragmatischen Gründen lassen sich in diesem Fall ebenfalls die Dienste von Beratungsgesellschaften nutzen. Sie bieten branchenspezifische Beta-Faktoren an, die ausschließlich das operative Risiko repräsentieren (unlevered betas).

Die Bestimmung der durch Finanzierungsaktivitäten ausgelösten Wertbeiträge bleibt – im Unterschied zum WACC-Ansatz – einem zweiten, separaten Bewertungsschritt vorbehalten. Unterstellt man ein einfaches Gewinnsteuersystem, in dem die Gewinne aus dem operativen Bereich jeweils am Periodenende mit einem konstanten Steuersatz s belastet werden und schließt darüber hinaus Konkursrisiken aus, sind die Steuervorteile, hier mit TS für Tax Shield bezeichnet, mit dem sicheren

Zinssatz i bewertbar. Die Bewertung der Steuervorteile mit dem risikolosen Zinssatz setzt desweiteren voraus, dass die Entwicklung des Fremdkapitalbestandes deterministisch verläuft, etwa im Rahmen vertraglich abgesicherter Kreditvereinbarungen. Würde die Unternehmensleitung hingegen eine Zielkapitalstruktur festlegen, wären die Steuervorteile aufgrund schwankender Fremdkapitalbestände nicht sicher und somit nicht mit dem risikolosen Zinssatz i bewertbar. Das Tax Shield berechnet sich nach:

$$TS = \sum_{t=1}^{T} \frac{i \cdot s \cdot FK_{t-1}}{(1+i)^t} + \frac{i \cdot s \cdot FK_T}{i \cdot (1+i)^T}.$$

Der Unternehmensgesamtwert bestimmt sich dann aus der Addition der beiden Komponenten V_U und TS. Durch Abzug des Marktwertes des Fremdkapitals (FK) erhält man den gesuchten Marktwert des Eigenkapitals (EK):

EK = APV - FK mit APV = V_U + TS

Die Zerlegung des Bewertungsproblems in einzelne Teilschritte fördert die Transparenz des Bewertungsvorgangs und gilt demzufolge als besonderer Vorzug des APV-Ansatzes. In Hinblick auf die Bewertung einer MBO / MBI-Transaktion kommen die Vorzüge besonders stark zur Geltung.

3.4   Fazit

Grundsätzlich stehen mit dem Ertragswertverfahren und der DCF-Methode zwei Bewertungskalküle zur Verfügung, die potentiell zur Bewertung eines MBO / MBI herangezogen werden können. Im Hinblick auf die Aufdeckung steuerbedingter Wertbeiträge eignet sich das Ertragswertverfahren nicht unmittelbar, da es als Nettoverfahren konzipiert ist. Der Wert steuerlicher Vorteile lässt sich allenfalls über Nebenrechnungen ermitteln. Als Varianten der DCF-Methode wurde der WACC-Ansatz und der APV-Ansatz diskutiert. Beide Verfahrenstechniken können nicht beliebig zur Anwendung kommen. Vielmehr hängt ihre Wahl maßgeblich von der unterstellten Finanzierungsstrategie ab. Liegt es nahe, das künftige Finanzierungsverhalten mit einer konstanten Zielkapitalstruktur in Verbindung zu bringen, empfiehlt sich die Anwendung des WACC-Ansatzes. Diese Annahme dürfte indes kaum typisch für eine MBO / MBI-Transaktion sein. Da die Zahlungsstromcharakteristik einer solchen Transaktion in den ersten Perioden sehr stark durch die vertraglich klar geregelte Rückführung der Verschuldung geprägt ist, bietet sich der APV-Ansatz als geeignetes Verfahren zur Bewertung einer MBO / MBI-Transaktion an. Er bietet zudem den Vorteil, dass der Wertbeitrag der steuerbedingten Vorteile aus der Fremdfinanzierung im Rahmen eines separaten Bewertungsschrittes aufgedeckt wird.

Weiterführende Literatur (zitierte Quellen siehe Anhang)

Ballwieser, W. (1991), Unternehmensbewertung beim Management Buy-Out, in: J. Baetge (Hrsg.), Akquisition und Unternehmensbewertung, Düsseldorf, S. 81-96.

Ballwieser, W. (1998), Unternehmensbewertung mit Discounted Cash Flow-Verfahren, Die Wirtschaftsprüfung, 3, S. 81-92.

Drukarczyk, J. (1998), Unternehmensbewertung, München.

Drukarczyk, J. / D. Honold (1998), Unternehmensbewertung, DCF-Methoden und der Wert steuerlicher Finanzierungsvorteile: Zeitschrift für Bankrecht und Bankwirtschaft, 11, S. 333-408.

Inselbag, I. / H. Kaufold (1997), Two DCF-Approaches for Valuing Companies under alternative Financing Strategies (and how to choose between them): Journal of Applied Corporate Finance, 10, S. 114-122.

Krag, J. / R. Kasperzak (2000), Grundzüge der Unternehmensbewertung, München.

Verständnisfragen (Lösungen siehe Anhang)

Aufgabe 1:
Nennen Sie, jeweils aus Käufer- Verkäuferperspektive, stichwortartig die möglichen Hauptmotive für die Durchführung eines MBO / MBI.

Aufgabe 2:
Welche spezifischen Anforderungen stellt ein MBO / MBI an die Bewertungsmethodik? Begründen Sie auch, warum der APV-Ansatz besonders geeignet erscheint, diese Anforderungen zu erfüllen.

Aufgabe 3:
Die Manager der Shareholder-AG beabsichtigen im Rahmen eines MBO den Kauf ihres Unternehmens. Die Verhandlungen sind schon weit fortgeschritten. Nun soll der Kaufpreis bestimmt werden. Die Zahlungsüberschüsse und die Fremdkapitalbestände entwickeln sich nach ihren Schätzungen gemäß den Daten der nachstehenden Tabelle:

	t_0	t_1	t_2	t_3	$t_{4\text{-}\infty}$
Zahlungsüberschuss vor FK-Zinsen und vor Steuern		100	250	280	280
Fremdkapitalbestände	1000	850	650	500	500

Um möglichst transparente Informationen über den Wert der steuerlichen Vorteile zu erhalten, soll die Kaufpreisbestimmung anhand des APV-Verfahrens erfolgen. Folgende zusätzliche Informationen sind gegeben: Es wird ein einfaches Gewinnsteuersystem unterstellt, das die Überschüsse aus dem operativen Bereich jeweils am Periodenende mit einem konstanten Satz s = 50% besteuert. Die versteuerten Überschüsse mögen keinen weiteren Ausschüttungsrestriktionen unterliegen und gelten somit als entziehbar. Erforderliche Investitionsauszahlungen gleichen in ihrer Höhe den verrechneten Abschreibungen. Die geforderte Rendite bei reiner Eigenfinanzierung k_s setzten die Manager mit 14% an. Fremdkapital gelte als nicht ausfallbedroht und werde daher mit dem sicheren Zinssatz i = 6% verzinst. Die nominalen Fremdkapitalbestände verzinsen sich zu marktüblichen Bedingungen und sind daher als Marktwerte interpretierbar. Die Renditeforderungen sämtlicher Kapitalgeber mögen im Zeitablauf konstant bleiben.

IV Gründungsfinanzierung
1 Finanzierungsplanung

Michael Nelles / Roman Rocke[*]

1.1 Begriffsdefinition

Unter Finanzierungsplanung verstehen die Autoren sämtliche *Planungsaufgaben*, die im Zusammenhang mit dem Unternehmen zukünftig zufließender oder aus dem Unternehmen abfließender Liquidität stehen. Diese Aufgaben lassen sich im Wesentlichen in die Erstellung eines Finanzplans und einer Kapitalstrukturplanung gliedern. Beide Pläne werden direkt aus der Unternehmensstrategie abgeleitet. Im folgenden Kapitel werden beide Planungsaufgaben erläutert.

1.2 Finanzplan
1.2.1 Grundlagen

Ein Finanzplan kann definiert werden als eine „...in der Regel formalisierte und schriftlich dokumentierte Aufstellung erwarteter finanzwirtschaftlicher Vorgänge für einen künftigen Planungszeitraum." (Amann 1993, S. 144). Die Aufstellung eines Finanzplans gehört zu den wesentlichen Aufgaben im Rahmen der Unternehmensgründung.

Der Finanzplan dient u.a. folgenden Zwecken:
- Ermittlung von Höhe und Zeitpunkt des aktuellen und zukünftigen Kapitalbedarfs,
- Sicherung der Liquidität des Unternehmens,
- Verhandlungsgrundlage im Rahmen der Kapitalbeschaffung,

[*] Für wertvolle Hinweise und Anregungen danken die Autoren den Herren cand. rer. pol. Martin Uzik, cand. rer. pol. Felix Weiser und cand. rer. pol. Jan Wünneberg.

– Bewertungsgrundlage,
– Überprüfung der Rentabilität der Unternehmensplanung und
– Grundlage für das Controlling.

Der Finanzplan kann auch als eine *Quantifizierung* der unternehmensspezifischen Strategie gesehen werden und ist damit das greifbarste Ergebnis der gesamten Unternehmensplanung, an welchem sich die Unternehmensführung jederzeit messen lassen muss.

Dabei sind die Faktoren, die die *strategische Ausrichtung* der Unternehmung und damit auch den Finanzplan beeinflussen, nicht statisch: Alle Stärken, Schwächen, Chancen und Risiken (SWOT) werden durch dynamische Faktoren bestimmt, die sowohl interner als auch externer Natur sein können. Bleiben angemessene Reaktionen auf Faktoränderungen aus oder werden geplante Aktionen / Investitionen nicht durchgeführt, resultiert daraus u.a. ein Glaubwürdigkeitsverlust für das Unternehmen.

Die Glaubwürdigkeit, die dem *Management-Board* bei Verfolgung einer bestimmten Strategie entgegengebracht wird, ist damit letztendlich nicht nur von den erzielten Ergebnissen abhängig, sondern auch von der tatsächlichen Durchführung der geplanten Aktionen und der Überzeugung des Management-Boards, dass getroffene Annahmen, Prognosen, Meinungen, etc., die zur Entwicklung der originären Strategie geführt haben, auch zukünftig gelten.

Aufgrund der hohen Komplexität und der Anzahl der Faktoren ist die Durchführung einer detaillierten und sämtliche Interdependenzen zwischen Bilanz, GuV sowie Kapitalflussrechnung (Liquidität) berücksichtigende Finanzplanung ohne EDV-Unterstützung kaum durchführbar. Prinzipiell reichen normale Datenverarbeitungsprogramme wie bspw. Excel für eine Finanzplanung im Rahmen der Unternehmensgründung aus. Da sich der aufgestellte Plan in Zukunft als Controllinginstrument empfiehlt, ist die Nutzung spezieller betriebswirtschaftlicher Software schon im Rahmen der Gründungsplanung sinnvoll.

1.2.2 Erfolgskriterien

Nach *Grinyer / Wooller (1978)* sind sechs Hauptfaktoren für den Erfolg einer finanzwirtschaftlichen Planung bei computergestützten Modellen verantwortlich:
– fortwährende Unterstützung der Modellbildung durch das Top-Management,
– Verständnis für und Vertrauen in das Modell durch das Top-Management in Kombination mit einer intensiven Vorbereitung darauf, prognostizierte Ergebnisse an Stakeholder zu kommunizieren,
– Unterstützung des Bedürfnisses nach spezifischen Entscheidungen durch das Management,
– leichte Verfügbarkeit und Kompaktheit der benötigten Daten,
– Einbettung des Modells in vorherige Planungsprozesse sowie die
– ausführliche Dokumentation des Modells während des Entwicklungsprozesses.

Darüber hinaus lassen sich aus der Praxis heraus folgende Erfolgskriterien identifizieren:
- Kontinuierliche Prüfung auf Plausibilität,
- Realitätsbezogenheit,
- Sensitivitätsanalyse der Planungsergebnisse bzgl. zentraler Planungsannahmen und
- Softwareunterstützung.

1.2.3 Durchführung

(a) Grundsätze
Neben den oben beschriebenen Erfolgskriterien sollte die Finanzplanung den im Folgenden aufgeführten Grundsätzen genügen (Amann 1993, S. 144).

Die Planung sollte *vollständig* sein, d.h. sämtliche zukünftigen Zahlungsströme erfassen. Sie sollte *klar*, d.h. in allen Punkten verständlich und eindeutig sein. Gefordert sind zudem *Betragsgenauigkeit*, also die exakte Ermittlung der zukünftigen Zahlungsmittelbewegungen, *Zeitpunktgenauigkeit*, *Elastizität*, d.h. die Möglichkeit einer Planrevision zu jedem Zeitpunkt, *Zentralisation*, insbesondere des Liquiditätsbedarfs, sowie *Wirtschaftlichkeit*, d.h. eine gesunde Aufwand-Nutzen-Relation.

(b) Fristigkeit
Nach dem Kriterium der Fristigkeit unterscheidet man die *langfristige Finanzplanung* (8-10 Jahre), welche i.d.R. auf Jahresbasis erfolgt, die *mittelfristige Finanzplanung* (2-5 Jahre) auf der Basis von Quartalen oder Monaten und die *kurzfristige Finanzplanung* (1 Jahr) auf der Basis von Monaten oder noch kürzeren Intervallen.

(c) Szenarioplanung
Das am häufigsten genutzte Mittel der *Zukunftsmodellierung* ist die Szenarioplanung. Durch die Kombination des aktuellen Zustands der Geschäftsbereiche – im Rahmen der Gründungsplanung ist dies der Zustand bei Aufnahme der Geschäftstätigkeit – mit Annahmen über die Unternehmensumwelt, welche i.d.R. auf der Basis einer Marktanalyse getroffen werden, kann die zukünftige Position der Unternehmung formuliert werden. In diesem Kontext bietet sich die Aufsetzung eines dynamischen Modells an, um die Wirkung der Annahmen auf die zukünftige Entwicklung der Organisation einschätzen zu können. Den Schlüssel zu einem guten Szenario bildet eine realisierbare Sequenz von konsistenten Ereignissen, die den relevanten Eigenschaften der realen Welt entsprechen.

Zur Konstruktion eines Szenarios müssen externe und interne Optionen betrachtet werden, die qualitative und quantitative Faktoren umfassen. Als interne Optionen können identifiziert werden:
- Aufstockung oder Reduktion der Belegschaft,
- Ausweitung oder Reduktion der Produkt- / Dienstleistungspalette,

– Veränderung von Produkten / Dienstleistungen,
– Ausbau oder Reduktion der Produktionsfaszilitäten,
– Veränderung der Kapazitätsauslastung der Produktionsfaktoren,
– Veränderung der Produktionstechnologie / Wertschöpfungsansätze,
– Werbung und Marketing sowie
– Erschließung neuer Beschaffungs- und Absatzmärkte.

Als externe Faktoren lassen sich alle Einflussgrößen auf das Umsatz- / Kostenvolumen identifizieren, die nicht über die Wertschöpfungskonfiguration, Kapazitätsauslastung, Marketing- oder Preisstrategie beeinflussbar sind. Diese können neben anderen sein:
– politische Risiken,
– Inflation,
– Wechselkursrisiko und
– Entwicklung der Absatz- und Beschaffungsmärkte.

Mit Hilfe eines dynamischen Modells lassen sich verschiedene Szenarien mit oder ohne bestimmte Veränderungen aufbereiten. Die Resultate sollten dann hinsichtlich bestimmter Kriterien, z.B. der Unternehmensziele, überprüft werden. Des Weiteren müssen die Wechselbeziehungen zwischen internen und externen Faktoren fortwährend betrachtet werden.

Jede Strategie zeichnet sich durch die ihr zugrundeliegenden und quantifizierbaren Annahmen insbesondere zu den Teilaspekten
– Investitionen,
– Kapazitäten und deren Auslastung,
– Qualität der Güter / Dienstleistungen,
– Preisstrategie,
– Produktivität,
– Kostenvariablen,
– Entwicklungsressourcen,
– Exogene Faktoren (z.B. Streiks und Lohnflexibilität),
– Wettbewerber,
– Übernahmerisiken und
– Produktakzeptanzrisiken
aus oder kann auf diese heruntergebrochen werden.

Je mehr Variablen zur Modellierung eines Szenarios verwendet werden, desto realitätsnäher bildet das Modell im Allgemeinen die Wirklichkeit ab. Jedoch steigt mit der Anzahl der berücksichtigten Variablen auch der Modellierungsaufwand exponentiell an. Ein relativ simples Modell ist geeigneter für die Durchführung von Szenario- oder Sensitivitätsanalysen, da die Anzahl von Variablen und Annahmen überschaubar und ihr wechselseitiger Einfluss leicht nachvollziehbar ist. Langfristige Planungshorizonte werden daher mit wenigen, relevanten Variablen und Annahmen modelliert und finden normalerweise eine Begrenzung bei drei Szenarien (best, realistic und worst case Szenario).

(d) Teilpläne
Die Finanzplanung umfasst insbesondere folgende Teilplanungen:
- Umsatzplanung,
- Beschaffungsplanung,
- Personalplanung,
- Steuerplanung,
- Investitionsplanung,
- Finanzbedarfsplanung / Cash-Flow-Planung.

Eine völlig isolierte Betrachtung dieser Teilperspektiven ist aufgrund der Interdependenzen zwischen den einzelnen Planungen unmöglich. So determiniert z.b. die Personalplanung über mitarbeiterabhängige Investitionen die Investitionsplanung oder über zu akquirierende Kunden die Umsatzplanung, welche wiederum die Beschaffungsplanung beeinflusst.

Als Zielwert steht die Ermittlung der (Perioden-) *Cash-Flows* (als Differenz der Ein- und Auszahlungen einer Periode) und des darauf basierenden Finanzbedarfs bzw. - überschusses, die auch bei Anwendung der Discounted-Cash-Flow-Methode (siehe Copeland et al. 2000) den fundamentalen Unternehmenswert determinieren. Die Finanzbedarfsplanung gliedert sich in drei Teilschritte:
- die Herleitung der Plan-GuVs über die Umsatz-, Beschaffungs-, Personal- und Steuerplanung,
- die Ermittlung der zukünftigen Investitionen über die Investitionsplanung sowie
- die Berechnung der zu erwartenden Cash-Flows.

Dabei beeinflussen verschiedene Faktoren den Finanzbedarf eines Unternehmens. Auf Ebene der Plan-GuVs werden neben der Umsatzplanung die zur Verwirklichung dieser Wachstumsstrategie notwendigen Kostenpositionen, wie z.B. die Marketingausgaben, die Rekrutierung neuer Mitarbeiter, Mitarbeiterschulungen sowie der Aufbau einer eigenständigen Organisationsstruktur (Vertriebsabteilung, Marketing, Human Resources, etc.), erfasst. In der Cash-Flow-Betrachtung werden zusätzlich die künftigen Investitionen berücksichtigt, die zur Realisierung des von der Unternehmung angestrebten Wachstums notwendig sind.

Zur Modellierung der *Umsatzplanung* stehen Annahmen zu folgenden Bereichen im Vordergrund:
- Entwicklung des Absatzmarktes,
- Zielmärkte und Kundenstrukturen,
- Preisstrategien,
- Kundenanzahl.

Die prognostizierte Entwicklung des *Absatzmarktes* kann im Wesentlichen aus *Marktstudien* erfasst werden. Wenn eine Fokussierung auf bisher nicht oder wenig erschlossene Absatzmärkte erfolgt und die Kundenstrukturen durch eine Neuausrichtung der Akquisitionsbemühungen Änderungen erfahren, sollte dieser Prozess in

Abhängigkeit davon erfasst werden, ob eine relevante Differenzierung der Preise nach Zielkunden erfolgt. Die Planung der *Absatzpreise* sollte vor dem Hintergrund einer funktionalen, divisionalen und / oder konsumentenorientierten Gliederung der Preise (je nach Relevanz – auch mehrstufig) erfolgen. Um einer moderaten Modellierung gerecht zu werden, sollten die Preisprozesse allgemein degressiven Charakter haben.

Die Kundenanzahl muss in Neu- und Bestandskunden unterteilt werden, um im weiteren Planungsverlauf Marketingaufwand und Akquisitionsauslastungen korrekt abbilden zu können. Die Modellierung der Neukundenplanung sollte zumindest quartalsweise und beispielsweise auf Basis der Personalplanung (insbesondere der Vertriebsabteilung) erfolgen. Hierbei besteht die Möglichkeit, die Neukunden pro Quartal über die Anzahl der Vertriebsmitarbeiter, die dem jeweiligen Quartal zugrundeliegenden Neukundenakquisitionen pro Vertriebsmitarbeiter und unter Berücksichtigung eines Lernprozesses bei den Vertriebsmitarbeitern zu modellieren. Die Neukundenakquisitionen pro Vertriebsmitarbeiter sollten aufgrund einer im Zeitverlauf zunehmenden Marktsättigung im Modell einem degressiven Wachstumspfad folgen. Ist eine derartige Modellierung nicht möglich, kann alternativ ein im Zeitablauf angestrebter Marktanteil am Gesamtmarkt als Grundlage dienen.

Der Umsatz kann dann als Summe des Produktes aus Kundenanzahl, abgesetzten Produkten / Dienstleistungen pro Kunde und Preis pro Produkt / Dienstleistung über alle Kundensegmente errechnet werden.

$$\text{Umsatz} = \sum_{\text{Kundensegment}_1}^{\text{Kundensegment}_n} \text{Kundenanzahl}_{\text{pro Kundensegment}_i} \times \text{Produkte}_{\text{pro Kunde}} \times \text{Preis}_{\text{pro Produkt}}$$

Im Rahmen der *Beschaffungsplanung* kann zwischen umsatzabhängigen und umsatzunabhängigen Positionen unterschieden werden. Ihre Höhe ist im ersten Fall als prozentualer Anteil am Umsatz, im zweiten Fall als Anteil beispielsweise an der Mitarbeiterentwicklung festzumachen. Hierzu liefert die *Personalplanung* die notwendigen Daten. Prinzipiell sollte die Mitarbeiterentwicklung aufgaben- bzw. positionsbezogen geplant werden.

Nach Erstellung der einzelnen Teilpläne werden diese abschließend in eine Plan-GuV, eine Planbilanz und eine Liquiditätsplanung zusammengeführt, wobei es sich bei den beiden erstgenannten Rechenwerken im Rahmen der Gründung oft nur um Skizzen handelt. Aus der Liquiditätsplanung, die schon bei der Unternehmensgründung die zukünftigen Erwartungen möglichst genau abbilden sollte, lässt sich jederzeit der kumulierte Liquiditätsbedarf ablesen. Dieser bildet die Grundlage der Gründungsfinanzierung. Die zur Deckung des im Regelfall ermittelten Liquiditäts*bedarfs* alternativ oder in Kombination verwendbaren Finanzierungsquellen werden in den folgenden Abschnitten überblicksartig aufgeführt.

1.3   Kapitalstrukturplanung

Nach Ermittlung des aktuellen und zukünftigen *Kapitalbedarfs*, der die im vorherge-
gangenen Teil beschriebene Finanzplanung dient, stellt sich die Frage, zu welchem
Zeitpunkt und aus welchen Quellen dem Unternehmen Kapital zufließen oder entnommen werden kann. Zur Klärung dieser Frage werden im Folgenden einige Kapi-
talarten nach ihrer Herkunft differenziert und kurz einige Ansätze zur Optimierung
der Kapitalstruktur vorgestellt.

1.3.1   Finanzierungsformen

Innerhalb der verschiedenen Finanzierungsmöglichkeiten eines Unternehmens stehen sich zunächst Innen- und Außenfinanzierung gegenüber. Der Bereich Außenfinanzierung kann weiterhin unterteilt werden in die Bereitstellung von *Eigenkapital* –
einer Beteiligungsfinanzierung – und die Bereitstellung von *Fremdkapital* – einer
Kreditfinanzierung (Jahrmann 1999, S. 21-24). Darüber hinaus setzen sich besonders
in der jüngeren Vergangenheit Mischformen der Finanzierung, die Eigen- als auch
Fremdkapitalmerkmale aufweisen, mehr und mehr durch (Manz / Dahmen 1998, S.
42-43).

(a) Innenfinanzierung
Im Gegensatz zur Außenfinanzierung versteht man unter dem Begriff Innenfinanzierung (siehe dazu grundlegend Adelberger 1993) eine Finanzmittelgenerierung aus
dem *Cash-flow* bzw. aus Vorgängen, welche „innerhalb" des Unternehmens stattfinden. *Bierich* definiert intern generierte Finanzmittel als diejenigen, „die aus der laufenden Geschäftätigkeit als Umsatzerlöse, Zinsen, Beteiligungs- oder sonstige Erträge in das Unternehmen zurückfließen und dort zurückbehalten werden..." (Bierich 1983). Die Erhöhung des Kapitals aus einer internen Kapitalbildung findet entweder *offen,* durch Einbehalten versteuerter Gewinne, oder *still,* durch die Bildung
stiller Reserven, statt. Die Innenfinanzierung aus einem Finanzmittelrückfluss kann
durch Vermögensverkauf, *Sale-Lease-Back-Verfahren* (Drukarczyk 1999, S. 449-
454), Rationalisierungsmaßnahmen, Abschreibungsgegenwerten (sog. Lohmann-
Ruchti-Effekt), etc. erfolgen.
    Im Rahmen einer Unternehmensgründung scheidet die Innenfinanzierung als Fi-
nanzierungsalternative aus, da o.g. Vorgänge erst nach erfolgreicher Gründung stattfinden können. Da innerhalb des Unternehmens generiertes Kapital den Eigentümern
zusteht, handelt es sich hierbei um eine Form des Eigenkapitals.

(b) Beteiligungsfinanzierung
Die Beteiligungsfinanzierung stellt die im Rahmen einer Unternehmensgründung
i.d.R. überwiegende Finanzierungsform dar. Hierbei wird dem Unternehmen Kapital
in Form von *Eigenkapital* zugeführt, d.h. die Kapitalgeber erwerben durch ihre Ka-
pitaleinlage Anteile des Unternehmens. Dieses Eigenkapital kann sowohl aus dem

Kreis der Unternehmensgründer, als auch von Unternehmensexternen kommen. Eine
Eigenkapitalbeschaffung am Markt findet i.d.R. durch eine Platzierung von Anteilen
bei Privatpersonen (*Private Placement*), eine Beteiligung von Kapitalbeteiligungsgesellschaften (*Venture Capital Companies*) oder durch einen Börsengang (*Initial Public Offering*) statt.

Die im Rahmen einer Gründungsfinanzierung üblichen Wege der Liquiditätsbe-
schaffung sind die beiden erstgenannten Möglichkeiten, d.h. die Finanzierung der
Unternehmung durch die Gründer selbst oder ein Private Placement. Mittlerweile
gibt es in Deutschland jedoch – u.a. gefördert durch die Etablierung des Neuen
Marktes als geeignetem Exit-Kanal – auch in zunehmenden Maße Kapitalbeteiligungsgesellschaften, die Unternehmensbeteiligungen während der Gründungsphase
eingehen. Dies hängt zum einen mit den guten Erfahrungen, welche mit diesem Modell in den USA gemacht wurden, zum anderen mit einer fortschreitenden Etablierung von Venture Capital und damit einer Ausweitung der Beteiligungsphasen, zusammen. Eine Gründungsfinanzierung durch einen Börsengang ist theoretisch denkbar, in der Praxis jedoch selten von Erfolg gekrönt.

Anders als Fremdkapitalgeber partizipiert der Eigenkapitalgeber in vollem Umfang an den zukünftigen Erträgen aber auch an zukünftigen Verlusten der Unternehmung. Im Falle einer Kapitalgesellschaft ist dieser Verlust auf das eingelegte
Kapital begrenzt. Aufgrund des höheren Risikos ist Eigenkapital im Normalfall „teu-
rer" als Fremdkapital. Zusätzlich zur vollen Partizipation an den Chancen und Risiken der Unternehmung ist mit der Einlage von Eigenkapital auch eine Leitungsbe-
fugnis verbunden, die der Eigenkapitalgeber über Gremien wie Gesellschafter- oder
Hauptversammlungen ausüben kann. Auf die mögliche Einschränkung von Stimm-
rechten von Anteilseignern, bspw. durch die Ausgabe von stimmrechtslosen Vorzugsaktien, wird in diesem Beitrag nicht eingegangen.

(c) Kreditfinanzierung

Nach *Rösler* ist die Kreditfinanzierung durch eine „Übertragung von (realen) Gütern
oder Dienstleistungen oder von Ansprüchen auf Güter oder Dienstleistungen (Geld
bzw. Ansprüche auf das Sozialprodukt) von einem Wirtschaftssubjekt auf das andere..." (Rösler 1993, S. 401) gekennzeichnet, wobei das Äquivalent für die Übertragung zeitlich versetzt erfolgt. Dieses Äquivalent besteht normalerweise in einer
Rückgabe des Übertragenen inklusive einer festen Verzinsung. Kreditgeber kann ein
jedes Wirtschaftssubjekt sein; im Regelfall wird diese Funktion jedoch von Banken
ausgeübt. Im Gegensatz zum Eigenkapitalgeber erwartet der Geber von *Fremdkapital* eine Rückgabe des Kapitals in vollem Unfang zuzüglich einer Verzinsung. Er
partizipiert daher weder an den Chancen, noch an den Risiken des Unternehmens,
mit Ausnahme des Insolvenzrisikos. Aus diesem Grund stellt Fremdkapital auch eine
günstigere Finanzierungsform als Eigenkapital dar.

Innerhalb der Kreditfinanzierung unterscheidet man *kurzfristige Kreditfinanzierung* (Kundenanzahlung, Lieferantenkredit, Kontokorrentkredit, Avalkredit, Wech-
selkredit, Lombardkredit, etc.) (Jahrmann 1999, S. 87-117), langfristige Kreditfinanzierung (Schuldverschreibungen bzw. Anleihen / Obligationen, Schuldscheindarle-

hen, etc.) (Drukarczyk 1999, S. 377-423) sowie Finanzierungssurrogate (Leasing, Factoring, Swap-Geschäfte, etc.) .
Im Rahmen einer Kreditfinanzierung werden vom Kapitalgeber i.d.R. Sicherheiten verlangt. Dies können Bürgschaften und Garantien, Grundschulden, Sicherheitsübereignungen von Aktiva oder Forderungsabtretungen sein (Drukarczyk 1999, S. 477-497).

(d) Mischformen
Neben den bisher beschriebenen Finanzierungsformen gibt es eine Vielzahl von Mischformen, insbesondere zwischen reiner Eigen- und Fremdkapitalfinanzierung, welche hier nicht weiter behandelt werden. Exemplarisch sei die *Mezzanine-Finanzierung* genannt, welche sich seit einigen Jahren einer zunehmenden Beliebtheit erfreut. Mezzanine-Kapital stellt eine Synthese aus Eigen- und Fremdkapitalfinanzierung dar. Im Grundsatz handelt es sich bei der Mezzanine-Finanzierung um eine Zuführung von langfristigem Fremdkapital, bei der die Gläubiger im Insolvenzfall mit ihren Ansprüchen hinter denjenigen normaler Kreditgeber zurückstehen und diesen gegenüber dadurch eine Haftungsfunktion übernehmen. Im Vergleich zu echtem Eigenkapital sind die Forderungen aus diesem nachrangigen Verbindlichkeiten dagegen bevorrechtigt (Betsch et al. 1998, S. 216-223).

1.3.2 Optimale Kapitalstruktur

Die Bestimmung einer optimalen Kapitalstruktur, d.h. der *optimalen Mischung von Fremd- und Eigenkapital* war schon immer ein bedeutendes Thema innerhalb der Finanztheorie. Neben dem traditionellen Ansatz stehen sich besonders das Modigliani-Miller-Theorem und der Leverage-Effekt gegenüber. Im Folgenden werden die diskutierten Theorien kurz vorgestellt. Anschließend werden Erfahrungen aus der Praxis zu einem Strukturierungsvorschlag verdichtet, der sich insbesondere an der jeweiligen Lebensphase des Unternehmens orientiert.

(a) Der traditionelle Ansatz
Der traditionelle Ansatz geht von der Existenz einer optimalen Kapitalstruktur aus. Unternehmen verfolgen das Ziel, den eigenen Marktwert zu maximieren. Dieser Marktwert des Gesamtunternehmens lässt sich errechnen als Quotient aus den Gewinnen vor Fremdkapitalkosten und dem Durchschnittskostensatz des Gesamtkapitals. Der Marktwert des Eigenkapitals ergibt sich analog dazu aus den mit Eigenkapitalkosten kapitalisierten Nettogewinnen. Ausgehend von einer vollständigen Eigenkapitalausstattung können bei der Substitution von Eigen- durch Fremdkapital drei Phasen unterschieden werden:
– *Erste Phase:* Relativ teures, sich an den Renditeansprüchen der Eigenkapitalgeber orientierendes Eigenkapital kann durch billigeres Fremdkapital ersetzt werden. Der Marktwert des Unternehmens steigt.

- *Zweite Phase:* Der Anstieg des Marktwertes wird durch steigende Renditeanforderungen der Eigentümer aufgrund des aus dem erhöhten Verschuldungsgrad resultierenden Risikos gebremst.
- *Dritte Phase:* Aufgrund des durch die weiter steigende Verschuldung erhöhten Ausfallsrisikos erhöhen nun auch die Kreditgeber ihre Renditeanforderungen, d.h. auch die Fremdkapitalzinsen steigen. Die Erhöhung des Verschuldungsgrad stoppt an dem Punkt, an dem die Kreditgeber keine weitere Substitution des Eigenkapitals zulassen.

Ein kostenoptimaler und damit den Unternehmenswert maximierender Verschuldungsgrad liegt dort, wo die Renditeforderungen der Kreditgeber noch nicht oder nur gering gestiegen sind, und auch die der Eigentümer keinen erheblichen Anstieg aufweisen.

(b) Das Modigliani-Miller-Theorem (MM)
Modigliani / Miller kommen im Gegensatz zur klassischen Finanzierungstheorie zu dem Schluss, dass Marktwert und Kapitalkosten einer Unternehmung unabhängig vom Verschuldungsgrad sind (Irrelevanztheorem). MM setzen unter anderem einen vollkommenen Kapitalmarkt, eine Welt ohne Steuern sowie einen konstanten Fremdkapitalzins (kein Insolvenzrisiko) voraus (siehe dazu Modigliani / Miller 1958). Die getroffenen Annahmen bilden gleichzeitig die Schwäche des MM-Theorems, da sie als eher realitätsfern zu bezeichnen sind. Obwohl MM die Basis zu einer interessanten wissenschaftlichen Diskussion lieferten, kommt ihrem Modell in der unternehmerischen Realität nur eine geringe Relevanz zu (Brealey / Myers 2000, S. 473-492; Betsch et al. 1998, S. 203-204).

(c) Leverage-Effekt
Der Leverage-Effekt (Hebel-Effekt) beschreibt die Möglichkeit der Rentabilitätssteigerung des Eigenkapitals durch Fremdkapitalaufnahme. Ein positiver Leverage-Effekt tritt dann ein, wenn die Gesamtkapitalrendite einer auch mit Fremdkapital finanzierten Investition höher ist, als der Kostensatz des Fremdkapitals. Eine zusätzliche Fremdkapitalaufnahme bzw. eine Substitution von Eigen- durch Fremdkapital ist also nur bis zu dem Punkt sinnvoll, in dem der Grenzkostensatz des Fremdkapitals kleiner / gleich der Grenzrendite der Kapitalverwendung ist. Die Nutzung des Leverage-Effektes der Fremdfinanzierung bei der Konstellation einer den Fremdkapitalkostensatz übersteigenden Gesamtkapitalrendite birgt jedoch auch Gefahren, die unter dem Schlagwort *financial leverage risk* behandelt werden. Dreht sich nämlich das Verhältnis der Zinssätze um – aufgrund eines Anstiegs der Fremdkapitalkosten oder eines Absinkens der Gesamtkapitalrendite unter den Fremdkapitalzinssatz – so wirkt der Leverage-Effekt auch in die andere Richtung, d.h. die Fremdfinanzierung führt zu einer Minderung der Eigenkapitalrendite, die im Extremfall negativ wird. Dies ist gleichbedeutend mit der Erwirtschaftung von Verlusten, die das haftende Eigenkapital der Unternehmung und damit eine der wichtigsten Existenzgrundlagen angreifen. Zudem ist eine zur Nutzung des positiven Leverage-Effektes hohe

Fremdkapitalquote für Kreditanfragen bei Banken eine schlechte Verhandlungs-grundlage, da Banken traditionell auf die Einhaltung bestimmter Mindestbilanzrela-tionen zwischen Eigen- und Fremdkapital bzw. zwischen Eigenkapital und Anlage-vermögen achten. (Betsch et al. 1998, S. 204-206)

(d) Kapitalstruktur aus der Praxis
Anders als bei den bisher vorgestellten Ansätzen aus der Theorie, bestehen in der Praxis weitere Faktoren, die die optimale Kapitalstruktur bestimmen. Im wesentli-chen sind dies Vorteile, die aus der Aufnahme von Eigenkapital resultieren und die besonders in der Gründungsphase einer Unternehmung von besonderer Wichtigkeit sind.

Prinzipiell sind Fremdkapitalgeber am Erfolg eines Unternehmens nur insofern interessiert, als dass eine Zahlung der Fremdkapitalzinsen gesichert ist, eine Insol-venz also vermieden wird. Demgegenüber partizipieren Eigenkapitalgeber in vollem Umfang an Gewinn und Verlust. Sie sind daher auch eher bereit, über die Bereit-stellung von Kapital hinaus nicht-monetäre Leistungen für das Unternehmen zu er-bringen. Ein wesentlicher Unterschied zur klassischen Finanzierungstheorie liegt in der Berücksichtigung von sog. *Smart Money* bzw. „intelligentem" Kapital. Hiermit ist die Einbringung von Eigenkapital gemeint, bei welcher sich der Kapitalgeber verpflichtet, den Erfolg des Unternehmens zusätzlich durch die Einbringung von Kontakten (Netzwerk), Managementerfahrung etc. zu unterstützen; i.d.R. ohne in das operative Geschäft einzugreifen. Ein weiterer Vorteil von Eigenkapital in der Grün-dungsphase ist ein normalerweise höherer Grad an *Unabhängigkeit*, da die meisten Eigenkapitalgeber weniger institutionalisiert vorgehen als Kreditgeber.

(e) Unternehmensphasenabhängige Kapitalstruktur
Neben den bisher vorgestellten Einflussfaktoren auf die Bestimmung einer optima-len unternehmensspezifischen Kapitalstruktur spielt die Lebensphase, in welcher sich das Unternehmen befindet bzw. befinden wird, eine wesentliche Rolle bei der Finanzierungsplanung. Folgende Finanzierungsphasen bzw. -zeitpunkte können grob unterschieden werden (siehe auch Betsch et al. 1998, S. 231-232):
- *Seed-Financing:* Finanzierung einer Idee und des Forschungs- und Entwick-lungsprozesses bis hin zur Entwicklung von Prototypen oder Unternehmenskon-zepten,
- *Start-Up-Financing:* Finanzierung der Gründungsphase des Unternehmens,
- *First Stage-Financing:* Finanzierung der Produktionsaufnahme und Marktein-führung des Produktes,
- *Second Stage-Financing:* Finanzierung des Wachstums zur Marktdurchdringung,
- *Third Stage-Financing:* Finanzierung der Erweiterung der Produktion und des Vertriebssystems zur Ausnutzung des Marktpotenzials,
- *Bridge Financing:* Zwischenfinanzierung eines Unternehmens in Privatbesitz bis zum Börsengang der Gesellschaft,

– *Late Stage-Financing:* Finanzierungen von Akquisitionen, Nachfolgereglungen, Konsolidierungen oder Restrukturierungen, Buy-Outs, Sanierungen sowie auch Bridge Financing und
– *Divesting Stage:* Verkauf der bisher gehaltenen Anteile und Realisierung des Kapitalgewinns.

Ausgehend von den oben beschriebenen Vorteilen einer Eigenkapitalfinanzierung in der Gründungsphase einerseits und dem Wertzuwachs durch den Leverage-Effekt andererseits, schlagen die Autoren eine lebensphasenabhängige Kapitalstruktur vor. Diese könnte wie in der folgenden Abbildung verdeutlicht gestaltet sein. Hierbei entspricht *t* der Zeit, *E* der Eigenkapital- und *D* der Fremdkapitalquote.

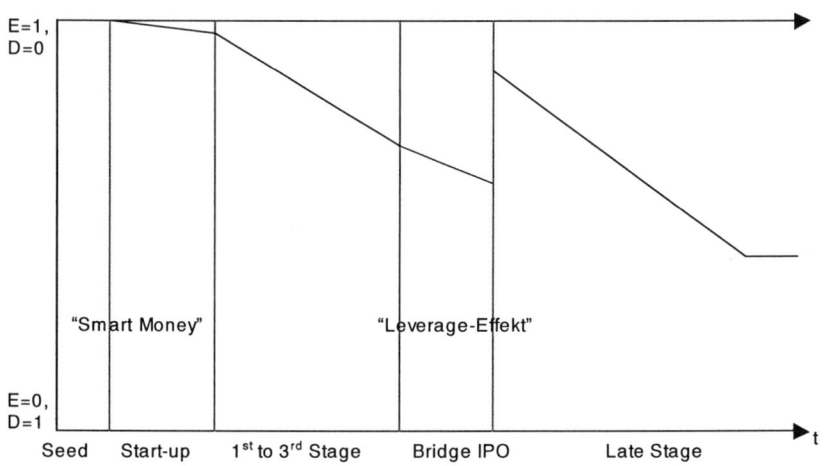

Abbildung 1: Optimale Kapitalstruktur im Zeitablauf

Wie die Abbildung verdeutlicht, kann in der Gründungs- bzw. Start-up-Phase ein hoher Eigenkapitalanteil präferiert werden. Hierbei sollte es sich um *Smart Money* handeln, d.h. die Eigenkapitalgeber sollten willens und in der Lage sein, dem Unternehmen – über die Bereitstellung von Kapital hinaus – durch Know-how, Kontakte oder Erfahrung zu nutzen. Nach erfolgreichem Markteintritt kann der Marktwert des Unternehmens dann durch Ausnutzung des Leverage-Effektes maximiert werden. Kommt es allerdings zu einem Börsengang, steigt der Eigenkapitalanteil erneut sprunghaft an, wobei es im Anschluss wieder zu einem Rückgang kommt und die Unternehmenswertmaximierung unter Ausnutzung des Leverage-Effektes wieder in den Vordergrund tritt.

Diese Vorgehensweise ist auch vor dem Hintergrund einer differenzierten steuerlichen Behandlung von Eigen- und Fremdkapitalkosten im deutschen Steuerrecht sinnvoll. Da Fremdkapitalkosten steuerabzugsfähig sind, schmälern sie den zu versteuernden Gewinn und damit die Steuerlast des Unternehmens.

Da der zu versteuernde Unternehmensgewinn i.d.R. in der Gründungsphase relativ gering bzw. negativ und in späteren Phasen relativ hoch ausfällt, wird durch die in der Abbildung 1 vorgestellte Vorgehensweise eine zusätzliche Ergebnisbelastung des jungen Unternehmens durch Fremdkapitalkosten vermieden, der aus ihnen resultierende Steuervorteil in späteren Phasen jedoch genutzt.

1.3.3 Ausblick

Im vorangegangenen Abschnitt wurde gezeigt, dass vor dem Hintergrund einer Maximierung des Marktwertes eines Unternehmens die optimale Kapitalstruktur wesentlich vom Lebenszyklus determiniert wird. Hierbei wurde die Ermittlung des Marktwertes durch Diskontierung der zukünftigen Free-Cash-Flows unterstellt. *Rocke und Nelles* (2000) haben gezeigt, dass gerade börsennotierte Wachstumswerte auch hohe Wertanteile mit optionsartigem Charakter aufweisen. Die Aufgabe zukünftiger Forschungsarbeiten könnte es sein, die obigen Überlegungen im Hinblick auf eine Optimierung der Kapitalstruktur und somit eine zeitliche Verteilung der optionalen Anteile des Unternehmenswertes zu betrachten.

Weiterführende Literatur (zitierte Quellen siehe Anhang)

Asch, D. / G. R. Kaye (1996), Financial Planning – Modelling Methods and Techniques, London.

Brealey, R. A. / S. C. Myers (2000), Principles of Corporate Finance, Boston et al.

Copeland, T. / T. Koller / J. Murrin (2000), Valuation – measuring and managing the value of companies, New York usw.

Gebhardt, G. / W. Gerke / M. Steiner (1993), Handbuch des Finanzmanagements – Instrumente und Märkte der Unternehmensfinanzierung, München.

Verständnisfragen (Lösungen siehe Anhang)

Aufgabe 1:

Das Unternehmen X wird zur Produktion und zum Vertrieb dreier verschiedener Produkte A, B und C zum 01.01.2001 gegründet. Die Volumina der Zielmärkte werden aktuell auf Euro 50 Mio. (A), Euro 30 Mio. (B) und Euro 100 Mio. (C) beziffert. Die Wachstumsraten in den Zielmärkten werden mit kontinuierlich 10% (A), 12% (B) und 15% (C) p.a. geschätzt. Der geschätzte Marktanteil des Unternehmens wird auf 2% (A), 4% (B) und 3% (C) im ersten Jahr und einer jährlichen Steigerung um weitere 2 Prozentpunkte in den nächsten 5 Jahren geschätzt.
Berechnen Sie den zu erwartenden Gesamtumsatz des Unternehmens in den Jahren 2001 bis 2005.

Aufgabe 2:

Welche Argumente lassen sich für eine Bevorzugung von Eigenkapital in der Gründungsphase anführen?

IV Gründungsfinanzierung
2 Eigenkapitalfinanzierung durch Venture Capital

Klaus Nathusius

2.1 Begriffe und Finanzierungsarten

Das Venture Capital (VC) Modell ist in seiner heutigen Ausprägung und insbesondere in seinen wesentlichen Merkmalen bezüglich der Strukturierung von Venture Capital-Gesellschaften, der Analyse und Auswahlkriterien und der Formen der unternehmerischen Betreuung maßgeblich durch die USA beeinflusst worden. Über 600 Venture Capital-Gesellschaften (VCG) in den USA haben durch ihre Bewährung im Markt seit den vierziger Jahren zu dem Know-how geführt, das heute bei den verschiedenen Venture Capital Ansätzen in Europa als Ausgangspunkt dient.

2.1.1 Begriffliche Einordnung

Für den Begriff des „Venture Capitals", gibt es bisher keine geeignete Übersetzung. Die in Deutschland benutzten Begriffe des „Risiko-" oder „Wagniskapitals" sind wenig geeignet, das hinter dieser Finanzierungsart stehende Phänomen hinreichend zu beschreiben. Sie stellen zu sehr auf den negativen Aspekt des Risikos ab, ohne die in dieser Form der Finanzierung im Vordergrund stehenden Chancen für den VC Investor zu berücksichtigen. Dementsprechend wird auch von „Chancenkapital" gesprochen. Hier ist erstens die unternehmerische Chance gemeint, die sich dem Gründer eines mit VC finanzierten Unternehmens bietet und die er ohne diese Form der Eigenkapitalfinanzierung nicht wahrnehmen könnte. Zweitens ist aber auch die Chance gemeint, die sich für den externen Financier bietet.

(a) Private Equity

Im praktischen Sprachgebrauch der Finanzierungsbranche geht man zunächst von der Unterscheidung zwischen Anteilen börsennotierter Unternehmen (Public Equity) und Anteilen nicht-börsennotierter Unternehmen (Private Equity) aus. Nach der Definition der European Private Equity and Venture Capital Association (EVCA 2000, S. 4) stellt Private Equity Eigenkapital für nicht-börsennotierte Unternehmen zur Verfügung. Diese Finanzierungsart kann u.a. für die Entwicklung neuer Produkte oder Technologien und für Existenz- und Unternehmensgründungen benutzt werden. Auch Regelungen der Nachfolge in familieneigenen Unternehmen oder Management Buy-Outs oder Buy-Ins von Unternehmen durch erfahrene Manager als Existenzgründer können mit Private Equity finanziert werden.

Der Begriff des Private Equity kommt im deutschsprachigen Raum in der Finanzwelt erst seit der zweiten Hälfte der neunziger Jahre zur Verwendung. Bis dahin war primär der Oberbegriff der *Beteiligungsfinanzierung* gebräuchlich.

(b) Venture Capital

Venture Capital ist eine Untergruppe des Private Equity. Es gibt zwei Definitionen, die die VCG beschreiben. Einerseits wird der Begriff Venture Capital weitfassend für alle Arten von Eigenkapital Investments verwandt, bei denen die VCG als Gesellschafter eine Minderheitenposition übernimmt und nicht nur Finanzmittel zuführt, sondern auch wertzuführende (value adding) Aufgaben wahrnimmt. Typischer Weise sind die als Venture Capitalisten handelnden Investment Direktoren der VCG branchenerfahren oder erfahren als Unternehmer, was sie zum Value Adding befähigt. Diese Definition des Venture Capitals werden wir als *Venture Capital im weiteren Sinne* bezeichnen.

Im Gegensatz dazu geht die einengende Definition des Venture Capitals davon aus, dass eine Begrenzung der Investment Objekte auf Unternehmen in frühen Phasen ihrer Entwicklung erfolgt. Diese Unternehmen sind entwicklungsbedingt noch in einer kleinen Größenklasse. In diesem Fall handelt es sich um Eigenkapital Investments in Vorgründungs-, Gründungs-, Frühentwicklungs- und jungen Wachstumsunternehmen. Dementsprechend wird auch von Frühphasen- bzw. Early Stage Investments gesprochen. Diese Definition wollen wir als *Venture Capital im engeren Sinne* bezeichnen.

Mit dem Begriff des Venture Capitals wird auch die Größe der Beteiligungsunternehmen angesprochen, die allerdings in Zahlen nicht exakt umrissen werden kann. Grundsätzlich sind VC Investments eher im einstelligen DM-Millionenbereich und teilweise auch im zweistelligen Bereich (insbesondere auch bei Konsortiallösungen) einzuordnen. Private Equity Fonds beginnen mit ihrer Eigenkapital-Investmentgröße im zweistelligen Millionenbereich und können bis in Milliarden-Dimensionen pro Investment gehen.

2.1.2 Abgrenzungen nach Finanzierungsarten

(a) Innen- / Außenfinanzierung
Nach der *Herkunft der dem Unternehmen verfügbaren Finanzmittel* wird zwischen den von außen zufließenden Finanzmitteln in Form von Beteiligungsfinanzierungen und Kreditfinanzierungen und den im Unternehmen durch die laufenden Leistungen geschaffenen Finanzmittel als erwirtschafteter Liquiditätsüberschuss in Form des Cash Flows unterschieden (Franke / Hax 1999, S. 14-15). Venture Capital ist als Beteiligungsfinanzierung eine Form der Außenfinanzierung.

(b) Eigenkapital- / Fremdkapitalfinanzierung
Nach der *rechtlichen Stellung des Finanzmittelgebers* wird zwischen Gläubiger-rechten und Anteilsrechten unterschieden (Büschgen 1991, S. 34-35). Kreditfinan-zierungen sind für den Kapitalgeber mit Gläubigerrechten verbunden. Die Kreditge-ber erhalten vertraglich fixierte Einnahmen in Form von Zinszahlungen für die Ka-pitalmittelhergabe. Beteiligungsfinanzierungen geben den Kapitalgebern Eigentums-rechte an den Gesellschaftsanteilen. Die Bedienung der eingesetzten Mittel erfolgt aus der Residualgröße der im betrieblichen Leistungsprozess erarbeiteten Erträge nach der Honorierung aller vertragsbestimmten und gesetzlich definierten Leistun-gen und Abgaben. Statt einer Verzinsung erfolgen die Auszahlungen in Form von Dividenden.

(c) Mezzanine Finanzierung
Zwischenformen von Eigen- und Fremdkapitalfinanzierungen werden als Mezzanine Finanzierungen bezeichnet (Gereth / Schulte 1992). Es handelt sich um Finanzie-rungsarten, die nicht reines Fremdkapital darstellen, sondern durchaus auch Eigen-kapital Kennzeichen haben. So beschränken sich bestimmte Anbieter von Beteili-gungskapital, wie z.B. die Mittelständischen Beteiligungsgesellschaften in den Bun-desländern (MBGs) auf das Modell der stillen Beteiligungen, die eine Ausprägung von Mezzanine Kapital darstellen. Andererseits geben VCG in Ergänzung zu ihren direkten Beteiligungen im Einzelfall auch Gesellschafterdarlehen mit Wandlungs-oder Optionsrechten, um eine zu große Verwässerung der Gesellschaftsanteile der Gründer zu vermeiden und gleichzeitig einen Leistungsanreiz für die Unternehmer zu installieren.

(d) Definition: Venture Capital (im engeren Sinne)
Venture Capital sind Mittel zur Finanzierung junger, schnellwachsender Unterneh-men im frühen Entwicklungsstadium sowie Mittel zur Finanzierung von etablierten, kleinen bis mittleren Unternehmen an wesentlichen Stufen einer Neuorientierung ihrer Unternehmensentwicklung (z. B. Unternehmensnachfolge durch Existenzgrün-der). Es geht beim VC um die Bereitstellung von externem Eigenkapital als minder-

heitlich gehaltenes, mithaftendes Beteiligungskapital ggf. in Verbindung mit eigen-
kapitalähnlichen Finanzierungsmitteln (Mezzanine Kapital) für nicht börsennotierte
Unternehmen, die sich noch in einer Phase geringer Erträge bei gleichzeitig erkenn-
bar großem Entwicklungs-Potenzial befinden.
Die Beteiligungen werden für mittelfristige Zeiträume eingegangen (3-7 Jahre).
Die Zielsetzung der VCG ist die Realisierung von Wertzuwächsen (capital gains).
Dementsprechend ist der Venture Capitalist nicht an einer laufenden Bedienung der
von ihm investierten Mittel, z.b. in Form von Dividendenzahlungen, interessiert.
Vielmehr sollen die in den Beteiligungsunternehmen erarbeiteten Finanzmittel wie-
der zur Unterstützung des weiteren Wachstums eingesetzt werden, um den Wert des
Unternehmens und damit der Beteiligung zu vergrößern. Seinen Gewinn macht der
Venture Capitalist mit dem Verkauf der Beteiligung, der idealer Weise über einen
Börsengang oder über den Verkauf der Beteiligung oder des gesamten Unternehmens an einen Dritten (Trade Sale) vollzogen wird. Bis zu diesem Zeitpunkt besteht
die Beteiligung als nichtliquides Investment. Durch Value Adding in Form unterschiedlicher Arten der Management-Unterstützung ist der Venture Capitalist intensiv
in der Unternehmensentwicklung involviert, ohne allerdings Geschäftsführungsfunktionen zu übernehmen. Als Mitgesellschafter hat die VCG im übrigen Kontroll-
und Mitspracherechte, die zur Absicherung des Investments durchaus über das übliche Maß eines Minderheitsgesellschafters hinausgehen können.

2.1.3 Venture Capital in unterschiedlichen Finanzierungsanlässen

Die mit VC zu finanzierenden Anlässe werden typischer Weise nach den Unterneh-
mensentwicklungsständen der VC Nehmer unterschieden. Aus der nachfolgenden
Abbildung 1 werden die verschiedenen Phasen der Unternehmensentwicklung und
die dazugehörige Klassifizierung von VC Investments verdeutlicht.

2.2   Formen des Venture Capitals nach dem Entwicklungsstand

Grundsätzlich können Formen des Venture Capitals in den Finanzierungsphasen, die
sich aus dem jeweiligen Stand des finanzierten Unternehmens in seinem Entwick-
lungsgang ergeben, unterschieden werden (Leopold / Frommann 1998, S. 15-32).

2.2.1 Seed-Finanzierung

Die genaue Übersetzung dieses aus den USA übernommenen Begriffes ist „Samen-"
oder „Saatkapital". Es handelt sich hier um Finanzierungsmittel, die zum Zweck der
Erstellung eines ersten Unternehmenskonzepts, zur Anfertigung von Marktanalysen
und zur grundlegenden Entwicklung von Produkten und Leistungen benötigt werden. Typischer Empfänger solcher Mittel sind Projekte, die sich in einem sehr frühen
Stadium der Produkt- und Projektentwicklung befinden. Dieses frühe Stadium bietet

das höchste Risiko, aber dementsprechend auch die größten Chancen für den VC Investor. Der Eintrittspreis ist im Normalfall gering (im Bereich von 100-500 TDM), kann aber auch bei komplexen Gründungsvorhaben sehr viel höher liegen. Die Möglichkeit, das eingesetzte Kapital zu verlieren, ist angesichts der Risiken einer Fehlentwicklung groß.

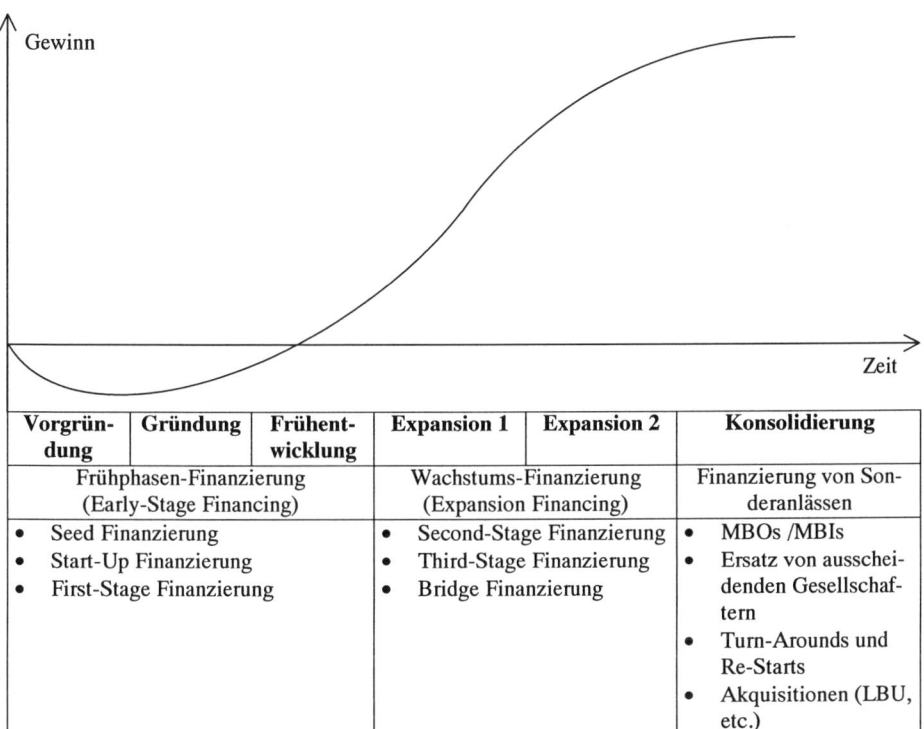

Vorgrün-dung	Gründung	Frühent-wicklung	Expansion 1	Expansion 2	Konsolidierung
Frühphasen-Finanzierung (Early-Stage Financing)			Wachstums-Finanzierung (Expansion Financing)		Finanzierung von Son-deranlässen
• Seed Finanzierung • Start-Up Finanzierung • First-Stage Finanzierung			• Second-Stage Finanzierung • Third-Stage Finanzierung • Bridge Finanzierung		• MBOs /MBIs • Ersatz von ausschei-denden Gesellschaf-tern • Turn-Arounds und Re-Starts • Akquisitionen (LBU, etc.)

Abbildung 1: Venture Capital Investments in Unternehmensentwicklungsphasen

Der Seed Investor erhält Anteile bzw. Rechte auf Anteile zu einer Bewertung, die nahe an der Bewertung der Gründer Anteile liegt. Es kann davon ausgegangen werden, dass bei attraktiven Seed-Projekten das "Downside-Risk" (das Risiko, das gesamte Investment zu verlieren) für die Gesamtentwicklung eines VC Fonds bei angemessener Risikostreuung im Fonds Portfolio angesichts des erheblichen „Upside Potenzials" (die Chance ein Vielfaches des investierten Betrages zu erhalten) in einem solchen Fall positiv zu bewerten ist.

2.2.2 Start Up- / Gründungsfinanzierung

Bei dieser Finanzierungsphase handelt es sich um die Beteiligung an Unternehmen, die mit ihrer Produktentwicklung beschäftigt sind und ggf. schon erste Markttests durchführen. Es sind Unternehmen, die entweder dabei sind, sich die formale Struktur einer Handelsgesellschaft zu geben oder die erst seit kurzer Zeit (typischer Weise bis zu einem Jahr) schon als Unternehmen mit der Markttätigkeit begonnen haben. Die VC Nehmer brauchen in dieser Phase Finanzmittel, um die notwendigen Strukturen aufzubauen, die Ressourcen zu beschaffen und die Unternehmenskonzeption im Markt bekannt zu machen.

Unternehmen in dieser Phase haben typischer Weise detaillierte Marktanalysen erstellt und ihren Business Plan entwickelt. Der Kern des Managementteams ist vorhanden und erste Pilotkunden, Einkaufsquellen und Kooperationspartner sind identifiziert. Mit dieser ersten größeren Finanzierung wird häufig auch ein Aufsichtsrat oder vergleichbares Gremium eingesetzt, um in den kritischen weiteren Entwicklungsstufen die Gründerunternehmer unterstützen zu können.

2.2.3 First Stage- / Frühentwicklungsfinanzierung

Diese Ausprägung des Venture Capitals betrifft *frühe Folgefinanzierungsrunden* nach der Gründungsfinanzierung. Diese sind typischer Weise dadurch bedingt, dass nach erfolgreichen Markttests und Einführungen bei Pilotkunden nun für die breite Markteinführung und den Aufbau des Unternehmens zusätzliche Finanzmittel notwendig sind. Dementsprechend wird in den Aufbau der Vertriebsorganisation, die Installierung von Marketingprogrammen und die Schaffung von Produktionskapazitäten bzw. die Etablierung von Kooperationsbeziehungen für Fremdfertigungen, outgesourcte Distributions- und andere Leistungen und den Aufbau bzw. die Verstärkung der personellen Kapazitäten investiert.

2.2.4 Wachstumsfinanzierung in der zweiten und dritten Phase

Wachstum kreiert laufenden Finanzbedarf. Folgt man dem in Abbildung 1 dargestellten Verlauf der idealtypischen Unternehmensentwicklung, tritt das Unternehmen nach der Frühentwicklungsphase in eine Zeit des exponentiellen Wachstums ein. In dieser Phase, die in der Finanzierungs-Terminologie als *Second Stage Finanzierung* bezeichnet wird, wachsen Unternehmen durchaus bis zu mehreren 100% pro Jahr.

Zusätzliche Finanzmittel werden dafür in allen Funktionsbereichen des Unternehmens benötigt. Zusätzliche Debitoren- und Bestandsfinanzierungen sind ebenso darzustellen, wie zusätzliche Investitionen zur Aufstockung der Produktions- und Logistikkapazitäten. Es kommt auch hinzu, dass Weiterentwicklungen des vorhandenen Programms neue Phasen der Produktdefinition und Produktentwicklung notwendig machen, die in High Tech Branchen ggf. in schneller Abfolge zu Neuprodukt-Launches z.B. im Halbjahresrhythmus führen können.

Mit zunehmender Größe des jungen Unternehmens und Erfolgsmeldungen über die Entwicklung, werden weitere Wettbewerber in den Markt eintreten und die Aufrechterhaltung der bisherigen Wachstumsraten erschweren. In der nun folgenden *Third Stage Finanzierung* sind die Finanzierungsanlässe auf die schwerer werdende

Marktdurchdringung abgestellt. Diese Folgefinanzierungsrunden werden z.b. für die Durchsetzung von Internationalisierungsstrategien, den weiteren Ausbau des eigenen Vertriebssystems und verstärkte Marketing-Anstrengungen organisiert. Auch strategische Maßnahmen der Marktpositionierung des Unternehmens und der Arrondierung der eigenen Tätigkeitsbereiche, z. B. durch Akquisition von anderen Unternehmen oder durch Gründung von Joint Ventures mit kooperierenden Unternehmen sind als Finanzierungsanlässe dieser Phase zugeordnet.

Bei weiterhin positiven Wachstumsaussichten werden die Unternehmer darüber nachdenken, zusätzlichen Finanzbedarf nicht mehr über VCG abzudecken. Das Börsensegment „Neuer Markt" hat in Deutschland den Börsengang als adäquates Finanzierungsinstrument für junge Unternehmen, die nach einer ersten Bewährung im Markt weiterhin positive Zukunftsaussichten haben, etabliert (Going Public 2000; Heitzer / Sohn 1999, S. 397-405).

Häufig wird als Zwischenfinanzierung vor dem Initial Public Offering (IPO= Erstemission) eine *Brücken Finanzierung* (bridge financing) als letzte Stufe der VC Finanzierung vor dem Börsengang vollzogen. Typischer Weise erfolgt dies sechs bis zwölf Monate vor dem IPO (Pre-IPO-Finanzierung). Für Gründer sind diese späteren Phasen der VC Finanzierung einschließlich des Ganges an die Börse schon während der Gründungsphase von großer Relevanz. Eine VC Finanzierung wird im Seed- oder Start Up-Bereich nur unter der Bedingung zu bekommen sein, dass der Venture Capitalist schon zum Zeitpunkt seines Erstinvestments den benötigten Exitkanal sieht, über den sein Austritt aus der Gesellschaft nach deren erfolgreicher Entwicklung realistisch dargestellt werden kann.

Im übrigen haben die Entwicklungen im Rahmen der Internet Start Up – Hype in den späten neunziger Jahren gezeigt, dass die traditionellen Zeitabläufe von der Gründung bis zum IPO bei überschäumendem Investmentinteresse der VC-Seite extrem schrumpfen können (Bain 2000, S. 14; EBS 2000, S. 20 f.). Im Einzelfall sind Erstemissionen schon innerhalb von 1-2 Jahren nach Aufnahme der Geschäftstätigkeit erfolgt. Diese Form der Eigenkapitalfinanzierung gehört dann offensichtlich in den Business Plan des Gründungsunternehmens, der typischer Weise einen Planungshorizont von 3 bis 5 Jahren abdeckt.

2.2.5 Formen des Venture Capitals bei Sonderanlässen

Neben den Ausprägungen von VC Finanzierungen in den verschiedenen Stufen der Unternehmensentwicklung, werden VC Investments auch zu besonderen Anlässen getätigt. Die Sonderanlässe lassen sich in Unternehmernachfolgefälle in der Form von Management Buy-Outs und Management Buy-Ins, in Situationen ausscheidender Gesellschafter, in Sanierungsfälle in der Form von Turn Arounds und Re-Starts und in Akquisitionsfälle unterscheiden. Im Folgenden werden nur die Buy-Outs / Buy-Ins und Re-Starts im Rahmen von Existenzgründungen angesprochen.

(a) Management Buy Outs

Management Buy-Outs (MBO) sind eine Form der Unternehmernachfolge durch Gesellschafterwechsel. Sie bestehen in der Übernahme einer Unternehmens-Einheit durch den Manager (bzw. das Management Team), der diese Einheit bisher geführt hat. Es werden zwei Klassen von Buy-Outs unterschieden, die Gesamtübernahme eines Unternehmens oder die Teilübernahme nach Herauslösung aus der bisherigen Unternehmensstruktur als „Split-Off".

Die Existenzgründer verändern mit dem MBO ihren vertraglichen Status gegenüber dem Unternehmen, in dem sie bisher angestellt tätig waren, von dem eines geschäftsführenden oder leitenden Mitarbeiters in den einer geschäftsführenden Gesellschafters der übernommenen Einheit.

In Abhängigkeit von der Größe der zu übernehmenden Unternehmenseinheit wird angesichts der nur begrenzten Eigenmittel der Gründer / Übernehmer und zur Erreichung einer von externen Finanzinstitutionen anerkannten Eigenkapitalquote die Hereinnahme eines Beteiligungskapitalpartners notwendig sein. In diesen Fällen haben VCG wegen ihres Value Adding Angebots gegenüber anderen Anbietern von Beteiligungskapital Wettbewerbsvorteile.

(b) Management Buy-Ins

Grundsätzlich sind Management Buy-Ins (MBI) analog den MBO zu behandeln. Es sind ebenfalls Nachfolgeregelungen bezogen auf ein Unternehmen oder den Teil eines Unternehmens, bei dem die Übernehmenden sich mit der Übernahme selbstständig machen. Der wesentliche Unterschied zum MBO liegt in der Herkunft der Manager. Diese sind im Fall des MBIs Externe, die erst mit Übernahme des Unternehmens(teils) zum Insider werden.

(c) Re-Starts

Re-Starts können einerseits von einem insolvent gewordenen Unternehmen, das sich in den Händen des Insolvenzverwalters befindet und andererseits von einem Unternehmen oder Teil-Unternehmen, das zunächst die Geschäftätigkeit eingestellt hat und dann nach einem Übernahmeinteressenten sucht (z.B. ein Geschäftsbereich oder ein Werk eines Konzerns) ausgehen. In beiden Fällen erfolgt die Bewertung nicht mehr nach Going Concern Gesichtspunkten, sondern auf der Basis von Zerschlagungswerten. Dementsprechend sind die Einstiegspreise für Investoren, bei denen es sich z.B. um Existenzgründer handeln kann, gering. Außerdem sind die Entscheidungsspielräume für die Übernehmer größer als im Fall des Turn Arounds oder Buy-Outs / Buy-Ins, da Interessen der Altgesellschafter und der bisherigen Geschäftsführung als potentiell retardierende Momente keine große Rolle spielen.

2.3 Finanzierungsinstitutionen und -personen

Die im deutschen VC Markt tätigen Institutionen und Personen sind von ihren Zielen und Vorgehensweisen her sehr unterschiedlich. Ein eigenkapitalsuchendes Unternehmen muss sehr genau prüfen, inwieweit die Ziele und Geschäftspolitiken der verschiedenen VCG mit den eigenen Vorstellungen im Einklang stehen. Dafür ist die Kenntnis der verschiedenen Anbieter und das Verständnis der Vorgehensweisen im Geschäft Voraussetzung.

Die Quellen für VC liegen bei den großen nationalen und internationalen Kapitalsammelstellen und Finanzinstitutionen (Banken, Versicherungen, Pensions Fonds, Stiftungen, staatliche Einrichtungen und akademische Fonds), Industrievermögen und privaten Vermögen. Diese VC Quellen legen im Rahmen ihrer Anlage Strategie (asset allocation process), ihrer Unternehmenspolitik und ihrer Jahresbudgets fest, in welchem Umfang sie sich in VC Investments engagieren werden und auf welchem Weg dies erfolgen soll. Hinsichtlich des Weges sind grundsätzlich zwei Vorgehensweisen möglich, nämlich die direkte oder die indirekte Beteiligung an eigenkapitalsuchenden Unternehmen.

2.3.1 Unterscheidung nach direkten und indirekten Beteiligungen

Die Gründe für eine direkte Beteiligung des Kapitalgebers liegen im wesentlichen in strategischen und kostenbedingten Erwägungen. Für die indirekten Beteiligungen sprechen Argumente, die die systematische, breite Suche nach Beteiligungen, die professionelle Analyse, Auswahl und Verhandlung von Beteiligungen, die auf unternehmerischen Erfahrungen basierende laufende Betreuung der Beteiligungsunternehmen und den optimalen Exit aus dem Investment durch einen auf VC Finanzierungen spezialisierten Finanzintermediär betreffen. Dazu kommen auch Argumente der Kosten- und Performanceoptimierung.

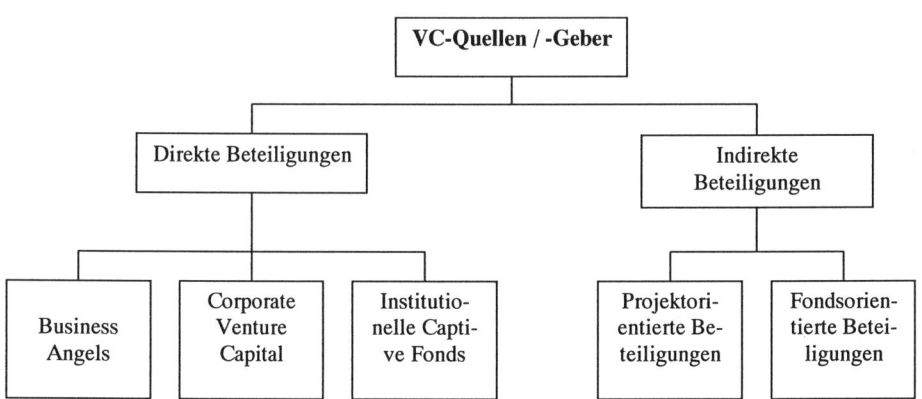

Abbildung 2: Typologie der Beteiligungen

2.3.2 Direkte Beteiligungen

(a) Business Angels

Business Angel sind Privatpersonen, die aus ihrem Privatvermögen direkt in ein Beteiligungsunternehmen investieren, ohne dabei die Mithilfe eines zwischenge-schalteten Beauftragten (Intermediär) in Anspruch zu nehmen.

Die direkten Beteiligungen von Business Angels spielen insbesondere bei Seed-und Gründungsfällen eine wesentliche Rolle. Dies liegt unter anderem an den relativ niedrigen Beträgen, die in den frühen Phasen einer Unternehmensentwicklung auf-zubringen sind. Da Business Angel durchschnittlich zwischen 50.000 und 500.000 DM pro Unternehmen investieren (Venture Capitalists 1992, S. 14) und syndizierte Investments (mehrere Investoren investieren gleichzeitig) auch zwischen Business Angels vorgenommen werden, kann im Seed- oder Start-up Fall damit durchaus für eine bestimmte Entwicklungsphase ein erheblicher Teil des Finanzbedarfs gedeckt werden.

(b) Corporate Venture Capital

Als Corporate Venture Capital wird Beteiligungskapital beschrieben, das von eta-blierten (zumeist Groß-) Unternehmen Gründungs- und jungen Unternehmen zur Verfügung gestellt wird (Nathusius 1979). Typischer Weise handelt es sich bei der Zielgruppe dieser Aktivitäten um technologiebasierte Gründungen. Die Kapital-bereitstellung kann direkt von dem etablierten Unternehmen an den VC Nehmer er-folgen, oder indirekt über eine Fonds Lösung.

(c) Institutionelle Captive Fonds

Als institutionelle Captive Fonds werden Organisationen bezeichnet, die Ihre Kapi-talmittel für VC Investments von einer Finanzinstitution als Muttergesellschaft (Bank, Versicherung, Pensionsfonds, Investment- oder Vermögensverwaltungsge-sellschaft) erhalten. Sie sind als Geschäftsbereiche oder Abteilungen der Mutterge-sellschaft oder auch als rechtlich selbstständige Tochtergesellschaften organisiert und treten als VC Geber im Markt auf.

Die Zielsetzungen dieser Fonds orientieren sich an den strategischen Vorgaben der Muttergesellschaften. Ähnlich wie bei den Corporate Venture Capital Ansätzen stehen die auf das Geschäft der Muttergesellschaften bezogenen Investmentziele im Vordergrund, wie z.B.

- die Akquisition von Neukunden für Bankleistungen, wie z.B. die Bereitstellung von Fremdkapital in späteren Entwicklungsphasen oder die Erstemissionsbetreu-ung bei einem vorgesehenen IPO;
- die Akquisition von Neukunden für Versicherungsdienstleistungen, Beratungs-dienstleistungen etc.;
- oder auch die marktorientierte Abrundung eines kompletten Investmentservice Angebots aus einer Hand durch Investment Banken.

2.3.3 Indirekte Beteiligungen

Im Gegensatz zu den direkten Beteiligungen wird bei indirekten ein unabhängiger Finanzintermediär als Zwischeninstanz eingeschaltet. Dieser kann aus eigenem unternehmerischen Antrieb tätig werden oder auf Initiative von Dritten bestimmte Tätigkeiten im Rahmen des arbeitsteiligen Investmentprozesses übernehmen.

Ein grundsätzliches Problem bei VC Finanzierungen besteht darin, dass
– die Eigenkapitalfinanzierung im Gegensatz zur Kreditfinanzierung im Einzelfall vom VC Geber individuell bearbeitet und verhandelt wird,
– die Bindung zwischen VC Geber und VC Nehmer als Co-Gesellschafter des VC Nehmers sehr viel intensiver ist als im Fall der Kreditfinanzierung,
– das Verhältnis zwischen VC Geber und VC Nehmer nicht nur eine finanzielle und gesellschaftsrechtliche Verbindung ist, sondern im Rahmen des Value Adding eine Coaching Funktion für die Vorstände / Geschäftsführer des VC Nehmers erfolgt,
– die mit dem Management der VCG betrauten Personen die unterschiedlichen Unternehmenskulturen verstehen und im VC Prozess überbrücken müssen.

(a) Projektorientierte Ansätze
Hier werden Unternehmen insbesondere im Frühphasenbereich als Einzelfälle mit Eigenkapital finanziert. Aktivitäten in diesem Rahmen sind von Anlagegesellschaften des „grauen" Kapitalmarktes, von Beratungsgesellschaften und von Investment Banken und Maklergesellschaften (im Folgenden: Mittler) bekannt geworden. Die Finanzmittel für die Finanzierung des VC-suchenden Unternehmens werden über eine Privatplatzierung, die von dem Mittler vorbereitet und durchgeführt wird, eingeworben. In den letzten Jahren erfolgt dies regelmäßig mit dem Hinweis auf einen vom VC Nehmer in den kommenden Jahren geplanten Börsengang.

(b) Vergleich projekt- / fondsorientierter Ansätze
Die Erfolgsrate professionell gemanagter, erfolgreicher Frühphasen VC Fonds liegt bei zehn Beteiligungen (im Beispiel mit 1 Mio. DM pro Einzelinvestment) bei dem in Abbildung 3 dargestellten Return.

Kauft beispielsweise ein Privatinvestor ohne VC Expertise drei Beteiligungen über projektorientierte Angebote, so erzielt er damit im Zweifel unbefriedigende Returns, die den ersten beiden Klassen aus dem Portfolio Beispiel entsprechen. Er wird wahrscheinlich wegen mangelnder Möglichkeiten der Projekt Selektion, unzureichender Betreuung der Beteiligungsunternehmen und ungenügender Risikostreuung einen Verlust realisieren.

Fondsorientierte Ansätze nutzen professionelle VCG für das Investment Geschäft. Diese investieren aus einem Fonds in mindestens 12 - 15 Unternehmen, so dass max. 10% des gesamten Fondsvermögens in ein einzelnes Beteiligungsunternehmen fließt. Eine Risikostreuung innerhalb von VC Fonds kann des Weiteren dadurch erreicht werden, dass

- in Unternehmen verschiedener Branchen und / oder
- in Unternehmen verschiedener technologischer oder marktmäßiger Ausrichtungen und / oder
- in Unternehmen unterschiedlicher Entwicklungsstadien (Gründungen, Wachstumsunternehmen, Management Buy Outs etc.)

investiert wird.

Performance Gruppen	Mittelrückfluss in Mio. DM
zwei bis drei Totalausfälle	3 x 0 = 0
drei Fälle, bei denen der VC Geber maximal sein Geld zurückerhält (ohne „Verzinsung")	3 x 1 = 3
zwei bis drei Fälle, bei denen der VC Geber das Zwei- bis Fünffache seines Investments zurückerhält	2 x 5 = 10
zwei Fälle, bei denen der VC Geber bis zum Zehnfachen oder mehr seines Investments zurückerhält	2 x 10 = 20
Gesamtreturn (ohne Transaktionskosten, a.o. Erträge u. Steuern)	**33**

Abbildung 3: Performance eines Muster Portfolios

2.3.4 Fondsorientierte Ansätze

Im deutschen VC Markt haben sich die fondsorientierten Ansätze am stärksten durchgesetzt. Wesentliche Unterschiede bei fondsorientierten Ansätzen ergeben sich bei der personellen Besetzung des mit dem Management eines Fonds beauftragten Teams. Im Normalfall ist bei den unabhängigen Fonds (Non-Captives) das Team aus VC Managern der Initiator des Fonds. In diesen Fällen wird dieser Personenkreis auf Grund der eigenen Kenntnisse des Finanzmarkts auch das Fondskonzept festlegen und die Kapitalakquisition (fund raising) betreiben. Diese VC Management Teams entscheiden damit über Geld, dessen konzeptionelle Grundlage sie selbst definiert und das sie auch eigenhändig akquiriert haben. Sie sind damit unternehmerischer geprägt, als die Fonds Manager in Captive Ansätzen.

Der Gesamtzusammenhang zwischen den VC Gebern (Investoren wie z.B. Banken, Versicherungen, Pensionsfonds, Vermögensverwaltungen, Privatpersonen) und VC Nehmern (VC suchende Gründer und Unternehmer) und den VC Management Gesellschaften als Finanzintermediären wird in Abbildung 4 dargestellt.

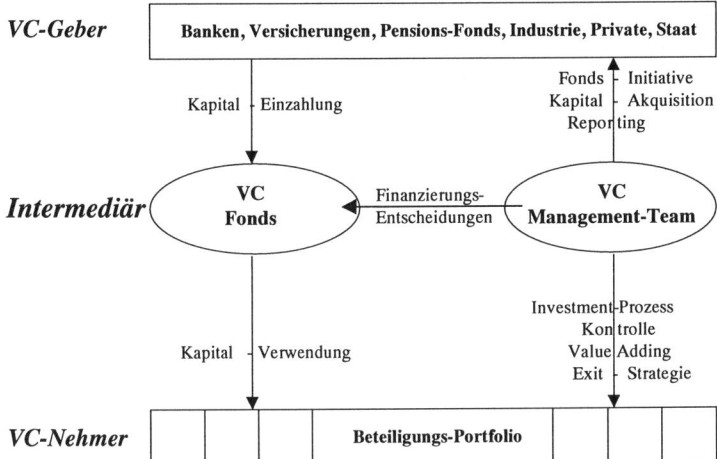

VC-Geber — Banken, Versicherungen, Pensions-Fonds, Industrie, Private, Staat

Kapital · Einzahlung

Fonds · Initiative
Kapital · Akquisition
Reporting

Intermediär — VC Fonds ← Finanzierungs-Entscheidungen — VC Management-Team

Kapital · Verwendung

Investment-Prozess
Kontrolle
Value Adding
Exit · Strategie

VC-Nehmer — Beteiligungs-Portfolio

Abbildung 4: VC Management als Finanzintermediär

Nach Prüfung des Fonds Konzepts und des VC Management Teams treffen die VC Geber ihre Anlageentscheidung und investieren ihre Finanzmittel in eine Fonds Gesellschaft. In dieser Fonds Gesellschaft werden die Finanzmittel aller Zeichner des Fonds gesammelt und aus diesen Mitteln werden dann die einzelnen Beteiligungen finanziert. Das VC Management Team ist typischer Weise in einer *separaten Management Gesellschaft* zusammengefasst, die im Verbund mit der Fonds Gesellschaft tätig ist.

Im deutschen Beteiligungsmarkt sind neben den VCG nach der obigen Definition auch andere Beteiligungsgesellschaften tätig, die sich von den Zielen, den Vorgehensweisen und den angebotenen Finanzierungsarten her unterscheiden. Der Gesamtmarkt besteht, neben den oben unter den direkten Beteiligungen genannten *Corporate Venture Capital* Ansätzen und den *Institutionellen Captive Fonds* aus den nachfolgend genannten Segmenten (Nathusius 2000, S. 27-33).

– Universalbeteiligungsgesellschaften
– VCG i.e.S. (Frühphasenfinanziers)
– Regionale Beteiligungsgesellschaften
– Mittelständische Beteiligungsgesellschaften (MBGs)
– Innovations Fonds der Länder
– Sparkassen u. Volksbanken Beteiligungsgesellschaften
– Unternehmensbeteiligungsgesellschaften (UBGs) gem. UBGG
– Öffentliche Beteiligungsgesellschaften

2.4   Finanzierungsinstrumente

Die den VC Gebern zur Verfügung stehenden Instrumente sind einerseits das Eigenkapital sowie andererseits die Ergänzung eigenkapitalähnliche Mittel (Mezzanine
Kapital). Wir verstehen unter VC als Eigenkapital Investment eine direkte Beteiligung (man spricht auch von der „offenen" im Gegensatz zu stillen Beteiligung) am
Unternehmen. Aus den USA kommend, ist der Begriff des „straight equity" (originäres Eigenkapital) eingeführt worden. Neben dem originären Eigenkapital gibt es
auch andere eigenkapitalverwandte Finanzierungsinstrumente, die als Quasi-
Eigenkapital bzw. Quasi-Fremdkapital bezeichnet werden.

2.4.1   Originäres Eigenkapital: Venture Capital

Dem originären Eigenkapital können die folgenden Eigenschaften zugeordnet werden: voll haftend, zinsfrei, tilgungsfrei, unbefristet, frei verfügbar (Struck 1999b, S.
294). Daraus wird deutlich, dass originäres Eigenkapital z.b. nicht in Form von stillen Beteiligungen oder Genussscheinen angeboten wird, die je nach Vertragsgestal-
tung einige dieser Kriterien nicht erfüllen. Originäres Eigenkapital sind z.b. Gesellschaftsanteile an Kommanditgesellschaften (Kommanditanteile), GmbHs (GmbH
Gesellschaftsanteile) und Aktiengesellschaften (Aktien).

Für den VC Nehmer ist es wichtig, die Konsequenzen dieses Finanzierungsinstru-
ments zu verstehen. Einerseits erweitert er damit seine Haftungsbasis und schafft
sich einen größeren Eigenkapitalpuffer gegen unerwartete Ereignisse und Rückschläge. Er erreicht damit auch durch die neuen Mitgesellschafter, als institutionelle,
industrielle oder seriöse private Investoren, einen positiven Effekt auf die Bonität
des Unternehmens und sein Image im Markt. Eine verbreitete Eigenkapitalbasis
wirkt zusätzlich als Hebel für zusätzliches Fremdkapital (Leverage Effekt). Andererseits gibt der Unternehmer bei einer VC Finanzierung Gesellschaftsanteile an seinem
Unternehmen ab, was zu einer Verwässerung seiner Anteile führt.
   Der Kern der Venture Capital Philosophie steckt im *Wertzuwachs*. Dieser ergibt
sich entweder durch eine höhere Qualität der Prozesse im Unternehmen oder in der
Interaktion mit dem marktlichen oder sonstigen Umfeld des Unternehmens, oder
durch das Wachstum des Unternehmens in optimale Betriebsgrößen und Marktan-
teilspositionen oder auch durch das Wiederentstehen von Werten in Unternehmen,
die durch Schieflagen oder Insolvenzen verloren waren.

2.4.2   Quasi-Eigenkapital / Quasi-Fremdkapital: Mezzanine Kapital

Eigenkapitalnahe Finanzierungsinstrumente haben einzelne Merkmale von Eigen-
und Fremdkapital übernommen und *zu hybriden Finanzierungsformen* kombiniert.
Es entstehen damit Finanzierungsformen, die bei stärkerer Ausprägung der Eigenka-

pital-Charakteristika als *Quasi-Eigenkapital* und bei stärkerer Ausprägung der Fremdkapital-Charakteristika als *Quasi-Fremdkapital* bezeichnet werden können.

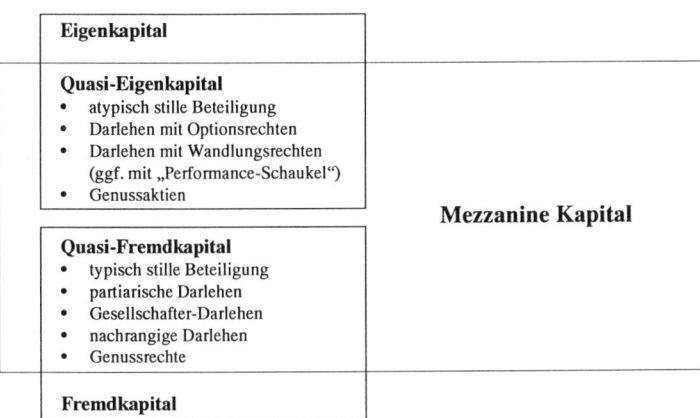

Abbildung 5: Typologie der Mezzanine-Finanzierungsformen

Die als *Quasi-Eigenkapital* bezeichneten Finanzierungsinstrumente sind im wesentlichen durch
– die Teilnahme am Wertzuwachs des Unternehmens (atypisch stille Beteiligung) oder
– die Existenz / bedingte Existenz von Anteilsrechten an dem Unternehmen (Darlehen mit Options- oder Wandlungsrechten, Genussaktien)
gekennzeichnet.

Die als *Quasi-Fremdkapital* definierten Finanzierungsinstrumente sind im wesentlichen durch
– Nichtteilnahme am Wertzuwachs bei privilegierter Teilnahme am Gewinn (typisch stille Beteiligung),
– fehlende Besicherung, Verbot der Zinszahlung bei kapitalersetzendem Charakter und nachrangige Position im Falle der Liquidation (Gesellschafter-Darlehen),
– fehlende Besicherung von Darlehen ggf. mit Kompensation durch stark erhöhte Zinssätze (High Yield),
– Gewinnbeteiligung ohne Stimmrecht (partiarisches Darlehen, Genussrecht) sowie Beteiligung am Liquidationserlös (Genussrecht)
gekennzeichnet.

Als hybride Finanzierungsformen können Mezzanine Finanzierungen sehr individuell gestaltet werden. Vertraglich sind vielfältige Kombinationen der einzelnen Bestandteile der genannten Instrumente möglich.

2.5 Venture Capital Zyklus: Finanzierungsablauf

Für ein VC suchendes Gründungsvorhaben kann der Zeitablauf der Interaktion mit VCG von entscheidender Bedeutung sein. Angesichts immer kürzer werdender Innovationszyklen entscheiden bei stark technisch ausgerichteten Projekten häufig Monate über die Marktchancen eines jungen Unternehmens, dessen „Fenster zum Markt" eben nur für einen bestimmten Zeitraum geöffnet ist.

2.5.1 Investment Phasen und Zeitablauf

Die Zusammenarbeit mit einer VCG kann als Abfolge von Aktionspaketen in 8 Phasen aufgeteilt werden. Der gesamte VC Zyklus bis zur Unterzeichnung der Verträge vollzieht sich typischer Weise in einem Zeitrahmen von 3 bis 6 Monaten, kann aber in Abhängigkeit von der Komplexität des Projektes auch länger laufen oder, bedingt durch die Branchen- bzw. aktuelle Marktsituation auch sehr viel kürzer sein. Der nachfolgende Zeitplan verdeutlicht einen Standardablauf.

Phase	Dauer
Phase 1: Suche von Beteiligungsprojekten (Sourcing) und erster Kontakt	-
Phase 2: Grobanalyse (Screening) und Vorauswahl	4 Wochen
Phase 3: Detailanalyse (Due Diligence) und Bewertung	1-3 Monate
Phase 4: Beteiligungsstrukturierung und Investmentvorschlag	2 Wochen
Phase 5: Verhandlung und Beteiligungsentscheidung	1-2 Monate
Phase 6: Investmentvollzug	-
Phase 7: Betreuung und Kontrolle	3-5 Jahre
Phase 8: Desinvestment	-

2.5.2 Entscheidungskriterien von Venture Capital Gesellschaften

Die Entscheidungskriterien von VCG können an erwerbswirtschaftlichen und / oder förderpolitischen oder auch an strategischen Zielen der Muttergesellschaft (im Fall von industriellen oder finanz-institutionellen Captive Fonds) orientiert sein. Auch die nicht primär an erwerbswirtschaftlichen Zielen ausgerichteten Beteiligungsgesellschaften, haben als wesentliche Nebenbedingung, dass die von ihnen finanzierten Unternehmen positive wirtschaftliche Zukunftsaussichten haben und gemäß geprüftem Unternehmenskonzept ihren finanziellen Verpflichtungen nachkommen werden. Erwerbswirtschaftlich ausgerichtete VCG stellen einzig den aus der Beteiligung für sie zu erwartenden Kapitalgewinn in den Mittelpunkt ihrer Prüfungs- und Entscheidungsprozesse. Zielunternehmen müssen auf *Wertzuwachs* hin konzipiert und geführt werden, um für den VC Geber interessant zu sein. Für VCG, die nach dieser Maxime handeln, gelten typischer Weise die nachfolgend genannten Entscheidungskriterien bei der Auswahl derjenigen Unternehmen, mit denen über eine Beteiligungsfinanzierung verhandelt wird. Dabei unterscheiden wir Kernkriterien und ergänzende Kriterien:

1. Kernkriterien
    1.1 Management
    1.2 Markt
    1.3 Produkte und Technologien
    1.4 Unternehmensprozesse
    1.5 Rendite
2. Ergänzende Kriterien
    2.1 Internationales Potenzial
    2.2 Überzeugender USP (Unique Selling Point)
    2.3 Absicherung durch Schutzrechte
    2.4 Bereitschaft zur Partnerschaft
    2.5 Akzeptanz der Rechte der VC Geber
    2.6 Verträglichkeit mit dem Beteiligungs-Portfolio
    2.7 Attraktive Exitkanäle

Das Ergebnis der Überlegungen von Venture Capitalisten führt zu den folgenden Bewertungsklassen für Frühphaseninvestments (Abbildung 6). Diese beziehen sich auf die „Multiples" pro Investment (Vervielfältigungsfaktor des eingesetzten Kapitals: z.b. ergibt ein Kapitaleinsatz von 1 Mio. DM bei einem Kapitalrückfluss nach Transaktionskosten von 5 Mio. DM einen Multiple von 5). Bei dieser Betrachtung bleibt die Holdingzeit pro Beteiligung unberücksichtigt. Sie bietet deshalb nur einen groben Anhalt.

Ein High Flyer hat das Potenzial, alle schlechten Investments eines Portfolios (*Living Deads* und *Turkeys*) auszugleichen. Die Angabe des durchschnittlichen Multiples von über 10 macht deutlich, dass auch erheblich größere Multiples, die im seltenen Ausnahmefall bei Seed Investments auch dreistellig sein können, realisiert werden. *Living Deads* sind Investments in Unternehmen, die um den Break Even herum operieren, den Managern ggf. ein zufriedenstellendes Einkommen zahlen aber nicht verkäuflich sind.

Bewertungsklasse	Ø Multiple	Ø Holding-Zeit in Jahren
Exzellente Investments (High Flyers)	über 10-fach	2-5
Erfolgreiche Investments	3 bis 5-fach	2-5
Wenig erfolgreiche Investments (Living Deads)	1-fach	3-8
Totalverluste (Turkeys)	0-fach	1-3

Abbildung 6: Bewertungsklassen von Venture Capital Investments

Bei den Holdingzeiten wird deutlich, dass in der frühen Phase eines Fonds-Lebenszyklus zunächst die Unternehmensbeteiligungen aus dem Portfolio ausscheiden, die nicht in der Lage waren, ihre Planansätze zu erreichen.

2.5.3 Value Adding

Venture Capital ist eine *partnerschaftliche mitunternehmerische* Beteiligung an Unternehmen mit großem Entwicklungs-Potenzial. VC erfüllt auch Aufgaben der beratenden Betreuung der jeweiligen Beteiligungsunternehmen und ist dementsprechend *wertzuführend* tätig (Schefczyk 1999, S. 1123-1145). Zum Value Adding gehören die folgenden Funktionen:

- Beratung und Coaching der Gründerunternehmer auf der Basis eigener Unternehmererfahrungen des Venture Capitalisten in Gründungssituationen,
- Zurverfügungstellung eines Kontaktnetzwerkes in der Industrie und / oder zu anderen hilfreichen Personen oder Organisationen,
- Unterstützung von Marketing und Vertriebsaktivitäten, z.b. durch Vermittlung erster Referenzaufträge von Schlüsselkunden,
- Aufbau von Beziehungen zu Kooperationspartnern in Unternehmen in ähnlichen Entwicklungsphase,
- Unterstützung bei der Personalsuche,
- Beratung bezüglich weiterer Finanzierungsrunden und über die Vorbereitungen zum Börsengang,
- Unterstützung von Internationalisierungsstrategien durch Identifikation von Partnern und Beratern vor Ort.

2.5.4 Desinvestment / Exiting

Mit dem Exiting bzw. Harvesting („Ernten") realisiert der Venture Capitalist seinen Gewinn. Mit dem Exiting manifestiert sich ein Zahlungsstrom, der von der VCG an die VC Geber weitergeleitet wird. Die Güte der Investmententscheidung und –Betreuung durch die VCG wird durch die Höhe des Finanzmittelrückflusses und den realisierten Internal Rate of Return unterlegt. Dementsprechend ist das VC Management Team in dieser abschließenden Phase intensiv in die Vorbereitungen und Entscheidungen involviert. Dies betrifft
- einerseits die Besprechung der möglichen Exit Alternativen mit den Unternehmern und
- andererseits die Teilnahme an der Strukturierung und Durchführung der Verkaufsverhandlungen sowie
- ergänzend die Fondsverwaltungsaufgaben zur Organisation des Transfers der Beteiligung an den Käufer und des Kapitaltransfers über den VC Fonds an die VC Geber sowie
- ergänzend das Reporting über die Verkaufsverhandlungen und das Ergebnis an die VC Geber.

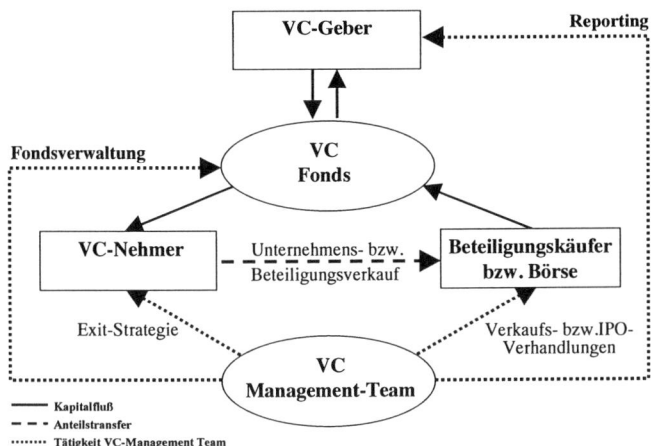

**Abbildung 7: Involvierung des VC-Management-Teams
und Kapitalfluss im Exiting**

Die Alternativen beim Exit aus einem Investment werden „Exitkanäle" genannt. Es handelt sich dabei um:

- den Exit durch „*Trade Sale*", bei dem die Beteiligung und zeitweilig auch das komplette Unternehmen an einen industriellen Käufer aus der gleichen oder einer verwandten Branche verkauft wird,
- den Exit durch ein „*Initial Public Offering*" (*IPO*), also eine Erstemission der Aktion des VC Nehmers an einer Börse oder parallel an mehreren Börsen,
- den Exit durch „*Secondary Purchase*", bei dem die Beteiligung des VC Fonds an einen anderen institutionellen Investor verkauft wird (z.B. durch einen Frühphasen-VC Fonds am Ende der Frühentwicklung des VC Nehmers an einen Wachstums- / Expansions-VC Fonds),
- den Exit durch „*Buy Back*", nämlich den Rückkauf der von dem VC Fonds gehaltenen Anteile durch die verbleibenden Gesellschafter / Unternehmer,
- den Exit durch *Totalverlust* des Engagements, der durch Insolvenz, Liquidation oder Kündigung von Gesellschaftsanteilen bedingt sein kann.

Weiterführende Literatur (zitierte Quellen siehe Anhang)

Bain & Company (2000), One Economy!, Studie zur E-Business Start-up-Szene in Deutschland, München.

BVK (2000), BVK Jahrbuch 2000, Bundesverband Deutscher Kapitalbeteiligungsgesellschaften- German Venture Capital Association e.V., Berlin.

EVCA ed. (2000), European Private Equity and Venture Capital Association (EVCA): 2000 Yearbook, Editorial Section, Zaventem.

Gereth, B. / K. W. Schulte (1992), Mezzanine-Finanzierung, Bergisch Gladbach-Köln.

Klandt, H. / L. Krafft (2000), Die Bedeutung von Venture Capital für die Entwicklung von Internet / E-Commerce-Gründungen in Deutschland, Diskussionspapier, EBS, Oestrich-Winkel.

Leopold, G. / H. Frommann (1998), Eigenkapital für den Mittelstand, Venture Capital im In- und Ausland, München.

Nathusius, K. (2001), Die Eignung von Mezzanine Finanzierungen für Gründungsunternehmen, J. Mugler / H. Klandt (Hrsg.) 4. Forum Gründungsforschung, Wien.

Nathusius, K. (2000), Stichwort „Venture Capital", G. Kirschbaum (Hrsg.) Existenzgründung Handbuch, Bonn, Fach F, 3. Kapitel, S. 1-76.

Verständnisfragen (Lösungen siehe Anhang)

Aufgabe 1:

Welcher Zusammenhang besteht zwischen dem Entwicklungsstand eines neugegründeten Technologieunternehmens (selbstständige Gründung) und dessen Finanzierung mit Eigenkapital?

Aufgabe 2:

Was unterscheidet Venture Capital Finanzierung von Kreditfinanzierung?

Aufgabe 3:

Nennen Sie fünf wesentliche Merkmale von Internet Start Ups und deren Vorteilhaftigkeit bei Venture Capital Entscheidungsprozessen.

IV Gründungsfinanzierung
3 Private Risikoübernahmen durch Business Angels

Axel Haps

3.1 Einführung

Das Thema *private Beteiligungsfinanzierung* an innovativen Unternehmensgründungen fand *in Deutschland* erst 1999 Eingang in die breitere öffentliche Diskussion. Demgegenüber spielt die Finanzierung von chancenreichen Unternehmen in der Gründungsphase (Seed-Phase / Start-up Phase) durch Business Angels vor allem in den USA bereits seit Jahrzehnten eine zentrale Rolle und wird mit entsprechend großem Erfolg praktiziert. Nachdem man in Deutschland dieses Thema jahrzehntelang verschlafen hat, versucht man es jetzt auf „deutsche Verhältnisse" zu transformieren und möglichst schnell namentlich von den USA zu lernen.

Die Bedeutung von Business Angels für den deutschen Markt kann nicht hoch genug eingeschätzt werden, speziell unter dem Aspekt, dass ein Großteil der innovativen Start-ups an unzureichender Finanzierung scheitert bzw. nicht zur Gründung kommt. Um den Vorsprung, vor allem der angelsächsischen Länder, im Gründungsmarkt zu verringern bedürfte es somit einer konzertierten Aktion aller Akteure.

Schon lange sind die Banken und Kreditinstitute als Anlaufstellen für innovative Unternehmensgründungen die falsche Adresse. Mit dem herkömmlichen „Besicherungsdenken" der Kreditinstitute und klischeehaften Gründervorstellungen kann man heute bei risikoreichen, innovativen Unternehmensgründungen nicht mehr als Ansprechpartner in Frage kommen. Im Wandel der Finanzierungsanforderungen für derartige Start-ups, der einhergeht mit einer globalen Evolution der Kapitalmärkte und sich mit enormer Geschwindigkeit vollzieht, erscheint es hierzulande notwendig, erst noch eine Art Business Angel-Kultur zu entwickeln. Erst dann nämlich wäre auch die Grundlage geschaffen für einen funktionierenden Business Angel-Markt.

Dieser Beitrag nun beschäftigt sich insbesondere mit den Aufgaben von Business Angels. Dazu werden folgende Fragen gestellt:
- Welcher Unternehmer ist für einen Business Angel interessant?
- Welche Arten von Business Angels gibt es?

– An wen wendet sich der Unternehmer und wie muss er sich präsentieren?
– In welche Branchen investieren Business Angels und in welcher Höhe?
– Wie kann man seriöse Business Angels von „Business Devils" unterscheiden?
– Wer kann bei der Sichtung und Vermittlung von herausragenden Unternehmens-
  gründern und Business Angels helfen?

3.2   Wagniskapitalmarkt

Um die Arbeitsweise von Business Angels zu verstehen, ist es notwendig, die Unterschiede zwischen formellem und informellem Wagniskapitalmarkt sowie Fremdka-
pitalmarkt zu kennen (o.V. 2000). Die allgemeinen Unterschiede zwischen *Fremdkapital* (Darlehen) und *Eigenkapital* (VC Kapital) lassen sich dabei folgendermaßen
zusammenfassen:
– Der Darlehensgeber (Bank) bekommt einen festen Zinssatz, unabhängig vom
  Unternehmenserfolg und ist nicht am Unternehmen beteiligt.
– Der Eigenkapitalgeber hingegen ist Partner des Unternehmens und erhält keine
  Zinsen, sondern ist direkt am Unternehmenserfolg oder Misserfolg beteiligt.
– Sollte das Unternehmen scheitern, verliert der Investor (Partner) sein Beteili-
  gungskapital, die Bank jedoch wird den Unternehmer persönlich belangen.
– Beim Unternehmenserfolg ist der Investor mit seinem Unternehmensanteil betei-
  ligt, kann also ein Vielfaches seines eingesetzten Kapitals erlösen, die Bank er-
  hält demgegenüber – unabhängig vom Unternehmenswachstum – nur ihren Zins.
– Der Investor ist an einem überproportionalen Unternehmenswachstum interessiert, die Bank an einem möglichst sicheren Engagement ohne Risiken.
– Eine erhöhte Eigenkapitalausstattung durch Investoren ermöglicht günstige
  Fremdkapitalaufnahme und sichert dem Start-up die Liquidität in den ersten
  schwierigen Jahren.
– Ohne ausreichendes Eigenkapital ist die Gründungsfinanzierung in der Regel
  nicht gesichert und die fehlende Liquidität führt oft zum Scheitern des Unternehmens in der Startphase.
– Der fremdfinanzierte Unternehmer darf nicht auf Verständnis hoffen, wenn seine
  geplanten Umsatzzahlen unterschritten werden – eine Nachfinanzierung ist problematisch.
– Der mit Beteiligungskapital finanzierte Unternehmer hat einen Partner, der seine
  Probleme kennt, ihm hilft (Value Added) und – wenn nötig – mit weiterem Kapital versorgt.

Der Wagniskapitalmarkt wiederum lässt sich in *drei Segmente* unterteilen:
– erstens in den formellen, institutionalisierten Markt der Wagniskapitalgesell-
  schaften (Venture Capital),
– zweitens den Markt des Corporate Venture Capital, bei dem größere Unternehmen sich an kleineren Unternehmen zwecks strategischer Partnerschaft beteiligen

- und drittens den informellen, nicht organisierten Markt der privaten Investoren (wohlhabenden Privatleute), die sich mit einem Teil ihres Vermögens vornehmlich an jungen Unternehmen beteiligen.

Bei allen Beteiligungsformen handelt es sich um *komplementäre* Finanzierungsformen, was auch für die staatlichen sowie bankeigene Förderprogramme und -kredite gilt. Während der *VC-Markt* in Deutschland seit Jahrzehnten existiert und über entsprechende Markttransparenz verfügt, gibt es über den *nichtorganisierten Markt der Business Angels* kaum Statistiken. Dies dürfte sich aber in den nächsten Jahren durch die staatlichen bzw. institutionell geförderten Business Angel-Netzwerke (BAN) ändern.

Allen Segmenten des VC-Marktes gemeinsam sind *rigide Selektionsverfahren* bei Unternehmensanfragen bezüglich einer Beteiligungseignung. Der Wagniskapitalmarkt ist dabei, verglichen mit dem gesamten Gründungsmarkt, stets nur für einen relativ kleinen Kandidatenkreis interessant. Insofern kann man von einem *Segment der Gründungselite* sprechen. Um solche Gründungseliten bemühen sich VC-Gesellschaften und Business Angels heute in wachsendem Maße. Gemeinsam durchforsten sie einen „Hot Market" systematisch nach geeigneten „High Flyern".

Entscheidende Bedeutung bei dieser Aufgabe wird in zunehmendem Maße den erwähnten *Netzwerken* zukommen – sowohl bei der aufwendigen Suche und Selektion von geeigneten (Gründer-)Unternehmern als auch beim Zusammenführen dieser Unternehmer mit Business Angels (Matching-Prozess). Ausschlaggebend wird sein, inwieweit VC-Gesellschaften und private Investoren in solchen Netzwerken zusammenarbeiten und die jeweiligen Unternehmen in verschiedenen Entwicklungsphasen begleiten.

Aktuell gibt es in Deutschland rund 200 VC-Gesellschaften. Auf die 15 führenden Frühphasenfinanzierer entfallen dabei rund 75% aller Deals im Start-up-Segment (o.V. 2000). Nur ein Teil der VC-Gesellschaften engagiert sich im Frühphasen-Geschäft mit dem höchsten Risiko einerseits, aber auch den stärksten Renditeaussichten und dem geringsten Kapitaleinsatz andererseits. Die Gründe hierfür liegen, neben dem hohen Risiko, in den hohen Verwaltungskosten der VC-Gesellschaften, bedingt durch das Management.

In dieser Frühphasenfinanzierung kann daher ein Business Angel weitaus sinnvoller sein, da er selbst direkt über das Engagement entscheidet, somit den Aufwand gering hält und mit seinem Know-how (Value Added) das Unternehmen erst attraktiv für ein VC-Investment in einer zweiten Finanzierungsrunde macht. Ein weiterer wichtiger Vorteil des Business Angels ist sein Interesse an einer langfristigen Partnerschaft und der Verzicht auf „schnelle" Renditen in der Startphase. Schließlich spielt eine Rolle, dass der Faktor *Flexibilität* in diesem Geschäft immer wichtiger wird – auch hier hat ein Business Angel deutliche Vorteile gegenüber einer VC-Gesellschaft, die in einem aufwendigen *Screening-Prozess* (Due Diligence) ihr Engagement rechtfertigen muss, während der private Investor selbst entscheidet – oft mit einer „Bauchentscheidung".

Abschließend soll nicht unerwähnt bleiben, dass sich gerade im Frühphasenge-
schäft Business Angels und VC-Gesellschaften bisweilen sinnvoll ergänzen und entsprechend kooperieren.

3.3 Typologie und Verhalten von Business Angels

Die aktuelle Situation in Deutschland lässt eine ähnliche Entwicklung wie in den
angelsächsischen Ländern vermuten. Nach einer Schätzung soll es in Deutschland
220.000 potenzielle und 27.000 aktive Business Angels geben mit einem Beteili-
gungspotenzial von 12,5 Milliarden DM (Hemer 1999). In dieser Schätzung sind
allerdings alle Formen der Beteiligung durch Investoren erfasst, nicht nur die Seed-
Phasen-Deals aktiver Angels.

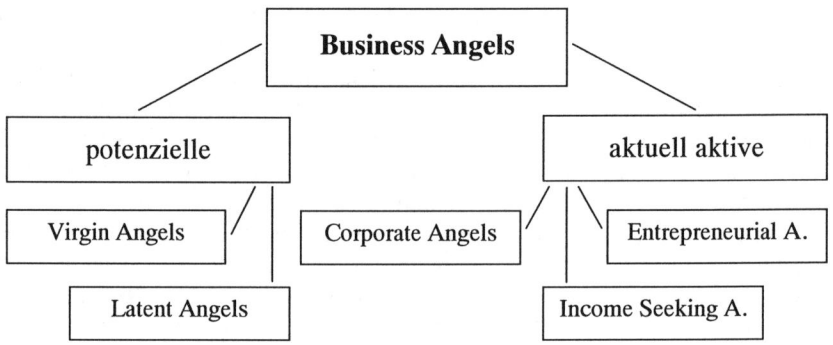

Abbildung 1: Business Angel-Typen
(Hemer 1999; Grafik siehe Koch / Kuhn 2000)

Auf Grund ihres Verhaltens lassen sich verschiedene Typen von Business Angels
unterscheiden (Hemer 1999): Die aktiven Angels, die selbst ein Unternehmen erfolgreich geführt haben und neben ihrem Kapital auch ihr Know-how einbringen,
sind für frühphasenfinanzierte, innovative Unternehmen am wichtigsten und können
auch als echte Angels bezeichnet werden. Diese Kombination aus Kapital und spezi-
fischem Know-how (Value Added) wird auch als „Smart Money" bezeichnet, was
gerade in der Seed- und Start-up-Phase viele Probleme erspart und das Unternehmenswachstum beschleunigt.

Worin besteht nun beispielsweise der *Value Added* eines *Active Angels*? Hier lassen
sich eine Reihe wichtiger Aspekte ins Feld führen:
– Bei Finanzierungsgesprächen mit Banken wird der Business Angel eine bessere
  Verhandlungsposition als ein Gründer haben.
– Bei der Einstellung von Personal zählt seine Erfahrung.
– Bei der Planung des Marketing- und Vertriebsbudgets sollte man ihn zu Rate
  ziehen. Seine branchenspezifischen Kontakte und Erfahrungen beschleunigen
  den Wachstumsprozess.

– Kurz gesagt, der Active Angel kann bei allen strategischen Fragen zu Rate gezogen werden, insbesondere um das Unternehmenswachstum zu beschleunigen.

Neben dem aktiven Unternehmer-Angel gibt es eine Reihe von anderen Angels, wie zum Beispiel den *stillen Angel*, der nur sein Kapital einbringt, aber keinen Value Added, der mithin keinen Einfluss auf die Unternehmensentwicklung ausübt. Der *Management Angel* ist in der Regel kein Unternehmer, sondern kommt aus der Industrie und bietet seine langjährige Managementerfahrung als Value Added. Er möchte sich als aktiver Partner im operativen Unternehmensgeschäft einbringen. Er sucht häufig über diese Möglichkeit einen neuen beruflichen Einstieg. Der *Corporate Angel* ist ein aktiver Unternehmer, der über die Beteiligung an anderen Unternehmen bzw. Gründungen sein Geschäftsfeld ausdehnen möchte. Er strebt häufig Mehrheitsbeteiligungen an. Der *Berater Angel* verspricht dem Unternehmer Beratungsleistungen – beispielsweise bei Erstellung des Business Plans – und Kontakte zu VC-Gesellschaften und Kunden gegen eine Beteiligung am Unternehmen. Der *Virgin Angel* schließlich hat noch keine Erfahrung im informellen Wagniskapitalmarkt und braucht Hilfestellung durch Netzwerke und erfahrene Business Angels.

Business Angels investieren bevorzugt in frühen Phasen der Unternehmensentwicklung, bisweilen sogar vor der Gründung. Ihre Beteiligung liegt in der Regel unter 1 Mio. DM, meistens zwischen 300 - 500 TDM. Aber auch Beteiligungen von 100 TDM sind möglich. Die Vielzahl der Angel-Typologien spiegelt sich in der Breite ihres Investitionsverhaltens wider.

Die Praxis bevorzugt vielfach – mit Blick auf Vorteile in der Zusammenarbeit – den Active Entrepreneurial Angel. Dieser „echte" Angel sollte idealerweise folgende Merkmale aufweisen: langjährige abgeschlossene, unternehmerische, erfolgreiche Berufserfahrung, spezifische Branchen- und Managementkenntnisse, eine Vielzahl von unternehmensspezifisch nützlichen Kontakten, eine realistische Einschätzung der eigenen Fähigkeiten (kein „Alleskönner"), Teamfähigkeit (kein Patriarch), Beschränkung auf unternehmensstrategische Beratung (keine Einmischung ins Tagesgeschäft), finanzielle Unabhängigkeit (Existenz hängt nicht von seiner Beteiligung ab), Geduld und Toleranz beim Aufbau des Unternehmens sowie die Bereitschaft, Referenzen über sich zu geben.

An Hand dieser Kriterien kann sich der Unternehmer ein Bild über den Nutzen eines Business Angels für sein Unternehmen machen. Kehrt man die oben angeführten Kriterien in ihr Gegenteil, hat man es in der Regel mit einem „Business Devil" zu tun. Ist erst einmal das Vertrauen gestört, und Aussagen treffen nicht zu oder stimmen nur teilweise, sollte man die Verhandlungen abbrechen – dies gilt natürlich für beide Seiten. Dabei ist es offensichtlich, dass die Kriterien für einen wahren Business Angel sehr anspruchsvoll sind und dementsprechend nur wenige diesem Profil entsprechen. Die Offenheit und Ehrlichkeit in diesen sensiblen Gesprächen sind Voraussetzung für ein Engagement. Entsprechend werden hier auch die meisten Fehler gemacht.

3.4   Segment der innovativen Unternehmensgründer

Der Markt für informelles Wagniskapital sucht herausragende Gründer und außergewöhnliche Ideen mit Aussicht auf überproportionales Wachstum. Diesem Anspruch werden nur Wenige gerecht. Zu fragen ist daher, wie die Indikatoren aussehen, die eine Unternehmensidee für einen Business Angel attraktiv machen.

An Hand der fünf Kernelemente eines Business-Plans: Geschäftsidee, Gründer, Marktumfeld, Vermarktungsstrategie, Finanzierungsplan kann der Unternehmer selbst beurteilen, ob er als Kandidat für einen Business Angel in Frage kommt. Aus der eigenen Erfahrung des Autors heraus ist zu sagen, dass über 90% der eingereichten Business Pläne nicht den Anforderungen und Erwartungen von Risikofinanzierern entsprechen. Dabei spielt eine Rolle, dass viele Gründer sich auf Zusammenstellungen von Finanzierungstabellen, Umsatzplanungen und Kostentabellen konzentrieren, die eine Genauigkeit vorspiegeln sollen, die es tatsächlich nicht geben kann. Stattdessen vernachlässigen sie den Part Geschäftsidee und Gründerprofil. Sie setzen falsche Schwerpunkte und langweilen den Leser mit vielen Seiten Papier.

Es gibt heute in fast jeder Region Business-Plan-Wettbewerbe. Das Angebot an einschlägiger Literatur ist nahezu unübersehbar. Das Gründerteam hat Möglichkeiten genug, diese Angebote zu nutzen und zielgruppengerecht einen Geschäftsplan zu erstellen – eine Bank beispielsweise erwartet einen anderen Business Plan als ein Risikofinanzierer. So wird in der Business Angel-Szene vorab eine Kurzdarstellung der Idee auf maximal zwei Seiten erwartet. Der Business-Plan selbst sollte dann nicht mehr als 30 Seiten umfassen (einschließlich einer Executive Summary von einer Seite).

Grundsätzlich gilt bei der Vermittlung: Der Business-Plan ist die Visitenkarte des Gründers, ohne eine professionelle Darstellung seines Vorhabens werden keine Gespräche mit dem Business Angel arrangiert. Der Business Plan sollte vom Gründerteam selbst geschrieben werden. Mit Unternehmern, die sich den Plan von Unternehmensberatern schreiben lassen, werden immer wieder schlechte Erfahrungen gemacht. Nicht selten kommt es vor, dass standardisierte Pläne eingereicht werden, die gut aussehen, aber wenig aussagen. Dabei steht außer Frage, dass die qualifizierte Beratung durch Spezialisten äußerst hilfreich sein kann.

Ein weiterer Grundsatz lautet: Die Originalität und Substanz der Geschäftsidee ist der Maßstab für das Interesse. Folgende Fragen sind hier zu stellen: In welchem Stadium befindet sich das Produkt / Konzept? Ist es noch in der Entwicklung, gibt es schon einen Prototyp, sind Patente angemeldet, gibt es Referenzprojekte, Kooperationsgespräche mit Lieferanten, ist bereits Umsatz erzielt worden? Ist die Geschäftsidee schnell nachzuvollziehen – auch von Nichtfachleuten? Viele Business Pläne scheitern schon an der umständlichen, technischen langatmigen Formulierung der Idee.

Ebenso wichtig ist die Darstellung des Unternehmers bzw. des Unternehmerteams. Ein Einzelkämpfer wird sich schwerer darstellen können als ein Team mit spezifischen sich ergänzenden Stärken. Der Erfahrungshintergrund des Teams sollte dabei die Umsetzbarkeit der Idee stützen und nicht in Frage stellen. Der Lebenslauf der Gründer sollte dem Anspruch der Idee entsprechen – hinter einem Durchschnittslebenslauf kann man nur schwer herausragende Leistungen vermuten. Außerdem wird vom Unternehmer erwartet, dass er über die spezifischen, fachlichen Kompetenzen verfügt und diese auch selbstbewusst darstellen kann. Dennoch wird keine Omnipotenz verlangt – ganz im Gegenteil eine realistische Darstellung der eigenen Person mit Schilderung der Stärken und Schwächen wirkt meistens positiv. „Verkaufsgespräche" und Übertreibungen hingegen führen häufig zum Abbruch der Verhandlungen.

Es ist wichtig in welchem *Stadium* sich der Markt befindet, in dem das junge Unternehmen sich einen Marktanteil erkämpfen will. Bücher per Internet, Auktionen und Online-Banking, Zielgruppenportale – für all diese Ideen findet sich schon lange kein Risikofinanzierer mehr. Weiterhin schreckt es ab, wenn sich eine Geschäftsidee erst mit vielen Millionen Marketingausgaben „testen" lässt. Ein Business Angel scheut bei dieser Art von Markteintrittsbarriere in der Regel eher zurück. Ideal ist hingegen ein junger Markt mit *überdurchschnittlichem Wachstum*, in dem sich der Wettbewerb gerade erst herausbildet. Interessant sind auch dynamische Märkte, bei denen sich Segmente entwickeln, die zunehmendes Spezialistentum verlangen. In jedem Fall sollte der Unternehmer seinen Markt kennen und in der Lage sein, die Attraktivität und Chancen seines Produktes selbst abschätzen zu können. Angesichts dieser Überlegungen ist es nur verständlich, dass der Großteil der Anfragen aus den Bereichen Internet, Multimedia, DV / Software und Elektronik kommen und nur ca. 30% aus den „alten Märkten".

Die *Vermarktungsstrategie* selbst kann die innovative Idee sein. Wichtig bei der Bewertung ist, ob eine Alleinstellung tatsächlich existiert und wie nachhaltig und entscheidungsrelevant sie für den Kunden ist. In der Regel hat man es jedoch mit Gründern zu tun, die kaum Erfahrung auf diesem Gebiet haben und auf die Hilfe (auf den Value Added) eines Business Angels angewiesen sind. Ist der Business Angel am Gründerteam und der Idee interessiert, wird das unzureichende Vermarktungskonzept meistens kein „K.O.-Kriterium" darstellen. Vor diesem Hintergrund ist es sinnvoll, auch hier offen und ehrlich seine Defizite preiszugeben.

Schließlich sollte der Finanzierungsplan realistisch aufgebaut sein – ein Unternehmen, dass beispielsweise nur wenige Monate Liquidität einplant, hat in der Regel wenig Chancen zu überleben.

3.5 Business Angel Netzwerke (BAN) als Vermittler von informellem Wagniskapital

Die Business Angel Organisation, in der auch der Autor des vorliegenden Beitrags tätig ist, hat – vor dem Hintergrund des bisher Gesagten – das Ziel, die Idee des informellen Wagniskapitals bekannt zu machen, als Plattform für Multiplikatoren, Unternehmensgründer und Business Angels zu dienen und schließlich den Vermittlungsprozess zwischen Unternehmer und Business Angel zu organisieren. Bisher gibt es hierzulande nur sehr wenige Organisationen, die sich dieser Aufgabe widmen.

Am konkreten Beispiel der gerade erwähnten Organisation soll im Folgenden die typische Abfolge der *einzelnen Schritte* in einem Vermittlungsprozess skizziert werden:

- Die Kontaktaufnahme / Anfrage erfolgt in der Regel über das Internet, das Telefon oder über eine Empfehlung.
- Gleichzeitig dient sie als Filter. Hier werden bereits die Weichen für das weitere Vorgehen gestellt. Bis zu 60% aller Anfragen erledigen sich bereits hier.
- Bei Interesse auf beiden Seiten erhält der Kandidat einen Fragebogen, der als Grobfilter dient.
- Besteht von Seiten der Vermittler weiterhin Interesse, wird der Business Plan geprüft und ein eingehenderes persönliches Kennenlernen initiiert.
- Bei positivem Verlauf der Gespräche wird ein anonymisiertes Kurzprofil für die potentiellen Business Angels erstellt.
- Besteht darauf hin Interesse, werden Unternehmer und Business Angel zu einem persönlichen bilateralen Gespräch zusammengebracht, wobei die Vermittlungsseite moderiert.
- Sollten auch diese Gespräche positiv verlaufen, wird ein Vorvertrag (Letter of Intend) geschlossen mit, dem Ziel eines Beteiligungsvertrags zwischen beiden Partnern.

Dieser Prozess dauert bei VC-Gesellschaften in der Regel länger als bei Business Angels, da die Entscheidungsfindung bei Business Angels stark von subjektiven Faktoren abhängt (u.a. Chemie zwischen den Partnern) und im Gegensatz zu VC-Gesellschaften eine aufwendige Prüfung (Due Diligence) nicht erfolgt.

3.6   Ausblick

Der Beteiligungskapitalmarkt in Deutschland ist eine notwendige Bereicherung der bestehenden Finanzierungsszene und wird aller Voraussicht nach künftig eine immer *größere Bedeutung* für junge, innovative Unternehmen gewinnen. Die sich gerade erst formierenden Netzwerke haben die Aufgabe, diesen informellen Markt transparenter zu machen, als neutrale Vermittler zwischen beiden Parteien zu fungieren und den Ausleseprozess zwischen Business Angels und Unternehmern mit zu gestalten. Dabei dürften die Erfahrungen und Erfolge aus den USA diesen Prozess auch in Deutschland beschleunigen.

Der Risikokapitalmarkt wird jedoch nie ein Massenmarkt werden und für die meisten Gründer keine Alternative zur klassischen Fremdfinanzierung darstellen. Er wird freilich für die Zielgruppe der innovativen, jungen Unternehmen eine attraktive Möglichkeit der schnelleren und sicheren Wertsteigerung ihres Unternehmens bieten – und für manche Gründer bisweilen sogar die einzige Möglichkeit sein, ihr Vorhaben zu realisieren.

Es dürfte noch einige Jahre dauern, bis eine Kultur des Risikokapitals auch in Deutschland entsteht und das Scheitern einer Unternehmensgründung nicht mehr „stigmatisiert" wird. Dabei müssen sich vor allem die Universitäten als Brutstätten für innovative Unternehmensgründungen sehen, verstärkt Kontakt zur Wirtschaft suchen und nicht als praxisferne, bürokratische Institutionen darstellen. Denn die Reputation einer deutschen Universität wird zukünftig auch vom Erfolg ihrer initiierten Unternehmensgründungen abhängen. Gelten diese Prämissen, so kann man durchaus realistisch behaupten, dass zukünftig innovative Gründer immer weniger an fehlenden Finanzierungsoptionen scheitern dürften.

Weiterführende Literatur (zitierte Quellen siehe Anhang)

Boehm-Bezing, C. L. von (1999), Business Angels und ihre Netzwerke, Die Bank 9, S. 598-601.

Daferner (2000), Eigenkapitalausstattung von Existenzgründungen im Rahmen der Frühphasenfinanzierung, Sternenfels.

Geigenberger (1999), Risikokapital für Unternehmensgründer, Der Weg zum Venture Capital, München.

Lachenmaier (1999), Krisensicher finanzieren ohne Bank, Kapital für Existenzgründer, kleine und mittlere Unternehmen, Landsberg / Lech.

Verständnisfrage (Lösung siehe Anhang)

Aufgabe:
Ist meine Idee reif für einen Business Angel? Business Angels wollen ihr Kapital in aussichtsreiche Vorhaben investieren, die möglichst schnell wachsen, um ihr eingesetztes Kapital zu vervielfachen. Dabei stehen das Unternehmerteam und die Geschäftsidee im Mittelpunkt ihres Interesses. In der folgenden Selbstdiagnose (o.V. 2000) können zukünftige Unternehmer beurteilen, ob sie für einen Business Angel in Betracht kommen. Die Beurteilung der Geschäftsidee erfolgt nach fünf Kriterien, die nach Priorität gewichtet sind: Das Gründerteam und die Geschäftsidee werden mit je 30% gewichtet, das Marktumfeld mit 20% und die Strategie und Finanzierung mit je 10% Der Unternehmer hat nun die Möglichkeit an Hand der Matrix sein Vorhaben strukturiert zu bewerten.

Entwickeln Sie auf Basis der untenstehenden Matrix drei Kategorien, denen sie jeweils Gesamtpunktzahlbereiche zuordnen und formulieren Sie für jede Kategorie einen *Bewertungskommentar* und eine *Verhaltensempfehlung*.

Kriterien		Bewertung					
Faktor	10	20	30	40	50	Scoring-Modell
Unternehmer / Team 30	One-Man-Show	Führender Kopf mit Assistent	Kleines Team geeigneter Personen mit Erfahrung	Interdisziplinär zusammengesetztes Team mit Industrieerfahrung	Schlagkräftiges Team mit Industrie- und Gründungserfahrung sowie vorzeigbaren Erfahrungen	3-15
Geschäftsidee 30	Noch in der Entwicklung	Patente / Schutzrechte angemeldet Lizenzvereinbarung möglich	Kooperationsgespräche mit Lieferanten	Erste Referenzprojekte	Umsatzwirksamkeit nachgewiesen	3-15
Marktumfeld Wettbewerb 20	Überschaubarer Markt Starke Anbieter, geringer Handlungsdruck	Markt bietet Perspektiven Oligopolistische Anbieterstruktur, deren Kunden zufriedenstellend bedient werden.	Dynamischer Markt großes Wachstumspotenzial, zunehmendes Spezialistentum	Überdurchschnittliches Marktwachstum Wettbewerb entsteht erst.	Markt stößt erst in 3-5 Jahren an seine Grenzen Markt ist reif für neue Produkte	2-10
Strategie Business Model 10	Keine konkreten Maßnahmen zur Kommunikation des Kundennutzens oder zum Vertrieb	Kundennutzen kann kommuniziert werden Markteinführungsplan fehlt. Keine Vorstellung vom erreichbaren Umsatzvolumen.	Strategische Handlungsspielräume bekannt Abgestimmte Maßnahmenpakete teils vorhanden	Zielmarktauswahl und Markteintrittsstrategie überzeugend dargestellt.	Klar nachvollziehbare Marketingstrategie mit Chancen / Risiken Analyse verspricht hohe Marktanteile	1-5
Finanzierung 10	Break - even - Rechnung fehlt, bzw. kann nicht überzeugen.	Business Plan enthält konkrete Aussagen zur finanziellen Entwicklung Kennzahlen fehlen	Finanzplanung vorhanden, aber nicht als Einheit mit dem BP vermittelt.	Attraktive Renditen sind nachvollziehbar Kapitalbedarf realistisch Unklare Vorstellung von Finanzierungsquellen	Investment verspricht sehr attraktive Renditen bei relativ geringen Risiken	1-5
						10-50

V Gründungsmarketing
1 Markt- und Konkurrentenanalysen als Instrumente des Gründungsmarketing

Axel Faix

1.1 Einleitung

Das (absatzgerichtete) Gründungsmarketing bezieht sich auf alle strategischen und operativen Aktivitäten eines neu gegründeten (bzw. neu zu gründenden) Unternehmens, die dessen Stellung auf dem Absatzmarkt betreffen. Zu diesen Aktivitäten gehören etwa Planungen der marktlichen Ausrichtung des Unternehmens (z.B. Bestimmung der zu bearbeitenden Zielgruppen) und des Einsatzes der Marketinginstrumente zur Erlangung von Wettbewerbsvorteilen in den anvisierten Märkten (siehe Kapitel V.3).

Generell erfordern Planungen und Entscheidungen ausreichende Informationen über die relevanten Sachverhalte, die üblicherweise durch verschiedene Analysen und Prognosen gewonnen werden. Während etablierte Unternehmen hierbei auf bewährte Instrumente und eingespielte Verfahrensroutinen zurückgreifen können, ist die Informationsbasis eines neu gegründeten Unternehmens – gerade im Falle selbstständig originärer Gründungen – wesentlich schwächer; angesichts einer vermeintlich „guten" Unternehmensidee, die Planung und Informationsgewinnung entbehrlich scheinen lässt, mag mitunter die Neigung von Gründern gering sein, angemessene Informationsgrundlagen zu entwickeln. Jedoch verlangen die anstehenden – im Regelfall nur schwierig zu korrigierenden – Entscheidungen in der Gründungsphase besonders weitreichende und abgesicherte Informationen. Dies gilt im Marketing vor allem dann, wenn es um die Ausrichtung auf innovative, entstehende Märkte mit noch unklaren Konturen geht (Nathusius 1989, S. 610 f.; Rasner et al. 1996, S. 85). Vor diesem Hintergrund stellt der vorliegende Beitrag zentrale Aufgaben und Verfahren der Markt- und Konkurrentenanalyse zur Fundierung wesentlicher Entscheidungen des Gründungsmarketing vor.

1.2 Markt- und Konkurrentenanalysen im Rahmen der Situationsanalyse

Den Ausgangspunkt der Aktivitäten des Gründungsmarketing bildet die *Analyse der Situation* des neu gegründeten Unternehmens. Allgemein betrachtet die Situationsanalyse die internen und externen Rahmenbedingungen des Unternehmens als Basis für die Entscheidungen im Ablauf einer Planung. Während die *Unternehmensanalyse* die (vom Unternehmen prinzipiell gestaltbaren) internen Bedingungen wie z.b. Ressourcen und Fähigkeiten erfasst, bezieht sich die *Umweltanalyse* auf die (im Grundsatz nicht beeinflussbaren) externen Faktoren aus der globalen oder marktlichen Umwelt des Unternehmens (Kiser 1985, S. 92 ff.; Kreikebaum 1997, S. 40 ff.).

In der *globalen Umwelt* werden die allgemeinen (z.b. technologischen, rechtlich-politischen) Rahmenbedingungen untersucht, die auf Unternehmen eher indirekt einwirken (Görgen 1992, S. 92 ff.). Die Betrachtung der *marktlichen Umwelt* im Rahmen der *Marktanalyse* bezieht dagegen (im weiten Sinne) die Interessengruppen ein, die durch ihr Handeln direkt auf das Unternehmen Einfluss nehmen. Hierzu gehören vor allem Abnehmer, Konkurrenten, Lieferanten und Absatzmittler, aber auch regulative Gruppen wie Gewerkschaften, die jeweils einschließlich der maßgeblichen Handlungsbedingungen (z.b. Marktbarrieren als Einflussgröße des Konkurrentenverhaltens) zu analysieren sind. Ebenso fällt die Untersuchung genereller Markttatbestände wie die Höhe des Marktpotenzials in den Aufgabenbereich einer Marktanalyse. *Konkurrentenanalysen* richten sich vertiefend auf die Auseinandersetzung mit den Stärken, Schwächen und Verhaltensweisen wichtiger Wettbewerber, die üblicherweise den Vergleich mit den Potenzialen und Strategien des eigenen Unternehmens einschließt. Generell verknüpft die Situationsanalyse die Umwelt- und die Unternehmenssicht, da sich eine Unternehmenseigenschaft (z.b. eine besondere Fähigkeit im F&E-Bereich) erst *angesichts* einer spezifischen Umweltkonstellation (etwa technologische Stärken der Konkurrenten, Ausmaß der Technologiedynamik) als Chance oder Risiko erweist (Kreilkamp 1987, S. 70 ff.).

Im Gründungsmarketing verfolgen Markt- und Konkurrentenanalysen zwei Hauptzwecke. Sofern der relevante Aktionsraum noch nicht feststeht, zielt der Einsatz von Markt- und Konkurrentenanalysen darauf, *attraktive Arbeitsgebiete* mit günstigen Erfolgsaussichten für das neue Unternehmen zu identifizieren (z.b. Märkte mit hohen Marktpotenzialen und niedrigen Marktbarrieren). Steht das Aktionsfeld dagegen fest, unterstützen Markt- und Konkurrentenanalysen die Planung von Maßnahmen, mit denen das Unternehmen *Wettbewerbsvorteile* – verstanden als dauerhafte Überlegenheitspositionen bei Leistungsmerkmalen, die für Kunden bedeutsam sind (Simon 1988, S. 464 f.; Faix / Görgen 1994, S. 160 ff.) – erringen kann (z.b. Analyse der Schwächen von Hauptkonkurrenten als Basis für die eigene Strategie). Beide Zwecksetzungen sind nicht unabhängig voneinander: Denn die Einschätzung, dass ein Markt keine Möglichkeit zur Erringung nachhaltiger Wettbewerbsvorteile bietet, ist geeignet, ein ursprünglich günstiges Attraktivitätsurteil zu überdenken. Für das Gründungsmarketing ist bedeutsam, ob das neu gegründete Unternehmen auf einen *bereits existierenden Markt* zielt, oder ob mit der Einführung eines neuen Produktes ein *neuer (Teil-) Markt* erst geschaffen wird (Szyperski / Nathusius 1977, S. 64 ff.). Der Eintritt in einen bestehenden Markt, verbunden mit der Absicht, zu Lasten der Etablierten Marktanteile zu gewinnen, wird diese zu Abwehrmaßnahmen veranlassen. Die Analyse der Marktgegebenheiten ist aber aufgrund der Vorgeschichte des Marktes relativ leicht, obgleich der Newcomer nicht auch sofort in den Besitz jeder wichtigen Information gelangen dürfte. Im Falle eines entstehenden Marktes ist das Unternehmen zwar zunächst alleiniger Anbieter des neuen Produktes, aber keineswegs konkurrenzlos, da z.b. ein Substitutionswettbewerb mit anderen Märkten auftreten kann. Von zentraler Bedeutung ist hier für das Pionierunternehmen, ob die anvisierten Abnehmer das neue Produktangebot akzeptieren und ein erzielter Vorsprung gegenüber der Konkurrenz für eine angemessene Zeit aufrechterhalten werden kann. Die Marktanalyse gestaltet sich angesichts der hohen Unsicherheit in jungen Märkten relativ schwierig (Faix 1994, S. 29 ff.).

1.3 Aufgaben und Methoden im Rahmen von Markt- und Konkurrentenanalysen

Marktbezogene Analysen setzen zunächst eine möglichst genaue *Abgrenzung des relevanten Marktes* voraus. Diese Aufgabe – die eine Ermittlung der relevanten Konkurrenten einschließt – stellt gerade in neuen Märkten, in denen sich Leistungsangebote, Abnehmer, Wettbewerbsstrukturen u.ä. rasant ändern können, besonders hohe Anforderungen an die Flexibilität und die Weitsicht des Vorgehens.

1.3.1 Abgrenzung des relevanten Marktes

Ein Markt besteht (im engen Sinne) aus Anbietern und Nachfragern, die Produkte (Sachgüter oder Dienstleistungen) miteinander handeln. Generell können Märkte unter mehreren Blickwinkeln betrachtet werden: Während die *technologisch-gutsbezogene Perspektive* einen Markt unter Bezug auf eine technologisch definierbare Güterklasse erfasst (z.b. „Automobilmarkt"), zielt die *bedürfnisbezogene Sichtweise* auf die Bedürfnisart, die mit bestimmten – technologisch womöglich heterogenen – Leistungen befriedigt werden soll (bspw. unterbreiten sowohl Kinobesitzer als auch Hersteller von Gesellschaftsspielen wie Monopoly Angebote auf dem „Unterhaltungsmarkt"). Schließlich liegt eine *nachfragerbezogene Betrachtung* vor, wenn ein Markt unter Berücksichtigung einer spezifischen Nachfragergruppe (wie bei der Abgrenzung eines „Seniorenmarktes") gefasst wird; die in der Praxis übliche geographische Perspektive (Markt Frankreich etc.) kann dem nachfrageorientierten Ansatz zugeordnet werden (Steffenhagen 1994, S. 46 ff.). Eine „weitsichtige" Marktbetrachtung wird verschiedene *Kombinationen* der Einzelperspektiven untersuchen und insbesondere *Substitutionsbeziehungen* durch die sorgfältige Analyse der unterschiedlichen technologischen Möglichkeiten berücksichtigen, die (potenziell) eine Befriedigung des fraglichen Bedürfnisses erlauben (Faix 1994, S. 30 ff.). Vor diesem Hintergrund bieten sich mehrere Ansätze zur konkreten *Grenzziehung* an (Bauer 1989, S. 46 ff.): Die Erfassung der *Kreuz-Preis-Elastizität* (bei der auf relative Preis- und Mengenveränderungen zwischen verschiedenen Produkten Bezug genommen wird) und der *Reaktionsverbundenheit von Unternehmen* sind dabei vor allem aufgrund der Datenanforderungen problematisch. Die Beurteilung der *Ähnlichkeit von Leistungen* ist dagegen im Hinblick auf die *technische* oder *funktionale Ähnlichkeit* von Gütern praktikabel; letztlich entscheidet aber die von den Abnehmern *wahrgenommene Ähnlichkeit* verschiedener Leistungsangebote zur Bedarfsdeckung, die schwieriger zu ermitteln ist (Nieschlag et al. 1997, S. 37 ff.).

Zur konkreten *Identifikation der aktuellen und potenziellen Konkurrenten* des neu gegründeten Unternehmens können – unter Bezugnahme auf den Ansatz von *Abell* (Abell 1980, S. 17) – folgende Fragen gestellt werden (Köhler 1998, S. 30 f.; Görgen 1992, S. 144 ff.; Brezski 1993, S. 31 ff.; Link 1988, S. 63 ff.):
– Welche anderen Anbieter zielen auf die Nachfrager des Unternehmens?
– Werden dabei Leistungen offeriert, die, verglichen mit den eigenen Angeboten, gleichartige oder ähnliche Problemlösungen bedeuten?
– Welche Technologien werden in diesem Zusammenhang als Mittel zur Problemlösung eingesetzt oder bieten die Möglichkeit dazu?

Potenzielle Wettbewerber lassen sich dabei u.a. unter expandierenden (bislang in anderen regionalen Märkten operierenden) Unternehmen, Anbietern mit Diversifikationsabsichten und -fähigkeiten oder auch unter Lieferanten und Kunden suchen, die eine Vorwärts- bzw. Rückwärtsintegration betreiben können (Köhler 1998, S. 31). Weil Patentanmeldungen und -erteilungen im Regelfall mit größerem zeitlichen Vorlauf vor der Einführung neuer Produkte, dem Eintritt von Unternehmen in einen Ländermarkt o.ä. geschehen, sind *Patentanalysen* wichtige Instrumente der Wettbewerbserkennung und -beobachtung (Faix 1998a, S. 40 ff.). Wie bei der Marktabgrenzung existiert auch für die Identifikation der relevanten Wettbewerber keine *generell* zweckmäßige Methode. Es empfiehlt sich, verschiedene Ansätze und Betrachtungsperspektiven kombiniert und wiederholt einzusetzen.

1.3.2 Allgemeine Charakterisierung des Marktes

Eine *allgemeine Marktcharakterisierung* soll, bevor spezielle Analysen zur Klärung besonderer Teilfragen erfolgen, eine grundlegende Einschätzung des Marktes erlauben. Wesentliche Bedeutung hat dabei die *Marktgröße*, die auf verschiedene Kenngrößen Bezug nimmt (Kotler / Bliemel 1999, S. 220 ff.): Während das *Marktvolumen* den von allen Anbietern (pro Zeiteinheit) realisierten Absatz beschreibt, gibt das *Marktpotenzial* die maximal mögliche (bei entsprechenden Einkommen und Motiven aller denkbaren Käufer gegebene) Aufnahmefähigkeit des Marktes an; beide Kenngrößen können auf Mengen- oder Wertbasis ermittelt (bzw. geschätzt) werden. Entscheidend für die Größe eines Marktes ist die Zahl der Verwender mit ihren jeweiligen Bedarfs- bzw. Kaufintensitäten (Köhler 1993, S. 85 ff.). Die Veränderung der Marktgröße in der Zeit führt (im Regelfall unter Bezugnahme auf das Marktvolumen) zur Bestimmung des *Marktwachstums*, das in jungen Märkten sehr hoch sein kann. Das Verhältnis aus Marktvolumen und -potenzial zeigt die zwischen Null und 100% liegende *Marktdurchdringung*, die im letzten Fall das Erreichen einer *Marktsättigung* bedeutet (Nieschlag et al. 1997, S. 35 f.). Liegt eine solche vor, können die Anbieter ihre *Marktanteile* (als mengen- oder wertmäßige Anteile am Marktvolumen) nur zu Lasten der Konkurrenz verbessern (Kreikebaum 1997, S. 123 ff.).

Der Eintritt in einen oder das Verhalten in einem Markt ist für Unternehmen erschwert, wenn wenige Anbieter mit relativ großen Marktanteilen in *konzentrierten Märkten* über ausgeprägte *Marktmacht* verfügen oder sogar eine *Marktbeherrschung* vorliegt (Nieschlag et al. 1997, S. 36). In einem *fragmentierten Markt* hat dagegen kein Anbieter einen bedeutenden Marktanteil (Porter 1999, S. 255 ff.). Allgemeine Einflüsse auf das Verhalten der Marktakteure gehen von den *Rahmenbedingungen* in der technologischen, sozio-kulturellen, rechtlich-politischen, wirtschaftlichen und physischen Umwelt des Marktes aus. Zum Beispiel legen Gesetze und Verordnungen des Staates (als Element der rechtlich-politischen Umwelt) einen verbindlichen Rahmen für die Unternehmen fest. Das Beispiel der *Gentechnologie* zeigt aber, dass sich die Bedingungen gerade in entstehenden Märkten nachhaltig wandeln können.

1.3.3 Analyse des Abnehmerverhaltens und Bildung von Marktsegmenten

Die nähere Analyse der Marktverhältnisse fokussiert zunächst auf die *Abnehmer* mit ihren *Bedürfnissen und Verhaltensweisen* (Kiser 1985, S. 101). Dabei ist zu unterscheiden, ob Unternehmen mit ihren Produkten *Endverwender auf Konsumgütermärkten* (vereinfachend: „Privatkunden") oder aber *organisationale Nachfrager auf Investitionsgütermärkten* („Geschäftskunden") ansprechen. Während Konsumgüter von den Käufern zur Deckung eigener Bedarfe erworben werden, dienen Investitionsgüter den beziehenden Organisationen als Input zur Herstellung von Produkten (wie z.B. Motoren, die von Automobilproduzenten zum Einbau in ihre Fahrzeuge gekauft werden); die Investitionsgüternachfrage ist deshalb eine (im Beispiel: von der Automobilnachfrage) abgeleitete Nachfrage. Häufig werden derartige Einkaufsentscheidungen von einer Gruppe („Buying Center") in einem formalisierten Verfahren getroffen (Backhaus 1997, S. 3 ff.). Dies gilt oft auch im Falle von Handelsunternehmen, die als *Absatzmittler* Aufgaben der Güterverteilung übernehmen. Aber auch Konsumgüterkäufe beruhen nicht selten auf Gruppenentscheidungen (z.B., wenn eine Familie gemeinsam über die Anschaffung eines PKW befindet).

Eine wichtige Voraussetzung für ein erfolgreiches Produkt ist die überlegene Erfüllung der *Abnehmerbedürfnisse*. Im Gründungsmarketing ist zu untersuchen, welche Bedürfnisse die Nachfrager im relevanten Markt aufweisen und wie diese gegenwärtig befriedigt werden. So fragen Käufer von Automobilen nicht nur Produkte zur Deckung des Transportbedürfnisses nach, sondern suchen auch nach Möglichkeiten zur Selbstverwirklichung u.ä. Die Beschreibung und Erklärung des *Kaufverhaltens*

der anvisierten Abnehmer als Basis einer Maßnahmenplanung kann sich – im Falle von *privaten Kunden* – u.a. an folgenden Fragen orientieren (Nieschlag et al. 1997, S. 42 ff.; Rasner et al. 1996, S. 93 f.; Kotler / Bliemel 1999, S. 309 ff.):
- In welchen Einkaufsstätten kaufen die Abnehmer i.d.R. die fraglichen Güter?
- Wann kaufen sie vorwiegend ein (Stunde, Wochentag, Monat, Jahreszeit)?
- In welchen zeitlichen Abständen werden die Käufe getätigt?
- Welche Preislage und welche Qualität bevorzugen die Abnehmer allgemein?
- Welche Wertschätzung wird neuartigen Leistungsmerkmalen bzw. neuen Produkten entgegengebracht? Welche Rolle spielt das Vertrauen in die Anbieter?
- Welche Rolle haben psychographische (Motive, Einstellungen u.a.) und soziale Faktoren (z.B. Einflüsse durch Meinungsführer) für das Kaufverhalten?
- Wie lassen sich die Abnehmer zu Käufen anregen? Welche Medien (Zeitungen, Zeitschriften, Radio etc.) benutzen sie vorwiegend?

Die Erfassung des Verhaltens von *Geschäftskunden* hat einige Besonderheiten zu berücksichtigen. So ist z.B. zu analysieren, welche Personen im Buying Center welche Rollen übernehmen (Entscheider, Gatekeeper u.a.) und wie auf diese eingewirkt werden kann (Kotler / Bliemel 1999, S. 362 ff.).

Allgemein sehen sich Unternehmen nur selten einer einheitlich aufgebauten, homogenen Gruppe von Abnehmern gegenüber. Um bei Nachfragern mit unterschiedlichen Verhaltensmustern, Kaufmotiven u.ä. eine Basis für die Zielgruppenfestlegung und die Gestaltung spezifischer Maßnahmenprogramme zu erhalten, müssen in sich homogene, voneinander deutlich abgrenzbare Abnehmergruppen gebildet werden – eine *Marktsegmentierung* ist erforderlich (Böhler 1977, S. 7 ff.; Wiedmann / Kreutzer 1985, S. 99 ff.). Hierbei eignen sich allgemein u.a. folgende Arten von Kriterien (Freter 1983, S. 45 ff.; Rasner et al. 1996, S. 87 ff.):
- sozio-ökonomische Merkmale (z.B. Geschlecht, Alter, Einkommen, Familienstand, Schulbildung oder Beruf von Abnehmern),
- psychographische Merkmale (bspw. Motive, allgemeine und spezielle Einstellungen sowie Präferenzen und Kaufabsichten von Abnehmern),
- Merkmale des beobachtbaren Kaufverhaltens (z.B. Preisverhalten, Mediennutzung, Einkaufsstättenwahl, Markenwechselverhalten von Abnehmern).

1.3.4 Analyse der Wettbewerbssituation und -determinanten

Neben der Abnehmerbetrachtung bildet die *Analyse des Wettbewerbs* und der darauf wirkenden *Determinanten* einen weiteren Schwerpunkt der Marktanalyse. Zentrale Bedeutung hat dabei die *Branchenstrukturanalyse* von *Porter* erlangt, die als Grundlage einer Marktbeurteilung und für die Planung der *Wettbewerbsstrategie* wichtig ist (Porter 1999, S. 33 ff.; Faix 1998b, S. 1413 ff.; Kreikebaum 1997, S. 118 ff.). Die Strukturanalyse zieht zur Erklärung der Rentabilität einer Branche die Höhe der Wettbewerbsintensität heran, die durch fünf – die ökonomische Struktur einer Branche reflektierende – *Triebkräfte des Wettbewerbs* bestimmt wird (Abbildung 1).

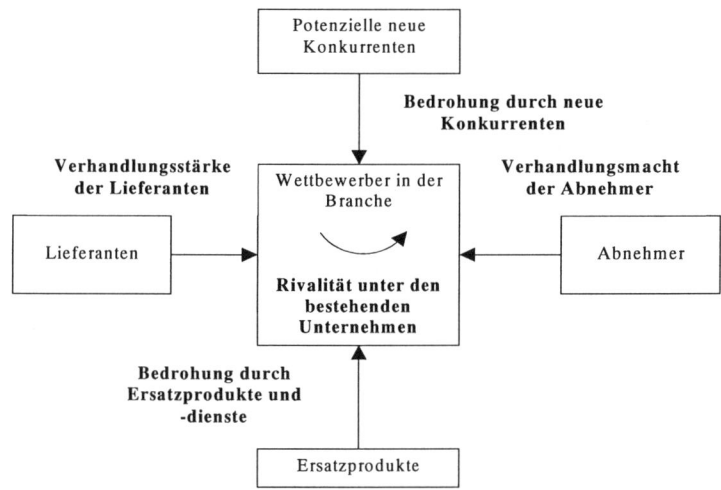

Abbildung 1: Triebkräfte des Branchenwettbewerbs (Quelle: Porter 1999, S. 34)

Die fünf Wettbewerbskräfte – Bedrohung durch neue Konkurrenten, Rivalität unter den etablierten Wettbewerbern, Gefahr durch Ersatzprodukte, Verhandlungsstärke von Abnehmern und Lieferanten – zeigen, dass der Wettbewerb in einem Markt weit über die etablierten Akteure hinausgeht. Die *Bedrohung durch Newcomer* hängt von den Eintrittsbarrieren und den absehbaren Reaktionen der Wettbewerber ab. Sind die Barrieren (die z.b. auf sinkenden Stückkosten bei großen Produktionsvolumina oder einer eingeführten Marke und stabilen Beziehungen zu Abnehmern basieren können) hoch und die zu erwartenden Konkurrentenreaktionen scharf, ist die Gefahr des Markteintritts gering. Für die *Rivalität unter den etablierten Konkurrenten* sind u.a. die Fixkosten und die Marktaustrittsbarrieren entscheidend. Zwingen hohe Fixkosten die Anbieter zu einer möglichst vollständigen Kapazitätsauslastung, während massive Austrittsbarrieren (z.b. aufgrund spezialisierter Aktiva) Akteure mit niedrigen Erträgen am Verlassen des Marktes hindern, sind intensive Auseinandersetzungen wahrscheinlich. Die *Bedrohung durch Ersatzprodukte* entsteht aus Branchen, deren Leistungen – wie eine bedürfnisbezogene Marktbetrachtung zeigen kann – ebenfalls die Funktion der Wettbewerberprodukte erfüllen. Wichtig für die Stärke der Bedrohung ist vor allem das Preis-Leistungs-Verhältnis der Substitute. Die *Verhandlungsmacht von Abnehmern* wird z.b. ausgespielt, wenn diese niedrigere Preise oder eine bessere Leistung durchsetzen können. Sie ist hoch, wenn die Abnehmergruppe bspw. konzentriert ist, austauschbare Produkte bezogen werden oder glaubhaft mit Rückwärtsintegration gedroht werden kann. *Absatzmittler* stellen neue Unternehmen dabei oft vor große Probleme, wenn die bestehenden Machtpositionen konsequent ausgenutzt werden (Szyperski / Nathusius 1977, S. 69 ff.). Eine beträchtliche *Verhandlungsstärke von Lieferanten*, die diesen z.B. höhere Preisforderungen erlaubt, wird entsprechend durch eine hohe Lieferantenkonzentration, spezifische Produkte oder potenzielle Vorwärtsintegration begünstigt (Porter 1999, S. 37 ff.).

Die Aufgabe einer *Wettbewerbsstrategie* besteht darin, dem Unternehmen eine günstige Position gegenüber den Wettbewerbskräften zu verschaffen. *Porter* unterscheidet drei – grundsätzlich exklusive – Strategien: Die *Strategie der Kostenführerschaft*, die auf einem umfassenden Kostenvorsprung beruht, schützt gegenüber der Rivalität der Konkurrenten, weil Erträge noch bei erheblichem Verfall der Branchengewinne möglich werden. Sie schirmt vor Preissenkungen mächtiger Nachfrager ab und erzeugt Flexibilität gegenüber steigenden Inputkosten. Zudem begründen Kostenvorteile Eintrittsbarrieren und stärken die Position gegenüber Ersatzprodukten. Die *Differenzierungsstrategie*, die auf die Realisierung einzigartiger – z.b. hoch qualitativer oder schnell verfügbarer – Leistungen gerichtet ist, schützt dagegen im Wettbewerb, weil Abnehmer gebunden und höhere Preise möglich werden, die (bei entsprechendem Kostenverlauf) die Erträge verbessern. Die Loyalität der Abnehmer und die höheren Ertragsspannen erzeugen Eintrittsschranken bzw. günstigere Stellungen gegenüber Zulieferern und Ersatzprodukten. Schließlich sucht die *Konzentration auf Schwerpunkte* Differenzierungs- oder Kostenvorteile nicht im Gesamtmarkt, sondern nur in ausgewählten Segmenten auszuspielen, wobei die geschilderten Wirkungen Gültigkeit behalten (Porter 1999, S. 70 ff.; Corsten 1998, S. 93 ff.).

Eine feinere Analyse erlaubt die Einteilung der Anbieter in *strategische Gruppen*, die als Cluster von Unternehmen in einer Branche mit gleichen oder ähnlichen Strategien (bezüglich ihres Spezialisierungsgrades, der Vertriebswege, des Qualitätsniveaus der Produkte, der technologischen Fähigkeiten etc.) definiert sind und – analog zu Markteintrittsbarrieren – durch *Mobilitätsbarrieren* vor dem Zutritt fremder Anbieter geschützt werden (Porter 1999, S. 180 ff.).

1.3.5 Analyse der Marktentwicklung

Eine eingehende Analyse eines Marktes basiert nicht nur auf einer statischen Betrachtung; vielmehr ist auch eine dynamische Sichtweise bedeutsam, die verschiedene *Stadien der Marktentwicklung* berücksichtigt. Heuss (1965) unterscheidet z.B. anhand des Wachstums des Marktvolumens vier Entwicklungsphasen eines Marktes, nämlich die *Experimentier-, Expansions-, Ausreifungs-* und *Stagnationsphase.* Jede Phase weist eine Reihe typischer Kennzeichen auf (Benkenstein 1997, S. 55 ff.), die Abbildung 2 verdeutlicht.

Die Kenntnis der erreichten Marktphase ist einmal für die *Marktauswahl* bzw. die *Markteintrittsentscheidung* wichtig: Bestehen etwa in späten Stadien der Marktentwicklung nur geringe Wachstumsaussichten, wird die Neigung, im Markt aktiv zu werden, gering sein. Zudem bildet sie eine Basis für die *Maßnahmenplanung*: Während in der Experimentierphase eines Marktes vielfach das Bemühen der Anbieter im Mittelpunkt steht, die Innovatoren unter den Abnehmern zu gewinnen, dominiert in der Ausreifungsphase eher die Absicht, eine nachhaltige Kundenorientierung durch differenzierte Produktangebote für verschiedene Marktsegmente zu realisieren. Allerdings sollte ein Lebenszyklus nicht als „unabwendbare" Entwicklung verstanden werden, da die beteiligten Akteure über eine Reihe von Möglichkeiten verfügen, dessen Ablauf zu beeinflussen (Porter 1999, S. 221).

Merkmal	Experimentier-phase	Expansions-phase	Ausreifungs-phase	Stagnationsphase
Wachstumsrate	bis „take-off" gering, danach sehr hoch	hoch	stagnierend	negativ
Marktpotenzial	noch nicht erkennbar	Unsicherheit in der Bestimmung	begrenzt und überschaubar, häufig Ersatzbedarf	
Risiko	sehr hoch	hoch	gering	gering
Konsumenten	Innovatoren (oft mit hohem Einkommen)	Entwicklung zum Massenmarkt	Massenmarkt, Wiederholungskäufe	Ersatzbedarf, hohe Qualitätsansprüche
Absatzmärkte	globale Märkte	internationale Märkte	multinationale Märkte	Substitution
Wettbewerb und Marktbarrieren	zunächst wenige Pioniere, danach zunehmend Markteintritte	zunehmende Markteintrittsbarrieren, steigende Konkurrenzintensität	höchste Konkurrenzintensität, hohe Markteintritts- und austrittsbarrieren	weniger Wettbewerber, zunehmende Marktaustritte
Marktanteile	Entwicklung nicht abschätzbar, hohe Instabilität	Ansätze zur Konzentration, Schwankungen	Konzentration, relative Stabilität	
Schlüsselfaktoren	Technologie, Marketing, Zeit	Produktion, Marketing	Marketing	Kostenmanagement, Rationalisierung
Hauptprobleme	Markteintritt und -penetration, Management des „take-off"	Dynamik der Marktanteilsverschiebung, Konkurrenz	Kundenorientierung, Veränderungen im Bedarf, Flexibilität	Marktaustrittsbarrieren, verändertes Käuferverhalten

Abbildung 2: Marktphasen (in Anlehnung an Benkenstein 1997, S. 56)

1.3.6 Betrachtung einzelner Konkurrenten und Stärken-Schwächen-Analysen

Die bislang behandelten, prinzipiell aggregierten Formen der Marktanalyse sind um die ausführliche *Betrachtung einzelner, wichtiger Konkurrenten* zu ergänzen, um ein genaueres Bild der aktuellen und künftig möglichen Marktverhältnisse zu gewinnen.

Porter untersucht bei der Erarbeitung eines *Reaktionsprofils* zur Ableitung der künftigen Schritte eines Konkurrenten vier Elemente: Ziele für die Zukunft, Annahmen, gegenwärtige Strategie und Fähigkeiten eines Wettbewerbers. Die *Ziele* eines Konkurrenten können monetärer (z.B. Gewinn, Umsatz) und nicht-monetärer Art (Bekanntheitsgrad, technologische Position des Wettbewerbers etc.) sein. Ihre Kenntnis erlaubt zusammen mit den *Annahmen*, die ein Wettbewerber über sich selbst und die Branche hat, dessen Zufriedenheit mit der gegenwärtigen Situation sowie seine Motivation zu bestimmten Maßnahmen (wie z.B. eine Reaktion auf den Markteintritt eines Newcomers) einzuschätzen. Das *aktuelle Verhalten* eines Konkurrenten kann anhand der bevorzugten Wettbewerbsstrategie beschrieben werden, wobei sich zudem eine detaillierte Betrachtung der Marketinginstrumente empfiehlt.

Die aktuelle Strategie bildet im Zusammenspiel mit der Analyse der *Fähigkeiten* des Konkurrenten (z.b. zur schnellen Reaktion auf Maßnahmen anderer Anbieter oder auf Marktveränderungen) die Grundlage, um dessen Möglichkeiten zur Durchführung verschiedener Aktivitäten zu beurteilen (Porter 1999, S. 86 ff.).

Die Abbildung der Position des eigenen Unternehmens im Vergleich zu wichtigen Konkurrenten erfolgt anhand eines *Stärken-Schwächen-Profils*, für das verschiedene interne und externe Merkmale verwendet werden können (Görgen 1992, S. 266 ff.; Corsten 1998, S. 88 ff.). Für die einbezogenen Unternehmen werden die Ausprägungen der jeweiligen Merkmale erhoben, um sodann durch deren Verbindungen Profile zu erzeugen.

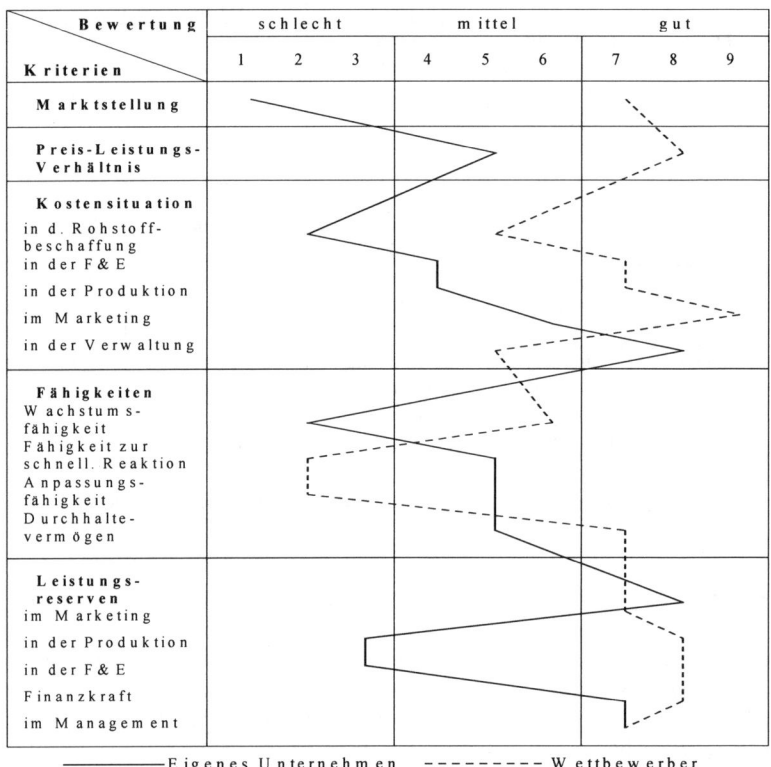

Abbildung 3: Stärken-Schwächen-Profil
(Quelle: In Anlehnung an Kreilkamp 1987, S. 200)

1.3.7 Beurteilung von Marktchancen und -risiken

Eine gezielte Erreichung von Marktvorteilen erfordert, die *Stärken und Schwächen des Unternehmens* vor dem Hintergrund der *Gelegenheiten und Bedrohungen der marktlichen und globalen Umwelt* zu betrachten. *SWOT-* (Strengths-Weaknesses-

Opportunities-Threats) *Analysen* untersuchen, welche Chancen aus den eigenen Stärken bzw. welche Risiken aus gegebenen Schwächen erwachsen können. Erfährt z.b. eine Stärke des Unternehmens in Form einer überlegenen Produkteigenschaft keine Wertschätzung durch die Abnehmer, liegt keine Marktchance vor; ergibt sich

dagegen eine diesbezügliche Gelegenheit, ist die Erzielung von Vorteilen möglich. Entsprechend stellt eine Schwäche des Unternehmens – etwa ein Nachteil durch höhere Kosten – nur dann ein Risiko dar, falls eine einschlägige Bedrohung – z.b. sehr preisempfindliche Abnehmer – vorliegt; fehlt eine solche, bleibt das Defizit ohne Konsequenzen. Die Sichtweise der SWOT-Analyse empfiehlt sich als Leitperspektive bei der Erarbeitung von Wettbewerbsvorteilen (Köhler 1998, S. 41 ff.).

1.4   Abschlussbemerkung

Der vorliegende Beitrag stellte ausgewählte Ansätze der Markt- und Konkurrentenanalyse vor, die geeignet sind, Entscheidungen des Gründungsmarketing zu unterstützen. Generell ist dabei wichtig, dass die Methoden nicht schematisch, sondern flexibel und mit einer offenen Denkhaltung eingesetzt werden. Eine wiederholte Anwendung unter Einbeziehung aller zentralen Unternehmensfunktionen kann dazu beitragen, dass im gesamten Unternehmen marktorientierte Lernprozesse initiiert werden, die den dauerhaften Erfolg des Unternehmens sichern.

Weiterführende Literatur (zitierte Quellen siehe Anhang)

Görgen, W. (1992), Strategische Wettbewerbsforschung, Bergisch Gladbach / Köln.
Köhler, R. (1998), Methoden und Marktforschungsdaten für die Konkurrentenanalyse, in: B. Erichson / L. Hildebrandt (Hrsg.), Probleme und Trends in der Marketing-Forschung, Stuttgart, S. 25-48.
Kreilkamp, E. (1987), Strategisches Management und Marketing, Berlin / New York.
Porter, M. E. (1999), Wettbewerbsstrategie: Methoden zur Analyse von Branchen und Konkurrenten, Frankfurt a.M. / New York.
Wiedmann, K.-P. / R. Kreutzer (1985), Strategische Marketingplanung: Ein Überblick, in: H. Raffée / K.-P. Wiedmann (Hrsg.), Strategisches Marketing, Stuttgart, S. 61-141.

Verständnisfragen (Lösungen siehe Anhang)

Aufgabe 1:
Sie beabsichtigen, ein Unternehmen zu gründen, das seinen Kunden über das Internet verschiedene Finanzinformationen (Börsenkurse, Analysteneinschätzungen zu Unternehmens- und Marktentwicklungen, Kenngrößen bezüglich ein-

zelner Wertpapiere etc.) anbieten will. Grenzen Sie in prinzipiell weitgefasster Perspektive den *relevanten Markt* für dieses Unternehmen ab und identifizieren Sie die *wesentlichen Konkurrenten* (bzw. Gruppen von Unternehmen, zu denen sich Wettbewerbsbeziehungen ergeben können). Welche Hürden bzw. Schwierigkeiten sind bei einem *Eintritt* des Unternehmens in den fraglichen Markt zu beachten?

Aufgabe 2:
Welche Aspekte können bei der *Analyse des Abnehmerverhaltens* als Basis für eine Marketingplanung für das oben bezeichnete Unternehmen von Bedeutung sein? Diskutieren Sie in diesem Kontext auch verschiedene Optionen, die zur *Einteilung der Abnehmer* in homogene Gruppen bestehen.
Analysieren Sie anhand der *Branchenstrukturanalyse* von *Porter*, inwieweit eine *Differenzierungsstrategie* dem fraglichen Unternehmen eine günstige Position gegenüber den *Triebkräften des Branchenwettbewerbs* verschaffen kann. (Gehen Sie hierbei von einer Differenzierungsstrategie aus, die für das Unternehmen eine Einzigartigkeitsposition durch besonders aktuelle, schnell zur Verfügung stehende Finanzinformationen – wie z.B. Realtime-Börsenkurse – zu erreichen sucht, die durch Einsatz der neuesten Informations- und Kommunikationstechnologien gewonnen und verbreitet werden.)

Aufgabe 3:
Ihre Recherchen zur obigen Thematik zeigen, dass sich im fraglichen Markt bereits ein *Konkurrent* etabliert hat, der – unter Nutzung der *Strategie einer Konzentration auf Schwerpunkte* – einem speziellen Kundenkreis, nämlich Tageszeitungen mit ausführlichem Wirtschaftsteil, über das Internet Finanzinformationen zur Verfügung stellt, die (u.a. aufgrund ihrer Aufbereitung) besonders auf diese Zielgruppe zugeschnitten sind. Eine durchgeführte Konkurrentenanalyse ergibt, dass dieser Wettbewerber, der sich selbst als uneingeschränkter Technologieführer des Marktes versteht, ein stetiges Umsatzwachstum anstrebt und überlegene technologische und finanzielle Ressourcen aufweist. Mit welchen *wettbewerbsstrategischen Verhaltensweisen* des Konkurrenten ist nach einem Markteintritt Ihres Unternehmens zu rechnen und welche Konsequenzen ergeben sich daraus für Ihre Planungen?

V Gründungsmarketing
2 Standortwahl: Unternehmerische Handlungsfelder, Standortfaktoren und Standortverbünde

Michael J. Fallgatter

2.1 Gründungsbezogene Facetten der Standortwahl

Der Standort einer nicht-virtuellen Unternehmung ist jener geographisch beschreibbare Ort, an dem die Zusammenführung von Produktionsfaktoren und damit die Leistungserstellung erfolgt. Die Wahl des Standortes wird seit geraumer Zeit im Rahmen der Industriebetriebslehre diskutiert und üblicherweise lenken die meisten Autoren das Augenmerk auf die Entscheidung zwischen alternativen, frei wählbaren Standorten. Aus dieser sogenannten *Standortbestimmungslehre* lassen sich ein Reihe von entscheidungsunterstützenden Argumenten auch für Unternehmungsgründungen und junge Unternehmungen ableiten. Darüber hinaus besitzen aus einer solchen Perspektive auch *Standortverbünde*, im Sinne regionaler Konzentrationen von Unternehmungen verwandter Branchen, eine nicht zu unterschätzende Bedeutung. Zum einen entstehen durch Standortverbünde neue unternehmerische Handlungsfelder und zum anderen erlauben sie eine verbesserte Leistungserstellung. Beides prägt die Wahl des Standortes von Unternehmungsgründungen.

Einen Überblick zum Facettenreichtum der Standortfrage verschafft die Zusammenschau des Unternehmungsstandortes und sogenannter unternehmerischer Handlungsfelder. Diese stellen das dar, was im Sinne von Schumpeter „marktliche Gelegenheiten" sind und im Marketing als „Marktlücke" oder neudeutsch als „opportunity" bezeichnet werden kann. Unternehmerische Handlungsfelder können definiert werden als neue oder differente, zeitbezogene *Produkt / Markt-Kombinationen* mit hoher subjektiver Erfolgsaussicht. Während die bloße Absicht zur Selbstständigkeit oder auch die Verfügbarkeit ausreichender Mittel nicht genügt, bilden sie den entscheidenden Ausgangspunkt für erfolgversprechende Unternehmungsgründungen (Timmons 1999, S. 37). Unternehmerisches Handlungsfeld, Unternehmungsstandort und sofern vorhanden auch ein Standortverbund sind untrennbar miteinander verbunden. Sowohl unternehmerische Handlungsfelder als auch Standortverbünde können dabei als originär angesehen werden (siehe Abbildung 1). Die daraus jeweils resultierenden, unterschiedlichen Argumente stehen in diesem Beitrag im Vordergrund.

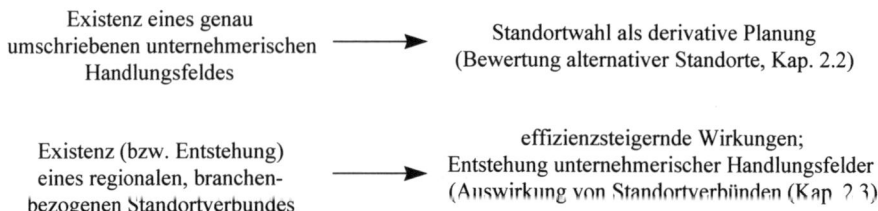

Abbildung 1: Zusammenschau von unternehmerischem Handlungsfeld, Standortverbund und Standortwahl

Üblicherweise wird in der Standortbestimmungslehre die Entscheidung über einen Standort als *derivativ* zu einem Unternehmungskonzept eingestuft, welches die Ausschöpfung eines unternehmerischen Handlungsfeldes detailliert beschreibt. Dementsprechend sind in jedem durch einen Geschäftsplan (siehe Kapitel II) beschriebenen Unternehmungskonzept die wesentlichen Aspekte eines Standortes, wie Kosten für Immobilien oder auch anfallende Transportkosten, berücksichtigt. Bei dieser, von einem genau eingegrenzten unternehmerischen Handlungsfeld ausgehenden Betrachtungsweise geht es um eine vergleichende Bewertung alternativer Standorte (Kapitel 2.2).

Wie angedeutet ist dies ist nicht der einzige Bezug zwischen unternehmerischem Handlungsfeld und Unternehmungsstandort, denn genauso sinnvoll ist die Umkehrung dieser Beziehung. Entsprechend nimmt Kapitel 2.3 den Standort oder genauer: Standortverbünde als Ausgangspunkt. Dies weist auf die Entstehung unternehmerischer Handlungsfelder und damit auf neue Betätigungsfelder für Unternehmungsgründungen hin. Darüber hinaus werden auch effizienzsteigernde Wirkungen von Standortverbünden in ihren Grundzügen angesprochen.

2.2 Bewertung alternativer Standorte
2.2.1 Problem der Standortwahl

Das Problem der Bewertung alternativer Standorte ist für die meisten Unternehmungsgründer von großer Komplexität und Tragweite. Die jeweiligen Standortmerkmale unterscheiden sich z.T. erheblich, wobei z.B. infrastrukturelle, steuerrechtliche oder auch das Image betreffende Determinanten einen maßgeblichen Einfluss auf den Prozess der Leistungserstellung haben. Entsprechend wird die Wahl des betrieblichen Standortes traditioneller Weise in der allgemeinen Betriebswirtschaftslehre neben der Wahl der Rechtsform als *konstitutive Entscheidung* diskutiert.

In diesem Sinne hat die Standortwahl eine langfristige Wirkung, ist nur schwer revidierbar und prägt den Aufbau des Betriebes nachhaltig.

Die Wahl des Standortes lässt sich als *vierstufiger Entscheidungsprozess* modellieren: Im Hinblick auf steuerliche Unterschiede sowie die Höhe der Lohnkosten geht es um die Frage, ob der Betrieb im In- oder Ausland gegründet werden soll, was bspw. auch durch die (volkswirtschaftliche) Theorie komparativer Vorteile akzentuiert wird. Dem schließen sich Entscheidungen über die Region, den günstigsten Standort innerhalb einer Stadt sowie die sogenannte innerbetriebliche Standortwahl an, bei der es um die Anordnung der einzelnen Betriebsabteilungen geht. Für alle vier Entscheidungsstufen lassen sich Checklisten wichtiger Einflussgrößen unternehmungsspezifisch generieren. Jedoch sind keineswegs alle Unternehmungsgründer frei in ihrer Standortentscheidung. Bindungen entstehen vor allem durch technische oder geographischen Gegebenheiten sowie persönliche Präferenzen, wie soziale Gebundenheit oder Existenz eines persönlichen Netzwerkes (u.a. Klandt 1998, S. 164 ff.).

Führt man diese beiden Dimensionen zusammen, so lässt sich die Relevanz unterschiedlicher Ebenen von Standortentscheidungen folgendermaßen darstellen.

Ebenen von Standort-entscheidungen	Standortwahl		
	ohne Bindung	mit persönl. Bindung (z.B. soziales Netzwerk)	mit techn. Bindung (z.B. Abbaubetrieb)
national	x		
regional	x		
lokal	x	x	
innerbetrieblich	x	x	x

Abbildung 2: Relevanz unterschiedlicher Ebenen von Standortentscheidungen

Nachfolgend wird lediglich auf die Standortwahl ohne Bindung eingegangen und auch innerbetriebliche Fragestellungen bleiben außen vor, denn nur in Ausnahmefällen besitzen diese für Unternehmungsgründungen Relevanz.

Da mit den zur Auswahl stehenden Standorten immer je spezifische Aufwendungen und Potenziale verbunden sind, geht es beim Problem der Standortwahl idealerweise um die Maximierung der Differenz zwischen standortspezifischen Ertragspotenzialen und standortspezifischen Aufwendungen (Bea 1997, S. 420). Eine derartige Analyse setzt die Aufspaltung aller für die Gründungskonzeption relevanten Standortfaktoren in operationale Kriterien voraus. Diese können dann bspw. durch ein Punktbewertungsverfahren oder eine Nutzwertanalyse zusammengefasst werden und sollten zumindest eine ordinale Klassifizierung der einzelnen Standorte erlauben. Bei der Ermittlung dieser Differenz empfiehlt es sich, sofern überhaupt Gewinne zurechenbar sind, nicht von erwarteten Brutto-, sondern erwarteten Nettogewinnen auszugehen, da oft auch Steuer- und Abgabenbelastungen in Abhängigkeit vom Standort variieren.

Im nachfolgenden Abschnitt stehen zwei, seit geraumer Zeit diskutierte Vorgehensweisen zur Operationalisierung von Standortfaktoren zur Diskussion.

2.2.2 Kosten vs. ertragsorientierte Standortbewertung

Als – durchaus komplementäre – Vorgehensweisen bieten sich Bewertungen anhand der *standortspezifischen Kosten* sowie der *standortspezifischen Erträge* an. Die erste Sichtweise geht auf Alfred Weber (1921) zurück, während letztere von Karl C. Behrens (1971) maßgeblich entwickelt wurde. Beide Vorschläge basieren auf sogenannten *Standortfaktoren*, die aus Sicht eines Unternehmungsgründers als Attraktivität bestimmende Merkmale eines verfügbaren Ortes angesehen werden können.

Intuitiv leicht zugänglich ist es, die mit einem Standort verbundenen Kosten als Ausgangspunkt zu wählen. Weber (1921, S. 18 ff.) nimmt dazu die folgende Einteilung kostenverursachender Standortfaktoren vor:
- Nach dem *Geltungsbereich* unterscheidet er generelle und spezielle Standortfaktoren. Zu ersteren würden Transport- und Arbeitskosten zählen, die unabhängig von der jeweiligen Branche anfallen. Spezielle Standortfaktoren seien demgegenüber branchenbezogen, wie bspw. der Zugang zu Rohstoffen oder die Abhängigkeit von fließendem Wasser.
- Eine *räumliche Wirkung* sei zum einen für Regionalfaktoren, wie z.B. Rohstoffvorkommen, gegeben, da hierdurch Unternehmungen und ganze Branchen an bestimmte Standorte gezogen würden. Zum anderen spricht Weber auch sogenannten Agglomerativfaktoren eine räumliche Wirkung zu, was sich bspw. durch Unternehmungsballungen in bedeutenden regionalen Absatzmärkten verdeutlichen lasse. Eine entgegengesetzte räumliche Wirkung auf Standortentscheidungen hätten hingegen deglomerative Faktoren, wie niedrige Löhne und Grundstückspreise in ländlichen Regionen, die dementsprechend dezentralisierend wirkten.
- Nach ihrer *Beschaffenheit* unterschied Weber natürlich-technische, bspw. Klima und Bodenbeschaffenheit, sowie gesellschaftlich-kulturelle Standortfaktoren, bspw. die Höhe von Zinsen oder das kulturelle Niveau einer Stadt.

Weber ging davon aus, dass vor allem die speziellen sowie die gesellschaftlich-kulturellen Standortfaktoren als auf einer jeweils höheren Ebene befindlich gedacht werden müssten. Sie wirkten quasi automatisch auf das hin, was er als „Grundnetz der Standortverteilung" bezeichnete. Folglich sei es für eine Standortanalyse „produktionstechnisch isolierter" Unternehmungen auch gerechtfertigt, aus den verbleibenden Standortfaktoren lediglich die örtlichen Materialpreise, die Höhe der Arbeitskosten sowie die Transportkosten zu berücksichtigen. Weiter würden sich regionale Differenzen in Materialpreisen als Unterschiede in Transportkosten fassen lassen, denn relevant sei lediglich der tatsächliche Einstandspreis, der den Transport einschließt. Durch diese gedankliche Operation gelang es Weber, die Zahl der Standortfaktoren auf Transport- und Arbeitskosten zu reduzieren. Voraussetzung ist allerdings, dass eine isolierte Produktion vorliegt, Agglomerativfaktoren mithin keine Bedeutung haben.

Nach dieser Denkweise hängt die Höhe anfallender Transportkosten ausschließlich vom Gewicht der zu transportierenden Ware sowie von der zu bewältigenden Entfernung ab. Zur Ermittlung des „tonnenkilometrischen Minimalpunktes" schlägt Weber den sog. Materialindex vor, der durch den Quotienten aus dem Gewicht des eingesetzten Materials und dem des Fertigerzeugnisses gebildet wird. Es lasse sich dann zeigen, dass Unternehmungen mit einem hohen Materialindex materialorientiert und jene mit kleinem Materialindex konsumorientiert seien und daraus auch ein je unterschiedlicher Einfluss auf die Standortentscheidung resultiere. Um den Einfluss der Arbeitskosten auf die Standortwahl zu demonstrieren ging Weber von einem bekannten tonnenkilometrischen Minimalpunkt aus und wies den Arbeitskosten eine - die Transportkosten überlagernde - Wirkung zu. Eine Verschiebung des tonnenkilometrischen Minimalpunktes werde demnach immer genau dann bewirkt, wenn die Senkung der Arbeitskosten den Anstieg der Transportkosten überwiege. Lässt man nun die Voraussetzung einer „isolierten Produktion" fallen, so würden zu den Transport- und Arbeitskosten als dritter Standortfaktor Agglomerationsvorteile hinzukommen. Auch hieraus ließen sich dann Verschiebungen des tonnenkilometrischen Minimalpunktes aufzeigen.

Die Stärken dieser Konzeption liegen in der *Systematisierung* von Standortfaktoren sowie in der weitgehenden *Operationalisierung* wesentlicher Einflussgrößen. Dies erlaubt eine integrative Sichtweise, da eine einheitliche (monetäre) Dimension Verwendung findet. Allerdings setzt die primäre Transport- und Arbeitskostenorientierung eine „isolierte Produktion" sowie vollständige Homogenität von Steuern und Abgaben voraus. Zu kritisieren ist auch, dass Weber an die Standortfaktoren lediglich Kosten knüpfte, aber Ertragspotenziale, die mit unterschiedlichen Standorten verbunden sein können, außer Acht lässt. Diese ausschließliche Berücksichtigung von Kosten liegt vermutlich auch zu einem Teil darin begründet, dass sich Weber mit dem Standort von Industriebetrieben und nicht bspw. dem des Einzelhandels befasste. So wird bei ersteren die Absatzseite über die Transportkosten bereits berücksichtigt, denn bei einheitlichen „Ab-Werkpreisen" richten sich Nettoerlöse allein danach. Entsprechend können produzierende Unternehmungen in der Regel durch die Standortwahl zwar die Kosten der Produktion sowie des Transportes, aber kaum die Produktnachfrage beeinflussen. Anders sieht es demgegenüber bei Handelsbetrieben aus, wo der Standort oftmals die entscheidende Rolle für die Produktnachfrage spielt und damit Erträge massiv prägt.

Diese Kritik greift vor allem Behrens (1971) auf und schlägt eine an Kosten- und Ertragspotenzialen orientierte sowie gleichermaßen mehrdimensionale Analyse vor. Die Mehrdimensionalität ermögliche es, auf unterschiedliche Zielsetzungen gerichtete sowie nicht-quantifizierbare Variablen einzubeziehen. Als Klassifizierungs-kriterium legt er die betrieblichen Kernfunktionen: *externer Gütereinsatz* (Beschaf-fung), *interner Gütereinsatz* (Produktion) sowie *Absatz* zugrunde und leitet daraus Standortfaktoren ab.

Zu den *Beschaffungsgütern* zählt Behrens (1971, S. 49 ff.) den Betriebsraum, Anlagegüter, Arbeitsleistungen und Fremddienste, Materialien und Waren sowie Kredite. Um die Bedeutung dieser Güter für die Standortwahl zu ermitteln, sei deren „Transportempfindlichkeit" anhand der jeweiligen Beschaffungskosten sowie die Beschaffungszeit relevant. Diesem ersten Schritt schließt sich für transportempfind-liche Einsatzgüter eine Analyse des Bezugsgebietes an. Hierfür seien das Beschaf-fungspotenzial sowie die existenten bzw. entstehenden Beschaffungskontakte aus-schlaggebend. Das Potenzial eines Gebietes manifestiere sich in Qualität und Quan-tität sowie in den Kosten aller am Standort verfügbaren, nicht transportablen sowie der im Bezugsgebiet beschaffbaren transportablen Einsatzgüter. Die „Beschaffungs-kontakte" erfassen, inwieweit es einer Unternehmung voraussichtlich gelingen wird, das gegebene Beschaffungspotenzial auszuschöpfen.

Auch die *Produktion* kann Standortrelevanz besitzen. Dies sei immer dann der Fall, wenn technische oder natürliche Gegebenheit 1. ihren Vollzug „überhaupt erst ermöglichen oder die Kosten dieses Vollzuges in entscheidendem Maße begünsti-gen, und 2. diese natürlich-technischen Gegebenheiten weder transportabel sind noch den Charakter von Ubiquitäten haben, also örtlich gebundene, lokalisierte Be-dingungen des internen Gütereinsatzes darstellen" (Behrens 1971, S. 65). Als derar-tige Gegebenheiten lassen sich geologische Bedingungen, klimatische Verhältnisse sowie die sicherlich für eine Vielzahl von Unternehmungsgründungen relevante technische Agglomeration, bspw. durch unmittelbar produktionsbezogene Koopera-tionen oder durch Kosteneinsparungen aufgrund gemeinsam genutzter Infrastruktur, benennen.

Für die Frage, inwieweit die betriebliche Standortwahl von *Absatz*gesichtspunk-ten bestimmt wird, sei die Größe des Absatzgebietes entscheidend. Ist die Absatz-leistung nicht transportabel, so könne auch nicht von einem Absatzgebiet gesprochen werden - es handelt sich dann um eine Baustellenfertigung; in den anderen Fällen hänge die Ausdehnung des Absatzgebietes von der ökonomisch tragfähigen Entfer-nung zwischen Standort und Abnehmer ab. Hierbei würden die entstehenden Ab-satzkosten sowie die Absatzzeit eine Operationalisierung erlauben. Die so unter-suchten Absatzgüter charakterisiert Behrens (1971, S. 68 ff.) analog zur Beschaffung als „transportempfindlich", was auf die je unterschiedliche Ausdehnung von Absatz-gebieten hinweist. Dieser Eingrenzung des Absatzgebietes - der enge Bezug zwi-schen Standortwahl und Gründungsmarketing wird nochmals deutlich - schließt sich die Analyse des Absatzpotenzials an. Dieses variiere je nach existentem Bedarf, Kaufkraft, Absatzkonkurrenz, Absatzagglomeration, Herkunfts-Goodwill sowie staatlichen Absatzhilfen. Der Begriff „Absatzpotenzial" weist somit auf geplante Absatzmöglichkeiten hin, die erst durch die von einer Unternehmung nutzbaren Ab-satzkontakte realisierbar würden. Von letzteren hänge dann die Standortentschei-dung ab.

Wie oben bereits angedeutet, führt die Vorgehensweise nach Behrens nicht zu einer monetären Aussage über die Standortqualität, die alle dargestellten Standortfaktoren integriert. Vielmehr müsse zunächst eine Reihung der Standortfaktoren erfolgen. Dies erlaube dann bspw. die Aussage, der Standort einer Unternehmung sei primär von der Beschaffung, der Produktion oder vom Absatz abhängig. Ist diese grundlegende Orientierung ermittelt, so gehe es erst in einem zweiten Schritt um die detaillierte Analyse der jeweils relevanten Standortfaktoren.

Diese Vorgehensweise ist gegenüber jener von Weber erheblich erweitert und überwindet dessen einseitige Kosten- und Technologieorientierung. Trotzdem lassen sich auch Unternehmungsgründungen denken, bei denen nur geringe Auswirkungen des Standortes auf die Ertragsseite bestehen oder aber hinsichtlich ihrer Ertragswirkungen weitgehend identische Standorte zur Auswahl vorliegen. Entsprechend ist dann eine Berücksichtigung von Ertragswirkungen nicht erforderlich. In allen anderen Situationen schafft der Kostenvergleich zumindest eine, wenn auch in jedem Fall ergänzungsbedürftige Grundlage für Standortentscheidungen.

Ein wichtiger Aspekt blieb bislang unangesprochen, da stillschweigend Komplementarität der benannten Standortfaktoren unterstellt wurde. Jedoch stehen bspw. die Faktoren günstige Arbeitskosten und schlechte Infrastruktur oftmals in Konkurrenz zueinander. In der Vorgehensweise nach Behrens wird diese Möglichkeit durch die Festlegung einer grundlegenden Standortorientierung prinzipiell handhabbar, während die sequenzielle Vorgehensweise nach Weber Konkurrenz von Standortfaktoren möglicherweise unbeachtet lässt. Darüber hinaus bleibt als grundlegendes Problem beider Konzepte in jedem Fall die unterschiedliche Dimensionierung und möglicherweise schwierige Operationalisierung der Standortfaktoren bestehen. Deutlich wird zudem, dass eine sehr enge Ausrichtung an diesen konzeptionellen Vorschlägen - unabhängig davon, ob an Weber oder an Behrens - qualitative sowie auch möglicherweise erst mittelfristig relevant werdende Standortfaktoren unbeachtet lässt.

2.2.3 Standortfaktoren und -kennziffern

Aufgrund unterschiedlicher Unternehmungskonzepte sind die angesprochenen Standortfaktoren überwiegend nicht unmittelbar einsetzbar, sondern bedürfen einer *unternehmungsspezifischen Anpassung*. Nimmt man Unternehmungsgründungen im Einzelhandel als Beispiel, so liegt die Orientierung an potenziellen Kunden nahe. Gleichermaßen trifft dies auch für die Mehrzahl sogenannter Kontaktdienstleister zu. Eine Material- bzw. Rohstofforientierung hat vor allem für Unternehmungsgründungen mit hohem Materialverbrauch sowie hohen Transportkosten eine ausschlaggebende Bedeutung. Als Kennziffer kann hier bspw. das Verhältnis des Eingangsmaterials zum Endprodukt in Kilogramm dienen. Eine Arbeitsorientierung fokussiert auf die Human Ressourcen und dabei vor allem auf deren Verfügbarkeit und Lohnkosten. Eine weitere wichtige Rolle nehmen die jeweils an unterschiedlichen

Standorten anfallenden Abgaben (vor allem Gewerbesteuerhebesatz) sowie die infrastrukturellen Gegebenheiten ein.

Auflistungen von Standortfaktoren, sogenannte *Standortfaktorenkataloge*, sind immer nur so gut, wie sie den Blick für möglichst viele Facetten standortbezogener Wirkungen schärfen. Ein recht umfassender Standortfaktorenkatalog wird nachfolgend vorgestellt und trägt zur Operationalisierung der oben angesprochenen Dimensionen bei (siehe Abbildung 3).

Zusammenfassender Katalog von Standortfaktoren

1) Absatzorientierte Standortfaktoren
   - Absatz- bzw. Ertragspotenzial (z.B. Kaufkraft, Bevölkerungsstruktur, Konkurrenzsituation, „Herkunfts-Goodwill")
   - Liefermöglichkeiten (z.B. Verkehrsanbindung, entstehende Transportkosten)
   - Absatzkontakte (z.B. persönliche Beziehungen, Messen, Werbeagenturen, Makler, Großhändler)

2) Beschaffungsorientierte Standortfaktoren
   - Grundstücke (z.B. Anschaffungskosten, Beschaffenheit, Höhe der Miete, Erweiterungsmöglichkeiten)
   - Roh-, Hilfs- und Betriebsstoffe (Preise, Transportkosten, Verfügbarkeit)
   - Energie (Verfügbarkeit, Kosten)

3) Arbeitsorientierte Standortfaktoren
   - Lohn- und Gehaltsniveau, Gehaltsstrukturen
   - Qualifikationsniveau
   - „Ansehen" des Standortes und Freizeitwert der Region

4) Fertigungs- und umweltorientierte Standortfaktoren
   - technische Gegebenheiten (z.B. spezielle bauliche Voraussetzungen, Nähe zu wichtigen Kooperationspartnern)
   - natürliche Gegebenheiten (z.B. Bodenbeschaffenheit, Klima)
   - Umweltschutzauflagen (z.B. gesetzliche Regelungen und behördliche Auflagen)
   - öffentliche Meinung (z.B. Ablehnung von Branchen, Existenz von Bürgerinitiativen)
   - Erweiterungsmöglichkeiten

5) Abgabenorientierte Standortfaktoren
   - durch das Steuersystem bedingte Differenzen (Freiheiten der Gemeinden bei Hebesätzen für Gewerbe- und Grundsteuer)
   - durch dezentrale Finanzverwaltungen bedingte Differenzen (Ermessensspielraum bei Abschreibungssätzen, bei der Abgrenzung zwischen Betriebsausgaben und Privatentnahmen, bei Steuererlass und -stundung; tendenzielle Großzügigkeit finanzstarker Bundesländer)

6) Infrastrukturelle Standortfaktoren
   - Verkehrsanbindung
   - Verfügbarkeit informationstechnischer Voraussetzungen (z.B. Zugang zu breitbandigen Informations- und Kommunikationsnetzen)

Abbildung 3: Standortfaktorenkatalog
(Quelle: In Anlehnung an Bea 1997, S. 424-426; Wöhe 1996, S. 459-456)

Die Bildung von Kennzahlen soll nachfolgend bei einer primären Absatzorientierung exemplarisch vertieft werden. Auf der Ebene der Regionen stellt sich dabei zunächst die Frage nach dem potenziellen Marktanteil und damit zugleich nach der Stärke der bereits existierenden sowie der erwarteten Konkurrenten. Für einen Einzelhandelsbetrieb können Standorte in unterschiedlichen Regionen sowie je nach Branche und Unternehmungskonzept auch in einer einzigen Stadt durch die Analyse der sogenannten „Marktlücke" bewertet werden. Dieser Terminus bildet den potenziellen Marktanteil gebietsbezogen ab und resultiert aus der folgenden Formel:

$$\text{Marktlücke} = \frac{\text{Konsumentenzahl} \times \text{Konsumentenausgaben pro Kopf und Warengruppe}}{\text{Einzelhandelsfläche je Warengruppe}}$$

Damit hängt die Größe der Marktlücke vor allem von der in einem Gebiet (erfasst durch die Konsumentenzahl) vorhandenen Verkaufsfläche ab. Bei den Konsumausgaben pro Kopf und Warengruppe kann es sich um Durchschnittswerte handeln, die für viele Branchen von Verbänden bundesweit ermittelt und zur Verfügung gestellt werden. Des weiteren kommen regelmäßig Einschätzungen der regionalen Kaufkraft, des Umsatzpotenzials oder bestehender Kaufkraftbindungen als vergleichbare Kennziffern zur Anwendung.

Primär auf die lokale Standortanalyse sind verkaufsflächenbezogene Kennziffern gerichtet. Soll bspw. für eine geplante Unternehmungsgründung im Einzelhandel eine lokale Standortanalyse durchgeführt werden, so ist auch hier die enge Verbindung zum Ertragspotenzial leicht ersichtlich. Kennziffern könnten in diesem Beispiel die durchschnittliche Flächenleistung bereits existenter Konkurrenten, die Soll-Verkaufsfläche sowie die Soll-Umsatzkapazität sein. Zur Ermittlung dieser Kennziffern sind für die jeweilige Stadt und das darüber hinausgehende Einzugsgebiet jeweils die Zahl der Haushalte (a), die bereits existenten Einzelhandelsflächen in Quadratmetern (b), die durchschnittliche Soll-Flächenleistung in DM pro Quadratmetern und Jahr (bspw. Verbandsangaben) (c) sowie die durchschnittliche Pro-Kopf-Ausgabe in DM pro Jahr für das betreffende Produkt (d) relevant. Folgende Kennziffern resultieren:

(1) aktuelle Flächenleistung $= a \times \dfrac{d}{b}$

(2) anzustrebende Verkaufsfläche $= a \times \dfrac{d}{c}$

(3) anzustrebende Umsatzkapazität $= (1) \times (2)$

Dieses – sicherlich sehr einfache – Beispiel verdeutlicht gut die vielfältigen Möglichkeiten einer Kennziffernbildung, vor allem wenn über die lokale Ebene hinaus auch regionale Unterschiede sowie über den Absatzbereich hinaus weitere Standortfaktoren berücksichtigt werden sollen.

2.3   Auswirkung von Standortverbünden

2.3.1   Standortparadoxon

Die bisherigen Ausführungen beschreiben die Standortwahl als eine auf das jeweilige Unternehmungskonzept bezogene und von Unternehmungen der gleichen Branche weitgehend isolierte Optimierung. Nur dadurch ist die Differenzierung in die Ebenen nationale, regionale sowie lokale Standortwahl und zudem die Verwendung von Standortfaktorenkatalogen mitsamt einer Kennziffernbildung gerechtfertigt.

Vor dem Hintergrund dramatischer Veränderungen der Informations- und Kommunikationstechnologie stellt sich allerdings die Frage, ob diese Entscheidungsebenen sowie die Wahl des Standortes nach wie vor eine derart grundlegende Bedeutung besitzen. So hat sicherlich für eine ganze Reihe von Branchen die Beschaffungs- und Arbeitsorientierung ihren Stellenwert eingebüßt, denn Produktionsfaktoren wie Kapital, Einsatzgüter, Technologien und Informationen sind leicht „per Mausklick" weltweit verfügbar. Dies gilt vor allem für eine Vielzahl von Unternehmungsgründungen, die primär auf Wissen basieren und deren Produkte nicht mit hohen Transaktionskosten verbunden sind. Entsprechend ist bspw. für die Software- oder Biotech-Branche eine Standortanalyse, so wie sie oben anhand unterschiedlicher Standortfaktoren demonstriert wurde, kaum anwendbar. Zudem lassen sich zwischen den Ländern der westlichen Welt oder innerhalb der einzelnen Länder kaum Standortfaktoren ausmachen, die die Standortentscheidung für wissensbasierte Unternehmungsgründungen maßgeblich prägen würden. Zumindest auf den ersten Blick könnte man dies leicht als abnehmende Bedeutung des Themas „Standortwahl" interpretieren.

Trotz der hier nur kurz umrissenen veränderten Handlungsmöglichkeiten durch moderne Informations- und Kommunikationstechnologien, scheint jedoch für eine Vielzahl von Unternehmungsgründungen und jungen Unternehmungen der Standort immer noch von entscheidender Bedeutung zu sein. Nicht anders sind die weltweit beobachtbaren regionalen Ballungen junger Unternehmungen, sog. Standortverbünde, erklärbar. Einprägsame Beispiele sind die Software-Region um Cambridge (UK), das Silicon Glen in der Nähe von Glasgow, die Ansammlung von High-Tech-Unternehmungen an der Route 128 in der Nähe von Boston, die Biotech-Regionen in Deutschland (München, Rhein-Neckar-Dreieck, Rheinland) oder die Multimediaregionen in Berlin und Düsseldorf, um nicht immer das Silicon Valley an erster Stellen zu nennen (viele weitere Beispiele auch für Deutschland finden sich bei Porter 1993, S. 172-180).

Diese regionalen Konzentrationen von Unternehmungen stehen der oben angedeuteten Folgerung einer abnehmenden Bedeutung des Themas „Standortwahl" eindeutig entgegen, eine Beobachtung, die sich in Anlehnung an Porter (1993, S. 154 ff.) als „Standortparadoxon" bezeichnen lässt: Auf der einen Seite stehen Wirkungen, welche viele der benannten Standortfaktoren vor allem durch technologische Neuerungen in ihrer Bedeutung mindern, auf der anderen Seite sind Unternehmensagglomerationen wachsenden Ausmaßes zu konstatieren. Deutlich wird, dass Standortverbünde entscheidend die Standortwahl vieler Unternehmungen bzw. Unternehmungsgründungen beeinflussen und in einigen Branchen die benannten deglomerativen Wirkungen kompensieren.

2.3.2 Effizienzvorteile und Entstehung unternehmerischer Handlungsfelder

Bei einem *Standortverbund* handelt es sich um eine geographische Konzentration von Unternehmungen und anderen Institutionen eines Wirtschaftszweiges. Dieser umfasst regelmäßig eine Reihe vernetzter Branchen sowie in ihren Sachzielen komplementäre Unternehmungen. Dazu gehören etwa Lieferanten spezieller Einsatzgüter, wie Komponenten, Maschinen und Serviceleistungen, oder auch Anbieter spezieller Infrastrukturdienstleistungen. Weiterhin sind in solchen Regionen vertikale Ausweitungen beobachtbar, da sich oft auch Abnehmer ansiedeln und Absatzkanäle ausbauen. Hinzu kommen häufig Hersteller verwandter Produkte sowie Unternehmungen aus Branchen, die ähnliche Fertigkeiten, Techniken oder Produktionsstrukturen einsetzen. Auch Universitäten und Forschungseinrichtungen, Unternehmerverbände u.ä. zählen oftmals zu solchen Standortverbünden.

Damit stellen Standortverbünde eine besondere Form der Zusammenführung von getrennten Märkten und Branchen (Märkte- und Branchenintegration) sowie nichtvertikal integrierter Unternehmungen dar. Sie sind eine Alternative zur vertikalen und horizontalen Ausweitung der Wertschöpfungskette. Gegenüber Transaktionen zwischen regional verstreuten Kunden und Verkäufern fördert diese räumliche Nähe Koordination und auch Vertrauen. Daher können solche Standortverbünde die Probleme lindern, die mit Beziehungen auf Distanz verbunden sind, ohne andererseits die verringerte Flexibilität in Kauf nehmen zu müssen, die eine vertikale Integration oder das Bilden und Aufrechterhalten formaler Verbindungen wie Netzwerke, Allianzen oder Partnerschaften zur Folge hätten. Als Produktivitätsvorteile von Standortverbünden gegenüber einem davon unabhängig gewählten Standort lassen sich neben der einfacheren und kostengünstigeren Personalrekrutierung auch die vorhandenen Vergleichsmaßstäbe mit anderen Unternehmungen benennen. Zudem ist ein bestimmtes Umfeld oftmals eine Motivationsvoraussetzung hochgradig spezialisierter Mitarbeiter, denen häufig spezifische Vorstellungen, Werte und Ansprüche eigen sind.

Zusätzlich wirken sich Standortverbünde auch positiv auf Innovationen aus. So lässt sich ein Innovationsbedarf nicht nur schneller erkennen, sondern Innovationen sind auch schneller umsetzbar als bei einer zufälligen Standortverteilung. Dies liegt an der typischen Orientierung am anspruchsvollsten Kunden, dem intensiven Kundenkontakt sowie dem starken Konkurrenzdruck. Der starke Konkurrenzdruck wirkt sich dabei üblicherweise nicht nachteilig aus. Unternehmungsgründungen und junge Unternehmungen, die in ihrem unmittelbaren Umfeld einem sehr starken Wettbewerb standhalten, bauen damit entscheidende Vorteilspositionen gegenüber den meisten Konkurrenten auf. Junge Unternehmungen, die hochgradig spezialisiert sind und sehr anspruchsvolle Produkte oder Dienstleistungen erstellen, werden dementsprechend immer in derartigen regionalen Netzwerken auftreten.

Die gesteigerte Innovationsfähigkeit weist zudem auf die besonderen *Potenziale für Unternehmungsgründungen* und damit die eingangs angesprochene Generierung bzw. Aufdeckung unternehmerischer Handlungsfelder hin. Gerade Unternehmungsgründungen, die auf Wissen basieren, durch neue Medien und Technologien einen Kundennutzen versprechen oder auch nur „bewährte" Dienstleistungen erbringen, haben innerhalb solcher Standortverbünde beste Möglichkeiten. Als Beispiel können spezialisierte Dienstleistungsunternehmungen angeführt werden, die in einem solchen Standortverbund Marktchancen leichter ausmachen können und eine konzentrierte Kundenbasis vorfinden. Die erforderlichen technischen Ressourcen sowie qualifizierte Mitarbeiter sind ebenso vorhanden wie potenzielle Investoren.

Die Betrachtung dieser speziellen Agglomerationswirkungen überlagert die in Kapitel 2.2 vorgestellte Differenzierung in nationale, regionale, lokale sowie innerbetriebliche Standortwahl. Bei der Existenz von Standortverbünden werden damit Standortentscheidungen auf den beiden oberen Ebenen eingeengt, während die lokale Standortwahl, so wie sie oben beschrieben wurde, uneingeschränkt relevant ist.

Weiterführende Literatur (zitierte Quellen siehe Anhang)

Bea, F. X. (1997), Entscheidungen des Unternehmens, in: F. X. Bea et al. (Hrsg.), Allgemeine Betriebswirtschaftslehre, Bd. 1: Grundfragen, Stuttgart, S. 376-507.
Behrens, K. C. (1971), Allgemeine Standortbestimmungslehre, Opladen.
Porter, M. E. (1993), Nationale Wettbewerbsvorteile: Erfolgreich konkurrieren auf dem Weltmarkt, Wien.
Timmons, J. (1999), New Venture Creation: Entrepreneurship for the 21st Century, Boston usw.
Weber, A. (1921), Über den Standort der Industrien, 1. Teil: Reine Theorie des Standorts, Tübingen.

Verständnisfragen (Lösungen siehe Anhang)

Aufgabe 1:
Bei welchen unternehmerischen Handlungsfeldern ist lediglich eine kostenorientierte Standortanalyse erforderlich? Entwickeln Sie für ein frei gewähltes Beispiel einen Standortfaktorenkatalog.

Aufgabe 2:
Was versteht man unter dem „Standortparadoxon"? Wie lassen sich Produktivitätsvorteile von Standortverbünden erklären?

Aufgabe 3:
Skizzieren Sie die Standortbestimmung nach A. Weber sowie nach K. C. Behrens. Welche Vorgehensweise eignet sich für eine Zahnarztpraxis, einen Systemgastronomiebetrieb sowie eine Unternehmungsgründung im Bereich Softwareentwicklung?

V Gründungsmarketing
3 Marketing für Unternehmen in der Gründungsphase (Gründungsunternehmen)

Udo Koppelmann

3.1 Zur Terminologie

Unternehmen decken Fremdbedarfe. Andere (Unternehmen, Privatpersonen usw.) äußern Bedarf, den sie nicht selbst decken wollen. Die Austauschbeziehungen erfolgen auf Märkten. Es kommt zu erfolgreichen Interaktionen zwischen den Marktpartnern, wenn sie den Eindruck haben, dass jede andere Alternative zu einem schlechteren Ergebnis führe.

Marketing kann als Technik einer aus der jeweils eigenen Zielsetzung sich ergebenden positiven Interaktionsbeeinflussung verstanden werden. Die Beeinflussung gelingt um so besser, je mehr die Wünsche des Interaktionspartners in die eigenen Überlegungen einbezogen wurden. Hierin liegt gegenüber den vorher gepflegten Absatzüberlegungen ein deutlicher Paradigmenwechsel. Infolge hoher Nachfragekonkurrenz wurden erfolgversprechende Problemlösungen geschaffen, die dann möglichst günstig verwertet werden sollten. Im Marketing setzt man mit der Problemanalyse beim Interaktionspartner an, um daraus geeignete Problemlösungen abzuleiten. So entstand das Konsumgütermarketing, dessen Überlegungen nicht nur in andere Absatzmärkte (Industriegüter, Dienstleistungen) sondern auch in Beschaffungsmärkte übertragen wurde. Inzwischen werden die Techniken auch in Unternehmen als Binnenmarketing genutzt. Wir werden uns im Folgenden auf Märkte konzentrieren.

3.2   Märkte von Gründungsunternehmen

Ein Unternehmen in statu nascendi basiert meist auf einer vorhandenen Problemlösungsidee der gründungswilligen Personen. Man verfügt eher über diffuse Vorstellungen darüber, wer denn das dazu passende Problem haben könnte, ob es ihm wichtig sei usw. Es liegt somit eher die für Verkäufermärkte typische Absatzsicht vor. Um so wichtiger werden Absatzmarketingüberlegungen.

Ein weiterer Marktaspekt ist bedeutsam. Das neue Unternehmen kann noch auf wenig zurückgreifen, es fehlt beispielsweise ein in der Vergangenheit aufgebautes Netzwerk. Beziehungen zu möglichen Inputgebern (z.B. Kapitalgeber, Lieferanten) müssen aufgebaut werden. Kapitalmärkte (insbesondere venture capitalists) benötigen nicht nur Business - Pläne, sondern auch stories, glaubwürdige und faszinierende Geschichten über zukünftige Marktpotenziale. Auf Personalmärkten müssen fähige Mitarbeiter zu eher durchschnittlichen Konditionen bei nicht unbeträchtlichen Zukunftsrisiken gesucht werden. Auf Güterbeschaffungsmärkten werden bei Lieferanten Hoffnungen auf ein boomendes Geschäft erweckt, an dem sie mit ihren Lieferungen teilhaben sollen. Und damit das alles glaubwürdig klingt, werden bekannte Namen für den Aufsichtsrat gesucht.

Diese Einzelfallaufzählung erhält durch die koalitionstheoretischen Erwägungen ein systematisches Gerüst (Simon 1955; March / Simon 1958; Cyert / March 1963).

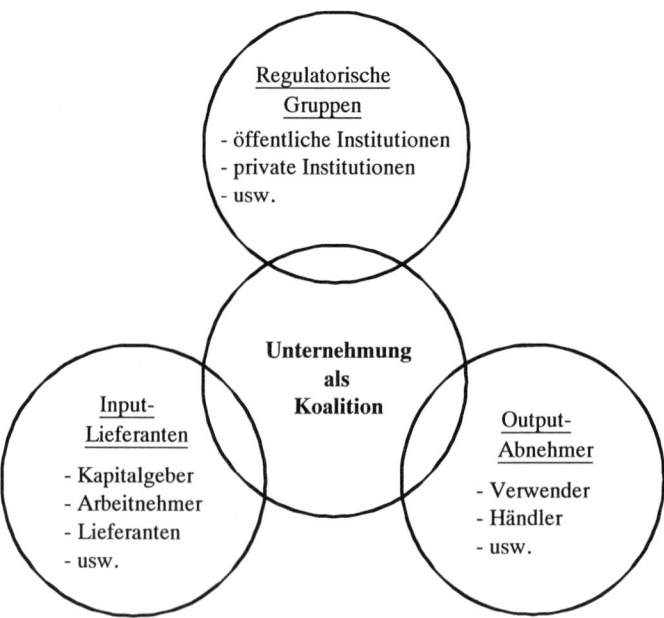

Abbildung 1: Koalitionstheorie

Das Unternehmen wird als Koalition betrachtet; es ist solange überlebensfähig wie die Koalitionspartner keine bessere Alternative wählen. Hier interessieren die Input-Lieferanten (Pfeffer / Salancik 1978) und die Output-Abnehmer. Im Absatzmarketing spricht man von Kundentreue und Kundenbindung.

3.3 Das Profilierungsgebot

Im Prinzip ist jedes Unternehmen in durch Wettbewerb gekennzeichneten Märkten für sich genommen überflüssig. Beim Kampf um die Ausweitung der eigenen Marktanteile freut es die Konkurrenzunternehmen, wenn sie selbst durch Verschwinden des anderen wachsen können. Um so schwerer haben es neu in den Markt eintretende Unternehmen. Die Eintrittsbarrieren werden niedriger, wenn man einige grundsätzlich gültige Profilierungsbedingungen beachtet.

3.3.1 Das Differenzgebot

In Käufermärkten fällt die Nachfrage geringer aus als das Angebot. Die Erfolgschance ist eher niedrig, wenn man etwas anbietet, das es schon gibt, und auch die Angebotsbedingungen nicht verändert. Warum sollte ein Nachfrager das Risiko eines Lieferantenwechsels eingehen?

3.3.2 Das Wirkungsgebot

Die Perspektive des Kunden entscheidet, ob das Neue als gewünschte Differenz erlebt wird. Dabei müssen mehrere Einzelaspekte beachtet werden. Zumindest die Differenz muss wahrgenommen werden. Alles was nicht wahrgenommen wird und auch morgen unerkannt bleiben wird, ist überflüssig und verstößt gegen das ökonomische Prinzip. Hier wie auch bei den folgenden Aspekten entscheidet die subjektive Wahrnehmung der Konsumenten. Hinzu tritt die subjektive Wichtigkeit. Weder die eigene Konstruktion noch Qualitätsprüfungsinstitute entscheiden darüber, was in den Augen des Kunden wichtig ist. Da man die Präferenzen der Konsumenten nicht genau kennt, bietet man lieber mehr als weniger an (→ Featurismus) und wundert sich über die Markterfolge der billigeren Konkurrenz. Ähnlich ist der Vorteilhaftigkeitsaspekt zu sehen. Auch hier entscheidet die subjektive Kundenbewertung. Und schließlich müssen diese positiven Wirkungen dem Anbieter auch wieder zugerechnet werden können, er muss wiedererkannt werden können, um Wiederholungskäufe zu generieren. Markierung und Werbung sind wichtige Instrumente.

3.3.3 Profilierungsdimensionen

Der Verwenderkunde muss bezüglich seiner Ansprüche untersucht werden, um zu prüfen, wie man über Individualbeziehungen durch Standardisierung zu möglichst großen und ausgabebereiten Marktsegmenten gelangen kann. Der Kunde lebt in einem Umfeld – wie groß soll man das Marktfeld (regional-global) definieren, in dem man Kunden suchen und bedienen will? Das Marktobjekt (Produkt, Sachzielbestimmung) bildet den Austauschinhalt. Es hat nur eine Marktchance, wenn es dem Wirkungsgebot entspricht. Und schließlich bedarf es genauer Prüfung, gegen welche Konkurrenz man antritt (Budget-, Problemlösungs-, Leistungs-, Image-, Modalitätskonkurrenz).

3.3.4 Profilierungsstrategien

Das Marktobjekt kann in unterschiedlicher Form zum Gegenstand von Austauschprozessen gemacht werden. Profilierungsstrategien beschreiben, auf welchem Weg man das Profilierungsziel erreichen kann. Auf Porters (1986) Überlegungen zu den Wettbewerbsstrategien basiert die folgende Einteilung:

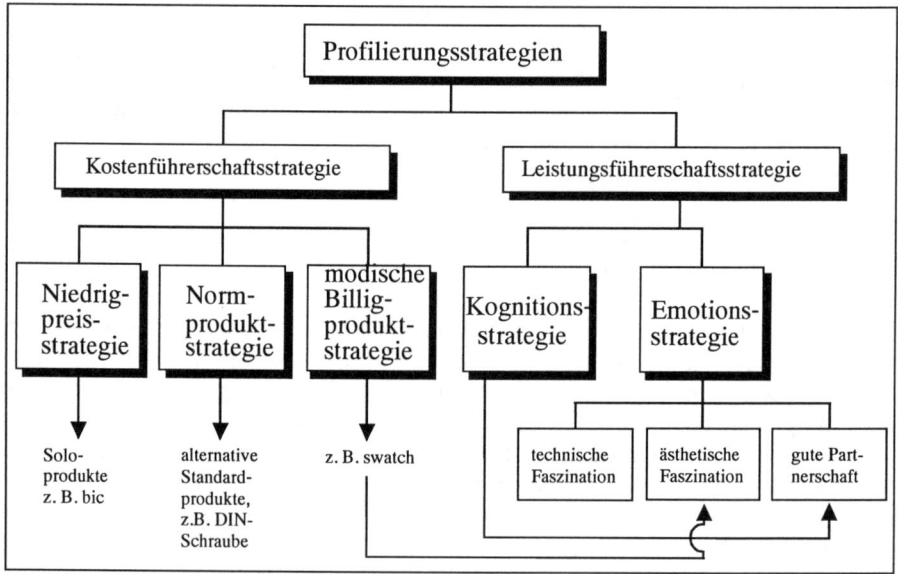

Abbildung 2: Profilierungsstrategien

Entweder man möchte eine Lösung mit möglichst niedrigen Kosten (→Minimalprinzip) oder eine möglichst gute Lösung für das vom Kunden Gewünschte bei gegebenem Budget (→ Maximalprinzip) erreichen. Im Konsumgüterbereich führt das einerseits zu generischem Konsum (Aldi) oder zu Erlebniskonsum (Emotionalisierung). Letzterer ist stark markenbezogen.

3.3.5 Profilierungskonsequenzen

Aus dem erwähnten Differenzierungsgebot folgen einige gestalttheoretisch begründbare strategische Konsequenzen:
- das Figur-Grundprinzip fordert relationales Handeln. Vor dem „Rauschen" des Konkurrenzhintergrundes muss das eigene Marketinghandeln bemerkbar sein. Es wird das „Anderssein" gefordert. Vor allem, wenn man als Newcomer gegen etablierte Unternehmen mit hohem Werbebudget auftritt, ist der medienwirksame, pfiffige, vielleicht auch provokante, aber wenig kostende Auftritt hilfreich,

- das Prägnanzprinzip erzwingt Gestaltungslösungen, die schnell erfasst und bewertet werden können, um Kosten für wiederholte Werbeauftritte zu vermeiden,
- das Konstanzprinzip soll zu Gestaltungslösungen führen, die eine langfristige Amortisation der Lernkosten des Kunden ermöglichen.

3.4 Ein Planungsprozess

Betriebswirtschaftliches Denken und Handeln konzentriert sich in besonderem Maße auf die Planungsperspektive. Man kann Planung als systematische Vorwegnahme künftigen Geschehens problemorientierte Alternativensuche, -beurteilung und -auswahl betrachten (Hahn 1993).

Man kann auf folgendem allgemeinen Modell aufbauen:

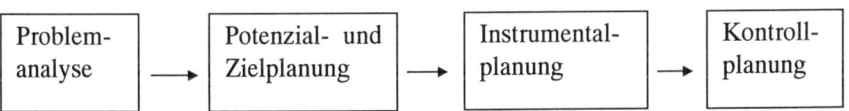

Abbildung 3:Grundstruktur eines Planungsprozesses

Aus diesem allgemeinen Planungsgerüst kann man die spezifischere marktorientierte Planung ableiten. Neben der Absatzmarktplanung interessiert in zunehmendem Maße die Beschaffungsmarktplanung. Hier stehen die Inputfaktoren im Mittelpunkt (Sachgüter, Dienstleistungen, Personal, Kapital, Rechte, Unternehmen). Je geringer die Wertschöpfungstiefe eines Unternehmens ist, umso wichtiger wird das objektspezifische Beschaffungsmarketing. Gerade Gründungsunternehmen werden sich des Outsourcing bedienen, um zum einen möglichst wenig Kapital zu binden und zum anderen, weil sie Mengendegressionseffekte meist noch nicht nutzen können.

Wegen der besonderen Bedeutung der Fremdbedarfsdeckung für die Existenzsicherung eines Unternehmens soll hier lediglich die Grundstruktur eines Absatzplanes erläutert werden. Man kann von folgendem Modell ausgehen:

Abbildung 4: Stufen eines Absatzmarketingplanes

3.4.1 Marktanalyse

Gründungsunternehmen starten häufig mit einer neuartigen Problemlösungsidee, die sie dem Markt anbieten wollen. Überzeugt von der Lösungsfähigkeit der Idee übersehen sie, dass ihr Problem nicht das Marktproblem ist – sie scheitern. Daraus ergibt sich der Zwang einer sorgfältigen Marktanalyse.

Ausgehend von einer umreißbaren Problemlage muss ein Problem analysiert und dann definiert werden, das Marktchancen verspricht. Es geht um die Sachzielbestimmung des neuen Unternehmens. Damit ist die Marktfeldbestimmung unmittelbar verknüpft. Zu prüfen ist, wo man nach präsumtiven Käufern Ausschau halten soll. Während in der Vergangenheit Gründungsunternehmen eher in der lokalen Begrenzung ihres Marktes entstanden, findet man heute bei jungen Unternehmen der IT- oder Biotechnik-Branche vermehrt einen prinzipiell globalen Marktansatz, der sich zunächst auf den US-amerikanischen und deutschen Markt konzentriert. Dies lässt sich nicht nur mit den neuen Informationstechniken sondern auch mit den Forschungsausgründungen aus Universitäten / Hochschulen begründen, denen internationale Kontakte zugrunde liegen. Hier wird vielfach noch an der Lösungsfähigkeit neuerer Verfahren gearbeitet – die Technikorientierung dominiert. Sie muss um die Marktorientierung ergänzt werden, indem geprüft wird, ob das definierte Problem in den Zielmärkten besteht, in welchem Alternativenraum er sich bewegt, welche Detailprobleme existieren, welche Präferenzen vorliegen usw.

Daraus folgt die möglichst genaue Analyse der Ansprüche zunächst derjenigen Personen / Institutionen, um deren Problembehandlung man sich bemüht. Dazu gehört auch nicht nur die Feststellung der jetzigen, sondern noch wichtiger die Prognose der morgigen Problemlage. Soweit es sich nicht um eine dyadische Marktpartnerschaft handelt, empfiehlt sich auch die Analyse der anderen an der Wertschöpfungskette Beteiligten. Entsprechend den bereits erläuterten strategischen Optionen müssen neben den kognitiv geprägten Sachansprüchen vor allem auch die Anmutungsansprüche geprüft werden. Das fällt den technikorientierten Gründern häufig nicht leicht.

Im Rahmen der Konkurrenzanalyse wird der Alternativenraum untersucht, über den der Kunde verfügt. Entsprechend dem Vorteilhaftigkeitsgebot interessiert, worin der Kunde gegenüber den Konkurrenzangeboten einen Grund sehen könnte, um die neue Lösung zu erwerben. Wenn sich durch die neue Technik (Problemlösungsverfahren) kein signifikanter Leistungsfortschritt ergibt, muss das nicht zur Beendigung der eigenen Idee führen. Der Kunde kann an einer Intensivierung des Problemlösungswettbewerbs interessiert sein, er kann von der Entwicklungsfähigkeit der neuen Idee überzeugt werden usw. Es versteht sich von selbst, dass man die Limitierungen des eigenen Handelns beachten muss. Das sind zum einen Auflagen und zum anderen Rechte Dritter (z.B. Patente). In einer mangelnden Marktanalyse liegen die meisten Flopgründe. Noch so intelligente Problemlöser nützen wenig, wenn sie am Marktproblem vorbeizielen.

3.4.2 Potenzial- und Zielplanung

Erst nach der Analyse der unternehmensexternen Marktbedingungen, denen man sich anpassen muss, beginnt man mit der Potenzial- und Zielanalyse. Finanz-, Personal-, Image-Potenzial usw. begrenzen hierbei den Handlungsraum. Die früher stark restriktiven Finanzierungsgrenzen sind inzwischen zu Gunsten einer eher marktpotenzialorientierten Betrachtung gewichen.

Gerade bei Gründungsunternehmen sind in der Startphase weniger Gewinnmaximierungsziele sondern eher Liquiditätserhaltungsziele dominant, da man ja lediglich über question-marks verfügt, die man zu Stars entwickeln will, die allerdings einen negativen cash-flow verursachen. Unter dem Basisziel müssen Handlungsziele formuliert werden, die den Mitarbeitern als Handlungsrichtung vorgegeben werden können. Als hilfreich kann sich die Formulierung von Produktzielen (z.B. Pionier-, Design-, Spitzenprodukte) erweisen, weil sie als verbindende Klammer das Unternehmenshandeln stark fokussieren können.

Aus den bisherigen Überlegungen erwächst das Briefing als Vorgabe für die Gestaltungsarbeit.

3.4.3 Marketingmixplanung

Erst jetzt beginnt die konkrete Planung der Problemlösung, die Angebotsplanung. Hier gilt es festzulegen, womit und wie man den Kunden so beeinflussen will, damit er das Angebot erwirbt. Die Beeinflussungsinstrumente werden auch als Marketinginstrumente bezeichnet. Man kann sie unterschiedlich gliedern; die folgende grobe Unterteilung hat sich bei Sachprodukten als zweckmäßig erwiesen:

Instrumentalbereiche	Variablenausprägungen
Produktpolitik	Innovation / Differenzierung / Variation / Elimination Monoprodukt / Linie / Familie
Servicepolitik	Lieferbereitschaft / -qualität / -zuverlässigkeit Installation / Wartung / Reparatur / Entsorgung / Garantieumfang / -dauer
Distributionspolitik	Direkter / indirekter Distributionsweg / Reisende / Vertreter / Makler / Messen / Großhandlungen / Einzelhandlungen / Distributionslogistik
Entgeltpolitik	Penetration / skimming policy / Über-/ Unterschwellenpreise / Rabatte / Bonus / Zahlungsbedingungen / Kredite / Leasing
Kommunikationspolitik	Individual- / Massenkommunikation / Verkaufsförderung / Beratung / Publizität

Abbildung 5: Marktbeeinflussungsinstrumente

Der Feststellung der Möglichkeiten schließt sich die Prüfung der Einsatzbedingungen an. Es ist zu klären, was die einzelnen Ausprägungen leisten und kosten. Entsprechend dem Maximumprinzip geht es darum, die einzelnen Instrumente so zu kombinieren, dass sie bei gegebenem Budget ein Höchstmaß an Beeinflussungserfolg erzielen. Anhaltspunkte für eine Kombination bieten die erwähnten Produktziele (Koppelmann 2000, S. 262) oder die strategischen Optionen.

Die bisherigen Überlegungen / Entscheidungen münden in einer Startmengen-Bestimmung. Vor allem von der Zielgruppe, der Nutzungsintensität, der Marktweite, dem Neuigkeitsgrad, der Marktbearbeitungsintensität hängen die möglichen Absatzzahlen ab. Hier werden bisweilen große Fehlentscheidungen getroffen.

3.4.4 Kontrollplanung

Kontrolle als Soll-Ist-Vergleich soll bei Abweichungen außerhalb eines fixierten Toleranzbereichs zur Analyse der Abweichungsgründe führen, um dann Anpassungsmaßnahmen zu ergreifen. Das kann zur Korrektur des Soll (→ Ziele) oder / und der Maßnahmen, die das Ist bewirkten, führen. Die Methoden der Kontrolle beim Produkt- / oder Markttest müssen problemadäquat gewählt werden, Methodenwillkür ist zu vermeiden – so können Methodenkenner gewünschte Ergebnisse produzieren.

Kontrollkonsequenzen können in der Variation oder der Elimination liegen. Die Variation kann sich auf das Produkt, die Angebotsmodalität oder die Zielgruppe erstrecken. Die Elimination des Angebots kann sofort / später und total / partiell erfolgen. Für Gründungsunternehmen empfiehlt sich möglichst zeitnaher Soll-Ist-Vergleich, um wegen der existenzbedrohenden Wirkung negative Abweichungen schnellstmöglich zu unterbinden.

Als Ist-Ist-Vergleich gilt das Benchmarking, das als unternehmensinternes, branchenorientiertes oder best-practice-Benchmarking erfolgen kann. Hier versuchen die sich miteinander vergleichenden Unternehmen aus Maßnahmeresultaten der anderen zu lernen. Für Gründungsunternehmen spielt dieser Kontrollaspekt eine geringere Rolle.

Weiterführende Literatur (zitierte Quellen siehe Anhang)

Cyert, R. / J. G. March (1963), A Behavioral Theorie of the Firm, Englewood Cliffs.

Grulms, M. (2000), Marketing in neugegründeten Unternehmen, Lohmar / Köln.

Rüggeberg, H. (1997), Strategisches Markteintrittsverhalten junger Technologieunternehmen: Erfolgsfaktoren der Vermarktung von Produktinnovationen, Wiesbaden.

Simon, H. A. (1955), A Behavioral Model of Rational Choice, Quarterly Journal of Economics, 69, S. 99-118.

Verständnisfragen (Lösungen siehe Anhang)

Aufgabe 1:
Geben Sie einen Überblick über die Austauschbeziehungen eines Unternehmens.

Aufgabe 2:
Im Rahmen der Zielsetzung wurden einige Produktziele als Instrumentalziele genannt. Sie haben erhebliche Auswirkung auf andere Bereiche (z.B. Entwicklung / Gestaltung / Produktion / Finanzierung / Beschaffung). Hier interessiert die Absatzmarktsicht. Bitte prüfen Sie die Produktzieleignung zur Profilierung.

V Gründungsmarketing
4 Patente und Patentlizenzverträge als Wettbewerbsparameter – Betrachtung aus der Perspektive von F&E-Anbietern in Hochtechnologiebranchen

Martin Kloyer

4.1 Einführung

Der vorliegende Beitrag befasst sich mit dem Einfluss von Patenten und Patentlizenzverträgen auf die Wettbewerbsfähigkeit neu gegründeter Unternehmen. Patente und Patentlizenzverträge können zwar die Wettbewerbsfähigkeit eines jeden neu gegründeten Unternehmens beeinflussen. Im Folgenden wird allerdings vorrangig die Perspektive der Anbieter von Forschungs- und Entwicklungsleistungen in Hochtechnologiebranchen (zum Begriff der Hochtechnologie z.B. Gerpott 1999, S. 20 ff., zu dem verwandten Begriff der Spitzentechnik etwa Brockhoff 1999, S. 28 ff.) eingenommen. Grund hierfür ist die Tatsache, dass der Einfluss von Patenten und Patentlizenzverträgen auf die Wettbewerbsfähigkeit in dieser Gruppe neu gegründeter Unternehmen in all seinen Schattierungen besonders deutlich in Erscheinung tritt. Somit können Gründer, die sich nicht dieser Unternehmensgruppe zurechnen, die folgenden Ausführungen ebenso zur *Analyse* der eigenen Situation wie auch zur Übernahme von *Gestaltungsempfehlungen* nutzen.

Warum soll nun insbesondere die Situation von Anbietern von F&E-Leistungen in Hochtechnologiebranchen Ausgangspunkt der Darstellung sein?

Der Schutz technologischen Know-hows hat in *Hochtechnologiebranchen* einen besonders starken Einfluss auf die Wettbewerbsfähigkeit eines Unternehmens. Hier ist der Innovationsgrad (u.a. Hauschildt 1997, S. 11 ff.) anders als in reifen Branchen die entscheidende Kundennutzendimension. Solange hier der Innovator seinen technologischen Vorsprung aufrechterhalten kann, können ihm Wettbewerber nicht die Vorteile des Markteintrittspioniers (u.a. Gerpott 1999, S. 190 ff.) nehmen. Eine Überflügelung durch Wettbewerber, die sich auf die Kundennutzendimensionen des Preises oder Services konzentrieren, ist nicht möglich. Der Patentschutz ist eine wichtige Möglichkeit der Absicherung des technologischen Vorsprungs. Er ermöglicht es, Markteintrittspionier zu sein, ohne die *Produktentwicklung* beschleunigen bzw. die *time-to-market* verkürzen zu müssen. Der Schutz der Technologie, auf der die Herstellung eines Endprodukts basiert, ist damit in Hochtechnologiebranchen sowohl für den Hersteller des Endprodukts als auch für den Lieferanten der Technologie bzw. F&E-Leistung die Grundlage der Wettbewerbsfähigkeit bzw. eines Wettbewerbsvorsprungs. Dabei wird in diesen Branchen eine Technologie häufig nicht von ihrem Nutzer, sondern von *Anbietern* von Leistungen der *Grundlagenforschung*, der *angewandten Forschung* und / oder der *Produktentwicklung* geliefert.

Nach einer kurzen Einführung in die Begriffe (4.2) soll zunächst eine ökonomische Begründung der Bedeutung des Patents und des Patentlizenzvertrags für die Wettbewerbsfähigkeit neu gegründeter Anbieter von F&E-Leistungen in Hochtechnologiebranchen geliefert werden (4.3). Anschließend werden die Implikationen für die Ausgestaltung des Patentlizenzvertrags (4.4) dargestellt.

4.2 Einführung in die Begriffe

Innerhalb der Gruppe der gewerblichen Schutzrechte bilden *Patent* und Gebrauchsmuster jene Untergruppe, die dem Schutz technischer Erfindungen dient (siehe zu diesem Abschnitt etwa Gaul / Bartenbach 1993, Pagenberg / Geissler 1997, Hubmann / Götting 1998). Patente unterscheiden sich von Gebrauchsmustern insbesondere durch die erforderliche sogenannte Erfindungshöhe, das vorausgehende Prüfungsverfahren sowie dadurch, dass sie auch für Verfahrenserfindungen erteilt werden können. Grundlage der Erteilung ist das Patentgesetz i.d.F. vom 16.12.1980. Patentfähig sind neue, auf einer erfinderischen Tätigkeit basierende und gewerblich anwendbare Erfindungen. Neu ist eine Erfindung nur, wenn sie gegenüber dem Stand der Technik einen Fortschritt darstellt. Der Stand der Technik wird insbesondere bestimmt durch schriftliche und mündliche Beschreibungen sowie aktive Nutzung, sofern ein nicht begrenzter Personenkreis von ihr Kenntnis erlangen konnte. Vergleich mit dem Stand der Technik bedeutet hier lediglich Vergleich mit einzelnen Gegenständen (sogenannten Entgegenhaltungen). Die Neuheit ist nicht gegeben, wenn eine Entgegenhaltung mühelos durch einen Fachmann nachvollzogen werden kann. Von erfinderischer Tätigkeit wird erst ab einer bestimmten sogenannten *Erfindungshöhe* gesprochen. Diese ist hinreichend, wenn sich die Erfindung aus der Perspektive eines Fachmanns nicht aus dem Stand der Technik ergibt, wobei hier im Unterschied zur Überprüfung der Neuheit der Stand der Technik in seiner Gesamtheit als Maßstab herangezogen wird. Die Erfindung darf sich nicht in einer für den Fachmann naheliegenden Weise aus dem Stand der Technik ergeben. Gewerbliche Anwendbarkeit ist laut Rechtsprechung in allen Wirtschaftszweigen mit Ausnahme der freien Berufe gegeben (Hubmann / Götting 1998, S. 128 f.).

Am Anfang des *Patenterteilungsprozesses* steht ein an das Deutsche Patentamt gerichteter Antrag, der zunächst einmal auf seine formale Richtigkeit geprüft wird. Nach 18 Monaten wird der Antrag veröffentlicht. Im Falle einer nun möglichen

Imitation durch einen Wettbewerber kann der Antragsteller kein Verbot, sondern lediglich eine Entschädigung fordern. Ein den formalen Anforderungen genügender Antrag wird auf einen weiteren Antrag hin auf seine Patentfähigkeit überprüft. Diese Antragsstellung muss innerhalb einer Frist von sieben Jahren erfolgen. Sofern die Patentfähigkeit festgestellt wurde, wird das Patent in Form einer *Patentschrift* erteilt und im *Patentblatt* veröffentlicht. Die maximale Laufzeit des Patents beträgt 20 Jahre. Voraussetzung ist die regelmäßige Entrichtung der auch schon während des Erteilungsverfahrens fälligen Gebühren. Beim Europäischen Patentamt kann eine Ausdehnung des Patentschutzes auf die Staaten der Europäischen Union beantragt werden. Die Voraussetzungen entsprechen denjenigen auf der nationalen Ebene. Die Gebühren sind höher als die für das deutsche Patent zu entrichtenden, aber erheblich niedriger als die Summe der Gebühren bei Einzelanmeldungen in den Staaten der Union, abgesehen davon, dass der zusätzliche Verwaltungsaufwand bei gesonderten Anmeldungen entfällt. Auf internationaler Ebene wird kein Patent erteilt, es kann aber eine Recherche zum Stand der Technik durchgeführt werden, an der sich die nationalen Patentbehörden bei ihrer Prüfung orientieren.

Durch eine *Patentlizenz* räumt der Patentinhaber als Lizenzgeber einem Lizenznehmer die Befugnis ein, die ihm zustehenden Rechte an der Verwertung des Patents auszuüben. Zu differenzieren ist die ausschließliche von der einfachen Lizenz. Letztere lässt dem Lizenzgeber das Recht auf eigene Verwertung und Vergabe weiterer einfacher Lizenzen. Die Befugnis zur Rechteverwertung, die durch einen *Patentlizenzvertrag* übertragen wird, kann inhaltlich, räumlich, zeitlich und personenbezogen beschränkt sein. Eine Lizenz kann beispielsweise auf bestimmte Stufen der Wertschöpfungskette beschränkt sein. So muss sie etwa nicht Produktion *und* Vermarktung umfassen. Patentlizenzverträge weichen in der konkreten Gestaltung erheblich voneinander ab.

Typische Pflichten des Lizenz*gebers* sind allerdings die Zahlung der Patentgebühren, die Verteidigung des Patents sowie die Übertragung des für die Ausübung der Lizenz erforderlichen Know-hows; zu den Pflichten des Lizenz*nehmers* gehört die Zahlung der Gebühr (Alternativen: umsatzabhängig, stückzahlabhängig, pauschal, häufig Mindestgebühr), bei einer ausschließlichen Lizenz typischerweise die Ausübungsverpflichtung sowie eine die Lizenzausübung abgrenzbar ausweisende Rechnungslegung.

4.3 Zur Bedeutung des Patents und Patentlizenzvertrags für die Wettbewerbsfähigkeit von Anbietern von F&E-Leistungen

4.3.1 Die Beteiligung am Innovationsertrag

Ein neu gegründeter F&E-Anbieter verfügt typischerweise nicht über das Kapital, das für eine das Geschäftsrisiko senkende Ausdehnung auf die nachfolgenden Innovationsprozessstufen erforderlich ist. Sein Ziel sollte daher eine Maximierung seines

Anteils an jenem Ertrag sein, der aus dem Verkauf der Endprodukte entsteht, an deren Entwicklung er beteiligt gewesen ist, also am Innovationsertrag.

In Fällen der Auftragsforschung und -entwicklung können die Anforderungen an eine zu erstellende Leistung ex ante nicht exakt beschrieben werden. Die Austauschverträge sind deshalb zwangsläufig unvollständige Verträge. Regelungen hinsichtlich der Leistungen und Gegenleistungen müssen im Verlauf der Austauschbeziehung angepasst werden. Wegen der Unbestimmtheit der ursprünglichen Vereinbarungen ist die gerichtliche Durchsetzbarkeit nicht gegeben. Die Austauschpartner müssen deshalb die Anpassungen im Rahmen einer relationalen Vertragsbeziehung selbst vornehmen.

Vor und während der Erstellung einer F&E-Leistung fehlen dem Abnehmer jene Informationen, die er benötigt, um den Wert der Leistung für die spätere Realisierung des Innovationsertrags einschätzen zu können. Er kann nicht wissen, ob aus der F&E-Leistung überhaupt jemals ein vermarktbares Produkt hervorgehen wird und welche Leistungen seinerseits bis zu einer Vermarktung erforderlich sein werden. Er kann auch nicht wissen, welche Rendite im Falle einer Vermarktung erzielt werden kann. Es treten insbesondere die Probleme der hidden characteristics sowie der hidden action und der hidden information (vgl. z.B. Milgrom / Roberts 1992, Picot et al. 1999, S. 87 ff.) auf: Der Abnehmer kann die Qualität der Anbieterleistung erst ex post beurteilen; der Prozess der Leistungserstellung entzieht sich seiner Beobachtung; er kann nicht feststellen, inwieweit das Ergebnis auf Anstrengungen des Anbieters und inwieweit auf Umwelteinflüsse zurückzuführen ist. Für die immaterielle und innovative Anbieterleistung lässt sich schwer ein quantifizierbarer Aufwand ermitteln. Diese Probleme führen dazu, dass Abnehmer von F&E-Leistungen typischerweise nur zur Zahlung von up-front-payments und darauf folgenden meilensteinabhängigen Zahlungen bereit sind. Nachdem die F&E-Leistung erstellt wurde, hat der Abnehmer dann aber keinen Grund mehr, dem Anbieter einen weiteren Anteil am potentiellen Innovationsertrag einzuräumen. Hier zeigt sich, dass für die überwiegend aus Informationen bestehenden F&E-Leistungen das Informationsparadoxon gilt: Ihr Wert offenbart sich erst, wenn sie transferiert worden sind. Für den Anbieter einer F&E-Leistung ergibt sich daraus, dass er nur versuchen kann, seine vorvertragliche Verhandlungsmacht zur Durchsetzung von solchen austauschvertraglichen Instrumenten zu nutzen, die ihm eine spätere Aushandlung eines Innovationsertragsanteils ermöglichen.

Entscheidend für die vorvertragliche Machtverteilung ist die Verteilung der für die Austauschpartner kritischen Ressourcen. Dabei müssen alternative Ressourcenbezugsmöglichkeiten berücksichtigt werden (vgl. bes. Pfeffer / Salancik 1978). Für eine genaue Bestimmung wäre es erforderlich, zu ermitteln, welche F&E-Ressourcen für den Abnehmer kritisch sind, wie diese F&E-Ressourcen zwischen Anbieter und Abnehmer verteilt sind, sowie, welche Transaktionsalternativen bestehen. Dies scheitert wegen der zuvor genannten Informationsprobleme. So können weder der Anbieter noch der Abnehmer zu diesem Zeitpunkt zweifelsfrei feststellen, welche

F&E-Ressourcen für den Abnehmer kritisch sind. Der Anbieter kann also lediglich seinen Informationsvorteil hinsichtlich der objektiven Eigenschaften der noch von ihm zu erstellenden Leistung für die Aushandlung eines möglichst günstigen Austauschvertrags nutzen.

4.3.2 Die nachvertragliche Verhandlungsmacht

Das Problem des Anbieters ist, dass sich die *Machtverteilung* im Verlauf eines Innovationsprozesses zu seinen Ungunsten verlagert. Seine Macht erreicht ihr Maximum, wenn er der einzige oder einer der wenigen Anbieter der für einen Abnehmer kritischen Ressource (einer Leistung der Grundlagenforschung, der angewandten Forschung oder der Produktentwicklung) ist. Später verfügt dann der Abnehmer über die kritischen Ressourcen und später nehmen auch die Möglichkeiten des Abnehmers, die F&E-Leistung des Anbieters zu umgehen oder zu imitieren, eher zu. Die Zahl alternativer Austauschpartner ist dabei ohne Einfluss, da sie für Anbieter und Abnehmer zu Beginn gleichermaßen niedrig ist und während eines Innovationsprozesses für beide gleichermaßen steigt. So sind es typischerweise wenige Pioniere, die neue technologische Entwicklungen anstoßen und anfänglich nur wenige Abnehmer, die bereit sind, eine in einer sehr frühen Innovationsprozessphase angesiedelte Grundlagenforschungsleistung zu finanzieren. Später haben die Aktivitäten der Anbieterpioniere Nachfolger gefunden und Fortschritte im Hinblick auf die Entwicklung marktfähiger Produkte locken verstärkt Abnehmer an. Auch die Spezifität der Investitionen hat keinen Einfluss: Zu Beginn eines Innovationsprozesses ist sie für beide wegen der niedrigen Zahl alternativer Austauschpartner hoch, später nimmt sie für beide wegen der Zunahme alternativer Partner ab.

Ziel des Anbieters einer F&E-Leistung müssen austauschvertragliche Vereinbarungen sein, die die Vermarktung eines auf seiner Leistung basierenden Endprodukts ohne seine Zustimmung unmöglich machen. Wenn dies nicht durchzusetzen ist, sind Regelungen anzustreben, die es dem Abnehmer zumindest erschweren, den Anbieter nicht am Innovationsertrag zu beteiligen. Hier wird nun die zentrale Bedeutung des Patents für den F&E-Anbieter deutlich. Der Patentschutz ermöglicht es ihm, nach der Erstellung seiner Leistung einen Anteil am Innovationsertrag als Gegenleistung für die Nutzung des Know-hows zu fordern. Dies geschieht im Falle der Patentlizenz. Voraussetzung hierfür ist, dass eine Umgehung oder Imitation des Patents nicht möglich ist (vgl. bspw. Teece 1986, S. 285 ff.). Es kann erforderlich sein, eine Umgehung durch Einzäunen mit weiteren Patenten zu verhindern (z.B. Specht / Beckmann 1996, S. 454; Brockhoff 1999, S. 159). Wenn der F&E-Anbieter das Patent veräußert, beraubt er sich irreversibel der Möglichkeit, später einen Innovationsertragsanteil auszuhandeln.

4.4 Die Ausgestaltung des Patentlizenzvertrags

Durch *Lizenzgebühren* wird der F&E-Anbieter am Innovationsertrag kontinuierlich beteiligt. Allerdings ist die Höhe des Anteils festgeschrieben. Je weiter der Zeitpunkt der Vertragsunterzeichnung vor der Markteinführung des Endprodukts lag, desto eher kann sich der vereinbarte Anteil aus der Perspektive des Anbieters später als nicht zufriedenstellend erweisen. Die Rendite des Lizenznehmers kann dann deutlich über den prognostizierten Werten liegen, weil ein höher als angenommen ausfallendes Marktvolumen unerwartete Economies of Scale ermöglicht.

Aus diesem Grund sollte ein Vertrag die *Option auf eine Neuverhandlung der Lizenzgebühr* beinhalten. Um in einer Neuverhandlung hinreichenden Einfluss nehmen zu können, sind flankierende Maßnahmen erforderlich. Auf vielfältige Weise wirksam sind hier wiederum die die ursprüngliche Erfindung *einzäunenden Patente*. Sie erschweren dem Lizenznehmer die Umgehung des ursprünglichen Patents durch eigene F&E-Aktivitäten oder den Bezug von einem alternativen F&E-Anbieter. Das Patentieren weiterer Erfindungen kann aber nicht nur eher reaktiv der Verteidigung eines ursprünglichen Patents dienen, sondern auch aktiv auf die Gestaltung der Entwicklung einer Branche abzielen. So können entscheidende Patente Weichenstellungen bei der Herausbildung von Wettbewerbsspielregeln in der präparadigmatischen Phase der Entwicklung einer Branche (siehe etwa Teece 1986, S. 287 f.) sein. Ein Lizenzgeber kann damit für seinen Lizenznehmer als Lieferant weiterer Lizenzen unersetzbar werden. Aber auch solche weiteren Patente, die nur potentiell gewinnbringend sind, ohne die Spielregeln einer Branche zu bestimmen, können die Verhandlungsmacht stützen.

Einen wesentlichen, stärkenden Einfluss auf die Verhandlungsmacht zum Zeitpunkt von Neuverhandlungen kann auch eine Regelung haben, nach der der Lizenzgeber neben dem Abnehmer gleichberechtigter *Miteigentümer* jenes *schützbaren Know-hows* wird, das im weiteren Verlauf des Innovationsprozesses durch Aktivitäten des Abnehmers entsteht und das unabdingbare Voraussetzung für weiterhin erfolgreiche Produktion und Vermarktung des Endprodukts ist. Geeignet sind zudem einige der klassischen, aus der Transaktionskostentheorie stammenden Instrumente, wie z.B. *Unterpfänder bzw. partnerspezifische Investitionen* des Abnehmers oder *Konventionalstrafen*. Sofern der Lizenznehmer bereit ist, sie abzuschreiben bzw. zu bezahlen, können sie dem Lizenzgeber allerdings keinen Einfluss bei Neuverhandlungen verschaffen. Ein Lizenzgeber kann seine Verhandlungsmacht auch dadurch ausbauen, dass er sich vertraglich *Möglichkeiten des Einblicks in das Management der nachfolgenden Innovationsprozessstufen* zusichern lässt. Dadurch kann er sich – entsprechende finanzielle Ressourcen vorausgesetzt – zu einem potentiellen direkten Konkurrenten seines Lizenznehmers entwickeln. Dies ist ein entscheidender Vorteil des Patentlizenzvertrags gegenüber dem einmaligen und abschließenden Verkauf von F&E-Leistungen oder Patenten, der über die Zusicherung einer kontinuierlichen Ertragsbeteiligung hinausgeht und die langfristige Unternehmensentwicklung beeinflusst. Eine Option, auf den Innovationsprozessstufen des Abnehmers aktiv zu werden, kann allerdings nur dann die Verhandlungsposition bei Neuverhandlungen verbessern, wenn eventuell vereinbarte Wettbewerbsverbote und Nichtangriffsabreden mit Beginn der Neuverhandlungen außer Kraft treten. Von großer Bedeutung für die Entwicklung der Verhandlungsposition ist auch die *Wahl zwischen ausschließlicher und einfacher Lizenz*. Für einen F&E-Anbieter in der Nachgründungsphase, der nicht über die für die Produktion und Vermarktung eines Endprodukts erforderlichen Ressourcen verfügt, läge es zwar nahe, eine ausschließliche Lizenz zu vergeben, da er in einem frühen Stadium der Unternehmensentwicklung meist noch kein Interesse an einer Option für eine eigene Produktion und Vermarktung haben kann. Dem widerspricht aber die Überlegung, dass durch die Vergabe einer einfachen Lizenz die Möglichkeit besteht, weitere Lizenzen zu vergeben, und somit spätere Neuverhandlungen durch den Verweis auf alternative Lizenznehmer im eigenen Sinne beeinflusst werden können. Abgesehen davon kann die schon frühe Vergabe mehrerer einfacher Lizenzen insofern von Vorteil sein, als die Konkurrenz unter den Lizenznehmern zu einer Maximierung des Absatzes und damit (bei umsatz- oder stückzahlabhängiger Gebühr) zu einer Maximierung der Gebühreneinnahmen des Lizenzgebers führt.

Die Durchsetzung einer einfachen Lizenz setzt allerdings eine *starke Verhandlungsposition* des Lizenzgebers voraus: Er muss über ein nicht umgehbares Patent und alternative potentielle Vertragspartner verfügen, und es dürfen keine alternativen Lizenzgeber vorhanden sein, die zur Vergabe einer ausschließlichen Lizenz bereit sind. Solche Bedingungen sind – wenn überhaupt – eher in frühen Innovationsprozessphasen zu erwarten. Doch selbst wenn die Bedingungen gegeben sind, sind F&E-Abnehmer nur selten bereit, in einer frühen Phase bei unsicheren Gewinnerwartungen in ein F&E-Projekt zu investieren, ohne das ausschließliche Nutzungsrecht garantiert zu bekommen. Darüber hinaus sind F&E-Anbieter in der Nachgründungsphase oft auf schnelle Kapitalzufuhr angewiesen, gerade weil sie keinen beständigen Zufluss aus der Vermarktung bisheriger F&E-Leistungen verzeichnen können. Dies lässt sie dann meist die Bedingungen des Abnehmers akzeptieren.

Weiterführende Literatur (zitierte Quellen siehe Anhang)

Ernst, H. (1996), Patentinformationen für die strategische Planung von Forschung und Entwicklung, Wiesbaden.

Haupt, R. (2000), Industriebetriebslehre. Einführung. Management im Lebenszyklus industrieller Geschäftsfelder, Wiesbaden, S. 43 ff.

Haupt, R. / M. Kloyer (2001), Management von Innovationskooperationen. Eine empirische Untersuchung von Unternehmen in Hochtechnologiebranchen, Lehrstuhl für Allgemeine Betriebswirtschaftslehre / Produktion und Industriebetriebslehre der Friedrich-Schiller-Universität Jena (im Erscheinen).

Pagenberg, J. / B. Geissler (1997), Lizenzverträge, Köln usw.

Pay, D. de (1996): Schutzrechte und Schutzrechtspolitik, in: W. Kern et al. (Hrsg.), Handwörterbuch der Produktionswirtschaft, Stuttgart, Sp. 1829-1840.

Picot, A. / H. Dietl / E. Franck (1999), Organisation. Eine ökonomische Perspektive, Stuttgart, S. 66 ff.

Verständnisfragen (Lösungen siehe Anhang)

Aufgabe 1:

Wieso geraten F&E-Anbieter in Hochtechnologiebranchen in die Gefahr, keinen Einfluss auf die Verteilung des Ertrags einer Innovation nehmen zu können?

Aufgabe 2:

Wie kann ein Patentlizenzvertrag einem F&E-Anbieter Einfluss auf die Verteilung des Ertrags einer Innovation verschaffen?

Aufgabe 3:

Welche flankierenden Maßnahmen können die Verhandlungsposition eines F&E-Anbieters für eine Neuverhandlung des Ertragsverteilungsschlüssels stärken?

VI Personalwirtschaft im Gründungskontext
1 Der Gründer als Arbeitgeber: Rechte und Pflichten im Arbeitsverhältnis

Joachim Pietzko

Für Existenzgründer, die neben der Erfüllung vieler anderer Funktionen auch für den Personalbereich ihres neuen Unternehmens verantwortlich sind, ist es von großer Bedeutung, die Rechte und Pflichten von Arbeitgebern und Arbeitnehmern im Arbeitsverhältnis zu kennen. Die nachfolgenden Ausführungen sollen einen entsprechenden Überblick verschaffen, wobei aus Gründen der Übersichtlichkeit und der Begrenzung des Umfangs der Darstellung eine Beschränkung auf besonders wesentliche Aspekte erfolgt.

1.1 Arbeitspflicht
1.1.1 Höchstpersönlicher Charakter

Nach § 613 S. 1 BGB muss ein Arbeitnehmer die ihm obliegende Arbeitsleistung im Zweifel selbst, d.h. in eigener Person, erbringen. Er ist also nicht berechtigt, einen Vertreter oder Ersatzmann zu stellen. Dasselbe gilt umgekehrt auch für den Arbeitgeber. Der Arbeitgeber kann den Anspruch auf Arbeitsleistung nicht auf Dritte übertragen. Der Arbeitnehmer kann also gegen seinen Willen grundsätzlich nicht angewiesen werden für einen anderen Arbeitnehmer tätig zu werden.

Eine Ausnahme stellt insoweit die Arbeitnehmerüberlassung dar, welche dadurch gekennzeichnet ist, dass die Arbeitsleistung eines Leiharbeitnehmers durch ein Zeitarbeitsunternehmen anderen Unternehmen entgeltlich zur Verfügung gestellt wird. Eine weitere Ausnahme resultiert aus § 613a BGB. Hiernach gehen bei einem Betriebsübergang sämtlich Arbeitsverhältnisse von dem bisherigen auf den neuen Betriebsinhaber über. Es findet also kraft Gesetzes eine Übertragung der Arbeitspflicht auf den neuen Arbeitgeber statt. Allerdings hat das BAG hier in richterlicher Rechtsfortbildung eingegriffen und festgestellt, dass den von einem Betriebsübergang betroffenen Arbeitnehmern ein sog. Widerspruchsrecht zusteht. Durch dieses Recht, welches in der Regel innerhalb von 3 Wochen nach Kenntniserlangung über den Betriebsübergang ausgeübt werden muss, kann ein Arbeitnehmer den Übergang seines Arbeitsverhältnisses auf den neuen Betriebsinhaber verhindern. Das Beschäftigungsverhältnis besteht in diesem Fall mit dem bisherigen Arbeitgeber fort. Allerdings muss der widersprechende Arbeitnehmer ggf. mit einer betriebsbedingten Kündigung rechnen, wenn ihn der bisherige Arbeitgeber aufgrund des Betriebsübergangs nicht weiterbeschäftigen kann.

1.1.2 Art und Umfang der Arbeitspflicht

§ 611 I BGB legt fest, dass ein Arbeitnehmer nur die versprochene Arbeitsleistung erbringen muss. Vor diesem Hintergrund kommt also der Festlegung der Arbeitspflicht bzw. der sog. Tätigkeitsbeschreibung im Arbeitsvertrag wesentliche Bedeutung zu. In der Regel erfolgt in dem Arbeitsvertrag eine berufs- oder branchenspezifische Festlegung der Leistungspflicht des Arbeitnehmers (z.B. als Maurer, Schlosser, Elektriker etc.). Wird beispielsweise jemand als Buchhalter angestellt, muss er sämtliche Tätigkeiten ausüben, die typischerweise mit diesem Beruf verbunden sind. Wird jemand als Helfer oder Hilfsarbeiter angestellt, hat er jede Arbeit zu verrichten, die billigem Ermessen entspricht (§ 315 BGB). Allerdings besteht auch die Möglichkeit in konkreten Stellenbeschreibungen die Arbeitsleistungen des Arbeitnehmers detailliert zu regeln.

An den Umfang der vereinbarten Arbeitspflicht sind sowohl Arbeitnehmer als auch Arbeitgeber gebunden. Soll auf Dauer eine wesentliche Änderung erfolgen und können Arbeitgeber und Arbeitnehmer hierüber kein Einvernehmen erzielen, bleibt u.U. für beide Seiten nur die Möglichkeit der Kündigung. Dabei ist allerdings der Arbeitgeber, der lediglich eine Veränderung des Umfangs der Arbeitspflicht des Arbeitnehmers realisieren möchte, gehalten, eine sog. Änderungskündigung i.S. des

§ 2 KSchG auszusprechen. Dies bedeutet, dass der Arbeitgeber das bisherige Arbeitsverhältnis kündigt, gleichzeitig jedoch dem Arbeitnehmer das Angebot unterbreitet, dass Arbeitsverhältnis zu den veränderten Arbeitsbedingungen fortzusetzen.

In Not- oder Eilfällen ist ein Arbeitnehmer aufgrund der ihm obliegenden Treuepflicht (§ 242 BGB) auch verpflichtet, ggf. Tätigkeiten auszuüben, die von der arbeitsvertraglichen Tätigkeitsbeschreibung gar nicht mehr gedeckt sind. Beispielsweise muss der Sachbearbeiter in einem Büro bei einem unvorhersehbaren Ausfall der Reinigungskraft ggf. auch einmal Reinigungs- und Säuberungsarbeiten durchführen.

1.1.3 Direktions- und Weisungsrecht des Arbeitgebers

Der Arbeitgeber ist grundsätzlich berechtigt, die Arbeitspflicht inhaltlich näher festzulegen. Dieses Direktionsrecht des Arbeitgebers kann sich auf Arbeitszeit, Arbeitsort sowie die Art und Weise, die Reihenfolge oder sonstige Begleitumstände (z.B. Kleidung) der zu erbringenden Arbeitsleistung beziehen. Für die Ausübung des Direktionsrechts ist keine bestimmte Form vorgeschrieben. Der Arbeitgeber kann das ihm zustehende Weisungsrecht mündlich, schriftlich oder per EDV im betrieblichen Netzwerk ausüben. Darüber hinaus kann es im Wege eine individuellen Anweisung gegenüber einzelnen Arbeitnehmer oder in generalisierter Form gegenüber bestimmten Arbeitnehmergruppen ausgesprochen werden.

Allerdings darf ein Arbeitgeber das Weisungsrecht nicht uneingeschränkt ausüben. Es bestehen vielmehr folgende Beschränkungen seines Direktionsrechts:

- *Arbeitsvertrag*: Anweisungen des Arbeitgebers, die nicht dem abgeschlossenen Arbeitsvertrag entsprechen, braucht ein Arbeitnehmer – abgesehen von den bereits erwähnten Not- bzw. Eilfällen – grundsätzlich nicht zu befolgen.
- *Betriebsverfassungsrecht*: Ferner wird das arbeitgeberseitige Direktionsrecht durch die Mitbestimmungsrechte des Betriebsrats – falls ein solcher besteht – begrenzt. Sofern ein Arbeitgeber generelle Anweisungen erteilt, von denen eine Vielzahl von Arbeitnehmern betroffen ist, liegt regelmäßig nach § 87 Abs. 1 Nr. 1 BetrVG eine Regelung vor, welche die Ordnung des Betriebs bzw. das Verhalten der Arbeitnehmer im Betrieb betrifft und deshalb der Zustimmung des Betriebsrats bedarf. Die Anordnung eines allgemeinen Rauchverbots im Betrieb bedarf also ebenso der Zustimmung des Betriebsrats wie das Verbot während der Arbeitszeit Radio zu hören oder der Erlass einer allgemeinen Kleiderordnung.
- *Gesetz und Tarifvertrag*: Verstößt eine Arbeitsanweisung gegen eine gesetzliche Vorschrift oder einen Tarifvertrag ist sie rechtswidrig und damit für den betroffenen Arbeitnehmer ebenfalls unbeachtlich.
- *Verletzung der Arbeitspflicht*: Erfüllt ein Arbeitnehmer die ihm obliegende Arbeitspflicht nicht, kann der Arbeitgeber hierauf aus arbeitsrechtlicher Sicht unterschiedlich reagieren: Zunächst einmal besteht die Möglichkeit den Arbeitnehmer auf Erbringung der Arbeitsleistung zu verklagen. Weiterhin können Schadensersatzansprüche geltend gemacht werden. Vor dem Hintergrund der vorgenannten eingeschränkten Sanktionsmöglichkeiten wird der Arbeitgeber je-

doch im Normalfall dem betreffenden Arbeitnehmer verhaltensbedingt kündigen.

1.2   Beschäftigungspflicht
1.2.1   Freistellung bzw. Suspensierung

Das arbeitsrechtliche Gegenstück zur Arbeitspflicht auf Seiten des Arbeitnehmers bildet die Beschäftigungspflicht durch den Arbeitgeber. Mit Rücksicht auf diesen – aus dem Arbeitsvertrag resultierenden Anspruch – kann eine Freistellung bzw. Suspensierung des Arbeitnehmers von seiner Arbeitsleistung grundsätzlich nur einvernehmlich erfolgen. Allerdings besteht die Möglichkeit, dass dem Arbeitgeber bereits im Arbeitsvertrag zugestanden wird, eine einseitige Freistellung bei Lohn- und Gehaltsfortzahlung auszusprechen. Fehlt es an einer derartigen Ermächtigung ist eine einseitig ausgesprochene Freistellung des Arbeitnehmers nach der arbeitsgerichtlichen Rechtsprechung nur dann möglich, wenn hierfür ein „billigenswerter" Grund vorliegt. Dies ist z.B. bei einer tiefgreifenden Störung des Vertrauensverhältnisses oder aber bei der Möglichkeit der Weitergabe von Betriebs- oder Geschäftsgeheimnissen an den neuen Arbeitgeber des Arbeitnehmers der Fall.

1.2.2   Weiterbeschäftigungsanspruch in einem Kündigungsschutzprozess

Unabhängig davon wirkt sich die Beschäftigungspflicht des Arbeitgebers auch nach Ausspruch einer Kündigung aus. Widerspricht ein Betriebsrat ordnungs- und fristgemäß einer vom Arbeitgeber ausgesprochenen Kündigung und erhebt der Arbeitnehmer Kündigungsschutzklage, muss der Arbeitgeber nach § 102 V S. 2 BetrVG auf Verlangen des Arbeitnehmers diesen nach Ablauf der Kündigungsfrist bis zum rechtskräftigen Abschluss des Rechtsstreits zu unveränderten Arbeitsbedingungen weiterbeschäftigen.

Dieselbe Verpflichtung besteht nach der Rechtsprechung des BAG auch ohne den Widerspruch eines Betriebsrats auf Verlangen des Arbeitnehmers aufgrund eines allgemeinen Weiterbeschäftigungsanspruchs. Dieser, vom BAG in richterlicher Rechtsfortbildung geschaffene Anspruch bezweckt, dem Arbeitnehmer die effektive Möglichkeit zur Rückkehr auf seinen bisherigen Arbeitsplatz zu erhalten, falls er das von ihm eingeleitete Kündigungsschutzverfahren gewinnen sollte. Da sich Kündigungsschutzprozesse teilweise über erhebliche Zeiträume erstrecken, bestünde anderenfalls die Gefahr, dass der Beschäftigungsanspruch des Arbeitnehmer aufgrund der zwischenzeitlichen Entfremdung von seinem Arbeitsplatz faktisch nicht mehr umgesetzt werden kann. Allerdings besteht für den Arbeitgeber in einem Kündigungsschutzprozess die Möglichkeit, sich von der Weiterbeschäftigung entbinden zu lassen, sofern seine Kündigung Aussicht auf Erfolg besitzt oder er glaubhaft machen kann, dass die Weiterbeschäftigung des Arbeitnehmers während des Kündigungsschutzprozesses für ihn eine unzumutbare wirtschaftliche oder betriebliche Belastung darstellt.

1.3 Arbeitsentgelt
1.3.1 Anspruchsgrundlagen

Die Zahlung des Arbeitsentgelts gehört zu den Hauptleistungspflichten des Arbeitgebers. Sie steht in einem Gegenseitigkeitsverhältnis zur Arbeitspflicht des Arbeitnehmers. Dessen Anspruch auf das Arbeitsentgelt kann auf unterschiedlichen Anspruchsgrundlagen beruhen, welche auch nebeneinander zur Anwendung gelangen können.

(a) Arbeitsvertrag
Die wichtigste Anspruchsgrundlage für das Arbeitsentgelt bildet nach wie vor der Arbeitsvertrag. Sofern die Parteien des Arbeitsvertrages keiner Tarifbindung unterliegen, kann die Höhe des Arbeitsentgelts grundsätzlich frei vereinbart werden. Eine solche Vereinbarung kann entweder ausdrücklich oder stillschweigend (konkludent) erfolgen. Eine stillschweigende Einigung wird z.B. dann angenommen, wenn ein Arbeitnehmer über einen längeren Zeitraum ein an ihn ausgezahltes Arbeitsentgelt widerspruchslos entgegennimmt. Lässt sich die Höhe des Arbeitsentgelts auch nicht auf diese Weise festlegen, ist nach § 612 II BGB die für die Arbeitsleistung übliche Vergütung als vereinbart anzusehen.

(b) Tarifvertrag
Wird im Arbeitsvertrag insgesamt oder hinsichtlich der Höhe des Arbeitsentgelts auf einen bestimmten Tarifvertrag verwiesen, richtet sich das Arbeitsentgelt nach dem einschlägigen Lohn- und Gehaltstarifvertrag. Man spricht in diesem Zusammenhang von einem Tariflohn. Findet ein bestimmter Lohn- und Gehaltstarifvertrag Anwendung, ist für den Arbeitnehmer seine korrekte Eingruppierung im Rahmen der in dem Tarifvertrag vorgesehenen Lohn- und Gehaltsgruppen von Bedeutung. Bei dieser Eingruppierung besteht gemäß § 99 I BetrVG ein Mitbestimmungsrecht des Betriebsrats, sofern ein solcher vorhanden ist.

(c) Betriebsvereinbarung
Auch Betriebsvereinbarungen können Regelungen über die Höhe des Arbeitsentgelts enthalten. Allerdings besteht nach dem Betriebsverfassungsgesetz für den Betriebsrat nur ein eingeschränkter Gestaltungsspielraum. Zum einen dürfen nach § 77 III BetrVG Arbeitsentgelte, die durch einen Tarifvertrag geregelt sind, nicht zum Gegenstand einer Betriebsvereinbarung gemacht werden, sofern dies der Tarifvertrag nicht ausdrücklich zulässt (sog. Öffnungsklausel). Zum anderen sieht das Betriebsverfassungsgesetz selbst in bezug auf Arbeitsentgelte nur begrenzte Mitbestimmungsrechte des Betriebsrats vor. Nach § 87 I Nr. 11 BetrVG besteht nur ein Mitbestimmungsrecht des Betriebsrats bei der Festsetzung der Akkord- und Prämiensätze sowie vergleichbarer leistungsbezogener Entgelte, einschließlich der Geldfaktoren. Ansonsten kommen allenfalls freiwillige Betriebsvereinbarungen zwischen Arbeitgeber und Betriebsrat (§ 88 BetrVG) in Betracht.

(d) Betriebliche Übung
Häufig erbringt ein Arbeitgeber neben dem eigentlichen Arbeitsentgelt noch weitere
Sonderleistungen. Hierzu gehören u.a. Weihnachtsgratifikationen, zusätzliche Ur-
laubsgelder, Essenszuschüsse, Jubiläumszuwendungen, Leistungs- oder Erfolgsprä-
mien etc. Wiederholt der Arbeitgeber dieses Verhalten mehrfach, kann hieraus ein
Rechtsanspruch der Arbeitnehmer aus betrieblicher Übung entstehen. Arbeitgeber,
welche mit einem Anspruch aus betrieblicher Übung konfrontiert werden, sind häufig überrascht, weil sie ihre Sonderleistung als freiwilliges Entgegenkommen gegenüber ihren Arbeitnehmer verstanden haben und sich hierdurch nicht für die Zukunft
binden wollten. Hierauf kommt es jedoch nicht entscheidend an. Maßgeblich für das
Entstehen eines Anspruchs aus betrieblicher Übung ist allein, ob die Arbeitnehmer
nach Treu und Glauben (§ 242 BGB) darauf vertrauen durften, dass sie die Sonderleistung auch in Zukunft erhalten werden. Diesen Vertrauenstatbestand kann ein Arbeitgeber nur dadurch verhindern, dass er sich bei Gewährung der Sonderleistung
schriftlich bestätigen lässt, dass diese einen einmaligen und freiwilligen Charakter
besitzt und ein zukünftiger Anspruch hierauf für die Zukunft ausdrücklich ausgeschlossen wird. Fehlt eine solche Abrede, ist es aus arbeitsrechtlicher Sicht schwierig eine betriebliche Übung zu ändern oder rückgängig zu machen. In Betracht
kommt dann nur eine Einigung zwischen Arbeitgeber und Arbeitnehmer oder aber
der Ausspruch einer Änderungskündigung i.S.v. § 2 KSchG.

(e) Gleichbehandlungsgrundsatz
Auch im Bereich des Arbeitsentgelts gilt der arbeitsrechtliche Gleichbehandlungsgrundsatz. Ein Verstoß gegen den Gleichbehandlungsgrundsatz liegt dann vor, wenn
der Arbeitgeber einzelne Arbeitnehmer oder Arbeitnehmergruppen aus sachfremden
Gründen ungünstiger behandelt als andere Arbeitnehmer in vergleichbarer Situation.
Verkürzt zusammengefasst gilt also der Grundsatz „Gleicher Lohn für gleiche Arbeit". Danach muss beispielsweise ein Arbeitgeber, welche in seinem Betrieb generell eine Lohn- bzw. Gehaltserhöhung durchführt, sämtliche Arbeitnehmer berücksichtigen. Ihm ist es verwehrt aus sachfremden Motiven einzelne Arbeitnehmer aus-
zusparen. Geschieht dies gleichwohl, kann der benachteiligte Arbeitnehmer nach
dem Gleichbehandlungsgrundsatz die ihm vorenthaltene Gehaltserhöhung vor dem
Arbeitsgericht einklagen.

1.3.2 Entgeltformen

Ein Arbeitsentgelt liegt vor, wenn einem Arbeitnehmer für seine Arbeitsleistung
geldwerte Vorteile mit Entlohnungscharakter zufließen. Dabei kennt das Arbeitsrecht unterschiedliche Entgeltformen, die auch miteinander kombiniert werden können.
– *Zeitentgelt*: Beim Zeitentgelt wird das Gehalt des Arbeitnehmers nach der von
   ihm aufgewandten Arbeitszeit berechnet. Als Zeitvergütung werden regelmäßig
   Stunden-, Tages-, Wochen- oder Monatssätze vereinbart. An diese Zeitvergütung knüpfen häufig besondere Zulagen wie z.B. Überstunden-, Erschwernis-,
   Nachtarbeitzuschläge etc. an.

– *Leistungsentgelt*: Beim Leistungsentgelt wird der konkrete Leistungserfolg honoriert. Das bekannteste Leistungsentgelt stellt die Akkordvergütung dar. Dabei hängt die Höhe des Arbeitsentgelts von der Menge des geleisteten Arbeitsergebnisses ab. Als weiteres Leistungsentgelt kennt das Arbeitsrecht den Prämienlohn. In der Regel erhält ein Arbeitnehmer ein bestimmtes nach der Arbeitszeit berechnetes Grundgehalt, zu welchem bei Erreichen bestimmter Leistungserfolgen entsprechend einem vorgegebenen Prämienlohnsystem eine individuelle Prämie hinzukommt. Bei der Provision richtet sich das Arbeitsentgelt nach dem Umfang der von dem Arbeitnehmer für den Arbeitgeber abgeschlossenen Geschäfte. Tantiemen werden typischerweise mit leitenden Angestellten oder Geschäftsführern vereinbart. Sie sind dadurch gekennzeichnet, dass zusätzlich zum Jahresgehalt eine vom Betriebsergebnis des abgelaufenen Geschäftsjahres abhängige Zusatzvergütung gewährt wird.

– *Sachbezüge*: Das Arbeitsentgelt muss nicht zwangsläufig in einer Geldleistung des Arbeitgebers bestehen. Denkbar sind auch Naturalleistungen. Zu derartigen Sachleistungen des Arbeitgeber können z.b. Deputate (Landwirtschaftliche Produkte in der Landwirtschaft, Kohlen im Bergbau, Haustrunk im Brauereiwesen), die Verpflichtung eine Dienstwohnung oder einen Dienstwagen zur Verfügung zu stellen, die Einräumung von Personalrabatten oder aber die Gewährung von Gratisaktien gehören. Sachbezügen kommt in der heutigen Zeit u.a. in modernen Mitarbeiter-Bindungsprogrammen erhebliche Bedeutung zu. Beispielsweise wird unter dem Stichwort „Cafeteria-Plan" vorgeschlagen, dass ein Arbeitnehmer anstelle eines Teils seines Arbeitsentgelts unter bestimmten Sachbezügen eine Auswahl treffen kann (z.B. Dienstwagen, Versicherungen, Risikovorsorge bei Krankheit und Alter, Sparpläne etc.), welche z.T. auch für den Arbeitnehmer mit steuerlichen Vorteilen verbunden sind.

1.3.3 Entgeltfortzahlung: Lohn ohne Arbeit

Erbringt der Arbeitnehmer die ihm obliegende Arbeitsleistung nicht, entfällt nach den Grundsätzen des Zivilrechts an sich auch sein Anspruch auf Zahlung des Arbeitsentgelts. Das Arbeitsrecht kennt allerdings eine Vielzahl von Ausnahmen, wobei in solchen Fällen von Entgeltfortzahlung gesprochen wird. In der Praxis sind in diesem Zusammenhang die nachfolgend angeführten Fallkonstellationen von Bedeutung:

– *Persönliche Verhinderung*: Nach § 616 BGB bleibt der Vergütungsanspruch des Arbeitnehmers auch dann bestehen, wenn er für eine verhältnismäßig nicht erhebliche Zeit durch einen in seiner Person liegenden Grund ohne sein Verschulden an der Erbringung seiner Arbeitsleistung gehindert wird. Wichtig ist zunächst, dass die Verhinderung individuell in der Person des Arbeitnehmers begründet sein muss. Behinderungen, die sich auf einen größeren Personenkreis oder die Allgemeinheit beziehen, wie z.B. Verkehrsstörungen (Stau), Eisglätte, Schneeverwehungen, Demonstrationen, Ausfall öffentliche Verkehrsmittel, Naturereignisse (z.B. Hochwasser), Verkehrsverbote wegen Smog etc., fallen nicht in den Anwendungsbereich des § 616 BGB. Zu Verhinderungen aus dem persönlichen Bereich des Arbeitnehmers gehören vielmehr die Niederkunft der Ehefrau, die Erfüllung religiöser Pflichten, die Eheschließung, der eigene Umzug, die Erkrankung oder der Tod eines nahen Angehörigen, ein Verkehrsunfall, Zeugenpflichten, Arzt- oder Behördengänge, die nicht in der Freizeit erledigt werden können, ein Brand oder Wasserrohrbruch in der eigenen Wohnung etc. Voraussetzung für die Entgeltfortzahlungspflicht ist jedoch, dass den Arbeitnehmer hieran kein Verschulden trifft und der Arbeitsausfall aus zeitlicher Sicht verhältnismäßig gering ausfällt. Dementsprechend kann sich ein Arbeitnehmer, der aus eigenem Verschulden in einen Verkehrsunfall verwickelt wird, nicht auf die Vorschrift des § 616 BGB berufen.

– *Betriebsstörungen*: Der Arbeitgeber gerät i.S.v. § 615 S. 1 BGB in Annahmeverzug, wenn der Arbeitnehmer seine Arbeitsleistung ordnungsgemäß anbietet, der Arbeitgeber das Leistungsangebot jedoch aufgrund besonderer Umstände nicht annehmen kann. Eine solche Situation liegt beispielsweise vor, wenn es infolge von Zulieferschwierigkeiten oder durch einen Stromausfall zu einem zeitweiligen Produktions- bzw. Betriebsstillstand kommt. Auch hier behält der Arbeitnehmer seinen uneingeschränkten Lohnanspruch, ohne die ausgefallene Arbeitszeit nachholen zu müssen, da derartige Probleme der Risikosphäre des Arbeitgebers zugerechnet werden.

– *Kündigung / Freistellung*: Nach Ausspruch einer ordentlichen Kündigung sind sowohl der Arbeitgeber als auch der Arbeitnehmer verpflichtet, das Arbeitsverhältnis bis zum Ablauf der Kündigungsfrist ordnungsgemäß abzuwickeln. Dies bedeutet: Der Arbeitnehmer ist bis zu diesem Zeitpunkt zur Erbringung der Arbeitsleistung und der Arbeitgeber zur Zahlung des Arbeitsentgelts verpflichtet. Möchte der Arbeitgeber vermeiden, dass sich nach dem Ausspruch einer Kündigung der Arbeitnehmer noch im Betrieb aufhält, kann er diesen bis zum Ablauf der Kündigungsfrist von der Erbringung seiner Arbeitsleistung mit Zustimmung des Arbeitnehmers freistellen. Macht der Arbeitgeber von dieser Möglichkeit Gebrauch, hat er gleichwohl bis zum Ablauf der Kündigungsfrist das Arbeitsentgelt weiter zu entrichten.

– *Urlaub / Bildungsurlaub*: Bei Urlaub handelt es sich ebenfalls um eine gesetzliche Befreiung von der Arbeitspflicht des Arbeitnehmers, bei welcher der Vergütungsanspruch aufrechterhalten bleibt. Urlaubsberechtigt sind alle Arbeitnehmer (auch Teilzeitbeschäftigte) sowie Auszubildende. Gemäß § 3 BUrlG beträgt der jährliche Urlaub mindestens 24 Werktage, wobei der Arbeitgeber gemäß § 11 BUrlG verpflichtet ist, während des Urlaubs den Arbeitsverdienst weiterzuentrichten (sog. Urlaubsentgelt). Der Höhe nach steht dem Arbeitnehmer nach § 13 BUrlG als Entgelt der durchschnittliche Arbeitsverdienst zu, den er in den letzten 13 Wochen vor Beginn des Urlaubs erhalten hat. Neben dem vorgenannten Erholungsurlaub sehen § 37 VI und VII BetrVG für Betriebsratsmitglieder sowie eine Reihe von Landesgesetzen für sämtliche Arbeitnehmer die Möglichkeit vor, bei Aufrechterhaltung der Entgeltfortzahlung in einem bestimmten zeitlichen Umfang Urlaub zu Bildungszwecken zu realisieren (sog. Bildungsurlaub).

– *Gesetzliche Feiertage*: Für Arbeitszeit, die infolge eines gesetzlichen Feiertages ausfällt, hat der Arbeitgeber dem Arbeitnehmer nach § 2 I Entgeltfortzahlungsgesetz (EFZG) das Arbeitsentgelt zu zahlen, das er ohne Arbeitsausfall erhalten hätte. Der Anwendungsbereich dieser Vorschrift erstreckt sich gleichermaßen auf gesetzliche Feiertage in Bundes- und in Landesgesetzen. Allerdings ist von Bedeutung, dass diese Regelung nur für gesetzliche, nicht jedoch für kirchliche Feiertage gilt, weshalb z.B. am 24.12. grundsätzlich kein Anspruch auf bezahlte Freistellung von der Arbeitsleistung besteht. Ebenso wenig gilt die Regelung des § 2 I EFZG für sog. Brauchtumstage wie z.B. Karneval (Rosenmontag). Ggf. ergibt sich für derartige Tage jedoch ein entsprechender Anspruch auf bezahlte Freistellung aus einer bestehenden betrieblichen Übung.

– *Stellensuche*: Nach Ausspruch einer Kündigung ist der Arbeitgeber gemäß § 629 BGB verpflichtet, einem Arbeitnehmer eine angemessene Zeit zum Aufsuchen eines anderen Dienstverhältnisses zu gewähren.

– *Mutterschutz*: Nach § 3 I Mutterschutzgesetz (MuSchG) dürfen werdende Mütter nicht beschäftigt werden, soweit nach ärztlichem Zeugnis Leben oder Gesundheit von Mutter oder Kind bei Fortdauer der Beschäftigung gefährdet sind. Nach § 4 I und II MuSchG bestehen zu Gunsten werdender Mütter gesetzliche Verbote für bestimmte Beschäftigungsarten. Auch in diesen Fällen besteht unter den Voraussetzungen des § 11 MuSchG ein Entgeltfortzahlungsanspruch.

– *Erkrankung des Arbeitnehmers*: Erkrankt ein Arbeitnehmer, kann er die ihm obliegende Arbeitsleistung ebenfalls nicht erbringen. Für diesen Fall legt § 3 I Entgeltfortzahlungsgesetz (EFZG) fest, dass der erkrankte Arbeitnehmer für die Dauer von maximal 6 Wochen Anspruch auf Entgeltfortzahlung gegenüber dem Arbeitgeber besitzt, sofern ihn an der Erkrankung kein Verschulden trifft. Arbeitsrechtliche Probleme bereitet die Feststellung der Dauer der Entgeltfortzahlungspflicht bei wiederholten Erkrankungen des Arbeitnehmers. Hier gilt die Regelung des § 3 I S. 2 EFZG. Diese Vorschrift differenziert danach, ob die erneute Arbeitsunfähigkeit des Arbeitnehmers auf dieselbe fortgesetzte Krankheit oder aber eine andere Erkrankung zurückzuführen ist. Liegt eine neue bzw. andere Erkrankung des Arbeitnehmers vor, entsteht jedes Mal eine neue sechswöchige Entgeltfortzahlungspflicht. Lediglich, wenn es sich um eine fortgesetzte Krankheit handelt, tritt unter den Voraussetzungen des § 3 I S. 2 EFZG eine Begrenzung dieser Pflicht ein, um so die wirtschaftliche Belastung des Betriebes in Grenzen zu halten.

– *Zurückbehaltungsrecht des Arbeitnehmers*: Kommt der Arbeitgeber den ihm obliegenden Pflichten, insbesondere der Lohn- und Gehaltszahlungspflicht oder aber der Einhaltung von betrieblichen Arbeitsschutzvorschriften nicht nach, sind die betroffenen Arbeitnehmer zur Zurückbehaltung ihrer Arbeitsleistung berechtigt, ohne dass hierdurch ihr Lohn- oder Gehaltsanspruch gefährdet würde.

1.3.4 Fälligkeit und Art und Weise der Zahlung des Arbeitsentgelts

Nach § 614 BGB ist das Arbeitsentgelt nach Ablauf der Zeitabschnitte zu entrichten, nach denen es bemessen ist. Bei einer monatlichen Vergütung kommt die Auszahlung des Gehalts also erst zum Monatsende in Betracht. Der Arbeitnehmer ist somit

grundsätzlich vorleistungspflichtig. Allerdings kann von dieser Regel im Arbeitsvertrag abgewichen werden.
- Ein gesetzlicher Anspruch auf *Abschlagszahlungen* oder *Vorschüsse* besteht nicht. Hierzu bedarf es einer ausdrücklichen oder stillschweigenden Vereinbarung mit dem Arbeitgeber. Sofern im Arbeitsvertrag keine abweichende Regelung getroffen ist, bildet der Betriebssitz des Arbeitgebers nach § 269 I BGB den Erfüllungsort für die Auszahlung des Arbeitsentgelts. Dies bedeutet, dass der Arbeitnehmer seinen Lohn beim Arbeitgeber abholen muss (sog. Holschuld).
- Aus Praktikabilitätsgründen wird jedoch im Arbeitsvertrag regelmäßig eine *bargeldlose Bezahlung des Arbeitsentgelts* auf ein Konto vereinbart. Der Arbeitgeber ist in diesem Fall nach § 270 I BGB gehalten, das Arbeitsentgelt auf seine Gefahr und seine Kosten zu übersenden. Damit trägt der Arbeitgeber das Risiko, dass seine Überweisung nicht oder nicht ordnungsgemäß ausgeführt wird. In bezug auf Zeit, Ort und Art der Arbeitsentgelte besteht gemäß § 87 I Nr. 4 BetrVG ein erzwingbares Mitbestimmungsrecht des Betriebsrats.

1.3.5 Rückzahlungsklauseln

Falls das Arbeitsverhältnis innerhalb eines bestimmten Zeitraums vorzeitig beendet wird, kann der Arbeitgeber unter bestimmten Bedingungen einen Teil der von ihm gezahlten Vergütung zurückverlangen. Zu unterscheiden sind in diesem Zusammenhang Rückzahlungsklauseln in bezug auf Gratifikationen sowie im Hinblick auf Aus- und Weiterbildungskosten.
- *Gratifikationen*, d.h. Sonderzahlungen wie z.B. das Weihnachtsgeld etc., zielen aus Sicht des Arbeitgebers häufig darauf ab, den Arbeitnehmer auch zukünftig an den Betrieb zu binden. Kündigt der Arbeitnehmer innerhalb eines bestimmten Zeitraums nach Erhalt einer solchen Gratifikation, ist das angestrebte Ziel verfehlt, weshalb auf Seiten des Arbeitgeber u.U. ein Interesse daran besteht, die fehlgeschlagene Sonderzahlung vom Arbeitnehmer zurückzuerhalten. Einen gesetzlichen Anspruch auf Rückzahlung im Fall der Kündigung durch einen Arbeitnehmer besteht jedoch nicht.
- Finanziert ein Arbeitgeber *Aus- oder Weiterbildungsmaßnahmen* des Arbeitnehmers, möchte er erreichen, dass die hierdurch zusätzlich erworbenen Fähigkeiten oder Qualifikationen auch seinem Betrieb zu Gute kommen. Dies ist nicht der Fall, wenn der Arbeitnehmer nach einer betrieblich finanzierten Weiterbildungsmaßnahme kurzfristig kündigt. Von den Vorteilen der Fortbildung profitiert in diesem Fall lediglich der neue Arbeitgeber des Arbeitnehmers. Aus diesem Grund werden auch in derartigen Fällen Rückzahlungsvereinbarungen getroffen. Inhaltlich sehen diese vor, dass der Arbeitnehmer die Kosten der Aus- oder Weiterbildungsmaßnahme erstatten muss, wenn er das Arbeitsverhältnis vor einem bestimmten Zeitpunkt beendet, wobei regelmäßig vorgesehen wird, dass sich der zurückzuzahlende Betrag mit jedem Jahr der Fortführung der Zusammenarbeit zeitanteilig mindert. Arbeitsrechtlich sind derartige Rückzahlungsklauseln grundsätzlich zulässig, sofern dem Arbeitnehmer durch die Aus- bzw. Weiterbildungsmaßnahme ein *geldwerter Vorteil* zufließt. Dies ist z.B.

dann der Fall, wenn der Arbeitnehmer nach der Ausbildung Aufgaben mit einer höheren Vergütung wahrnehmen kann oder ihm die Möglichkeit zu einem weiteren beruflichen Aufstieg eröffnet wird. Hingegen reichen betriebsbezogene Bildungsmaßnahmen, die nur den Zweck verfolgen, bereits vorhandene Kenntnis oder Fähigkeiten des Arbeitnehmers zu vertiefen, zur Begründung einer Rückzahlungsvereinbarung nicht aus. Das gesetzliche Höchstmaß für die Bindung des Arbeitnehmers beträgt nach § 624 BGB 5 Jahre. Allerdings hält die arbeitsgerichtliche Rechtsprechung auch unterhalb der 5-Jahres-Frist Rückzahlungsvereinbarungen nur für wirksam, wenn die Dauer der Bindung in einem angemessenen Verhältnis zur Höhe der Kosten und des Vorteils auf Seiten des Arbeitnehmers steht. Unzulässig sind Rückzahlungsvereinbarungen im Berufsausbildungsverhältnis oder gleichgestellten Ausbildungsgängen (§§ 5 II, 19 BBiG). Dasselbe gilt nach der Rechtsprechung des BAG für Rückzahlungsklauseln, die auch dann greifen sollen, wenn der Kündigungsgrund aus der Sphäre des Arbeitgebers stammt (z.B. bei einer betriebsbedingten Kündigung).

1.4 Nebenpflichten des Arbeitnehmers

1.4.1 Informations-, Auskunfts- und Rechenschaftspflicht

Während der Dauer eines Arbeitsverhältnisses obliegen einem Arbeitnehmer nach speziellen gesetzlichen Vorschriften sowie aufgrund einer allgemeinen Treuepflicht (§ 242 BGB) eine Reihe von Nebenpflichten. So unterliegt er nach den §§ 675, 666, 667 BGB einer umfassenden Auskunfts-, Rechenschafts- und Herausgabepflicht in bezug auf die Erbringung seiner Arbeitsleistung. Dies bedeutet beispielsweise, dass ein Arbeitnehmer auf Nachfrage seinem Arbeitgeber Auskunft über den Stand seiner Arbeit erteilen muss. Gegenstände oder Unterlagen, die er von Dritten oder Kunden erhält, sind an den Arbeitgeber herauszugeben.

Unabhängig davon ist der Arbeitnehmer gehalten, von sich aus den Arbeitgeber auf bestimmte Schäden oder Gefahren im Betrieb oder Arbeitsbereich aufmerksam zu machen. Hierzu kann u.U. auch eine Anzeigepflicht gehören, wenn z.B. der Betrieb durch strafbare Handlungen anderer Mitarbeiter geschädigt wird.

1.4.2 Informations- und Nachweispflicht bei Arbeitsunfähigkeit

Eine besondere Informations- und Nachweispflicht trifft den Arbeitnehmer im Fall einer Erkrankung. Nach § 5 I S. 1 EFZG ist er verpflichtet, dem Arbeitgeber eine Arbeitsunfähigkeit und deren voraussichtliche Dauer unverzüglich mitzuteilen. Unverzüglich bedeutet ohne schuldhaftes Zögern. D.h., der Arbeitnehmer muss dafür Sorge tragen, dass der Arbeitgeber bereits am ersten Tag der Arbeitsunfähigkeit während der ersten Betriebsstunden über den krankheitsbedingten Ausfall des Arbeitnehmers informiert wird. Eine bestimmte Form der Mitteilung schreibt das Gesetz nicht vor. Eine Information per Telefon, Telefax, E-Mail oder Bote ist also ausreichend. Inhaltlich muss die Mitteilung – im Wege einer Prognose – auch die voraussichtliche Dauer Arbeitsunfähigkeit umfassen. Kann der Arbeitnehmer als medizinischer Laie hierzu keine Angaben machen, so hat er die voraussichtliche Dauer der Arbeitsunfähigkeit nach Rücksprache mit seinem behandelndem Arzt dem Arbeitgeber nachträglich mitzuteilen. Die Art der Erkrankung braucht dem Arbeitgeber grundsätzlich nicht mitgeteilt werden. Eine Ausnahme gilt lediglich zum Schutz anderer Arbeitskollegen bei ansteckenden Krankheiten sowie bei einer sog. Fortsetzungserkrankung, da hiervon die Entgeltfortzahlung des Arbeitgebers abhängen kann.

Dauert die Arbeitsunfähigkeit länger als drei Tage hat der Arbeitnehmer nach § 5 I S. 2 EFZG die Arbeitsunfähigkeit und deren voraussichtliche Dauer spätestens am darauffolgenden Arbeitstag durch eine ärztliche Bescheinigung nachzuweisen. Der Arbeitgeber ist jedoch gemäß § 5 I S. 3 EFZG berechtigt, die Vorlage einer ärztlichen Arbeitsunfähigkeitsbescheinigung früher zu verlangen. Eine derartige Vorverlegung der ärztlichen Attest-Pflicht kann auch generell im Arbeitsvertrag vereinbart werden. Dauert die Arbeitsunfähigkeit länger als in der Bescheinigung angegeben, ist der Arbeitnehmer verpflichtet, eine neue ärztliche Bescheinigung vorzulegen (siehe § 5 I S. 4 EFZG). Bei einer Auslandserkrankung obliegt es dem Arbeitnehmer gemäß § 5 II EFZG, dem Arbeitgeber die Arbeitsunfähigkeit, deren voraussichtliche Dauer und die Adresse am Aufenthaltsort schnellstmöglich mitzuteilen. Die durch die Mitteilung entstehenden Kosten hat der Arbeitgeber zu tragen.

1.4.3 Schutz der Betriebsmittel und Wahrung betrieblicher Ordnung

Der Arbeitnehmer ist aufgrund der ihm obliegenden Treuepflicht weiterhin gehalten, sorgfältig mit dem *Unternehmenseigentum* umzugehen. Schäden an Betriebs- oder Produktionsmitteln sind nach Möglichkeit zu vermeiden. Ebenso wenig ist es statthaft – ohne vorherige Zustimmung des Arbeitgebers oder eine betriebliche Regelung (z.B. Betriebsvereinbarung) – Betriebsmittel für private Zwecke zu verwenden. Die Verwendung einer betrieblichen Telefonanlage sowie das Versenden oder Empfangen von privaten E-Mail ohne Zustimmung des Arbeitgebers stellt deshalb eine Nebenpflichtverletzung dar.

Eine Nebenpflicht des Arbeitnehmers ist es überdies, die *betriebliche Ordnung zu wahren* und insbesondere den ungestörten Betriebsablauf zu sichern bzw. zu fördern. Entsprechende Anordnungen des Arbeitgebers sind grundsätzlich zu befolgen. Sofern die Anweisung des Arbeitgebers einen nachvollziehbaren legitimen Zweck, insbesondere Schutzzweck verfolgt, kann sich der Arbeitnehmer nicht darauf berufen, hierdurch werde sein allgemeines Persönlichkeitsrecht unzulässig eingeschränkt. Ein Arbeitnehmer ist deshalb verpflichtet Schutzkleidung, die auch Sicherheits- oder Hygienegründen getragen werden muss (z.B. bei der Verarbeitung von Nahrungsmitteln, im Krankenhaus- und OP-Bereich etc.), zu verwenden. Ebenso ist ein allgemeines Alkoholverbot zu beachten, wenn hierdurch Unfälle verhütet oder aber die Leistungsqualität gesichert werden soll. Vergleichbares gilt für ein Rauchverbot, sofern und soweit es zum Schutz von Nichtrauchern oder aber zur Risikominimierung (z.B. Brandgefahr, Gefahr der Verunreinigung von Nahrungsmitteln) geboten ist.

Auch von seinem Recht auf freie Meinungsäußerung (Art. 5 I GG) darf ein Arbeitnehmer innerbetrieblich nur insoweit Gebrauch machen, als dadurch der Betriebsfrieden nicht ernsthaft gefährdet wird. Bei sog. Tendenzunternehmen, wie z.b. Kirchen, kirchlichen Einrichtungen, Medienunternehmen sowie innerhalb des öffentlichen Dienstes, darf sich der Arbeitnehmer mit seinen Meinungsäußerungen nicht in Widerspruch zu den konfessionellen, politischen oder künstlerischen Zielsetzungen des Arbeitgebers begeben.

1.4.4 Verschwiegenheit und Geheimhaltung

Darüber hinaus ist ein Arbeitnehmer zur Geheimhaltung und Verschwiegenheit verpflichtet. § 17 des Gesetzes gegen den unlauteren Wettbewerb (UWG) schreibt vor, dass sich ein Arbeitnehmer strafbar macht, wenn er während der Geltungsdauer des Arbeitsverhältnisses Betriebs- oder Geschäftsgeheimnisses seines Arbeitgebers, von denen er im Rahmen seines Arbeitsverhältnisses Kenntnis erlangt hat, unbefugt sowie aus Eigennutz, zugunsten eines Dritten oder in der Absicht, dem Inhaber des Geschäftsbetriebs Schaden zuzufügen, weitergibt. Als Geschäftsgeheimnis gelten sämtliche in Zusammenhang mit dem Geschäftsbetrieb stehende, nicht offenkundige Tatsachen, an deren Geheimhaltung der Arbeitgeber ein berechtigtes wirtschaftliches Interesse besitzt und die nach seinem bekundeten oder doch erkennbaren Willen geheim bleiben sollen. Hierzu zählen z.b. Geschäftsbriefe, der technische Betriebsablauf, der Quellcode bei Software, Kalkulationen für Projekte, Kunden- oder Lieferantendaten, Absatz- und Werbemethoden, Konstruktions- oder Herstellungsverfahren etc.

1.4.5 Nebentätigkeit

Häufig besteht auf Seiten des Arbeitnehmers ein Interesse daran, zusätzlich zu seiner Haupttätigkeit noch einer Nebentätigkeit nachzugehen. Hierfür geltend die nachfolgenden Grundsätze.

(a) Grundsatz der Zulässigkeit einer Nebentätigkeit
Bei Abschluss des Arbeitsvertrages verpflichtet sich ein Arbeitnehmer nur dazu, dem Arbeitgeber eine bestimmte Zeitspanne seiner Arbeitskraft zur Verfügung zu stellen. Konsequenterweise steht es deshalb einem Arbeitnehmer grundsätzlich frei, außerhalb seiner Arbeitszeit, eine Nebentätigkeit aufzunehmen. Eine allgemeine Genehmigungspflicht für Nebentätigkeiten durch den Arbeitgeber gibt es also nicht. Eine Ausnahme gilt insoweit für Bundes- und Landesbeamte (§ 42 BRRG, §§ 64 ff. BBG), Arbeiter und Angestellte im öffentlichen Dienst (z.B. § 11 BAT), bei denen zur Aufnahme einer Nebentätigkeit die vorherige Zustimmung des Arbeitgebers erforderlich ist.

(b) Grenzen der Nebentätigkeit
Allerdings ist der Arbeitnehmer nicht berechtigt, uneingeschränkt seine Nebentätigkeit auszuüben. Folgende Grenzen sind hierbei zu beachten:
– Besteht die Möglichkeit, dass die geplante Nebentätigkeit die Interessen des Arbeitgebers tangiert, muss der Arbeitnehmer diese dem Arbeitgeber anzeigen.
– Durch die Nebentätigkeit, insbesondere wenn der Arbeitnehmer mehrere Arbeitsverhältnisse eingeht, darf die nach § 2 II S. 1 ArbZG vorgeschriebene Höchstarbeitszeit nicht überschritten werden, es sei denn es handelt sich lediglich um eine gelegentliche oder geringfügige Überschreitung der gesetzlich vorgeschriebenen Höchstarbeitszeit.
– § 8 BUrlG untersagt dem Arbeitnehmer, während seines Urlaubs eine dem Urlaubszweck widersprechende Erwerbstätigkeit auszuüben. Bei Verstößen hiergegen entfällt jedoch weder der Urlaubs- noch der Entgeltanspruch des Arbeitnehmers.
– Schließlich darf die Nebentätigkeit des Arbeitnehmers nicht dazu führen, dass dieser seinen Pflichten aus dem Arbeitsvertrag, z.b. infolge von Übermüdung oder körperlicher Erschöpfung, nicht mehr ordnungsgemäß nachkommen kann.

(c) Vertragliche Regelung
Grundsätzlich ist es zulässig, die Nebentätigkeit des Arbeitnehmers im Arbeitsvertrag zu regeln. Denkbar ist die Vereinbarung von Anzeige- oder Genehmigungspflichten oder aber ein pauschales Nebentätigkeitsverbot. Eine Genehmigungspflicht oder ein Nebentätigkeitsverbot ist jedoch nur insoweit rechtswirksam, als der Arbeitgeber hieran ein legitimes Interesse besitzt bzw. nachweisen kann (BAG DB 1976, S. 544). Dementsprechend dominieren in der arbeitsvertraglichen Praxis Klauseln mit einem Nebentätigkeitsverbot, welches jedoch dadurch abgemildert wird, dass dem Arbeitnehmer ein Genehmigungsanspruch eingeräumt wird, falls keine konkreten Bedenken des Arbeitgebers entgegenstehen.

1.4.6 Wettbewerbs- und Schmiergeldverbot

Während der Geltungsdauer des Arbeitsverhältnisses ist ein Arbeitnehmer aufgrund der allgemeinen Treuepflicht (§ 242 BGB) verpflichtet, die Ziele und Interessen des Arbeitgebers zu fördern und zu unterstützen. Hieraus wird für Arbeitnehmer und Auszubildende ein allgemeines Wettbewerbsverbot abgeleitet. Für kaufmännische Angestellte gilt die gesetzliche Vorschrift des § 60 HGB. Inhaltlich darf der Arbeitnehmer während des Arbeitsverhältnisses deshalb in dem Handels- oder Geschäftszweig des Arbeitgebers weder ein eigenes Geschäft betreiben oder für eigene oder fremde Rechnung Geschäfte machen. Dabei kommt es nicht darauf an, ob die Konkurrenztätigkeit nur gelegentlich oder kontinuierlich, als Angestellter oder freier Mitarbeiter bzw. entgeltlich oder unentgeltlich ausgeübt wird. Verstößt ein Arbeitnehmer gegen das Wettbewerbsverbot, stehen dem Arbeitgeber unterschiedliche Reaktionsmöglichkeiten zur Verfügung. In Betracht kommen der Ausspruch einer verhaltensbedingten Kündigung, die Geltendmachung von Unterlassungs- und Schadensersatzansprüchen und ggf. sogar ein Eintritt in das von dem Arbeitnehmer unzulässiger Weise getätigte Konkurrenzgeschäft (siehe § 61 HGB). Zeitlich ist das vorgenannte Wettbewerbsverbot auf die Geltungsdauer des Arbeitsverhältnisses beschränkt. Eine nachfolgende Treuepflicht besteht – von extremen Ausnahmefällen einmal abgesehen (z.b. darf ein Arbeitnehmer seinen bisherigen Arbeitgeber nicht bei einem Kunden ausstechen, bei dem nur noch der formale Vertragsabschluss bevorsteht) – nicht, weshalb der Arbeitnehmer nach Beendigung des Arbeitsverhältnisses grundsätzlich keinem Wettbewerbs- oder Konkurrenzverbot unterliegt. Allerdings besteht für den Arbeitgeber die Möglichkeit mit dem Arbeitnehmer für die Zeit nach Beendigung des Arbeitsverhältnisses ein sog. Nachvertragliches Wettbewerbsverbot zu vereinbaren. Ein solches ist jedoch nur unter einschränkenden Voraussetzungen rechtswirksam bzw. zulässig. Die Arbeitsgerichte wenden zur Beurteilung der Zulässigkeit nachvertraglicher Wettbewerbsabreden – auch bei nicht kaufmännischen Angestellten – die Regelungen der § 74 ff. HGB an.

Neben dem Wettbewerbsverbot unterliegt der Arbeitnehmer einem allgemeinen *Schmiergeldverbot*. Nach § 299 des Strafgesetzbuches (StGB) wird bestraft, wer im geschäftlichen Verkehr einen Vorteil als Gegenleistung dafür fordert, sich versprechen lässt oder annimmt, dass er einen anderen beim Bezug von Waren oder gewerblichen Leistungen im Wettbewerb in unlauterer Weise bevorzugt. Ausgenommen von diesem Verbot sind die Annahme gebräuchlicher Gelegenheitsgeschenke (z.b. Kugelschreiber, Kalender).

1.4.7 Sanktionsmöglichkeiten des Arbeitgebers

Verstößt der Arbeitnehmer gegen ihm obliegende Arbeitspflichten, kann der Arbeitgeber zunächst einmal Unterlassung des beanstandeten Verhaltens verlangen. Darüber hinaus kommt auch eine Abmahnung bzw. im Wiederholungsfall oder bei besonders gravierenden Verstößen (ohne vorherige Abmahnung) eine Kündigung in Betracht.

1.5 Fürsorgepflicht des Arbeitgebers
1.5.1 Schutz von Leben, Gesundheit, Eigentum und Vermögen des Arbeitnehmers

Das Gegenstück zu den Treue- und Nebenpflicht des Arbeitnehmers bildet die Fürsorgepflicht des Arbeitsgebers. So ist der Arbeitgeber verpflichtet, das Leben und die Gesundheit der in seinem Betrieb tätigen Arbeitnehmer zu schützen. Eine gesetzliche Normierung hat diese Fürsorgepflicht u.a. in § 618 BGB, § 62 HGB bzw. § 120a GewO gefunden, die ihrerseits durch spezielle Gesetze und Verordnungen, darunter z.B. das Arbeitsschutzgesetz, das Arbeitssicherheitsgesetz, die Arbeitsstättenverordnung, das Gerätesicherheitsgesetz, die Gefahrstoffverordnung, konkretisiert worden sind. Zusammengefasst laufen diese Regelungen darauf hinaus, dass für den Arbeitnehmer von den Maschinen, Geräten, Betriebseinrichtungen und Arbeitsabläufen im Betrieb keine Gefahren ausgehen dürfen. Im Einzelfall kann aus dieser gesundheitlichen Fürsorgepflicht des Arbeitgebers z.b. auch die Pflicht resultieren, dem Arbeitnehmer einen tabakrauchfreien Arbeitsplatz zur Verfügung zu stellen.

Ferner obliegt dem Arbeitgeber eine Obhutpflicht in bezug auf Sachen, welche der Arbeitnehmer in den Betrieb bzw. zu seiner Arbeitsstelle mitbringt. Allerdings gilt diese Pflicht nicht uneingeschränkt. Der Arbeitgeber ist verpflichtet, Vorsorge- oder Verwahrungsmaßnahmen in bezug auf persönlich unentbehrliche Sachen des Arbeitnehmers zu treffen (z.b. Alltagskleidung, Uhr, persönlicher Schmuck). Dasselbe gilt für unmittelbar arbeitsdienstliche Sachen (z.b. Werkzeug, Fachbücher). Hinsichtlich dieser Gegenstände genügt er seiner Fürsorgepflicht, wenn er dem Arbeitnehmer einen verschließbaren Spind o.ä. zur Verfügung stellt, um sie vor Verlust, Diebstahl oder Beschädigung zu schützen.

Zu der vermögensbezogenen Fürsorgepflichten des Arbeitgebers gehört schließlich die Verpflichtung, das Arbeitsentgelt ordnungsgemäß abzurechnen und pünktlich auszuzahlen, die Lohnsteuer und Sozialversicherungsbeiträge ordnungsgemäß abzuführen und dem Arbeitnehmer auf Verlangen eine Verdienstbescheinigung auszustellen.

1.5.2 Schutz der Persönlichkeitsrechts des Arbeitnehmers

Schließlich obliegt dem Arbeitgeber auch der Schutz des Persönlichkeitsrechts des Arbeitnehmers. Hierbei handelt es sich um einen Bereich, der zunehmend Bedeutung erlangt.

- *Schutz vor sexueller Belästigung*: Der Schutz des Arbeitnehmers vor Belästigungen durch Dritte am Arbeitplatz hat durch das Beschäftigtenschutzgesetz (BSchuG) vom 1.9.194 eine gesetzliche Regelung erfahren. Nach § 2 I BSchuG obliegt es dem Arbeitgeber den Schutz vor sexueller Belästigung durch vorbeugende Maßnahmen zu realisieren. Beispielsweise besteht die Möglichkeit, in einer Betriebsversammlung auf diese Problematik hinzuweisen und Kopien des Gesetzes den Beschäftigten zur Verfügung zu stellen. Nach § 4 I Nr. 1 BSchG hat der Arbeitgeber bei Vorliegen bzw. Feststellung einer sexuellen Belästigung gegenüber dem Täter die geeigneten arbeitsrechtlichen Maßnahmen, wie z.B. Abmahnung, Umsetzung, Versetzung oder Kündigung zu ergreifen.
- *Schutz vor Mobbing*: Dieselben Maßnahmen hat der Arbeitgeber – auch ohne gesetzliche Regelung – aufgrund der arbeitgeberseitigen Fürsorgepflicht im Fall des Mobbing gegenüber einem Arbeitnehmer zu ergreifen. Unter Mobbing versteht man den Versuch von Kollegen oder Vorgesetzten einen Mitarbeiter mit teilweise subtilen Mitteln zu schikanieren.
- *Schutz von Personalakten sowie Datenschutz*: Führt ein Arbeitgeber Personalakten, sind diese vertraulich zu behandeln und vor einer Kenntnisnahme durch unbefugte Dritte zu schützen. Diese Vertraulichkeit gilt nicht nur gegenüber externen Dritten, sondern auch gegenüber anderen Arbeitnehmern oder Kollegen, sofern diese nicht von ihrer Aufgabe her mit Personalangelegenheiten befasst sind. Auf Wunsch des Arbeitnehmers ist diesem Einsicht in die Personalakte zu gewähren. Nachweislich unzutreffende Angaben oder Unterlagen sind aus der Personalakte zu entfernen. In jedem Fall steht einem Arbeitnehmer die Befugnis zu,

bei Angaben, die er für unrichtig hält, eine Gegenvorstellung zur Personalakte zu reichen. Werden Personaldaten edv-mäßig gespeichert, sind die gesetzlichen Vorgaben des Bundesdatenschutzgesetzes (BDSG) vom Arbeitgeber zu beachten. Nach § 28 BDSG ist das Speichern von Personaldaten zulässig, wenn dies zur Abwicklung und Durchführung des Arbeitsverhältnisses erforderlich ist. Hieraus folgt, dass die gespeicherten Daten einen unmittelbaren Bezug zum Arbeitsverhältnis aufweisen müssen.

– *Schutz vor Überwachung*: Grundsätzlich ist der Arbeitgeber berechtigt, die Arbeitsabläufe in seinem Betrieb sowie das Leistungsverhalten seiner Arbeitnehmer zu kontrollieren. Diese Befugnis darf jedoch zu keiner unzumutbaren Einschränkung des allgemeinen Persönlichkeitsrechts der Arbeitnehmer führen. Insoweit ist unter Berücksichtigung des Verhältnismäßigkeitsgrundsatzes eine Güterabwägung zwischen den legitimen Interessen des Arbeitgebers einerseits und dem allgemeinen Persönlichkeitsrechts des Arbeitnehmers andererseits vorzunehmen. Hieraus folgt, dass eine ständige heimliche (akustische oder visuelle) Beobachtung von Arbeitnehmern durch technische Einrichtungen (z.B. Videoüberwachung) arbeitsrechtlich unzulässig ist. Etwas anderes gilt allerdings für eine zeitlich und personell eingeschränkte Beobachtung, wenn z.b. konkrete Anhaltspunkte dafür Vorliegen, dass in einem bestimmten Büro oder einer Abteilung (z.B. Lager) Straftaten begangen (z.B. Diebstahl) werden, die auf andere Art und Weise nicht nachgewiesen werden können. Auch das Abhören, Mithören von Telefonaten oder die Kontrolle privater Briefe oder E-Mails von Arbeitnehmern stellt eine Persönlichkeitsverletzung dar und ist deshalb grundsätzlich unzulässig. Dies gilt allerdings nicht für die Überprüfung, ob Betriebsmittel von Arbeitnehmern unrechtmäßig für private Zwecke genutzt werden. Besteht beispielsweise die Anweisung, dass die Telefonanlage nur für dienstliche Zwecke benutzt werden darf, ist der Arbeitgeber zum Zwecke der Kontrolle des Telefonverhaltens berechtigt, die entsprechenden Telefondaten zu erfassen.

1.5.3 Sanktionsmöglichkeiten des Arbeitnehmers

Verletzt der Arbeitgeber die ihm obliegende Fürsorgepflicht, steht dem Arbeitnehmer in erster Linie – unter Beibehaltung seines Lohn- und Gehaltsanspruchs – ein Zurückbehaltungsrecht in bezug auf seine Arbeitsleistung zu, bis der Verstoß abgestellt ist. Darüber hinaus kann er in Abhängigkeit von der Art der verletzten Fürsorgepflicht ggf. Unterlassung des zu beanstanden Verhaltens oder Schadensersatz verlangen bzw. das Arbeitsverhältnis kündigen.

Mit diesem Punkt ist zugleich das Ende der Darstellung wichtiger Rechte und Pflichten von Arbeitgebern und Arbeitnehmern im Arbeitsverhältnis erreicht. Wie bereits eingangs angedeutet, ließe sich noch Vieles differenzieren und ergänzen. Zu diesem Zwecke wird hier jedoch auf einige wichtige Literaturstellen verwiesen.

Weiterführende Literatur (zitierte Quellen siehe Anhang)

Hanau, P. / *K. Adomeit* (2000), Arbeitsrecht; Juristische Lernbücher Bd. 1, Neuwied.

Lieb, M. (2000), Arbeitsrecht, Heidelberg.

Löwisch, M. (2000), Arbeitsrecht: Ein Studienbuch; Werner-Studien-Reihe, Neuwied.

Verständnisfragen (Lösungen siehe Anhang)

Aufgabe 1:

Verhält sich ein Arbeitnehmer aus arbeitsrechtlicher Sicht korrekt, wenn er sich am vierten Tag einer Erkrankung bei seinem Arbeitgeber meldet und ein ärztliches Attest vorlegt?

Aufgabe 2:

Darf ein Arbeitgeber die Telefonanrufe seiner Mitarbeiter kontrollieren, indem er die angerufenen Telefonnummern speichert und auswertet?

Aufgabe 3:

Ist ein Arbeitnehmer, welcher tagsüber bei einer Filialkette als Kassierer angestellt ist, berechtigt, als Nebentätigkeit bei einem anderen Arbeitgeber zweimal in der Woche als LKW-Fahrer nachts Waren auszuliefern?

VI Personalwirtschaft im Gründungskontext
2 Rechtliche Rahmenbedingungen der Personalpolitik in jungen Unternehmen

Uschi Backes-Gellner / Rosemarie Kay

2.1 Einleitung

Die Rahmenbedingungen der Personalpolitik in jungen Unternehmen basieren zwar grundsätzlich auf den gleichen gesetzlichen Grundlagen wie die eines jeden anderen Unternehmens. Da einige arbeitsrechtliche Regelungen betriebsgrößenspezifische Geltungsbereiche aufweisen, gibt es dennoch substantielle Unterschiede in den Handlungsspielräumen betrieblicher Personalpolitik kleiner und größerer Unternehmen. Solange junge Unternehmen also klein sind, unterscheiden sich die rechtlichen Rahmenbedingungen ihrer Personalpolitik durchaus deutlich von denen ihrer älteren und größeren Konkurrenten. Da eine vollständige Darstellung der rechtlichen Rahmenbedingungen aus Platzgründen hier nicht möglich ist, werden wir eine Auswahl vornehmen, die versucht, die wichtigsten personalpolitischen Handlungsfelder neu gegründeter und junger Unternehmen zu berücksichtigen: die Beschaffung von Mitarbeitern, die Ausgestaltung und die Beendigung von Arbeitsverhältnissen. Eine Sonderform der Gründung stellt die Übernahme eines bestehenden Betriebes dar; man spricht hier von einer derivativen Gründung. In diesem Fall gelten besondere rechtliche Regelungen (§ 613 a BGB), deren Darstellung den Rahmen dieses Beitrages sprengen würde. Auch hier empfiehlt es sich, fachmännischen arbeitsrechtlichen Rat einzuholen. Da sich der vorliegende Sammelband weniger an Fachwissenschaftler, sondern an Studierende unterschiedlichster Fachrichtungen oder an Personalverantwortliche in der Praxis junger Unternehmen wendet, werden wir uns im Folgenden nicht nur beschränken auf solche Regelungen, die wir für kleine Unternehmen als wichtig ansehen, sondern wir werden sie auch nur gerade so ausführlich behandeln (können), wie es für kleine Unternehmen in einem ersten Schritt wichtig ist. Fachmännischer arbeitsrechtlicher Rat in kniffligen Fällen kann und soll durch diesen Beitrag nicht ersetzt werden. Bevor wir auf die oben genannten Handlungsfelder im Einzelnen eingehen, wollen wir zunächst einen kurzen Überblick über einige rechtliche Aspekte geben, die für alle personalpolitische Handlungen gleichermaßen relevant sind.

2.2 Der institutionelle Rahmen der betrieblichen Personalpolitik
2.2.1 Relevante Regelungen

Zunächst ist festzuhalten, dass es in Deutschland *kein einheitliches Arbeitsgesetzbuch* gibt, wodurch die Ausrichtung der betrieblichen Personalpolitik an den rechtlichen und institutionellen Rahmenbedingungen erschwert wird. Stattdessen sind die *vielfältigen Normen*, die die betriebliche Personalpolitik betreffen, über viele verschiedene Rechtsquellen verstreut, seien es europarechtliche, grundgesetzliche oder bundesgesetzliche Regelungen (plus dem jeweiligen Richterrecht), seien es Tarifverträge, Betriebsvereinbarungen oder Arbeitsverträge. Für die alltägliche betriebliche Praxis in jungen und kleinen Unternehmen ist die umfassende Kenntnis all dieser Normen und ihrer Details jedoch nicht unbedingt notwendig. Da es für junge und kleine Unternehmen oft Ausnahmen von gesetzlichen Regelungen gibt und da sie eher selten tarifgebunden sind oder einen Betriebsrat haben (siehe Kapitel 2.2.2 und 2.4), stellen für sie der Arbeitsvertrag und einige arbeitsrechtliche Bundesgesetze die wichtigsten Nebenbedingungen der Personalpolitik dar. Sofern ein Unternehmen einem Arbeitgeberverband angehört und damit in aller Regel an einen Tarifvertrag gebunden ist, kommt diesem Tarifvertrag eine sehr große praktische Bedeutung zu, weil er im allgemeinen die konkreten Arbeitsbedingungen und die Lohngestaltung weitgehend vorgibt. Sofern im Betrieb außerdem ein Betriebsrat existiert und mit diesem Betriebsvereinbarungen abgeschlossen wurden, haben auch diese eine große Bedeutung. Zu beachten ist dabei, dass insbesondere in Tarif- und Arbeitsverträgen (aber auch in Betriebsvereinbarungen und Arbeitsverträgen) ein und derselbe Sachverhalt in unterschiedlicher Weise geregelt sein kann, z.B. die Höhe des Entgelts oder die Zahl der Urlaubstage. In diesem Fall kommt das sog. Günstigkeitsprinzip zum Tragen. D.h., es ist die Bestimmung anzuwenden, die sich zugunsten des Arbeitnehmers auswirkt (für Ausnahmen zu dieser Regel siehe § 3 III TVG).

Werden in einem Unternehmen mehrere Arbeitnehmer beschäftigt, ist auch der sog. *Gleichbehandlungsgrundsatz* zu berücksichtigen. Dieser verpflichtet Arbeitgeber zur gleichmäßigen Behandlung aller Arbeitnehmer im Betrieb. Das bedeutet nicht, dass allen Arbeitnehmern das gleiche Ergebnis zukommt, sondern vielmehr, dass Mitarbeiter nicht aus Willkür oder sachfremden Gründen *un*günstiger behandelt werden dürfen als andere in vergleichbarer Lage. Einzelne Arbeitnehmer dürfen jedoch günstiger behandelt werden. Von praktischer Bedeutung ist der Gleichbehandlungsgrundsatz immer wieder in Fragen des Entgeltes und dort insbesondere bei den freiwilligen betrieblichen Sozialleistungen. Außerdem ist zu beachten, dass Arbeitnehmer insbesondere wegen ihres Geschlechts nicht benachteiligt werden dürfen. Nach § 611 a I BGB gilt dies insbesondere bei der Begründung des Arbeitsverhält-

nisses, beim beruflichen Aufstieg oder bei einer Weisung oder Kündigung, nach §
612 III BGB aber auch bei der Vergütung.

2.2.2 Mitbestimmung

Von den verschiedenen Mitbestimmungsgesetzen ist für junge Unternehmen lediglich das *Betriebsverfassungsgesetz* von Bedeutung. Und dies auch nur dann, wenn in
dem Betrieb regelmäßig mindestens fünf Arbeitnehmer beschäftigt sind. Da originäre Gründungen zu Beginn im Durchschnitt einen Personalbestand von nur ca. 2,6
Beschäftigten haben – zudem sind etwa 50% der Gründungen Einzelgründungen, für
die dieses Gesetz sowieso nicht gilt – und selbst nach fünf Jahren immer noch 56,5%
der Unternehmen weniger als fünf Mitarbeiter beschäftigen (eigene Berechnungen
auf der Basis der Daten des Projektes Gründungen aus Kölner Hochschulen *Grün-
Col*), beschränkt das BetrVG junge Unternehmen de facto viele Jahre nicht in ihren
personalpolitischen Handlungsspielräumen. Sobald der Betrieb aber fünf dauerhaft
Beschäftigte hat (hierzu zählen nach § 5 II, III BetrVG weder Gesellschafter oder
mithelfende Familienangehörige noch leitende Angestellte), haben die Beschäftigten
das Recht, einen Betriebsrat zu wählen. Dieses Recht kann nicht verweigert werden.
Aber von diesem Recht wird in vielen Unternehmen kein Gebrauch gemacht. In einer vom Institut für Mittelstandsforschung Bonn im Jahre 1999 durchgeführten Befragung gaben von den Unternehmen mit 5-9 Beschäftigten lediglich 3,1%, mit 10-
19 Beschäftigten 4,5% und mit 20 bis 49 Beschäftigten 24,0% an, einen Betriebsrat
zu haben. Betrachten wir nur junge Unternehmen, so zeigt sich nach einer Studie
von Potthoff / Kipker (2000), dass lediglich in 16% der ‚jungen' NEMAX-
Unternehmen ein Betriebsrat besteht. Ältere Studien belegen darüber hinaus, dass
Unternehmen meist fünf Jahre benötigen, um Mitbestimmungsorgane einzurichten,
d.h. v.a. den Betriebsrat (Wassermann 1999; Addison et. al. 1999). Solange Unternehmen also jung und klein sind, können sie in aller Regel über ihre Personalpolitik
frei, d.h. ohne Mitwirkung eines Betriebsrates, entscheiden. Erst wenn sie älter werden oder sehr schnell gewachsen sind, wird das BetrVG zu einem relevanten Faktor
in der betrieblichen Personalpolitik, wobei die Unternehmen dann in aller Regel
auch schon eine professionalisierte Personalfunktion vorweisen können. Aber selbst
wenn die Unternehmen dann einen Betriebsrat haben, muss dies nicht negativ sein.
Es darf nämlich nicht übersehen werden, dass erstens die Mehrzahl der Unternehmen
ihre Erfahrungen mit ihrem Betriebsrat positiv einschätzen. So gaben mehr als drei
Viertel der vom IfM Bonn befragten Unternehmen mit Betriebsrat an, ein kooperati-
ves Verhältnis zum Betriebsrat zu haben. (Eigene Berechnungen auf der Basis einer
Befragung von 735 insbesondere kleinen und mittleren Unternehmen des Instituts
für Mittelstandsforschung, Bonn. Siehe ausführlich: Backes-Gellner et. al. 2000).
Zwar bedeutet die Mitwirkung eines Betriebsrates eine gewisse Einschränkung der
Entscheidungsfreiheit des Unternehmers, auf der anderen Seite bringt die Zusammenarbeit mit der gewählten Interessenvertretung der Beschäftigten auch Vorteile
mit sich, z.B. können mögliche Konflikte zwischen Unternehmensleitung und (Tei-

len der) Belegschaft frühzeitig und auf sachlicherer Ebene entschärft werden. Dies wiederum erhöht den Betriebsfrieden und verbessert das Betriebsklima. Zweitens sind die Beteiligungsrechte des Betriebsrates je nach personalpolitischem Handlungsfeld noch einmal abgestuft. Es gibt drei verschiedene Kategorien: Information und Unterrichtung, Beratung und Anhörung sowie Mitbestimmung. Die Mitbestimmung ist die stärkste Form der Beteiligung, hier bedarf es der Zustimmung des Betriebsrates, damit eine Maßnahme des Arbeitgebers wirksam wird, allerdings ist sie auch auf wenige personalpolitische Handlungsfelder (z.b. Arbeitszeitfragen oder die Durchführung von betrieblichen Bildungsmaßnahmen) beschränkt. Für viele Fragen der betrieblichen Personalpolitik gelten nur Informations- und Unterrichtungsrechte (z.b. hinsichtlich der Gestaltung von Arbeitsplätzen oder der Personalplanung).

2.3   Die Auswahl von Mitarbeitern und die Begründung eines Arbeitsverhältnisses

Bei der Einstellung neuer Mitarbeiter sind nur sehr wenige rechtliche Regelungen zu beachten. Aufgrund der *Vertragsfreiheit* kann ein Unternehmen frei nach seinen Qualifikationsanforderungen einstellen. Auch bei der Frage, welche Wege es bei der Beschaffung beschreitet, hat das Unternehmen vollkommen freie Hand. Bei der unternehmensinternen wie der -externen Stellenausschreibung ist gemäß § 611 b BGB lediglich darauf zu achten, dass die Stelle weder nur für Männer noch nur für Frauen ausgeschrieben wird. Außerdem ist bei der Personalauswahl darauf zu achten, dass Bewerber nicht wegen ihres Geschlechts benachteiligt werden (§ 611 a BGB).

Für die Auswahl eines Bewerbers kommen grundsätzlich verschiedene *Auswahlverfahren* in Frage, wobei sich junge Unternehmen i.d.R. auf die Durchsicht der Bewerbungsunterlagen und ein anschließendes Bewerbungsgespräch beschränken. Hierbei darf nach allen Sachverhalten gefragt werden, die mit der zu besetzenden Stelle zusammenhängen oder die für die Abwicklung des Arbeitsverhältnisses benötigt werden. Darunter fallen Fragen nach der Ausbildung, dem beruflichen Werdegang, den erworbenen Qualifikationen oder der Verfügbarkeit. Weitere Fragen sind häufig nur in Ausnahmefällen zulässig. Zulässige Fragen müssen vom Bewerber wahrheitsgemäß beantwortet werden; andernfalls kann der Arbeitsvertrag angefochten werden. Stellt das Unternehmen dagegen *un*zulässige Fragen (z.B. nach einer bestehenden Schwangerschaft), können diese vom Arbeitnehmer unwahr beantwortet werden, ohne dass der Arbeitsvertrag angefochten werden könnte. In *Unternehmen mit Betriebsrat* sind zusätzlich die §§ 92-95 BetrVG zu beachten. Im Einzelnen bedeutet dies, dass der Betriebsrat über geplante Neueinstellungen informiert werden muss und dieser die betriebsinterne Ausschreibung von Stellen verlangen kann. Der Einsatz von Personalfragebogen und Personalauswahlrichtlinien bedarf seiner Zustimmung.

Hat das Unternehmen sich für einen Arbeitnehmer entschieden, kann der *Arbeitsvertrag* sowohl mündlich als auch schriftlich abgeschlossen werden, sofern ein Tarifvertrag nicht die Schriftform vorschreibt. Nach § 2 I NachweisG hat der Arbeitgeber jedoch spätestens einen Monat nach Beginn des Arbeitsverhältnisses – um späteren Streitigkeiten vorzubeugen – die wesentlichen, in § 2 I NachweisG aufgeführten Vertragsbedingungen schriftlich niederzulegen, zu unterschreiben und dem Arbeitnehmer auszuhändigen. Insofern ist zu überlegen, von Anfang an einen schriftlichen Arbeitsvertrag abzuschließen, der die Erfordernisse des Nachweisgesetzes erfüllt. Dann kann auf den nachträglichen Nachweis verzichtet werden (§ 2 IV NachweisG).

Aus dem Arbeitsvertrag entstehen dem Arbeitgeber und dem Arbeitnehmer Rechte und *Pflichten* – die Hauptpflicht des Arbeitnehmers ist es, die ihm zugewiesene Arbeit persönlich zu erledigen und die Hauptpflicht des Arbeitgebers besteht darin, die Arbeitsvergütung zu zahlen (§ 611 BGB). Neben diesen Hauptpflichten besteht jeweils noch eine Reihe von Nebenpflichten. Beim Arbeitnehmer sind hier vor allem die Verschwiegenheitspflicht und das Wettbewerbsverbot zu nennen. Beim Arbeitgeber ist vor allem die Fürsorgepflicht anzuführen, die insbesondere den Schutz der Persönlichkeit einschließt.

2.4 Die Vergütung der Mitarbeiter

Über die Höhe des Entgeltes kann grundsätzlich frei mit den einzelnen Mitarbeitern verhandelt werden. Ist der Arbeitgeber jedoch Mitglied im Arbeitgeberverband und der Mitarbeiter Gewerkschaftsmitglied, muss der Tarifvertrag angewendet werden (§§ 3 I, 4 I TVG). Die im Tarifvertrag festgelegten Bedingungen sind Mindestbedingungen, d.h., sie dürfen i.d.R. nicht unterschritten, jedoch nach oben aufgestockt werden (§ 4 III TVG). Allerdings steht dem Unternehmer die Entscheidung, einem Arbeitgeberverband beizutreten, vollkommen frei. Faktisch beobachten wir, dass nur ca. 10% aller jungen (bis zu fünf Jahre alten) Unternehmen einem Arbeitgeberverband angehören (eigene Berechnungen auf der Basis des GrünCol-Datensatzes). Gemessen an der Unternehmensgröße beobachten wir, dass von allen Unternehmen mit bis zu vier Beschäftigten nur 39% einem Tarifvertrag unterliegen, davon 70% aufgrund ihrer Zugehörigkeit zum Arbeitgeberverband (also freiwillig) und 25% aufgrund einer Allgemeinverbindlichkeitserklärung eines Tarifvertrages (siehe Abbildung 1). Selbst bei den Unternehmen mit bis zu 49 Beschäftigten unterliegt immer noch weniger als die Hälfte einem Tarifvertrag, davon nur ca. 10% aufgrund einer Allgemeinverbindlichkeitserklärung (eigene Berechnungen, siehe Backes-Gellner 2000). Wenn kleine Unternehmen also tarifgebunden sind, dann liegt es nicht allzu selten daran, dass ein Tarifvertrag vom Bundesarbeitsminister für allgemeinverbindlich erklärt wurde. Allerdings sind solche Allgemeinverbindlichkeitserklärungen im wesentlichen auf die Baubranche und einige andere Branchen beschränkt; insgesamt machen sie lediglich 1% aller Tarifverträge aus (siehe BMA 2000).

Art des Tarifvertrages	Unternehmen mit ... Beschäftigten				
	0 bis 4	5 bis 9	10 bis 19	20 bis 49	50 und mehr
Tarifvertrag	38,8	36,7	42,5	48,7	62,0
Darunter					
Branchentarifvertrag	70,0	66,0	80,0	72,0	69,3
Haustarifvertrag	5,0	0,0	3,1	9,3	22,8
Allgemeinverbindlich erklärter Tarifvertrag	25,0	34,0	15,4	17,3	9,6

Abbildung 1: Tarifbindung nach Unternehmensgröße (in%)
(Quelle: Unternehmensbefragung des Instituts für
Mittelstandsforschung Bonn 1999)

Neben dem vereinbarten Arbeitsentgelt fallen *Sozialversicherungsabgaben* an; auf den Arbeitgeber entfallen 50% der Kranken-, Pflege-, Arbeitslosen- und Rentenversicherungsbeiträge sowie 100% der Unfallversicherungsbeiträge. Es ist Pflicht des Arbeitgebers, die einbehaltene Lohnsteuer und die gesamten Sozialversicherungsbeiträge abzuführen. Da es sich bei den entsprechenden Regelungen um eine komplexe Materie handelt, lagern viele junge und kleine Unternehmen die Abwicklung dieser Aufgaben aus dem Unternehmen aus und übergeben sie beispielsweise einem Steuerberaterbüro: Fast die Hälfte der jungen (bis zu fünf Jahre alten) Unternehmen lassen die durch staatliche Auflagen in bezug auf Steuern, Sozialabgaben und Personal anfallenden Aufgaben durch Externe erledigen (eigene Berechnungen auf der Basis von GrünCol). Hier ist zum einen das aktuelle Know-how vorhanden, zum anderen entlastet es den Unternehmer, der ansonsten hauptsächlich diese Aufgaben übernimmt. D.h. die Auslagerung dieser Aufgaben entlastet in jungen und kleinen Unternehmen vor allem den Unternehmer selbst und ermöglicht es ihm, seine Kapazitäten auf wichtige personalpolitische Fragen zu konzentrieren. Unter denen, die die genannten Aufgaben selbst erfüllen, nimmt diese Tätigkeit im Durchschnitt rund 19 Stunden pro Monat in Anspruch.

Darüber hinaus ist zu beachten, dass Arbeitnehmern an Feiertagen und in den ersten sechs Wochen einer krankheitsbedingten Arbeitsunfähigkeit das Entgelt in voller Höhe fortzuzahlen ist (§§ 2-4 EntgeltfortzahlungsG). 80% der hiermit verbundenen Kosten werden Unternehmen mit bis zu 20 Arbeitnehmern durch die zuständige Krankenkasse erstattet (§ 10 LohnfortzG). Die hierfür nötigen Mittel werden jedoch durch eine Umlage der an diesem Ausgleich beteiligten Unternehmen aufgebracht (§ 14 LohnfortzG).

2.5   Die Arbeitszeit

Die *Dauer der Arbeitszeit* sollte im Arbeitsvertrag festgelegt werden. Bei der Festlegung der Dauer ist das Arbeitszeitgesetz zu beachten. Nach § 3 ArbZG beträgt die werktägliche Höchstarbeitszeit acht Stunden, dies ergibt eine wöchentliche Höchstarbeitszeit von 48 Stunden. Die werktägliche Höchstarbeitszeit kann auf zehn Stunden verlängert werden, wenn die Arbeitszeit innerhalb von sechs Kalendermonaten oder 24 Wochen im Durchschnitt acht Stunden werktäglich nicht überschreitet. Unter diesen Bedingungen kann die wöchentliche Arbeitszeit bis zu 60 Stunden betragen. Die vertraglich vereinbarte Wochenarbeitszeit von Vollzeitbeschäftigten liegt üblicherweise zwischen 35 und 40 Stunden. Mit Überstunden kann man im dargestellten Rahmen über die vereinbarte Arbeitszeit hinausgehen. An Sonn- und Feiertagen dürfen Arbeitnehmer nur in den in § 10 ArbZG geregelten Ausnahmefällen beschäftigt werden (§ 9 ArbZG); in solchen Fällen ist den Arbeitnehmern ein Ersatzruhetag innerhalb von zwei Wochen zu gewähren (§ 11 ArbZG). Von den Vorschriften zur Höchstarbeitszeit, zu Ruhepausen und zur Ruhezeit kann in besonderen Fällen abgewichen werden (§ 14 ArbZG). Hierzu zählt auch der Fall, dass die Nichterledigung der Arbeit das Ergebnis der Arbeit gefährden oder einen unverhältnismäßigen Schaden zur Folge haben würde und dem Arbeitgeber andere Vorkehrungen nicht zugemutet werden können. Zuständig für die Überwachung und die Genehmigung von Ausnahmen sind die Gewerbeaufsichtsämter.

Die *zeitliche Lage* der Arbeitszeit ist mit Ausnahme der Nachtarbeit keinen gesetzlichen Regelungen unterworfen. Zusammen mit den Regelungen zur Arbeitszeitdauer bietet das Arbeitszeitgesetz umfangreiche Möglichkeiten für eine flexible Arbeitszeitgestaltung, an der insbesondere junge Unternehmen interessiert sein dürften. So sind z.B. Gleitzeitregelungen, Teilzeitarbeit, Jahresarbeitszeitverträge und Arbeitszeitkonten denkbar. Das Arbeitszeitgesetz gilt übrigens nicht für leitende Angestellte im Sinne von § 5 III BetrVG (§ 18 ArbZG).

Neben der Arbeitszeit ist auch die *Urlaubszeit* geregelt. Arbeitnehmer haben einen gesetzlichen Urlaubsanspruch von 24 *Werk*tagen (§ 3 BUrlG); da hier der Samstag mitgezählt wird, entspricht dies einem Urlaubsanspruch von vier Wochen. Der Urlaub ist zusammenhängend zu gewähren; zumindest einer der Urlaubsteile muss jedenfalls zwei Arbeitswochen umfassen (§ 7 II BUrlG). Der Urlaub ist in dem Jahr zu gewähren, in dem der Anspruch erworben wurde; ausnahmsweise kann er ins erste Quartal des Folgejahres übertragen werden (§ 7 III BUrlG). Macht der Arbeitnehmer seine Urlaubsansprüche nicht geltend, verfallen sie am Jahresende. Urlaubsansprüche dürfen nicht finanziell abgegolten werden, es sei denn, sie können wegen Beendigung des Arbeitsverhältnisses nicht mehr wahrgenommen werden (§ 7 IV BUrlG). Um einerseits Störungen im Arbeitsablauf so gering wie möglich zu halten, andererseits die Wünsche des Arbeitnehmers hinsichtlich Lage und Dauer des Urlaubs gemäß § 7 I BUrlG ausreichend zu berücksichtigen, empfiehlt sich eine rechtzeitige und abgestimmte Urlaubsplanung für alle Mitarbeiter des Unternehmens. Über die Urlaubswünsche eines Mitarbeiters kann nur aus dringenden betrieblichen Gründen oder wenn ihnen Urlaubswünsche anderer Mitarbeiter entgegenstehen hinweggegangen werden. Während des Urlaubs ist dem Arbeitnehmer ein Urlaubsentgelt zu zahlen, üblicherweise entspricht dieses dem andernfalls während dieses Zeitraumes zu zahlenden Arbeitsentgeltes (§ 11 BUrlG).

Unternehmen, die *tarifgebunden* sind, haben i.d.R. zusätzliche Arbeitszeit- und Urlaubsregelungen des Tarifvertrages zu beachten. So werden in Arbeits- und Tarifverträgen beispielweise die Dauer und Lage der Arbeitszeit festgeschrieben oder es wird eine höhere Zahl an Urlaubstagen vereinbart. In vielen Branchen sind 25 bis 30 *Arbeits*tage an Urlaub üblich. Außerdem ist es in vielen Branchen üblich, ein Urlaubsgeld zu zahlen. Die Höhe des (tariflichen) Urlaubsgeldes schwankt in den einzelnen Branchen erheblich, es bewegt sich zwischen 200 DM und 3.100 DM (siehe WSI-Tarifarchiv 2000). Ist ein *Betriebsrat* vorhanden, so hat er nach § 87 I BetrVG ein Mitbestimmungsrecht bei der Festlegung des Beginns und Endes der täglichen Arbeitszeit sowie der Verteilung der Arbeitszeit auf die einzelnen Wochentage. Auch eine vorübergehende Verkürzung und Verlängerung der betriebsüblichen Arbeitszeit unterliegt dem Mitbestimmungsrecht des Betriebsrates.

2.6   Arbeitsschutz

Ziel des Arbeitsschutzes ist es, Gesundheit und Sicherheit der Arbeitnehmer zu schützen und zu fördern. Er wird im wesentlichen im Arbeitsschutzgesetz, im Arbeitssicherheitsgesetz, in der Arbeitsstättenverordnung, in der Gefahrstoffverordnung und in den Unfallverhütungsvorschriften der Berufsgenossenschaften geregelt. Das Arbeitsschutzrecht ist derart umfassend, dass es schwer ist, auch nur einen groben Überblick zu geben (siehe z.B. Stürk 1998, Kollmer / Vogl 1997). In der Regel gelten die verschiedenen arbeitschutzrechtlichen Bestimmungen auch für kleine und mittlere Unternehmen (siehe Wahsner et. al. 2000). Allerdings gibt es einige *wichtige Ausnahmeregelungen für kleine und mittlere Unternehmen*, die den Arbeitsschutz für diese erträglicher macht. So verpflichtet das Arbeitssicherheitsgesetz den Arbeitgeber zwar, sich durch Betriebsarzt und Sicherheitsfachkraft unterstützen zu lassen. Kleine Unternehmen haben jedoch die Möglichkeit, sich der Hilfe eines überbetrieblichen arbeitsmedizinischen bzw. sicherheitstechnischen Dienstes (z.B. dem TÜV) zu bedienen, statt solche Kräfte fest einzustellen, was ihre Kapazitäten i.d.R. sicherlich übersteigen würde (§§ 2, 5, 19 ArbSichG). Darüber hinaus sind Unternehmen mit bis zu 20 Beschäftigten von der Pflicht befreit, einen Arbeitsschutzausschuss zu bilden (§ 11 ArbSichG). Unternehmen mit bis zu 10 Beschäftigten sind ausgenommen von der Vorschrift des Arbeitschutzgesetzes, eine Beurteilung und Dokumentation der Gefährdung vorzunehmen, denen die Beschäftigten mit ihrer Arbeit ausgesetzt sind (§§ 5, 6 ArbSchG). Auf Antrag können vom Gewerbeaufsichtsamt außerdem Ausnahmen von den Vorschriften der Arbeitsstättenverordnung zugelassen werden, wenn die Durchführung der Vorschrift zu einer unverhältnismäßigen Härte führen würde (§ 4 I ArbStättV). Unternehmen mit bis zu 20 Beschäftigten sind von der Pflicht befreit, einen Sicherheitsbeauftragten zu bestellen (§ 22 SGB VII). Je nach Gefährdungsgrad des Unternehmens kann die relevante Beschäftigtenzahl jedoch durch die zuständige Berufsgenossenschaft erhöht oder verringert werden. Auskunft und Beratung über die im Einzelnen einzuhaltenden Vorschriften ist von den Gewerbeaufsichtsämtern und Berufsgenossenschaften zu erhalten. Der *Betriebsrat* hat im Rahmen des Arbeitsschutzes verschiedene Rechte und Pflichten, u.a. hat er auf die Einhaltung der Arbeitsschutzrechte zu achten sowie u.a. die Gewerbeaufsichtsämter und Berufsgenossenschaften durch Anregung, Beratung und Auskunft zu unterstützen (§§ 80 I, 89 I BetrVG).

Auch wenn es viele Ausnahmeregelungen für kleine und mittlere Unternehmen im Bereich des Arbeitsschutzes gibt, so heißt dies dennoch nicht, dass er bei der Unternehmensgründung vernachlässigt werden könnte. Insbesondere bei Gründungen im gewerblich-technischen Bereich könnte dies zu Problemen führen, da aus den notwendigen Arbeitsschutzmaßnahmen Kosten resultieren können, die gleich bei der Startfinanzierung Berücksichtigung finden sollten. Insofern empfiehlt es sich insbesondere bei Gründungen im gewerblich-technischen Bereich rechtzeitig arbeitsschutzrechtliche Informationen, z.B. bei den bereits genannten Gewerbeaufsichtsämtern, zuständigen Berufsgenossenschaften oder dem TÜV einzuholen.

2.7 Beendigung des Arbeitsverhältnisses

In jungen Unternehmen steht zwar typischerweise die Einstellung neuer Mitarbeiter eher als die *Kündigung* von Mitarbeitern im Vordergrund. Dennoch können Situationen eintreten, in denen die Trennung von einem Mitarbeiter unumgänglich wird. In diesem Fall sind einige rechtliche Vorschriften zu beachten. Erste wesentliche Voraussetzung für die Wirksamkeit der Kündigung ist, dass sie schriftlich erfolgt (§ 623 BGB); dies gilt sowohl für Kündigungen seitens des Arbeitgebers als auch des Arbeitnehmers. Ist im Unternehmen ein Betriebsrat vorhanden, ist dieser nach § 102 BetrVG vor jeder Kündigung zu hören. Andernfalls ist die Kündigung unwirksam. Grundsätzlich kann zwischen einer ordentlichen und einer außerordentlichen Kündigung unterschieden werden. Der Regelfall ist die *ordentliche Kündigung*, bei der unbefristete Arbeitsverhältnisse unter Einhaltung folgender Kündigungsfristen gekündigt werden (§ 622 I und II BGB): wenn das Arbeitsverhältnis noch keine zwei Jahre bestanden hat, kann es mit einer Frist von vier Wochen zum 15. oder zum Ende eines Kalendermonats gekündigt werden. Diese Frist erhöht sich schrittweise mit der Dauer des Arbeitsverhältnisses und liegt beispielsweise nach fünf Jahren bei zwei Monaten zum Ende des Kalendermonats. (Von diesen Fristen kann im Rahmen von Arbeits- oder Tarifverträgen nach oben hin abgewichen werden.) Auch hier gibt es wieder Erleichterungen für junge und kleine Unternehmen. Arbeitgeber, die nicht mehr als 20 Arbeitnehmer beschäftigen, können in Einzelarbeitsverträgen auch geringere Fristen vereinbaren; diese dürfen jedoch vier Wochen nicht unterschreiten (§ 622 V BGB). Zu beachten ist dabei allerdings, dass für Kündigungen seitens des Arbeitnehmers keine längeren Kündigungsfristen vereinbart werden dürfen als für solche seitens des Arbeitgebers (§ 622 VI BGB). Besonders einfach ist die Auflösung während einer Probezeit von bis zu sechs Monaten, in der mit einer Frist von zwei Wochen gekündigt werden kann (§ 622 III BGB).

Neben der ordentlichen gibt es darüber hinaus die Möglichkeit der *außerordentlichen Kündigung*, die allerdings besonders schwerwiegenden Fällen vorbehalten ist. Sie ist fristlos wirksam und kommt dann in Frage, wenn ein wichtiger Grund wie z.b. erhebliche Fehlzeiten und häufige Unpünktlichkeit trotz Abmahnung, Straftaten gegen den Arbeitgeber, ein Verstoß gegen die Verschwiegenheitspflicht oder das Wettbewerbsverbot vorliegt. Dies bedeutet jedoch nicht, dass der Arbeitnehmer während des bestehenden Arbeitsverhältnisses nicht bereits seine eigene Selbstständigkeit vorbereiten darf (Schaub 2000, § 125 RN 57 ff.). Der außerordentlichen Kündigung muss in den meisten Fällen eine Abmahnung vorausgehen; außerdem muss sie innerhalb von zwei Wochen nach Bekanntwerden des wichtigen Grundes ausgesprochen werden (§ 626 II BGB). Da ordentliche Kündigungen an geringere Voraussetzungen gebunden sind, empfiehlt es sich im Einzelfall zu prüfen, ob die Möglichkeit besteht, das Arbeitsverhältnis bis zum Ablauf der Kündigungsfrist fortzusetzen und statt der außerordentlichen eine ordentliche Kündigung auszusprechen.

Da eine Kündigung und damit der Verlust eines Arbeitsplatzes für einen Arbeitnehmer i.d.R. mit schweren und nachhaltigen Folgen verknüpft ist, wurden mithilfe des *Kündigungsschutzgesetzes* Regelungen eingeführt, die den Arbeitnehmer vor besonderen Härten schützen sollen.

Faktisch bedeutet dies jedoch – entgegen dem Eindruck, der in der Öffentlichkeit gelegentlich vermittelt wird – nicht, dass die Kündigung von Mitarbeitern kaum mehr möglich ist. Die Mehrzahl arbeitgeberseitiger Kündigungen geht reibungslos und ohne Hinzuziehung eines Arbeitsgerichtes vonstatten. Und eine Vielzahl von Arbeitsgerichtsprozessen ließe sich vermeiden, wenn die rechtlichen Regelungen beachtet würden.

Allerdings ist das Kündigungsschutzgesetz wiederum nicht gültig für kleine Betriebe mit i.d.R. nicht mehr als fünf Beschäftigten (§ 23 KSchG). Betrachtet man vor diesem Hintergrund noch einmal die typischen Beschäftigtenzahlen von jungen Unternehmen, so zeigt sich, dass in der GrünCol-Befragung beispielsweise nur ca. 3% der ein Jahr alten Unternehmen und 35,5% der fünf Jahre alten Unternehmen mehr als fünf Beschäftigte aufweisen und damit von den aktuell gültigen einschränkenden Regelungen des Kündigungsschutzgesetzes betroffen sind. Dabei ist zu beachten, dass in der GrünCol-Befragung Voll- und Teilzeitbeschäftigung nicht getrennt abgefragt wurde, so dass die angegebenen Anteile eine Obergrenze darstellen, da sich aufgrund von Teilzeitbeschäftigten in vielen Unternehmen, die anzurechnende Zahl an Beschäftigten noch geringer darstellen könnte.

Auch gemessen am Gesamtbestand der Unternehmen überwiegen diejenigen Unternehmen, die vom Kündigungsschutzgesetz ausgenommen sind, nämlich rund 75% aller Unternehmen. In Unternehmen, die dem KSchG unterliegen, ist eine (ordentliche) Kündigung nach § 1 I KSchG nur dann rechtswirksam, wenn sie sozial gerechtfertigt ist, d.h. wenn sie durch Gründe verursacht ist, die in der Person oder dem Verhalten des Arbeitnehmers liegen oder durch dringende betrieblich Erfordernisse bedingt ist (§ 1 II KSchG). Personenbedingte Gründe beruhen auf den persönlichen Eigenschaften und Fähigkeiten des Arbeitnehmers, beispielhaft genannt seien mangelnde körperliche oder geistige Eignung sowie Krankheit über das übliche Maß hinaus. Verhaltensbedingte Gründe resultieren aus Vertragsverletzungen vor allem im Leistungsbereich; zu nennen sind hier Schlecht- und Minderleistung, Arbeitsverweigerung und Arbeitsversäumnis. Eine einmalige Pflichtverletzung reicht i.d.R. allerdings als Grund für eine verhaltensbedingte Kündigung nicht aus. Bei Auftreten solcher Pflichtverletzungen sind deshalb schriftliche Abmahnungen zu erteilen, in denen für den Fall der Wiederholung die Kündigung angedroht wird.

Betriebsbedingte Gründe liegen vor, wenn sich durch inner- oder außerbetriebliche Ursachen der Arbeitsanfall so weit verringert, dass hierauf nur noch mit Kündigung reagiert werden kann. Solche Ursachen sind z.b. durch Rationalisierungsmaßnahmen, Um- oder Einstellung der Produktion, Auftragsmangel gegeben. Vor einer betriebsbedingten Kündigung ist zu prüfen, ob der Arbeitnehmer nicht zu anderen Arbeitsbedingungen oder auf einem anderen Arbeitsplatz beschäftigt werden kann.

Kommen mehrere Arbeitnehmer für die Kündigung in Frage, sind bei der Auswahl des Arbeitnehmers soziale Gesichtspunkte zu berücksichtigen. Es ist derjenige zu entlassen, der des geringsten Schutzes bedarf, wobei dies i.d.R. an folgenden Merkmalen festgemacht wird: Dauer der Betriebszugehörigkeit, Lebensalter, bestehende Unterhaltspflichten, aber auch z.b. Familienstand, Vermögensverhältnisse oder Gesundheitszustand. Auch Unternehmen, die nicht dem Kündigungsschutzgesetz unterliegen, dürfen einem Arbeitnehmer nicht willkürlich kündigen. Vielmehr muss ein sachlicher Grund, der im Zusammenhang mit dem Arbeitsverhältnis steht, vorliegen. Dem Arbeitnehmer steht in gewissem Umfang ein Recht auf soziale Rücksichtnahme zu.

Für einige Personengruppen gilt in allen Unternehmen ein *besonderer Kündigungsschutz*, z.b. Schwerbehinderte, Auszubildende, Schwangere, sich im Erziehungsurlaub befindliche Arbeitnehmer, Betriebsratsmitglieder sowie Soldaten und Zivildienstleistende. Allerdings gibt es im letztgenannten Fall für kleine Betriebe mit i.d.R. fünf oder weniger Arbeitnehmern eine Ausnahme. Sie dürfen unverheirateten Arbeitnehmern wegen Ableistung des Wehr- oder Zivildienstes ausnahmsweise kündigen, wenn ihnen infolge der Einstellung einer Ersatzkraft die Weiterbeschäftigung des Arbeitnehmers nach Beendigung des Wehr- oder Ersatzdienstes nicht zugemutete werden kann (§ 2 III ArbPlSchG bzw. § 2 ZDG).

Zusammenfassend kann festgehalten werden, dass in jungen und kleinen Unternehmen Kündigungen durch rechtliche Regelungen kaum beschränkt sind. Sofern ein sachlicher Grund vorliegt, kann ein Mitarbeiter normalerweise innerhalb kurzer Zeit entlassen werden. Die Angst, neu eingestellte Mitarbeiter nicht wieder freisetzen zu können, wenn es betrieblich notwendig wird, ist also weitgehend unberechtigt und sollte die Einstellung neuer Mitarbeiter in jungen Unternehmen nicht behindern. Im übrigen gibt es für risikoscheue Unternehmer auch noch die Möglichkeit, befristete Arbeitsverträge abzuschließen, die von vornherein auf einen bestimmten Zeitraum befristet werden und nach Ablauf der Frist automatisch zu einer Freisetzung des Mitarbeiters führen. Seit Einführung des Beschäftigungsförderungsgesetzes können befristete Beschäftigungsverhältnisse auch ohne sachlichen Befristungsgrund abgeschlossen und seit 1996 innerhalb eines Zeitraumes von zwei Jahren bis zu dreimal verlängert werden. Nicht zuletzt sollte aber auch die Möglichkeit einer einverständlichen Auflösung, die in einem schriftlichen Aufhebungsvertrag niedergelegt wird, nicht unterschätzt werden. Die Vorteile einer einverständlichen Aufhebung liegen darin, dass weder Kündigungsfristen und -termine eingehalten werden müssen, noch die oben beschriebenen (allgemeinen und besonderen) Kündigungsschutzvorschriften Anwendung finden. Sofern das Einverständnis des Arbeitnehmers vorliegt, ist die einverständliche Aufhebung der einfachste Weg zur Beendigung eines Arbeitsverhältnisses, insbesondere wenn kein offensichtlicher Kündigungsgrund vorliegt. Da die einverständliche Aufhebung für den Arbeitnehmer mit finanziellen Einbußen verbunden sein kann und die Bereitschaft zur Aufhebung des Arbeitsverhältnisses mit finanziellen Anreizen steigt, enthalten Aufhebungsverträge häufig Vereinbarungen über Abfindungszahlungen. Diese lagen nach einer Untersuchung von Hemmer (1997) im Zeitraum 1990-1994 in Unternehmen mit bis zu 49 Beschäftigten bei etwas weniger als der Hälfte der abzufindenden Arbeitnehmer unterhalb von 10.000 DM. Darüber hinaus enthält ein Auflösungsvertrag oft Abreden, z.B. über Freistellung, Urlaub, Urlaubsabgeltung, ein nachvertragliches Wettbewerbsverbot oder das Arbeitszeugnis. Wichtig ist, dass der Arbeitnehmer nicht zur Abgabe seines Einverständnisses gezwungen werden darf.

2.8   Resümee

Insgesamt kann also festgehalten werden, dass junge Unternehmen – insbesondere solange sie keinem Arbeitgeberverband angehören – viele Freiräume bei der Gestaltung ihre Personalpolitik haben, viel mehr jedenfalls als ältere und i.d.R. größere Unternehmen, die sehr viel stärkeren Zwängen unterliegen, was sich letztlich als Wettbewerbsvorteil der jungen gegenüber den alten Unternehmen herauskristallisieren kann. Allerdings bedeutet der Fakt, dass junge Unternehmen keinem Tarifverband angehören nicht, dass sie ihre Personalpolitik vollkommen losgelöst von den in ihrer Branche üblichen Tarifverträgen gestalten sollten. Sie tun vielmehr gut daran, sich an dem branchenüblichen zu orientieren und davon ausgehend möglicherweise flexiblere und damit bessere Lösungen anzubieten, da die Konkurrenz am Arbeitsmarkt es ihnen ansonsten nicht möglich machen wird, qualifizierte Mitarbeiter zu rekrutieren und längerfristig zu halten. In der betrieblichen Realität junger Unternehmen ist festzustellen, dass etwa 18% der jungen (bis zu fünf Jahre alten) Unternehmen entsprechend Tarifniveau und 70% über dem Tariflohn zahlen, obwohl sie keinem Tarifverband angehören – und sie scheinen mit dieser Strategie erfolgreich zu sein, da sich beispielsweise anhand der vom IfM Bonn befragten Unternehmen zeigt, dass allgemein diejenigen, die unter Tarif zahlen, mehr von einem Fachkräftemangel betroffen sind, als diejenigen, die tarifliche oder übertarifliche Löhne und Gehälter zahlen (37% der erstgenannten haben Fachkräftemangel, aber nur 27% der letztgenannten). Auf jeden Fall aber scheint es so zu sein, dass bei genauerer Betrachtung in jungen Unternehmen hinsichtlich der Möglichkeiten einer flexiblen und auf die individuellen Unternehmensbedürfnisse abgestimmten Personalpolitik kein

Grund zur Skepsis besteht – und im Zweifelsfall stehen eine Vielzahl von Spezialisten zur Verfügung, derer man sich auf jeden Fall bedienen sollte.

Weiterführende Literatur (zitierte Quellen siehe Anhang)

Bundesministerium für Arbeit und Sozialordnung (Hrsg.) (2000), Arbeitsrecht-Informationen für Arbeitnehmer und Arbeitgeber, Bonn.

Hanau, P. / K. Adomeit (2000), Arbeitsrecht, Neuwied.

Meisel, P. G. (1995), Arbeitsrecht für die betriebliche Praxis: ein Handbuch für alle Führungskräfte im Betrieb und Unternehmen, Köln.

Schaub, G. (2000), Arbeitsrechts-Handbuch. Systematische Darstellung und Nachschlagewerk für die Praxis, München.

Spiegelhalter, H. J. (Red.) (2000), Arbeitsrechtslexikon, München.

Verständnisfragen (Lösungen siehe Anhang)

Aufgabe 1:
Unter welchen Bedingungen ist das Betriebsverfassungsgesetz relevant für die Personalpolitik eines Unternehmens?

Aufgabe 2:
Die Kündigung von Arbeitsverhältnissen unterliegt verschiedenen rechtlichen Regelungen. Was sind die Kündigungsfristen nach BGB und welche Regelungen gibt es zusätzlich nach KSchG?

Aufgabe 3:
Arbeitnehmern ist an Feiertagen und in den ersten sechs Wochen einer krankheitsbedingten Arbeitsunfähigkeit das Entgelt weiterzuzahlen. Welchen Unternehmen werden hier Sonderregelungen eingeräumt und wie sehen diese aus?

VI Personalwirtschaft im Gründungskontext
3 Führung in wachsenden Unternehmen

Christine K. Volkmann

3.1 Einleitung

Heute ist der hohe Stellenwert der wachsenden Unternehmen – insbesondere der kleinen und mittleren Unternehmen – im Hinblick auf die Schaffung von Arbeits- und Ausbildungsplätzen, Innovationen und die Bewältigung des strukturellen Wandels unbestritten.

Ein wesentlicher Grund für das erfolgreiche Wachstum eines Unternehmens ist die Unternehmer- bzw. Führungspersönlichkeit, die hinter diesen Unternehmen steht. Anders ausgedrückt wird der Erfolg oder Misserfolg maßgeblich von der Unternehmer- bzw. Führungspersönlichkeit bestimmt, die dieses Unternehmen leitet und gestaltet. Bezogen auf die kleinen und mittleren Unternehmen belegen empirische Untersuchen den Zusammenhang zwischen Unternehmerpersönlichkeit, Unternehmensentwicklung und -erfolg. Der Einfluss der Unternehmerpersönlichkeit ist umso stärker und prägender, je kleiner ein Unternehmen ist (Pleitner 1996, S. 533; Windau / Schumacher 1996, S. 26).

Was passiert aber nunmehr in der Wachstumsphase von Unternehmen, wenn durch das Größenwachstum bedingt, der prägende Einfluss des Unternehmers abnimmt? Welchen spezifischen Herausforderungen muss sich die Führung wachsender Unternehmen stellen? Gibt es typische Eigenschaften, Qualifikationen und Führungsstile, über die Unternehmer und Führungskräfte verfügen müssen, um das Unternehmenswachstum erfolgreich zu gestalten? Wenn für die Wachstumsphase typische Persönlichkeitsmerkmale der Unternehmensführung charakteristisch sind, ist auch zu fragen, ob hierbei Unterschiede zu anderen Entwicklungsphasen von Unternehmen – insbesondere in der Gründungsphase – festzustellen sind? Der vorliegende Beitrag befasst sich mit diesen grundlegenden aktuellen Fragestellungen und möchte in systematischer Form der Führungstheorie und -praxis Anregungen zur weiteren Vertiefung dieser Thematik geben. Ausgangspunkt der Betrachtung bilden begriffliche Abgrenzungen und ausgewählte theoretische Ansätze zum Unternehmenswachstum und damit einhergehend zur Unternehmensentwicklung. Für die Bearbeitung der Fragestellungen weiterhin von Bedeutung sind die spezifischen Charakteristika wachsender Unternehmen. Die Ausführungen konzentrieren sich in erster Linie auf die jungen wachsenden inhabergeführten kleinen und mittleren Unternehmen.

3.2 Die Begriffe Unternehmensführung und wachsende Unternehmen
3.2.1 Unternehmensführung

Das Phänomen Führung ist so alt wie die Menschheit. Schon immer gab es Personen, die andere Menschen geführt und Projekte organisiert haben (Jung 1996, S. 153). Führung ist überall dort erforderlich, wo mehrere Menschen – mit ihren zum Teil unterschiedlichen Interessen – im Hinblick auf die Erreichung bestimmter Ziele hin motiviert und koordiniert werden müssen. Dies ist insbesondere in wachsenden Unternehmen der Fall.

So zahlreich die Bücher und Fachartikel zur Unternehmensführung sind, so zahlreich sind auch die Interpretationen dieses Begriffs in betriebswirtschaftlicher Sicht. Hinzu kommen die in der betriebswirtschaftlichen Literatur häufig diskutierten Unterschiede zwischen den Begriffen Führung und Management, auf die an dieser Stelle nicht weiter eingegangen werden soll (z.B. Staehle 1999, S. 72). Aus dem Umfang und der Vielfalt der Publikationen wird aber auch deutlich, dass die Unternehmensführung ein sehr komplexes Thema ist. Die Unternehmensführung zu umschreiben, Zusammenhänge aufzuzeigen und Empfehlungen abzugeben ist deshalb ein schwieriges Unterfangen und sollte in der Praxis unternehmensindividuell gelöst werden.

Unter betriebswirtschaftlichen Aspekten bezieht sich der Begriff Führung im wesentlichen auf das Unternehmen selbst, auf die Mitarbeiter und das Umfeld des Unternehmens. Führung ist demnach die Verarbeitung von unternehmensexternen und -internen Informationen und ihre Nutzung zur zielorientierten Steuerung von Menschen und Prozessen. Eine große Anzahl der heute existierenden Begriffsdefinitionen unterscheidet zwischen folgenden Dimensionen der Führung (Schierenbeck 2000, S. 86):
- Prozessuale Dimension,
- strukturelle Dimension,
- institutionelle bzw. personelle Dimension und
- funktionale Dimension.

Unter prozessorientierten Aspekten umfasst die Führung die Formulierung der Unternehmenspolitik und Zielsetzungen für das Unternehmen, die Planung, Entscheidung, Umsetzung bzw. Realisation und Kontrolle. Die strukturelle Dimension stellt die Organisation in den Vordergrund. Unter personellem Gesichtspunkt wird Führung im Sinne der Mitarbeiterführung verstanden. In funktionaler Sicht ist die Führung als Gestaltung, Lenkung und Entwicklung von Unternehmen zu verstehen (Ulrich / Probst 1991, S. 270). In diesem Sinne sind für die Führung wachsender Unternehmen schnelle, zielorientierte Verarbeitung und Anwendung von Information ebenso wie die Kommunikation und Innovationsfähigkeit heute mehr denn je von zentraler Bedeutung.

3.2.2 Wachsende Unternehmen und ihre wesentlichen Charakteristika

„Wachstum bedeutet Fortschritt – Größe bedeutet oft Stagnation, wie viele Großunternehmen beweisen" (Steilmann 1999, S. 26). In Deutschland wird heute oftmals als bekanntes Beispiel für ein erfolgreich gewachsenes Unternehmen das EDV- und Softwareunternehmen SAP aufgeführt, das für spezifische Software Weltmarktführer ist. Viele Existenzgründer und junge Unternehmen haben sich dieses Unternehmen zum Vorbild genommen. Was verstehen wir nunmehr unter der Bezeichnung wachsende Unternehmen?

In der betriebswirtschaftlichen Literatur und Praxis wird die Bezeichnung wachsende Unternehmen weitgehend gleichbedeutend mit dem Begriff Unternehmenswachstum verwendet. Der Begriff Unternehmenswachstum beschreibt positive quantitative Veränderungen, d.h. die Zunahme von betriebswirtschaftlichen Größen, z.B. des Umsatzes, des Cash Flows oder der Beschäftigtenzahl. Im Unterschied zum Begriff Unternehmenswachstum beinhaltet die Bezeichnung Unternehmensentwicklung auch qualitative Veränderungen, wie strategische Neuausrichtungen, Reorganisationen und betriebliche Lernprozesse (Hahn 1970, S. 609 f.). Die Unternehmensgröße als Ergebnis des Wachstumsprozesses konkretisiert sich in Kennzahlen wie Umsatz, Ertrag, Cash Flow oder Zahl der Mitarbeiter. Weitere Kriterien sind z.B. die Veränderung der Investitionsquote, der Markt- oder Börsenwert des Unternehmens, die Wertschöpfung, der Marktanteil oder eine Kombination dieser Kennzahlen. Bislang in der betriebswirtschaftlichen Literatur kaum beachtet wurden unterschiedliche Intensitäten des Wachstums, d.h. schwach, stark, dynamisch und schnell wachsende Unternehmen und ihre Merkmale. In quantitativer Sicht sind nach Kubr et al. wachstumsstarke Unternehmen dadurch gekennzeichnet, dass sie anstreben, „fünf Jahre nach Gründung mindestens 50 Millionen DM Umsatz zu erzielen oder mindestens 100 Mitarbeiter zu beschäftigen" (Kubr et al. 1997, S. 9). Wachstumsstarke Unternehmen sind Wirtschaftsmotoren, wie die Aufstellung der 500 am schnellsten wachsenden Unternehmen Europas (Europe's 500) oder die Fortune 500 Liste beweisen.

Was sind nunmehr wesentliche Merkmale von wachsenden Unternehmen? Betrachten wir zunächst die Gründungsphase von Unternehmen, um anhand von Unterschieden die typischen Merkmale von wachsenden Unternehmen besser verdeutlichen zu können. Typisch für die Gründungsphase ist, dass Unternehmen zunächst kaum feste Organisationsstrukturen und formale Regeln aufweisen. Der Blick der Gründer ist in diesen Phasen zumeist weitaus stärker auf das Produkt- bzw. Dienstleistungsangebot sowie die Akquisition der ersten Kundenaufträge als auf die Etablierung von Organisationsstrukturen gerichtet. Es gibt noch kaum Routinearbeiten und die Notwendigkeit zur Improvisation ist hoch. Information und Kommunikation erfolgen informell auf kurzen Wegen und die Freiheitsgrade sowohl für den Unternehmer als auch die Mitarbeiter sind groß. Die Erschließung neuer Geschäftsfelder und Märkte hat in dieser Phase in der Regel nur einen untergeordneten Stellenwert. Demgegenüber ist für wachsende Unternehmen kennzeichnend, dass die Komplexität und die Dynamik für das Unternehmen sowohl intern als auch extern – d.h. durch das Umfeld bedingt – deutlich steigen. Beispielsweise müssen eine größere Anzahl an neu gewonnenen Kunden betreut und neue, möglicherweise sogar ausländische Absatzmärkte erschlossen und bearbeitet werden. Zur Realisierung des Wachstums sind Investitionen und ein vermehrter Ressourceneinsatz (Personal, Finanzen) erforderlich. Dies bedeutet, dass mit dem Wachstum das Finanzierungserfordernis steigt. Dabei können die notwendigen finanziellen Mittel häufig vom Unternehmer nicht aus eigener Kraft bereitgestellt werden, so dass alternative Finanzierungsformen (z.B. Venture Capital) gefragt sind. Im Unternehmen werden aufgrund des erhöhten Ressourceneinsatzes, insbesondere eines gestiegenen Personalbestandes, neue Organisations-, Informations- und Führungsstrukturen notwendig. In vielen wachsenden Unternehmen werden die Einrichtung eines professionellen Controlling und einer Finanzplanung sowie der Einsatz strategischer Planungsinstrumente erforderlich. Weiterhin müssen ggf. neue Standorte koordiniert und logistische Optimierungsprozesse durchgeführt werden. Das bisher primär operativ geführte Unternehmen wächst in eine strategische Dimension. In der Konsequenz sind die Charakteristika der Unternehmen in der Wachstumsphase mit zum Teil veränderten und neuen Anforderungen an die Führung verbunden, die durch ständig neue Lernprozesse bewältigt werden müssen.

3.3 Konzeptionelle Grundlagen wachsender Unternehmen im Rahmen von Unternehmensentwicklungsmodellen

3.3.1 Lebenszyklusmodell

Der Ursprung des Lebenszyklusmodells liegt in der Biologie. Es beschreibt unter evolutionären Aspekten – vereinfacht ausgedrückt – den Prozess von der Geburt bis zum Tod. Innerhalb des Lebenszykluskonzeptes werden einzelne Lebensphasen unterschieden, z.B. die des Entstehens, Wachsens, Veränderns und Vergehens. Abgeleitet aus der Biologie ist das Lebenszyklusmodell auch auf nicht biologische Systeme übertragen worden. So unterscheiden wir in der betriebswirtschaftlichen Literatur z.B. den Produkt-Lebenszyklus, den Technologie-Lebenszyklus, den Branchen-Lebenszyklus und den Unternehmens-Lebenszyklus (Pümpin / Prange 1996, S. 24 ff.).

Mit Blick auf die wachsenden Unternehmen ist im Rahmen der vorliegenden Betrachtung der Unternehmens-Lebenszyklus von Bedeutung, um die einzelnen Lebensphasen von Unternehmen anschaulich abzubilden. Das Lebenszyklusmodell umfasst idealtypisch folgende Phasen (Pichler / Pleitner / Schmidt 2000, S. 40 f.):
– Vorphase (Planung und Vorbereitung der Unternehmensgründung)
– Gründungsphase
– Frühentwicklungsphase
– Wachstumsphase
– Reifephase
– Stagnation oder Konsolidierungsphase
– Phase der Schrumpfung und Liquidation oder Umgründung des Unternehmens.

Die Vorphase ist von elementarer Bedeutung für die Gründung eines Unternehmens. Ausgehend von der Ideengenerierung umfasst diese Phase vor allem die Erstellung der Unternehmenskonzeption bzw. des Businessplanes. Die Vorphase dient damit der gedanklichen Vorwegnahme der künftigen Existenzgründung. Die erste unternehmerisch aktive Phase ist die Gründungsphase, der die Frühentwicklungsphase folgt. In der Gründungs- und Frühentwicklungsphase finden wir in der Praxis häufig entweder sogenannte Hobby-Unternehmen in der Form vor, dass z.B. ein begeisterter Sportler ein Sportgeschäft gründet. Weiterhin sind für diese Phase Familienunternehmen charakteristisch, in denen eine Anzahl von Familienmitglieder – z.B. in einem Restaurantbetrieb – mitarbeiten (Churchill 1997, S. 215). Die vierte Phase ist die Wachstumsphase. Im Verlauf des vierten Abschnittes dieses Beitrages wollen wir uns genauer mit Wachstumsphasen im Zusammenhang mit der Unternehmensführung und ihren Merkmalen auseinandersetzen. Dabei sind Wachstumsphasen mit der Notwendigkeit des Wandels interner Strukturen und Prozesse verbunden, die maßgeblich von der Unternehmensführung gestaltet und gelenkt werden. Die Wachstumsphase ist im Lebenszyklusmodell (Abbildung 1) dargestellt.

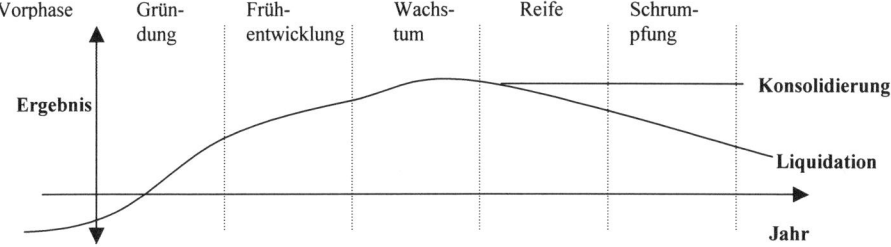

Abbildung 1: Lebenszyklusmodell

In diesem Modell folgt der Wachstumsphase der Reifungsprozess. Dieser ist in der Praxis häufig – unternehmensextern bedingt – durch einen harten Verdrängungswettbewerb und damit durch ein stagnierendes oder rückläufiges Umsatzwachstum gekennzeichnet. Unternehmensintern bestehen die Gefahren des steigenden Bürokratismus und der Innovationsfeindlichkeit sowie Machtkämpfen in der Unternehmensführung (Pümpin / Prange 1991, S. 173). Der Reifephase folgt die Phase der Konsolidierung und schließlich die Phase des Niedergangs, die im Endstadium der Unternehmensentwicklung mit der Liquidation abschließt.

Im Unterschied zu biologischen Systemen ist dieses Modell in der Betriebswirtschaftslehre nicht im Sinne eines biologischen Ablaufes zu verstehen. Das bedeutet, dass in der Realität von Unternehmen die Phasen nicht zwangsläufig aufeinanderfolgen müssen. Vielmehr sind die Lebensphasen Gestaltungsphasen der Unternehmensführung. Die Unternehmensführung müsste daher darauf bedacht sein, unattraktive Lebensphasen, z.B. die Phase des Verdrängungswettbewerbs und der Liquidation, zu vermeiden oder abzukürzen und die attraktiveren Phasen zeitlich auszudehnen oder zu wiederholen (Klandt 1996, S. 28).

3.3.2 Das Modell des wachsenden Unternehmens nach Greiner

Die Betriebswirtschaft bietet heute einige Modelle, die wachsende Unternehmen abbilden. Ein grundlegendes Modell wachsender Unternehmen veröffentlichte bereits 1972 Greiner (Greiner 1972, S. 37 ff. und 1982, S. 7 ff.). Nach Greiner durchlaufen Unternehmen fünf Phasen der Unternehmensentwicklung, die vor allem durch unternehmensinterne Faktoren (Alter, Größe des Unternehmens, Stadien der Evolution und Revolution), aber auch extern durch das Branchenwachstum beeinflusst werden. Das Wachstum von Unternehmen wird als Abfolge nicht linear verlaufender Wachstumsprozesse verstanden, die krisenhafte Umwälzungen in der Führung beinhalten (siehe auch Albach / Bock / Warnke 1985, S. 45 ff.; Penrose 1980, S. 162 ff. und Bleicher 1991, S. 332 ff.).

In dem Modell von Greiner wird das zunächst stetige Wachstum (evolutionäre Stadien) am Ende einer jeden Entwicklungsphase durch eine Führungskrise (revolutionäre Stadien) unterbrochen. Es entstehen sogenannte kritische Wachstumsschwellen. Zur Bewältigung der Krisen werden strukturelle und prozessbezogene Veränderungen in Form von Reorganisationen vorgenommen, die den Weg in die nächste Entwicklungsstufe ermöglichen. Um die Reorganisationen erfolgreich durchzuführen, sind Änderungen im bisherigen Führungsverhalten und den Führungsmethoden erforderlich. Gelingt dies der Unternehmensführung nicht, verharrt das Unternehmen auf der erreichten Entwicklungsstufe oder es erfolgt sein Niedergang, z.B. durch Liquidation.

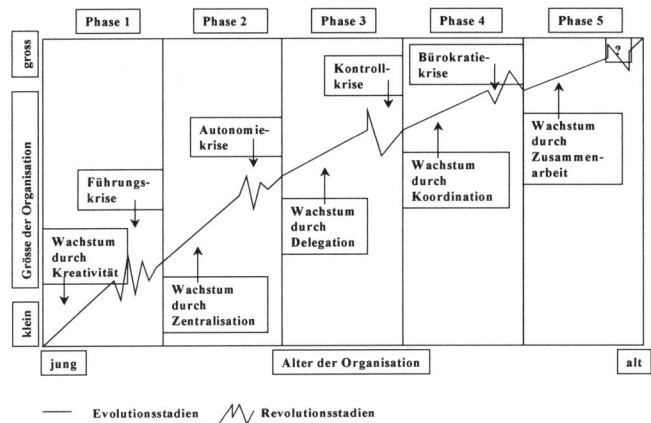

Abbildung 2: Das Modell des wachsenden Unternehmens nach Greiner

Die Phase 1 umfasst die Gründung und das erste Wachstum des Unternehmens. Der Markteintritt und die Erschließung der ersten Absatzmärkte erfordert die Kreativität der Mitarbeiter, bei noch informellen Organisations-, Informations- und Kommunikationsstrukturen. Die erste Führungskrise entsteht dann dadurch, dass der Gründer mit dem Wachstum der Produktionskapazitäten und der Mitarbeiter überfordert ist, da nunmehr formale und administrative Strukturen und Abläufe erforderlich werden. Nach Greiner liegt der Weg aus der ersten Führungskrise in der Ergänzung des Gründers durch eine professionelle Führungskraft.

Die zweite Phase ist durch eine zentralistische Führung gekennzeichnet. Das rasante Wachstum wird dabei durch die Führungsspitze vorangetrieben. In dieser Phase werden bereits funktionale Organisationsstrukturen und ein Finanzplanungs- und Buchführungssystem eingeführt. Dem wachsenden Zentralisierungsbestreben der Führungsspitze steht der Wunsch nach mehr Eigeninitiative und Autonomie der unteren Führungsebene entgegen. Der Weg aus der Autonomiekrise liegt darin, dass die Führungsspitze stärker als bisher delegiert. In der dritten Phase erfolgt dann die Delegation von Aufgaben, Kompetenzen und Verantwortung für das laufende Geschäft an die unteren Führungsebenen, die motiviert das Unternehmenswachstum vorantreiben. Es werden divisionale Organisationsstrukturen mit als Profit-Centers geführte Bereiche etabliert. In diesem Zusammenhang gewinnt die Notwendigkeit der Koordination der Teilbereiche und Teilplanungen an Stellenwert. Die Führungskrise konkretisiert sich am Ende der dritten Phase in Form einer Steuerungs- und Kontrollkrise, d.h. die Führungsspitze befürchtet, dass sie die Steuerung und Kontrolle über das Unternehmen verliert. Die vierte Phase ist durch die Einführung formaler Systeme mit dem Ziel einer verbesserten Koordination gekennzeichnet. Es handelt sich im wesentlichen um Planungs-, Informations- und Kontrollsysteme sowie zentrale Stäbe und Dienstleistungsabteilungen. Die wachsende Komplexität und der steigende Formalismus der Organisationsstrukturen führen zu unproduktivem Bürokratismus. Zwischen den Stabs- und Linienstellen wächst das Spannungsverhältnis, mit der Folge einer Krisensituation. In der fünften Phase suchen die Unternehmen den Ausweg aus dieser Bürokratie-Krise durch Zusammenarbeit, d.h. die Bildung von kleinen schlagkräftigen Projekt-Teams (Task-forces). Dadurch sollen Kreativität, Kommunikation, eigenverantwortliches Handeln und damit letztlich erfolgsversprechende Innovationen gefördert werden. Greiner lässt Erklärungsansätze der Krise sowie mögliche Wege aus der Krise am Ende der fünften Phase weitgehend offen. Als eine mögliche Krise nennt er die „psychologische Sättigung", d.h. Ermüdungserscheinungen der Führungskräfte und Mitarbeiter aufgrund des starken Kreativitäts- und Innovationsdrucks (Greiner 1982, S. 14).

Greiner verdeutlicht insgesamt anschaulich, dass es nicht nur eine, sondern mehrere Wachstumsphasen in einem Unternehmen geben kann. Die Phasen des Wachstums durch Zentralisation und Delegation, mit den jeweils anschließenden Krisen, entsprechen dabei idealtypisch weitgehend der Wachstumsphase im Lebenszyklusmodell. Beide Modelle bilden die Grundlage für die nachfolgende Darstellung der typischen Herausforderungen und Charakteristika eines jungen wachsenden Unternehmens.

3.4   Typische Herausforderungen und charakteristische Merkmale der Führung in wachsenden Unternehmen

3.4.1   Herausforderungen an die Führung in wachsenden Unternehmen

In den einzelnen Lebensphasen der Unternehmen bestehen spezifische Herausforderungen, d.h. mögliche Chancen und Risiken, die von der Führung zu beachten sind. Diese Herausforderungen können sowohl unternehmensextern als auch -intern bedingt sein. Aus der steigenden Komplexität, die für wachsende Unternehmen charakteristisch sind, resultieren erhöhte Anforderungen an die Unternehmensführung. Die Praxis zeigt, dass die Anforderungen an die Führung nicht selten überproportional zum Größenwachstum ansteigen. Zudem besteht eine besondere Herausforderung in vielen wachsenden Unternehmen in einer starken Dynamik ihrer Entwicklung. Dies trifft insbesondere auf schnell wachsende Unternehmen zu. Je stärker und schneller ein Unternehmen wächst, desto stärker steigen auch die Anforderungen an die Führung (Kayser 1997, S. 82).

Richten wir zunächst unser Augenmerk auf die Gründungs- und Frühentwicklungsphase von Unternehmen, um die spezifischen Herausforderungen in der Wachstumsphase zu verdeutlichen. In der Gründungs- und Frühentwicklungsphase gibt es Unternehmer, die sich damit begnügen, das erreichte Geschäftsniveau zu halten und nicht weiter zu expandieren. Das Risiko der Führung besteht dann jedoch vor allem darin, von der Konkurrenz aus dem Markt verdrängt zu werden. Ein weiteres Risiko ist in diesen Phasen, dass ein Unternehmen seine Innovationsfähigkeit zu weit treibt und dabei die Stabilität, d.h. das kundenorientierte operative Geschäft vernachlässigt. Dieses Unternehmen wird mit Blick auf Umsatz und Ertrag kaum wachsen können und damit auch weiteres Wachstum nicht erreichen. Hat die Führung jedoch die ersten Phasen erfolgreich gemeistert und entscheidet sie sich zu wachsen, so sind neue Herausforderungen zu beachten. Worin bestehen aber nunmehr die Herausforderungen?

Wesentlich sind zunächst die Charakteristika wachsender Unternehmen (siehe Abschnitt 3.2.2 dieses Beitrages), d.h. insbesondere ihre erhöhte Komplexität und Dynamik und die daraus resultierenden Veränderungsprozesse. Aus diesen Veränderungsprozessen ergeben sich spezifische Chancen und Risiken für die Unternehmensführung. Eine Chance liegt vor allem im Wachstum des operativen Geschäftes und der Ertragskraft, die sich nicht zuletzt positiv auf die Motivation und Zufriedenheit der Mitarbeiter auswirken, insbesondere dann, wenn das Vergütungssystem erfolgsabhängig ausgestaltet ist. Auch die Einführung von Organisationsstrukturen und formalen Regeln beinhalten die Chancen einer gewissen Stabilisierung. Ein Risiko besteht jedoch darin, dass die Schaffung eines zu hohen Maßes an Stabilität und starren Strukturen in dieser Phase zu einer Stagnation des Wachstums führen, da die notwendige Flexibilität und Anpassungsfähigkeit der Organisation und der Ressourcen nicht gegeben sind. Ein weiteres Risiko liegt in der Wachstumsphase darin, dass zu schnell in neue Geschäftsfelder investiert, d.h. diversifiziert wird. Besonders problematisch erweisen sich in der Praxis nicht selten die sogenannten lateralen Diversifikationen die von dem eigentlichen Stammgeschäft vollkommen getrennt sind. Weiterhin beinhaltet die Wachstumsphase die Chance einer Erweiterung der Führungskräftemannschaft, mit dem Ziel, ein zusätzlich verbessertes Know-how und eine stärkere Professionalisierung zu erreichen. Hierbei erhält die Unternehmensführung auch die Chance, sich bewusst auf die langfristige Zukunft gerichtet mit strategischen Fragen zu beschäftigen und die Verantwortung für das operative Geschäft an die nachgeordneten Führungsebenen zu delegieren. Um das Wachstum schließlich erreichen zu können, ist die Bereitstellung der entsprechenden finanziellen Mittel erforderlich. Denn ist letztendlich die Finanzierung des Wachstums nicht gesichert, wird das Unternehmen nicht überleben. Ein wesentliches Risiko besteht insgesamt darin, dass die Unternehmensführung in der Wachstumsphase aufgrund der dynamischen und komplexen Veränderungsprozesse überfordert ist. Dies bedeutet, dass sich die Führung wachsender Unternehmen frühzeitig über die Herausforderungen in Form von Chancen und Risiken bewusst werden und sich damit aktiv auseinandersetzen muss. Dabei sollten das Wachstum des Unternehmens sowie die Persönlichkeit und die Qualität der Unternehmensführung einander entsprechen.

3.4.2 Charakteristika der Führung in wachsenden Unternehmen

(a) Generelle charakteristische Eigenschaften der Führung
Allgemein bekannt ist, dass es die vielfältigsten Typen von Unternehmer- und Führungspersönlichkeiten gibt. Das Spektrum der Eigenschaften reicht z.b. von den Extremen extrovertiert bis introvertiert sowie unter dem Aspekt des Führungsstils von autoritär bis kooperativ. Trotz der vielfältigen Unterschiede erscheint die Frage interessant, ob es einige charakteristische Eigenschaften gibt, die Unternehmer- und Führungspersönlichkeiten gemeinsam haben. Es gibt einzelne betriebswirtschaftliche Publikationen, die sich mit dieser Fragestellung befasst haben (S. u.a. Drucker 1992, S. 102 ff.; Pleitner 1996, S. 513 ff. und Simon 1996, S. 187 ff.). Insbesondere im Hinblick auf kleine und mittlere Unternehmen im deutschsprachigen Raum populär geworden ist die Veröffentlichung von Hermann Simon mit dem Titel „Die heimlichen Gewinner (Hidden Champions)". So kommt Simon auf Basis seiner Beobachtungen und Erfahrungen zu fünf generell typischen Eigenschaften die Hidden Champion – Führungspersönlichkeiten regelmäßig aufweisen (Simon, 1996, S. 187 ff.).
– *Einheit von Person und Aufgabe*: Die Führungskräfte identifizieren sich voll mit ihrer Arbeit und ihrem Unternehmen und fühlen sich voll verantwortlich. Durch ihr Vorbild, d.h. die überdurchschnittliche Motivation und Hingabe an die Arbeit, schaffen Sie sich Glaubwürdigkeit bei Mitarbeitern und Kunden.
– *Eindimensionale Zielstrebigkeit*: Eindimensional zielstrebige Führungskräfte sind von einer Idee besessen, sie haben eine Mission. In der praktischen Umsetzung verfolgen sie Strategien der Schwerpunktbildung und Spezialisierung.
– *Furchtlosigkeit*: Die Hidden Champion-Führungskräfte verfügen über weniger Hemmungen und Befürchtungen durch Risiken oder unzureichendes Wissen als andere Menschen.
– *Vitalität und Ausdauer*: Nahezu Unerschöpfliche Energie, Vitalität und Ausdauer sind entscheidende Merkmale über die erfolgreiche Führungskräfte zu verfügen scheinen.
– *Begeisterungsfähigkeit*: Unternehmer benötigen Mitarbeiter die sie begeistern können und die ihnen folgen. Simon glaubt, dass die Einheit von Person und Aufgabe sowie die unerschöpfliche Energie die entscheidenden Eigenschaften einer Führungskraft sind, um andere zu begeistern.

Hohe Bereitschaft zur Übernahme von Verantwortung und die Identifikation mit der Arbeit sowie die Betonung der Leistung und das selbstständige Handeln sind immer wieder Eigenschaften, die auch von den Unternehmern selbst als grundlegend wichtige Persönlichkeitsmerkmale hervorgehoben werden (Steilmann 1999, S. 300; Handgrätinger / Mtibaa 2000, S. 78). Mit Blick auf die generellen Eigenschaften der Führung ist heute das Schlagwort Charisma modern. Wir möchten lernen, wie man Charisma gewinnt, lautet die Forderung einiger Führungskräfte. Hierzu äußert sich Drucker zutreffend: „Wirkliche Führung jedoch hängt nicht vom Charisma ab. Dwight, Eisenhower, George Marshall und Harry Truman waren außerordentlich effektive Führer, dabei hatte keiner von ihnen mehr Charisma als ein toter Hering" Drucker 1992, S. 102).

Wenn die von Simon auf Basis seiner umfassenden Erfahrungen aufgeführten fünf Eigenschaften generell für Unternehmer- und Führungspersönlichkeiten typisch sind, ist zu fragen, ob es charakteristische Merkmale der Führung in der Wachstumsphase von Unternehmen gibt?

(b) Charakteristische Eigenschaften der Führung in wachsenden Unternehmen
Da das Wachstum aufgrund der steigenden Komplexität und Dynamik die höchsten Anforderungen an die Unternehmer- bzw. Führungspersönlichkeit stellt, ist die Frage nach den charakteristischen Eigenschaften der Führung in dieser Phase von besonderer Bedeutung. Im Rahmen der Untersuchung des Zusammenhangs zwischen Unternehmereigenschaften und Unternehmensentwicklungsphasen von Pleitner (1996) findet die Wachstumsphase explizite Berücksichtigung.

In seinem Systematisierungsansatz unterscheidet er zwischen folgenden Gruppen von Eigenschaften:
- *Intellektuelle Eigenschaften* (Wissen, Intelligenz, analytisches Denken, Schnelligkeit des Denkens, Intuition, fachtechnischer Ausbildungsstand, Kreativität, Phantasie, Auffassungsgabe, Urteilskraft und Klarheit, Sprachgewandtheit und Denken in Zusammenhängen)
- *Charakterliche Eigenschaften* (Psychische Belastbarkeit, Geduld, Fleiß, Integrität, Mut, Genauigkeit und Gewissenhaftigkeit, Eigenmotivation, Arbeitsbereitschaft, Stehvermögen, Durchsetzungsfähigkeit, Konsequenz, Toleranz, Ehrlichkeit, Selbstbewusstsein, Freundlichkeit)
- *Unternehmerische Eigenschaften* *i.e.S.* (Zielstrebigkeit, Risikofreude, Initiative, Entscheidungsfreude, Entschlusskraft, Pionierbereitschaft, -drang, Dynamik, Agilität, Extrovertiertheit, Kommunikationsfähigkeit, Verhandlungsgeschick, Schlagfertigkeit)
- *Führungseigenschaften* (Autorität, Führungsstärke, Motivationsfähigkeit, Problemlösungsfähigkeit, Management-, Planungs- und Organisationsfähigkeiten)
- *Personelle Eigenschaften* (Erfahrung, Lebenserfahrung, Alter, Geschlecht, familiäre Rückendeckung, Zivilstand, physische Belastbarkeit, Auftreten, Umgangsformen).

Diese fünf Gruppierungen von Eigenschaften der Führung untersucht Pleitner in Abhängigkeit der jeweiligen Lebensphase eines Unternehmens. So identifiziert er phasenabhängige und phasenunabhängige Eigenschaften der Unternehmer bzw. der Führung. In der Gründungsphase finden wir den dynamisch-schöpferischen Pionierunternehmer für den Intuition und Improvisation große Bedeutung haben. Seine entscheidenden Eigenschaften konzentrieren sich neben dem fachlichen Können vor allem auf die Fähigkeiten Innovationskraft, Kreativität, Steh- und Durchsetzungsvermögen sowie psychische Belastbarkeit, Initiative und Zielstrebigkeit. Sind in der Gründungsphase vor allem die unternehmerischen Fähigkeiten wesentlich, so kom-

men in der Wachstumsphase zusätzlich die Führungseigenschaften hinzu. Führungsstärke und Führungsqualifikation erlangen – zusammen mit den Fähigkeiten der Organisation und Planung – einen entscheidenden Stellenwert. In dieser Phase ist der
Typ des vielseitigen und professionellen Allrounders gefragt. Aufgrund der steigenden Komplexität des Unternehmens und seines Umfeldes, insbesondere des erwei-
terten Markt- und Kundensegmentes, werden Verhandlungsgeschick und Kommunikationsfähigkeit sowie das Denken in Zusammenhängen in dieser Phase wichtig. Erfolgreiche Unternehmer- bzw. Führungspersönlichkeiten in wachsenden Unternehmen zeichnen sich durch Eigenschaften des strategisch vernetzten Denkens sowie
einem gesunden Menschenverstand aus, ohne dabei die notwendige Kreativität zu
verlieren. Führungsstärke, Durchsetzungsvermögen und Ausdauer sowie pragmati-
sches, mit Blick auf den Faktor Zeit effektives und effizientes Vorgehen, sind in dieser Phase erforderlich, um das substanzielle und ertragsbezogene Wachstum voran-
zutreiben.

3.4.3 Führungsstile in wachsenden Unternehmen

Ausgehend von den für die Wachstumsphase charakteristischen Führungseigenschaften stellt sich die Frage, ob hierdurch bedingt auch Veränderungen des Führungsstils notwendig werden. Die vielfältigen Führungsstile, die in allen Lebensphasen von Unternehmen praktiziert werden, lassen die These zu, dass wachsende Unternehmen nicht zwangsläufig durch einen bestimmten Führungsstil gekennzeichnet
sind. Ein kooperativer Führungsstil kann genauso in einem wachsenden Unternehmen praktiziert werden wie ein autoritärer oder ein dynamischer Führungsstil
(Heimbrock 1997). Der Einfluss von Führungsstilen auf das Wachstum oder den Erfolg von Unternehmen ist derzeit weder theoretisch fundiert beschrieben noch empirisch nachgewiesen. Tendenziell ist heute ein Wandel von einem eher autoritär patri-
archalischen zu einem eher offenen kooperativen und dynamischen Führungsstil erkennbar. Und dies gilt insbesondere für Unternehmen, die sich den Phasen der
Gründung, Frühentwicklung und des Wachstums befinden. Waren es in den vergangenen Jahrzehnten noch Patriarchen, wie z.B. Heinz Nixdorf und Max Grundig, die
ein Unternehmen führten, sind gerade heute in jungen wachsenden Unternehmen e-
her offene, kooperative Führungspersönlichkeiten anzutreffen. Die Führungsstile
von Nixdorf und Grundig waren sehr stark auf die Person des jeweiligen Gründers
zugeschnitten. Wurde die Wachstumsphase in diesen Unternehmen noch erfolgreich
bewältigt, so waren die Probleme dieser Unternehmen am Ende der Herrschaft der
Patriarchen offensichtlich. Beide Unternehmen sahen sich nicht nur einem Verdrängungswettbewerb in ihren Branchen ausgesetzt. Vielmehr bestand das Kernproblem
beider Unternehmen darin, dass die Nachfolge nicht befriedigend gelöst werden
konnte. Die aufgeführten Unternehmensbeispiele deuten darauf hin, dass autoritäre
Führungsstile eher in späteren Lebensphasen als in den frühen Lebensphasen eines
Unternehmens problematisch werden und zu Wachstumskrisen führen.

Die Erfahrungen der Praxis zeigen, dass ein stärker delegativer Führungsstil in Wachstumsphasen junger Unternehmen praktikabel ist. Mit zunehmender Mitarbeiterzahl, erweitertem Leistungsprogramm sowie neu erschlossenen Marktsegmenten ist die Einführung einer qualifizierten mittleren Führungsebene sinnvoll. Die in der Gründungsphase häufig praktizierte persönliche Unternehmer-Mitarbeiter-Beziehung kann in dieser Phase kaum noch aufrecht erhalten werden. Damit keine Überlastung des Unternehmensgründers bzw. der Führungsspitze eintritt, wird die Delegation von Verantwortung und Kompetenzen erforderlich. Damit wird der Gründer von operativen Aufgaben und der Beschäftigung mit Detailproblemen entlastet und kann sich stärker auf strategische Aufgaben konzentrieren. Psychologisch schwierig ist für den Unternehmensgründer häufig der Übergang von der Gründungs- und Frühentwicklungsphase auf die Wachstumsphase, der nunmehr gezwungen ist, Führungsstärke zu zeigen, d.h. vor allem zu delegieren, zu motivieren und zu kontrollieren.

3.5   Zusammenfassung und Fazit

Jedes Unternehmen ist – z.B. nach Größe, Organisationsstruktur und Unternehmenskultur – anders. Dennoch lassen sich für die einzelnen Lebensphasen spezifische Charakteristika identifizieren. Für die Wachstumsphase eines Unternehmens ist kennzeichnend, dass die Anforderungen an die Führung aufgrund der steigenden Komplexität und Dynamik des Unternehmens deutlich ansteigen. Hiernach werden beispielsweise erste formale Organisations-, Informations- und Führungsstrukturen erforderlich. Wesentlich ist, dass sich eine Wandlung von einer in der Gründungsphase primär operativen Ausrichtung in eine strategische Dimension vollzieht. In der Konsequenz entstehen daraus neue Herausforderungen in Form von Chancen und Risiken, die durch ständig neue Lernprozesse der Führung bewältigt werden müssen.

So wie jedes Unternehmen, ist auch jede Unternehmer- bzw. Führungspersönlichkeit einzigartig. Trotz der Unterschiede bestehen – sowohl unabhängig als auch abhängig von einzelnen Entwicklungsphasen eines Unternehmens – charakteristische Führungseigenschaften. Ist es in der Gründungsphase vor allem der innovative und kreative Pionier, der das Unternehmensgeschehen prägt, so ist es in der Wachstumsphase eher der vielseitige und professionelle Allrounder. Die Fähigkeiten zur Führung in Form von Planung, Steuerung und Organisation erlangen in der Wachstumsphase zentrale Bedeutung. Damit keine Überlastung der Gründer eintritt wird in dieser Phase die Delegation von Verantwortung und Kompetenzen zunehmend wichtig. Erfahrungen in der Praxis zeigen, dass ein stärker delegativer Führungsstil und die Einführung einer qualifizierten mittleren Führungsebene praktikabel sind.

Insgesamt bleibt jedoch festzuhalten, dass die in diesem Beitrag aufgezeigten typischen Charakteristika von Unternehmen sowie Unternehmer- und Führungspersönlichkeiten auf Erfahrungen und Beobachtungen der Führungsforschung basieren. Jedoch wird damit kein Anspruch auf Vollständigkeit erhoben. Weiterhin wäre der

Anspruch verfehlt, hieraus ein allgemeingültiges Rezept für die erfolgreiche Führung wachsender Unternehmen ableiten zu wollen.

Weiterführende Literatur (zitierte Quellen siehe Anhang)

Greiner, L. E. (1982), Evolution und Revolution im Wachstum von Organisationen, in: Harvard Manager, 3, S. 7-15. (Orig.: evolution und revolution as organization grow, in: Harvard Business Review, 50, S. 37-46).

Pichler, J. H. / H. J. Pleitner / K. H. Schmidt (Hrsg.), Management in KMU: Die Führung von Klein- und Mittelunternehmen, Bern / Stuttgart / Wien.

Pleitner, H. J. (1996), Unternehmerpersönlichkeit und Unternehmensentwicklung, in: H. J. Pleitner (Hrsg.), Bedeutung und Behauptung der KMU in einer neuen Umfeldkonstellation; Beiträge zu den ‚Rencontres de St-Gall', St. Gallen, S. 532-541.

Pümpin C. / J. Prange (1991), Management der Unternehmensentwicklung: Phasengerechte Führung und der Umgang mit Krisen, Frankfurt a.M., New York.

Simon, H. (1996), Die heimlichen Gewinner (Hidden Champions). Die Erfolgsstrategien unbekannter Weltmarktführer, Frankfurt a.m. / New York.

Verständnisfragen (Lösungen siehe Anhang)

Aufgabe 1:
In der Wachstumsphase eines Unternehmens bestehen neue Herausforderungen an die Führung in Form von Chancen und Risiken, die durch ständige Lernprozesse bewältigt werden müssen.
Beschreiben Sie wesentliche charakteristische Merkmale eines wachsenden Unternehmens. Stellen Sie wesentliche Chancen und Risiken (tabellarisch) gegenüber, die für die Unternehmensführung in der Wachstumsphase bestehen können.

Aufgabe 2:
Insbesondere aufgrund der steigenden Komplexität und Dynamik der Entwicklungen im Unternehmen und seines Umfeldes bestehen in der Wachstumsphase erhöhte Anforderungen an die Führung.
Erläutern Sie typische phasenabhängige und phasenunabhängige Eigenschaften der Führung in der Wachstumsphase eines Unternehmens. Gehen Sie dabei in einem Vergleich auf Gemeinsamkeiten und Unterschiede zu Charakteristika der Führung in der Gründungsphase des Unternehmens ein.

Aufgabe 3:
Viele Unternehmensgründer machen die Erfahrung, dass ihr Führungsstil, der sich in der Pioneer-Phase bewährt hat, in der Wachstumsphase nicht mehr erfolgreich praktikabel ist. Beschreiben Sie die grundsätzlich möglichen Führungsstile

die in wachsenden Unternehmen praktiziert werden. Erläutern Sie die Probleme, die ein Unternehmensgründer bezüglich seines eigenen Führungsverhaltens beim Übergang in die Wachstumsphase haben kann und welche Änderungen im Führungsstil gegebenenfalls erforderlich werden.

VII Steuern und Versicherungen im Gründungskontext
1 Steuerliche Grundlagen

Johannes Georg Bischoff

1.1 Einführung

Das deutsche Steuerrecht ist ein sehr umfangreiches und außerordentlich schwieriges Gebiet. Nicht nur für den Gründer bedeutet dies eine verwirrende Vielfalt von Steuergesetzen, Rechtsverordnungen, Richtlinien, Erlassen und Verfügungen. Das Steuerrecht regelt unter welchen Voraussetzungen ein Bürger (Steuerpflichtiger) Steuern an den Staat zu entrichten hat. Steuerrecht ist somit öffentliches Recht. Eine Systematisierung des deutschen Steuerrechts ergibt sich, wenn man eine Unterscheidung nach Steueranlässen vornimmt:

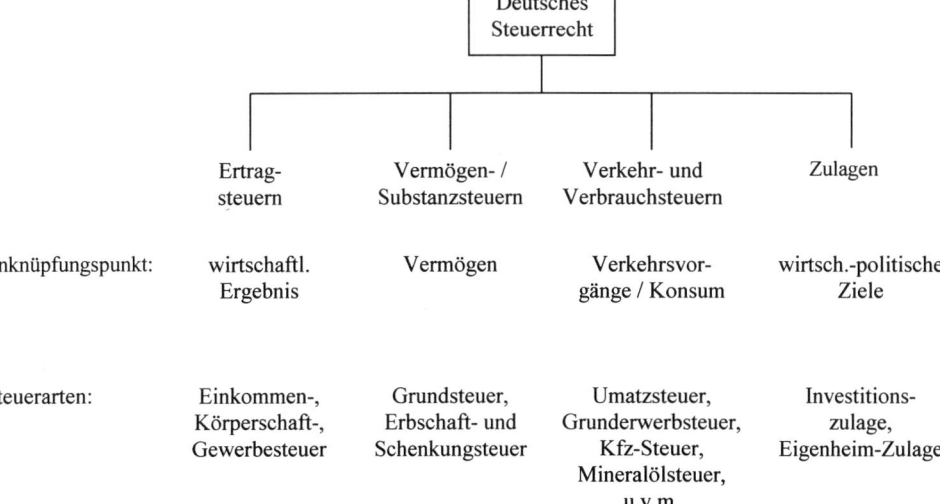

Abbildung 1: Deutsches Steuerrecht – ein Überblick

In den folgenden Ausführungen soll auf diejenigen Steuerarten näher eingegangen werden, mit denen der Unternehmensgründer unmittelbar nach seiner Gründung konfrontiert wird.

Mit der Anmeldung des Gewerbebetriebs beim Gewerbeamt wird das Finanzamt von der Gründung informiert. Mit einem Fragebogen des Finanzamtes werden steuerliche Grunddaten von dem Existenzgründer eingeholt. Diese dienen unter anderem dazu, Steuervorauszahlungen festzusetzen.

Von den Gründern werden die Folgen der Besteuerung oftmals nicht ausreichend beachtet. Um Steuern zu sparen, werden zunächst die Fragebögen so ausgefüllt, dass sich vorerst keine Steuerzahlungen ergeben. Bei erfolgreichen Unternehmern kommt es dann nach Abgabe der ersten Steuererklärungen (etwa ein bis eineinhalb Jahre nach der Gründung) nicht selten zu erheblichen Nachzahlungen und gleichzeitig zu nachträglichen Vorauszahlungen. Dadurch können dem Gründer erhebliche Liquiditätsprobleme entstehen. Steuern kommen in der Regel nicht überraschend. Sie sind sowohl bezüglich ihrer Höhe, als auch bezüglich des Zeitpunktes der Erhebung vorhersehbar und durch entsprechende Gestaltungs- und Wahlmöglichkeiten auch in ihrem Umfang beeinflussbar.

Neben eigenen Steuerbelastungen muss sich der Gründer auch mit Steuerverpflichtungen auseinandersetzen, bei denen Steuern für andere Personen betroffen sind. Im Zusammenhang mit der Beschäftigung von Arbeitnehmern hat der Gründer als Arbeitgeber umfangreiche Verpflichtungen im Bereich der Lohnsteuer zu erfüllen.

1.2   Ertragsteuern
1.2.1   Buchführungspflicht und Gewinnermittlung

Die Anknüpfung der Ertragsteuern an das wirtschaftliche Ergebnis des Unternehmens setzt eine Gewinnermittlung voraus. Grundlagen für die Ermittlung des Ergebnisses des Unternehmens sind die Buchführung bzw. die Aufzeichnungen des Unternehmens. Als Gewerbetreibender oder als Freiberufler muss der Gründer gesetzliche Buchführungs- bzw. Aufzeichnungspflichten beachten.

Ist der Existenzgründer Vollkaufmann nach dem Handelsgesetzbuch (siehe Kapitel III.2), ist er sowohl nach handels- als auch nach steuerrechtlichen Vorschriften zur Buchführung verpflichtet. Gewerbliche Unternehmer, die keine Vollkaufleute und somit nach dem Handelsgesetzbuch nicht zur Führung von Büchern verpflichtet sind, müssen bei Überschreitung bestimmter wirtschaftlicher Größen nach steuerlichen Vorschriften eine Buchführung erstellen, und zwar
– bei einem Jahresumsatz von mehr als 500.000 DM oder
– bei einem Gewinn von mehr als 48.000 DM.

Die gewerblichen Unternehmer, die unter diesen Grenzen bleiben sowie Freiberufler sind gesetzlich nicht zur Führung von Büchern im Sinne einer vollkaufmännischen Buchführung verpflichtet. Jedoch haben auch sie bestimmte Aufzeichnungspflichten (z.B. zeitnahe Erfassung von Einnahmen und Ausgaben, Führung von Kassenbüchern, Wareneingangs- und Warenausgangsbüchern).

Vielen Existenzgründern ist die Bedeutung der Buchführung oftmals nicht bewusst. Wird die Buchführung vom Unternehmer vernachlässigt, kann dies aus steuerlicher Sicht spätestens bei einer Betriebsprüfung zu beträchtlichen Folgen, vor allem zu erheblichen Steuernachzahlungen, führen.

Eine ordnungsgemäße Buchführung ist aber nicht nur für Zwecke der Besteuerung von wesentlicher Bedeutung. Sondern sie ist auch ein wichtiges Kontroll- und Informationsinstrument für den Unternehmer und wesentliche Grundlage eines aussagekräftigen Controllings. Gerade in den ersten Jahren der Selbstständigkeit sind Informationen aus einer aussagefähigen Buchführung besonders wichtig. Zum einen kann noch nicht auf Erfahrungswerte der Vorjahre zurückgegriffen werden. Zum anderen haben die Gründer oftmals noch nicht die finanziellen Reserven, um sich verspätete Reaktionen auf finanzielle oder ertragliche Fehlentwicklungen leisten zu können. Zum Controlling in der Gründungsphase und dem dafür erforderlichen Rechnungswesen wird auf das Kapitel VIII „Gründungscontrolling" verwiesen. Aus diesen Gründen sollte die Buchführung sowie auch der Jahresabschluss des Unternehmens von einem Fachmann, in der Regel von einem Steuerberater, erstellt werden.

Auf der Grundlage der Buchführung ist für das Wirtschaftsjahr des Unternehmens ein Jahresabschluss zu erstellen. Hierbei ist zu unterscheiden zwischen dem Betriebsvermögensvergleich (Bilanz) und der Einnahmen- / Überschussrechnung.

Jeder buchführungspflichtige Unternehmer muss am Wirtschaftsjahresende eine Bilanz aufstellen. Die nicht buchführungspflichtigen Unternehmer können wählen, ob sie freiwillig Bücher führen und einen Betriebsvermögensvergleich erstellen oder ob sie Aufzeichnungen machen und eine Einnahmen- / Überschussrechnung erstellen. Die Gewinnermittlungsarten unterscheiden sich im Wesentlichen dadurch, dass bei der Einnahmen- / Überschussrechnung Betriebseinnahmen und -ausgaben zum Zeitpunkt des Zuflusses bzw. Abflusses erfasst werden, während bei der Bilanzierung eine periodengerechte Zuordnung der Betriebseinnahmen und –ausgaben erfolgt.

1.2.2 Einkommensteuer

Unternehmen als solche unterliegen in der Bundesrepublik Deutschland nicht der Einkommensteuer. Vielmehr unterliegt der Unternehmer persönlich – wie alle natürlichen Personen mit Wohnsitz oder gewöhnlichem Aufenthalt in der Bundesrepublik Deutschland – mit sämtlichen Einkünften (Welteinkommen) der Einkommensteuer. Ein Bestandteil seiner Einkünfte sind z.B. auch seine Unternehmensgewinne. Die Höhe der Einkommensteuer ist dabei von dem Gesamteinkommen und persönlichen Merkmalen abhängig.

Die Einkommensteuer ermittelt sich vereinfacht wie folgt:

Einkünfte aus:

1) Land- und Forstwirtschaft
2) Gewerbebetrieb ⎫ Gewinneinkünfte
3) Selbstständige Arbeit ⎬
4) Nichtselbstständige Arbeit ⎪
5) Kapitalvermögen ⎬ Überschusseinkünfte
6) Vermietung und Verpachtung ⎪
7) Sonstige Einkünfte gem. § 22 EStG ⎭

= *Summe der Einkünfte*
./. Altersentlastungsbetrag

= *Gesamtbetrag der Einkünfte*
./. Sonderausgaben
./. Außergewöhnliche Belastungen

= *Einkommen*
./. Freibeträge
./. Sonstige vom Einkommen abzuziehende Beträge

= *Zu versteuerndes Einkommen*
x Tarif

= *Tarifliche Einkommensteuer*
./. Steuerermäßigungen

= *Festzusetzende Einkommensteuer*

Abbildung 2: Ermittlung des zu versteuernden Einkommens

Gewerbetreibende, die ihr Unternehmen als Einzelunternehmen führen, erzielen Einkünfte aus Gewerbebetrieb. Freiberufler, z.b. Ärzte, Rechtsanwälte, Steuerberater, Ingenieure, versteuern ihre Einkünfte als Einkünfte aus selbstständiger Arbeit. Bei Personengesellschaften, z.B. OHG, KG, GbR, ist nicht die Gesellschaft einkommensteuerpflichtig. Es wird zunächst der gesamte Gewinn der Gesellschaft einheitlich festgestellt und dann auf die Gesellschafter verteilt. Die Gesellschafter unterwerfen ihren Anteil am Gewinn in der entsprechenden Einkunftsart der Einkommensteuer. Ein Unternehmensgründer, der die Rechtsform der GmbH gewählt hat, behandelt sein Geschäftsführergehalt als Einkünfte aus nichtselbstständiger Arbeit, die ausgeschütteten Gewinne der GmbH als Einkünfte aus Kapitalvermögen.

Der Einkommensteuertarif ist progressiv und beträgt seit 2000 maximal 51% (ab 2002: 48,5%, ab 2003: 47%, ab 2005: 42%). Für Alleinstehende ist der Grundtarif, für Ehegatten der Splittingtarif anzuwenden (Splittingtarif ergibt sich aus dem zweifachen des Steuerbetrages, der sich für die Hälfte des gemeinsamen Einkommens der Ehegatten ergibt). Bei gewerblichen Einkünften, d.h. die neben der Einkommensteuer auch mit Gewerbesteuer belastet sind, ist der Tarif für gewerbliche Einkünfte ab 1999 auf 45% begrenzt. Durch das Steuersenkungsgesetz wird diese Tarifbegrenzung abgeschafft. Dafür wird eine Steuerermäßigung bei gewerblichen Einkünften eingeführt. Es soll eine pauschalierte Anrechnung der Gewerbesteuer auf den Teil der Einkommensteuer erfolgen, der auf gewerbliche Einkünfte entfällt.

Da in der Gründungsphase oftmals Verluste im Unternehmen entstehen, können diese mit anderen positiven Einkünften des Gründers bzw. dessen Ehepartners verrechnet werden. Bei hohen Verlusten können die Verluste auch auf das Vorjahr zurückgetragen bzw. auf die Folgejahre vorgetragen und in diesen Jahren mit positiven Einkünften ausgeglichen werden. Auch Aufwendungen, die im Zusammenhang mit dem Unternehmen stehen, aber bereits vor der Gründung entstanden sind, können als vorweggenommene Betriebsausgaben geltend gemacht werden und somit zu Verlusten führen.

Für Unternehmensgründer gibt es im Einkommensteuerrecht im Zusammenhang mit Ansparabschreibungen eine besondere Regelung. Kleinere und mittlere Betriebe können für Investitionen in neue bewegliche Wirtschaftsgüter, die in den nächsten zwei Jahren geplant sind, Ansparabschreibungen bis 50% der voraussichtlichen Investitionskosten schon vor der Investition als Betriebsausgaben geltend machen und damit ihren Gewinn in spätere Zeiträume verlagern. Diese Ansparrücklage darf maximal 300.000 DM betragen.
   Bei einem Existenzgründer können Ansparrücklagen für geplante Investitionen in den nächsten 5 Jahren gebildet werden. Für Gründer ist der Höchstbetrag der Rücklage auf 600.000 DM festgelegt. Diese Regelung macht allerdings nur bei erfolgreichen Unternehmern, die bereits in der Gründungsphase Gewinne erwirtschaften, Sinn. Mit der Verschiebung von Gewinnen in spätere Besteuerungszeiträume, kann sich der Gründer eine Steuerpause verschaffen und hat somit einen Liquiditätsvorteil, den er für den Aufbau des Unternehmens sinnvoll einsetzen kann.

Jeder Steuerpflichtige hat für jedes Kalenderjahr eine Einkommensteuererklärung abzugeben. In Höhe der voraussichtlichen Einkommensteuer muss der Unternehmer vierteljährlich Vorauszahlungen leisten. Bei der jährlichen Steuerfestsetzung werden diese Vorauszahlungen auf die tatsächliche Einkommensteuer angerechnet.

1.2.3 Körperschaftsteuer

Mit der Körperschaftsteuer soll das Einkommen von nicht natürlichen Personen (vor allem Kapitalgesellschaften, wie GmbHs, AGs) belastet werden.
   Grundlage für die Ermittlung der Besteuerungsgrundlage – des zu versteuernden Einkommens – sind auch bei Kapitalgesellschaften einkommensteuerliche Vor-

schriften. Werden die Gewinne im Unternehmen einbehalten, beträgt der Steuersatz (=Tarifbelastung) ab 1999 40% (vorher 45%). Werden diese Gewinne jedoch an die Anteilseigner ausgeschüttet, so reduziert sich die Körperschaftsteuerbelastung auf 30% (Ausschüttungsbelastung).

Die Gewinnausschüttung wird beim Gesellschafter der Einkommensteuer unterworfen. Um eine Doppelbesteuerung des ausgeschütteten Gewinns sowohl auf der Ebene der Gesellschaft, als auch auf der Ebene des Gesellschafters zu vermeiden, wird die Ausschüttungsbelastung (die Körperschaftsteuer in Höhe von 30%) dem Gesellschafter bei der Einkommensteuer wieder gut geschrieben. Dies wird auch als Anrechnungsverfahren bezeichnet. Im Folgenden soll das Anrechnungsverfahren in vereinfachter Form dargestellt werden.

bei der ausschüttenden Gesellschaft		beim Anteilseigner	
(im zu versteuernden Einkommen enthaltener auszuschüttender Gewinn)		Gutschrift	52,5
= Bruttoausschüttung	100,0	Kapitalertragsteuer	17,5
./. KSt 40% (Tarifbelastung)	40,0	anzurechnende KSt	30,0
=	60,0	Einnahmen aus Kapitalvermögen	100,0
+ KSt-Minderung auf 30% (Ausschüttungsbelastung)	10,0	Angenommene Einkommensteuer-Belastung des Anteileigners von 42%	42,0
Dividende	70,0	./. Kapitalertragsteuer 17,5	
./. Kapitalertragsteuer (25% von 70)	17,5	./. anzurechnende KSt 30,0	47,5
Nettodividende	52,5	Erstattung	5,5

Abbildung 3: Anrechnungsverfahren bei der Körperschaftsteuer

Im Ergebnis des Anrechnungsverfahrens wird der ausgeschüttete Gewinn mit dem individuellen Steuersatz des Gesellschafters belastet.

Aus dem Steuersenkungsgesetz resultieren tiefgreifende Änderungen in der Körperschaftsteuer. Ab 2001 gilt ein einheitlicher Körperschaftsteuersatz, sowohl für einbehaltene als auch für ausgeschüttete Gewinne von 25%. Anstelle des Anrechnungsverfahrens soll das Halbeinkünfte-Verfahren eingeführt werden. Ausschüttungsbeträge werden dann beim Gesellschafter nur zur Hälfte der Besteuerung unterworfen. Die Körperschaftsteuer wird nicht mehr auf die Einkommensteuer angerechnet wie bisher.

Jede Körperschaft muss für jedes Kalenderjahr eine Körperschaftsteuererklärung erstellen. So wie auch bei der Einkommensteuer sind vierteljährliche Vorauszahlungen entsprechend dem zu erwartenden Gewinn zu leisten.

1.2.4 Gewerbesteuer

Objekt der Gewerbesteuer ist der Gewerbebetrieb. Ausgenommen sind somit landwirtschaftliche und freiberufliche Unternehmen. Unternehmen in der Rechtsform einer Kapitalgesellschaft unterliegen immer der Gewerbesteuerpflicht, unabhängig von seiner Tätigkeit.

Die Gewerbesteuer ermittelt sich wie folgt:

Bilanzgewinn

+ Hinzurechnungen (z.b. Hälfte der Zinsen aus langfristigen Verbindlichkeiten)
./. Kürzungen   (z.b. 1,2% des Einheitswerts von betrieblichen Grundstücken)

= Gewerbeertrag
x Steuermesszahl

= Steuermessbetrag
x Hebesatz der Gemeinde

= *Gewerbesteuer*

Abbildung 4: Berechnung der Gewerbesteuer

Der Gewerbeertrag ist bei Einzelunternehmen sowie bei Personengesellschaften um einen Freibetrag von 48.000 DM zu kürzen, d.h. Gewerbesteuer fällt erst bei einem Gewinn von mehr als 48.000 DM an. Kapitalgesellschaften wird dagegen kein Freibetrag gewährt.

Die Steuermesszahl beträgt bei Kapitalgesellschaften 5%. Bei natürlichen Personen und Personengesellschaften ist die Steuermesszahl gestaffelt:

Bei einem Gewerbeertrag über dem Freibetrag von 48.000 DM:
- für die ersten 24.000 DM: 1%
- für die nächsten 24.000 DM: 2%
- für die nächsten 24.000 DM: 3%
- für die nächsten 24.000 DM: 4%
- ab einem Gewinn von 144.000 DM: 5%

Die Gewerbesteuer wird von der Gemeinde festgesetzt und ist in der Höhe vom jeweiligen Hebesatz der Gemeinde abhängig. Die Hebesätze sind in den einzelnen Gemeinden unterschiedlich. Sie bewegen sich zur Zeit zwischen 300% und 500%. Die Gewerbesteuerbelastung einer GmbH beträgt somit zwischen 15% und 20% des Gewinns.

1.3   Die Umsatzsteuer als Verkehrsteuer

Die Umsatzsteuer ist eine allgemeine Verbrauchsteuer, deren Ziel es ist, den Endverbraucher zu belasten. Die Umsatzsteuerzahllast an das Finanzamt ermittelt sich
wie folgt:

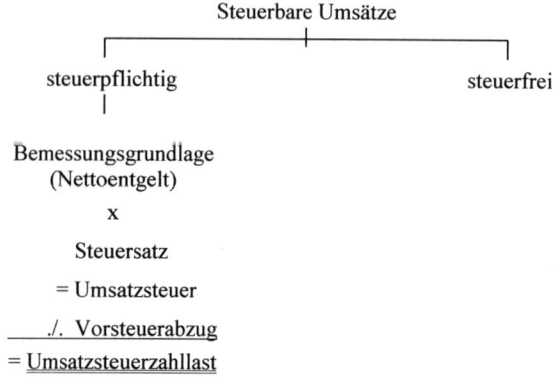

Abbildung 5: Steuerbare Umsätze

Grundsätzlich unterliegen alle Lieferungen und Leistungen in der Bundesrepublik
Deutschland der Umsatzsteuer. Außerdem werden die Entnahmen und die Nutzung
von betrieblichen Gegenständen für private Zwecke (z.b. private Nutzung des Fir-
men-Pkws) der Besteuerung unterworfen. Ausnahmen ergeben sich bei umsatzsteu-
erfreien Umsätzen, z.b. aus der Tätigkeit von Versicherungs- und Bausparkassen-
vertretern, Ärzten , Zahnärzten oder bei Erwerben aus der EU bzw. der Einfuhr aus
Drittländern und bei Lieferungen an die EU und in Drittländer.
   Der Steuersatz beträgt grundsätzlich 16%. Bei bestimmten Umsätzen, vornehmlich beim Verkauf von Gegenständen des täglichen Bedarfs, insbesondere Lebens-
mitteln, ermäßigt sich die Umsatzsteuer auf 7%.

Die Umsatzsteuer, die sich aus den Umsätzen des Unternehmens ergibt, kann um
die abzugsfähige Vorsteuer reduziert werden. Vorsteuer, d.h. Umsatzsteuer, die von
einem anderen Unternehmer in Rechnung gestellt wird, wird vom Finanzamt erstattet bzw. wird mit der Umsatzsteuerschuld verrechnet. Der Unternehmer hat grundsätzlich monatliche Umsatzsteuer-Voranmeldungen abzugeben, in denen er seine
Umsätze erklärt und den Abzug von Vorsteuerbeträgen beantragt
   Bei einer Steuerzahllast (=Umsatzsteuer ./. Vorsteuer) bis 12.000 DM im vorangegangenen Kalenderjahr ist nur jedes Vierteljahr eine Voranmeldung zu erstellen
und bei einer Steuer unter 1.000 DM im letzten Jahr wird auf die Abgabe von Vor-
anmeldungen innerhalb des Jahres verzichtet. Für das gesamte Kalenderjahr ist eine
Steuererklärung abzugeben. Bei der Umsatzsteuer ist im Gegensatz zu den Ertragsteuern die Steuer selbst zu berechnen. Bei der Umsatzsteuer ergeben sich keine
grundlegenden rechtsformbedingten Besteuerungsunterschiede. Die Umsatzsteuer

wird im Wesentlichen von der Art der Tätigkeit bzw. der daraus resultierenden Umsätze bestimmt.

1.4   Investitionszulagen

Für den Existenzgründer in den neuen Bundesländern haben Investitionszulagen eine wichtige Bedeutung. Mit der Gewährung von Investitionszulagen sollen Investitionen in den neuen Bundesländern angeregt, damit vorhandene Arbeitsplätze gesichert und neue geschaffen werden.

Es werden betrieblichen Investitionen sowie Baumaßnahmen an und der Erwerb von Privatimmobilien gefördert. Im betrieblichen Bereich sind Investitionen
- in neue abnutzbare bewegliche Wirtschaftsgüter des Anlagevermögens,
- die 5 Jahre im Betrieb verbleiben, begünstigt.

Dabei sind Betriebe
- des verarbeitenden Gewerbes,
- der produktionsnahen Dienstleistungen
- des Handwerks,
- des innerstädtischen Groß- und Einzelhandels anspruchsberechtigt.

Die Investitionszulagensätze bewegen sich je nach Branchen und Zeitraum der Investition zwischen 5% und 25%. Dabei werden Investitionen eines Unternehmensgründers, der eine Betriebsstätte neu errichtet, höher gefördert, als Ersatzinvestitionen eines bereits bestehenden Unternehmens. Der Investitionszulagenantrag kann nach Ablauf des Kalenderjahres, in dem die Investitionen durchgeführt worden sind, gestellt werden. Die Investitionszulage erhöht nicht den steuerlichen Gewinn. Sie ist eine steuerfreie Betriebseinnahme.

1.5   Für Arbeitnehmer abzuführende Steuern und Sozialabgaben

Arbeitgeber müssen für die in ihrem Unternehmen beschäftigten Arbeitnehmer Löhne und Gehälter in der Regel monatlich abrechnen und die einbehaltenen Lohn- und Kirchensteuern sowie die gesetzlichen Sozialabgaben melden und abführen. Entgegen weitverbreiteter Ansicht bestehen besonders umfangreiche Melde- und Aufzeichnungspflichten für sogenannte „Aushilfskräfte" und „geringfügige Beschäftigte".

1.6   Steuerliche Hürden für Mitarbeiterbeteiligungen

Bei jungen, schnell wachsenden Unternehmen mit Ziel IPO (Initial Public Offering) ist es heute üblich, Mitarbeiter über den Erwerb von Unternehmensanteilen direkt am Erfolg der Gesellschaft zu beteiligen. Durch das Partizipieren an etwaigen Wertsteigerungen des Unternehmens sollen hochqualifizierte Beschäftigte an das neue Unternehmen gebunden werden.

Allerdings können gerade noch nicht börsennotierte junge Wachstumsunternehmen auf ungeahnte steuerliche Schwierigkeiten stoßen: Zum Arbeitslohn eines Beschäftigten, der versteuert werden muss, zählen nämlich neben dem Gehalt auch geldwerte Vorteile. Werden den Mitarbeitern unentgeltlich oder verbilligt Vermögensbeteiligungen (z.b. Aktien, Anteile an einer GmbH, Wandelschuldverschreibung oder Genussscheine) überlassen, so ist dieser geldwerte Vorteil gemäß § 19 a EStG grundsätzlich wie normaler Arbeitslohn zu versteuern. Als Wert der Vermögensbeteiligung ist nach § 19 a Abs. 8 EStG in der Regel der „gemeine Wert" anzusetzen. Früher hat die Steuerverwaltung zumeist auf das sogenannte „Stuttgarter Verfahren" zurückgegriffen und im Zweifelsfalle Unternehmen in den ersten drei Jahren mit dem Nominalwert bewertet. Mittlerweile bewerten insbesondere die Finanzbehörden in Nordrhein-Westfalen junge Unternehmen mit dem aus den Unternehmensplanungen abgeleiteten Ertragswert (Frankfurter Allgemeine Zeitung vom 06. August 1999, S. 23). Beispielsweise wurde eine AG mit DM 100.000 Grundkapital und einem Jahresumsatz von DM 5,5 Mio. ein Jahr nach Gründung mit rund DM 53 Mio. bewertet. Ein leitender Mitarbeiter der Aktien im Nennwert von DM 3.000 als Kaufpreis DM 60.000 bezahlen wollte, sollte wegen des „geldwerten Vorteils" zusätzlich noch an das Finanzamt DM 938.000 an Lohnsteuer abführen. Mitarbeiterbeteiligungen können für Wachstumsunternehmen also zu großen steuerrechtlichen Risiken führen.

Weiterführende Literatur

Federmann, R. (2000), Bilanzierung nach Handelsrecht und Steuerrecht: Gemeinsamkeiten, Unterschiede und Abhängigkeiten von Handels- und Steuerbilanz unter Berücksichtigung internationaler Rechnungslegungsstandards, Berlin.

Rose, M. (1997), Standpunkte zur aktuellen Steuerreform: Vorträge des zweiten Heidelberger Steuerkongresses, Heidelberg.

Stern, V. (2000), Steuer- und Abgabenbelastung in Deutschland, Wiesbaden.

Wöhe, G. / H. Kußmaul (2000), Grundzüge der Buchführung und Bilanztechnik, 3. Auflage, München.

Verständnisfragen (Lösungen siehe Anhang)

Aufgabe 1:
Nach welchen Gesichtspunkten kann das deutsche Steuersystem gegliedert werden und welche Steuern sind für einen Unternehmensgründer relevant?

Aufgabe 2:
Welche rechtsformbedingten Unterschiede gibt es bei der Besteuerung?

Aufgabe 3:

Im Kapitel III.2 (Die Wahl der Rechtsform) wurde in Fall 2 ein Beispiel gebildet, wonach zwei EDV-Entwickler eine GmbH gründen sollten, um für den Verkauf der Software eine Minderung der finanziellen Risiken zu erreichen.

a) Wie ist gewerbesteuerlich die Gründung einer GmbH, die die Entwicklung und den Vertrieb der Software übernimmt, zu bewerten?

b) Wie würde sich alternativ die Gründung einer GbR auswirken?

c) Welche Folgen ergeben sich bei der Gewerbesteuer, wenn sowohl eine GbR als auch eine GmbH gegründet wird und dabei die GbR ausschließlich die Entwicklung und Pflege der Software und die GmbH den Vertrieb übernimmt und die GbR ihre Softwareentwicklungsleistungen der GmbH in Rechnung stellt?

VII Steuern und Versicherungen im Gründungskontext
2 Das Management der Unternehmensversicherung unter besonderer Berücksichtigung der Gründungsphase

Frank Steffen

2.1 Problemstellung

Der typische junge Unternehmensgründer befindet sich häufig in einem Dilemma zwischen notwendigem *Versicherungsschutz* einerseits und *Bezahlbarkeit* andererseits:

- Zum einen kann er sich größere Schadensereignisse „nicht leisten", braucht also einen möglichst umfassenden Versicherungsschutz, der dann aber wiederum meist recht teuer ist.
- Zum anderen muss er seine Kosten so gering wie möglich halten, ein Erfordernis, das vor den Versicherungskosten nicht halt macht. Das wiederum ist gleichbedeutend mit einer Beschränkung des Versicherungsschutzes auf das Allernotwendigste, also auf die existenzbedrohenden Risiken.

Dieses Dilemma führt unmittelbar zur Kernfrage des Beitrags: Wie ist die *Versicherung unternehmerischer Risiken* zu gestalten, wenn man die besondere Situation des jungen Gründers berücksichtigt?

Angesichts dieser Fokussierung ergeben sich zunächst einige Risiken und Versicherungsbereiche, die im Folgenden *keine* Rolle spielen sollen, da sie nichts mit dem eigentlichen Schritt in die Selbstständigkeit zu tun haben. Dies sind z.B.: Hausrat-, Privathaftpflicht- oder auch Kraftfahrzeugversicherungen. Auch Risiken, die mit dem privaten Hausbau oder -besitz zu tun haben, werden hier nicht behandelt.

2.2 Existenzgründung – ein Unternehmen mit Risiken

Wer ein Unternehmen gründet, weiß, dass dies mit Risiken verbunden ist. Dabei sind hier nicht die eigentlichen unternehmerischen Risiken gemeint. Denn diese kann dem Existenzgründer niemand abnehmen. Aber all die anderen Fallstricke rund um die Existenzgründung können durch ein kluges (Vorsorge-) Management und maßgeschneiderten Versicherungsschutz zumindest soweit reduziert werden, dass die Existenz des Betriebes nicht vernichtet wird.

Wo liegen nun die *Risiken in der Praxis*? Tatsache ist zunächst, dass die Risikosituation für Unternehmer und Unternehmen zunehmend undurchschaubarer geworden ist. Einige Beispiele aus der betrieblichen Praxis mögen dies andeuten:
– wachsende Sachschäden durch Konzentration hochwertiger Maschinen, spezieller Bauten oder z.b. Lagersysteme;
– Missbrauch / Sabotage oder Manipulation an EDV-Anlagen bei gleichzeitig hoher Abhängigkeit des Unternehmens von der EDV;
– unterschätzte Ertragsausfälle durch Elementarschäden, Maschinen-, EDV- oder Forderungsausfälle;
– gestiegene Haftungsrisiken durch eine verschuldensunabhängige Gefährdungshaftung in der Produkt-, Umwelt- und Planungshaftung;
– weitgehende strafrechtliche, persönliche Verantwortung der Unternehmensleitung sowie der Führungskräfte im Unternehmen;
– Unterschätzung des Ausfalls der persönlichen Arbeitskraft des Unternehmers oder seiner Mitarbeiter in Schlüsselstellung (bei Tod, Unfall, Krankheit, Berufs- und Erwerbsunfähigkeit).

Hinzu kommt die besondere Situation bei Unternehmensgründern, die oftmals geringe Kenntnis der speziellen branchenbezogenen Risiken aufweisen. Letzteres wiederum bedingt eine zu geringe oder fehlerhafte Einschätzung des Schadenpotenzials bzw. führt zu einer Verdrängung des persönlichen Risikopotenzials. Auch besteht die Gefahr, dass notwendige Anpassung des Sicherheitskonzepts bei Wachstum oder Änderungen der Produktion / Produkte und / oder Dienstleistungen ausbleiben oder zu spät erfolgen.

2.3 Zum Risikomanagement des Unternehmens
2.3.1 Allgemeine Überlegungen

Ein effizientes und *praxisorientiertes Risikomanagement* vollzieht sich – wie im Folgenden vereinfacht dargestellt – in drei Stufen.

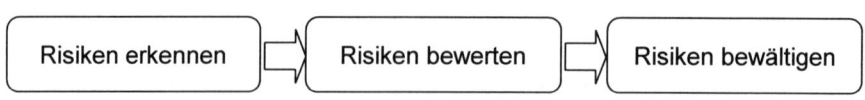

Zu Stufe 1: Risiken erkennen
Hier gilt es traditionelle unternehmerische Risiken in den Bereichen Produktentwicklung sowie Vertrieb und Auswahl der Geschäftspartner zu erkennen. Diese Risiken lassen sich in folgende allgemeine Kategorien unterteilen:
– Sachwertrisiken,
– Haftungsrisiken,
– Straf- und zivilrechtlichen Risiken sowie

– Risiken, die in der Arbeitskraft des Unternehmers und / oder seiner Schlüssel-
personen für das Unternehmen liegen.

Zu Stufe 2: Risiken bewerten
Grundsätzlich ist zu prüfen, ob ein Risiko
– vermeidbar,
– kalkulierbar oder ggf.
– existenzgefährdend für das Unternehmen ist.

Oftmals lassen sich durch technische oder organisatorische Veränderungen Risiken
vermeiden oder mindern. Restrisiken sind nach ihrer Eintrittswahrscheinlichkeit gewichtet einem externen Risikoträger (z.b. Versicherungsunternehmen) zuzuführen.

Zu Stufe 3: Risiken bewältigen
Eine Strategie zur Risikobewältigung sieht grundsätzlich im ersten Schritt die Schadensverhütung bzw. die Schadensbegrenzung vor. Klassische Ansatzpunkte sind
hier technische und organisatorische Maßnahmen, z.b. durch die Einhaltung von
„Stand der Technik" oder der Vorschriften der Berufsgenossenschaften. Dadurch lösen sich im Vorfeld viele kritische Problembereiche.

Risiken, deren Eintrittswahrscheinlichkeit absehbar sind oder deren Schadenhöhe aus der „Portokasse" zu begleichen ist, eignen sich oft dazu, sie in einem
Selbstbehalt zu organisieren. Die Risiken jedoch, deren Wahrscheinlichkeit gering
sind, die aber gleichzeitig mit großer Schadenhöhe die Existenz des Unternehmens
gefährden, sollten in jedem Fall ausgelagert, d.h. einer Versicherungslösung zugeführt werden.

Die Komplexität der Ereignisse eines Schadenverlaufs erfordert immer komplexere Lösungsansätze im Unternehmen. Ein eingetretener Sachschaden an einer
„Engpass-Maschine" (Stillstand) z.B. kann zu einem nicht unerheblichen Er-
tragsausfall im Unternehmen führen. Dies führt nicht selten zu Konventionalstrafen
(Haftung gegenüber Dritten) und ggf. zu Marktanteilsverlusten einhergehend mit einem Imageverlust. Eine solche Kette verknüpfter Ereignisse, die letztlich zu einem
existenzbedrohenden Gesamtschaden führen kann, gilt es zu zerschlagen.

2.3.2 Risikomanagement unter dem Leitgedanken: Sichern und versichern

Wie ein professionelles Risikomanagement aussehen kann, zeigt das folgende Konzept eines bekannten Wirtschaftsversicherers, das aus folgenden Bausteinen besteht:
(1) *Die umfassende Risikoanalyse:* Diese beinhaltet eine umfassende Identifikation
und Bewertung eines möglichen Schadenpotenzials unter Berücksichtigung der
Sicherheitsziele des Unternehmens.
(2) *Das maßgeschneiderte Sicherheitskonzept:* Ziel ist eine Risikoabsicherung mit
einem abgestimmten einheitlichen Deckungskonzept und einer weitreichenden
Risikokontrolle, die die Bereiche Schadenverhütung, Schadenminderung und
professionelle Betreuung im Schadenfall beinhaltet.

(3) *Die kontinuierliche Betreuung der Kunden:* Besondere Bedeutung kommt der laufenden Kundenbetreuung zu. Regelmäßig wird in Gesprächen mit der Unternehmensleitung der Risikoschutz den sich verändernden Rahmenbedingungen angepasst und aktualisiert.

(4) *Die Versicherungslösung auf der Basis von Branchenkonzepten:* Der erwähnte Wirtschaftsversicherer hat Versicherungslösungen nach Branchen entwickelt, die auf die Besonderheiten der Unternehmensneugründungen eingehen. Das Produkt, das dem jeweiligen Branchenkonzept zu Grunde liegt, heißt im Fallbeispiel „Compact" mit angehängter Branchenbezeichnung (siehe Kapitel 2.4). Inzwischen liegen 300 verschiedene Branchenkonzepte vor, so dass im Wortsinne „maßgeschneiderte" Lösungen angeboten werden.

Der Vorteile eines solchen Konzeptes für Existenzgründer und Unternehmer sind leicht erkennbar:

– branchenspezifisch angepasste Konzepte,
– in *einer* Versicherungspolice werden alle für den Firmenkunden / Existenzgründer betrieblich relevanten Sach- und Haftpflichtrisiken zusammengefasst;
– in *einer* Prämie, die sich zum Beispiel am Umsatz orientiert, wird der Versicherungsschutz in Rechnung gestellt;
– in *einem* gemeinsamen und übersichtlichen Bedingungswerk wird dem Firmenkunden und Existenzgründer sein Versicherungsschutz einfach und klar dargelegt.

2.3.3 Welche Versicherungen braucht der Existenzgründer im Einzelnen?

In der schwierigen Aufbauphase einer selbstständigen Existenz sollte zunächst versucht werden, Risiken mit den größten Auswirkungen auf die Existenz des Unternehmens mit den meist nur begrenzt zur Verfügung stehenden Mitteln abzusichern. Im Rahmen eines ganzheitlichen Sicherungskonzeptes empfiehlt sich dabei eine Aufteilung in *drei Risikobereiche.* Die folgende Übersicht enthält hierzu einen entsprechenden Vorschlag. Die Erstellung eines individuellen Prioritätsprogramms kann in Anlehnung hieran erfolgen.

(1) Risikobereich Arbeitskraft
– *Krankheit:* Der selbstständig Erwerbstätige unterliegt grundsätzlich nicht der Krankenversicherungspflicht. Für ihn besteht die Alternative, sich entweder in der gesetzlichen Krankenkasse, in der er vorher Pflichtmitglied war, freiwillig weiter zu versichern oder sich bei einem privaten Krankenversicherer zu versichern. Aber auch die freiwillige Weiterversicherung in der gesetzlichen Krankenversicherung und eine zusätzliche private Versicherung, z.B. für Krankenhaustagegeld, kann unter Berücksichtigung der individuellen Verhältnisse eine gute Kombination darstellen.
– *Berufsunfähigkeit:* Die Absicherung des Risikos einer vorzeitigen Berufsunfähigkeit sollte für den Existenzgründer von *höchster Priorität* sein. Es empfiehlt sich hierzu der Abschluss einer Berufsunfähigkeits-Zusatzversicherung (BUZ) in

Verbindung mit einer kapitalbildenden Todes- und Erlebensfallversicherung oder einer selbstständigen BU-Versicherung (mit Umtauschrecht). Die Absicherung muss auf die individuellen Bedürfnisse des einzelnen abgestellt werden und sollte in jedem Fall die *Prämienbefreiung* für die Gesamtversicherung sowie die Zahlung einer monatlichen *Berufsunfähigkeitsrente* beinhalten. Die Höhe der Berufsunfähigkeitsrente sollte sich an den Einkünften aus selbstständiger Tätigkeit orientieren, jeweils nach Abzug aller Betriebsausgaben und Steuern. Die Berufsunfähigkeits-Zusatzversicherung leistet bei Eintritt einer Berufsunfähigkeit infolge von Krankheit, Körperverletzung (Unfall), Kräfteverfall und bei einer Pflegebedürftigkeit. In aller Regel werden bereits bei einer 50% -igen Berufsunfähigkeit volle Leistungen gewährt.

– *Invalidität:* Das lnvaliditätsrisiko kann durch den Abschluss einer *Unfallversicherung* abgesichert werden. Die gesetzliche Unfallversicherung (Berufsgenossenschaft) hilft nur im beruflichen Bereich. Die weitaus meisten Unfälle – fast 80% – ereignen sich aber im ungeschützten privaten Bereich. In Abgrenzung zur Berufsunfähigkeits-Zusatzversicherung sieht die Unfallversicherung nur Leistungen vor bei Gesundheitsbeeinträchtigungen, die durch einen *Unfall* eingetreten sind. Der Invaliditätsgrad wird anhand der sog. „Gliedertaxe" oder unter medizinischen Gesichtspunkten festgestellt. Versichert werden kann für den Invaliditätsfall ein *einmaliges Kapital* zur Finanzierung der sofort anfallenden Unfallfolgekosten (sei es, um einen neuen Beruf zu erlernen, notwendige Umbauten zu Hause durchzuführen, ein Auto mit Spezialausstattung zu kaufen o.a.). Die Unfallversicherung sieht Leistungen in der Regel bereits ab 1% Invalidität vor, bei schweren Unfallfolgen – ab 25% – erhöht sich die Leistung nochmals progressiv. Darüber hinaus kann eine *monatliche Zusatzrente* versichert werden, um Einkommensverluste auszugleichen, mit denen erfahrungsgemäß ab einer 50% -igen Invalidität gerechnet werden muss.

– *Hinterbliebenenschutz / Altersversorgung:* Hier steht für den Existenzgründer die Absicherung der Familie für den Fall des vorzeitigen Todes im Vordergrund. Am preiswertesten kann dieses Risiko durch den Abschluss einer Risikoversicherung gelöst werden, wobei die Bedingungen der meisten deutschen Lebensversicherer eine „Umtauschmöglichkeit" ohne erneute Gesundheitsprüfung in eine kapitalbildende Lebensversicherung innerhalb der ersten 10 Vertragsjahre vorsehen. Alternativ hierzu empfiehlt sich für den Existenzgründer eine Vertragsform, die zu Beginn einen besonders hohen Todesfallschutz bietet und eine relativ niedrige Erlebensfallsumme bei Vertragsbeginn vorsieht. Die Erlebensfallsumme kann dann einmalig oder schrittweise bis zur Todesfallsumme angehoben werden. Der junge Selbstständige hat dadurch den Vorteil, in der Existenzgründungsphase sofortigen, besonders hohen Todesfallschutz zur Absicherung der Hinterbliebenen zu einer relativ geringen Prämie zu genießen und kann gleichzeitig – je nach finanziellen Möglichkeiten – sukzessive eine eigenständige Altersversorgung aufbauen. Eine derartige Vertragsform kann auch durch eine Berufsunfähigkeits-Zusatzversicherung (siehe oben) ergänzt werden, so dass auch dieses Risiko gesichert wäre.

(2) Risikobereich Sachwerte
- *Gebäude, Betriebseinrichtungen, Werkstoffe:* Diese Sachwerte sollten gegen die Risiken Feuer, Leitungswasser, Sturm, Hagel, Einbruch-Diebstahl und Vandalismus versichert werden. Hierbei ist folgendes zu beachten: Zum einen sollte für eigene Gebäude eine *Neuwert*-Versicherung abgeschlossen werden. Zum anderen empfiehlt es sich, wegen einer oft schwierigen exakten Wertermittlung, eine sogenannte „Vorsorgesumme" für Wertermittlungsdifferenzen zu vereinbaren.
- *Elektronische Geräte, Maschinen:* Maschinen und elektronische Anlagen erhalten immer mehr Schlüsselfunktionen in Produktions- und Dienstleistungsbetrieben. Die Praxis beweist, dass Schäden auch bei ausgereifter Technik, fachmännischer Bedienung und exakter Wartung nicht zu vermeiden sind. Mit dem Abschluss einer Elektronik- bzw. Maschinen-Versicherung werden die vielfältigen Schadenmöglichkeiten zu einer kalkulierbaren Größe.
- *Transporte:* Handelsgüter unterliegen bei Transporten unterschiedlichen Risiken. Zum einen bergen Waren ein Risiko, wenn sie beispielsweise besonders empfindlich, zerbrechlich oder außerordentlich aufwendig zu transportieren sind. Zum anderen liegt ein weiterer großer Risikobereich in den Transportwegen und den Transportmitteln. Bisher regelt der Spediteur beispielsweise mit dem Speditionsversicherungsschein auf Kosten des Herstellers das Risiko. Man kann die Transportversicherung jedoch auch selbst bestimmen. Damit wird man unabhängig von Entschädigungshöchstgrenzen, Unter- oder Überversicherungen oder Deckungslücken.

(3) Risikobereich Erträge / Aufwendungen
- *Haftung:* Eine Haftpflichtversicherung ist ein *„Muss"* für jedes Unternehmen. Hier geht es nicht nur um die Befriedigung berechtigter Ansprüche Dritter, sondern ggf. auch um die Abwehr unberechtigter Ansprüche. Es sollten die Risikobereiche Betriebsstätte, Produkte / Leistungen und Umwelt bedacht werden. Aufgrund der heutigen Rechtsprechung sind z.B. Personenschäden in der Größenordnung von mehreren Mio. DM möglich. Die Deckungssumme sollte deshalb nicht unter 5 Mio. DM liegen. Das Privathaftpflicht-Risiko kann prämienfrei eingeschlossen werden.
- *Rechtsstreit:* Vorrangiges Thema ist hier die persönliche straf- und zivilrechtliche Risikosituation von Unternehmensleitern und Führungskräften. Die Straf- und Vermögensschaden-Rechtsschutzversicherung ist aufgrund der kaum zu übersehenden Gesetzesvielfalt eine wichtige Ergänzung der Sparte „Haftpflicht". Wegen der meist schwierigen Rechtslage ist von der ersten Stunde an ein qualifizierter Rechtsbeistand erforderlich. Dieser ist oft mit hohen Kosten verbunden. Eine Rechtsschutz-Versicherung sollte eine ausreichend hohe Gebühren- und Kostenübernahme bzw. einen guten Service durch z.B. kurzfristige Benennung qualifizierter Rechtsanwälte und fachspezifischer Sachverständiger bieten.
- *Betriebsunterbrechung:* Eine Betriebsunterbrechungs-Versicherung ist die notwendige Ergänzung, um mögliche Ertragsausfälle aufgrund eines Schadens abzusichern. Sie ersetzt den hierdurch entgangenen Gewinn und die fortlaufenden Kosten. Eine Betriebsunterbrechungs-Versicherung kann abgeschlossen werden

für die Risiken Feuer / Sturm, Einbruch-Diebstahl, Maschinenbruch, Elektronik sowie Transportschäden.
- *Vermögensschäden:* Die Anzahl von zahlungsunfähigen Unternehmen hat in Deutschland und allen Ländern Europas ein bedenklich hohes Ausmaß erreicht. Forderungsausfälle stellen gerade für mittelständische Unternehmen ein erhebliches Risiko dar. Konkurse bedeuten fast immer Totalverluste. Je nach Höhe der Außenstände kann dies erhebliche Folgen für den Ertrag und die Liquidität nach sich ziehen. Nicht selten führen Ausfälle durch zahlungsunfähige Kunden sogar zu ernsthaften finanziellen Problemen bis hin zur eigenen Insolvenz. Dieses Risiko kann durch den Abschluss einer Waren-Kreditversicherung minimiert werden.

Einen Bereich schließlich, der in diesem Beitrag nicht näher behandelt wird, stellen die gesetzlichen Sozialversicherungsträger mit ihren Leistungen Krankenversicherung, Pflegeversicherung, Rentenversicherung, Unfallversicherung und Arbeitslosenversicherung dar.

2.4 Fallbeispiel „Compact"

(1) Compact-Baustein: Sachwerte

Versichert sind: Schäden an Betriebsgebäuden, Betriebseinrichtung, Waren und Vorräten einschl. Gebrauchsgegenständen der Betriebsangehörigen und fremdem Eigentum durch
- Allgefahren (Alternative 1), d.h. Schäden an versicherten Sachen, die unvorhergesehen zerstört oder beschädigt werden oder durch Einbruchdiebstahl, Raub, Plünderung oder im Zusammenhang mit einem Sachschaden abhanden kommen sowie
- Mehrgefahren (Alternative 2), d.h. Schäden an versicherten Sachen infolge Feuer, Einbruchdiebstahl / Vandalismus, Raub, Leitungswasser, Sturm / Hagel.

(a) Sachschäden
- Sachschäden an elektronischen Anlagen und Geräten der Daten-, Kommunikations- und sonstigen Bürotechnik einschl. Kassenanlagen (ohne Inhalt), z.B. infolge von Bedienungsfehler, Fahrlässigkeit, Überspannung, Vorsatz Dritter, höherer Gewalt, Konstruktions-, Material- oder Ausführungsfehler;
- Sachschäden beim Transport im Werkverkehr (eigene Fahrzeuge) – einschl. Be- und Entladeschäden und Nachtzeitdeckung- und handelsüblichen Gütern und Werkzeugen;
- Schäden an den Scheiben der Innen- und Außenverglasung (bis Einzelgröße 8qm in der Mehrgefahrenversicherung) sowie an Werbeanlagen;
- Gebäudeschäden und Schlossänderungskosten durch Einbruchdiebstahl;
- Sturmschäden an – an der Außenseite von Gebäuden angebrachten – Schildern, Leuchtröhrenanlagen, Transparenten, Markisen und Blendläden.

(b) Entstandene Kosten
- Wiederherstellungskosten bei Datenträgerschäden, Mehrkosten durch Preissteigerungen, Aufräumungs-, Abbruch-, Feuerlösch-, Bewegungs- und Schutzkosten;
- Abbruch- Aufräumungs-, Abfuhr- und Isolierungskosten für radioaktiv verseuchte Sachen;
- Mehrkosten durch behördliche Wiederherstellungsbeschränkungen;
- Mehrkosten durch Technologiefortschritt;
- Kosten für Dekontamination des Erdreichs;
- Sachverständigenkosten soweit der entschädigungspflichtige Schaden DM 50.000 übersteigt;
- Kosten für Verkehrssicherungsmaßnahmen (DM 100.000 Sublimit).

(c) Erweiterungen
- Betriebsschäden: Der Versicherer leistet Entschädigung für Schäden an Maschinen, maschinellen Einrichtungen und Apparaten, die ohne äußere Einwirkung oder durch Herstellungsfehler oder durch Bedienungsfehler, Versagen v. Mess-, Regel- oder Sicherheitstechnik oder durch Wartung, Umbau, Umrüstung, Reparatur oder Instandsetzung entstehen.
- Software-Versicherung: Wiederherstellungskosten sowie Betriebsunterbrechungsschäden infolge des Verlustes oder der Minderung der Gebrauchsfähigkeit von Software / Daten durch falschen Programmeinsatz, Computerviren, Stromausfall, höhere Gewalt.

(d) Spezielle Vorteile
- die Investitionsvorsorge schützt 4 Monate bei Neuanschaffungen oder -bauten;
- keine Unterversicherung bei richtigen Umsatzmeldungen;
- keine Sublimits für „Kosten", im Teilschadensfall sind Kosten in der Differenz zwischen Entschädigungsgrenze und Sachwertschaden gedeckt;
- die Sachwert- und Kostendeckung steigt prozentual mit dem Umsatz und gleicht inflationäre Preissteigerungen aus;
- die Regelung „Mindestentschädigungsgrenze" schützt im Falle von Umsatzreduzierung.

(2) Compact-Baustein: Erträge

Versichert sind: infolge eines Sachschadens – jeweils aufgrund gewählter Mehr- oder Allgefahrendeckung für „Sachwerte" – entstehende Unterbrechungsschäden, Rückwirkungsschäden durch Zulieferer oder Abnehmer, Vergrößerung von Unterbrechungsschädens durch behördliche Wiederherstellungsbeschränkungen, Betriebsunterbrechungsschäden durch Zerstörung, Beschädigung oder Abhandenkommen von Datenträgern.

(a) Leistungen
- die Entschädigungsgrenze beträgt 100% des gemeldeten Jahresumsatzes;
- Sachverständigenkosten soweit der entschädigungspflichtige Schaden DM 50.000 übersteigt.

(b) Zusätzliche Erweiterungen
- Unterbrechungsschäden durch den Ausfall externer IT-Netze;
- der Versicherer haftet nicht, wenn die Dauer des Ausfalls des externen IT-Netzes unter 4 Stunden bleibt.

(c) Spezielle Vorteile
- keine Unterversicherung bei richtiger Umsatzmeldung;
- ausreichend Vorsorge durch hohe Entschädigungsgrenze 100% des Jahresumsatzes;
- keine zusätzlichen jährlichen Meldungen von sonst üblichen Fragebögen zum „bedrohten Ertrag".

(3) Compact-Baustein: Haftpflicht

Versichert sind: Gesetzliche Haftpflichtansprüche Dritter gegen den Versicherungsnehmer, mitversicherte Unternehmen und mitversicherte Personen wegen Personen, Sach- und Vermögensschäden aus dem Betriebsstätten-, Produkt- und Umwelt-Risiko.

(a) Leistungen
DM   5.000.000 ⎫
max. 2-fach p.a.
DM 10.000.000 ⎬   pauschal für Personen-, Sach- und Vermögensschäden
max. 1-fach p.a.
DM 20.000.000 ⎪
max. 1-fach p.a. ⎭

Versicherung aller betrieblichen Aktivitäten im Zusammenhang mit dem versicherten Betriebscharakter soweit es sich handelt um: Verletzung von Verkehrssicherungspflichten, Produkthaftpflicht inkl. Zusicherungshaftung, Umweltschäden durch Produkte und Leistungen, Verlängerung der Verjährungsfrist bei Gewährleistung auf 2 Jahre, Be- und Entladeschäden, Tätigkeitsschäden,
Mietsachschäden an Gebäuden und Räumen, Mietsachschäden an beweglichen Sachen, Sachschäden durch häusliche Abwässer, Allmählichkeits- und Abwässerschäden, Abhandenkommen von Schlüsseln.

(b) Erweiterungen
- erweiterte Produkthaftpflicht,
- Direktexporte in die USA / USA-Territorien,

– Abwasseranlagen- und Einwirkungsrisiko,
– Rückrufkosten-Versicherung für Produkte,
– genehmigungspflichtige Umweltanlagen.

(c) Speziellen Vorteile
– Absicherung von Betriebs-, Produkt- und Umwelthaftpflicht in einem Baustein,
– Branchenspezifische Lösungen.

Weiterführende Literatur

Bauer, A. / W. Brosch / B. Ellermann (1991), Richtig versichert – besser gesichert, Karlsruhe.
Engels, P. (1995), Die Versicherungen des Betriebs: Leitfaden für Klein- und Mittelbetriebe, Freiburg i. Br.

Verständnisfragen (Lösungen siehe Anhang)

Aufgabe 1:
Wie gestaltet sich ein effizientes Management der Versicherung unternehmerischer Risiken?

Aufgabe 2:
Welche Risiken kommen in besonderer Weise für eine Versicherung in Frage?

VIII Gründungscontrolling
1 Gründungscontrolling zur Sicherung des Unternehmenserfolgs

Winfried Matthes

1.1 Einführung: Gründungscontrolling als Basis der Unternehmenssteuerung

Planung und Kontrolle bzw. Steuerung des Aufbaus erster oder neuer Geschäftsfelder einer Unternehmung mit dem Ziel, stabile Arbeits- und Erfolgspotenziale zur Erfolgs- und Existenzsicherung zu installieren, ist Aufgabe des *Gründungscontrolling* als einem grundlegenden Bereich der Entwicklungssteuerung einer Unternehmung. Der Auf-, Aus-, Um- und Abbau von Markt-, Produktions-, Finanz- und Organisationspotenzialen und deren Nutzung charakterisieren entsprechend die Kernphasen der Entwicklung der Unternehmung: Gründung, Wachstum, Stagnation, Rezession, Sanierung und Liquidation der Geschäftsfelder bzw. ihrer Produktlinien in individueller Abfolge.

Die Steuerung bzw. Koordination – das Controlling (Küpper 1997) – dieser Entwicklungen als Kern der Geschäftspolitik der Unternehmung stellt sich demgemäss als eine komplexe, sich vielfältig wandelnde Mixtur aus Gründungs- und Innovations-, Wachstums- und Stagnations-, Rezessions-, Sanierungs- und Liquidationspolitik in langfristiger (strategischer) wie kurzfristiger (operativer) Sicht dar. *Gründungscontrolling* bezieht sich dabei auf den Neuaufbau bzw. allgemein die Erneuerung von Unternehmenspotenzialen und ist somit stets integriert in die gesamte operativ-gestützte strategische Geschäftspolitik einer Unternehmung. Deren Ziel-, Arbeits- und Organisationssysteme werden in Gründungsvorgängen – Neu-, Um- und Ausgründungen – stets nur vorläufig gestaltet und gesichert sowie in den anschließenden Entwicklungsphasen stabilisiert oder variiert. Entsprechend konzipiert und exekutiert das Gründungscontrolling in der Geburts-, Vorbereitungs- / Anlauf- oder Frühphase einer Unternehmung deren erste erfolgs- und existenzsichernde

- Absatzpolitik (*Gründungsmarketing*),
- Investitions- und Finanzpolitik (*Gründungsinvestitions- und -finanzcontrolling*),

– Produktionspolitik (*Gründungslogistik und -produktionscontrolling* mit Produkt- und Verfahrensentwicklung, Arbeitsvorbereitung und Produktionsanlauf) sowie
– Organisationspolitik (*Gründungsorganisationscontrolling* mit Personalpolitik, Rechtsformwahl, Arbeits- und Leitungsorganisation mit Controllingsystem inkl. grundlegenden Informations- und Kommunikationssystemen).

Objekte des Gründungscontrolling sind in prozessorientierter Sicht die Projekte des Aufbaus einer (ersten) neuen Infrastruktur, mit der die Entwicklung einer Unternehmung oder eines ihrer Teile begonnen wird. Wie jedes andere Entwicklungsvorhaben einer Unternehmung auch, besteht ein Gründungsprojekt, das eine bestimmte Gründungspolitik realisiert, im Kern aus einer partiell sequentiell / zeitlich geordneten Menge von Planungs- und Entscheidungs-, Ausführungs- und Kontrollprozessen, die auf den interdependenten Aufbau von Markt-, Produktions-, Finanz- und Organisationskapazitäten und deren erste zielkonforme Nutzung gerichtet sind (Matthes 1972; 1986). Die Entscheidungsprozesse selektieren bzw. adaptieren in diesen Gründungsfeldern sukzessive alternative Investitions-, Finanzierungs-, Organisations-, Produktions- und Absatzprozesse. Jeder Prozess – ob Steuerung oder Ausführung – ist mit seinen personalen, instrumentalen, räumlichen und zeitlichen Vollzugsbedingungen, Verknüpfungen und Effekten als Baustein der Gründung Gegenstand dynamischer Analyse, Prognose, Synthese und Kontrolle.

Infolge der Novitäten der Gründungsprojekte, insbesondere der häufig geringen Reife und Marktstabilität ihrer Produkte bei sich allmählich entwickelnden Nachfragestrukturen, enthalten die Projekte anfangs noch eine Vielzahl offener strategischer wie operativer Entscheidungsprobleme und -prozesse. Zugleich kennzeichnen sie vielfältig offene Außeneinflüsse und Entscheidungen über Rahmenbedingungen der Geschäftsfeldgründung und -entwicklung, wobei umfassende und existenzielle Gefährdungen, insbesondere von Erfolg und Liquidität, nicht ausbleiben. Die in weiten Teilen offene in- und externe Entscheidungsvielfalt stellt sich als Vielfalt *alternativer* (disjunkter) Gründungsprozesse mit z.T. vagen / unsicheren, z.T. sicheren / fixierten multidimensionalen Wirkungen (Wertketten, -netzen und ihren Wechselwirkungen / Interdependenzen) dar. Diese sind eingebettet in einige bereits *fixierte* (konjunkte) Prozessabläufe der Gründung.
Eine solche *partiell offene Entscheidungsnetzstruktur* von Gründungsprojekten ist durch die strategische und operative Gründungssteuerung in zunehmend stabile bzw. sichere, konjunkte Strukturen zu überführen. Auf diese Weise kann ein Gründungsvorhaben als Ganzes im Verlauf seiner Realisation zu einem voll integrierten (fast) geschlossenen Projekt ohne offene Entscheidungen werden, dem sich jedoch in den weiteren Entwicklungsphasen der Unternehmung neue, partiell offene Projekte im Zuge des Wachstums, der Stabilisierung oder auch Sanierung und Liquidierung anschließen können.

Zu den besonderen Herausforderungen des Gründungscontrolling gehört somit die – vor allem anfänglich – existenzgefährdende Offenheit des Gründungsprozesses einer Unternehmung. Dabei stellt sich seine Einbettung in die ex- und interne Systemevolution als unterschiedlich schnelle, bisweilen turbulente, Veränderung (u.a. nach dem Muster: innovative Variation und Selektion) von gesellschaftlichen, rechtlichen, kulturellen und technologischen Rahmenbedingungen, Handlungsoptionen und -effekten, Markterwartungen (Bedarfs- und Wettbewerbsstrukturen) sowie persönlichen Verhaltensmustern und Zielsystemen dar. Solche Veränderungen determinieren Problemevolutionen und zwingen, wie in den anderen Lebensphasen der Unternehmung bzw. ihrer Geschäftsfelder, auch in ihren Gründungsphasen zu einem proaktiven – adaptiven bzw. innovativen – oder auch reaktiven Steuerungsverhalten. Dem Gründungscontrolling obliegt dementsprechend nach erster Planung und dem Anlauf (Start-up) von Gründungsprojekten deren Adaption und ggfs. auch partielle Innovation unter Berücksichtigung der Entwicklungen der Um- und Innensysteme während des Vollzugs der Gründungsprojekte selbst.

Zur Sicherung der Gründungsprojekte bzw. zur Vorbereitung einer ersten stabilen Erfolgs-, Liquiditäts- und damit Existenzentwicklung der Unternehmung wird das evolutionsbezogene und -fähige Steuerungspotenzial des Gründungscontrolling – seine Flexibilität, die sich in der Entwicklung von defensiven und / oder offensiven Aktions- und Reaktionsreserven ausdrückt – selbst zu einem Entwicklungsproblem (*Metacontrolling* als Controlling des Gründungscontrolling).

Unter Berücksichtigung der angerissenen Aspekte des Gründungscontrolling
– *Integration* in die strategische und operative Geschäftspolitik,
– Interdependenz der potenzial- und prozessorientierten Steuerungsbereiche (Gründungsmarketing, -investition, -finanzierung, -logistik, -produktion und -organisation),
– *Disjunktivität* von Gründungsprozessen und partielle Offen- sowie Unsicherheit ihrer Effekte, insbesondere Erfolgs-, Finanz- und Beschäftigungswirkungen in Verbindung mit der
– *Evolution* von Gründungsproblemen und -plänen
– sowie gründungsspezifischer Ziel- und Bedingungsstrukturen
  sind die Instrumente (Modelle und Methoden) zur Erkenntnis und Handhabung der Steuerungsprobleme von Gründungsprojekten zu gestalten und ggfs. EDV-gestützt darzustellen.

Hierzu gehören grundsätzlich
– Modelle zur *Deskription, Kontrolle und Prognose (Analyse)* von Gründungsproblemen und ihren Entwicklungen sowie
– Modelle zur *Konstruktion und Selektion (Synthese*) von Gründungsstrategien und -operationen in Gründungsprojekten mit notwendigen Anpassungs- bzw. Flexibilitätspotenzialen.

Beide Modell- bzw. Methodenbereiche bilden in Verbindung mit den notwendigen Informations- und Kommunikationssystemen den Kern des Gründungscontrolling und damit das Hauptinstrument der Gründungspolitik. Seine Voraussetzungen (Axiome) als Kern von Gründungsproblemen und die Kerninstrumente ihrer EDV-gestützten Handhabung bzw. Lösung werden in den folgenden Abschnitten dieses Beitrags sowie in Kapitel VIII.2 näher skizziert. Da sie in anderen komplexen Entwicklungsphasen einer Unternehmung ebenfalls von Bedeutung sind, können sie auch als *Prolegomena einer Entwicklungstheorie der Unternehmung* bezeichnet werden.

1.2 Das allgemeine Steuerungsproblem von Gründungsprojekten
1.2.1 Gründungsprojekte und -prozesse als Steuerungsobjekte

Um eine neue Geschäftsidee zu verwirklichen bzw. ein neues Geschäftsfeld (in Form einer neuen Unternehmung oder einer neuen Abteilung / Organisationseinheit einer bestehenden Unternehmung) aufzubauen, sind unter Beachtung insbesondere der absatz-, Investitions-, finanz-, produktions- und organisationspolitischen Zielsetzungen zumeist mehrere spezielle strategische *Gründungsprojekte* zur Potenzialentwicklung in den verschiedenen Arbeitsbereichen koordiniert durchzuführen:
- Aufbau eines neuen Marktes bzw. einer neuen Marktnische mit Projekten zur Entwicklung eines ersten akquisitorischen Potenzials (Produkteinführung / -werbung, Aufbau der Vertriebsorganisation und -logistik),
- Aufbau der Produktentwicklungs- und Produktionspotenziale sowie -logistik,
- Aufbau der Finanzpotenziale (Eigen-, Selbst- und Fremdfinanzierungsprogramme und -kapazitäten),
- Anlauf der Produktions- und Umsatzprozesse bis zur ersten Stabilisierungsphase der Unternehmung bzw. eines Geschäftsfeldes (Verstetigung bzw. erste Sicherung von Marktanteilen, Beschäftigung und Einkommen).

Jedes dieser Gründungsprojekte enthält eine Basismenge von Planungs-, Entscheidungs-, Durchführungs- und Kontrollprozessen für Vorbereitung, Aufbau und Tests der jeweiligen Gründungspotenziale. Entsprechend den Anfangsentscheidungen zur Realisierung der Geschäftsidee, der Entwicklung der Gründungspotenziale sowie der ingenieur-technologischen, wirtschaftstechnischen und rechtlichen Bedingungen weist ein Teil dieser Prozesse, der Projektkern, feste Abfolgen (= konjunkte Folgebeziehungen) auf. Ein anderer Teil – die Projekt- bzw. Prozessoptionen – in Abhängigkeit von in- und externen Entscheidungsprozessen ist durch alternative Abfolgen (= ex- oder inklusiv disjunkte Folgebeziehungen) gekennzeichnet. Nach dem Ziel-, Wissens- und Planungsstand des Gründungsvorhabens liegen diesen erwarteten in- und / oder externen Entscheidungs- bzw. Steuerungsprozessen jeweils teils bestimmte, teils nur vage Verhaltensregeln (Entscheidungs- bzw. Steuerungstechnologien und -modelle) der betreffenden Institutionen zu Grunde.

Entsprechend sind die Zwischen- und Endergebnisse der Projekte bei konjunkten Prozessen scharf, bei disjunkten Prozessen zunächst noch optional scharf oder auch unsicher oder offen definiert. Der sukzessive Aufbau der Gründungspotenziale in den verschiedenen Projekten setzt dem Gründungsvorhaben Kapazitätsbedingungen als Voraussetzungen seiner weiteren Realisation. Er entwickelt darüber hinaus sukzessive scharfe, konjunkte bzw. abnehmend disjunkte operative und strategische Markt-, Erfolgs-, Finanz-, Vermögens- und Kapital- sowie Umwelteffekte (Wirkungs- bzw. Wertespektren).

Diese Projekt-, Prozess- und Potenzialbedingungen des Gründungscontrolling lassen sich in folgenden Grundaussagen (*Axiomen*) zusammenfassen, die bei der

Wahl bzw. Entwicklung von Konzepten, Modellen und Instrumenten eines realitäts-
nahen Gründungscontrolling zu beachten sind:

Axiom 1: Entwicklung von Gründungspotenzialen
Die Gründerressourcen weisen ohne Anfangsbestände oder mit nur geringen Anfangsbeständen allmählich steigende, aber auch sich verändernde, zum Teil noch unscharfe oder auch offene Kapazitäten auf.
   Die Potenziale sind z.T. zumindest mit Anfangsbeständen vorgegeben, z.T. bzgl.
ihres periodenweisen Auf- und Abbaus, Ersatzes und ihrer Ergänzung Variablen der
Gründungsinvestitionspolitik i.w.s. Die somit teilweise fixen und teilweise variablen Investitionsparameter stellen gestaltbare Investitionsprozesse im Gründungsvorhaben dar, die Gegenstand der *Gründungspotenzialsteuerung* sind.

Axiom 2: Entwicklung von Gründungsprozessen
Mit den Gründungspotenzialen werden zunächst neben wenigen scharf strukturierten
operativen Routineprozessen vor allem operative und strategische, innovative und
adaptive Prozesse bis zur ersten vorläufigen Stabilisierung der Gründung am Markt
durchgeführt.
   Die Gründungsprozesse der verschiedenen Gründungsprojekte sind mit ihren
z.T. a priori fixierten, z.T. variablen Komponenten (Ergebnisse / Zwischen-, Teil-
oder Endprodukte bzw. -leistungen, Arbeits- und Dienstleistungen, Betriebsmittel
und Technologie, Raum und Zeit) Objekte des *Gründungsprogramm- und -prozess-
controlling.* Feststehende Komponenten des Gründungsprogramms determinieren
entsprechend fixierte (vorentschiedene) konjunkte Prozesse bzw. Teilprojekte, noch
variable Programmkomponenten entsprechen alternativen, noch im Gründungsab-
lauf zu entscheidenden disjunkten Prozessen bzw. Teilprojekten. Alle Prozesse unterliegen dem Gründungscontrolling als (auch sich selbst steuernden) Koordina-
tionsprozess (Dederichs 1993; Küpper 1997).

Axiom 3: Entwicklung von Gründungsverknüpfungen bzw. -prozessstrukturen
Für die Gründungsprozesse existiert neben sicheren Konjunktionen von Folgerelationen eine Vielfalt von Disjunktionen (Exklusionen) im Ablauf alternativer Inno-
vations- und Adaptionsprozesse.
   Diese Zusammenhänge werden exemplarisch in Abbildung 1, 2 und 3 erläutert:
Mithilfe der in *Abbildung 1* beschriebenen Symbolik sind in *Abbildung 2* Komponenten eines Gründungsvorhabens aus der Sicht eines *ersten* Planungs- bzw. Controllingzeitpunktes 0 mit einem bestimmten Informations- und Prognosehorizont
dargestellt; *Abbildung 3* verdeutlicht eine veränderte Planungssituation in einem
späteren Controlling-Zeitpunkt 5 mit entsprechend verändertem Informations- und
Prognosehorizont nach partiell getroffenen Entscheidungen und der Realisation se-
lektierter Prozessalternativen. Die Ebene der *Controlling-Zeit* entspricht der laufenden (historischen) Zeit, in der i.S. einer rollenden Prognose, Planung und Kontrolle
jeweils zu diskreten Controlling-Zeitpunkten Prognose- und Planungsmodelle für
die ab dem jeweiligen Controlling-Zeitpunkt aktuelle *Planzeitebene* konstruiert,
Pläne selektiert und sukzessive realisiert und kontrolliert werden.

Zu *Abbildung 3* ist fernerhin anzumerken: Die *realisierten* Entscheidungsprozesse und ihre durch sie selektierten Prozesse stehen in konjunkten Folgebeziehungen wie alle übrigen realisierten Prozesse auch; entsprechend hat die Symbolik ihrer ursprünglichen disjunktiven Verknüpfung nur Erinnerungswert bzgl. der früheren offenen Planungssituation, der jedoch für spätere Kontrollsituationen relevant werden kann.

Knotenerläuterung:

Verknüpfungsart von Folgebeziehungen \ Zustand	scharf geplant - prognostiziert	unscharf geplant - prognostiziert	aktuell im Vollzug *)	realisierte Prozesse *)	unrealisierte / nicht gewählte Prozesse *)
Konjunktion auf Vorgänger- und Nachfolgerseite (alle unmittelbaren Vorgänger und unmittelbaren Nachfolger des aktuellen Knotens sind zu realisieren)	◯	◌	◎	●	◌
Konjunktion auf Vorgängerseite und Exklusion auf Nachfolgerseite (alle unmittelbaren Vorgänger des aktuellen Knotens und genau einer seiner unmittelbaren Nachfolger sind zu realisieren)	◁◯	◁◌	◁◎	◁●	◁◌
Exklusion auf Vorgängerseite und Konjunktion auf Nachfolgerseite (genau einer der unmittelbaren Vorgänger des aktuellen Knotens und alle seine unmittelbaren Nachfolger sind zu realisieren)	▷◯	▷◌	▷◎	▷●	▷◌
Exklusion auf Vorgänger- und Nachfolgerseite (genau einer der un-mittelbaren Vorgänger des aktuellen Knotens und genau einer seiner unmittelbaren Nachfolger sind zu realisieren)	▷◯◁	▷◌◁	▷◎◁	▷●◁	▷◌◁

*) mit Angabe der ursprünglichen Verknüpfungsart

Kantenerläuterung:

——————▶ scharfe, geplante / prognostizierte Folgebeziehung
▬▬▬▬▶ scharfe, realisierte Folgebeziehung
·············▶ scharfe, nicht gewählte Folgebeziehung
------------▶ unscharfe, prognostizierte Folgebeziehung
- - - - - - - offene, prognostizierte Folgebeziehung

Bezeichnererläuterung:

E   Entscheidungsknoten /-prozeß

Abbildung 1: Netzwerksymbolik

Die zeitlichen Strukturen (Dauern, Folgebeziehungen und Termine) der Gründungsprozesse, die übrigen fixen und variablen Prozessparameter sowie die angewandten Steuerungsregeln bzw. die situationsgebundenen Ziele und Verhaltensweisen der steuernden Gründungsinstitutionen begründen die Wirkungen (im Kern Potenzialänderungen) der einzelnen zu Projekten oder Projektgruppen aggregierten Gründungsprozesse. Diese prognostizierten oder partiell realisierten Effekte beeinflussen über entsprechende Steuerungsregeln den Controllingprozess selbst und vice versa, so dass ein ständig sich verändernder Komplex von Wechselwirkungen, darstellbar als offenes *evolutionäres multidimensionales Wirkungs- bzw. Wertenetz*, erzeugt wird.

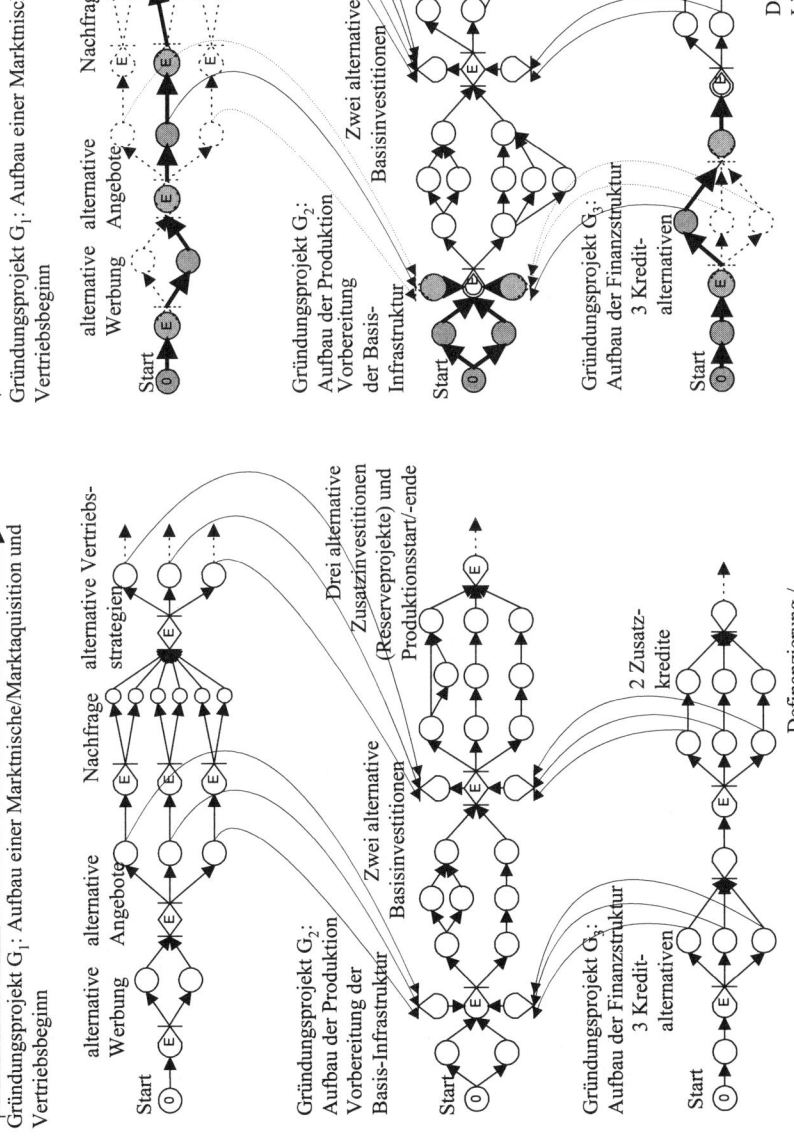

Gründungsprojekt G₁: Aufbau einer Marktnische/Marktaquisition und Vertriebsbeginn

alternative Werbung · alternative Angebote · Nachfrage · alternative Vertriebsstrategien

Start

Gründungsprojekt G₂: Aufbau der Produktion Vorbereitung der Basis-Infrastruktur

Zwei alternative Basisinvestitionen · Drei alternative Zusatzinvestitionen (Reserveprojekte) und Produktionsstart/-ende

Gründungsprojekt G₃: Aufbau der Finanzstruktur 3 Kreditalternativen

2 Zusatzkredite · Definanzierung / Liquidation

Abb. 3: Strukturmodell zur Evolution des Gründungsvorhabens bis zum Controllingzeitpunkt 5 - Enscheidungsabläufe, partielle Realisation und aktuelle Prognosen -

Gründungsprojekt G₁: Aufbau einer Marktnische/Marktaquisition und Vertriebsbeginn

alternative Werbung · alternative Angebote · Nachfrage · alternative Vertriebsstrategien

Start

Gründungsprojekt G₂: Aufbau der Produktion Vorbereitung der Basis-Infrastruktur

Zwei alternative Basisinvestitionen · Drei alternative Zusatzinvestitionen (Reserveprojekte) und Produktionsstart/-ende

Gründungsprojekt G₃: Aufbau der Finanzstruktur 3 Kreditalternativen

2 Zusatzkredite · Definanzierung / Liquidation

Abb. 2: Beispiel eines Strukturmodells eines Gründungsvorhabens aus der Sicht des Controlling-Zeitpunktes 0 - Probleme, Folgerelationen und Verknüpfungen

Axiom 4: Entwicklung von Gründungswirkungen
Die Gründungswirkungen bzw. -werte (Marktstellung, Umsatz, Finanzstruktur, insbesondere Selbstfinanzierung, Erfolg, Vermögens- und Umwelteffekte u.a.) sind zunächst aufgrund der disjunkten Prozessstrukturen langfristig offen, unscharf oder nur partiell, insbesondere kurzfristig scharf definiert.
Mit dem Vollzug der in- und externen Gründungsentscheidungsprozesse und damit der Selektion von Prozessoptionen werden die disjunkten in konjunkte Wertespektren transformiert, genauer: durch die Wertespektren der schrittweise selektierten Alternativprozesse substituiert, und es bilden sich allmählich sichere Wertketten bzw. -netze bis wieder neue offene Entscheidungssituationen neue Unsicherheiten (Disjunktionen) im aktuellen Wirkungs- bzw. Wertenetz erzeugen.

1.2.2 Modellierung von Gründungprozessen

Die in den Axiomen 1 bis 4 skizzierten Kernelemente eines Gründungsvorhabens – Prozesse und Potenzialeffekte in dynamischer Interdependenz – lassen sich wie folgt in der Sichtweise eines Controllingzeitpunktes in einem dynamischen Grundmodell abbilden:

Es seien $t = [t-1, t]$ = Prozessperiode (t = 1, 2, ...,T) aus *der Sicht eines Controlling-*
$\qquad$ *zeitpunktes* tp, d.h. bei einem bestimmten Methoden-, Erkenntnis-, Prognose- und Zielstand;

t_{ij} = (geplanter / simulierter / erwarteter / zu entscheidender) Anfangstermin von Prozess ij des Projekts i;

tf_{ij} = (gesetzter) frühester Anfangstermin von Prozess ij;

ts_{ij} = (gesetzter) spätester Anfangstermin von Prozess ij;

d_{ij} = (erwartete / fixierte) Dauer von Prozess ij;

a_{ijp} = (erwarteter / fixierter) Beitrag des Prozesses ij zum Potenzial p durch Verbrauch / Nutzung (Abbau von Absatz-, Produktions-, Logistik-, Finanz-, Einkommens-, Vermögens-, Umwelt- und Reserve- sowie Sicherheitspotenzialen);

b_{pt} = (Anfangs-)Bestand eines Potenzials p in der Periode t;

c_{ijp} = Beitrag des Prozesses ij zum Aufbau des Potenzials p;

g_{ij} = (lokales) Gewicht (Plausibilität, Glaubwürdigkeit, Spekulation) bzw. subjektiv vermuteter Eintritt des Prozesses ij in Abhängigkeit von einem (lokalen) Entscheidungsprozess ie einer Gründungsinstitution und ihrer erwarteten Regel- und Datenstruktur als Ausdruck erwarteter Präferenzen bzw. lokaler subjektiver Wahrscheinlichkeiten (Chancen bzw. Risiken) bei erwarteten oder gegebenen Daten- und Zielstrukturen des Entscheidungsprozesses ie;

g_{ie}^{*} = Gewicht bzw. vermuteter Eintritt des Entscheidungsprozesses ie in Abhängigkeit von vorangehenden Entscheidungs- und Ausführungsprozessen entsprechend den gegebenen Folgerelationen, deren Verknüpfungen, den lokalen Gewichtungen aller Vorgängerprozesse ab dem Startzeitpunkt 0 des Gründungsprojektes (siehe unten Abschnitt 2.3 Analysestufe II);

$$x_{ijt} \text{ bzw. } x_{iet} = \begin{cases} 1, \text{ wenn Prozeß ij bzw. ie im Zeitpunkt t beendet wird,} \\ 0 \text{ sonst} \end{cases}$$

für $\left(tf_{ij} + d_{ij} \right) \leqq t \leqq \left(ts_{ij} + d_{ij} \right)$ bzw. $\left(tf_{ie} + d_{ie} \right) \leqq t \leqq \left(ts_{ie} + d_{ie} \right)$

als variabler, vermuteter, simulierter oder gesetzter Terminparameter (Endtermin) des Prozesses ij.

Die *Terminparameter* x_{ijt} bzw. x_{iet} sind die Kernelemente der Abbildung der Dynamik der Gründungsprojekte und ihrer Prozesse und werden unter Berücksichtigung der (gegebenen, erwarteten, simulierten) Zielsetzungen und Restriktionen des betrachteten Gründungsvorhabens und seiner Controlling-Regeln bestimmt.

Die *Folgerelationen* bzw. entsprechenden zeitlichen Bedingungen zwischen den Prozessen eines Gründungsprojekts lassen sich allgemein wie folgt typisieren:
Für den Anfangstermin aller definierten Prozesse ij bzw. ie gilt

(1) $t_{ij} = \sum_t \left(t - d_{ij} \right) x_{ijt}$ mit   (1a) $tf_{ij} + d_{ij} \leqq t \leqq ts_{ij} + d_{ij}$.

Für *konjunkte Folgebeziehungen* zwischen einem Prozess ij und Nachfolgern ik gelten als typische Bedingungen (siehe. Abbildung 4):

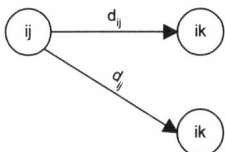

Abbildung 4: Konjunkte Prozessfolgebeziehungen

(2) $t_{ij} + d_{ij} \leqq t_{ik}$ $\forall \left(ik \in N_{ij} \right)$ $N_{ij} = \{ik\}$ = Menge konjunkter Nachfolger des Prozesses ij;

(3) $\sum_t t \cdot x_{ijt} \leqq \sum_t \left(t - d_{ik} \right) x_{ikt}$ mit   (4a) $\sum_t x_{ijt} = 1$ und (4b)$\sum_t x_{ikt} = 1$.

Für *disjunkte Folgebeziehungen* zwischen einem Entscheidungsprozess ie, seinen Optionen als alternativen Prozessen ik und dem diese Optionen abschließenden Folgeprozess if gelten typischerweise (siehe Abbildung 5):

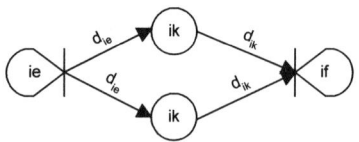

Abbildung 5: Disjunkte Prozessfolgebeziehungen

(5) $t_{ie} + d_{ie} \leq t_{ik} \quad \forall (ik \in N_{ie})$

$N_{ie} = \{ik\} =$ Menge disjunkter Nachfolger des Entscheidungsprozesses ie;

(6) $t_{ik} + d_{ik} \leq t_{if} \quad \forall (ik \in V_{if})$

$V_{if} = \{ik\} =$ Menge disjunkter Vorgänger des die Option abschließenden

Prozesses (Abschlußprozesses) if;

(7) $\sum_t t \cdot x_{iet} \leq \sum_t (t - d_{ik}) x_{ikt} \quad \forall (ik \in N_{ie})$ und

(8) $\sum_t t \cdot x_{ikt} \leq \sum_t (t - d_{if}) x_{ift} \quad \forall (ik \in V_{if})$ mit (9) bis (12);

(9) $\sum_t x_{iet} = 1$ (10) $\sum_t x_{ift} = 1$

(11) $\sum_{ik \in N_{ie}} \sum_t x_{ikt} = 1$ (12) $\sum_{ik \in V_{if}} \sum_t x_{ikt} = 1$.

Die *periodenbezogenen Effekte* (E_{pt}) der einzelnen Gründungsprozesse auf die Entwicklung von *Gründungspotenzialen der Art p* lassen sich wie folgt formal typisieren:

(13) $E_{pt} = \sum_{ie \in VN_{ij}} \sum_{ij \in N_{ie}} \sum_{t'=t}^{t+d_{ij}-1} \frac{g_{ie}^* \cdot g_{ij}}{\sum_{ie} \sum_{ij} g_{ie}^* \cdot g_{ij}} (a_{ijp} - c_{ijp}) \cdot x_{ijt'} \quad \forall (p,t)$ (t=1,...,T) mit

$N_i = \{ij\}$ = Menge aller Knoten eines Projektnetzes i, $0 \leq j \leq n$;

$V_{ij} = \{ie\}$ = Menge der einem Prozess $ij, ij \in N_i$, vorangehenden Entscheidungsprozesse ie;

$N_{ie} = \{ij\}$ = Menge der einem Entscheidungsprozess $ie, ie \in N_i$, disjunkt folgenden Prozesse ij mit

(14a) $0 < g_{ij} < 1$ und (14b) $\sum_{ij \in N_{ie}} g_{ij} = 1 \quad \forall (ij \in N_{ie})$.

Für die *kumulierten Effekte* der einzelnen Gründungsprozesse auf die Entwicklung von Gründungspotenzialen p gilt:

(15) $b_{pt} = b_{po} + \sum_{t'=1}^{t} E_{pt'} \quad \forall (p,t)$.

Die Bedingungstypen (1) bis (15) bilden ein Muster für die in einem Controllingzeitpunkt erkannte dynamische *Input-Output-Struktur* (direkte Wirkungsstruktur) eines Gründungsprojekts, das noch offene in- oder externe Entscheidungen über erkannte Alternativen enthält.

Die Gewichtung $g_{ie}^{*} \cdot g_{ij}$ ist Ausdruck der integrierten Gewichtung i.S. einer subjektiven bedingten Wahrscheinlichkeit eines Prozesseffektes, die für konsekutive und simultane Ereignisse der prognostizierten Projektstruktur auf der Basis der a priori gesetzten lokalen Gewichte (lokale Eintrittswetten bzw. subjektive Wahrscheinlichkeiten) bestimmt werden kann (Pritsker / Happ 1966; Pritsker / Whitehouse 1966; Völzgen 1971; Pritsker / Watters / Wolfe 1969; Matthes 1973; Matthes 1979).

Andere Darstellungsformen und Analyseformen dieser Steuerungssituation bieten mit unterschiedlichen speziellen Prämissen die entsprechenden Ansätze der flexiblen Investitionsplanung auf der Basis der Dynamischen Programmierung und der Entscheidungsbaumverfahren (Hadley 1964; Hax 1985; Bitz 1998), der Fuzzy-Set-Theorie (Zimmermann 1993) in Anwendung auf Projektplanungsprobleme (Rabetge 1991) oder der Theorie der stochastischen linearen partiellen Information (LPI-Theorie, Kofler 1981). Die hier gewählte Darstellungsform der Disjunktions- / Exklusionsnetze als offene Entscheidungsprozessnetze erlaubt die direkte, beliebig explizite dynamische Darstellung vermuteter und gegebener Chancen bzw. Risiken als positiv bzw. negativ bewertete oder bewertbare Prozessalternativen mit der Option, sie beliebigen Ansprüchen (Zielen, Restriktionen) zu unterwerfen.

In dieser *Standardsituation eines Gründungsprojekts* kann steuerungsrelevantes Entscheidungsverhalten der Unternehmung selbst, der Nachfrager, Lieferanten, Konkurrenten, des Staates und der sonstigen Umwelt nur situativ und beschränkt prognostiziert werden, wobei die Unsicherheiten und offenen Felder der Prognose im Rahmen der Controllingmethodik in entsprechender Sicherheits- bzw. Reservepolitik berücksichtigt werden muss.
Diese Situation dürfte gerade in Gründungsvorhaben wegen der genuinen Novität ihrer Prozesse besonders häufig auftreten, so dass die Gründungsprojekte i.a. wohl nicht als a priori voll determinierte Prozesssysteme, d.h. ohne offene Entscheidungen, aufgefasst werden können, wie es bei wohl strukturierten, da voll beherrschten rein technologisch determinierten Projekten oder sehr starr definierten ökonomischen Strategien der Fall ist und bisweilen auch Gründungsvorhaben unterstellt wird.
Allerdings ist die skizzierte Problemsituation auch in innovativen Projekten anderer Entwicklungsphasen der Unternehmung anzutreffen. Deshalb kann dieser zwar dynamische, aber noch aus der Sicht *eines* Steuerungszeitpunktes entwickelte (stationäre) Ansatz durchaus als generelles stationäres ökonomisches Prozessfunktionssystem bzw. als Kern einer ganzheitlichen dynamischen Prozessfunktionalität (Prozessfunktion Typ G) bezeichnet werden. Er enthält alle anderen bisher entwickelten sog. Produktionsfunktionen (Typ A bis F), die sich jeweils durch die *Nicht-Berücksichtigung* von Entscheidungsprozessen als Abbildungsobjekte auszeichnen, als

Spezialfälle. Die Menge der entsprechenden aktuellen Prozessmodelle dieses Typs
der verschiedenen aufeinanderfolgenden Steuerungszeitpunkte bildet dann das *Evo-
lutionsmodell des Prozesssystems* (evolutionäres Prozessfunktions- oder -relationen-
systems Typ G*), das hier zur Beschreibung und auch (situationsgebundenen) Erklärung von Gründungsabläufen verwendet wird.

1.2.3 Analyse von Gründungseffekten

Die *Auswertung* eines in einem Controllingzeitpunkt nach (1) bis (15) strukturierten
Modells eines Gründungsvorhabens in Hinblick auf entscheidungsrelevante Effekte
kann zunächst elementar in folgenden *Stufen* erfolgen:
(1) Bestimmung *dynamischer* (periodisierter und kumulativer) *Grenzwerte und In-
   tervalle von Prozesseffekten* für alle Wirkungsarten (insbesondere für Umsatz-,
   Erfolgs-, Liquiditäts- / Cash-Flow- und Kapazitätseffekte) – unter Anwendung
   der Intervallarithmetik (Alefeld / Herzberger 1974) und der stochastischen Netzplantechnik:
   (a) Bestimmung dynamischer *opti- und pessimistischer* Grenzwerte und Maxi-
       malintervalle bzw. sog. „strategischer Trichter";
   (b) Bestimmung dynamischer *verdichteter* Grenzwerte und *komprimierter Wir-
       kungs*intervalle bei speziellen Entscheidungserwartungen (insbesondere bei
       alternierendem opti- und pessimistischem Entscheidungsverhalten ohne und
       mit Berücksichtigung ausgewählter Restriktionen / Satisfizierungskriterien).
(2) Bestimmung dynamischer *Erwartungs- bzw. gewichteter Durchschnittswerte
   von Prozesseffekten* – unter Anwendung momenterzeugender Funktionen für
   Exklusionsnetze (Völzgen 1971).
(3) Interaktive *Selektion von Entwicklungsszenarios* mit Hilfe unterschiedlicher Algorithmen und Heuristiken unter Berücksichtigung gewichteter (harter und wei-
   cher) Gründungsziele bzw. -ansprüche (siehe unten Axiome 7 und 8).

1.2.4 Steuerungsinstitutionen, -optionen und -ziele im Gründungsprozess

Die Steuerung von Gründungsvorhaben, für die die Objektaxiome (1) bis (4) gelten,
ist entsprechend selbst durch offene Strukturen von Gründungsinstitutionen, -wis-
sen, -erwartungen und -zielsetzungen gekennzeichnet – Merkmale, die die Methodik
des Gründercontrolling im Kern berücksichtigen muss, wenn sie zumindest in Teilen
den Controllingprozess transparent und plausibel bzw. nachvollziehbar unterstützen
will. Diese Aspekte lassen sich als *elementare Steuerungsaxiome* für das hier unterstellte Gründungsszenario wie folgt fassen:

Axiom 5: Entwicklung von Gründungsinstitutionen
Es besteht ein zunächst offenes, sich sukzessive verdichtendes (schließendes), evtl.
sich partiell auch wieder öffnendes System in- und externer Steuerungsinstitutionen
(Gründer / Gründerteam, Kunden, Lieferanten, Finanziers, Öffentlichkeit und sons-
tiges Umfeld) – eine offene Polyzentrik mit zumindest einem ersten fixierten Kern

(„der Gründer mit festem Gründungswillen") mit sich im Gründungsvorgang erst allmählich festigenden Aufbaustrukturen bzw. sich zunehmend klärenden Veränderungsoptionen.

Die Steuerungsaufgaben dieser Institutionen basieren im Kern auf den definierten Gestaltungsproblemen der Gründungsprojekte, dem sich entwickelnden Gründungswissen sowie den Steuerungszielen und -bedingungen. Die Verteilung der Steuerungsaufgaben in den Gründungsprojekten berücksichtigt eine vorgegebene oder sich entwickelnde Interessen- und Kapazitätsstruktur der Gründungsorganisation, ihre Hierarchie bzw. Heterarchie, die durch die Steuerungsprozesse in den Gründungsprojekten und die Problementwicklungen selbst beeinflusst werden kann. Der organisatorische Entwicklungsprozess eines Gründungsvorhabens lässt sich daher auch als besonderes Gründungsprojekt auffassen, das seinerseits gesteuert wird.

Axiom 6: Entwicklung von Gründungswissen
Die Steuerungsinformationen der Gründungsinstitutionen bzw. ihrer Erkenntnis-, Prognose-, Normen- und Kontrollsysteme befinden sich im Aufbau: wenige sichere, viele unsichere Informationen und Informationsdefizite zu Alternativszenarien für strategische und operative Entwicklungen sind vorhanden, werden in offenen Versuchs- und Lernprozessen sukzessive validiert (falsi- und verifiziert) und in neuen Erkenntnis- und Prognoseprozessen ergänzt.

Die gründungsrelevanten Informationsstrukturen und -prognosen (Wissenssysteme) sind veränderliche Potenziale der Gründungsprojekte, in denen sie eingesetzt und / oder erzeugt werden, und begrenzen / relativieren Art und Methodik, Ex- und Intension des Gründungscontrolling.

Axiom 7: Entwicklung des Gründungszielsystems
Entsprechend dem Wissens- und Organisationsstand gemäß Axiom (5) und (6) sind auch die Steuerungsziele des Gründers bzw. der in Gründung befindlichen Unternehmung aber auch anderer beteiligter Institutionen anfangs oft nur im Kern operationalisiert. Es existieren zunächst häufig noch viele Arationalitäten und vage, offen strukturierte Ziele mit wenigen Priorisierungen, z.B. des unmittelbaren Markteinstiegs mit Basisexistenzsicherung. Die Gründungsproblematik ist zunächst entsprechend rudimentär rationalisiert und gewinnt im Gründungsvorgang häufig erst allmählich eine schärfere, vieldimensionale Rationalität.

Das Zielsystem ist im Rahmen solcher Entwicklungsprozesse in den einzelnen Gründungsphasen z.T. den Gründungsprojekten vorgegeben, z.T. Ergebnis von Gründungsentscheidungen im Verlauf der Gründungsprojekte.

Die multidimensionalen Einsätze und Ergebnisse bzw. Wirkungen der Gründungsprozesse und -projekte, deren dynamische Input-Output-Strukturen bzw. Funktionalitäten gemäß Axiom 4, bilden unter den skizzierten Entwicklungsbedingungen eine *Basis für die Strukturierung des Gründungszielsystems.* Dabei werden Ansprüche an die Prozesseffekte, insbesondere in Form von dynamischen Markt- und Produktionspotenzialunter- oder -obergrenzen, Mindesterfolgen und -einkommen, Qualitäts- und Umweltrestriktionen, aus der Sicht des aktuellen Controlling-Zeitpunktes und im Rahmen des aktuellen Prognosewissens formuliert und gewichtet.

Dynamische Potenzialbedingungen der Absatz-, Produktions-, Logistik-, Finanz-, Einkommens-, Vermögens- und Umweltpolitik eines Gründungsvorhabens wie auch seiner Reserve- oder Sicherheitspolitik lassen sich als Kerne eines Gründungziel- system unter Berücksichtigung von Prozessstrukturbedingungen des Typs (1) bis (15) allgemein wie folgt fassen:

– *als periodenbezogene Potenzialbedingungen* (Höchst-, Mindest- oder Intervall- bedingungen)

(16) $\displaystyle\sum_{ie \in V_{ij}} \sum_{ij \in N_{ie}} \sum_{t'=t}^{t+d_{ij}-1} \frac{g_{ie}^{*} \cdot g_{ij}}{\sum_{ie}\sum_{ij} g_{ie}^{*} \cdot g_{ij}} \cdot \left(a_{ijp} - c_{ijp}\right) \cdot x_{ijt'} = E_{pt} \leq \overline{b}_{pt}$ und / oder

(16) $E_{pt} \geq \underline{b}_{pt} \ \forall(p,t)$ bei gegebenem Höchst- bzw. Mindestanspruchsniveaus $\overline{b}_{pt}$

bzw. $\underline{b}_{pt}$ entsprechend (13);

– *als periodenbezogene kumulative Potenzialbedingungen* (Höchst-, Mindest- oder Intervallbedingungen)

(17) $E_{pt'} \leq \overline{b}_{po} + \displaystyle\sum_{t'=1}^{t-1} E_{pt'}$ oder

(17) $E_{pt'} \geq \overline{b}_{po} + \displaystyle\sum_{t'=1}^{t-1} E_{pt'} \ \forall(p,t)$ bei gegebenen Anfangsbeständen $\overline{b}_{po}$ nach (13).

Bedingungen der Art (16) und (17) stellen den *harten Kern des Gründungszielsys- tems* aus der Sicht eines Controllingzeitpunktes für einzelne oder alle Gründungs- projekte in ihrem jeweiligen Entwicklungsstand dar. Die Ziel- bzw. Anspruchsmaße und die entsprechenden Wirkungsmaße der Gründungsprozesse sind nur teilweise kardinal skaliert (z.B. Finanz-, Erfolgsziele), in beträchtlichem Umfang jedoch ordi- nal und nominal (klassifikatorisch) skaliert (z.B. Qualitäts-, Image-, Wettbewerbs- ziele). Über die Abfolge der Controlling-Zeitpunkte selbst, in deren Problemsicht das Gründungsvorhaben aktualisiert wird, ergibt sich die evolutionäre Struktur des Zielmodells.

Ein derartiges Zielsystem wird in Hinblick auf z.T. vermutete, z.T. überra- schende Problemänderungen, die durch ex- und interne Lern-, Entscheidungs- und / oder Arbeitsprozesse getrieben werden können, je nach Risikoneigung der Grün- derinstitutionen durch *Ziele der Sicherung der Steuerungs- und Handlungsfähigkeit* (Aufbau und Erhaltung von Aktionsreserven) ergänzt. Diese Sicherungs- bzw. Re- servepotenzialziele, z.B. konkretisiert durch Mindestfinanz-, -produktions- und - marktpotenziale, wie aber auch Wissenspotenziale und Mindestkapazitäten, lassen sich nach (16) oder (17) für entsprechend definierte Reservepotenzialarten und rele- vante Perioden strukturieren. Dabei werden die Entwicklungsprozesse zur adäquaten Erfüllung dieser Zielsetzungen als besondere, die direkt marktbezogenen Grün- dungsprozesse (Basisprojekte) vorbereitende, begleitende und sichernde Projekte (Investitions- bzw. Reserve- oder Metaprojekte) in das Gründungsvorhaben inte- griert.

1.2.5 Steuerungsmethodik / -regeln

Die Problemstrukturen der Gründungsprojekte mit ihren Daten-, Aktions- und Re-
aktionsparametern sowie Ziel- und Verhaltenserwartungen determinieren, wie die
Gründungsorganisation generell auch die Anforderungen an die Kernstrukturen des
Gründungscontrolling bzw. -rechnungswesens. Dieses kann als System von Prog-
nose-, Planungs- und Kontrollrechnungen bzw. -modellen für alle Politikbereiche
sowie Wirkungsarten verstanden und gestaltet werden. Von gesetzlichen, staatlichen
oder vertraglichen Anforderungen an das betriebliche Rechnungswesen abgesehen,
lassen sich keine generellen, sondern höchstens problemtypische Anforderungen an
die Analyse- und Synthese- bzw. Lösungsmethodik bei Gründungsproblemen und -
projekten entwickeln. Entsprechend der in den Axiomen 1 bis 7 skizzierten Gründungsproblematik müssen die Methoden bzw. Regeln eines Gründungscontrolling
auf evolutionären offenen Sichtweisen unter Beachtung situativ benötigter und möglicher Wissenspotenziale, Zielsysteme, Aggregations-, Präzisions- und Sicher-
heitsgrade der Aussagen der Controlling-Modelle basieren. Entsprechend gilt

Axiom 8: Entwicklung der Methodik des offenen Gründungscontrolling
Das Controllingsystem eines Gründungsvorhabens ist zunächst nur in Minimal-
struktur vorhanden. Entsprechend der zunehmenden Rationalisierung bzw. Operationalisierung des Gründungszielsystems unter Berücksichtigung sich verändernder
Wissenssysteme des Gründungsvorhabens selbst wird ein Regelsystem für Prognose, Bewertung, Selektion, Koordination, Durchsetzung und Kontrolle von Gründungsprozessen aufgebaut, das auf spezifischen, sich partiell auch verändernden methodischen Konzepten, Sichtweisen, Wissens- und Zielsystemen beruht.

Dieses Regelsystem einer Gründung ist dementsprechend ein prinzipiell offenes
System situationsbezogener (stationär orientierter) Regeln und – bei Berücksichtigung von Evolutionsprognosen und -kontrollen – evolutorischer Regeln zur Berücksichtigung von Problemveränderungen, inkl. der Methoden und Instrumente der jeweiligen Informationsverarbeitung und ihres Controlling selbst Regeln des Controlling und Metacontrolling als sachlicher Kern der Gründungsorganisation (Küpper
1997). Das auf die Steuerungsprobleme bezogene Controllingsystem der Gründung
ist in der Realität verwoben mit den persönlichen Strukturen, Kapazitäten und Verhaltensweisen der Gründer, ihrer Mitarbeiter, Marktpartner und -gegner bzw. Kon-
trahenten und Wettbewerber sowie der Entscheidungsträger der Umsysteme.

Evolutorische Regeln sind z.B. Analyseregeln für Soll-Ist-Abweichungen, Prognose-
regeln bei aktualisierten Zeitreihen, Entscheidungsregeln bei Prognose- und Zielän-
derungen (Umentscheidungsregeln bzw. Adaptionsregeln wie z.B. harte und weiche
Prioritierungsregeln zur Bewältigung von Engpassentwicklungen), Regeln zur Re-
servebildung und -nutzung im Logistik-, Produktions-, Marketing- und Finanzbe-
reich, organisatorische Entwicklungsregeln zur Adaption (Innovation der Flexibilität
/ Kapazität der Projekthierarchien / -heterarchien, Regeln des Wissensmanagements,
der Koordination von Zielen und Plänen der verschiedenen Steuerungsbereiche
u.a.m.). Die vielfältigen aktuellen Optionen der EDV-gestützten Methoden und Instrumente skizziert Kapitel VIII.2.

Die Controlling-Organisation lässt sich nach unterschiedlichen Kriterien und unter Berücksichtigung der Kapazitätsbedarfe der Gründungsprozesse, Technologiebedingungen (Informations-, Entscheidungs- Kontroll-, Kommunikations- und Arbeitstechniken) Zielprioritäten und Potenziale der Gründerpersonen sowie deren persönlicher Verhaltens- und Entwicklungsstrukturen gestalten und anpassen. Eine elementare, zunächst nur an komplexen Problemkernen orientierte Organisationsstruktur des Controlling lässt sich u.a. nach folgenden Kriterien gliedern (Küpper 1997, S. 35 f.):

– *Prozessarten bzw. Funktionsbereiche der Gründung*, wie Absatz, Produktion mit Produktentwicklung, Beschaffung / Logistik, Finanzierung, Steuerung mit Information und Kommunikation,

– *Prozessvariablen* (Steuerungsobjekten), wie Prozessträger, -mittel, -technologie, -produkt, -raum und -zeit / -termin,

– *Prozessumfang bzw. -reichweite*, wie kurz- / langfristig wirkende bzw. operative und strategische Prozesse.

Die Synthese dieser Merkmale führt zu spezifischen Controlling-Bereichen, -Institutionen oder -Modulen als Muster (Matthes 1989; Dederichs 1993; Schmitt 1998; Napiwotzki 1997), die sich durch Kommunikations- und Koordinationsrelationen zu einem Controlling-Netz entwickeln (siehe Abbildung 6; Küpper 1997, S. 43 ff.). Bedingt durch die intra- und interpersonelle Arbeitsteilung im Controlling-Prozess selbst und die entsprechenden motivationalen und informationalen Konsequenzen lässt sich die Struktur jedes dieser Controlling-Module auf eine allgemein organisatorische und informatorische Kernstruktur reduzieren (siehe Abbildung 7).

Jedes Controlling-Modul enthält neben problem- und personenbezogenen Informations-, Ziel- und Steuerungselementen *Kopplungselemente* (aktive und passive Schnittstellen bzw. -parameter) als notwendige, wechselseitig eingesetzte Koordinationskomponenten. Je nach hierarchischer oder heterarchischer Stellung der Controlling-Module im sich entwickelnden System eines Gründungscontrolling werden diese Schnittparameter als veränderliche Vorgaben im vertikalen, horizontalen und gemischt vernetzten Entwicklungs- und Anpassungsprozess von Gründungsplänen benutzt, um die Gründungsvorhaben aktuell und weitgehend friktionsfrei zu steuern (Matthes 1989).

Mögliche Standardformen der Organisation des zugrundeliegenden Rechnungswesens für Gründungsprojekte werden in Kapitel VIII.3 beschrieben. Über die Variation und Vervielfachung von C-Modulen und zugehörigen Teilen des Rechnungswesens lässt sich eine beliebig große und reale Vielfalt der Controllingorganisation je nach Gründungssituation entwickeln. Daher kann für Gründungsprojekte wie auch allgemein für Unternehmungen keine generell gültige bzw. typische Organisationsform für Controlling inkl. Rechnungswesen existieren oder gar behauptet werden (Küpper 1997).

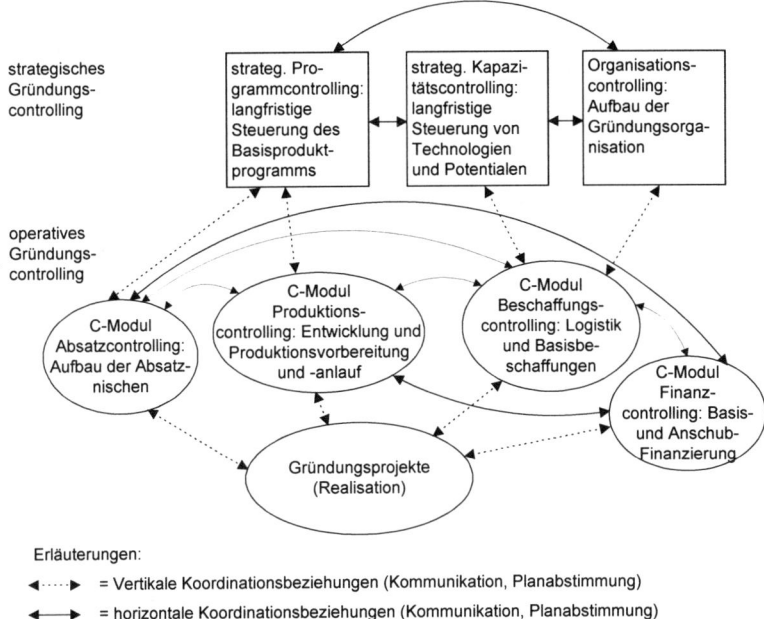

Erläuterungen:

◀·····▶ = Vertikale Koordinationsbeziehungen (Kommunikation, Planabstimmung)

◀——▶ = horizontale Koordinationsbeziehungen (Kommunikation, Planabstimmung)

Abbildung 6: Elementare Organisation eines Gründungcontrolling

Weite und Schärfe der Sichtweise eines Gründungsprojekts – der Grad der Aggregation von Gründungsprozessen und ihre Steuerungselemente – sind je nach Notwendigkeiten und Möglichkeiten des Controlling variabel gestaltbar. Entsprechend gilt

Axiom 9: Gründungsmodellentwicklung
Der bei Beginn eines Gründungsvorhabens hohe Grad der Aggregation gründungsrelevanter Informationen, Variablen, Ziele und Bedingungen, die in groben / makroskopischen Modellen erfasst werden, nimmt mit der Annäherung an eine erste Marktstabilisierung und damit eine eher zunehmende Finanzierbarkeit der In- und Extensivierung des Controlling-Systems im Verlauf des Gründungsprojekts ab, der Koordinationsbedarf mit zunehmender Differenzierung der Controlling-Organisation der erfolgreich gegründeten und stabilisierten, wachsenden Unternehmung entsprechend zu.

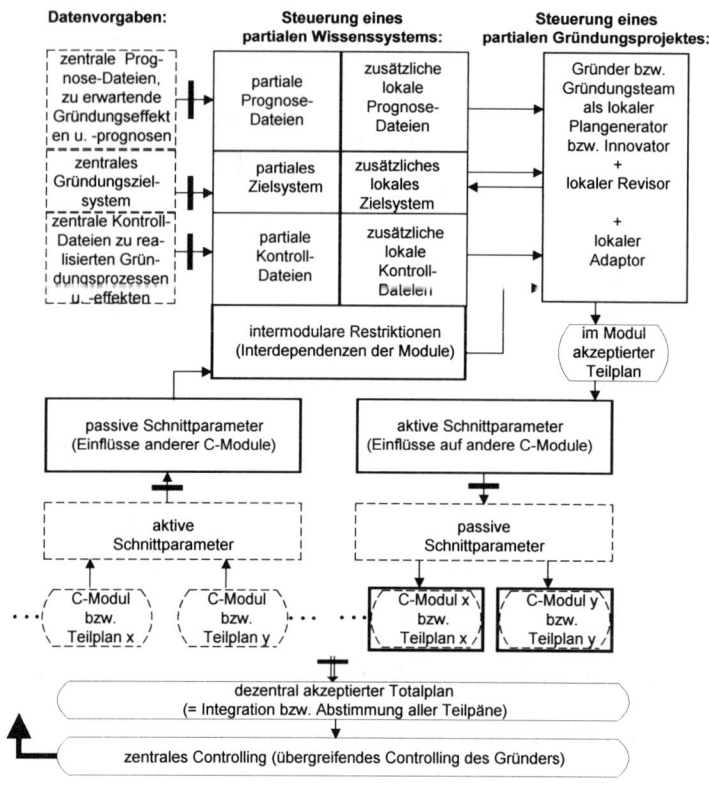

Abbildung 7: Controlling-Modul im Controlling-Netz

1.3   Entwicklung eines Gründungscontrollingsystems

Die Planung – und damit das Controlling – einer betrieblichen Gründung beginnt *vor* rechtsrelevanten Gründungsaktionen: mit der Kreierung einer Geschäftsidee und ihrer schrittweisen planerischen Konkretisierung bis hin zu einem ersten groben Aktionsplan der einzelnen zu integrierenden Gründungsteilprojekte. In dieser (Vor-) Planungsphase der Gründung reift das Gründungsmodell beim Gründer von einem zunächst noch weit offenen, überwiegend hochaggregierten und mit entsprechend vagen Präferenzen sowie viel Spekulation durchsetzten Konzept schrittweise zu einem praktikablen und in Kernteilen operationalisierten (kontrollierbaren) Szenario bzw. Simulations- und Prognosemodell nach den oben skizzierten Axiomen. Seine formale Struktur dürfte zumindest implizit durch den Kalkül der Entscheidungsbäume bzw. -netze – wie oben skizziert – geprägt sein. Die informatorische Struktur dieses Szenarios – wie aller seiner Varianten und Nachfolger – bildet die Basis des Gründungscontrolling: generelle (zentrale) Ziel-, Aktions- und Wirkungs- sowie (erste) Kontrollinformationen der zentralen strategischen Gründungssteuerung werden vom Gründer bzw. den Mitgliedern des Gründungsteams als Innovatoren, Revisoren und Adaptoren mit entsprechenden (lokalen) Informationen der einzelnen Gründungsfelder in einzelnen Controlling-Modulen (siehe Abbildung 7) erarbeitet, erfaßt, verarbeitet und als Forderungen in Form von Teilplänen im entstehenden Netz des Gründungscontrolling (siehe Abbildung 6) zu Koordinationszwecken verteilt. Das zentrale übergreifende bzw. strategische Controlling des Gründers steuert mit zunehmenden Wechselwirkungen über alle dezentralen Controlling-Module die weitere Entwicklung des gesamten Gründungsvorhabens in den oben skizzierten Dimensionen der Axiome des Gründungscontrolling. Die grundlegenden Vorüberlegungen, -analysen und -planungen münden in einem ersten und – bei adäquater Berücksichtigung erkennbarer Risiken und Chancen – flexiblen, operational aggregierten Gründungsgesamtplan (mindestens mit Gründungsbilanz und daran anknüpfender Vermögens-, Kapital-, Liquiditäts- und Erfolgsplanung; siehe Kapitel II). Die Kontrolle dieses Plans, aktuelle Prognosen sowie Ziel- und Plananpassungen an die Problemevolution bilden die folgenden, wiederholt auftretenden, beliebig vernetzten Phasen des Gründungscontrolling als rollende Prognose, Planung und Kontrolle des Gründungsvorhabens bis zu seiner Verwirklichung.

Weiterführende Literatur (zitierte Quellen siehe Anhang)

Bitz, M. (1998), Investition, in: M. Bitz et al. (Hrsg.), Vahlens Kompendium der Betriebswirtschaftslehre, Bd. 1, München, S. 107-174.
Hax, H. (1985), Investitionstheorie, Würzburg / Wien.
Küpper, H.-U. (1997), Controlling: Konzeption, Aufgaben und Instrumente, Stuttgart.
Matthes, W. (1993), Input-Output-Analyse, betriebswirtschaftliche, in: W. Wittmann et. al. (Hrsg.), Handwörterbuch der Betriebswirtschaft, Teilbd. 2, Stuttgart, Sp. 1813-1826.
Völzgen, H. (1971), Stochastische Netzwerkverfahren, Berlin / New York.

Verständnisfragen (Lösungen siehe Anhang)

Aufgabe 1:
Wie lässt sich ein typisches Zielsystem eines realen Gründungsprojekts strukturieren?

Aufgabe 2:
Wie lässt sich grundsätzlich die Prognoseproblematik für die Wirkungen eines Gründungsprojektes beschreiben?

Aufgabe 3:
Welche Möglichkeiten der Organisation des Gründungscontrolling existieren?

VIII Gründungscontrolling
2 EDV-gestützte Instrumente des Gründungscontrolling

Winfried Matthes / Volker Arendt / Markus Pütz

2.1 Phasenmodell des Gründungscontrolling

Für die verschiedenen Phasen des Gründungscontrolling mit dem oben in Kapitel VIII.1 skizzierten Problemkontext stehen diverse EDV-gestützte Methoden und Instrumente (Programmsysteme) zur Verfügung, die laufend weiter entwickelt werden. Die Einsatzbereiche dieser Methoden lassen sich Kernaktivitäten des Gründungscontrolling zuordnen, die im nach folgenden Phasenmodell näher skizziert werden (siehe Abbildung 1).

Die Phasen eines Gründungscontrolling können dabei auch mehrfach in entsprechenden Rück- und Vorkopplungszyklen durchlaufen werden, so dass sich zunehmend komplexe Controllingzyklen ergeben (Matthes 1986, S. 285 f.).

2.2 Anforderungen eines EDV-gestützten Gründungscontrolling
2.2.1 Aufgaben eines EDV-gestützten Gründungscontrolling

Die Instrumente eines EDV-gestützten Gründungscontrolling sollen die auf Gründungsvorhaben bezogenen Aktivitäten der einzelnen Phasen des Gründungscontrolling unterstützen, indem sie adäquate Methoden der betriebswirtschaftlichen Planung und Kontrolle mit Hilfe moderner Informationstechnologie (IT) anwendbar bereitstellen und einen möglichst effizienten Beitrag zur Bewältigung der Komplexität der vielfältigen Steuerungsprobleme einer Gründung liefern. Hierbei ist zu beachten, dass die durch den IT-Einsatz erzielten Ergebnisse der einzelnen Planungsphasen möglichst in einer Form generiert werden, die ihre unmittelbare Nutzung innerhalb der Folgephasen ermöglicht (Transitivität des Controlling). Das Vermeiden von Medienbrüchen und die Unterstützung integrierter revolvierender und antizipativer Planungsaktivitäten stehen dabei im Vordergrund.

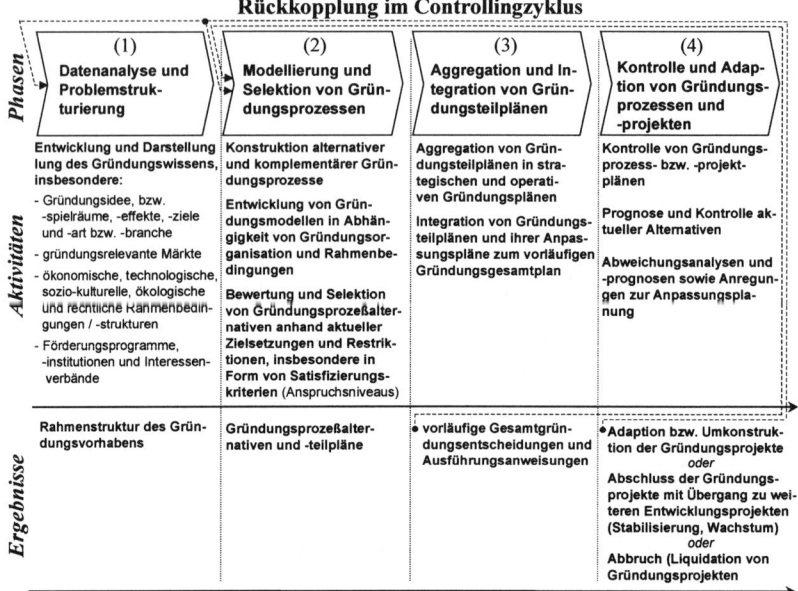

Abbildung 1: Phasenmodell des Gründungscontrolling

Unter diesen Aspekten lassen sich die wesentlichen IT-orientierten Aufgaben der Phasen eines EDV-gestützten Gründungscontrolling auf der Basis der aktuell verfügbaren IT-gestützten Instrumente wie folgt strukturieren:

(1) Aufgaben bei der Datenanalyse und Problemstrukturierung
Die Erfassung und Analyse von Gründungsdaten als Voraussetzung einer Problemanalyse setzt zunächst Methoden zur Generierung von Konzeptionen für die Strukturierung von Gründungsdaten voraus. Diese Konzeptionen bilden zugleich auch die Grundlage für die verschiedenen Ansätze eines EDV-gestützten Gründungscontrolling in den Folgephasen. Auf der Basis der selektierten Datenstrukturkonzeptionen sind die Daten der Gründungsprozesse nach ihren verschiedenen Variationsbereichen, Vollzugsbedingungen und -wirkungen zu ordnen, um Gründungsprobleme systematisch aktuell entwickeln zu können. Die definierten Datenstrukturen sind in gründungsadäquaten Datenbankmanagementsystemen (DBMS) zu implementieren.

(2) Aufgaben bei Modellierung und Selektion von Gründungsprozessen
Die Modellierung (Konstruktion und Entwicklung) von offenen IT-gestützten Entscheidungsnetzen (OSEN) als grundsätzlicher Abbildungsform von Gründungsvorhaben (siehe Kapitel VIII.1 Abschnitt 1.2) ist in Verbindung mit Konsistenzprüfungen für die einzelnen Prozessparameter von Gründungsprojekten durchzuführen, um Analysen von Gründungssimulationen als Bewertungsgrundlagen von Gründungsentscheidungen transparent entwickeln zu können.

IT-basierte Hilfe bei der Selektion anspruchskonformer Gründungsalternativen ist in den Teilnetzen von OSEN durch Implementation von Optimierungskalkülen für die einzelnen Gründungsbereiche bzw. -projekte, ihre Prozesse und Prozessrelationen bereitzustellen. Dafür sind IT-basierte Instrumente zur Generierung dynamischer Berichte über Parameterentwicklungen für die Verwaltung von Gründungsprozessalternativen und der sie abbildenden Teilnetze von OSEN zu implementieren.

(3) Aufgaben bei der Aggregation von Gründungsteilplänen
Zur Selektion und Koordination von Gründungsteilplänen sind IT-gestützte Verfahren zur Suche und Abstimmung (Matching) von Teilplänen in OSEN zu implementieren, um zulässige integrierte Gründungspläne entwickeln, aggregieren und aktualisieren zu können (siehe Kapitel VIII.1 Abschnitt 2). Dies erfordert die Bereitstellung von Gründungsplandaten im Rahmen dynamischer Berichtssysteme.

*(4) Aufgaben bei der Kontrolle und Adaption von Gründungsprozessen und
-projekten:*
IT-gestützte Methoden, insbesondere dynamische Berichtssysteme, sind zur Kontrolle der geplanten Prozesse, von Prozessalternativen und Teilprojekten der Gründung unabdingbar, so dass deren Steuerungsprobleme aktualisiert sowie Gründungspläne angemessen modifiziert werden können.

2.2.2 Anforderungen an Methoden und Instrumente eines EDV-gestützten Gründungscontrolling

In Hinblick auf die im Phasenmodell skizzierten Schwerpunktaufgaben lässt sich eine Reihe von Anforderungen an die *Methoden* (Verfahren, Konzepte und Kalküle) eines IT-gestützten Gründungscontrolling und an entsprechende IT-gestützte *Instrumente* (Softwaresysteme) entwickeln, innerhalb derer die geforderten Methoden implementiert sind oder mit deren Hilfe diese Methoden in Softwaresystemen implementiert werden können. Universelle Programmiersprachen wie z.B. C, C++ sowie CASE (Computer Aided Software-Engineering)-Tools nehmen hierbei eine Sonderstellung ein, weil sich mit diesen Instrumenten zwar grundsätzlich alle algorithmierbaren Methoden in Softwaresystemen implementieren lassen, jedoch der hierzu erforderliche Aufwand für die Mehrzahl potentieller Unternehmungsgründer, insbesondere in Klein- und Mittelbetrieben, vorläufig unangemessen hoch erscheint.

Als *generelle Anforderungen* an die IT-gestützten Instrumente (Softwaresysteme) lassen sich folgende Aspekte nennen:
- Softwareergonomie,
- Implementation von Schnittstellen für grafische Benutzeroberflächen, Unterstützung gängiger Datenaustauschformate und standardisierter Programmier- bzw. Entwicklungsumgebungen,
- Dokumentation,

- Support durch Hersteller und Benutzergemeinschaften (Newsgroups, Mailinglisten, Foren),
- Zukunftsfähigkeit i.S. der Aufwärtskompatibilität hinsichtlich absehbarer IT-Entwicklungen (z.b. aktuelle Orientierung an Schnittstellenentwicklungen), jeweils in Verbindung mit der Orientierung an aktuellen Industrie- bzw. Marktstandards.

Als *gründungsspezifische Anforderungen* an die betreffenden Methoden und Instrumente sind zu nennen:
- effizienter Lösungs- bzw. Unterstützungsbeitrag (systematische Abbildung, Ableitung situativer Aussagen über Problemlösungsoptionen) innerhalb der betreffenden Controllingprozesse mit dem Ziel der Verbesserung der Komplexitätsbewältigung im Vergleich zu anderen nicht IT-gestützten Methoden;
- Möglichkeit zur kontinuierlichen Nutzung auch über das Gründungscontrolling hinaus, um Lernaufwand zu minimieren;
- Berücksichtigung gründungsspezifischer Controlling-Budgets sowie Mindestanforderungen an Controlling-Aussageninhalte bzw. Planungsergebnisse.

2.3   Ausgewählte Methoden und Instrumente für ein EDV-gestütztes Gründungscontrolling

Die oben formulierten Aufgaben eines EDV-gestützten Gründungscontrolling lassen sich zu den Bereichen des Datenmanagement sowie der Planentwicklung und Dokumentation zusammenfassen, denen die Mehrzahl der hier relevanten Methoden und IT-gestützten Instrumente zugeordnet werden kann. Einzelne Methoden oder Instrumente können beiden Bereichen zugeordnet werden.

2.3.1   Datenmanagement als generelles Unterstützungssystem

Datenmanagement umfasst die Steuerung der Nutzung von Datenbanken und setzt sich aus den Phasen Semantische Modellierung, Modellimplementierung und Nutzung sowie Datenbankbasierte Entscheidungsunterstützung zusammen.

Datenmanagement unterstützt alle Phasen der Gründung und dient der Bereitstellung von gründungsrelevanten funktions- / prozess- / projektunabhängigen Datenstrukturen sowie zugehörigem semantischen Wissen für beliebige Aufgaben innerhalb des Planungsprozesses.

Die *Phasen des Datenmanagement* lassen sich im Rahmen der Controllingzyklen einzelnen Phasen der Gründungsplanung direkt zuordnen. Dabei korreliert die Semantische Modellierung mit der Phase Datenanalyse und Problemstrukturierung, die Modellimplementierung und -nutzung mit der Phase der Konstruktion und Selektion von Gründungsnetzen und die Datenbankbasierte Entscheidungsunterstützung mit der Phase der Selektion von Gründungsplänen (siehe Abbildung 2).

(1) Semantische Modellierung
Die Aufgabe der Semantischen Modellierung ist die Abbildung des für die Realisierung des Gründungsvorhabens relevanten Wissens (Date 2000, S. 328 ff.). Dazu gehört sowohl die Abbildung von gründungsrelevanten Datenstrukturen als auch das diesen Datenstrukturen zuzuordnende semantische Wissen. Die Semantische Modellierung umfasst als Ergebnis einerseits das konzeptuelle Design eines Unternehmensdatenmodells (UDM), das alle relevanten Informationsstrukturen (einschl. der Prozessstrukturen) der Unternehmung beinhaltet. Zu den Informationsstrukturen gehören Zielsystem, Zielgruppe, Zielart bzw. -maß, Zielvorschriften; Projekt, Prozessart, Prozesselemente, Wirkungsspektrum, Wirkungsart, integrierter Gesamtplan, Teilplan, Plan u.v.a.m.. In Abhängigkeit von Abstraktionsebene und Verdichtungsgrad kann das UDM zwar auf unterschiedlichen Ebenen definiert werden (Balzert 1996, S. 155). Jedoch schließt die Semantische Modellierung das logische Design für das jeweilige Datenmodell, das dem Ziel-Datenbanksystem der Implementierung zugrunde liegt, ein. Das logische Design wird aus dem konzeptuellen Design abgeleitet.

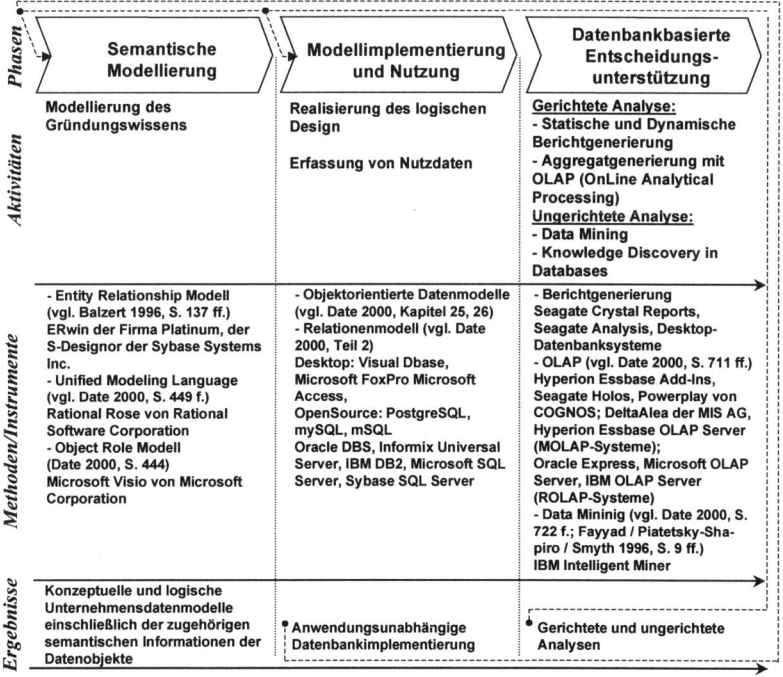

Abbildung 2: Phasenmodell des Datenmanagement

(2) Modellimplementierung und -nutzung
Hier wird zunächst das in der vorherigen Phase entwickelte logische Design umgesetzt. Nach erfolgreicher Implementierung werden anwendungsbezogene Daten erfasst. Die Modellimplementierung zielt in Anlehnung an die Entwicklung eines UDM auf den Aufbau einer einzigen logischen, physisch beliebig verteilbaren Datenbank (Date 2000, S. 651 ff.).

(3) Datenbankbasierte Entscheidungsunterstützung
Hier finden gerichtete und ungerichtete Auswertungen erfasster Datenbestände zum Zwecke der Entscheidungsunterstützung statt (Date 2000, S. 694 ff.).

Als Methoden des Datenmanagement sind für das Gründungscontrolling insbesondere folgende relevant:
(1) Das Entity Relationship Modell in der Semantischen Modellierung
Die mit Abstand verbreitetste Methode zur Semantischen Modellierung ist das Entitiy Relationship Model (ERM; Balzert 1996, S. 137 ff.). Mit Hilfe des ERM werden Informationsstrukturen identifiziert (Entity), Beziehungen (Relationship) zwischen den Informationsstrukturen definiert und gründungsrelevante Attribute den Informationsstrukturen zugeordnet.
(2) OnLine Analytical Processing (OLAP) in der gerichteten Datenanalyse
OLAP gehört zum Bereich der gerichteten Datenbankbasierten Entscheidungsunterstützung. Es bezweckt die Modellierung von multidimensionalen, hier an Gründungseffekten und -restriktionen orientierten Sichten mit dem Ziel der Bereitstellung aggregierter Informationen auf der Grundlage der im Rahmen der Phase der Modellentwicklung und Nutzung erfassten Basisdaten der Unternehmung (Date 2000, S. 711 ff.). In diesem Zusammenhang erfolgt ggf. ein Rücksprung in die Phase der Semantischen Modellierung (Date 2000, S. 697 ff.).
(3) Data Mining in der ungerichteten Datenanalyse
Auf der Grundlage einer logischen gründungsweiten Datenbank können Verfahren des Data Mining, einem Bestandteil des Prozesses der Erkenntnisgewinnung aus / in Informationssystemen zur ungerichteten Analyse großer Bestände an Gründungsdaten eingesetzt werden (Fayyad / Piatetsky-Shapiro / Smyth 1996, S. 9 ff.). Das Ziel des Data Mining liegt in der Entdeckung von Sachverhalts-, Problem- und Wirkungsmustern und Modellen durch Anwendung bestimmter Algorithmen aus dem Bereich der Clusteranalyse, Entscheidungsbäume, Neuronalen Netze und Assoziationsregeln (Date 2000, S. 722 f.; Fayyad / Piatetsky-Shapiro / Smyth 1996, S. 11 ff.). IBM.

2.3.2 Spezielle Unterstützungssysteme des Gründungscontrolling
(a) Unterstützungssysteme bei Datenanalyse und Problemstrukturierung von Gründungsprozessen

Methoden
Schwerpunktartig lassen sich folgende Unterstützungsmethoden für die Phase der Datenanalyse und Strukturierung von Gründungsvorhaben nennen:

(1) Das *Schema von Abell* (Abell 1980) strukturiert die Analyse potentieller Aktivitätsfelder eines Gründungsvorhabens unter dem Aspekt der Erfüllung kundenorientierter Funktionen der verschiedenen Kundengruppen durch die im Gründungsvorhaben verwendeten und / oder verwendbaren Technologien bzw. Produkte (Homburg 1998, S. 107 f.).

(2) Die *SWOT-Analyse* [Analysis of Strengths, Weakness, Opportunities and Threats (siehe Piercy / Giles 1989, Piercy 1992)] stellt die Ermittlung der beeinflussbaren gründungsspezifischen Stärken und Schwächen sowie der durch die Unternehmungsumwelt determinierten Möglichkeiten und Gefahren der Gründung in den Mittelpunkt und gibt Anregungen für die darauf aufbauende Entwicklung von Strategien wie Adaptions- bzw. Matching Strategien, kreative Strategien und Umwandlungs- bzw. Neutralisationsstrategien (Homburg 1998, S. 109 ff.).

(3) Die *Branchenstrukturanalyse* von gründungsrelevanten Märkten differenziert zunächst pro Branche die fünf grundlegenden Wettbewerbskräfte Abnehmer, Lieferanten, Wettbewerber, potentielle neue Konkurrenten und Ersatzprodukte, die als Bestimmungsfaktoren des Erfolgspotenzials der jeweiligen Branche analysiert werden (Porter 1997, S. 26 ff.). Mit der ergänzenden *Konkurrentenanalyse* werden gegenwärtige Strategie, zukünftige Ziele, Annahmen und Fähigkeiten von Wettbewerbern diagnostiziert (Porter 1997, S. 78 ff.). Bei Zuordnung der gründungsrelevanten Branchen zu typischen Wettbewerbsstrategietypen wie Kostenführerschaft, Differenzierung und Konzentration (Porter 1996, S. 31 ff.) lassen sich *strategische Produkt- bzw. Aktivitätsfelder* (Porter 1997, S. 177 ff., Homburg 1998, S. 127 ff.) definieren, die als Grundlage für ein differenziertes branchenorientiertes Gründungscontrolling genutzt werden können.

(4) *Portfolio-Modelle* können Status und mögliche Entwicklungen der in einem Gründungsvorhaben enthaltenen strategischen Geschäftsfelder im Kontext der identifizierten Wettbewerbsparameter analysieren helfen. Ausgangspunkt einer *Portfolio-Analyse* ist die Positionierung neu zu gründender und / oder bereits vorhandener strategischer Geschäftsfelder bzw. -einheiten in einem zweidimensionalen Koordinatensystem, wobei in der 1. Dimension (Abszisse) ein unternehmungsinterner Faktor und in der 2. Dimension ein unternehmungsexterner Faktor (Ordinate) gebildet wird, z.B. in Form des *Marktanteils / Marktwachstums-Portfolio* (Boston Consulting Group), *Marktattraktivitäts- / Wettbewerbspositions-Portfolio* (McKinsey) oder des *Wettbewerbspositions- / Produktlebenszyklus-Portfolio* (Arthur D. Little) (Homburg 1998, S. 147 ff.; Küpper 1997, S 82 ff.). Für die Analyse einer sich entwickelnden Gründung bieten sich ergänzend dynamisierte Portfolios an, die geplante, erwartete oder realisierte Positionsentwicklungen der Geschäftsfelder einer Gründung darstellen können. Zur Berücksichtigung etwaiger Entwicklungen in der Umwelt des Gründungsvorhabens im Kontext des Gründungs-Leistungsprogramms kann auf weitere Portfolio-Konzepte, wie etwa *Technologie- oder Ökologie-Portfolios* zurückgegriffen werden (Hahn 1997, S. 385 ff.; Pfeiffer / Dögl 1997, S. 407 ff.).

(5) *Prognosemodelle* können in vielfältiger Weise dem Gründungscontrolling dienen:

qualitative Prognosemethoden wie die *Delphi-Methode* werten Expertenmeinungen zur Kennzeichnung von Gründungs- und weiteren Entwicklungsverläufen aus (Marr / Picot 1991, S. 657 f.; Hillier / Liebermann 1998, S. 657);
quantitative Prognosemethoden versuchen mit Hilfe von Prognosefunktionen den Zusammenhang zwischen zu prognostizierenden Parametern und ihren Einflussgrößen auf der Grundlage historischer Daten abzubilden: *formale Prognosemethoden*, wie die Methoden des *exponentiellen Glättens, gleitender Durchschnitte, Trendextrapolationen* und *Box / Jenkins-(ARIMA)-Modelle, kausale Prognosemethoden wie Regressionsanalysen* und *lineare Strukturgleichungsmodelle,* (Homburg 1998, S. 115 ff., 120; Backhaus et al. 1996, S. 1 ff., 322 ff.; Mertens 1993, Rudolph 1998). Insbesondere letztere erlauben, echte erklärende Parameter in die Prognose einzubeziehen, so dass z.b. spezifische Gründungserfahrungen zur Erklärung und Prognose von Gründungseffekten ausgewertet werden können.

Simulationsmethoden [*Szenario-Methode* (von Reibnitz 1991, S. 14 ff.) und *kalkülgestützte Abbildungsmethoden*] bieten Rahmenkonzepte zur Beschreibung und Prognose von Entwicklungsverläufen der Gründungsalternativen und -effekte. Hierbei werden alternative Zukunftsbilder und ihre möglichen Konsequenzen entwickelt.

(6) *Methoden der Investitionsrechnung unter Unsicherheit* können zu einer ersten Beurteilung alternativer Gründungsinvestitionen hinsichtlich ihrer alternativen Erfolgseffekte beitragen (Bitz 1998, S. 137 ff.). Qualitative Merkmale von Gründungsinvestitionen lassen sich ergänzend z.b. mit Hilfe von *Scoringmodellen* bzw. der *Nutzwertanalyse* explizieren und einer Beurteilung zugänglich machen (Matthes 1990).

(7) Als ein beliebig detaillierbarer Basisansatz des Gründungscontrolling erlauben Methoden der betriebswirtschaftlichen Input-Output-Analyse (BWIO) die Abschätzung und Analyse von Potenzialbedarfen und -effekten für Gründungsprogramm- und -prozessalternativen (Matthes 1993, Sp. 1813 ff.). Dieser Ansatz wird dynamisiert durch Methoden der Projektstrukturplanung (Netzplantechnik und ihre Erweiterungen, Schwarze 1996, Sp. 1275 ff.), die die Ablaufstrukturen von Gründungsvorhaben berücksichtigt.

IT-gestützte Instrumente

Die zuvor genannten Methoden lassen sich mit Hilfe folgender Instrumente zur Unterstützung der Analyse und Strukturierung der strategischen Ausgangssituation eines Gründungsvorhabens praktikabel einsetzen:

(1) Tabellenkalkulationssysteme, wie *Microsoft Excel, Lotus 1-2-3, Corel Quattro Pro* und *SUN Star Office Calc,* die die oben genannten Methoden der BWIO, Investitionsrechnung und Nutzwertanalyse sowie auch Prognosemethoden durch umfangreiche statistische Softwarefunktionen, so etwa für gleitende Durchschnitte, exponentielles Glätten und Regressionen, unterstützen und zudem über Softwareschnittstellen für benutzerdefinierte Software-Erweiterungen verfügen (wie z.B. Microsoft Visual Basic for Applications). Spezielle Softwareerweiterungen der Tabellenkalkulationssysteme von Frontline Systems unterstützen verschiedene Optimierungskalküle, um Konsistenzprüfungen und Verbesserungen

von Gründungsteilplänen insbesondere bei Standort- und Investitionsanalysen durchzuführen, wie z.b. die Softwareprodukte Solver (verfügbar für Microsoft Excel und Lotus 1-2-3) und Optimizer (für Corel Quattro Pro) von Frontline Systems.

(2) Spezielle Statistiksoftwaresysteme wie z.b. *Statistica* und *SPSS* (Statistical Package for Social Sciences, Bühl / Zöfel 1999) liefern eine umfangreichere Hilfe für Prognosemethoden vor allem im Kontext der Marktforschung für gründungsrelevante Branchen.

(3) Projektverwaltungs- / -managementsysteme, wie z.b. Microsoft Project, bieten über Schnittstellen zur Kommunikation mit diversen DBMS – wie etwa in Microsoft Project Central – eine Infrastruktur auch zur verteilten Steuerung von Gründungsprojekten.

(4) Simulationssoftware zur Analyse von Wirkungszusammenhängen im Gründungsvorhaben wird zunehmend für komplexe Anwendungen angeboten. Unter dem Aspekt der Simulationssteuerung können zwei Arten von Software-Simulationssystemen unterschieden werden: (a) durch eine externe Simulationssteuerung geprägt; Software-Simulationssysteme i.w.S. (hierzu zählen auch Tabellenkalkulationssysteme) (b) durch systeminterne Steuerung geprägte Software-Simulationssysteme i.e.S. (insbesondere mit Hilfe von Simulations- / Ereigniskalender und Simulationsuhr; Milling 1996, Sp. 1845 ff.; Witte 1993, Sp. 3843 f.). Für ein OSEN-System kann das Simulationssystem AweSim (Pritsker / O'Reilly 1999), ein Software-Simulationssystem i.e.S., zugrundegelegt werden. Eine beliebig intensive explizite Modellierung und Simulation von Entscheidungs- und Vollzugsprozessen im Kontext von Unternehmensgründungen bieten auch die Prozesssimulationssysteme, Arena (Kelton / Sadowski / Sadowski 1998), Design CPN für Petrinetze (Baumgarten 1996; Jensen 1997) und GPSS (Weber / Trzebiner / Tempelmeier 1987).

Die Softwarearchitektur von AweSim ist weitgehend geprägt durch Offenheit und beliebige Verknüpfungsmöglichkeiten hinsichtlich DBMS, Tabellenkalkulationssystemen und benutzerdefinierter Softwareapplikationen (auf Basis von C / C++ oder Visual Basic). Modelle zur Gründungssimulation – wie sie oben in Kapitel VIII.1 grundsätzlich beschreiben wurden – können in AweSim in Form von Projekten verwaltet werden. Jedes Projekt besteht aus einer Liste alternativer Szenarien, die jeweils eine Variante des Simulationsmodells darstellen und im Rahmen des Projektes analysiert werden sollen. Insbesondere können zunächst die im Kontext eines Gründungsvorhabens relevanten Potenzialbedarfe und Ressourcen in beliebig aggregierter Form sowie die im Rahmen der Entwicklung von Gründungsideen sich zunächst nur grob manifestierenden potentiellen Entscheidungs- und Vollzugsprozesse mit ihren kon- und disjunkten Ablaufstrukturen, Kosten-, Leistungs- und Finanzstrukturdaten modelliert werden. Anhand des zugrundegelegten Datenmaterials einer Gründungssituation lassen sich die modellierten Netzwerke in ersten Simulationsläufen auf Plausibilität prüfen. Die innerhalb eines Simulationslaufes generierten Parameterentwicklungen (wie z.B. Zahlungsmittelbestand, Kosten, Leistungen bzw. Umsatzerlöse, Erfolg) lassen sich sowohl für Querschnitts- als auch Längsschnittsanalysen differenziert erfassen und den Detailanalysen und -planungen der Gründungsprozesse zu Grunde legen.

(b) Unterstützungssysteme bei der Modellierung und Selektion von Gründungsprozessen und -projekten

Methoden
(1) *Generelle Methoden zur Analyse von Gründungsprozessnetzen*
Auf der Basis der oben skizzierten graphentheoretischen Abbildungsmethoden und Instrumente für Entscheidungsnetze können die o.g. Prognose- Datenanalysemethoden für die Entwicklung von Gründungsvorhaben und die schrittweise Selektion ihrer Prozessalternativen herangezogen werden. Unter Rückgriff auf Prognosemethoden lassen sich Prozessentwicklungen und -effekte in verschiedenen Simulationsszenarien generieren (Geschka / Hammer 1997). Quantitative und qualitative Unschärfen der Prognosedaten können in diesen Simulationen insbesondere durch die Methoden der Intervallarithmetik, der Theorie der linearen partiellen Information (LPI, Kofler 1981, S. 65 ff.; Zweifel 1981, S. 24 ff.) oder auch der Fuzzy Set Theorie (Mayer et al. 1993; Zimmermann 1993, S. 31 ff.) berücksichtigt werden.

Eine Selektion zielsystemkonformer Gründungsprozessalternativen kann grundsätzlich mit Hilfe der Methoden der BWIO-Analyse realisiert werden. Im Vordergrund stehen hierbei vor allem lineare, ganzzahlige und dynamische Optimierungsmodelle mit der Zielvorschrift der Satisfizierung (Einhaltung unterer oder oberer Anspruchsniveaus) oder der Extremierung (Maximierung, Minimierung). (Homburg 1998, S. 517 ff.; Hillier /Lieberman 1997, S. 25 ff.).

Diese Anreicherung netzplangestützter Gründungsprozessmodelle führt zu integrierten dynamischen, schließlich evolutorischen Modellen im Rahmen rollender Planung und Kontrolle, die je nach Problemschwerpunkten und Organisation des Controlling modularisiert werden können. Für diese Controlling-Module (siehe oben Kapitel VIII.1 Abschnitt 2.5) lassen sich je nach Situation eine Fülle betriebswirtschaftlicher Partialmodelle einsetzen, deren Ergebnisse nach den jeweils nötigen Koordinationsregeln zu Gesamtplänen verarbeitet werden.
(2) *Spezielle Planungsmethoden für Module des Gründungscontrolling*:
Hierzu zählen:
Methoden zur Produkt- und Programm-, Potenzialgestaltung sowie Prozessgestaltung- und -steuerung als produktionswirtschaftliche Planungsmethoden (Kern 1992, S. 96 ff.);
Methoden zur Gestaltung von Beschaffungs- und Logistikstrukturen (u.a. Lieferantenbewertungssysteme, ABC-Analyse, Verfahren zur Materialbedarfsermittlung, Lagerhaltungspolitiken; Tempelmeier 1998, S. 246 ff.);
Methoden für das strategische Gründungsmarketing wie Methoden zur Definition von Geschäftsfeldern und Geschäftsfeldstrategien, zur wettbewerbsstrategischen Positionierung und Marktsegmentierung sowie zur Früherkennung von Entwicklungsproblemen eine Reihe von Portfoliomodellen sowie

Methoden zur Situationsanalyse (Chancen- / Risiko-Analyse und Gap-Analyse) zur Verfügung (Zentes 1998, S. 357 ff.);

Methoden für das operative Gründungsmarketing insbesondere im Kontext der Programm-, Produkt-, Preis- und Konditionen-, Kommunikations- und Distributionspolitik sowie der Produktpositionierung Werbung und Marktforschung (Zentes 1998, S. 367 ff., 392 ff.; Homburg 1998, S. 207 ff.; Bühl / Zöfel 1999).

(3) *Integrative Methoden zur Analyse von Gründungsprozessnetzen* finden sich in erster Linie im Bereich der Investitions- und Finanzplanung. Auf der Grundlage der Potenzialbedarfe, die sich nach sukzessiver Selektion bzw. Determination gründungsspezifischer Marketing- und Akquisitionsprozesse, Absatzprozesse, Produktions-, Beschaffungs- und Logistikprozesse sowie Zahlungsprozesse ergeben, lassen sich mit Hilfe dieser oben bereits erwähnten Ansätze integrative Investitionsprozesse bzw. -pläne konstruieren, die der weiteren Gründungsplanung zugrundegelegt werden.

IT-gestützte Instrumente
Zur Realisierung der zuvor genannten Methodik lassen sich ergänzende Funktionen der oben bereits genannten IT-gestützten Instrumente sowie diverse Spezial-Instrumente verwenden. In erster Linie sind hier Projektmanagementsoftwaresysteme mit den oben genannten Software-Simulationssystemen zu nennen. Diese Systeme erlauben beliebige ablauf- und potenzialorientierte Konsistenzprüfungen für alle Arten von Gründungsprojekten, können vielfältig durch Subsimulationen ergänzt und mit Hilfe von Spezialsoftware zur operativen Prozess- und strategischen Potenzialoptimierung von Gründungsvorhaben ausgebaut werden. Je nach Optimierungsansatz können zusätzlich spezielle Optimierungsfunktionsbibliotheken genutzt werden, wie etwa die Solver DLL für C / C++ von Frontline Systems Inc., die sich über entsprechende Schnittstellen zur Einbindung benutzerdefinierte Softwareapplikationen mit Simulationsmodellen koppeln oder in diese integrieren lassen. Auch können mit diesen Instrumenten offene interne Entscheidungsprozesse mit Hilfe interaktiver Simulationen realisiert werden. Hierzu kann in AweSim die Interactive Execution Environment (Pritsker / O'Reilly 1999, S. 345 ff.) genutzt werden, so dass Simulationen bei Eintreten bestimmter Parameterwerte, z.B. bei Liquiditätsengpässen mit Insolvenzgefahr, angehalten, umfangreiche Modellmodifikationen durchgeführt und entsprechend korrigiert fortgeführt werden, um die schrittweise Selektion von Prozessalternativen intensiv zu unterstützen.

(c) Unterstützungssysteme bei der Aggregation und Integration von Gründungsteilplänen

Methoden
(1) Für die *Aggregation von Gründungsprozessalternativen* zu Gründungsteilplänen bieten sich in erster Linie Methoden der zielorientierten mehrdimensionalen und periodenbezogenen Saldierung und Kumulation prognostizierter Effekte der selektierten Gründungsprozesse und -teilprojekte an. Die Struktur dieser Wir-

kungsarithmetik ergibt sich primär aus den Wertigkeiten der verwendeten Wirkungsdaten und den darauf basierenden Zielsetzungen der Gründungspolitik. Dabei genügt es sicher nicht, wie in Businessplänen nicht selten unterstellt, eine auf einwertigen Aufwands- und Ertrags- und entsprechenden Zahlungsgrößen beruhende Erfolgs- und Liquiditätsplanungsrechnung als Aggregation der Prognosen der Erfolgs- und Zahlungseffekte von Gründungsteilplänen zu gestalten, die der Arithmetik der doppelten (Kontroll-)Buchhaltung nachempfunden ist. Vielmehr müssen bei den nötigen Prognose- bzw. Planungsaggregationen die verteilten (spekulierten) dynamisierten Prozess- und Projekteffekte nach allen Dimensionen des Gründungszielsystems berücksichtigt werden. Dieses Postulat erzwingt eine mehrdimensionale und unscharfe Planungsrechnung, z.B. unter Verwendung der Intervallarithmetik (Alefeld / Herzberger 1974), evtl. auch der Fuzzy-Mathematik (Zimmermann 1993).

(2) Methoden zur *Selektion und Integration von Gründungsteilplänen* bauen auf den oben erwähnten Methoden zur Selektion von Gründungsprozessen auf. Zur Lösung der mit der Integration von Gründungsteilplänen verbundenen vielfältigen Konflikte bzw. Koordinationsprobleme können insbesondere die innerhalb des Controlling generell genutzten Koordinationsmethoden (u.a. Gruppenentscheidungsregeln, kommunikations- und organisationstheoretische Koordinationsregeln und interaktive Optimierungsmethoden) genutzt werden (Matthes 1989, S. 171 ff.; Küpper 1997, S. 59 ff.). Ergebnis der Planintegration ist ein Basisplankomplex (Gründungsgesamtplan), für den unter Berücksichtigung potentieller Umwelteffekte und -entwicklungen der Gründung ggfs. Anpassungspläne generiert werden können.

IT-gestützte Instrumente
(1) *Als IT-gestützte Instrumente zur Aggregation von Gründungsprozessalternativen zu Gründungsteilplänen* stehen bisher – mit noch vielen methodischen Defiziten zur Verfügung:
  – Tabellenkalkulationssysteme mit speziellen Statistikfunktionen,
  – Statistiksoftwaresysteme (wie SPSS),
  – DBMS zur datentechnischen Selektion der simulierten Prognose-Daten und deren Transformation in periodisierte, aggregierte Plandaten.
(2) *IT-gestützte Instrumente zur Selektion und Integration von Gründungsteilplänen* bieten bisher nur entsprechende Ergänzungsfunktionen von Software-Simulationssystemen in Verbindung mit Optimierungsfunktionsbibliotheken an. Zur Archivierung integrierter Prognose-Daten bzw. als Planwerte können wiederum DBMS eingesetzt werden.

Zur Integration von Gründungsteilplänen müssen die Simulationsteilnetze der zugehörigen Gründungsprozessalternativen in einem Controlling-Netz koordiniert, d.h. unter partieller Variation ihrer konflikthaltigen Schnittparameter im Rahmen eines nach übergreifenden Zielsetzungen geregelten Koordinationsprozesses einander angeglichen werden. Damit kann sich schließlich ein konsistenter Gründungsgesamtplan als Ausdruck der operativ-gestützten aktuellen Gründungsstrategie ergeben.

Zur Berücksichtigung von Veränderungen von Gründungsumweltparametern und deren Effekten im Rahmen eines rollenden Controlling-Konzepts bei unvermeidbaren Problemevolutionen können grundsätzlich wiederum die innerhalb der Methoden zur Datenanalyse und Problemstrukturierung angeführten IT-gestützten Prognose- und Simulationsmodelle bzw. Instrumente verwendet werden, um Anpassungsaktivitäten zu generieren und zu selektieren. Wird die Zielkonformität durch die Modellmodifikationen simulativ realisiert, können für den Basisplankomplex entsprechende Anpassungspläne erstellt und in DBMS archiviert werden. Für den Fall, dass die Zielkonformität nicht erreicht werden kann, lassen sich für die entsprechenden Umweltentwicklungen neue offene Entscheidungsprozesse mit den oben genannten Instrumenten konstruieren, die Anpassungen des Gründungszielsystems initiieren können.

(d) Unterstützungssysteme bei der Kontrolle und Adaption von Gründungsprozessen und -projekten

Methoden
Um in dieser Phase die aktuellen realisierten und absehbaren Gründungseffekte und -entwicklungen zu erfassen, kann zunächst auf die oben in Abschnitt 3.2.1 und 3.2.2 genannten Methoden zurückgegriffen werden. Die Erfassung der Kontrolldaten führt zu einer aktuellen Beschreibung des Gründungscontrollingproblems. Die aktuellen Daten werden im beschriebenen Zyklus des Gründungscontrolling verarbeitet, so dass nach Auswertung der neuen Simulationsläufe zumindest grundsätzliche Urteile über mögliche Konsequenzen für das Gründungsvorhaben entwickelt werden können:
- Abschluss der Gründungsprojekte und deren Überführung in Unternehmungs-Entwicklungsprojekte bei aktueller Zielkonformität aller Gründungsprozesse; oder
- Notwendigkeit der Adaption bzw. Umkonstruktion von Gründungsprozessen / -projekten aufgrund partieller oder kompensierbarer Zielkonformitätsverletzungen mit Rücksprung in die zweite oder erste Phase des Gründungscontrolling;
- Notwendigkeit des Abbruchs des Gründungsvorhabens aufgrund umfangreicher nicht kompensierbarer Zielkonformitätsverletzungen

IT-gestützte Instrumente
Hier kann auf die IT-gestützten Instrumente zur Darstellung und Anwendung der Methoden in der vorangehenden Controlling-Phasen zurückgegriffen werden.

2.4 Ausblick

Wie generell im Unternehmenscontrolling existieren auch im Gründungscontrolling noch vielfältige Entwicklungsaufgaben für Methoden und IT-gestützte Instrumente. Zwar lässt sich auch für das Gründungscontrolling schon eine Vielzahl von Methoden und IT-gestützten Instrumenten als nicht immer miteinander konsistente Bausteine eines umfassenden Steuerungskonzepts nennen. Jedoch besteht nach wie vor die Aufgabe, die Prämissen der IT-gestützten Instrumente so zu öffnen oder zu variieren, das zunehmend die nötige Konsistenz und Transitivität von Daten und Plänen über alle Phasen eines Controlling-Zyklus gewährleistet wird. Dieses Postulat ist in der besonders sensiblen, grundsätzlich krisenanfälligen Situation eines Gründungsvorhabens bei der Auswahl und Anwendung der erforderlichen Controlling-Werkzeuge zu beachten, wenn planungs- und kontrollbedingte Krisen und schließlich Katastrophen vermieden werden sollen.

Weiterführende Literatur (zitierte Quellen siehe Anhang)

Bitz, M. (1998), Bd.1, Investition, in: M. Bitz et al. (Hrsg.), Vahlens Kompendium der Betriebswirtschaftslehre, Band 1, München, S. 107-174.

Date, C. J. (2000), An Introduction to Database Systems, Reading (Massachusetts) et al.

Homburg, C. (1998), Quantitative Betriebswirtschaftslehre: Entscheidungsunterstützung durch Modelle; mit Beispielen, Übungsaufgaben und Lösungen, Wiesbaden.

Kern, W. (1992), Industrielle Produktionswirtschaft, Stuttgart.

Küpper, H.-U. (1997), Controlling: Konzeption, Aufgaben und Instrumente, Stuttgart.

Matthes, W. (1989), KOLLPROG – Module eines kollektiven Prognosesystems zur Entwicklungsplanung der Unternehmung, in: M. R. Wolff (Hrsg.), Mikrorechnereinsatz in den Wirtschaftswissenschaften, München / Wien, S. 149-174.

Matthes, W. (1993), Input-Output-Analyse, betriebswirtschaftliche, in: W. Wittmann et. al. (Hrsg.), Handwörterbuch der Betriebswirtschaft, Teilband 2, Stuttgart, Sp. 1813-1826.

Mertens, P. (1993), Prognoserechnung, Würzburg / Wien.

Witte, Th. (1993), Simulation und Simulationsverfahren, in: W. Wittmann et. al. (Hrsg.), Handwörterbuch der Betriebswirtschaft, Teilband 3, Stuttgart, Sp. 3837-3849.

Verständnisfragen (Lösungen siehe Anhang)

Aufgabe 1:
Skizzieren Sie unter dem Aspekt der Transitivität des Controlling ein Szenario zur Entwicklung eines Gründungscontrolling für eine originäre Gründung mit geringer Kapitalausstattung auf Basis hierzu auszuwählender IT-gestützter Controllingwerkzeuge.

Aufgabe 2:
Erläutern Sie die Bedeutung von Anpassungs- / Alternativplänen innerhalb eines Gründungsgesamtplans.

Aufgabe 3:
Wie lässt sich der Prozess des Datenmanagement anhand seiner Aktivitäten und Ergebnisse beschreiben?

VIII Gründungscontrolling
3 Die Organisation des Rechnungswesens

Volkmar Botta[*]

3.1 Aufgaben und Inhalte des Rechnungswesens

Die monetäre Planung, Erfassung, Dokumentation, Überwachung und Analyse aller betrieblichen Vorgänge der Beschaffung der für die Aufrechterhaltung der Betriebsbereitschaft, die Durchführung der Leistungserstellung und die Vermarktung der Leistungen benötigten Ressourcen einschließlich der dabei anfallenden Finanzierungsvorgänge sind Gegenstand des Rechnungswesens. Unabhängig von Rechtsform, Branchenzugehörigkeit sowie Größe eines Unternehmens werden seinem Rechnungswesen daher im allgemeinen folgende Hauptaufgaben zugewiesen:
- die Bereitstellung zahlenmäßiger Informationen für Planungen und Entscheidungen,
- die zeitlich sowie inhaltlich geordnete Aufzeichnung aller Geschäftsvorgänge mit finanzieller Auswirkung unter Verwendung von Belegen,
- die periodische Rechenschaftslegung und rechtzeitige Information der berechtigten Öffentlichkeit über die Vermögens-, Ertrags- und Finanzlage des Unternehmens aufgrund gesetzlicher Vorschriften sowie
- die Bereitstellung geeigneter Informationen zur Überwachung und Steuerung der Wirtschaftlichkeit und Liquidität.

---

[*] Für Anregungen und die kritische Durchsicht beim Abfassen dieses Beitrages danke ich Frau Dipl.-Kffr. Dipl.-Hdl. Andrea Schulte, Herrn Dipl.-Kfm. Ralf Staub sowie Herrn Dipl.-Kfm. Adrian A. Weinaug.

Diese Vielfalt zu erfüllender Aufgaben führte zur Untergliederung des Rechnungswesens in *Buchführung, Kosten- und Leistungsrechnung, Statistik und Planungsrechnung.*

Die Dokumentation sowie Information über die Geschäftsvorfälle des Unternehmens
und seine Vermögens-, Finanz- und Ertragslage erfordern eine gewissenhafte *Buchführung.* Deshalb verpflichtet § 238 HGB jeden Kaufmann zur Führung von Büchern nach den Grundsätzen ordnungsmäßiger Buchführung, so dass seine Handels-
geschäfte und die Lage des Unternehmens erkennbar sind. Gemäß §140 AO (Abga-
benordnung) sind im Sinne des Steuerrechts zur Buchführung grundsätzlich alle
verpflichtet, die dazu aufgrund anderer Gesetze als der Steuergesetze verpflichtet
sind. Im Einzelnen regelt § 141 AO die Buchführungspflicht bestimmter Steuerpflichtiger. Da wesentliche Aufwendungen und Investitionen im allgemeinen schon
lange vor der Aufnahme der operativen Geschäftstätigkeit anfallen, setzt die Buchführungspflicht für Kaufleute nach einhelliger Auffassung bereits mit der Aufnahme
der die Gründung eines Unternehmens vorbereitenden Aktivitäten ein.

Klarheit und Übersichtlichkeit als Voraussetzungen *ordnungsmäßiger Buchführung* sind durch eine sachgerechte und überschaubare Organisation herbeizuführen,
um eine fortlaufende, vollständige, richtige sowie zeitgerechte Erfassung aller Geschäftsvorfälle, den gesonderten Ausweis von Vermögenswerten und Schulden sowie von Erträgen und Aufwendungen, die Lesbarkeit von Belegen und Buchungen,
eine geordnete Aufbewahrung der entsprechenden Belege und eine übersichtliche
Gliederung des Jahresabschlusses zu gewährleisten.

Die sogenannte *externe Rechnungslegung* orientiert sich an der gesetzlichen
Pflicht zur Rechenschaftslegung gegenüber externen Adressaten. Sie konkretisiert
sich in der *Geschäfts- und Finanzbuchhaltung*, welche alle finanziell wirksamen
Tatbestände und Aktivitäten des Unternehmens im Verkehr mit seiner Umwelt vollständig aufzeichnen und die Vermögens-, Finanz- und Ertragslage des Unternehmens darstellen soll. Zu erfassen sind der Ein- und Verkauf von Leistungen, die finanziellen Konsequenzen aus der Beschäftigung von Mitarbeitern, wie z.B. sämtliche Verbindlichkeiten und Zahlungen aus Ansprüchen auf Lohn / Gehalt, Sozialabgaben, Lohnsteuer oder Pensionszusagen, Verbindlichkeiten oder Leistungen aus
Mitgliedschaften in Kammern und Verbänden, die Zuführung von Eigen- und
Fremdkapital, die Vergabe und Tilgung von Krediten, Erträge und Aufwendungen
aus Beteiligungen an anderen Unternehmen, Erträge und Aufwendungen aus anderen Finanzanlagen, Subventionen der öffentlichen Hand, Forderungen und Verbindlichkeiten gegenüber dem Fiskus sowie damit korrespondierende Ein- und Auszahlungen.

Das sogenannte *interne Rechnungswesen* orientiert sich demgegenüber an den
Interessen des Managements hinsichtlich Kalkulation, Planung, Steuerung und
Überwachung der Wirtschaftlichkeit sowie der Ressourcenbindung und des -
verbrauchs in allen betrieblichen Abläufen. Es beinhaltet die Kosten- und
Leistungsrechnung sowie die Statistik und die Planungsrechnung. Grundlage ist die
Betriebsbuchhaltung, welche alle innerbetrieblichen Güter- und Werteströme
aufzeichnet und empfangene und abgegebene Leistungen und Verbräuche

periodisch, meist monats- und / oder quartalsweise, wenigstens jedoch einmal pro Jahr, mit der Geschäftsbuchhaltung abstimmt.

Die *Betriebsbuchhaltung* übernimmt aus der *Geschäftsbuchhaltung* die zu Ist- oder zu Verrechnungspreisen bewerteten Faktormengen, die zur Bewertung der innerbetrieblichen Leistungsflüsse, für die Kalkulation und Überwachung der Wirtschaftlichkeit aller betrieblichen Prozesse im Zusammenhang mit der Aufrechterhaltung der Betriebsbereitschaft, der Durchführung der Leistungserstellung und der Vermarktung benötigt werden.

3.2 Formale Aspekte der Organisation

Das Rechnungswesen jedes Unternehmens ist vorzugsweise so zu organisieren, dass es nicht nur seine externen, sondern auch seine internen Aufgaben erfüllt. Diese sind nicht per Gesetz fixiert, sondern ergeben sich aus den Grundsätzen ordnungsmäßiger Buchführung. Sie sind als Mindestanforderungen für die Festlegung der inhaltlichen und organisatorischen Notwendigkeiten zu verstehen. Um jedoch gerade im Hinblick auf die Erfüllung künftiger, meist detaillierter interner Anforderungen möglichst von vornherein spätere Reorganisationen zu vermeiden, sollte die Konzeption der Buchführung *bereits im Gründungsstadium* auf die späteren Bedürfnisse eines wachsenden Unternehmens und komplexeren Buchungsstoff ausgerichtet werden. Dabei ist neben der inhaltlichen Organisation von Kontenrahmen, Konten, Belegwesen, Buchungssätzen und Kalkulation insbesondere auch an die organisatorische Verankerung der Buchführung im Unternehmen, die Festlegung der Aufgaben, die Beschreibung der Abläufe, die Benennung der Verantwortlichen und die Abgrenzung der jeweiligen Verantwortungsbereiche zu denken. Zur Vermeidung von Zuständigkeitsüberschreitungen, beispielsweise im Zusammenhang mit der Veranlassung und der Entgegennahme von Zahlungen, empfiehlt sich die Festlegung von Obergrenzen für einzelne Vorgänge und bei übersteigenden Beträgen die Festlegung von Gegenzeichnungsberechtigten.

3.2.1 Organisation der Bestands- und Erfolgskonten

Die Organisation der Darstellung der Bilanz sowie der Gewinn und Verlustrechnung ist im *Handelsgesetzbuch* geregelt. Das *Bilanzschema* (Abbildung 1) zeigt die in den sogenannten Bestandskonten erfassten Bestände gemäß § 266 II HGB. Dabei werden die Vermögenswerte (Aktiva) auf der linken Seite und die Schulden (Passiva) auf der rechten Seite der Bilanz ausgewiesen.

Aktiva	Bilanz	Passiva

A. Anlagevermögen
 	
I. Immaterielle Vermögensgegenstände:
  1. Konzessionen, gewerbl. Schutzrechte und ähnlicher Rechte und Werte sowie Lizenzen an solchen Rechten und Werten;
  2. Geschäfts- und Firmenwert;
  3. geleistete Anzahlungen;
II. Sachanlagen:
  1. Grundstücke, grundstücksgleiche Rechte und Bauten einschließlich der Bauten auf fremden Grundstücken;
  2. technische Anlagen und Maschinen;
  3. andere Anlagen, Betriebs- und Geschäftsausstattung;
  4. geleistete Anzahlungen und Anlagen im Bau;
III. Finanzanlagen:
  1. Anteile an verbundenen Unternehmen;
  2. Ausleihungen an verbundenen Unternehmen;
  3. Beteiligungen;
  4. Ausleihungen an Unternehmen;
  5. Wertpapiere des Anlagevermögens;
  6. sonstige Ausleihungen.
 	
B. Umlaufvermögen:
 	
I. Vorräte:
  1. Roh-, Hilfs- und Betriebsstoffe;
  2. unfertige Erzeugnisse, unfertige Leistungen;
  3. fertige Erzeugnisse und Waren;
  4. geleistete Anzahlungen;
II. Forderungen und sonstige Vermögensgegenstände:
  1. Forderungen aus Lieferungen und Leistungen;
  2. Forderungen gegen verbundene Unternehmen;
  3. Forderungen gegen Unternehmen mit denen ein Beteiligungsverhältnis besteht;
  4. sonstige Vermögensgegenstände;
III. Wertpapiere:
  1. Anteile an verbundene Unternehmen;
  2. eigene Anteile;
  3. sonstige Wertpapiere;
IV. Kassenbestand, Bundesbankguthaben, Guthaben bei Kreditinstituten und Schecks.
 	
C. Rechnungsabgrenzungsposten
		A. Eigenkapital
		
		I. Gezeichnetes Kapital;
		II. Kapitalrücklage;
		III. Gewinnrücklagen
		  1. gesetzliche Rücklagen;
		  2. Rücklagen für eigene Anteile;
		  3. satzungsgemäße Rücklagen;
		  4. andere Gewinnrücklagen;
		IV. Gewinnvortrag / Verlustvortrag;
		V. Jahresüberschuss / Jahresfehlbetrag.
		
		B. Rückstellungen:
		
		  1. Rückstellungen für Pensionen und ähnliche Verpflichtungen;
		  2. Steuerrückstellungen;
		  3. sonstige Rückstellungen.
		
		C. Verbindlichkeiten:
		
		  1. Anleihen, davon konvertibel;
		  2. Verbindlichkeiten gegenüber Kreditinstituten;
		  3. erhaltene Anzahlungen auf Bestellungen;
		  4. Verbindlichkeiten aus Lieferungen und Leistungen;
		  5. Verbindlichkeiten aus der Annahme gezogener Wechsel und der Ausstellung eigener Wechsel;
		  6. Verbindlichkeiten gegenüber verbundenen Unternehmen
		  7. Verbindlichkeiten gegenüber Unternehmen, mit denen ein Beteiligungsverhältnis besteht;
		  8. sonstige Verbindlichkeiten, davon Steuern, davon im Rahmen der sozialen Sicherheit.
		
		D. Rechnungsabgrenzungsposten

Abbildung 1: Darstellung einer Bilanz

In der Bilanz wird der positive (Gewinn) oder negative (Verlust) wirtschaftliche Erfolg der Geschäftstätigkeit der einzelnen Perioden an Veränderungen des Eigenkapitals erkennbar. Dieser bestimmt sich je Periode anhand der Unterschiedsbeträge zwischen den Anfangs- und Endbeständen der Bestandskonten. Er lässt sich aber gleichfalls als Differenz von Erträgen und Aufwendungen in der Gewinn- und Verlustrechnung bestimmen. Dies kann sowohl nach dem Gesamtkostenverfahren (§ 275 II HGB) gemäß Abbildung 2 als auch nach dem Umsatzkostenverfahren (§ 275 III HGB) gemäß Abbildung 3 geschehen. Beide Verfahren liefern den selben Jahresüberschuss oder -fehlbetrag, stimmen hinsichtlich der Unterscheidung von Erfolgen aus gewöhnlicher oder regulärer Geschäftstätigkeit und außerordentlichen Erfolgen überein und unterscheiden sich lediglich bis zur Position „sonstige betriebliche Aufwendungen".

Das Schema des *Gesamtkostenverfahrens* zeigt die Erfolgsermittlung mittels Gegenüberstellung der gesamten Leistungen einer Periode und den nach Arten sortierten gesamten Aufwendungen dieses Zeitraums. Bei Anwendung des *Umsatzkostenverfahrens* bestimmt sich der Erfolg aus der Umsatztätigkeit als Differenz aus dem Umsatz der vermarkteten Leistungen und dem dafür erforderlichen betrieblichen Aufwand. Dabei werden dem Umsatz jedoch, anders als beim Gesamtkostenverfahren, nicht die nach Arten differenzierten Aufwendungen gegenübergestellt, sondern Herstellungskosten sowie Vertriebskosten und allgemeine Verwaltungskosten. Sie ergeben sich durch eine kostenstellenbezogene Verrechnung der angefallenen Aufwendungen.

Um *Bestandsbuchungen*, welche die Bilanz betreffen, und *Erfolgsbuchungen*, welche die Gewinn- und Verlustrechnung betreffen, systematisch zuordnen zu können, wurden Kontenrahmen entwickelt. Beispiele hierfür sind die als Empfehlung vom *Bundesverband der Deutschen Industrie e.V.* herausgegebenen Gemeinschaftskontenrahmen (GKR) und Industriekontenrahmen (IKR), die beide nach dem dekadischen System in 10 Kontenklassen aufgeteilt sind. Der Aufbau des GKR folgt dem Prozessprinzip, der des IKR dem Abschlussprinzip. Abbildung 4 zeigt den Grundaufbau dieser Kontenrahmen.

Während das dem Prozess folgende Organisationsprinzip die Buchungen der *Geschäfts- und Betriebsbuchhaltung* in einem einzigen Buchungskreis mit den Kontenklassen 0 bis 9 vereinigt, werden nach dem Abschlussprinzip alle Buchungen zwei getrennten Kreisen zugeordnet, nämlich die der Geschäftsbuchhaltung den Kontenklassen 0 bis 8 und die der Betriebsbuchhaltung der Kontenklasse 9. Dies erklärt die Bezeichnungen Ein- und Zweikreissystem. Letzteres bedingt die Einrichtung zusätzlicher Konten zur Verknüpfung beider Kreise und somit erhöhten Abstimmungsaufwand. Während also das Einkreissystem die Kosten- und Leistungsrechnung mit der Kostenarten-, Kostenstellen- und Kostenträgerrechnung in ein übergeordnetes Ganzes integriert, separiert das Zweikreissystem beide Aufgabenkomplexe. Über das Für und Wider beider Konzeptionen lässt sich jedoch trefflich streiten.

Gesamtkostenverfahren gemäß § 275, Abs. 2 HGB

1) Umsatzerlöse
2) Erhöhung oder Verminderung des Bestands an fertigen oder unfertigen Erzeugnissen
3) andere aktivierte Eigenleistungen
4) sonstige betriebliche Erträge
5) Materialaufwand
    a) Aufwendungen für Roh-, Hilfs- und Betriebsstoffe und für bezogene Waren
    b) Aufwendungen für bezogene Leistungen
6) Personalaufwand
    a) Löhne und Gehälter
    b) soziale Abgaben und Aufwendungen für Altersversorgung und für Unterstützung, davon für Altersversorgung
7) Abschreibungen:
    a) auf immaterielle Vermögensgegenstände des Anlagevermögens und Sachanlagen sowie auf aktivierte Aufwendungen für die Ingangsetzung und Erweiterung des Geschäftsbetriebs
    b) auf Vermögensgegenstände des Umlaufvermögens, soweit diese die in der Kapitalgesellschaft üblichen Abschreibungen überschreiten
8) sonstige betriebliche Aufwendungen
9) Erträge aus Beteiligungen, davon aus verbundenen Unternehmen
10) Erträge aus anderen Wertpapieren und Ausleihungen des Finanzanlagevermögens, davon aus verbundenen Unternehmen
11) sonstige Zinsen und ähnliche Erträge, davon aus verbundenen Unternehmen
12) Abschreibungen auf Finanzanlagen und auf Wertpapiere des Umlaufvermögens
13) Zinsen und ähnliche Aufwendungen, davon aus verbundenen Unternehmen
14) Ergebnis der gewöhnlichen Geschäftstätigkeit
15) außerordentliche Erträge
16) außerordentliche Aufwendungen
17) außerordentliches Ergebnis
18) Steuern vom Einkommen und vom Ertrag
19) sonstige Steuern
20) Jahresüberschuss / Jahresfehlbetrag

Abbildung 2: Gesamtkostenverfahren gemäß § 275, Abs. 2 HGB

Umsatzkostenverfahren gemäß § 275, Abs. 3 HGB
1) Umsatzerlöse
2) Herstellungskosten der zur Erzielung der Umsatzerlöse erbrachten Leistungen
3) Bruttoergebnis vom Umsatz
4) Vertriebskosten
5) Allgemeine Verwaltungskosten
6) sonstige betriebliche Erträge
7) sonstige betriebliche Aufwendungen
8) Erträge aus Beteiligungen, davon aus verbundenen Unternehmen
9) Erträge aus anderen Wertpapieren und Ausleihungen des Finanzanlagevermögens, davon aus verbundenen Unternehmen
10) sonstige Zinsen und ähnliche Erträge, davon aus verbundenen Unternehmen
11) Abschreibungen auf Finanzanlagen und auf Wertpapiere des Umlaufvermögens
12) Zinsen und ähnliche Aufwendungen, davon an verbundene Unternehmen
13) Ergebnis der gewöhnlichen Geschäftstätigkeit
14) außerordentliche Erträge
15) außerordentliche Aufwendungen
16) außerordentliches Ergebnis
17) Steuern vom Einkommen und vom Ertrag
18) sonstige Steuern
19) Jahresüberschuss / Jahresfehlbetrag

Abbildung 3: Umsatzkostenverfahren gemäß § 275, Abs. 3 HGB

Die dargestellten *Kontenklassen* liefern selbstverständlich nur das Raster für die grobe Zuordnung von Sachverhalten für die bilanzielle und erfolgswirtschaftliche Offenlegung. Um darüber hinausgehende, spezifische Informationsbedürfnisse zu erfüllen, werden die Kontenklassen meist in *Gruppen*, *Arten* und *Unterarten* untergliedert und zu Kontenplänen erweitert. Für die meisten Branchen existieren entweder bereits branchenspezifische Kontenrahmen, wie zum Beispiel der vom Bundesverband des Deutschen Groß- und Außenhandels herausgegebene Kontenrahmen des Groß- und Außenhandels, der vom Hauptverband des Deutschen Einzelhandels herausgegebene Einzelhandelskontenrahmen (EKR), die von der DATEV (Datenverarbeitung und Dienstleistung für die steuerberatenden Berufe e.G.) herausgegebenen Spezialkontenrahmen SKR 03, SKR 04, SKR 20 (Handwerkskontenrahmen), SKR 30 (Einzelhandel), SKR 45 (Soziale Einrichtungen / Heime), SKR 48 (Kommunale Betriebe), SKR 70 (Hotel / Gaststätten), SKR 80 (Zahnarztkontenrahmen), die auf EDV-mäßige Abwicklungen ausgerichtet sind. Andernfalls existieren jedoch wenigstens Orientierungshilfen für eine entsprechende Gestaltung gemäß Abbildung 5.

Klasse	Prozessprinzip (GKR)	Abschlussprinzip (IKR)
0	Anlagevermögen und langfristiges Kapital	Immaterielle Werte und Sachanlagen (Vermögenskonten)
1	Finanzumlaufvermögen und kurzfristige Verbindlichkeiten	Finanzanlagen und Geldkonten (Vermögenskonten)
2	Neutrale Aufwendungen und Erträge sowie Abgrenzungskonten	Umlaufvermögen und aktive Rechnungsabgrenzung (Vermögenskonten)
3	Bestände an Roh-, Hilfs- und Betriebsstoffen	Eigenkapital, Wertberichtigungen und Rückstellungen (Kapitalbestandskonten)
4	Kostenartenkonten	Verbindlichkeiten und passive Rechnungsabgrenzung (Kapitalbestandskonten)
5	Kostenstellenkonten	Erträge (Konten der Erfolgsrechnung)
6	Kostenstellenkonten	Betriebliche Aufwendungen (Konten der Erfolgsrechnung)
7	Bestandskonten unfertiger und fertiger Erzeugnisse	Weitere Aufwendungen (Konten der Erfolgsrechnung)
8	Erträge	Ergebnisrechnung (Abschlusskonten)
9	Abschlusskonten	Betriebsbuchhaltung (Kosten- und Leistungsrechnung)

Abbildung 4: Grundaufbau von Kontenrahmen

Kontenklasse:	Finanzkonten	1	
Kontengruppe:	Banken und Sparkassen	14	
Kontenarten:	Auslandsbanken	141	
Kontenunterarten:	Inlandsbanken	14201	A-Bank
		14202	B-Bank
		14203	C-Bank
Kontenunterartenindices:		14203a	C-Bank (Guthaben)
		14203b	C-Bank (Kredite)
		143	Sparkassen

Abbildung 5: Orientierungshilfen für die Gestaltung von Kontenrahmen

3.2.2 Organisation des Belegwesens

Um die Ordnungsmäßigkeit der Buchführung zu gewährleisten, sind alle Geschäftsvorfälle zu buchen, denn sie beeinflussen die Vermögens-, Ertrags- und Finanzlage des Unternehmens. Jede Buchung berührt wenigstens zwei Konten, da einem Konto nur gutgeschrieben werden kann, was einem anderen Konto entnommen wird. Weil diese Vorgehensweise auf dem Prinzip von Konto und Gegenkonto beruht, wird sie *doppelte Buchführung* genannt. Grundlage jedes Buchungsvorgangs ist wenigstens ein *Beleg*. Unter Bezug auf ihren Ursprung werden Fremd- und Eigenbelege beziehungsweise externe und interne Belege unterschieden. Sie sollen die Ursachen und Wirkungen geschäftlicher Aktivitäten nachvollziehbar dokumentieren. Sind zur vollständigen Dokumentation einzelner geschäftlicher Transaktionen mehrere Belege erforderlich, so sind diese eindeutig festzulegen, und es ist zu regeln, auf Basis welcher Belege die vollständige buchhalterische Erfassung derartiger Geschäftsvorfälle im einzelnen erfolgen soll. Da a priori weder Sicherheit im Hinblick auf sachliche noch rechnerische Richtigkeit von Belegen besteht, sind organisatorische Vorkehrungen bezüglich Art und Umfang der Überprüfung von Belegen zu treffen.

Um eine hinreichende *Transparenz des Belegwesens* zu erreichen, sollten Belegarten, weil sie unterschiedliche Sachverhalte betreffen, voneinander separiert und innerhalb der jeweiligen Art aufsteigend nummeriert werden, so dass Vertauschungen von Belegen unterschiedlicher Art ausgeschlossen sind. Anknüpfend an die Unterscheidung interner und externer Belege wären dann die Kennzeichen I bzw. E zu vergeben, unter Bezug auf den jeweiligen Sachverhalt beispielsweise für vergebene Gutschriften VG und für erhaltene Gutschriften EG. Damit ließe sich eine eindeutige Belegkreisnummern-Organisation gemäß Abbildung 6 konzipieren:

Sortierkriterium	Nummernkreis	Nummer
Ausgangsrechnung	IAR	IAR0001.........IARxxxxxx
Vergebene Gutschriften	IVG	IVG0001.....
Kassenbelege	IKB	IKB0001.....
Eingangsrechnung	EER	EER0001.....
Erhaltene Gutschriften	EEG	EEG0001......

Abbildung 6: Hinweise für die Transparenz des Belegwesens

Ist kurzfristig mit einer erheblichen Erweiterung der geschäftlichen Aktivitäten zu rechnen, werden sich auch Buchungen gleichen Inhalts wiederholen und dieselben Konten angesprochen. Dann empfiehlt sich aus arbeitsorganisatorischen Gründen die Einführung von Kontierungsstempeln, gegebenenfalls sogar unter Verwendung von festgelegten Buchungssätzen.

Grundsätzlich sollen Buchungen ausschließlich auf Basis von Originalbelegen erfolgen. Sind diese aber abhanden gekommen, sind Zweitschriften oder Kopien zu beschaffen und nur in Ausnahmefällen hilfsweise Ersatzbelege auszufertigen.

3.2.3 Organisation der Bücher

Die geprüften, kontierten, sortierten und fortlaufend nummerierten Belege sind im *Grundbuch*, auch Journal genannt, sowie im *Hauptbuch* zu buchen. Zwischen Beleg, Grundbuch und Hauptbuch bestehen dabei folgende Zusammenhänge. Vorkontierte

Belege wie zum Beispiel Eingangs- und Ausgangsrechnungen, Bankauszüge, Kassenbelege, Auslagenbelege und sonstige werden in zeitlicher Folge ihres Anfallens in das Grundbuch eingebucht. Dies geschieht unter Angabe des Belegdatums, der Belegnummer, des Kontierungshinweises, der Angabe des im Soll bzw. im Haben zu buchenden Betrags und eines Buchungstextes, der die Art der Buchung als Eröffnungsbuchung, laufende Buchung, abschlussvorbereitende Buchung bzw. Abschlussbuchung dokumentiert. Aus dem Grundbuch werden diese Buchungen in die nach Sachverhalten abgegrenzten Konten der sogenannten Nebenbücher und des Hauptbuchs übertragen.

Im Hauptbuch sind als Sachkonten insbesondere das Eröffnungsbilanzkonto, das Schlussbilanzkonto-, das GuV-Konto (Gewinn- und Verlustrechnungskonto) mit den Aufwands- und Ertragskonten als Unterkonten sowie die in der Bilanz aufgeführten Konten im Aktiv und Passiv zu nennen. Einige Konten werden über sogenannte Nebenbücher und Nebenbuchhaltungen abgeschlossen. Dazu zählen die Lohn- und Gehaltsbuchhaltung, die Anlagenbuchhaltung, die Lagerbuchhaltung, das Wareneingangs- und Warenausgangsbuch, die Kontokorrentbuchhaltung für Kreditoren (Lieferanten) und Debitoren (Kunden) sowie das Wechsel- und das Kassenbuch.

Die Lohn- und Gehaltsbuchhaltung führt die einzelnen Lohn- und Gehaltskonten, dokumentiert zum einen Bruttolohn / -gehalt der Mitarbeiter aus Arbeitsverhältnissen, ermittelt auf der Basis des Einkommens und der Angaben auf den Lohnsteuerkarten die einzubehaltende und von dem Unternehmen für den Arbeitnehmer an das Finanzamt abzuführende Lohnsteuer. Zum anderen hat die Lohn- und Gehaltsbuchhaltung die Arbeitnehmeranteile für die Sozialversicherung zu ermitteln, einzubehalten und gemeinsam mit dem korrespondierenden Arbeitgeberanteil an die zuständige Krankenkasse abzuführen. In der Regel werden der Lohn- und Gehaltsbuchhaltung auch der Lohnabzug aus gegen Mitarbeiter anhängige Pfändungsverfahren übertragen. Oft hat sie auch die Aufgabe, kreditorische sowie debitorische Vorgänge im Zusammenhang mit gewährten Darlehen, Lohn- und Gehaltsvorauszahlungen, der Abrechnung von Reisekostenvorschüssen oder Verauslagungen betrieblicher Aufwendungen durch Mitarbeiter abzurechnen.

Es ist einleuchtend, dass jeder Mitarbeiter einen Vertrauensschutz besitzt. Um daher den Kreis derer, die im Unternehmen Einblicke in sein Einkommen und seine die Arbeit betreffenden persönlichen finanziellen Verhältnisse bekommen, möglichst klein zu halten, gibt die Lohn- und Gehaltsbuchhaltung nicht die Gehälter etc., sondern nur die Gehaltssumme sowie die Sozialabgaben nach Sachverhalten en bloc an die Finanzbuchhaltung als Buchungsstoff weiter. Die differenzierten Zahlungsanweisungen werden dagegen direkt an die Bank übergeben. Die Bank bestätigt die Abbuchungen in Summe.

Aufgabe der *Anlagenbuchhaltung* ist es:
- beschaffte oder selbst hergestellte Vermögensgegenstände des Anlagevermögens zumindest entsprechend den Vorgaben des Bilanzgliederungsschemas auf separaten Konten zu erfassen,
- den einzelnen Vermögensgegenständen Anschaffungsdatum, Aktivierungsdatum sowie Datum der Inbetriebnahme, Beginn und Dauer der handelsrechtlichen Abschreibung und das Abschreibungsverfahren zuzuordnen,

- Zu- und Abschreibungen aufgrund von Sondereinflüssen bzw. durch nutzungsbedingten Werteverzehr aufzuzeichnen und die jeweiligen Buchwerte zu aktualisieren

- sowie gegebenenfalls erfolgte Umbuchungen auf andere Konten so zu verzeichnen, dass die Wertentwicklung jedes einzelnen Vermögensgegenstands im Unternehmen im Zeitablauf jederzeit nachvollziehbar ist.

Aufgabe der *Lagerbuchhaltung* ist es, im Wareneingangsbuch alle Lagerzugänge und im Warenausgangsbuch entsprechend alle Abgänge mengen- und wertmäßig zu erfassen, damit am Ende jeder Abrechnungsperiode der mengen- und wertmäßige Endbestand des Warenlagers anhand des aufgezeichneten Anfangsbestands und der aufgezeichneten Zu- und Abgänge ermittelt werden kann. Die Bewertung der Bestände ist unproblematisch, sofern die Rechnungen den Vermögensgegenständen im einzelnen anhand individueller Herstellnummern zugewiesen werden können, wie zum Beispiel bei Motoren, Fahrzeugen etc.

Fehlen die Voraussetzungen für diese individuelle Bewertung, so kann die Bewertung unter Zugrundelegung von *Verbrauchsfolgefiktionen* erfolgen, wie zum Beispiel FIFO (First In First Out), LIFO (Last In First Out), HIFO (Highest In First Out) oder LOFO (Lowest In First Out) nach § 256 HGB. Diese Annahmen führen in der Regel zu unterschiedlichen Wertansätzen für das Lager insgesamt und den durchschnittlichen Wert des einzelnen Vermögensgegenstandes. Aufgrund von Irrtümern können sich außerdem Differenzen zwischen diesem durch Fortschreibung ermittelten mengen- und / oder wertmäßigen Lagerbestand sowie dem tatsächlich im Rahmen einer körperlichen Bestandsaufnahme feststellbaren Lagerbestand ergeben. Die Kontenstände sind um diese Differenzen zu korrigieren.

Auch im Verhältnis zu Lieferanten (Kreditoren) und Kunden (Debitoren) können vielerlei Ursachen zu Meinungsverschiedenheiten über ausgeglichene und unausgeglichene Rechnungen und die richtige Höhe von Forderungen und Verbindlichkeiten entstehen. Deshalb sind auch diesbezüglich Kontenabstimmungen erforderlich.

3.2.4 Organisation von Kontenabstimmungen

Kontenabstimmungen sind intern sowie im Außenverhältnis mit Dritten herbeizuführen. In allen Fällen sind Kontensalden abzustimmen. Intern erfolgen Kontenabstimmungen zwischen Finanz- und Geschäftsbuchhaltung zwischen Haupt- und Nebenbüchern beispielsweise durch Inventuren.

Extern sind *schriftliche Kontenabstimmungen* mit Kreditoren und Debitoren mit Hilfe von Saldenbestätigungen herbeizuführen. Dies sollte mindestens einmal im Jahr rechtzeitig für den Jahresabschluss geschehen. Dazu werden jedem Kreditor und Debitor die gemäß eigenen Büchern offenen Positionen möglichst mit Lieferdatum, Lieferscheinnummer, Rechnungsdatum, Rechnungsnummer, Rechnungsbetrag, Fälligkeit und Zahlungsbedingung schriftlich mitgeteilt und seine Zustimmung durch schriftliche Bestätigung bis zu einem bestimmten Zeitpunkt angefordert. Die Schreiben werden so verfasst, dass ausbleibende Stellungnahmen als Zustimmung gewertet werden können.

3.2.5 Organisation von Inventuren

Inventuren dienen dem Abgleich der Buchführung mit dem physischen Vorhandensein materieller Vermögenswerte bezüglich Art, Menge, Gewicht und Wert. Sie können als permanente Inventur, als Stichtagsinventur sowie als vorverlagerte oder nachgelagerte Inventur durchgeführt werden. Die maximal zulässigen Abweichungen vom tatsächlichen Abschlussstichtag sind gesetzlich geregelt.

Als *permanente Inventur* wird zum einen eine sich über das ganze Geschäftsjahr hinziehende physische Aufzeichnung und Überprüfung aller Vermögensgegenstände verstanden, zum anderen eine lückenlose Fortschreibung aller Bewegungen, insbesondere der Vermögensgegenstände des Umlaufvermögens. Diese permanente Inventur wird so organisiert, dass jeder Zugang zum sowie jeder Abgang vom Lager synchron bewertet und gebucht wird. Von Unregelmäßigkeiten abgesehen, besteht damit vollständige Transparenz über Bestandsmengen und –werte. Dies ist Grundlage des erfolgreichen Einsatzes von automatischen Warenwirtschaftssystemen. Außerdem ist die Kenntnis über die im Lager gebundenen Werte, insbesondere bei sehr schwankendem Geschäftsablauf, unabdingbare Voraussetzung für eine zutreffende Beurteilung der Ertrags- und Vermögenslage. Die permanente Inventur sollte regelmäßig, wenigstens einmal pro Jahr, mittels Stichproben auf Richtigkeit der physischen Bestände unter Bezug auf die Erleichterungsregel des § 241 Abs. 2 HGB überprüft werden. Dafür existieren verschiedene statistische Verfahren. Vollinventuren sind zu diesem Zweck ebenfalls denkbar, aber aus Wirtschaftlichkeitserwägungen nicht immer sinnvoll.

Insbesondere in *Klein- und Kleinstbetrieben* wird häufig auf die systematische Aufzeichnung der Warenbewegungen am Lager verzichtet. Deshalb ist mindestens zum Jahresabschluss eine auf diesen Stichtag bezogene Inventur zu organisieren, bei der wirklich alle Vermögensgegenstände auf physisches Vorhandensein zu überprüfen sind. Da insbesondere Positionen des Umlaufvermögens im täglichen Geschäft starken Schwankungen unterliegen können, wird die Geschäftstätigkeit während der Stichtagsinventuren gern eingestellt. Jedoch kann sie bei entsprechend sorgfältiger Organisation und sektoraler Vorgehensweise durchaus meist auch bei laufendem Geschäft durchgeführt werden. Organisatorisch ist dann sicherzustellen, dass sämtliche Vermögensgegenstände aufgenommen und Doppelerfassungen vermieden werden. Auf jeden Fall sind entsprechende Protokolle über die Organisation sowie die Durchführung der jeweiligen Inventur und über die besonderen Vorkommnisse zu verfassen und zu den Akten zu nehmen.

Die *vor- oder nachverlagerte Inventur* wird in praktisch gleicher Form, jedoch aus betrieblich bedingten Gründen, lediglich zu einem vorgezogenen Zeitpunkt vorgenommen. Der Erleichterung durch zeitliche Vorverlagerung steht der Nachteil gegenüber, dass die Fortschreibung der Bestandsentwicklung bis zum tatsächlichen Bilanzstichtag wiederum mit Unsicherheiten behaftet ist, was letztlich eine Fehlerhaftigkeit des für diesen Zeitpunkt angegebenen Bestandswerts bewirken kann.

3.2.6 Organisation der Ablage

Die Buchführung jedes Unternehmens muss so beschaffen sein, dass ein mit der Materie Vertrauter in angemessener Zeit einen *Überblick über die Vermögens-, Finanz- und Ertragslage* gewinnen kann. Elementare Voraussetzung dafür ist eine langfristig gut organisierte Ablage. Die Notwendigkeit dafür ergibt sich aus dem § 257 HGB, der für Handelsbücher, Inventare, Eröffnungsbilanzen, Jahresabschlüsse, Lageberichte, Konzernabschlüsse, Konzernlageberichte, zugehörige Arbeitsanweisungen, sonstige Organisationsunterlagen und Buchungsbelege eine Aufbewahrungsfrist von 10 Jahren und für empfangene Handelsbriefe sowie Kopien abgesandter Handelsbriefe eine Aufbewahrungsfrist von 6 Jahren vorschreibt.

Um dazu auch im Detail und zügig recherchieren zu können, ist ergänzend zur Organisation der Konten und Buchungen auch die *Ablage* zu organisieren. Daher empfiehlt sich eine Organisation der Ablage in Übereinstimmung mit der Belegorganisation. Das bedeutet, dass die Ablage nach Belegarten getrennt, chronologisch und in aufsteigender Folge der Belegnummernkreise vorgenommen wird. Es empfiehlt sich also, sowohl aus praktischen Erwägungen als auch wegen der aktuellen Ausdehnung der Aufbewahrungsfristen, eine sorgfältige Trennung von Belegen verschiedener Geschäftsjahre herbeizuführen.

3.3 Aspekte der Organisation des internen Rechnungswesens

Das *interne Rechnungswesen* dient der Gestaltung und Überwachung der Wirtschaftlichkeit des betrieblichen Vollzugs der Leistungserstellung und -verwertung auf der Grundlage von Leistungen und Kosten unbeschadet von bilanzpolitischen Überlegungen. Dazu muss der Ressourcenverbrauch aller betrieblichen Funktionen über alle betrieblichen Prozesse und für alle Leistungen vollständig und transparent erfasst und abgebildet werden. Insbesondere sind die Komponenten Betriebsbuchhaltung und Planung sowie die Kosten- und Leistungsrechnung des internen Rechnungswesens miteinander und mit dem externen Rechnungswesen bezüglich Daten- und Informationsaustausch zu verzahnen, damit alle betrieblichen Güter- und Werteströme und ihre Transformation in finanzielle Größen, also in Kosten und Leistungen, ohne Systembrüche abgebildet werden können. Auf dieser Grundlage sind Wirtschaftlichkeit und Geschäftsentwicklung integriert zu planen, zu steuern und zu überwachen.

3.3.1 Organisation der Planung

Planung ist die gedankliche Antizipation zukünftigen Geschehens. Sie ist auf die Erreichung der angestrebten Ziele auszurichten. Planung kann sich dazu an dem Zahlenwerk der Vergangenheit orientieren, darf aber nicht durch dieses mittels Fortschreibung ersetzt werden. Sie sollte sich an den logischen Strukturen der Ist-Erfassung und Verrechnung von Leistungs- und Werteströmen im Unternehmen anlehnen, damit aufgrund inhaltlicher und struktureller Übereinstimmung von Planungs- und

Ist-Werten später Abweichungsanalysen einfacher und zuverlässiger durchgeführt und bessere Entscheidungsunterstützungen erarbeitet werden können.

Planung basiert auf einem *physischen Mengen-* und einem *finanziellen Wertgerüst*. Die Mengenplanung basiert auf Einsatz- bzw. Verbrauchsmengen, die Werteplanung auf Preisen. Extern gelten Marktpreise und intern gegebenenfalls Verrechnungspreise. Marktpreise sind zum einen die Einkaufspreise der Produktions- bzw. Einsatzfaktoren zur Erstellung von Leistungen und zum anderen die Verkaufspreise der eigenen Leistungen. Das Mengengerüst bilden die Verbrauchsmengen der Einsatzfaktoren und die Ausbringungsmengen der Leistungsarten. Voraussetzung für die Planung sind Informationen und / oder Annahmen über die mögliche Absatzmenge, die verfügbaren Ressourcen, die Einkaufskonditionen und die Verkaufskonditionen, die Konjunktur, den zu erwartenden Wettbewerb und die künftige Preisentwicklung. Finanziell antizipieren die Planungen bewertete Einsatz- und Leistungsströme, Finanzströme sowie Änderungen von Beständen. Diese sind simultan zu planen.

3.3.2 Organisation von Steuerung und Überwachung

Zum Zweck der *Steuerung und Überwachung der Wirtschaftlichkeit* sollte erstens das interne Zahlenwerk gegen die Einwirkung externer Effekte wie Marktpreisschwankungen abgesichert werden. Dazu empfiehlt sich die Einführung von Verrechnungspreisen, die intern in der Regel auch über längere Zeiträume konstant bleiben sollten. Zwischen den tatsächlich von der Finanzbuchhaltung erfassten Rechnungspreisen und den für Zwecke der innerbetrieblichen Rechnung verwendeten Verrechnungspreisen entstehen dadurch allerdings Wertdifferenzen, die auf einem *Preis-Differenzen-Bestandskonto* zu verbuchen sind, das anteilig mit den vom Betrieb an den externen Rechnungskreis der Finanzbuchhaltung übergebenen Leistungen wieder aufgelöst wird.

Um die Entwicklung der Wirtschaftlichkeit mehrerer Perioden *im Zeitablauf* zutreffend vergleichen zu können, müssen zweitens die einzelnen Perioden deutlich gegeneinander abgegrenzt werden. Dies soll verhindern, dass die Veräußerung von Waren aus Beständen, die in Vorperioden angelegt wurden, die Ertragssituation der laufenden Periode verwischt. Festgestellte Unterschiede zwischen den wirtschaftlichen Daten verschiedener Perioden sowie zwischen Soll- und Ist-Werten einer Periode sind auf Ursachen zu untersuchen, um Hinweise auf Kursabweichungen und notwendige oder sinnvolle Steuerungshinweise zu erhalten.

3.3.3 Ausgestaltung des internen Rechnungswesens

Bezüglich der Einrichtung aussagefähiger interner Rechnungswesen existieren keine gesetzlichen Vorschriften. Daher kann im Prinzip jeder Betrieb sein eigenes, individuelles internes Rechnungswesen ausgestalten. Allerdings sind im Hinblick auf die Kalkulation und Abrechnung öffentlicher Aufträge bestimmte Anforderungen zu erfüllen, um die Angemessenheit von Preisen und Gewinnen für die in Rechnung zu stellenden Leistungen gegenüber öffentlichen Auftraggebern transparent nachweisen zu können. Weiterhin sind zum einen und primär die Informationsbedürfnisse der externen Rechnungslegungsadressaten hinsichtlich der Ermittlung von Herstellungskosten, der Bewertung von Beständen und der Ermittlung des Erfolgs sowie zum anderen die Informationsbedürfnisse des Managements für das Treffen von Entscheidungen konsequent zu berücksichtigen.

3.3.4 Die Kosten- und Leistungsrechnung

Kern des internen Rechnungswesens ist die *Kosten- und Leistungsrechnung*. Sie betrifft den zur Leistungserstellung, zur Aufrechterhaltung der Leistungsbereitschaft und zur Vermarktung der erstellten Leistungen angefallenen und bewerteten Verbrauch von Faktoreinsatzmengen sowie auf der Gegenseite den bewerteten Zugang von Leistungsmengen auf das Lager und den mit Preisen bewerteten Leistungsabgang. Um die Überleitung intern anders zu beurteilender Sachverhalte in externe Aussagen zu erleichtern und die Durchgängigkeit von internen Rechengrößen in externe zu gewährleisten, sollte die Konzeption der internen Rechnungslegung daher trotz unterschiedlicher Aufgaben mit der des externen Rechnungswesens übereinstimmen. Dies ist als Voraussetzung für die Steigerung der Transparenz der Rechnungslegung insgesamt zu sehen. Dazu ist eine widerspruchslose Herleitung extern verlautbarter und in Positionen von Bilanz und Gewinn- und Verlustrechnung verifizierbarer geschäftspolitischer Geschäftsziele aus innerbetrieblichen Planungs- und Ist-Daten erforderlich.

Die Kostenrechnung als die eine Seite der Kosten- und Leistungsrechnung wird in Kostenarten-, Kostenstellen- und Kostenträgerrechnung untergliedert. Ergänzend wurde die Prozesskostenrechnung entwickelt. Die Erlösrechnung entspricht der Leistungsrechnung. In der kurzfristigen Ergebnisrechnung werden beide Aspekte zusammengeführt.

Die *Kostenartenrechnung* übernimmt aus der Finanzbuchhaltung die für das betriebliche Geschehen relevanten Kostenarteninformationen und ergänzt kalkulatorische Kostenarten (sogenannte Zusatzkosten), wie beispielsweise kalkulatorischen Unternehmerlohn, kalkulatorische Zinsen auf Eigenkapital, kalkulatorische Wagnisse und kalkulatorische Miete. Die Kostenartenrechnung ist mit strukturellen Fragestellungen des bewerteten Güter- und Leistungsverzehrs befasst. Sie dient sowohl dazu, die Anteile von Material, Arbeitseinsatz, Dienstleistungen, Miete, Versicherungen, Transport und Abschreibungen an den Gesamtkosten zu ermitteln bzw. die Anteile zu bestimmen, die auf einzelne Bezugsquellen entfallen, als auch dazu, von der Beschäftigung unabhängige und abhängige Kostenbestandteile zu ermitteln. Statistische Auswertungen analysieren strukturelle Verschiebungen im Zeitablauf.

Die *Kostenstellenrechnung* stellt die Verbindung der Kostenarten zu den betrieblichen Verbrauchern dieser Kosten, den Kostenstellen, her. Dazu werden die beschafften Kostenarten gemäß Inanspruchnahme bzw. verursachungsgerecht auf die Kostenstellen verteilt. Die Kostenstellenrechnung soll aufzeigen, welche betriebliche Organisationseinheit die Beschaffung und den Verbrauch dieser Kostenarten verursacht hat. Handelt es sich dabei um extern beschaffte Kostenarten, wie zum Beispiel um die Kosten für die Dienstleistung eines Beratungsunternehmens oder den bewerteten Verbrauch von eingekaufter Energie, so spricht man von *primären Kosten*. Erbringt eine Kostenstelle jedoch Dienst- oder Sachleistungen für andere Kostenstellen, so wird durch Kombination der eingekauften oder bezogenen Leistungen eine neuartige Leistung erzeugt, bei deren Bewertung die von Dritten bezogenen originären Kostenarten vermischt werden. Deshalb werden zwischen diesen Kostenstellen in der Regel nur abgeleitete oder *sekundäre Kosten* verrechnet. Sie dienen im allgemeinen dazu, die empfangende Kostenstelle leistungsbereit zu machen oder zu erhalten.

In der *Kostenträgerrechnung* werden die gesamten Kosten der Kostenstelle entweder im Sinne einer *Kostenträgerstückrechnung* auf die einzelne Einheit der Leistung, den Kostenträger, aufgeteilt oder im Sinne einer *Kostenträgerzeitrechnung* blockweise auf die Leistungsarten der Abrechnungsperiode verteilt. Werden diesen zeitraumbezogenen Kosten die entsprechenden Erlöse gegenübergestellt, so entsteht eine auf diesen Zeitraum bezogene *Erfolgsrechnung*. Diese sollte regelmäßig, wenigstens monatlich, als kurzfristige Erfolgsrechnung durchgeführt werden, um den Informationsbedürfnissen des Managements gerecht zu werden.

Organisatorisches Bindeglied zwischen der Kostenarten-, der Kostenstellen- und der Kostenträgerrechnung ist der sogenannte *Betriebsabrechnungsbogen* (BAB). Mit ihm werden die Gemeinkosten des Unternehmens über die Kostenstellen auf die Absatzleistungen verrechnet. Aus der Kostenartenrechnung übernimmt der BAB die laut Rechnung gebuchten primären Gemeinkosten sowie die Abschreibungen und leitet diese den jeweils verursachenden Hilfs- und Hauptkostenstellen zu. Hilfskostenstellen sind dabei diejenigen Kostenstellen, die dafür Sorge tragen, dass die eigentlichen Leistungsstellen der Bereiche Leistungserstellung (z.B. Forschung und Entwicklung, Beschaffung, Produktion, Logistik), Verwaltung und Vertrieb ihre betriebliche Aufgabe erfüllen und damit die geforderten Güter und Dienstleistungen erbringen können. Die Kosten der Hilfskostenstellen sind dann gemäß der jeweiligen Inanspruchnahme auf die Hauptkostenstellen der anderen Bereiche zu verteilen. Abschließend werden die in den Hauptkostenstellen aufgelaufenen Gemeinkosten über Gemeinkostenzuschläge auf die erstellten Absatzleistungen verrechnet. Da die Festlegung der Gemeinkostenverrechnungssätze auf der Grundlage geplanter Leistungsmengen und somit im Vorfeld erfolgt, ergeben sich bei Unterschreitung der geplanten Mengen stets Gemeinkostenunterverrechnungen. Bei Überschreitung werden dagegen mehr Kosten auf die Absatzleistungen verrechnet als tatsächlich angefallen sind. Zur Vermeidung empfehlen sich Teilkostenrechnungen.

In der traditionellen Kostenrechnung wurden stets die marktfähigen Leistungen des Unternehmens als Kostenträger bezeichnet. Ihnen wurden die direkt zurechenbaren Material- und Lohnkosten zugewiesen und als Bezugsgrößen für die Verrechnung der im Unternehmen darüber hinaus anfallenden nicht direkt zurechenbaren Kosten verwendet. Dabei handelt es sich um *fixe* und *variable Kosten* der Funktionsbereiche des Unternehmens, die ohne direkten Bezug zur Menge der traditionellen Kostenträger anfallen, aber insbesondere zur Aufrechterhaltung der Leistungsbereitschaft erforderlich sind.

Über die Notwendigkeit und Menge des dafür nötigen bewerteten Verbrauchs solcher interner oder auch indirekter Leistungen fehlten dagegen weitgehend Informationen. Zur Behebung dieses Mangels wurden diese Leistungen zu internen Kostenträgern erklärt. Da jede interne Leistung, wie zum Beispiel eine Reparatur oder eine Instandhaltungsmaßnahme, jeweils das Ergebnis einer Folge von Schritten eines meist arbeitsteilig organisierten Prozesses ist, werden zur Bestimmung der Kosten, die jeder Leistung als Kostenträger zuzuordnen sind, die Kosten der Arbeitsschritte zusammengerechnet. Diese Vorgehensweise wird *Prozesskostenrechnung* genannt. Sie ermittelt zunächst die Kosten der einzelnen elementaren betrieblichen Arbeitsvorgänge. Darauf aufbauend kann jeder betriebliche Prozess anhand der Kosten der einzelnen Arbeitsschritte synthetisch finanziell bewertet werden.

Der Erfolg des gesamten Unternehmens wird nach externen Rechnungslegungsvorschriften in der Gewinn- und Verlustrechnung ermittelt. Dagegen zeigt das *Betriebsergebnis* lediglich den aus der betrieblichen Tätigkeit regulär resultierenden Erfolg durch Gegenüberstellung betrieblicher Leistungen und Kosten. Diese Information wird zu Steuerungszwecken unterjährig, also kurzfristig, benötigt und daher im Rahmen der sogenannten *kurzfristigen Erfolgsrechnung* ermittelt.

Obgleich der kurzfristige Erfolg ebenfalls nach dem Gesamt- und / oder dem Umsatzkostenverfahren ermittelt wird, ergeben sich stets dann Abweichungen zwischen dem betrieblichen Anteil am Unternehmensergebnis dadurch, dass sich entweder Kosten und Aufwand und / oder Erträge und Leistungen unterscheiden. Dies resultiert daraus, dass den Vermögenswerten intern bzw. kalkulatorisch entweder andere Wertansätze als in der externen Rechnungslegung (Anderskosten) zugewiesen sind oder intern bzw. extern unzulässige kalkulatorische Kostenelemente (Zusatzkosten) berücksichtigt werden. Angesichts dieser Unterschiede konkretisieren sich ertragsseitige Unterschiede insbesondere in der Bewertung von Beständen. Da bei Gegenüberstellung von gesamten Leistungen und gesamten Kosten einer Periode lediglich ein pauschales Gesamtergebnis ermittelt wird, eignet sich das Gesamtkostenverfahren eher zur Steuerung von Unternehmen mit wenig komplexen Leistungsstrukturen. Wegen des differenzierten Ausweises des jeder Leistung zuzuordnenden Erfolgsausweises empfiehlt sich das Umsatzkostenverfahren dagegen gerade für Unternehmen mit vielfältigem Leistungsangebot. Zwecks Bewertung von Beständen ist jedoch auch das Gesamtkostenverfahren relevant.

Die Erfolgsrechnung kann außerdem entweder auf der Basis von *Vollkosten* oder aber auf der von *Teilkosten* durchgeführt werden. Während die sogenannte Vollkostenrechnung die Verteilung aller betrieblichen Kosten auf alle Leistungen anstrebt und dabei vernachlässigt, dass eine Zuordnung nicht direkt und unmittelbar zurechenbarer Kosten auf Kostenträger ursächlich unmöglich ist, beschränkt sich die Teilkostenrechnung auf die Zurechnung eindeutig zurechenbarer Kosten. Das sind in erster Linie diejenigen Kosten, die direkt mit der Beschäftigung variieren. Weil die Teilkostenrechnung auf die wirklichen Kostenabhängigkeiten hinweist, ist sie der Vollkostenrechnung als Entscheidungsrechnung überlegen. Teilkostenrechnungen signalisieren daher präzise, welche produktbezogenen Kosten je Einheit gedeckt werden müssen, bevor ein Beitrag zur Deckung derjenigen Kosten erwirtschaftet wird, die als fixe Kosten eine gewisse Betriebsbereitschaft gewährleisten. Der Unterschiedsbetrag zwischen dem für eine Leistung erzielbaren Preis und den der Leistung direkt zurechenbaren Kosten wird *Deckungsbeitrag* genannt. Deshalb werden entsprechende Rechnungen auch Deckungsbeitragsrechnungen genannt. Sie sind wichtig zur Bestimmung zum Beispiel von Preisuntergrenzen. Bei Unterbeschäftigung, also bei zu geringer Auslastung der Ressourcen, sollten vorübergehend Aufträge nur angenommen werden, wenn die für Leistungen erzielbaren Preise die variablen Kosten übersteigen, langfristig müssen jedoch auch die fixen Kosten gedeckt werden. Unter Liquiditätsgesichtspunkten kann ergänzend die Bedingung formuliert werden, dass Aufträge bei Unterbeschäftigung und Liquiditätsschwierigkeiten nur angenommen werden, wenn die einzahlungswirksamen Erträge die auszahlungswirksamen Kosten übersteigen.

3.4   Resümee

Das Rechnungswesen ist so zu organisieren, dass es sowohl externen als auch internen Erfordernissen genügt und die gestellten Aufgaben wie Rechenschaftslegung, Information, Dokumentation und Kontrolle erfüllt. Das interne Rechnungswesen kann unternehmensindividuell gemäß den Bedürfnissen des Managements ausgestaltet sein. Bei der Einrichtung eines Rechnungswesens sollten Optionen für den Ausbau bzw. für die Anpassung an geänderte Bedingungen in der Konsolidierungs- bzw. Wachstumsphase offengehalten werden.

Weiterführende Literatur

Botta, V. (1997), Einführung in das Controlling, in: R. Walter (Hrsg.), Wirtschaftswissenschaften, Paderborn / München, S. 220-253.

Botta, V. (1998), Rechnungswesen und Controlling: Bausteine des Rechnungswesens und ihre Verknüpfung, Herne / Berlin.

Botta, V. (1999), Controlling: Management-Aufgabe und -Instrument, Jenaer Vorträge, Bd. 7, Baden-Baden.

Eisele, W. (1999), Technik des betrieblichen Rechnungswesens, München.

Schmolke, S. / M. Deitermann (1999), Industrielles Rechnungswesen, Darmstadt.

Wedell, H. (1999), Grundlagen des Rechnungswesens, Bd. 2: Kosten- und Leistungsrechnung, Herne / Berlin.

Wedell, H. (2000), Grundlagen des Rechnungswesens, Bd. 1: Buchführung und Jahresabschluss, Herne / Berlin.

Verständnisfragen (Lösungen siehe Anhang)

Aufgabe 1:
Welchen Stellenwert messen Sie der Buchhaltung in Bezug auf Unternehmensgründungen bei? Differenzieren Sie bei der Beantwortung Ihrer Frage auch nach den zugrunde liegenden Rechtsformen!

Aufgabe 2:
Wägen Sie das Gesamtkostenverfahren und das Umsatzkostenverfahren im Hinblick auf Unternehmensgründungen gegeneinander ab!

Aufgabe 3:
Erläutern Sie den Grundaufbau von Kontenrahmen! Gibt es Anhaltspunkte, wonach das Prozess- bzw. das Abschlussprinzip für Unternehmensgründungen zweckmäßiger ist?

IX Gründungsförderung
1 Gründungsorientierte Förderprogramme

Jochen Struck

1.1 Die besondere Bedeutung der Deutschen Ausgleichsbank im nationalen Förderkontext

Wie bereits an verschiedener Stelle zuvor thematisiert, können *junge, mittelständische Unternehmer* und *Freiberufler* dazu beitragen, den Wettbewerb zu beleben, die Märkte durch Innovationen zu bereichern und die Wirtschaftsstruktur des Standortes Deutschland zu erneuern, die ohne diesen soliden Unterbau schnell brüchig würde. Und sie bringen Beschäftigung: Mit jeder Existenzgründung sind im Durchschnitt *fünf bis sechs neue Arbeitsplätze* verbunden – wie langjährige Erfahrungen in der Bundesrepublik belegen, eine Zahl, die sich binnen fünf Jahren nach Gründung verdoppelt.

Der Start in die Selbstständigkeit ist allerdings oft ein steiniger Weg. Denn den meisten Jungunternehmern fehlt es am nötigen *Startkapital*. Hier setzt der Auftrag der *Deutschen Ausgleichsbank* (DtA) an, die als wichtigster *Träger der Gründungsförderung* in Deutschland im Mittelpunkt dieses Beitrags stehen soll: Als staatliche Gründerbank versucht sie vor allem dort ausgleichend zu wirken, wo sich in der Marktwirtschaft hoffnungsvolle Unternehmensgründungen ohne öffentliche Finanzierungshilfen erheblich verzögern oder erschweren würden.

Die Förderung durch die DtA ist dabei nicht mit einer Einmischung in die unternehmerische Entscheidungsfreiheit verbunden. Der Gründer ist eigenständig in der Wahl des Wirtschaftszweiges, des Standortes, der Rechtsform und weitgehend auch im Einsatz der Finanzierungsmittel. Nutzen lässt sich die Förderung demgegenüber im Zusammenhang mit Baumaßnahmen und anfallenden Grundstückskosten, für die Betriebsausstattung, für den Kauf von Firmen und teilweise auch für das Warenlager. In gewissen Grenzen wird sogar die Markterschließung unterstützt, wie beispielsweise Eröffnungswerbung oder Schulungskosten. Auch Betriebsmittel können finanziert werden.

Von 1990 bis 1999 förderte die DtA in Deutschland durchschnittlich 45.000 Selbstständige Existenzen pro Jahr; in den neuen Bundesländern stattete sie in der Gründungswelle nach Vollendung der Einheit 230.000 Existenzgründer mit Startkapital aus. Dabei fällt das Geld offenbar auf fruchtbaren Boden: Über 90% der Firmen, die DtA-Mittel erhalten, sind auch noch nach fünf Jahren am Markt tätig.

Die nachstehenden Kapitel geben einen Überblick über zentrale Förderprodukte der DtA im Sinne von Fallbeispielen *aktiver Gründungsförderung* und über Möglichkeiten, diese Produkte bzw. Instrumente miteinander zu kombinieren (ausführliche Merkblätter und Richtlinien zu den einzelnen Programmen sowie Antragsvordrucke sind bei der DtA erhältlich).

1.2   Zielgruppen und Funktion wichtiger Förderinstrumente
1.2.1   Fallbeispiel: ERP-Eigenkapitalhilfe-Darlehen

(1) Förderziel
Vielen Unternehmern mangelt es an Eigenkapital, vor allem jenen, die noch in der Vorgründungsphase stehen. Der Weg zur Selbstständigkeit scheint damit oft schon von Anfang an verbaut. Denn kaum eine Bank gibt die benötigten Kredite, wenn nicht genügend Eigenmittel vorhanden sind. Abhilfe schafft die DtA hier mit dem ERP-Eigenkapitalhilfe-Progamm (EKH-Programm) des Bundes. Es wird in Form eines zinsgünstigen Darlehens gewährt, hat aber eigenkapitalähnlichen Charakter: Sicherheiten sind nicht erforderlich. Das Geld steht zehn Jahre in voller Höhe zur Verfügung, erst dann folgt die schrittweise Tilgung. In den ersten beiden Jahren fallen derzeit keine Zinsen an. Die Ansprüche der DtA treten im Haftungsfall hinter die Forderungen der anderen Gläubiger zurück.

(2) Zielgruppe
Das Darlehen kann von allen natürlichen Personen in Anspruch genommen werden, die eine Vollexistenz anstreben und die fachlich sowie kaufmännisch qualifiziert sind bzw. angemessene Berufserfahrung haben.

(3) Förderobjekt
Gefördert werden erstens gewerbliche oder freiberufliche Existenzgründungen: vom Handwerk über Handel, Industrie und Dienstleistungen bis hin zu Steuerberater- und Ingenieurbüros, ja sogar freischaffende Künstler. Lediglich landwirtschaftliche Betriebe fallen aus der Förderung heraus. Der Empfänger kann die Mittel beispielsweise für Bau- und Grundstückskosten sowie für Maschinen oder die Warenausstattung verwenden. Im Rahmen der Existenzsicherung lassen sich darüber hinaus auch Neuinvestitionen bereits bestehender Unternehmen, deren Geschäftseröffnung in den alten Ländern höchstens zwei, in den neuen Ländern und Berlin i.d.R. höchstens vier Jahre zurückliegt, finanzie-

ren. Zweites wird der Kauf eines Unternehmens bzw. der Erwerb einer tätigen Beteiligung (mit Geschäftsführungsbefugnis) einschließlich der damit zusammenhängenden Investitionen innerhalb der genannten zwei bzw. vier Jahre gefördert. 15% der gesamten Investitionssumme sollte der Antragsteller aus eigenen Mitteln erbringen. Dieser Betrag wird dann bis zu einer Höhe von maximal 40% mit Eigenkapitalhilfe aufgestockt. Der absolute Höchstbetrag liegt bei 500.000 Euro pro Person. Für Re- / Privatisierungen in den neuen Ländern und Berlin gibt es bis zu eine Million Euro Förderung aus dem Eigenkapitalhilfeprogramm (EKH). Bei bestehenden Betrieben ist in den neuen Ländern und Berlin je nach Haftkapitalausstattung ein EKH-Anteil von mehr als 40% der Investitionen möglich.

(4) Fördervoraussetzungen
Der Antragsteller darf mit dem Vorhaben noch nicht begonnen haben und muss einen Investitions-, Kosten- und Finanzierungsplan vorlegen. Außerdem hat er die Stellungnahme einer unabhängigen, fachlich kompetenten Institution, etwa einer Kammer, eines Wirtschaftsprüfers oder Steuerberaters zu veranlassen. Außerdem sollte er mindestens 15% der gesamten Investitionen aus eigener Tasche beisteuern können. Dazu zählen:
– Bargeld und Bankguthaben,
– Sacheinlagen in Form betriebsnotwendiger Güter,
– unbesicherte Darlehen von privaten Dritten, auch Banken, die durch eine entsprechende Vereinbarung im Unternehmen eigenkapitalwirksam werden,
– Finanzmittel, die durch zumutbare Beleihungen von Immobilien, anderen Vermögensgegenständen und Lebensversicherungen mobilisiert werden.

Ausnahmen sind allerdings bei innovativen Vorhaben, Vorhaben in den neuen Bundesländern und Berlin (sofern der Antragsteller aus den neuen Bundesländern stammt) sowie größeren Investitionsvorhaben (> 500.000 Euro) möglich. Hier kann eine Förderung auch ohne den Einsatz von 15% Eigenmitteln erfolgen.

(5) Antragsweg
– 1. Schritt: Zunächst muss sich der Gründer umfassend über seine Möglichkeiten für eine Existenzgründung und über geeignete Fördermittel informieren. Neben der DtA beraten die Handwerks- oder die Industrie- und Handelskammern, Unternehmensberater und Steuerberater, Wirtschaftsprüfer oder Fachverbände. Diese erstellen später auch die für eine EKH benötigte fachliche Stellungnahme, die dem Gründer Eignung, einen passenden Standort und ein schlüssiges Gründungskonzept für sein Vorhaben bescheinigen.
– 2. Schritt: Jetzt folgt das möglichst gut vorbereitete Gespräch mit einer Bank nach freier Wahl, über die der Förderantrag laufen soll. Der Gründer sollte darauf achten, dass die Bank das Gesprächsergebnis protokolliert. Bereits im Anschluss an dieses Gespräch darf er zum Beispiel Kaufverträge für die jeweiligen Investitionsobjekte unterzeichnen.
– 3. Schritt: Erklärt die Bank ihre Bereitschaft zur Finanzierung des Vorhabens, leitet sie den Antrag an die DtA weiter. Gibt auch die DtA eine Zusage, erstellt die Haus-

bank den Darlehensvertrag, der nach den Vorgaben der DtA zwischen Hausbank und Antragsteller abgeschlossen wird.

– 4. Schritt: Der Gründer setzt nun zunächst die vorhandenen eigenen Mittel und anschließend das bewilligte EKH-Darlehen für die Realisierung seines Vorhabens ein. Anschließend erstellt er einen Verwendungsnachweis, in dem er den korrekten Einsatz des Geldes belegt.

(6) Konditionen
– Laufzeit: 20 Jahre, davon die ersten 10 Jahre tilgungsfrei.
– Zinsen:
  1. und 2. Jahr   0%,
  3. Jahr   3%,
  4. Jahr   4%,
  5. Jahr   5%,
  ab dem 6. Jahr marktüblicher Festzins bis zum 10. Jahr, danach Neufestlegung für die Restlaufzeit.
  Für die neuen Bundesländer und Berlin liegt der Zinssatz 0,5% p.a. unter dem Zins für die alten Bundesländer.
– Höchstbeträge: 500.000 Euro für alle Vorhaben, 1 Mio. Euro bei Re- / Privatisierungen in den neuen Bundesländern und Berlin; maximal 40% der Investitionssumme, bei Festigungen in den neuen Ländern und Berlin auch darüber hinaus, Eigenanteil von i.d.R. 15% miteinbezogen.
– Auszahlung: 96%.
– Antragsteller haftet persönlich, aufschiebend bedingte Mithaftung des Ehepartners bei Vermögensverschiebungen, weitere Sicherheiten sind nicht erforderlich.

1.2.2 Fallbeispiel: Eigenkapitalergänzungs-Darlehen

(1) Förderziel
Das Darlehen zur Eigenkapitalergänzung verschafft die erforderliche finanzielle Basis für immaterielle Investitionen als gegenüber Dritten haftendes Risikokapital mit den Vorzügen der Eigenkapitalhilfe.

(2) Zielgruppe
Angesprochen sind gewerbliche Unternehmen, aber auch Existenzgründer mit einem Jahresumsatz bis zu 125 Millionen Euro, die in den neuen Bundesländern oder Ost-Berlin investieren wollen. Ausgenommen sind Freiberufler und Betriebe der Land-, Forst- und Fischwirtschaft.

(3) Förderobjekt
Gefördert werden bis zu 60% der immateriellen und materiellen Investitionen, die noch nicht durch andere Produkte mit Haftkapitalcharakter finanziert sind. Zu den immateriellen Investitionen zählen Kosten zum Beispiel für Markterschließung, Pro-

dukteinführung, Schulungen und zeitlich befristete Managementunterstützung, außerdem Aufwendungen für Forschung und Entwicklung sowie die Vorfinanzierung von Aufträgen.

(4) Fördervoraussetzungen
Die Hausbank des Antragstellers finanziert in eigenem Obligo mindestens 40% der Investitionen. Nach Umsetzung der Investition darf der Anteil des haftenden Kapitals an der Bilanzsumme nicht über 40% liegen. Die Gesellschafter des Unternehmens bekunden ihr Engagement für die Rückzahlung des Darlehens durch selbstschuldnerische Mithaftung. Das Unternehmen weist die Erfolgsaussichten des Vorhabens anhand einer realistischen Umsatz-, Kosten- und Ertragsvorschau nach. Außerdem muss die Stellungnahme einer unabhängigen, fachlich kompetenten Institution etwa einer Kammer, eines Wirtschaftsprüfers oder Steuerberaters vorliegen.

(5) Antragsweg
Der Antragsweg entspricht demjenigen der Eigenkapitalhilfe.

(6) Konditionen
Auch die Konditionen sind ähnlich wie im Falle der Eigenkapitalhilfe:
– 20 Jahre Laufzeit,
– 10 tilgungsfreie Jahre,
– günstige Zinssätze,
– Höchstbetrag: bis zu 2,5 Millionen Euro,
– dingliche Sicherheiten sind nicht erforderlich, jedoch bedarf es einer selbstschuldnerischen Haftung der Anteilseigner.

1.2.3 Fallbeispiel: ERP-Existenzgründungsdarlehen

(1) Förderziel
Schaffung einer verlässlichen Kalkulationsbasis über liquiditätsschonende Kredite für junge oder neugegründete Unternehmen.

(2) Leistungsmerkmale
– Günstige Zinssätze, in der Regel deutlich unter den Marktkonditionen und für zehn Jahre festgeschrieben,
– tilgungsfreie Anlaufzeiten bis zu drei Jahren, in den neuen Ländern und Berlin bis zu fünf Jahren,
– lange Laufzeiten bis zu zehn Jahren, in den neuen Ländern und Berlin bis zu 15 Jahren (bei Bauvorhaben verlängern sich diese Fristen nochmals um jeweils fünf Jahre),
– eine vorzeitige Rückzahlung ist jederzeit ohne Mehrkosten möglich.

(3) Zielgruppe
Antragsberechtigt sind alle Gewerbetreibenden, darüber hinaus auch Freiberufler. Ausnahme: die Angehörigen der Heilberufe. Dazu zählen etwa Ärzte, Zahnärzte, Apotheker, Masseure, Heilpraktiker, und Krankengymnasten. Tierärzte sind dagegen antragsberechtigt.

(4) Förderobjekt
Gefördert werden zunächst einmal die Gründung oder der Kauf eines Unternehmens sowie alle damit zusammenhängenden Festigungsinvestitionen innerhalb von drei Jahren. In gewissem Umfang auch die Finanzierung von Warenlagerinvestitionen. Schließlich der Einstieg in ein anderes Unternehmen durch Übernahme einer tätigen Beteiligung (mit Geschäftsführungsbefugnis), ferner Betriebsverlagerungen, die einer Neugründung gleichkommen, auch dann, wenn die selbstständige Tätigkeit bereits länger als drei Jahre besteht.

Allerdings sind gewisse Obergrenzen zu beachten: Die genannten Investitionen lassen sich bis zu 50% in den alten Ländern (bzw. 75% in den neuen Ländern und Berlin) über ein ERP-Existenzgründungsdarlehen finanzieren. Die Grenzen der Anteilsfinanzierung sind hierbei einzuhalten. Der absolute Höchstbetrag liegt in den alten Bundesländern bei 500.000 Euro, in den neuen Ländern und Berlin bei einer Million Euro.

(5) Fördervoraussetzungen
Der Antragsteller sollte
– einschlägige fachliche und kaufmännische Qualifikationen sowie Berufserfahrung nachweisen,
– die Gründung auf Dauer als Haupterwerbsquelle anstreben,
– seiner Hausbank, über die das Darlehen läuft, entsprechende Sicherheiten stellen.

Bei Vorhaben in den neuen Ländern und Ost-Berlin kann die DtA auf Antrag der Hausbank eine 50-%ige Haftungsfreistellung gewähren. Alternativ bieten die regionalen Bürgschaftsbanken bundesweit bis zu 80-%ige Ausfallbürgschaften an.

(6) Antragsweg
Anders als bei der Eigenkapitalhilfe ist eine fachliche Stellungnahme von Kammer, Verband, Berater oder Wirtschaftsprüfer bei einem ERP-Existenzgründungsdarlehen nicht erforderlich.
– 1. Schritt: Der Antragsteller sucht möglichst gut vorbereitet das Gespräch mit einer Bank seiner Wahl; das Gesprächsergebnis lässt er von der Bank protokollieren. Bereits im Anschluss an dieses Gespräch darf er zum Beispiel Kaufverträge für die geplanten Investitionen unterzeichnen.
– 2. Schritt: Erklärt sich die Bank zur Finanzierung bereit, leitet sie den Antrag weiter an die DtA. Sobald von der DtA die Finanzierungszusage kommt, schließt die Hausbank mit dem Antragsteller einen Kreditvertrag ab.

– 3. Schritt: Nach der Vertragsunterzeichnung kann der Antragsteller das Geld abrufen und innerhalb der nächsten drei Monate einsetzen (die Verwendung des Geldes ist in einem Verwendungsnachweis zu belegen).

(7) Konditionen
– Günstiger Zinssatz, festgeschrieben für 10 Jahre.
– Laufzeitvarianten:
in den alten Bundesländern bis zu 10 Jahre, bei Bauvorhaben bis zu 15 Jahre;
in den neuen Bundesländern und Berlin bis zu 15 Jahre, bei Bauvorhaben bis zu 20 Jahre.
– Tilgungsfreiheit in den ersten Jahren.
– Höchstbeträge:
500.000 Euro in den alten Ländern,
1 Million Euro in den neuen Ländern und Berlin,
maximal 50% (alte Länder) bzw. 75% (neue Länder und Berlin) der förderfähigen Kosten,
– Auszahlung: 100% (Sicherheiten sind erforderlich).

1.2.4 Fallbeispiel: DtA-Existenzgründungsdarlehen

(a) Finanzierung von Investitionen
(1) Förderziel
Mit den öffentlichen Förderprogrammen ERP-Eigenkapitalhilfe und ERP-Existenzgründungsdarlehen lassen sich maximal 75% der geplanten Investitionen abdecken. Wer als angehender Unternehmer diese Grenze nicht ausschöpft oder eine andere Finanzierungsmöglichkeit in Anspruch nehmen möchte, findet im DtA-Existenzgründungsdarlehen die optimale Ergänzung: Er kann dann auch auf diesem Wege die staatlichen Hilfen bis auf 75% der förderfähigen Ausgaben aufstocken. Schafft er dabei neue Arbeitsplätze, sind sogar bis zu 100% der Investitionssumme finanzierbar. Auch der Arbeitsplatz, den ein Existenzgründer für sich selbst schafft, wird hierbei berücksichtigt.

Großzügiger gefasst sind auch die Verwendungsmöglichkeiten und der Kreis der potenziellen Nutzer: sowohl in den alten als auch in den neuen Ländern fallen Heilberufler unter die Förderung. Insofern bildet das DtA-Darlehen die ideale Alternative für Gründer, die z.B. kein ERP-Darlehen in Anspruch nehmen können. Die Konditionen des DtA-Darlehens sind ebenfalls attraktiv: Der Zinssatz liegt unter Marktniveau und ist fest für zehn Jahre. Die Laufzeit liegt bei maximal 20 Jahren; davon sind bis zu drei Jahre tilgungsfrei.

(2) Zielgruppe
Abgestellt wird auf die gewerbliche oder freiberufliche Existenzgründung, auch durch Kauf eines Unternehmens oder tätige Beteiligung (mit Geschäftsführungsbefugnis).

(3) Förderobjekt
Gefördert werden alle Investitionen, die ein junges Unternehmen bis zu acht Jahre nach der Gründung festigen, so etwa der Aufbau von Filialen, die Erweiterung oder Umstellung des Produkt- und Dienstleistungsangebots, eine Lageraufstockung, die Standortsicherung, Investitionen zur Schaffung von Arbeitsplätzen, Innovationen, eine Standortverlagerung, Betriebsmittel, Qualifizierungs- und Weiterbildungskosten oder auch Markterschließungskosten.

(4) Fördervoraussetzungen
Weitere eigene oder sonstige Mittel müssen i.d.R. vorhanden sein oder mobilisiert werden, um alle Kosten abzudecken, ebenso entsprechende Sicherheiten. Bei Vorhaben in den neuen Bundesländern und Ost-Berlin kann die DtA der Hausbank auf Antrag eine 50-%ige, für Vorhaben in den alten Bundesländern eine 40-%ige Haftungsfreistellung gewähren. Lediglich bei der endfälligen 15-jährigen Laufzeitvariante ist keine Haftungsfreistellung möglich. Alternativ bieten die regionalen Bürgschaftsbanken bis zu 80-%ige Ausfallbürgschaften an.

(5) Antragsweg
– 1. Schritt: Am Anfang steht wieder das Gespräch mit der Hausbank.
– 2. Schritt: Willigt die Hausbank in eine Finanzierung ein, geht der Antrag an die DtA; kommt auch von dort die Zusage, schließen Hausbank und Antragsteller den Kreditvertrag ab.
– 3. Schritt: Nach der Unterzeichnung kann der Antragsteller das DtA-Darlehen für die vorgesehenen Investitionen einsetzen.

(b) Finanzierung von Betriebsmitteln
(1) Förderziel
Mit zusätzlicher Liquidität will die DtA wachstumsstarken Unternehmen helfen. Während die herkömmlichen Förderprodukte überwiegend nur Sachinvestitionen finanzieren, lassen sich mit der Betriebsmittelvariante des DtA-Existenzgründungsprogramms immaterielle Investitionen und laufende Kosten finanzieren. Dies geht auch ohne zusätzliche Sachinvestitionen und unabhängig vom Einsatz weiterer öffentlicher Mittel.

(2) Förderobjekt
Gefördert wird zusätzlicher Betriebsmittelbedarf innerhalb von acht Jahren nach Gründung, z.B. für die Vorfinanzierung von Aufträgen, die Aufstockung des Warenlagers, die Entwicklung neuer Produkte, die Einräumung von Zahlungszielen oder zur Markterschließung.

(3) Fördervoraussetzungen
Sicherheiten werden i.d.R. erwartet. Die DtA kann auf Antrag der Hausbank in den alten Ländern und West-Berlin eine 40-%ige und in den neuen Ländern und Ost-Berlin

eine 50-%ige Haftungsfreistellung gewähren. Alternativ ist die Absicherung über die zuständige Bürgschaftsbank möglich.

(4) Antragsweg
Der Antragsweg ist genauso wie beim DtA-Existenzgründungsdarlehen.

(5) Konditionen
–   Günstiger Zinssatz, festgeschrieben auf 10 Jahre.
–   Laufzeitvarianten:
    bis zu 10 Jahre, davon bis zu 2 tilgungsfreie Jahre,
    bis zu 20 Jahre, davon bis zu 3 tilgungsfreie Jahre,
    15 Jahre bei Rückzahlung des Darlehens in einer Summe am Ende dieser Laufzeit.
–   Höchstbeträge: in der Regel 2 Millionen Euro, bis zu 75% der Investitionssumme, bei Schaffung von Arbeitsplätzen bis zu 100% (unabhängig von Investitionen pauschal 25.000 Euro je zusätzlichem Arbeitsplatz).
–   Auszahlung: 96%, Sicherheiten sind erforderlich.

1.2.5 Fallbeispiel: DtA-Startgeld

(1) Förderziel
Gründer mit geringem Finanzierungsbedarf haben vielfach Probleme, die geeignete Finanzierung zu finden. Hierbei kann das DtA-Startgeld Abhilfe schaffen: Es ist eine günstige Finanzierung aus einem Topf, denn 100% der Investitions- und der Betriebsmittelaufwendungen können mit diesem Darlehen gefördert werden. Auch bei geringen Sicherheiten ist eine Finanzierung möglich, da die DtA zusammen mit dem *Europäischen Investitionsfonds* (EIF) obligatorisch eine 80-%ige Haftungsfreistellung gewährt. Durch ein festes Bearbeitungsentgelt wird ein zusätzlicher Anreiz für die Banken zur Finanzierung kleinerer Vorhaben geschaffen.

(2) Zielgruppe
DtA-Startgeld erhalten Gründer, die sich im Bereich der gewerblichen Wirtschaft oder als Angehörige der Freien Berufe einschließlich der Heilberufe selbstständig machen. Hierbei kann es sich auch zunächst um einen Nebenerwerb handeln. Die Gründung kann in Form der Neuerrichtung, des Erwerbs eines Betriebes oder durch Übernahme einer tätigen Beteiligung erfolgen.

(3) Förderobjekt
Gefördert werden sowohl Sachinvestitionen, z.B. Betriebs- und Geschäftsausstattung, Kosten für Umbau und Renovierung sowie Warenlager als auch Betriebsmittel.

(4) Fördervoraussetzungen
Das Finanzierungsvolumen für Investitionen und Betriebsmittel beläuft sich auf max. 50.000 Euro. Der Antragsteller darf nicht bereits selbstständig sein. Mit dem zu finan-

zierenden Vorhaben soll bei Antragsstellung noch nicht begonnen worden sein. Eine Kombination mit anderen DtA-Produkten ist nicht möglich.

(5) Antragsweg
- 1. Schritt: Information über die Gründung, gute Vorbereitung und Beratung (die DtA bietet in ihren Beratungszentren eine Finanzierungsberatung an).
- 2. Schritt: Gespräch mit einer Bank eigener Wahl.
- 3. Schritt: Nach Einwilligung der Hausbank Übersendung eines Engagementfragebogens (Angaben u.a. zu Vermögens- und Einkommensverhältnissen) sowie Business-Plans zur DtA; nach deren Zusage Abschluss des Kreditvertrages zwischen Hausbank und Antragsteller.
- 4. Schritt: Nach Unterzeichnung Einsatz des Darlehens für das Vorhaben (idealer Kredit für kleine Startinvestitionen und Betriebsmittel zu günstigem Zinssatz, festgeschrieben auf 10 Jahre).

(6) Konditionen
- Laufzeit: bis zu 10 Jahre, davon bis zu 2 Jahre tilgungsfrei.
- Finanzierungsanteil: Mit DtA-Startgeld können bis zu 100% der Investitions- und Betriebsmittelaufwendungen finanziert werden.
- Auszahlung: 96%.
- Höchstbetrag: 50.000 Euro.
- Sicherheiten sind erforderlich (aber: DtA gewährt der jeweiligem Hausbank gemeinsam mit dem EIF eine 80-%ige Risikoentlastung.

1.2.6 Fallbeispiel: Beteiligungskapital für kleine Unternehmen

Die *gbb Beteiligungs-Aktiengesellschaft* ist eine Tochtergesellschaft der DtA. Sie beteiligt sich in stiller oder offener Form an der Finanzierung von Restrukturierungsvorhaben und Wachstumsinvestitionen kleiner Unternehmen in den neuen Ländern. Voraussetzung für eine Beteiligung der gbb sind eine zu schwache Eigenkapitalausstattung sowie positive Zukunftsaussichten der betroffenen Unternehmen. Außerdem muss sich ein privater Kapitalgeber, ein *Lead-Investor* oder das jeweilige Bundesland, z.B. durch das entsprechende Landesförderinstitut, mit mindestens 40% an der Finanzierung des Vorhabens beteiligen.

Die gbb kann sich mit bis zu max. 2,5 Millionen Euro je Unternehmen für bis zu zehn Jahre beteiligen. Sie erhält dafür unabhängig vom Jahresergebnis eine Vergütung von 8% p.a. auf ihre Einlage. Im Einzelfall werden aber auch gewinnabhängige Entgelte vereinbart. Bei expandierenden Unternehmen erhöht sich das Beteiligungsentgelt gewinnabhängig nach fünf Jahren um 0,5%. Am Ende der Laufzeit wird außerdem eine gewinnabhängige Einmalvergütung fällig.

Bei offenen Beteiligungen werden nur Minderheitenbeteiligungen von maximal 25% am Gesellschaftskapitals eingegangen. Die Konditionen werden im Einzelfall ausgehandelt und vertraglich vereinbart.

Generell fungiert als Beteiligungsentgelt eine gewinnunabhängige Festvergütung auf die Einlage, die bei expandierenden Unternehmen ggf. nach 5 Jahren leicht erhöht wird, sowie eine erfolgsabhängige Einmalvergütung am Ende der Laufzeit.

Damit ist dieses Instrument ideal für kleine Unternehmen, die sich trotz positiver Zukunftsperspektiven in der Verlustzone befinden oder deren Existenz bedroht ist sowie für expandierende Unternehmen.

Konditionen (zusammengefasst)
– Laufzeit: maximal 10 Jahre.
– Höchstbetrag: maximal 2,5 Millionen Euro.
– Stille und offene Beteiligungen möglich.
– Sicherheiten nicht erforderlich.

1.2.7 Fallbeispiel: Beteiligungskapital für kleine Technologieunternehmen

Eine weiterer Ansatzpunkt öffentlicher Gründungsförderung ergibt sich im Bereich der Wagniskapitalbereitstellung als besonderer Form der Eigenkapitalfinanzierung. Über ihre Tochtergesellschaft *tbg Technologie-Beteiligungs-Gesellschaft mbH* geht die DtA stille Beteiligungen an kleinen Technologie-Unternehmen (TU) ein. Voraussetzung: Der Antragsteller findet einen weiteren Geldgeber – etwa eine private Venture Capital–Gesellschaft. Dieser Lead-Investor muss bereit sein, sich mindestens in gleichem Maße wie die tbg finanziell zu engagieren. Um ein solches Engagement attraktiver zu machen, räumt die tbg dem Lead-Investor auf Wunsch eine Risikoübernahme ein: Er erhält unter bestimmten Voraussetzungen innerhalb von fünf Jahren 50% (in den neuen Ländern 70%) des investierten Kapitals zurück.

Höchstgrenze für die tbg-Beteiligung: 1,5 Millionen Euro, Laufszeit: bis zu maximal zehn Jahren. Als Vergütung fallen jährliche Zinszahlungen sowie ein gewinnabhängiges Beteiligungsentgelt an. Sicherheiten sind nicht erforderlich.

Konditionen (zusammengefasst)
– Günstiges Beteiligungsentgelt: bestehend aus moderater Festvergütung und erfolgsabhängiger Vergütung.
– Laufzeit: orientiert an der Beteiligung des Lead-Investors, aber maximal 10 Jahre.
– Höchstbetrag: 1,5 Millionen Euro.
– Auszahlung: entsprechend dem Fortschritt des Innovationsvorhabens.
– Sicherheiten sind nicht erforderlich.

Als Ergänzung des gerade skizzierten Programms „Beteiligungskapital für kleine Technologieunternehmen" (BTU) stellt die tbg weiterhin Beteiligungen zur Verfügung, mit denen Vorhaben von TU von der Idee bis zum Börsengang finanziert werden können. Hier werden drei Lebensphasen unterschieden:

– In der Frühphase geht die tbg für die Erstellung eines Business-Planes, zum Aufbau von Organisationsstrukturen sowie für erste Forschungs- und Entwicklungsaufwendungen offene Beteiligungen bis zu 125.000 Euro ein. Damit soll das TU für die Aufnahme von institutionellem Beteiligungskapital vorbereitet werden.

– Für die Innovationsphase kann eine bestehende Beteiligung aus dem BTU-Programm auf bis zu 2,5 Mio. Euro aufgestockt werden. Voraussetzung ist, dass der Lead-Investor seine Beteiligung um den selben Betrag erhöht.

– Um ein schnell wachsendes TU auf eine breite Kapitalbasis zu stellen, ist der Verkauf von Firmenanteilen über die Börse der beste Weg. Daher geht die tbg in der Exitphase offene und / oder stille Beteiligungen bis max. fünf Mio. Euro ein. Voraussetzung ist allerdings, dass das TU bereits aus dem BTU-Programm finanziert wurde.

Konditionen (zusammengefasst)
– Laufzeit: maximal 10 Jahre.
– Höchstbetrag: in der Frühphase 250.000 Euro, in der Innovationsphase 1 Million Euro, in der Exitphase 5 Millionen Euro.
– Je nach Phase sind sowohl stille als auch offene Beteiligungen möglich.
– Sicherheiten sind nicht erforderlich.

1.2.8   Fallbeispiel: Futour

Ein weiteres wichtiges Betätigungsfeld der tbg ist die Finanzierung von *Forschungs- und Entwicklungsaktivitäten* (F&E) kleinerer TUs. Hierzu stellt sie gemeinsam mit zwei Projektträgern des Bundesministeriums für Wirtschaft und Technologie bis zu 750.000 Euro für F&E-Leistungen bereit. Die Projektträger mischen für den Antragsteller einen „Finanzierungscocktail" aus Zuschüssen und stillen Beteiligungen.

Das Futour-Programm ist konzipiert für Personen, die ein innovatives Unternehmen gründen wollen, sowie für junge Technologieunternehmen, die nicht älter als drei Jahre sind und weniger als zehn Mitarbeiter haben. Gründer erhalten eine FUTOUR-Förderung, wenn sie mindestens 51% der Unternehmensanteile halten und wenn die Träger des wissenschaftlichen Know-hows über mindestens 26% der Anteile verfügen. Die Unternehmen müssen rechtlich und wirtschaftlich eigenständig sein. Sowohl Gründer als auch Know-how-Träger sollten ihre Tätigkeit im geförderten Unternehmen als ihre Hauptbeschäftigung begreifen und ihren ersten Wohnsitz in der Nähe des Unternehmens haben.

Die tbg und die Projektträger des BMWi helfen Gründern durch Beratung und Managementunterstützung von der Idee bis zur Markteinführung. Treten im weiteren Verlauf Finanzierungsprobleme auf, steht die tbg bei (erste Ansprechpartner für die Antragstellung sind das VDI / VDE-Technologiezentrum Informationstechnik GmbH in Teltow sowie das Forschungszentrum Jülich GmbH, Projektträger BEO, Außenstelle Berlin).

Konditionen (zusammengefasst)
- Laufzeit der stillen Beteiligung: maximal 10 Jahre.
- Höchstbetrag: 775.000 Euro (inkl. 25.000 Euro Zuschüsse während der Konzeptionsphase), davon bis zu 425.000 Euro nicht zurückzuzahlende Zuschüsse und bis zu 350.000 Euro stille Beteiligungen.
- Sicherheiten sind nicht erforderlich.
- Betriebswirtschaftliche und technische Betreuung von der Idee bis zur Markteinführung.

1.3 Optimaler Finanzierungsmix: Die Kombination von Förderinstrumenten

Die im vorigen Kapitel dargestellten Programme lassen sich wie Bausteine zu aufeinander abgestimmten Finanzierungspaketen zusammenfügen. Wie diese Pakete im einzelnen aussehen, darüber entscheidet auch der Wohnsitz des Antragstellers bzw. der geplante Firmensitz. So gelten in den neuen Ländern großzügigere Förderbedingungen als im alten Bundesgebiet. Einige Regeln sind beim Kombinieren jedoch in jedem Fall zu beachten. Sie finden sich im nachfolgenden Grundmodell.

Das Grundmodell
Unabhängig vom Wohnort für jede junge Firma ist die Eigenkapitalhilfe mit ihren günstigen Konditionen das Basisprogramm für Existenzgründer und junge Unternehmer. Sie bleibt jedoch in der Regel auf 25% der Investition beschränkt. Wer Eigenkapitalhilfe beantragt, sollte 15% der benötigten Gesamtsumme vorher in Eigenmitteln erbringen. Damit sind bereits 40% der Investition abgedeckt; es fehlen demnach noch 60%. Bei größeren Vorhaben kann der Eigenmittelanteil auch unter 15% liegen.
Als nächster Baustein bietet sich ein ERP-Darlehen an. Im Grundmodell könnte ein solches Darlehen bis zu 50% der gesamten Investitionssumme abdecken. Ein größerer Anteil ist nicht möglich, weil die Grenze für rein staatliche Förderprogramme bei 75% der Investition liegt und dieses Limit zusammen mit der Eigenkapitalhilfe erreicht ist. Generell gilt, dass der Finanzierungsanteil der ERP-Mittel zusammen mit anderen öffentlichen Mitteln (z.B. Investitionszuschüsse, Landesdarlehen) 75% der förderfähigen Kosten nicht überschreiten darf.
Alternativ lässt sich ein Teil der Investitionen über das DtA-Existenzgründungsprogramm finanzieren. Aber auch hier gilt eine Höchstgrenze: Sie liegt bei 75% zusammen mit EKH-, ERP- und Landesmitteln. Werden diese 75% nicht im maximal möglichen Umfang durch öffentliche Mittel ausgeschöpft, so kann der Anteil des DtA-Existenzgründungsprogramms bis zu dieser Grenze ausgedehnt werden.
Im Grundmodell bleiben bei einem 15%-igen Eigenmittelanteil nun immer noch 10% offen; in der Regel werden sie über einen Kredit von der Hausbank abgedeckt. Möglich ist es jedoch auch, dass die Förderprogramme einzelner Bundesländer in Anspruch genommen werden. Im Angebot sind, ähnlich wie auf Bundesebene, günstige Darlehen, Zuschüsse und Beteiligungskapital. Grundsätzlich gilt dabei, dass sich alle öf-

fentlichen Programme im Rahmen der Gesamtförderhöchstquote von 75% und der programmspezifischen Grenzen wahlweise substituieren oder ergänzen können. Zu den öffentlichen Mitteln werden in diesem Zusammenhang gerechnet :

- alle ERP-Darlehen,
- andere zinsverbilligte Darlehen aus öffentlichen Haushalten (bspw. Landesdarlehen, nicht jedoch DtA-Existenzgründungsdarlehen),
- Zuschüsse aus öffentlichen Haushalten.

Mit DtA-Existenzgründungsdarlehen können zwar – wie mit (einer Kombination von) öffentlichen Mitteln – grundsätzlich nur bis zu 75% des Investitionsvolumens finanziert werden. Bei Schaffung neuer Arbeitsplätze oder innerhalb der Kürzungsgrenze von 50 TDM können hier jedoch auch Finanzierungsanteile bis zu 100% erreicht werden – in Ergänzung oder in Substitution anderer öffentlicher Förderprogramme.

Weiterführende Literatur

BMWi (1999), Wirtschaftliche Förderung: Hilfen für Investitionen und Innovationen, Berlin.

Bohm, J. (1995), Die technologieorientierten Förderprogramme der Europäischen Union, des Bundes und der Bundesländer, in: W. Dieterle / E. Winckler (Hrsg.), Gründungsplanung und Gründungsfinanzierung, München.

Pleschak, F. / M. Kulicke / F. Stummer (1998), Beteiligungsfinanzierung in Technologie-Unternehmen der neuen Bundesländer, Wissenschaftliche Reihe der Deutschen Ausgleichsbank, Bd. 9, Karlsruhe / Freiberg.

Verständnisfragen (Lösungen siehe Anhang)

Aufgabe 1:
Ein Student möchte bereits während seiner Tätigkeit als wissenschaftlicher Mitarbeiter an einem Lehrstuhl für Wirtschaftsinformatik im Nebenerwerb einen B2B-Internet-Marktplatz aufbauen. Dafür benötigt er einen leistungsfähigen PC mit Internetzugang, geeignete Software, ein Faxgerät, diverse Literatur und Arbeitsmaterialien (insg. 40 T Euro). Eigene Mittel sind nicht vorhanden. Kann der Nebenerwerbsgründer öffentliche Darlehen erhalten? Wie sieht die Finanzierungsstruktur aus?

Aufgabe 2:
Die Gesellschafter eines in den letzten beiden Jahren stark gewachsenen Heimwerkermarktes mit mehreren Niederlassungen im Zentrum Thüringens hatten bislang nur wenig Zeit für den Aufbau wesentlicher Unternehmensbereiche. Jetzt wollen sie mit Hilfe externer Berater ein modernes Controlling einführen. Dazu beauftragen sie für zwölf Monate eine entsprechende Beratungsfirma. Es wurde ein zu fi-

nanzierender Festpreis für Hard- und Software-, Beratungs- und Schulungskosten von 500 T Euro vereinbart. Die Industrie- und Handelskammer befürwortet diesen wichtigen Schritt für die Sicherung des Unternehmens und für weiteres Wachstum. Wie sieht die Finanzierungsstruktur aus, wenn DtA-Mittel eingesetzt werden? (Anteil des haftenden Kapitals in der Bilanz: 30%, Bilanzsumme: 5 Mio. Euro)

Aufgabe 3:
In Chemnitz macht sich ein Facharzt für Hals-Nasen-Ohren in langfristig gemieteten Räumen eines Ärztehauses selbstständig. Die kassenärztliche Vereinigung befürwortet die Gründung auf Grund der ärztlichen Qualifikation und des Standorts. Es werden zwei neue Arbeitsplätze geschaffen. Investitionen: Umbaukosten 20 T Euro, Einrichtung 40 T Euro, Medizinische Geräte 100 T Euro. Wie sieht der optimale Finanzierungsmix unter Einbeziehung von DtA-Produkten aus? (Bilanzsumme: 1 Mio. DM, Anteil des haftenden Kapitals: 12%)

IX Gründungsförderung
2 Gründungschancen durch Technologietransfer

Helmut Lux / Stefan Dürselen

2.1 Einführung

In den letzten Jahren spielen Existenzgründungen eine entscheidende Rolle bei der Schaffung neuer Arbeitsplätze und bei der Sicherung der Beschäftigung. Dabei ist das Engagement und die Begeisterung der vielfach jungen Gründer verantwortlich für immer wieder neue, Erfolg versprechende Geschäftsideen. Der Erfolg kommt aber nicht von selbst. Der Weg bis zu einem erfolgreichen Unternehmen ist meist langwierig und muss detailliert geplant werden. Dabei spielt das Produkt und der entsprechende Markt eine genauso große Rolle wie die Struktur, die Finanzierung und der Vertrieb im Unternehmen. Auch die Mitarbeiter bestimmen die Entwicklung des Unternehmens. All diese Punkte fordern umfassendes Wissen und Erfahrung von zukünftigen Unternehmern, um keinen wichtigen Schritt während der Gründung auszulassen. Aus diesem Grunde nehmen die meisten Jungunternehmer das umfassende in Deutschland vorhandene Unterstützungsangebot in unterschiedlichsten Themenbereichen an. Eine derartige Unterstützung sichert eine zielorientierte Vorgehensweise zur Unternehmensplanung, da die erfahrene Hilfe der Fachleute vielfach unnötige Schritte vermeidet.

Gründermessen, Existenzgründertage, Gründer- und Businessplanwettbewerbe bieten flächendeckend die Möglichkeit, Ideen und Unternehmensplanungen zu präsentieren und bewerten bzw. beurteilen zu lassen. Ausgelobte Preise von Businessplanwettbewerben bieten zusätzlichen Anreiz, denn neben dem finanziellen Betrag erhalten die Gründer eine hervorragende Vermarktung ihres Unternehmens. Derzeit gibt es einige Branchen in technologieorientierten Bereichen, die für Unternehmensgründer eine schnelle und überproportional hohe Unternehmensentwicklung versprechen könnten. Für diese Unternehmen gibt es verschiedene Charakteristika, die sie von Unternehmen anderer Bereiche unterscheiden. Der Beitrag beschäftigt sich mit diesen technologieorientierten Gründungen und zeigt Chancen auf, die sich durch einen notwendigen Transfer technischen Wissens ergeben.

2.2   Technologie und Technologietransfer
2.2.1 Technologiebegriff

Bevor auf den Prozess der Unternehmensgründung eingegangen wird, ist zunächst der Begriff „Technologie" zu konkretisieren. Der Begriff Technologie bezeichnet gem. der 9. Auflage 2000 des Brockhaus in einem Band „die Verfahren und Methodenlehre eines Produktionszweiges". Fortsetzend ist hier der „Technologische Prozess" als die „Gesamtheit der in einem Produktionsprozess eingesetzten Verfahren, Arbeitsmittel und Arbeitsorganisation" charakterisiert.

Dieser Prozess ist einer ständigen technischen Weiterentwicklung unterworfen. So verschieben sich die Produktionsverfahren und -methoden vor allem hinsichtlich Produktivität, Wirtschaftlichkeit, Sicherheit oder Flexibilität. Unterschiedliche Verfahren und Abläufe charakterisieren die einzelnen Wirtschaftszweige. Aber auch übergreifende Technologien finden immer stärkeren Einzug in die wirtschaftliche Anwendung. Ein Beispiel ist die Lasertechnik, die eine Oberflächenbearbeitung, ein Fügen, ein Trennen, aber auch ein Messen technischer Produkte bzw. Materialien ermöglicht. Sie ist ein Beispiel für die hohe Flexibilität eines Produktionsverfahrens.

Getragen werden technologische Prozesse von Unternehmern, die die technischen Entwicklungen ständig in neue Produkte umwandeln, in den nationalen wie auch internationalen Markt einbringen, aber auch in der Produktion einsetzen. Unterschiedlichste Institutionen und Unternehmen aus dem öffentlichen und privaten Umfeld sind zusätzlich am Weiterentwicklungsprozess beteiligt. Es gibt zwei Aspekte, die hierbei eine Rolle spielen.
Grundlagenforschung: Die Grundlagenforschung, ein Schwerpunkt der öffentlichen Forschungseinrichtung, dient dazu, grundlegende Prozesse und Verfahren besser zu verstehen bzw. vorauszudenken (Technologieentwicklung). So gesehen schafft sie die Basis, von der aus neue, zukünftige Produkte entwickelt werden können. Diese Grundlagenforschung kann u. a. politisch beeinflusst sein, denn hier werden die aktuellen und zukünftigen Schwerpunkte für die relevante technische Ausrichtung mit bestimmt. Vor allem eine finanzielle Unterstützung schafft hierfür die Voraussetzungen.

Anwendungsorientierte Technologieentwicklung: Die eben beschriebene Grundlagenforschung schafft die Basis, neue Produkte zu erforschen, zu testen und für eine spätere Anwendung in der Industrie bzw. beim Endverbraucher vorzubereiten. In diesem Bereich sind neben öffentlichen Forschungseinrichtungen vor allem auch private Institutionen und firmeninterne Entwicklungsbereiche tätig, die die Notwendigkeiten einer praktischen Nutzung späterer Produkte in den Vordergrund stellen. In diesem Zusammenhang spielt der wirtschaftliche Hintergrund eine entscheidende Rolle. Dieser zukünftige Nutzen ist auch der Motor für die politische Schwerpunktbildung. Ziel für die gesellschaftliche Entwicklung ist die Stärkung entsprechender Wirtschaftszweige, um die Wettbewerbfähigkeit der Unternehmen langfristig zu sichern und Arbeitsplätze zu schaffen bzw. bestehende zu festigen.

2.2.2 Facetten des Technologietransfers und der Einfluss auf Gründungen

Für die technische Entwicklung ist technologisches Wissen, auf dem neuesten Stand befindliches Wissen, unerlässlich. Die Halbwertszeit des technologischen Wissens wird immer kürzer. Neue Technologien werden in immer kürzeren Zeitabständen entwickelt und in marktfähige Produkte umgewandelt. Dies ist notwendige Voraussetzung für den Erhalt und den Ausbau der Wettbewerbsfähigkeit der Unternehmen. Nicht ohne Grund wird in der heutigen Zeit dem „Schnelleren" in der Einführung neuer Produkte, unabhängig von der Unternehmensgröße, der größere Erfolg prognostiziert. Um neue Technologien zu verbreiten, muss der Transfer dieser Entwicklungen in die breite Anwendung stattfinden. Dabei definiert sich der Technologietransfer gem. der 9. Auflage 2000 des Brockhaus in einem Band als „Austausch von Forschungsergebnissen zwischen Forschungsinstituten und Industrieunternehmen und deren internationale Weitergabe".

2.2.3 Arten des Technologietransfers

Erster Auslöser können Forschungs- und Entwicklungseinrichtungen sein. Ausgehend von deren Tätigkeit, werden mögliche Verfahren, Produkte oder Arbeitsabläufe konkretisiert, optimiert und für eine mögliche Anwendung in der Praxis vorbereitet. Für die Umsetzung in die Praxis werden in enger Kooperation mit Unternehmen aus Industrie und Handwerk weitere Entwicklungsschritte durchgeführt, um die Produkte auf die betrieblichen Belange anzupassen und so für den täglichen Praxiseinsatz zu optimieren. Das Entwicklungspotenzial in den entsprechenden Einrichtungen, vielfach auch Hochschulinstituten, ist enorm, muss aber aktiviert und abgefordert werden.

Die zweite Möglichkeit, den Transferprozess in Gang zu setzen, besteht im Anstoß durch die Unternehmen. Ausgehend vom täglichen Geschäft, entwickelt der Unternehmer Ideen zur Optimierung des Ablaufs oder des Produkts. Weiterhin können „Probleme" Optimierungspotenziale aufdecken. Ausgehend von diesen Fragestellungen, wird Kontakt zu Forschungs- und Entwicklungseinrichtungen geknüpft, um gemeinsam ganz gezielt auf diese „Probleme" bezogene Lösungen zu entwi-

ckeln. Eine enge Zusammenarbeit zwischen beiden Partnern ist für die erfolgreiche
Umsetzung unumgänglich. Für die Forschungseinrichtungen kann dieser Weg des
Technologietransfers unter Umständen die Initiierung vollständig neuer Projekte und
Versuche bedeuten.

Die dritte Möglichkeit besteht in der engen Kooperation zweier oder mehrerer
Unternehmen, die in der Entwicklung und dem Einsatz neuer Technologien eng zusammenarbeiten. Jeder der Partner bringt seine Kernkompetenzen in diese Kooperation ein. Durch die Addition der einzelnen Kernkompetenzen in unterschiedlichen
Bereichen und / oder Branchen wird eine zeitnahe und optimierte Lösungserarbei-
tung ermöglicht. Technologien können auf diesem Wege in vollkommen neue In-
dustriezweige transferiert werden.

2.2.4 Unterstützung durch Technologietransfer

Für erfolgreichen Technologietransfer ist das Engagement vieler Partner erforderlich. Unternehmen müssen mehr Zeit in den Informationsprozess investieren. Der
Prozess wird von Agenturen und Institutionen aktiv unterstützt. Ziel ist hier die effiziente, zeitnahe Partnersuche für eine industrielle oder gewerbliche Anwendung, die
zielgerichtete Steuerung der Kontakt- oder Kooperationsgespräche, die Suche nach
notwendigem speziellen Zusatz-Know-how und nicht zuletzt das Beziehungsmana-
gement der einzelnen Partner untereinander.

Technologietransferstellen, von den Hochschulen oder anderen Einrichtungen,
unterstützen den Transferprozess. Sie haben die Aufgabe das Know-how der (Hoch-
schul-)Institute bei Unternehmen und weiteren Multiplikatoren zu vertreten und so
die Voraussetzung zu schaffen, Kontakte zu vermitteln und die Grundlagenforschung auf die industriellen Notwendigkeiten zu projizieren. Das geschaffene Kon-
taktnetzwerk wird gepflegt und ist wichtige Voraussetzung für die industrienahe Arbeit der Hochschulinstitute. Die Transferstellen bieten auch den Hochschulange-
stellten die Möglichkeit, sich Know-how für eine geplante Selbstständigkeit zu erarbeiten. Sie bieten die Kontaktbrücke zu den relevanten Ansprechpartnern und können hochschulintern notwendige Schulungsmaßnahmen anbieten.

2.2.5 Der Prozess des Technologietransfers

Im Folgenden wird der Prozess des Technologietransfers mit seinen unterschiedlichen Stationen beleuchtet:

Der Prozess beginnt mit der Sensibilisierung des Unternehmers für eine aktuelle,
innerbetriebliche Problematik, die Innovations- und Optimierungspotenziale eröffnet. Die nötigen Informationen zum Erkennen derartiger Potenziale erhalten Unternehmer auf Veranstaltungen, auf Unternehmertreffen, durch Fachbeiträge oder
durch Gespräche mit anderen Unternehmern, die möglicherweise schon ähnliche Erfahrungen gemacht haben.

Ausgehend von dieser Problematik, muss das Umfeld im Unternehmen analysiert werden. Der Ist-Zustand gibt Aufschluss über die konkreten, innerbetrieblichen

Strukturen und Abläufe. Diese lassen das Aufstellen eines individuellen Anforderungsprofiles für die geplanten Optimierungsmaßnahmen zu. Bei dieser Formulierung können Fachleute aus den relevanten Themen-/Branchenbereichen helfen. In dieser Phase müssen weitere Partner, die für die Umsetzung der Projekte relevant sein können, identifiziert und angesprochen werden. Dieser Prozess wird durch die Nähe zu einzelnen Netzwerkpartnern erleichtert.

Gemeinsam mit den Partnern muss nachfolgend ein Umsetzungskonzept aufgestellt werden. Die einzelnen Optimierungsschritte müssen inhaltlich, zeitlich und finanziell konkret geplant werden, um zielgerichtet das Optimierungspotenzial in Gänze ausnutzen zu können.

Für die Umsetzung gibt es neben der Einbindung von Partnern und damit der gemeinsamen Erarbeitung zwei weitere Möglichkeiten. Der Unternehmer kann einen Dienstleistungsauftrag vergeben und die Inhalte von einem externen Unternehmen erarbeiten lassen. Eine weitere Möglichkeit besteht in der komplett internen Erarbeitung. Die Zeit für die Erarbeitung hängt von der fachlichen Qualifikation der Verantwortlichen ab. Bei der rein internen Bearbeitung ist die Dauer des Projektes meist erheblich länger als bei einer externen Beauftragung. Dies liegt daran, dass vielfach jemand mit der Projektleitung beauftragt wird, der normalerweise noch andere Aufgaben im Unternehmen wahrnimmt. Das kürzeste Projekt erreicht man in der Regel durch die Beauftragung Externer. Der für ein Unternehmen optimale Weg liegt jedoch in der Mitte. Die gemeinsame Erarbeitung mit internen und externen Fachleuten mindert die externen Kosten und reduziert den internen Zeitaufwand. Der externe Fachmann leitet das Unternehmen zielgerichtet in die notwendige Richtung. Der interne Fachmann bereitet zeitnah die internen Abläufe im Unternehmen auf. Durch diese Art der Projekterarbeitung wird es dem Unternehmen ermöglicht, die Optimierungsmaßnahmen zu „leben" und auch zukünftig in Eigenregie ausnutzen zu können. Aus diesem Grunde ist es ideal, eine Projektumsetzung gemeinsam mit anderen Fachleuten zu erreichen.

Zum Umsetzungskonzept gehört auch die Finanzierung der einzelnen, geplanten Schritte. Zu diesen Fragen existiert eine Menge Know-how bei den Fachleuten der Kreditinstitute. Einige Kreditinstitute bieten in diesem Umfeld umfassende begleitende Dienstleistungen an. Dies ist insofern notwendig, da es für die Masse an Anwendungsfällen mit den unterschiedlichsten Ausprägungen hinsichtlich Branche, Produkt oder Unternehmen spezielle Kredite oder Fördermittel gibt. Nur der Fachmann kann zeitnah für das Unternehmen die effizientesten Finanzierungsmodelle ausarbeiten. Für technologieorientierte Unternehmen sind diese Mittel vielfach durch nicht rückzahlbare Zuschüsse im Produktentwicklungsbereich erweiterbar. Durch die Zusammenarbeit auch auf strategischer Ebene mit den Finanzierungsfachleuten wird auf Basis des Kapitalbedarfs der sinnvollste Weg zur Finanzierung des geplanten Projektes erreicht.

In der sich anschließenden Abwicklungsphase muss die enge, offene und vertrauensvolle Zusammenarbeit der einzelnen Partner im Vordergrund stehen. In dieser Phase findet der eigentliche Transfer von projektbezogenem Know-how in die unterschiedlichsten Bereiche statt. Zur erfolgreichen Umsetzung des Projektes muss das Wissen zusammengeführt werden und daraus der Lösungsweg abgeleitet werden.

Ausgehend von der Projektumsetzung, ist für den Unternehmer die ständige Weiterentwicklung ein entscheidender Beitrag zur langfristigen Sicherung der Wettbewerbsfähigkeit. Dazu muss er ständig auf dem neuesten Stand vorhandener Technologien sein. Hierbei können die Netzwerkpartner im Technologietransfernetzwerk entscheidend weiterhelfen, aber auch der ständige zielgerichtete Informationstransfer aus dem Internet, auf Veranstaltungen oder zielgerichteten Workshops.

2.2.6 Gründungschancen

Der, wie eben erläutert, notwendige Transferprozess der Forschungsergebnisse in die industrielle Anwendung bietet gute Chancen für Unternehmensgründungen. Die Grundlagenforschung ist vielfach projektgebunden. An den Hochschulen oder öffentlich getragenen Forschungseinrichtungen werden Projekte zeitlich fixiert durchgeführt. Die Inhalte dieser Projekte werden für Publikationen genutzt und dienen anderen Einrichtungen oder Unternehmen als Grundlage weiterer Produktentwicklungen. Eine wirtschaftliche Verwertung wird in den seltensten Fällen verfolgt.

Die wirtschaftliche Verwertung wird auch durch eine weitere Rahmenbedingung verhindert. Die an den öffentlich getragenen Forschungseinrichtungen beschäftigten Mitarbeiter für die projektbezogenen Tätigkeiten sind nur befristet eingestellt. Es sind StudentInnen oder Promovierende, die die Projekte dazu nutzen, ihre im Rahmen des Studiums oder der Promotion verlangten Arbeiten durchzuführen. Nach Beendigung der Arbeiten verlassen die Angestellten das Institut und wechseln mit ihrer teils spezifischen Erfahrung größtenteils in die Industrie, um das Know-how auf die Anwendungen des jeweiligen Unternehmens hin weiterzuentwickeln. Für das Forschungsinstitut ist die anwendungsorientierte Weiterentwicklung meist verloren.

Viele Projekte, die einer großen Zahl von Industrieunternehmen wertvolle Fortschritte erbringen könnten, kommen in diesem Zusammenhang nur einzelnen Unternehmen zugute. Diese beauftragen die Erarbeitung der Inhalte und stellen den erarbeitenden Mitarbeiter im günstigsten Fall nachfolgend im Unternehmen ein. Dies sichert für das Unternehmen die spezifische Kontinuität in der Entwicklung der Projektinhalte. Für die Vielzahl anderer Unternehmen können Serviceleistungen und Optimierungsarbeiten nicht geleistet werden, da das Know-how nicht mehr „frei" verfügbar ist.

Diese Situation bietet hervorragende Chancen für Unternehmensgründungen. Im Fall einer Ausgründung aus den Forschungseinrichtungen wird das zu bildende Unternehmen mit dem Anspruch der Anpassung der Forschungsergebnisse für die Anwendung antreten. Die wirtschaftliche Betätigung sichert die Kontinuität in der Entwicklung, die langfristige Betreuung der beauftragenden Kunden und vor allem die auftragsbezogene Umsetzung einzelner Projekte. Gerade im wissensintensiven, technikorientierten Bereich haben die Gründungsunternehmen die Chance die qualifizierten Partner für die Erarbeitung der Problemlösungen etablierter Unternehmen, wie oben beschrieben, zu sein. Kooperationen der Gründer untereinander oder möglicherweise gemeinsam umzusetzende Gründungen bringen über eine Know-how Erweiterung weitere Vorteile.

Günstige Voraussetzungen bei der Unternehmensgründung ist die Einbindung des Institutsleiters in das zu gründende Unternehmen, um sein Know-how und seine Kontakte für den weiteren Unternehmensaufbau nutzen zu können. Auch eine enge, bleibende Anbindung an die Hochschule bringt vielfach die gleichen Vorteile für die angehenden Unternehmen. In diesem Zusammenhang können bei entsprechenden Vereinbarungen die Anlagen und Geräte oder sogar die Räumlichkeiten des Instituts weiterhin genutzt werden.

Derartige Rahmenbedingungen sind kennzeichnend für technologieorientierte Unternehmensgründungen, die es sich also zur Aufgabe machen, technologische Produkte oder Dienstleistungen zu entwickeln und in den Markt einzubringen. Diese Gründungen werden nun näher beleuchtet.

2.3 Technologieorientierte Unternehmensgründungen

Technologieorientierte Unternehmensgründungen zeichnen sich durch eine komplexere Unternehmensplanung aus als in den meisten anderen Bereichen. Das Produkt muss in umfangreichen Entwicklungsschritten umgesetzt werden. Das Erfolgspotenzial oder die letztendlichen Produktspezifika sind zu Beginn des Unternehmensaufbaus vielfach nicht absehbar.

2.3.1 Charakteristika

Die Gründer stammen vielfach aus dem Umfeld von Forschungseinrichtungen oder Hochschulen. Hier haben sie in mehreren Jahren die Grundlage für das spätere Unternehmen gelegt. Die Forschungsergebnisse werden in der Anfangsphase der Gründung in anwendungsorientierte Produkte umgewandelt. In dieser Phase ist die Nähe zum zukünftigen Kunden entscheidend. Hier entscheidet sich der Erfolg des Produktes. Das Ergebnis muss in einem vernünftigen Aufwand-Erfolgs Verhältnis stehen. Die zentralen Kundenanforderungen müssen mindestens erfüllt sein. Der Unternehmer muss darüber hinaus die Merkmale definieren, die in das Produkt implementiert werden können, um es noch am Markt platzierbar zu machen.

Hier hapert es bei vielen Gründern, die das Produkt ihres Unternehmens technisch hoch entwickeln, aber parallel nicht an den Markt und die Vermarktung denken. Hier sei auf Kapitel V.3 „Marketing für Unternehmen in der Gründungsphase" verwiesen, das sich mit diesem Thema intensiv beschäftigt.

Das technische und wirtschaftliche Risiko ist deshalb besonders hoch. Rückschläge in der Entwicklung bedeuten eine Verlängerung der Unternehmensumsetzung und möglicherweise die Umstellung der Unternehmensplanung. Dies ist auch der Grund für meist geringe Umsatzerlöse in der Anfangsphase und ein meist hoher Kapitalbedarf für den Start der Gründung. So spielt Wagniskapital als Seed- und Startup-Finanzierung für solche Unternehmen eine immer größere Rolle. Dies sind für Jungunternehmer die Phasen vor der eigentlichen Marktetablierung des Unternehmens. Die Seed-Phase dient der zielgerichteten Konkretisierung des der Unternehmensidee zu Grunde liegenden Produktes. Vielfach werden hier die ersten Proto-

typen erstellt. In heutigen Wachstumsbranchen ist auch in dieser Phase durch notwendige Hardware und notwendiges Know-how der Finanzierungsbedarf sehr hoch.
Die sich anschließende Start-Up-Phase dient der Markteinführung und dem Unternehmensaufbau für die sich anschließende Marktetablierung. Hier sind nicht nur im
Marketingbereich, sondern vielfach auch im Personalbereich hohe finanzielle Aufwendungen notwendig.

Das bereitgestellte Kapital mindert dieses Risiko und stellt vor allem für strategische Fragen dem Unternehmen durch den Kapitalgeber fachkompetentes Know-
how an die Seite, das in den unterschiedlichsten Bereichen umfangreiche Erfahrungen einbringen kann. Kapitel IV.2 „Eigenfinanzierung durch Venture Capital" beleuchtet die unterschiedlichen Spezifika dieser Finanzierungsform.

Charakteristisch für technologieorientierte Gründungen sind trotz des hohen Pla-
nungsaufwandes und des langen Entwicklungszeitraums die meist überproportional
hohen Entwicklungs- und Erfolgschancen. Vielfach ist die Technologie durch Patente abgesichert. Dies benötigt zusätzliches Kapital, gewährleistet dem Unternehmen aber den notwendigen Vorsprung im globalen, harten Wettbewerb. Patente sichern Verfahren oder Produkte vor der Verwendung durch andere Unternehmen, im
Besonderen durch den Wettbewerb. Je nach verfolgter Patentstrategie wird das
Know-how bis zu 20 Jahre in unterschiedlichsten Ländern der Welt geschützt. Patente gehen in den Wert des Unternehmens ein. Die Ermittlung des Patentwertes ist
jedoch nicht einfach und bedarf der Einbindung von neutralen Fachleuten. Die zunehmende Globalisierung macht Patentstrategien unumgänglich. Die Märkte werden
größer und sind nicht mehr regional eingrenzbar. Deshalb ist für Existenzgründer die
Sicherung des spezifischen, technischen Produktwissens über den gewerblichen
Rechtsschutz enorm wichtig. Eine internationale Betätigung wird so erleichtert, ohne
die ständige Angst vor Produktkopien. Trotz der nicht zu unterschätzenden Kosten
für die umzusetzende Strategie erweitern Schutzrechte vielfach die Marktchancen
des Gründers. Das Unternehmen wird für Kooperationen interessant, die den Markt-
zugang wesentlich erleichtern können. In Kapitel V.4 „Patente Patentlizenzverträge
als Wettbewerbsparameter" wird dieser Spezialbereich beleuchtet.

2.3.2 Prozess der Weiterentwicklung

Ständige Innovationen sind der Schlüssel zum Unternehmenserfolg. Existenzgründer
weisen hierfür die nötige Flexibilität auf. Bei der Entwicklung und Umsetzung von
Innovationen gibt es unterschiedliche Phasen zu durchlaufen.

Ausgehend von der Idee bzw. dem Problem, ist technologische Kreativität gefragt. Diese ermöglicht die Entwicklung unterschiedlichster Lösungen. Im weiteren
Prozess muss diese Kreativität beibehalten werden. Sie sichert die Funktionalität
und die optimale Planung der einzelnen Produktionsschritte. Die Kreativität muss
aber auch nach dem Markteintritt über die Weiterentwicklung bzw. die Optimierung
des Produktes zum Tragen kommen.

Während des Umsetzungsprozesses und der Entwicklung sind vier Dinge gleichzeitig zu berücksichtigen. Einerseits ist die *technische Realisierbarkeit* zu durch-

leuchten. Ist das Produkt mit angemessenem Aufwand umsetzbar? Wie muss die technische Konstruktion für diesen Fall gestaltet sein? Weiterhin muss der *Markt* für das Produkt betrachtet werden. Welche Kriterien und Merkmale muss das Produkt mindestens erfüllen bzw. sind maximal erforderlich? Welche Vermarktungswege können genutzt werden? Weiterhin muss der *Schutz der Ideen*, sofern möglich, so früh wie möglich über die vorhandenen Mechanismen, Patente, Marken oder Gebrauchsmuster realisiert werden. Nicht zuletzt muss die *Finanzierbarkeit* des gesamten Prozesses gewährleistet sein. Wenn dies nicht aus eigenen Mitteln realisiert werden kann, müssen entsprechende Partner eingebunden werden.

Während des Planungsprozesses muss sich zeigen, welche Kriterien erfüllt werden können oder welche Kriterien einer erfolgreichen Umsetzung zunächst im Wege stehen. Letztere lassen sich in zwei Arten unterscheiden. Einerseits gibt es *Barrieren*, die Veränderungen notwendig machen, um eine Umsetzung dennoch zu erreichen. Andererseits existieren *Ausschlusskriterien*, die einen Erfolg definitiv zunichte machen, da keine Möglichkeit besteht, sie zu umgehen. Erfolgreiche Unternehmen schaffen es frühzeitig, Ausschlusskriterien zu erkennen und vor allem Barrieren von Ausschlusskriterien zu unterscheiden. So wird der wirtschaftliche Erfolg dennoch möglich, da man ausreichend Möglichkeiten aufbauen kann, das gesetzte Ziel auf anderem Wege zu erreichen.

2.4 Erfolgsfaktoren der technologieorientierten Gründung
2.4.1 Idee, Markt, Unternehmer

Im Rahmen eines Gründungsvorhabens müssen drei Faktoren gleichzeitig betrachtet werden. Einerseits muss die *Geschäftsidee* das erforderliche Potenzial besitzen, das Unternehmen langfristig erfolgreich sein zu lassen. In diesem Umfeld spielen die eben erwähnten Barrieren bzw. Ausschlusskriterien eine wichtige Rolle, deren Erkennung den späteren Erfolg des Unternehmens entscheidet. Bei technologieorientierten Gründungen ist die Geschäftsidee vielfach sehr komplex und technologisch stark geprägt. Diese Geschäftsidee muss am *Markt* umsetzbar und vertretbar sein. Der dritte Faktor ist der *Unternehmer* selbst. Er muss mit seinem Engagement und seinem Einsatzwillen das Unternehmen vorwärts bringen. Er muss sich über die außergewöhnlichen Belastungen im Klaren sein. Der Erfolg eines Unternehmens bestimmt sich durch das Zusammenspiel dieser Faktoren und der daraus resultierenden Innovationsbereitschaft und -fähigkeit. Zentrale Aspekte sind natürlich die technologische Kompetenz, die Entwicklungsaktivitäten und das Produkt selbst.

2.4.2 Marktzugang

Neben dem Markt im Speziellen ist der Zugang zu diesem Markt für den Geschäftserfolg ausschlaggebend. Bei technologieorientierten Unternehmen ist das Produkt meist hochgradig erklärungsbedürftig. Besonders wichtig ist das Herausstellen des Kundennutzens und damit das Hervorheben eines „Alleinstellungsmerkmals" im Wettbewerb. Vielfach ist der Vertreiber auch der Entwickler des Produktes. Er kennt

es bis ins letzte Detail und ist vom Erfolg des Produktes überzeugt. In dieser Konstellation kommt es immer wieder vor, dass er im Verkaufsgespräch sehr technologisch geprägt oder aber produktbezogen von dessen Leistungen spricht. Den Kunden
interessiert aber sein Nutzen oder der Vorteil gegenüber dem Wettbewerb, den er
durch den Erwerb des Produktes erlangt. In diesem Bereich liegt ein zentrales Defizit bei technologieorientierten Gründern vor. Schulungen oder die Zusammenarbeit
mit einem Spezialisten im Marketingbereich können hier enorme Vorteile erbringen.

2.4.3 Mitarbeiter

Fachkräfte sind am Arbeitsmarkt immer sehr begehrt und meist nicht in ausreichender Anzahl verfügbar. Derzeit erlebt man diese Situation in Deutschland im Infor-
mations- und Kommunikationsbereich in Form der Diskussion über Sondermaß-
nahmen, um weitere Fachkräfte aus dem Ausland ins Land zu holen und so den in
den nächsten Jahren erwarteten und momentan schon vorhandenen Mitarbeiterman-
gel abzufedern. Aber auch andere Branchen haben die Notwendigkeit zu solchen
Maßnahmen angemeldet.

2.4.4 Strategieplanung / Controlling

Kein Unternehmen, gleich welcher Branche, kann ohne mittel- bis langfristige Stra-
tegieplanung seine Wettbewerbsfähigkeit erhalten. Heutzutage ist es notwendig,
langfristige Veränderungen im wirtschaftlichen Handeln vorzudenken. Einerseits
kann der Unternehmer sich auf diese Weise Ziele setzen, auf die er zuarbeiten muss,
andererseits ermöglicht dieser Prozess die notwendige Flexibilität. Damit kann er
frühzeitig auf „Unvorhergesehenes" eingehen, er kann möglicherweise seine Ziele
anpassen. Dazu ist aber die Implementierung eines Controlling Systems notwendig,
dass den Weg des wirtschaftlichen Handelns ständig überprüft und Variationen dieses Weges zulässt.

2.4.5 Finanzierungsmodell

Das Finanzierungsmodell hängt entscheidend vom Konzept und von der Struktur des
geplanten Unternehmens ab. Ausgehend von der Planung der geschäftlichen Vorgehensweise über die notwendigen Einrichtungen und Personalkapazitäten bis hin zum
vorhandenen Eigenkapital, ermittelt sich für jedes Unternehmen ein notwendiger
Kapitalbedarf in bestimmten Zeiträumen oder zu definierten Zeitpunkten. Gemeinsam mit dem Kreditinstitut wird ausgehend von diesem Kapitalbedarf die notwendige Finanzierung ermittelt. Dies kann klassische Kreditfinanzierung oder Wagniskapital sein, eröffnet aber meist auch die Möglichkeit, öffentliche Fördermittel mit
einzubinden. Bei technologieorientierten Gründungen spielt Wagniskapital eine entscheidende Rolle, vor allem ist der Kapitalbedarf meist hoch und vielfach ohne entsprechende Umsatzerlöse in der Anfangsphase der unternehmerischen Tätigkeit.

2.4.6 Standortwahl

Der Standort ist trotz der Globalisierungswelle in allen Bereichen für Existenzgründer, die gerade ihr Geschäft aufbauen, immer noch entscheidend, wenn es um Fragen des Marktes oder des Marktzugangs geht. In diesem Zusammenhang spielen aber andere Faktoren eine zunehmend wichtige Rolle, um den Markt zu erreichen. Zunächst muss die Verfügbarkeit von qualifizierten Mitarbeitern gegeben sein. Weiterhin müssen Kooperationen in den für das Unternehmen relevanten Bereichen möglich sein. Nicht zuletzt ist auch ein Netzwerk für Leistungen, die das Unternehmen außerhalb seiner Kernkompetenzen benötigt, von entscheidender Bedeutung. Technologiezentren in ganz Deutschland, über 60 alleine in NRW, übernehmen hier gerade für technologieorientierte Gründungen eine wichtige Rolle. Sie bieten neben speziell auf die Belange solcher Unternehmen zuschneidbare Räumlichkeiten, im Besonderen auch Labor und Produktionsflächen, vor allem den Zugriff auf ein Netzwerk der unterschiedlichsten Fachleute.

Viele Technologiezentren haben einen branchenspezifischen Fokus, bieten Existenzgründungsberatung in vielen Bereichen an und kooperieren sehr eng, z.B. über direkte Beteiligungen mit regionalen Partnern der Kreditwirtschaft oder des kommunalen Bereichs. Durch die Nähe und enge Kooperation zu den Partnern aus Wirtschaft und Wissenschaft sind sowohl die Abarbeitung von praxis- als auch von forschungsrelevanten Fragen und Problemen einfach zu realisieren. Die Technologiezentren bieten einige zusätzliche Vorteile. Die zu nutzenden Synergieeffekte durch die Nähe der im Zentrum ansässigen Unternehmen bieten großen Nutzen. Die einzelnen Unternehmer profitieren von den Erfahrungen der anderen oder bilden Interessengemeinschaften, um das Know-how auszubauen, weiterzuentwickeln und es auch anderen Unternehmen zugänglich zu machen. Sehr viel detaillierter widmet sich das Kapitel V.2 „Standortwahl" diesem für Gründer relevanten Bereich.

2.4.7 Informations- / Knowledge-Management

Informationen und hier vor allem die zielgerichtete Suche und die Verwaltung von Informationen sind ein weiterer Schlüssel zum Erfolg. Im Zeitalter der Informationsgesellschaft und der weltweiten Kommunikation werden Informationen immer umfangreicher und komplexer. Aus dieser Informationsflut müssen die für den betrieblichen Alltag notwendigen Informationen herausgefiltert werden. Im nächsten Schritt müssen die Informationen verarbeitet und in marktrelevante Entscheidungen umgewandelt werden. Auf diese Art und Weise wird aus der Menge an täglich auf das Unternehmen einströmenden Informationen Wissen für die relevanten, unternehmerischen Prozesse aufgebaut.

2.4.8 Kooperationsbereitschaft

Kooperationsbereitschaft ist ein Charakterzug eines Unternehmers, zu dem bestimmte Grundvoraussetzungen erfüllt sein müssen. Der Unternehmer muss bereit sein, Wissen anderer Unternehmen offen aufzunehmen. Er muss aber auch bereit sein, sein eigenes Know-how anderen Unternehmen zur Verfügung zu stellen. So werden vorteilhafte Synergieeffekte wirksam. Kooperationsbereitschaft hört nicht bei der Abarbeitung einzelner Projekte auf. Der regelmäßige Kontakt und regelmäßige Gespräche können auf unterschiedliche Art und Weise Vorteile für die beteiligten Partner erbringen: Weiterentwicklung des branchenspezifischen Know-hows; Anstoß neuer Entwicklungen; Verteilung des Risikos und des Einsatzes bei neuen Entwicklungen auf alle Partner; Initiierung wirtschaftlich relevanter Kundenbeziehungen; Möglichkeiten zur kooperativen Vermarktung und Kundenakquisition; Erfahrungsaustausch.

Weiterführende Literatur

Publikation des bmb+f Bundesministerium für Bildung und Forschung (1999), „Zur technologischen Leistungsfähigkeit Deutschlands" Zusammenfassender Endbericht 1999; auch als Download unter www.bmbf.de.

DtA Deutsche Ausgleichsbank (1998), Wissenschaftliche Reihe – Band 12 „Innovation versus Tradition" – Kurzfassung; Kostenlose Bestellung über www.dta.de (Langfassung über Buchhandel).

Verständnisfragen (Lösungen siehe Anhang)

Aufgabe 1:
In den letzten 16 Jahren sind in Deutschland eine Reihe von Technologiezentren entstanden. Welche politischen Ziele und volkswirtschaftliche Bedeutung haben Technologiezentren im Rahmen des Technologietransfers?

Aufgabe 2:
Die Dynamik und Flexibilität der jungen Unternehmen sind heutzutage ein entscheidender Wettbewerbsfaktor. Welche Rolle spielt der Faktor Technologie in der Innovationsdynamik von Existenzgründern und jungen Unternehmen?

Aufgabe 3:
Förderprogramme unterstützen den Transfer neuer Technologien in die Anwendung. Durch welche Ziele charakterisieren sich diese Programme?

IX Gründungsförderung
3 Coaches und Mentoren

Christopher Rauen

3.1 Einleitung

Es gibt bei den zahlreichen Schwierigkeiten, die mit der Gründung eines Unternehmens verbunden sind, einen zentralen Faktor: Das Empfinden eines nahezu allgegenwärtigen Zeitmangels – resultierend aus den vielfältigen und teilweise erstmalig zu bewältigenden Herausforderungen. So ist es für viele Gründer verständlicherweise nicht unmittelbar einsichtig, neben der unumgänglichen Konsultation von Fachberatern wie Steuerberater, Rechtsanwalt, Wirtschaftsprüfer, Finanzberater uvm., die knapp bemessene Zeit auch noch für Coaches und Mentoren zu opfern. Hinzu kommen die negative Wirkung der mit Coaching und Mentoring zusätzlich entstehenden Kosten und ein teilweise eher als ungewiss eingeschätzter Nutzen dieser Beratungsformen.

Im Folgenden soll daher geklärt werden, was unter einer Beratung durch Coaches und / oder Mentoren generell zu verstehen ist, warum Gründer davon profitieren können, mit welchen Kosten zu rechnen ist und wie geeignete Berater gefunden werden können.

3.2 Coaching

Coaching nimmt seit Mitte der 80er Jahre im deutschsprachigen Raum als Instrument der Personalentwicklung im Wirtschafts-, Industrie- und Verwaltungsbereich einen wachsenden Stellenwert ein. Dies wird nicht nur an der zunehmenden Anzahl von Artikel- und Buchveröffentlichungen deutlich; auch in der Praxis bietet fast jede Unternehmensberatung diese immer stärker gefragte Dienstleistung an. „Coaching" ist ein gängiger Modebegriff geworden, der in der Praxis für nahezu jede Form von Beratung, Training und Schulung zweckentfremdet wird.

Dennoch lässt sich Coaching durchaus von anderen Maßnahmen unterscheiden: Es handelt sich dabei um eine Beratungsform für Personen mit Managementaufgaben. In einer Kombination aus individueller, unterstützender Problembewältigung und persönlicher Beratung wird dem Klienten auf der Prozessebene geholfen. Diese Prozessberatung liefert keine direkten oder vorgefertigten Lösungsvorschläge, sondern begleitet den Klienten und regt dabei an, wie jetzt und in Zukunft eigenständig Lösungen gefunden werden können. Der Klient lernt im Idealfall, Probleme umfassend einzuschätzen und in Zukunft eigenständige Lösungswege zu entwickeln.

Im Mittelpunkt der Beratung steht die Klärung und Bewältigung der Anforderungen an die Berufsrolle. In der Beratungsarbeit werden daher vorwiegend berufliche aber auch private Anliegen thematisiert, da wichtige berufliche Herausforderungen nahezu immer das Privatleben beeinflussen und dies umgekehrt ebenso der Fall ist. Coaching ist dabei keine Form von Psychotherapie und es kann eine solche auch nicht ersetzen; prinzipiell richtet sich ein Coaching nur an Personen, deren Selbstmanagementfähigkeiten noch so ausgeprägt sind, dass sie sich selber helfen können, dies aber mit Hilfe des Beraters effizienter gestalten wollen.

Das Coaching verläuft im Rahmen zuvor vereinbarter „Spielregeln", die der Klient – wie das gesamte Coaching – freiwillig akzeptiert. Grundlage der Beratung ist die auf Vertrauen basierende Beziehung zwischen dem Berater und dem Klienten. Diese tragfähige Beratungsbeziehung macht die besondere Qualität eines Coachings aus. Sie erlaubt es, die Probleme anzugehen, die erst in individuellen und vertraulichen Beratungs-Sitzungen thematisiert werden können.

Coaching ist kein einseitiger, nur vom Coach ausgehender Prozess, sondern verläuft interaktiv zwischen gleichgestellten Personen. Der Coach greift daher nicht aktiv in das Geschehen ein, um dem Klienten Aufgaben abzunehmen, sondern berät ihn, wie er diese selber effektiv(er) lösen kann. Dabei drängt der Coach dem Klienten nicht seine eigenen Ideen und Meinungen auf, sondern sollte stets eine unabhängige Position einnehmen.

Wie aus dieser Beschreibung hervorgeht, agiert im Coaching-Prozess nicht allein der Coach. Daher sei auch von der Verwendung der Bezeichnung „Coachee" abgeraten, da diese wie z.B. das Begriffspaar „Trainer – Trainee" ein Beziehungsgefälle impliziert, welches im Coaching nicht wünschenswert ist (Looss 1991, S. 93).

3.2.1 Coaching-Varianten

Abhängig von dem bzw. den Klienten und der Auftragstellung existieren verschiedene Coaching-Varianten:
– Einzel-Coaching: Hier wird eine Person durch einen Coach beraten. Typische Klienten sind i.d.R. Personen mit Führungsverantwortung und Managementaufgaben, sowie Selbstständige. Beim Einzel-Coaching als Führungsaufgabe („Vorgesetzten-Coaching") werden Mitarbeiter von ihrem Vorgesetzten entwicklungsorientiert geführt. Dabei sind Themen und Inhalte durch die vorgegebene Rollenverteilung stark eingeschränkt.

- Gruppen-Coaching bedeutet, dass sich der Coaching-Prozess auf eine Gruppe von Personen bezieht, die in keinem bestimmten Funktionszusammenhang stehen müssen.
- Das Team-Coaching (auch „System-Coaching" genannt) ist ein Spezialfall des Gruppen-Coachings. Hier wird eine bestimmte in einem Funktions- oder Systemzusammenhang stehende Gruppe von Personen (z.b. eine komplette Führungsetage oder Abteilung) – meist in ihrem verhaltensrelevanten Umfeld – beraten.
- Das Projekt-Coaching ist wiederum ein Spezialfall des Team-Coachings. Coaches unterstützen hier die Durchführung von Projekten und arbeiten oft mit mehreren in einem Funktionszusammenhang stehenden Personen zusammen. Dies kann in Form von Einzel- und Gruppen-Coaching geschehen und ist von dem jeweiligen Projekt und den Anforderungen der Projekt-Mitglieder abhängig. Daher werden im Rahmen von Projekt-Coachings auch verschiedene Settings kombiniert, z.b. Coaching-Maßnahmen die in Zusammenarbeit von externen und internen Spezialisten konzipiert und durchgeführt werden.

3.2.2 Definition des Coaching-Begriffes

Zusammengefasst kann der Begriff „Coaching" anhand der folgenden Charakteristika definiert und somit von anderen Verfahren abgegrenzt werden (Rauen 2000, S. 43):
- Coaching ist ein interaktiver, personenzentrierter Beratungs- und Betreuungsprozess, der berufliche und private Inhalte umfassen kann (individuelle Beratung auf der Prozessebene).
- Coaching findet auf der Basis einer tragfähigen und durch gegenseitige Akzeptanz und Vertrauen gekennzeichneten, freiwillig gewünschten Beratungsbeziehung statt.
- Coaching zielt immer auf eine (auch präventive) Förderung von Selbstreflexion und -wahrnehmung, Bewusstsein und Verantwortung, um so Hilfe zur Selbsthilfe zu geben.
- Coaching arbeitet mit transparenten Interventionen und erlaubt keine manipulativen Techniken, da ein derartiges Vorgehen der Förderung von Bewusstsein prinzipiell entgegenstehen würde.
- Coaching setzt ein ausgearbeitetes Coaching-Konzept voraus, welches das Vorgehen des Coachs erklärt und festlegt, welche Interventionen und Methoden der Coach verwendet, wie angestrebte Prozesse ablaufen können und welche Wirkzusammenhänge zu berücksichtigen sind. Zudem sollte das Konzept dem Gecoachten soweit transparent gemacht werden, dass Manipulationen ausgeschlossen werden können.
- Coaching findet in mehreren Sitzungen statt und ist zeitlich begrenzt.
- Coaching richtet sich an eine bestimmte Person (Gruppen-Coaching: für eine genau definierte Gruppe von Personen) mit Führungsverantwortung und / oder Managementaufgaben.

– Coaching wird praktiziert durch Beraterinnen und Berater mit psychologischen und betriebswirtschaftlichen Kenntnissen sowie praktischer Erfahrung bezüglich der Anliegen des oder der Gecoachten (um die Situation fundiert einschätzen und qualifiziert beraten zu können).

Ziel ist immer die (Wieder-)Herstellung und / oder Verbesserung der Selbstregulationsfähigkeiten des Gecoachten, d.h. der Coach soll sein Gegenüber derart beraten bzw. fördern, dass der Coach letztendlich nicht mehr benötigt wird.

3.3 Mentoring

Das Mentoring etablierte sich als Konzept der Personalentwicklung in den 70er Jahren in den USA als eine Art „Patenschaft" zwischen jungen oder neu in eine Organisation eingetretenen Mitarbeitern (auch hier existiert in Anlehnung an den „Trainee" der Begriff „Mentee") und einer erfahrenen, meist älteren Führungskraft, dem Mentor. Dabei lassen sich informelle Mentoren, die von einem Mitarbeiter organisationsintern gesucht werden, und formelle Mentoren, denen man direkt zugeordnet wird, unterscheiden.

Mit Hilfe des Mentoring sollte die häufig problematische Einbindung von Mitarbeitern in die für sie neue Organisationskultur verbessert werden. Mentor und Mitarbeiter bauen eine Beziehung zueinander auf, innerhalb derer dem „Schützling" von seinem „väterlichen Freund" die Sitten und Normen der Organisation vermittelt werden (Looss 1991, S. 153). Darüber hinaus kommt dem Mentor im Rahmen dieser unterstützenden Beziehung zu seinem Schützling die Aufgabe zu, diesem auch bei seiner langfristigen Lebens- und Karriereplanung beizustehen.

Mittlerweile hat sich das Konzept des Mentoring weiterentwickelt und ist nicht nur auf organisationsinterne Personalentwicklungsprogramme beschränkt. Für Freiberufler und Unternehmensgründer bieten sich Mentoren verschiedener Herkunft an, die vor dem Hintergrund ihrer eigenen Karriere Erfahrungen vermitteln, die für ein Weiterkommen des Schützlings nutzbringend sein können. Insbesondere für Jungunternehmer sind dabei folgende Themenbereiche hervorzuheben:
– Networking, d.h. das Herstellen von Kontakten und der Umgang mit möglichen Kooperationspartnern, Geldgebern, Behörden, Interessengruppen, Verbänden, Beratern, uvm.
– Vermitteln von Managementerfahrung
– Karriereberatung
– Strategieberatung
– Umsetzungsberatung, d.h. das Aufzeigen von praxisbewährten Lösungen bei konkreten aber fachübergreifenden Fragestellungen.

Als Mentoren für Gründer bieten sich z.B. ehemalige Unternehmer und Manager an. Sie haben als Ruheständler ausreichend Zeit für die Betreuung der Gründer und verfügen neben Berufserfahrung oft über ein spezifisches Branchenwissen.

Das Mentoring ist im Unterschied zum Coaching keine unabhängige Beratung. Der Mentor ist als „Freund" seines Schützlings parteiisch, während ein Coach eine neutrale Position einnimmt. Außerdem ist das Coaching i.d.R. ein mittelfristiger und zeitlich begrenzter Prozess, der sich mit konkreten Problemen beschäftigt. Mentoring ist hingegen nicht zwingend zeitlich begrenzt und teilweise durch die eher freundschaftliche Beziehung globaler orientiert. Für die prozessorientierte Bearbeitung weiterer Probleme auf überfachlicher Basis ist ein Mentor dabei meist nicht qualifiziert.

3.4 Anlässe der Beratung

Gründer bekommen – wie viele Personen mit Führungs- und Managementaufgaben – nur schwer eine realistische Rückmeldung ihrer Absichten und ihres Verhaltens (Feedback). Ein offener Austausch mit anderen Personen ist oftmals kaum noch gegeben. Ehepartner und Freunde sind meist überfordert, da ihnen für eine kompetente Beratung das betriebswirtschaftliche und psychologische Fachwissen fehlen. Hinzu kommt, dass insbesondere der Ehepartner „geschont" werden soll und somit über das eigentliche Ausmaß der eigenen Probleme nicht informiert wird – im Gegenteil: Bei überwältigend erscheinenden Problemen besteht zuweilen die Gefahr, nur noch eine Rolle zu spielen und den Schein des erfolgreichen Gründers wahren zu wollen. Die negativen Folgen einer solchen Entwicklung sind absehbar.

Selbst wenn sich urteilsfähige Gesprächspartner finden, wird deren Meinung nicht unbedingt konstruktiv aufgenommen: Kritik wird als persönliche Beleidigung oder Neid missverstanden, Lob als nicht ernst zu nehmende Schmeichelei abgetan. Hinzu kommt als weiterer Hemmfaktor für klärende Gespräche die Angst, vor Partnern, Freunden und Bekannten Schwächen einzugestehen oder „das Gesicht zu verlieren", weil man die gesetzten Ziele nicht alleine erreichen kann. Gruppenveranstaltungen wie Seminare oder Diskussionen bieten in diesen Fällen keine echte Alternative, da hier i.d.R. nicht auf *individuelle* Bedürfnisse tiefer eingegangen und keinerlei Diskretion gewährleistet werden kann. Oft finden Weiterbildungsveranstaltungen nur noch in Form von Ritualen statt, in denen den anderen Teilnehmern die eigene Überlegenheit präsentiert werden soll.

Als Folge von Zeitdruck, Isolation, des fehlenden Feedbacks und mangelnder Gesprächsmöglichkeiten kommt es zu Verzerrungen der eigenen (Selbst-)Wahrnehmung, die in einem unrealistischen Selbstbild und „blinden Flecken" münden. Aufgabe des Coachs ist es, dem entgegenzuwirken: Als unvoreingenommener und neutraler „sozialer Spiegel" gibt er dem Klienten ein fundiertes Feedback und verbessert so Selbstreflexion und -management. Daneben können Mentoren mit ihren ausgeprägten Erfahrungen und als Freunde die Gründungsphasen unterstützen und mit fachlichem Wissen konkrete Hilfestellungen geben.

Es sei hier darauf hingewiesen, dass nicht jeder Ausgangspunkt für eine Beratung in einem akuten Problem begründet sein muss. Beratung dient nicht nur der Lösung von Krisen, sondern auch deren Prävention sowie der (weiteren) Verbesserung von unproblematischen Zuständen und der individuellen Leistungsfähigkeit.

Der Coach sollte dabei beachten, dass es stets um die Förderung der Autonomie des Klienten geht, was ein transparentes Vorgehen im Coaching voraussetzt. Ziel ist nicht, den Klienten an das Coaching zu gewöhnen, sondern sich in letzter Konsequenz überflüssig zu machen. Ein Mentor ist gut damit beraten, trotz seines Erfahrungsvorsprunges nicht die eigene Meinung als einzig richtig anzusehen. Auch sollte er nicht zuviel Verantwortung auf sich nehmen, indem er seinem Schützling zu oft Entscheidungen abnimmt.

Coaching geht über Bearbeitung sichtbarer Problemsymptome hinaus und beschäftigt sich auch mit der Lösung der zum Problem führenden Prozesse. Diese werden im Coaching – oft erstmalig – aufgedeckt. Erst dies sichert den Anspruch eines Coachings, echte Hilfe zur Selbsthilfe zu leisten. Ansonsten ist es nur eine Frage der Zeit, bis Probleme erneut auftauchen, weil sie weder in der Ursache erkannt noch in der Auswirkung gelöst werden können.

Insgesamt gibt es eine Vielzahl von Anlässen, bei denen eine Beratung sinnvoll sein kann. Typische Vorteile, die speziell Unternehmensgründer von der Beratung erwarten können, sind folgende Beispiele:
- Bewältigung überproportionalen Unternehmenswachstums
- Verbesserung der Management- und Führungskompetenzen und der sozialen Kompetenzen (Umgang mit Mitarbeitern, Konfliktmanagement, Zeitmanagement, Umgang mit Stress)
- Kritische Reflexion konfliktträchtiger Interaktions- und Führungssituationen
- Umgang mit komplexen Strukturen (Komplexitätsmanagement)
- Erlernen des Umgangs mit neuen Rollen, Vorbereitung auf neue Aufgaben und Situationen
- Bessere Integration neuer Mitarbeiter
- Auflösen unangemessener Verhaltens-, Wahrnehmungs- und Beurteilungstendenzen
- Abbau von Leistungs-, Kreativitäts- und Motivationsblockaden
- Erweiterung des Verhaltensrepertoires, insbesondere die Flexibilisierung von routinebedingtem Standardverhalten
- Lösen von persönlichen (Sinn-)Krisen, z.B. mangelndes Selbstvertrauen
- Überprüfung der Lebens- und Karriereplanung
- Unterstützung bei akuten Konflikten, z.B. bei Beziehungskonflikten mit anderen Personen
- Umgang mit strukturbedingten Stillständen der gesamten Organisation (z.B. Umsatzstagnation) und der individuellen Entwicklung
- Förderung von Teamarbeit, bereichsübergreifenden Arbeitsgruppen und Projekten
- Konfliktbearbeitung für einzelne oder innerhalb von Gruppen
- Bearbeiten von Diskrepanzen zwischen formulierter Unternehmenskultur und beobachtbarem Verhalten der Mitarbeiter

In Abhängigkeit von der Situation, den persönlichen Erwartungen und der Kompetenz des jeweiligen Beraters kann ein Coach und / oder ein Mentor bei den oben genannten Punkten helfen. Wer von beiden im Einzelfall der „bessere" Ansprechpartner ist – sofern nicht sogar eine Kombination von Coaching und Mentoring als wün-

schenswert angesehen wird – kann pauschal nicht beantwortet werden. Hier bleibt
der Gründer in der Pflicht, einen oder mehrere Berater nach seinen individuellen
Bedürfnissen auszuwählen. Als „Orientierungshilfe" werden im Kapitel „Anforderungen an den Berater" diverse Kriterien genannt, die bei der Auswahl hilfreich sein
können. Zuvor wird im Folgenden der Beratungs-Prozess erläutert, damit sich der an
einem Coach oder Mentor interessierte Gründer einen Eindruck von dem Ablauf der
Beratung machen kann.

3.5   Der Beratungs-Prozess

Generell ist es schwer möglich für individuelle Beratungs-Prozesse einen verbindlichen Weg der Problemlösung vorzugeben. Die folgenden Ausführungen erheben
daher keinen Anspruch auf Allgemeingültigkeit; sie dienen zum besseren Verständnis des Themas und können bestenfalls überblicksartig darstellen, wie ein Beratungs-Prozess durch einen Coach aussehen kann. Teilweise finden sich einzelne
Schritte auch im Mentoring wieder. Als eher freundschaftlich ausgerichtete Beziehung lässt sich der formale Ablauf des Mentoring nicht präzise beschreiben, zumal
hier weniger auf der Prozessebene gearbeitet wird.

1) Ein unverbindliches Erstgespräch wird vereinbart, dabei wird zunächst geklärt, ob
die Grundlagen für eine Coaching-Beziehung (Freiwilligkeit, Akzeptanz, Vertrauen)
gegeben sind. Die gegenseitige Exploration steht hier noch im Vordergrund. Der
Klient nennt seine Erwartungen, der Coach schildert Möglichkeiten und Grenzen des
Coachings. Ggf. wird eine erste Problemsicht vorgenommen, diffuse Problemsituationen werden analysiert, konkrete Problemfelder werden erstmals abgegrenzt. Wird
von beiden Seiten eine Zusammenarbeit als sinnvoll eingeschätzt, kann ein Vertrag
geschlossen werden.

2) Eine gemeinsame konkrete Problemanalyse wird vorgenommen. Die wichtigsten
Probleme werden besprochen („Wo genau liegt das Problem?", „Wann tritt es auf?",
„Woran würden Sie erkennen, dass das Problem beseitigt ist?"). Es werden gemeinsam die Ziele für das Coaching festgelegt und ein individueller Arbeitsplan entwor-
fen.

3) Mehrere mögliche Problemlösungen werden entwickelt und bewertet. Vor- und
Nachteile werden in gedanklichen Simulationen und Übungen durchgespielt, der
Klient entscheidet über die Realisierung der verschiedenen Problemlösestrategien.
Ggf. weist der Coach hier schon auf Wahrnehmungsblockaden hin und eröffnet neue
Sichtweisen. Vorschläge werden gemacht und Rückmeldungen (Feedback) werden
gegeben, die der Klient annehmen oder ablehnen kann, ohne sein Gesicht dabei zu
verlieren.

4) Der Klient wendet die Problemlösestrategien an und berichtet im Coaching-Ge-
spräch die Ergebnisse. Dabei auftauchende Schwierigkeiten und Erfolge werden be-

sprochen, der Coach gibt wiederum Feedback. Tritt keine Verbesserung ein, wird zu Punkt 3 zurückgegangen.

5) Der gesamte Coaching-Prozess wird abschließend von den Beteiligten bewertet, es wird geprüft, ob sich die Erwartungen erfüllt haben oder nicht. Das Coaching wird in einer zuvor vereinbarten Abschluss-Sitzung beendet, was nicht besagt, dass der Kontakt nun endgültig abgebrochen werden muss.

Die Realisierung der einzelnen Treffen ist dabei sehr individuell. Von regelmäßigen ein- bis zweistündigen Terminen über halb- oder ganztägige Blocktrainings bis zum exklusiven Engagieren des Coaches, damit dieser jederzeit zur Verfügung steht, ist alles möglich. Prinzipiell lassen sich ein zeitlich zunächst unbegrenztes Coaching bis zum Erreichen des gewünschten Zieles sowie eine vorher fixierte Anzahl fest vereinbarter Sitzungen, bzw. eine feste Laufzeit, unterscheiden (meistens 10 Sitzungen). Letzteres soll gewährleisten, dass der Coaching-Prozess nicht vorzeitig und einseitig abgebrochen wird, wenn die erwartete Änderung der Problemlage nicht sofort eintritt. Für den Abschluss bzw. bei einer vorzeitigen Beendigung des Coachings wird ein professioneller Coach – schon um unbewältigte Abbrüche zu vermeiden – immer eine letzte gemeinsame Auswertungs-Sitzung vereinbaren.

Der Coaching-Prozess ist i.d.R. keine kurzfristige Maßnahme, sondern nimmt einen Zeitraum von mehreren Monaten ein. Die Dauer wird von den Experten sehr verschieden angegeben und reicht von einzelnen Kurz-Sitzungen bis zu einer regelmäßigen Beratung über Jahre, je nachdem, ob es sich um schnell zu erreichende Teilziele oder um eine längerfristige Maßnahme (z.b. Organisationsentwicklung) handelt (Rauen 1999).

3.6   Anforderungen an den Berater

Im Folgenden werden die wichtigsten Kriterien, die ein guter Coach erfüllen sollte, kurz dargestellt. Die Bereiche „Fachliche und Methodenkompetenz" und „Erfahrungskompetenz und Persönlichkeit" gelten dabei sowohl für Coaches als auch für die Auswahl von Mentoren.

Psychosoziale Kompetenzen
- Kenntnisse der Organisationspsychologie und der Klinischen Psychologie (z.B. Verhalten und Prozesse in Organisationen, Gruppendynamik, Entwicklungsphasen des Individuums, uvm.)
- Erfahrungen mit der Anwendung psychologischer Interventionsverfahren und Methoden (z.B. Selbstmanagement, Mentales Training, Problemlösemethoden, Stressbewältigungs- und Entspannungstechniken, Zeitmanagement, Konfliktmanagement, Kreativitätstechniken, uvm.)
- Diagnostisches Wissen (z.B. Auswahl- und Testverfahren im Leistungsbereich, Kenntnis der Symptome von Sucht- und Abhängigkeitserkrankungen)
- Erfahrungen im Umgang mit verschiedenen Kommunikationstechniken
- Soziale Kompetenz im Umgang mit anderen Personen

- Fähigkeit zur realistischen Selbsteinschätzung (Wahrnehmung der eigenen Stärken und Schwächen)

Fachliche und Methodenkompetenz
- Kenntnisse betriebswirtschaftlicher Abläufe und Gedankengänge
- Erfahrungen mit betriebswirtschaftlichen Instrumenten
- Kenntnis gängiger Führungskonzepte
- Kenntnis des betrieblichen Umfeldes und seiner Funktionsträger (Betriebsleiter, Personalchefs, Gewerkschaftsfunktionäre usw.), z.b. durch frühere Tätigkeit in leitender Position

Erfahrungskompetenz und Persönlichkeit
- Selbst- und Lebenserfahrung
- Mehrjährige, umfassende Beratungserfahrung
- Regelmäßige Reflexion der Arbeit (z.b. in Supervisions-Sitzungen)
- Interesse am Klienten, Aufmerksamkeit
- Konfrontationsbereitschaft
- Glaubwürdigkeit, Standfestigkeit
- Einfühlungsvermögen (Empathie)
- Loyalität gegenüber dem Klienten
- Absolute Verschwiegenheit bzgl. der Beratungsinhalte

3.6.1 Auswahl von Beratern

Bei der Auswahl eines Coachs oder eines Mentors sollten möglichst viele Informationen berücksichtigt werden. Gute Berater waren und sind schwer zu finden. Die folgenden Anregungen können helfen, sich vor fragwürdigen Experten zu schützen (Rauen 22.09.2000):
- Es sollte nicht der erstbeste Berater engagiert, sondern immer mehrere Personen und Angebote miteinander verglichen werden.
- Persönliche Erfahrungen und Empfehlungen von Bekannten, Freunden, Kollegen usw. können ein Ausgangspunkt für die Beratersuche sein.
- Ein kostenloses Vorgespräch mit einer Erläuterung der Vorgehensweise ist für seriöse Beraters normal. Der Vergleich von schriftlichen Konzepten und Angeboten hilft, sich zwischen mehreren Beratern zu entscheiden.
- Eine Überprüfung, ob ein Berater auf Fälle spezialisiert ist, die mit dem eigenen vergleichbar sind und ob entsprechende Erfahrungen vorhanden sind, ist sehr hilfreich. Professionelle Coaches und Mentoren haben spezifische Kenntnisse der Prozesse und Strukturen von Führungsebenen, sie denken, argumentieren und arbeiten ziel- und lösungsorientiert. Gesamterscheinung von Person, Unterlagen, Auftreten und Ausdruck sind zu beachten.
- Die Qualifikation und Ausbildung(en) des Beraters sollte klar erkennbar sein, und ist ggf. zu überprüfen.
- Kein Berater ist für jeden Anlass geeignet. Von Beratern, die behaupten, alle Probleme lösen zu können, ist abzuraten. Gute Berater kennen ihre Grenzen und

empfehlen einen Kollegen, wenn Sie einen Auftrag nicht bearbeiten können – und sie lehnen Aufträge ab, die sie für nicht erfüllbar halten.

- Seriöse Berater informieren nicht nur offen über Erfolge, sondern auch über Misserfolge. Mögliche Vor- und Nachteile sollten in einem Gespräch offen dargestellt werden.
- Professionelle Berater können Referenzen, Fallbeschreibungen und Veröffentlichungen vorweisen. Es ist negativ zu werten, wenn hier Referenzen genannt werden ohne das die betreffenden Klienten die Erlaubnis dafür gegeben haben.
- Es sollte kein Berater engagiert werden, bei dem nicht zumindest eine Grundsympathie vorhanden ist.
- Alle professionellen Coaches haben einen Supervisor, um problematische Fälle aufzuarbeiten und sich selber vor blinden Flecken zu schützen. Dies sollte im Vorgespräch überprüft werden.
- Persönlich und finanziell unabhängige Berater biedern sich nicht für Aufträge an – sie geben dem Klienten die Möglichkeit, eine Wahl zu treffen.
- Coaching ist keine Psychotherapie. Schwerwiegende psychische Probleme und Abhängigkeitserkrankungen sind nicht das Tätigkeitsfeld eines Coachs. Ein professioneller Coach ist mit der Problematik vertraut und kann hier klare Grenzen ziehen.
- Die Vorgehensweise des Coachs ist zu klären. Gute Coaches sind methodisch kompetent und verfügen über ein breites Spektrum von nicht-manipulativen Interventionen. Sie arbeiten prinzipiell transparent und fördern Bewusstsein und Verantwortung ihrer Klienten.
- Professionelle Berater wählen Aufträge gezielt aus und können jederzeit ihre Auswahlkriterien nennen.

3.6.2 Kontaktadressen

Coaches
- *Sektion Arbeits-, Betriebs- und Organisationspsychologie im Berufsverband Deutscher Psychologinnen und Psychologen e.V.,*
  Internet: http://www.abo-psychologie.de
- *Bundesverband Deutscher Unternehmensberater BDU e.V.,*
  Internet: http://www.bdu.de
- *European Coaching Association e.V.,*
  Internet: http://www.eca-online.de

Angaben zu bundesweit und teilweise international tätigen Coaches finden sich im Handbuch Coaching (Rauen, 2000), Internet: http://www.handbuch-coaching.de und http://www.rauen.de .

Mentoren
- *Bundesverband Junger Unternehmer (BJU),*
  Internet: http://www.bju.de

- *Senior Experten Service (SES)*, Buschstr. 2, 53113 Bonn, Tel. 0228 / 260900, Internet: http://www.ses-bonn.de
- *Alt hilft Jung*, Kennedyallee 62-70, 53175 Bonn, Tel. 0228 / 889236, Internet: http://www.alt-hilft-jung.w3d.de
- *Aktivsenioren*, Thierschstr. 17, 80538 München, Tel. 089 / 22 22 37, Internet: http://members.aol.com/hvoltz2/aktsen.htm

Die Industrie- und Handelskammern bieten oft Arbeitskreise zum Erfahrungsaustausch und vermitteln Kontakte zu erfahrenen Unternehmern. Nähere Informationen können bei den örtlichen Industrie- und Handelskammern erfragt werden.

3.7 Kosten der Beratung

In Abhängigkeit von der Qualifikation des Coachs und den Rahmenbedingungen des Auftrags liegen die Kosten für eine einzelne Beratungs-Sitzung – diese hat meist eine Dauer von ca. 1-2 Stunden – zwischen 200 und 1.000 DM zzgl. Umsatzsteuer und Spesen. Daher können die Gesamtkosten für ein Einzel-Coaching schnell im fünfstelligen DM-Bereich liegen. Als Alternative zu rein zeitbasierten Vereinbarungen werden außerdem auch pauschale Regelungen angeboten, die pro Einzel-Coaching zwischen 5.000-20.000 DM liegen können.

Die Aufwendungen für das Coaching können als Fortbildung steuerlich geltend gemacht werden, da eine Verbesserung der beruflichen Kompetenz angestrebt wird.

Der Nutzen eines erfolgreichen Coachings kann wesentlich größer eingeschätzt werden als seine Kosten bzw. die sonst entstehenden Ausgaben durch „Reibungsverluste" in der Gründungsphase. Im Vergleich zu anderen Beratungsangeboten können Coaching-Maßnahmen insgesamt betrachtet sogar relativ kostengünstig sein. Auswärtige Seminare mit einer zuweilen tagelangen Dauer verursachen hohe Kosten durch einen entsprechend langen Arbeitsausfall. Coaching kann hingegen zeitlich flexibel und lokal bzw. „on the job" eingesetzt werden, was die Gesamtkosten reduziert.

Die finanziellen Aufwendungen für einen Mentor liegen auf Grund der Andersartigkeit der Beratung bzw. der Berater teilweise wesentlich geringer. Oft stehen beim Mentoring ideelle Werte und eine freundschaftliche Beziehung im Vordergrund: In den Ruhestand getretene Manager verfolgen mit Ihrer Tätigkeit als Mentor keine wirtschaftlichen Ziele – hier sind auch Stundensätze von 30 DM möglich, die lediglich eine symbolische Honorierung bzw. Spesenerstattung darstellen. Dennoch gibt es auch hier wesentlich höhere Honorarsätze, die mit denen des Coachings vergleichbar sind.

3.8 Abschließende Bemerkungen

Zu Beginn dieses Kapitels wurde darauf hingewiesen, dass Gründer unter ständiger Zeitnot leiden. Die vorgestellten Beratungsformen können Hilfestellung dabei geben, vorhandene Fähigkeiten besser zu nutzen und notwendige Vorgehensweisen effizienter zu gestalten, um zeit- und kostenintensive Fehler zu vermeiden. Wenn dies gelingt, kostet die Beratung weniger Zeit, als durch sie gewonnen werden kann. So gilt als Fazit für die Inanspruchnahme professioneller Beratung, dass Zeitnot nicht als Gegenargument, sondern erst recht als Anlass für Beratung angesehen werden kann.

Weiterführende Literatur (zitierte Quellen siehe Anhang)

Hilb, M. (1997), Management by Mentoring. Ein wiederentdecktes Konzept zur Personalentwicklung, Neuwied.

Holtbernd, T. / B. Kochanek (1999), Coaching: Die zehn Schritte der erfolgreichen Managementbegleitung, Köln.

Looss, W. (1997), Unter vier Augen, Landsberg / Lech.

Rauen, C. (1999), Coaching. Innovative Konzepte im Vergleich, Göttingen.

Rauen, C. (Hrsg.) (2000), Handbuch Coaching, Göttingen.

Rauen, C. (22.09.2000), Auswahl von Coaches, http://www.coaching-report.de.

Verständnisfragen (Lösungen siehe Anhang)

Aufgabe 1:
Benennen und erläutern Sie die Grundvoraussetzungen für einen Beratungs-Prozess durch einen Coach bzw. Mentor. Unter welchen Bedingungen kann eine Beratung hilfreich sein und unter welchen Umständen sollte davon abgesehen werden?

Aufgabe 2:
Welche Hilfestellungen können Coaches und Mentoren bei einer Unternehmensgründung geben? Erläutern Sie, welche Vorteile ein Klient von der Beratung durch einen externen Berater erwarten kann.

Aufgabe 3:
Stellen Sie dar, wie sich die Beziehung zwischen Coach und Klient von der zwischen Mentor und Schützling unterscheidet. Welche Konsequenzen hat dies für die Beratung?

Teil 3: Fallstudien

I Einführung in die Fallstudienmethodik

Christoph Zacharias / Wolfgang Kuhn

1 Vorbemerkungen

Die Problemstruktur im Gründungsmanagement ist komplex (siehe Kapitel I.2) und erfordert in der Lehre den Einsatz adäquater didaktischer und pädagogischer Methoden (siehe Kapitel I.3). Neben der Vermittlung von Wissensinhalten erscheint gerade im Bereich *Entrepreneurship Education* die Einbeziehung einer Handlungsorientierung sinnvoll. Fallstudien stellen hier eine geeignete Möglichkeit dar, Studierende mit der Komplexität realer Entscheidungssituationen vertraut zu machen. So führt Sahm (1975, S. 2024) grundlegend aus: „Fallstudien sind wirklichkeitsnahe Beurteilungs- und Entscheidungsmodelle, in denen die beruflichen Realitäten 'simuliert' werden."

Zur Ergänzung und zur Erprobung des in den Teilen I und II vermittelten Basiswissens werden im Teil III Fallstudien zum Gründungsmanagement vorgestellt. Da nicht jede Fallstudie (case study) gleich aufgebaut ist, sondern in Bezug auf Lernziele und Vorgehensweisen unterschiedlichen Mustern folgt, wird in diesem Beitrag eine Übersicht zur Entstehung der Fallstudienmethode, der Kategorisierung alternativer Typen von Fallstudien und deren Nutzen im vorliegenden Zusammenhang dargestellt.

2 Entstehung der case-study-method

Die Methodik der Fallstudien wurde an der Harvard School of Business Administration entwickelt. Ihre Entstehung geht auf das Jahr 1908 zurück. Seitdem nimmt diese Methodik einen breiten Raum in der US-amerikanischen Managementausbildung ein. In der deutschsprachigen Betriebswirtschaftslehre wurde sie hingegen lange Zeit mit Ablehnung betrachtet (Schmidt 1988, S. 28). Es wurde in Frage gestellt, ob eine

Managementlehre als Kunstlehre Teil der Betriebswirtschaftslehre sein kann (siehe hierzu Kirsch 1992, S. 516 ff. sowie grundlegender Kirsch 1977 und 1984). In neuerer Zeit finden jedoch Fallstudien vermehrt Eingang in die universitäre Ausbildung.

Der Grundgedanke der Fallstudienmethode besteht darin, mittels der Schilderung möglichst authentischer Realsituationen die Studierenden an den konkreten Beobachtungsgegenstand der Disziplin heranzuführen, um ihn so in seiner gesamten Komplexität wirken zu lassen. „Ein Fall (case) ist die möglichst wirklichkeitsgetreue Auszeichnung eines Problems, mit dem ein oder mehrere Manager tatsächlich konfrontiert wurden, zusammen mit den dazugehörigen Fakten, Meinungen und Erwartungen, die die Entscheidungssituationen determinieren ..." (Kaiser 1983, S. 21). Hüttner ergänzt dazu, dass es sich bei den geschilderten Fällen stets um Entscheidungssituationen handelt, in denen der Alternativenraum nicht geschlossen ist und somit ein Auswahlproblem vorliegt (1976, S. 347). Eindeutige Lösungen sind nach Speth (1997) nicht gegeben. Aus diesem Grund weist er (ebd., S. 393) darauf hin, dass „Verfahrensfälle mit eindeutiger Lösung, Illustrationsbeispiele und Beschreibungen von praktischen Vorgängen (...) deshalb nicht zur Fallstudienmethode (gehören)." Gleichwohl können diese Teilbestandteil von Fallstudien sein.

Die Entwicklung von Fallstudien vollzieht sich in einem „Spannungsfeld zwischen Situationsbezug, Fasslichkeit, Bedeutsamkeit, Wissensbezug und Handlungsbezug. Soweit Konkurrenzen zwischen einzelnen Richtgrößen entstehen (Bsp.: Konkurrenz zwischen Fasslichkeit und Wissensbezug) sind Präferenzen zu bilden. Im Zweifel hat die Fasslichkeit ,Zielpriorität'." (Wolff 1992, S. 324) Dies begründet, warum Fallstudien vereinzelt als simplifizierend eingestuft werden. Ihr Komplexitätsgrad ist der jeweiligen Zielgruppe anzupassen. Im Einzelnen bedeuten die Richtgrößen folgendes (Speth 1997, S. 395):

Situationsbezug:	Der Fall muss Realitätsnähe und Praxisbezug aufweisen. Nicht notwendigerweise muss er hingegen exaktes Abbild realer Vorfälle sein. Auch wenn dies z.T. anders gesehen wird, lässt sich in vielen Fällen ebenso gut mit Fiktionen arbeiten.
Fasslichkeit:	Die kognitive Struktur der Studierenden determiniert die Komplexität der Fallstudie. Dies hat evt. Abstriche von der Realitätsnähe zur Folge.
Wissenschaftsbezug:	Die fachlich-disziplinären Kontexte der Fallstudie müssen sich in die Systematik des Faches integrieren lassen. Sie müssen insbesondere verallgemeinerungsfähig sein.
Bedeutsamkeit:	Der Fall muss für die Studierenden relevant im Sinne von anknüpfungsfähig an ihr Fachwissen und ihre Lebenswelt sein.
Handlungsbezug:	„Die Fallstudie sollte den Lernenden zu einem praxisnahen, selbstständigen Handeln animieren. Eine entspre-

chende Handlungsorientierung wird erreicht, wenn der Bearbeiter zur Bewältigung des Fallstudienproblems Tätigkeiten durchführen muss, die auch für die berufliche 'Ernstsituation' relevant sind. Hierzu zählen etwa das Beschaffen von Informationen, das Ausfüllen von Formularen, die Interpretation von Vertragstexten und Computerausdrucken, die Überprüfung von Abrechnungen, die Durchführung mathematischer Operationen. Die angestrebte Realitätsnähe und Handlungsorientierung muss nicht durch den Einsatz einer großen Zahl von zu bearbeitenden Originalformularen dokumentiert werden, denn Handeln vollzieht sich nicht nur beobachtbar in äußerem Tun, sondern auch innerlich im Rahmen von Denkoperationen, die vor, neben und / oder nach dem äußeren Handeln durchgeführt werden. Ein unnötiger Formularaktionismus kann die Nervosität des Berabeiters erhöhen und dadurch lernhemmend wirken. Gezielt und sparsam eingesetzte Unterlagen wirken dagegen motivierend und lernunterstützend." (Wolff 1992, S. 325)

In der Regel werden Fallstudien in Gruppen bearbeitet. Hierdurch werden Teamkomponenten in der Handlungsfähigkeit unterstützt.

3 Typen von Fallstudien

Zur Erreichung der beschriebenen Lehrziele wurden verschiedene Typen von Fallstudien entwickelt, die jeweils eigene methodische Besonderheiten aufweisen. Im einzelnen sind dies (Perlitz / Vassen 1976 und Speth 1997):

3.1 Case Method / Entscheidungsfall

Der Entscheidungsfall zeichnet sich wie die anderen „Case"-Varianten (case study method und case problem method) von Fallstudien wesentlich darin aus, dass vollständige Informationen vorliegen. Dabei wird das zu bearbeitende Problem ausdrücklich genannt, wobei eine konkrete Aufgabenstellung zu lösen ist.

3.2 Case Study Method / Problemfindungsfall

Diese Variante gilt als die klassische Harvard-Methode. Der Fall wird sehr umfangreich dargestellt. Zumeist werden Angaben zur Geschichte des Unternehmens, seiner

Organisation, der Produktion, dem Marketing und dem Rechnungswesen gemacht. Weiterhin werden die handelnden Personen skizziert. In der Schilderung sind nicht nur aktuelle, zu bearbeitende Probleme und Vorfälle enthalten, sondern auch verdeckte. Zudem wird auf unternehmensübergreifende Entwicklungen, die etwa sozialer oder politischer Natur sind, hingewiesen. In der Regel beruhen solche Fallstudien auf wahren Begebenheiten, und die Darstellung bricht in einem Moment ab, in dem entschieden werden muss.

Aus diesen Gründen sind Case Study-Fälle in der Darstellung recht umfangreich und umfassen zwischen 6 und 100 Seiten. Darin enthalten sind auch Darstellungen irrelevanter Daten und Informationen, so dass die Bearbeiter ein Selektionsproblem zu lösen haben.

3.3   Case Problem Method / Beurteilungsfall

Diese Methode ist die wohl älteste und recht einfach in der Anwendung (Schmidt 1988, S. 29). Die Darstellung bezieht sich zumeist auf eine kurze, einfache Situation, zu deren Lösung oftmals nur eine spezifische Antwort führt (Perlitz / Vassen 1976, S. 2). Dabei steht die Analyse des Problems im Mittelpunkt. Die Bearbeiter sollen Zusammenhänge von Problem und Lösung praktisch verdeutlicht bekommen.

3.4   Incident Method / Informationsfall

Diese Methode geht auf Paul und Faith Pigors zurück, die sie um 1950 entwickelten (Nagel 1969, S. 122). „Incident" meint hier soviel wie „Vorfall", „Ereignis" oder „Begebenheit". Dieser Vorfall bzw. die Situation wird kurz dargestellt. Der Bearbeiter findet nur einen ,Torso' vor und muss sich relevante Daten selber beschaffen.

3.5   Project Method / Untersuchungsfall

Bei dieser Variante sind keine Informationen gegeben. Diese müssen vielmehr im Rahmen einer eigenen Untersuchung eines Unternehmens erst gewonnen werden. Basis der Informationssuche ist ein explizites Problem, das gelöst werden soll. Der Bezug zur Praxis wird hier stark betont. Ähnlich einem Mitarbeiter soll der Bearbeiter ein Problem selbstständig lösen. Daten und Lösungswege sind zu beschaffen, zu bewerten und zu begründen.

3.6   Zusammenfassung

Die vorgestellten Methoden lassen sich wie folgt schematisch darstellen (Ahl 1974, S. 122):

Methode	Information	Aufgabe / Problemfindung	Problemlösung
Case Method *(Entscheidungsfall)*	vollständige Information gegeben	Problem ausdrücklich genannt	Problemlösung zur Aufgabe gestellt
Case Study Method *(Problemfindungsfall)*	vollständige Information gegeben	Problem nicht genannt. Problem muss gefunden werden	Problemlösung zur Aufgabe gestellt
Case Problem Method *(Beurteilungsfall)*	vollständige Information gegeben	Problem ausdrücklich genannt	Problemlösung von vornherein gegeben oder nach Selbstlösung nachträglich gegeben
Incident Method *(Informationsfall)*	unvollständige / keine Informationen gegeben, Daten werden vom Diskussionsleiter erfragt	Problem ausdrücklich genannt	Problemlösung zur Aufgabe gestellt
Project Method *(Untersuchungsfall)*	keine Informationen gegeben. Daten werden durch Betriebsuntersuchung gewonnen	Problem ausdrücklich genannt	Problemlösung zur Aufgabe gestellt

Abbildung 1: Typologie von Fallstudien nach Ahl (1974, S. 122)

4 Der Ablauf von Fallstudien

Kaiser (1973, S. 43 f.) schlägt ein sechsstufiges Phasenmodell vor, um die Durchführung bzw. den Ablauf einer Fallstudie zu beschreiben. „Die Konfrontation dient der Erfassung der Problemsituation. Ziel dieses Lernschrittes ist es, über eine Situationsanalyse, bei der Unwesentliches vom Wesentlichen getrennt wird, die erforderliche Klarheit über das anstehende Problem zu gewinnen. Am Ende dieser Phase steht das Entwickeln eines ‚Suchschemas'.

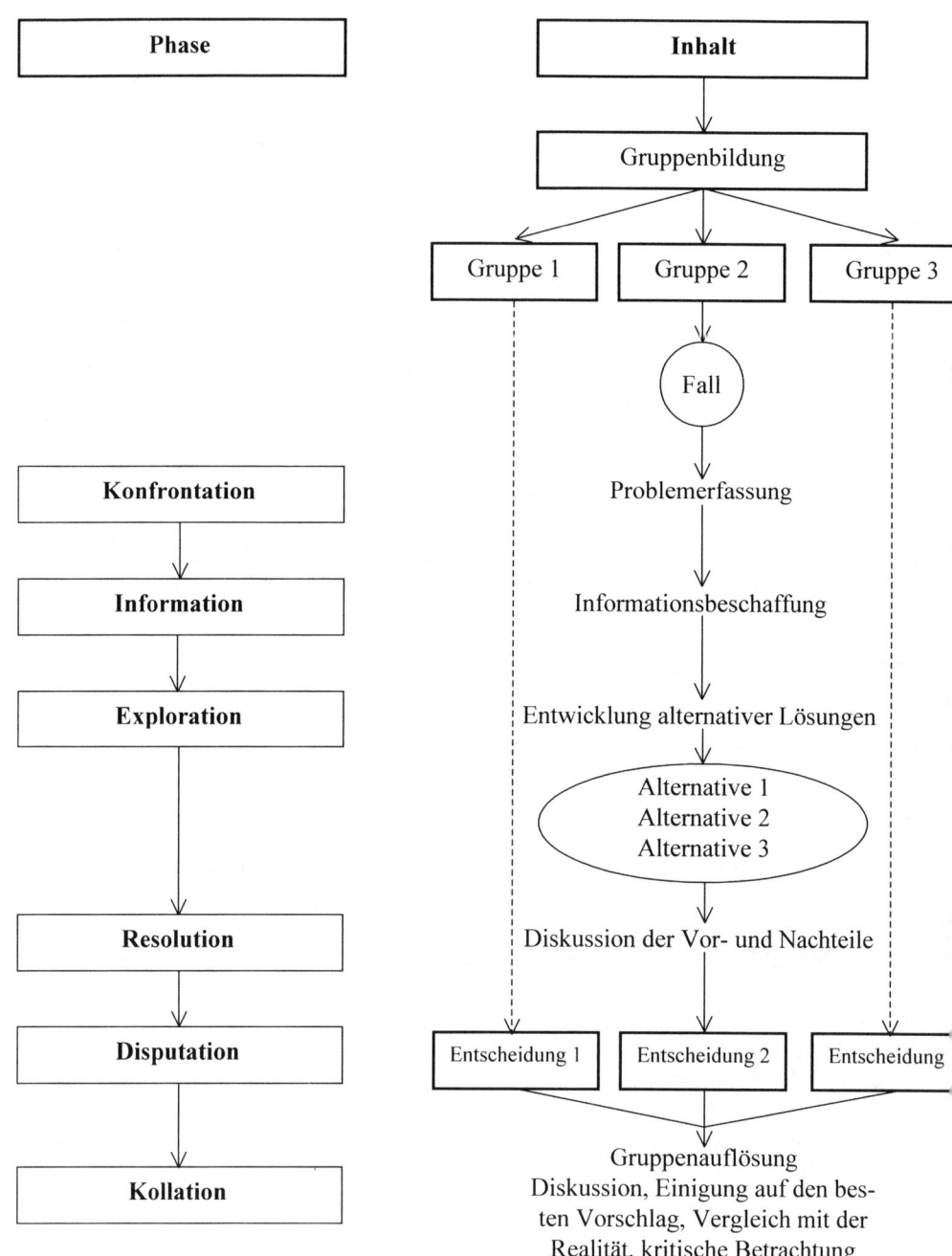

*Abbildung 2: Ablaufdiagramm einer Fallstudie
in Anlehnung an Kaiser (1973, S. 43 f.)*

In der Phase der Information ist der (Studierende, d. Verf.) bemüht, sich über den Sachverhalt Informationen zu beschaffen, sie zu ordnen und auszuwerten. Sind über die Informationen die Ursachen und Wirkungen der vorgegebenen Situation erkannt, kann mit der Entwicklung von alternativen Lösungsmöglichkeiten begonnen werden (Exploration). Es geht auf dieser Stufe darum, möglichst viele Lösungswege und Lösungsvarianten und ihre Konsequenzen zu erarbeiten, denn nur über ein Suchen nach Alternativen kann die optimale Lösung eines Problems gefunden werden.

In der Stufe der Resolution wird nach der Diskussion über Vor- und Nachteile der einzelnen Lösungsalternativen die Entscheidung getroffen und schriftlich fixiert" (Speth 1997, S. 396). Danach sollen in der Phase der Disputation die Entscheidungspläne der einzelnen Gruppen vorgestellt und gegenüber eventuellen Einwänden diskutiert werden. In der letzten Phase schließlich, der Kollationsphase, wird die plausibelste Entscheidung mit der in der Realität getroffenen Entscheidung verglichen.

5   Beitrag der Fallstudienmethodik für eine Entrepreneurship Education

Der Nutzen der Fallstudienmethodik für eine Entrepreneurship Education ergibt sich aus der Diskussion der spezifischen Vor- und Nachteile dieser Methode im Rahmen einer auf Generierung von Handlungskompetenz ausgerichteten Lehre.

Generell lassen sich die Ziele der Fallstudienmethode wie folgt charakterisieren (Speth 1997, S. 394; grundlegend: Steinmann / Kumar / Bleyer 1972a, 1972b):
– Lernen, Problemsituation kritisch zu analysieren;
– Förderung der Kooperationsbereitschaft;
– Erkennen komplexer Zusammenhänge;
– Beherrschen von Managementtechniken;
– Lernen der Gewinnung (problemrelevanter) Daten und Informationen;
– Lernen der Fähigkeit, gelerntes Wissen praktisch anzuwenden.

Perlitz und Vassen (1976, S. 40) weisen auf folgende Vorteile hin:
– Denken in Zusammenhängen wird gefördert;
– Reduzierung des Abstraktionsgrades von Wissen;
– Beachtung der Lernsituation vorgebildeter Teilnehmer;
– Lernen auf der Basis der Aktivierung bekannten Wissens;
– Steigerung der Lernmotivation.

Demgegenüber lassen sich folgende Nachteile anführen (Schmidt 1958, S. 38 ff.):
– Fachwissen muss vorhanden sein, sonst kann der Fall nicht gelöst werden;
– oftmals sind die Fälle aufgrund der Erstellungsdauern nicht aktuell;
– bei einigen Methoden entfällt die (praxisnahe) Suche nach Informationen;
– der Zeitaufwand der Bearbeitung ist recht hoch.

Gegenüber den aufgezählten Vorteilen erscheinen die Nachteile weniger bedeutend. Insbesondere vor dem Hintergrund, ökonomisches Fachwissen für Unternehmensgründer verfügbar zu machen sowie die situativen und handlungsleitenden Komponenten von Methoden und Kalkülen zu demonstrieren, sollten Fallstudien verstärkt in eine Entrepreneurship Education eingebracht werden. Wenn dabei vor der Bearbeitung von Fallstudien die strukturierte Vermittlung von Wissen steht, können Fallstudien den Lernstoff praxisnah ergänzen. Es handelt sich dann nicht mehr um eine „zufällige" Anwendung ekklektizistischer Bildungsinhalte, sondern um die höchst sinnvolle, möglicherweise sogar unabdingbare Umsetzung bzw. Aktivierung passiver Vorqualifikationen.

Weiterführende Literatur (zitierte Quellen siehe Anhang)

Ahl, P. (1974), Möglichkeiten und Grenzen der Fallmethode im Betriebswirtschaftskundeunterricht an der kaufmännischen Berufsschule, in: R. Pilz (Hrsg.), Entscheidungsorientierte Unterrichtsgestaltung in der Wirtschaftslehre, Paderborn.

Aigner, W. / M. Meyer / D. Rößl (1993): Marketing-Fallstudien für Klein- und Mittelbetriebe, Wien.

Dörner, D. (1989), Die Logik des Mißlingens: Strategisches Denken in komplexen Situationen, Hamburg.

Kaapke, A. / M. Froböse (1999), Fallstudien zum Handelsmanagement, Stuttgart / Berlin / Köln.

Kaiser, F.-J. (1973), Entscheidungstraining: die Methoden der Entscheidungsfindung: Fallstudie, Simulation, Planspiel, Bad Heilbrunn.

Rue, L. W. / P. G. Holland (1986), Strategic Management – Concepts and Experiences, New York usw.

Speth, H. (1997), Theorie und Praxis des Wirtschaftslehre-Unterrichts.

Voeth, M. / D. W. Kleine / C. Reinkemeier (1998), Fallstudien und Grundlagen der Betriebswirtschaftslehre, Herne / Berlin.

Verständnisfragen (Lösungen siehe Anhang)

Aufgabe 1:
Stellen Sie die Grundlagen der Incident Method dar und vergleichen Sie diese mit der Case Study Method!

Aufgabe 2:
a) Stellen Sie den idealtypischen Ablauf einer Fallstudie bezüglich seiner Phasen und Inhalte dar!
b) Skizzieren Sie typische Schnittstellen in diesem Ablauf, an denen Rückkopplungsprozesse wahrscheinlich sind!

Aufgabe 3:
Welchen Beitrag leistet die Fallstudienmethodik für eine Entrepreneurship Education? Differenzieren Sie Ihre Antwort hinsichtlich der unterschiedlichen Studienausrichtung der Zielgruppen!

II Facharztpraxis für Orthopädie Dr. Brainstorm – Finanz- und Liquiditätsplanung

Hans-Peter Wenzel

1   Allgemeine Hinweise

Jeder Existenzgründer sieht sich zu Beginn seiner Verselbständigungswünsche einer Fülle von Fragen gegenüber, zu denen in den vorangegangenen Kapiteln und Fallstudien bereits umfangreich Stellung genommen wurde. In der folgenden Fallstudie wird daher nicht mehr detailliert eingegangen auf die
– Gründungskonzeption (z.B. Zieldefinitionen, Problemanalysen),
– Gründungsstrategien (z.B. Wettbewerb, Unternehmensführung, Organisation),
– Gründungsdurchführung sowie
– Kontrolle.

Schwerpunkt dieser Fallstudie ist die Betrachtung der finanzwirtschaftlichen Prozesse Investition und Finanzierung. Im Rahmen der Investitionsplanung wird der Bedarf an finanziellen Mitteln zur Beschaffung von Sachanlagen, immateriellen Vermögen oder Finanzvermögen ermittelt. Daneben ist ein Finanzplan zu erstellen, um die Fähigkeit des Existenzgründers zu analysieren, jederzeitige Zahlungsfähigkeit zu gewährleisten. Grundlage hierfür bilden die realistisch geplanten künftigen Ein- und Auszahlungsströme. Von Wunschdenken beflügelte Datenerhebungen führen dabei nicht selten in den wirtschaftlichen Ruin, da ein auf unrealistischen Planungswerten beruhender Finanzplan zur Beantragung von zu geringen Fremdmitteln führen kann. Kreditverhandlungen aufgrund von anfänglichen Fehlkalkulationen erweisen sich in der Praxis in der Regel als besonders schwierig, insbesondere wenn keine zusätzlichen ausreichenden Sicherheiten zur Verfügung gestellt werden können.

In diesem Zusammenhang sei auch auf § 18 Insolvenzordnung verwiesen, nach dem bereits die drohende Zahlungsunfähigkeit Eröffnungsgrund für ein Insolvenzverfahren ist. Ein Schuldner droht zahlungsunfähig zu werden, wenn er voraussichtlich nicht in der Lage sein wird, die bestehenden Zahlungsverpflichtungen im Zeitpunkt der Fälligkeit zu erfüllen.

2   Fallbezogene Ausgangssituation

Dr. Mark Brainstorm (38 Jahre) ist Facharzt für Orthopädie. Seine Ehefrau Mercedes (37 Jahre) ist nicht berufstätig. Die Eheleute Brainstorm haben zwei Kinder, Tochter Funny (16 Jahre) und Tochter Eva (18 Jahre). Außer den Einkünften als Oberarzt an einem Krankenhaus verfügen die Eheleute mit Ausnahme des Kindergeldes über keine weiteren Geldquellen. Finanzielle Rücklage bestehen keine.

Seit der Approbation hat Herr Dr. Brainstorm häufiger den Arbeitgeber wechseln müssen, da er jeweils befristete Arbeitsverhältnisse angeboten bekam, die aus arbeitsrechtlichen Gründen nicht mehrfach verlängert wurden. Die damit verbundenen häufigen Ortswechsel werden der Ehefrau und den ohnehin mäßigen Schülerinnen zunehmend zur Belastung, da auch für die Zukunft nicht mit Gewissheit eine unbefristete Oberarztstelle und damit ein fester Wohnort in Aussicht steht. Ferner wächst die Befürchtung, dass mit Ablauf des laufenden Arbeitsvertrages keine Anschlussstelle zu finden ist.

Dr. Brainstorm macht sich daher mit dem Gedanken an die Neugründung einer eigenen Facharztpraxis für Orthopädie vertraut, da die standesmäßigen Voraussetzungen erfüllt sind. Er vereinbart mit seinem Steuerberater einen Termin, um feststellen zu lassen,
- ob die Verselbständigung der Familie als Existenzgrundlage dienen kann,
- wie hoch das Investitionsvolumen sein wird und damit, welche langfristigen Darlehen beantragt werden müssen,
- welcher Kontokorrentkreditrahmen erforderlich sein wird.

3   Datenerhebung

Die Finanz- und Investitionsplanung ist ein elementares Instrument der Existenzgründungskonzeption. Aus dem Ergebnis dieser Planung lässt sich der wirtschaftliche Erfolg ableiten. Die konkrete Planung erstreckt sich auf verschiedene Bereiche und beginnt mit der lückenlosen Ermittlung der *Lebenshaltungskosten*. Nur wenn gewährleistet ist, dass die zu erwartenden Einkünfte diese Lebenshaltungskosten einschließlich der privaten Steuerbelastungen gegebenenfalls unter Berücksichtigung von Einsparungspotenzial langfristig decken, kann die Verselbständigung als Existenzgrundlage dienen.

Unter Kenntnis der minimal benötigten Erträge erfolgt die Planung des Unternehmenserfolges. Zur Aufnahme des operativen Geschäftes bedarf es anfänglicher *Gründungsinvestitionen*, die dauerhaft dem Unternehmen zu dienen bestimmt sind. Ist diese Größenordnung festgelegt, erfolgt die Planung der *Umsätze* und der *laufenden Kosten* zur Ermittlung der Unternehmensergebnisse.

Anhand der Planungswerte lässt sich der finanzwirtschaftliche Ablauf der Existenz-gründung ableiten. Im ersten Schritt erfolgt die Beschaffung der langfristigen Fremdmittel zwecks Bezahlung der Gründungsinvestitionen. Durch den unterneh-merischen Einsatz der angeschafften Wirtschaftsgüter strebt der Existenzgründer die Schaffung neuen Kapitals in Form von positiven Unternehmenserträgen an, die ihn in die Lage versetzen, Fremdmittel zurückzuführen, die privaten Lebenshaltungs-kosten zu bestreiten oder Rücklagen z.B. für Ersatzinvestitionen zu bilden.

3.1   Private Lebenshaltungskosten

Die Lebenshaltungskosten der Familie Brainstorm ergeben sich wie folgt:

Lebenshaltungskosten	DM	Fälligkeit	DM jährlich
Nahrungsmittel	2000	monatlich	24000
Bekleidung	750	halbjährlich	3000
Miete / Nebenkosten	2700	monatlich	32400
Taschengeld Kinder	150	monatlich	1800
laufende Kfz-Kosten	300	monatlich	3600
Kfz-Versicherung / -steuer	2500	jährlich	2500
Inspektionen / Reparaturen	500	halbjährlich	1000
Telefon/Internet / Zeitschriften / Radio / TV	400	monatlich	4800
Gesundheit / Schönheit / Friseur	200	monatlich	2400
Hobby / Vereine / Restaurants	350	monatlich	4200
Geschenke / Feiern	100	monatlich	1200
Geschenke	2000	jährlich	2000
Sommerurlaub	8000	jährlich	8000
Winterurlaub	4000	jährlich	4000
Kranken- / Renten- / Lebensversicherungen	3500	monatlich	42000
Sachversicherungen	1300	jährlich	1300
Summe			138200

Abbildung 1: Private Lebenshaltungskosten

Die Eheleute Brainstorm realisieren das Gründungsvorhaben daher nur, wenn die langfristig zu erwartenden Überschüsse nach Berücksichtigung der voraussichtli-chen Einkommensteuerbelastung mindestens DM 140.000 betragen.

3.2   Planung der Gründungsinvestitionen

An Gründungsinvestitionen werden der Planungsrechnung nachstehende Beträge zu Grunde gelegt:

Gründungsinvestitionen Januar 2001	DM	AfA
Medizinisches Gerät ohne Röntgenanlage	100000	5 Jahre
Röntgenanlage	80000	8 Jahre
EDV-Anlage	50000	4 Jahre
Praxiseinrichtung	120000	10 Jahre
Summe	350000	

Abbildung 2: Gründungsinvestitionen

Der ein Jahr alte Pkw wird in das Praxisvermögen eingelegt. Er hat zum Gründungszeitpunkt laut Schätzgutachten einen Wert von DM 40000. Der Neuwagenlistenpreis betrug DM 50000. Die Restnutzungsdauer wird mit fünf Jahren angenommen. Der jährliche Eigenverbrauch wird mit 12 vom Hundert des Neuwagenlistenpreis versteuert. Die Absetzung für Abnutzung (AfA) wird jeweils linear vorgenommen.

3.3 Planung laufender Einnahmen und Ausgaben

Die Schätzung der Kosten kann auf Informationen basieren, die bei gewissenhafter Recherche zu keinen nennenswerten Abweichungen gegenüber den tatsächlich eintretenden Kosten führen dürfte. Die Ungewissheit der Zukunft wird vielmehr bei der Prognose der Einnahmen eine Rolle spielen. Nach umfangreichen Analysen des Standortes unter Berücksichtigung der Bevölkerungsdichte, der Altersstruktur und der Wettbewerbssituation rechnet Dr. Brainstorm mit nachstehenden Umsätzen und Zahlungseingängen.

Umsatzprognose in DM:

Quartal	2001	2002	2003	2004	2005
I	30000	60000	100000	150000	150000
II	50000	70000	110000	150000	150000
III	60000	80000	110000	150000	150000
IV	60000	90000	130000	150000	150000
Summe	200000	300000	450000	600000	600000

Abbildung 3: Umsätze mit der Kassenärztlichen Vereinigung

Der Zahlungseingang in % vom Umsatz wird wie folgt angenommen:

	2001	2002	2003	2004	2005
erster Monat des Quartals	20	25	30	30	30
zweiter Monat des Quartals	20	25	30	30	30
zweiter Monat des Folgequartals	20	25	30	30	30
dritter Monat des Folgequartals	40	25	10	10	10
	100	100	100	100	100

Abbildung 4: Zahlungseingänge der Umsätze Kassenärztliche Vereinigung

Umsatzprognose in DM: Privatliquidationen

Monat	2001	2002	2003	2004	2005
Januar	2000	10000	15000	20000	20000
Februar	3000	10000	15000	20000	20000
März	5000	10000	15000	20000	20000
April	5000	12000	16000	20000	20000
Mai	5000	12000	16000	20000	20000
Juni	5000	12000	16000	20000	20000
Juli	6000	13000	17000	20000	20000
August	9000	13000	17000	20000	20000
September	10000	13000	17000	20000	20000
Oktober	10000	15000	18000	20000	20000
November	10000	15000	19000	20000	20000
Dezember	10000	15000	19000	20000	20000
	80000	150000	200000	240000	240000

Abbildung 5: Umsätze mit Privatpatienten

Der Zahlungseingang in % vom Umsatz wird wie folgt angenommen:

	2001	2002	2003	2004	2005
laufender Monat	20	20	20	20	20
nach einem Monat	70	70	70	70	70
nach zwei Monaten	10	10	10	10	10
	100	100	100	100	100

Abbildung 6: Zahlungseingänge der Umsätze mit Privatpatienten

Die Schätzung der Kosten stellt sich in der Planungsphase weniger problematisch dar. Ausgangsbasis können zum Beispiel Betriebsvergleiche sein, die von verschiedenen Informationsdiensten aufbereitet werden und Mittelwerte je Branche, Umsatzklasse und Region aufzeigen.

Der größte Teil der in einer Arztpraxis anfallenden Kosten sind sogenannte Fixkosten, die zumindest in gewissen Grenzen unabhängig von der Höhe der Umsätze anfallen. Viele dieser anfallenden Kosten basieren auf Verträgen (Mietverträge, Manteltarifverträge, Versicherungsverträge, etc), woraus eine hohe Planungssicherheit resultiert. Andere Kosten sind dagegen umsatzabhängig. Diese machen in einer Arztpraxis jedoch nur einen relativ geringen Anteil an den Gesamtkosten aus. Hierzu zählt zum Beispiel der Praxis- und Laborbedarf oder das Röntgenmaterial. Die Planungsunsicherheit ist in diesem Bereich relativ gering, da diese Kosten erfahrungsgemäß in der Regel in Höhe bestimmter vom Hundert Sätze vom Gesamtumsatz anfallen.

Mit folgenden laufenden Praxisausgaben ist zu rechnen:

Raumkosten			
- Miete Praxisräume 200qm	5000	DM	monatlich, jährliche Steigerung 2%
- Strom / Gas / Wasser	500	DM	monatlich
Personalkosten			
- Gründungsjahr	40	%	vom Gesamtumsatz
- 2. Jahr	30	%	vom Gesamtumsatz
- ab 3. Jahr	25	%	vom Gesamtumsatz
Praxis- / Laborbedarf	2,5	%	vom Gesamtumsatz
Röntgenmaterial	2,0	%	vom Gesamtumsatz
Versicherungen	6000	DM	Januar
Ärztekammer / Beiträge	1000	DM	Januar/ April / Juli / Oktober
KV-Verwaltungskosten	2,2	%	vom KV-Umsatz / Januar /April / Juli / Oktober
Instandhaltung med. Geräte	1,0	%	vom Gesamtumsatz
Wartungsvertrag Software	200	DM	monatlich
Kraftfahrzeugkosten			
- Versicherung / Steuern	2500	DM	Januar
- laufende Kfz-Kosten	250	DM	Monatlich
- Reparaturen	500	DM	Januar / Juli
Fortbildungskosten	500	DM	monatlich
Fachliteratur	250	DM	monatlich
Praxisvertretung	10000	DM	Juli
Repräsentationskosten	200	DM	monatlich
Telefon / Porto	0,6	%	vom Gesamtumsatz
Bürobedarf	0,5	%	vom Gesamtumsatz
Steuerberatungskosten	500	DM	monatlich
Sonstige Aufwendungen	250	DM	monatlich

Abbildung 7: Laufende Praxisausgaben

4   Erstellung eines Finanz- und Liquiditätsplanes

Die prognostizierten Planungsdaten dienen als Grundlage für die Aufstellung eines Finanz- und Liquiditätsplans. Dabei können drei Zeitraster berücksichtigt werden:

– *Langfristige Planung* (> 5 Jahre): Zunächst erfolgt im Zusammenhang mit den Gründungsinvestitionen die Darstellung der finanziellen Auswirkungen der für diesen Zweck aufgenommenen Kredite. Die langfristige Planung ist hierbei aufgrund langfristiger Verträge ohne Planungsschwierigkeiten möglich.

– *Mittelfristige Planung* (3 bis 5 Jahre): Für einen Zweitrahmen von 3 bis 5 Jahren soll festgestellt werden, wie hoch zum einen neben den Gründungsinvestitionskrediten der Kapitalbedarf zu veranschlagen ist, der über die Inanspruchnahme eines Kontokorrentkredites finanziert wird, und zum anderen, wie finanzielle Überschüsse verwendet werden sollen. Diesem Planungshorizont kommt in der Gründungsplanung besondere Bedeutung zu, da innerhalb der ersten fünf Jahre erfahrungsgemäß 80% aller Unternehmensinsolvenzen zu verzeichnen sind.

– *Kurzfristige Planung* (1 bis 2 Jahre): Gerade in den ersten ein bis zwei Jahren der Existenzgründung ist es erforderlich, die Liquiditätsentwicklung monatlich aufzuzeigen, um sicherzustellen, dass in diesen schwierigen Gründungszeiten die Zahlungsbereitschaft zumindest über ausreichende Kontokorrentkredite gewährleistet ist.

4.1   Zahlungsplan für langfristige Kredite

Vorbehaltlich einer Bonitätsprüfung hat ein erstes Bankgespräch ergeben, dass die Zinskondition für die langfristig fremdzufinanzierenden Gründungsinvestitionen in Höhe von DM 350.000 bei hundertprozentiger Auszahlung und einer Zinsbindung von 12 Jahren 6,5 vom Hundert beträgt. Das Darlehen soll endfällig nach einer Laufzeit von 12 Jahren durch die Ablaufleistung einer neu abzuschließenden Lebensversicherung getilgt werden. Der Beitrag hierfür beträgt für 12 Jahre monatlich DM 1660. Der Zahlungsplan für die ersten fünf Jahre würde sich bei Kreditgewährung wie folgt ergeben:

Zeitraum	*01.01.- 31.12.01*	*01.01.- 31.12.02*	*01.01.- 31.12.03*	*01.01.- 31.12.04*	*01.01.- 31.12.05*
Anfangsschuld	0,00	350000,00	350000,00	350000,00	350000,00
Darlehensaufnahme	350000,00	0,00	0,00	0,00	0,00
Lebensversicherung	19920,00	19920,00	19920,00	19920,00	19920,00
Zinszahlung	22686,81	22750,00	22750,00	22750,00	22750,00
Restschuld	350000,00	350000,00	350000,00	350000,00	350000,00
LV-Rückkaufswert	18212,31	37300,61	58044,41	81272,56	107608,39

Abbildung 8: Zahlungsplan langfristige Kredite

Die Zinsbelastung bleibt auf Grund der Tilgungsaussetzungsvereinbarung jeweils gleich. Der Rückkaufswert der Versicherung entspricht zum Vertragsablauf nach zwölf Jahren der Kreditsumme, die dann mittels der Versicherungsablaufleistung entsprechend in einer Summe zurückgeführt werden kann. Bei der momentanen steuerlichen Rechtslage erweist sich in der Regel eine Finanzierung mit einer Tilgungsaussetzungsvereinbarung günstiger als ein annuitätisches Darlehen, bei dem die Raten gleich hoch bleiben, der aufgrund der Tilgung eingesparte Zinsanteil jedoch jeweils dem Tilgungsanteil zuwächst.

4.2 Mittelfristige Finanz- und Liquiditätsplanung

(a) Prognose der Einnahme-Überschuss-Rechnungen

Aus den oben dargestellten Erhebungsdaten werden für einen Planungszeitraum von fünf Jahren steuerliche Einnahme-Überschuss-Rechnungen erstellt. Diese sollen zu Antworten auf die Ausgangsfragen, ob die Verselbständigung der Familie als Existenzgrundlage dienen kann und wie hoch die Inanspruchnahme des Kontokorrentkredites maximal sein wird, führen. Der Zins für die Inanspruchnahme von Kontokorrentkrediten wird mit 10 vom Hundert angenommen.

Einnahme-Überschuss-Rechnung	01.01.- 31.12.01	01.01.- 31.12.02	01.01.- 31.12.03	01.01.- 31.12.04	01.01.- 31.12.05
Erlöse					
+ KV-Erlöse	200000	300000	450000	600000	600000
+ Privatliquidation	80000	150000	200000	240000	240000
Summe	280000	450000	650000	840000	840000
./. Forderungen	60000	5000	-2000	12000	0
Umsatzeinnahmen	220000	4450000	652000	828000	840000
+ Privatanteile	6000	6000	6000	6000	6000
Summe Einnahmen	226000	451000	658000	834000	846000
Ausgaben					
Praxis- / Laborbedarf	12600	20250	29250	37800	37800
+ Personalkosten	112000	135000	162500	210000	210000
+ Raumkosten	66000	67200	68424	69672	70945
+ Versicherung / Beiträge	14400	16600	19900	23200	23200
+ Fahrzeugkosten	6500	6500	6500	6500	6500
+ Repräsentationskosten	2400	2400	2400	2400	2400
+ Instandhaltungen	5200	6900	8900	10800	10800
+ Abschreibungen	62500	62500	62500	62500	50000
+ Verschiedene Kosten	37080	38950	41150	43240	43240
Summe Kosten	318680	356300	401524	466112	454885
+ Zinsausgaben	35861	47246	43763	28835	22752
Summe Betriebsausgaben	354541	403546	445287	494947	477637
Steuerl. Einnahme-Überschuss	**-128541**	**47454**	**212713**	**339053**	**368363**

Abbildung 9: Einnahme-Überschuss-Rechnungen

(b) Ermittlung der Einkommensteuerbelastungen
Anhand der prognostizierten Gewinne bzw. Verluste werden die voraussichtlichen Einkommensteuerbelastungen festgestellt. Die Einkommensteuerbelastungen sind als wesentliche Elemente in der zu erstellenden Liquiditätsplanung zu berücksichtigen. Bei der steuerlichen Betrachtung wird unterstellt, dass die Verluste mit späteren Gewinnen verrechnet und nicht zurückgetragen werden. Als obere Proportionalstufe wird von einem Grenzsteuersatz von 48,5 vom Hundert zugrunde gelegt.

Die einkommensteuerlichen Belastungen ermitteln sich für den Planungszeitraum folgendermaßen:

Veranlagungsjahr	2001	2002	2003	2004	2005
Praxisergebnis = Gesamtbetrag der Einkünfte	-128541	47454	212713	339053	368363
Verlustabzug		-47454	-81087		
./. Vorsorgeaufwendungen	19830	19830	19830	19830	19830
./. Sonderausgaben:					
- Pauschbetrag	216	216	216		
- Kirchensteuerveranlagung Vorjahr				1503	7957
- Kirchensteuervorauszahlung				1500	9456
Einkommen	-148587	-20046	111580	316220	331120
./. Kinderfreibetrag			9936	19872	19872
Zu versteuerndes Einkommen	-148587	-20046	101644	296348	311248
Festzusetzende Einkommensteuer			19852	105080	112308
+ erhaltenes Kindergeld			3240	6480	6480
+ Solidaritätszuschlag			919	5779	6176
+ Kirchensteuer			1503	9457	10107
Gesamtsteuerbelastung			**25514**	**126796**	**135071**

Abbildung 10: Einkommensteuerberechnungen

(c) Ermittlung der kurzfristigen Finanzreserven
Aus den bisherigen Berechnungen lässt sich nun ein Liquiditätsplan für die ersten fünf Jahre erstellen, um den benötigen Kontokorrentkreditrahmen zu bestimmen. Das Ergebnis der steuerlichen Einnahme-Überschuss-Rechnung ist dabei nicht identisch mit den liquiditätsmäßigen Geldzu- oder -abflüssen der Praxis, da nicht alle Positionen mit Geldflüssen behaftet sind.

Ausgehend von den Einnahme-Überschuss-Rechnungen erfolgen zur Feststellung der Liquidität Modifikationen, die in mehreren Schritten vollzogen werden. Zunächst ist durch Zu- und Abrechnungen nicht liquiditätsmäßiger Positionen die Praxisliquidität zu ermitteln, um nach Berücksichtigung der Privatliquidität zur Gesamtliquidität zu gelangen.

Liquidität Praxisbereich	2001	2002	2003	2004	2005
Steuerlicher Einnahme-Überschuss	-128541	47454	212713	339053	368363
+ Absetzung für Abnutzung	62500	62500	62500	62500	50000
./. Eigenanteile	6000	6000	6000	6000	6000
+ Zunahme Fremdfinanzierung	350000	0	0	0	0
./. Tilgung Fremdfinanzierung	0	0	0	0	0
./. Zugänge Anlagevermögen	390000	0	0	0	0
Liquidität Praxis	112041	103954	269213	395553	412363
Liquidität Privatbereich					
Einlage					
- Einlage Kindergeld	6480	6480	6480	6480	6480
- Einlage Kfz	40000				
Entnahme					
- Lebenshaltungskosten	138200	138200	138200	138200	138200
- Steuern					
- Veranlagung Vorjahr				25514	101282
- Vorauszahlung lfd.Jahr				25514	126796
- Finanzierungs-LV	19920	19920	19920	19920	19920
Liquidität Privatbereich	-111640	-151640	-151640	-202668	-379718
Gesamtliquidität	**-223681**	**-47686**	**117573**	**192885**	**32645**

Abbildung 11: Gesamtliquidität

(d) Ableitung des Kontokorrentkreditrahmens
Aus dieser Liquiditätsberechnung lässt sich nun die Höhe des benötigten Kontokorrentkredites ableiten:

	2001	2002	2003	2004	2005
Anfangsbestand 1.1	0	-223681	-271367	-153794	39091
Liquiditätsveränderung	-223681	-47686	117573	192885	32645
Endbestand 31.12. = kurzfristige Finanzreserve	-223681	-271367	-153794	39091	71736

Abbildung 12: kurzfristige Finanzreserven

4.3   Kurzfristige Liquiditätsplanung

Zur Feststellung des Kapitalbedarfs im kurzfristigen Bereich werden die Zahlungsströme zumindest für die ersten zwei Jahre monatlich dargestellt, da sich innerjährig erhebliche Schwankungen im kurzfristigen Kapitalbedarf ergeben können. In dieser Fallstudie wird auf die Darstellung aus Gründen der Übersichtlichkeit verzichtet, zumal die kurzfristigen negativen Finanzreserven in den ersten zwei Jahren stets ansteigen. Das mit der Bank zu vereinbarende Kontokorrentkreditlimit müsste damit über DM 270000 betragen.

5 Beurteilung des Existenzgründungsvorhabens

Ob ein Existenzgründungsvorhaben durchgeführt wird, hängt nicht zuletzt von der Bereitschaft von Kreditinstituten ab, das Vorhaben durch Kreditgewährung zu unterstützen. Ein Problem bei Existenzgründungsfinanzierungen ist, dass die üblichen Beurteilungskriterien nicht greifen, da keine vergangenheitsbezogenen Kennzahlenbetrachtung möglich ist. Besonderes Augenmerk wird daher auf die plausible und detaillierte Gründungsplanung gerichtet, die trotz aller Vorsicht immer auch auf unsicheren Erwartungen basieren. Diese Unsicherheiten sind in jeder Finanzierungsentscheidung zu berücksichtigen.

Erschwerend dürfte immer sein, wenn kein Eigenkapital vorhanden ist, da die Bank ein entsprechend höheres Risiko tragen muss. Gleichzeitig sind die Banken gehalten, Kredite möglichst risikolos zu vergeben. Um das Risiko der Bank einzuschränken, werden Sicherheiten eingefordert, ohne die eine Kreditgewährung in der Regel ausgeschlossen ist. An möglichen Sicherheiten sind zu nennen die selbstschuldnerische Bürgschaft, die Abtretung von Forderungen, die Sicherungsübereignung der mit den Darlehen finanzierten Wirtschaftsgütern, etc.

Bei der Entscheidung über die Kreditgewährung dienen bestimmte Faustregeln als Grundlage. So sollte nach der sogenannten goldenen Finanzregel langfristig gebundenes Vermögen (insbesondere Anlagevermögen) mindestens durch langfristiges Kapital gedeckt sein. Ergänzend hierzu darf nach der sogenannten goldenen Bankregel kurzfristig aufgenommenes Geld auch nur kurzfristig gebunden werden.

Die langfristigen Fremdmittel betragen aufgrund der Tilgungsaussetzung konstant DM 350000. In den ersten fünf Jahren werden Lebensversicherungsbeiträge gezahlt, die zu einem Rückkaufswert in Höhe von DM 242392 führen. Dem Wert steht nach fünf Jahren ein Restbuchwert des Anlagevermögens in Höhe von DM 90000 gegenüber, so dass die langfristigen Fremdmittel das langfristig gebundene Vermögen deutlich übersteigen.

In den ersten zwei Jahren baut sich eine Finanzlücke von mehr als DM 270000 auf, die über einen entsprechenden Kontokorrentkredit gedeckt werden muss. Durch die Praxis werden jedoch weder entsprechend hohe stillen Reserven noch Forderung aufgebaut.

Die finanzielle Situation entspannt sich erst ab dem vierten Jahr, in dessen Verlauf kein Kontokorrentkredit mehr in Anspruch genommen werden braucht. Im fünften Jahr werden erhebliche Einkommensteuerbeträge fällig, da keine Verlustvorträge mehr vorhanden sind und aufgrund der Umsatzsteigerungen deutliche Gewinnzuwächse zu verzeichnen sind.

Ab dem sechsten Jahr ist der größte Teil des Anlagevermögens abgeschrieben. Dies führt zu höheren Gewinnen, ohne dass jedoch mehr Geldzuflüsse zu verzeich-

nen sind, da die Gewinnsteigerung sich aus dem Wegfall von Abschreibungsbeträ-
gen ergibt. Einerseits fallen dadurch wiederum höhere Einkommensteuern an, andererseits bleibt der Kapitaldienst für die langfristigen Kredite bis zum Ablauf der
Laufzeit von zwölf Jahren unverändert. Gegebenenfalls sind für die abgeschriebenen
Anlagegüter Ersatzbeschaffungen nötig, die die Liquidität der Praxis weiter belasten. Eine positive Kreditentscheidung aufgrund dieser Planungswerte wird eine
Bank wahrscheinlich nur treffen, wenn ausreichende Sicherheiten geboten werden,
auf die bei einer ungünstigen Praxisentwicklung zurückgegriffen werden kann.

Zur Früherkennung von negativen Entwicklungen sollten die Planungswerte mit
den Buchhaltungswerten durch monatlich Soll-Ist-Vergleiche analysiert werden.
Ferner sollten durch detaillierte betriebswirtschaftliche Auswertungen die Ertrags-
und die Liquiditätssituation ständig kontrolliert werden, um Schwachstellen möglichst rasch aufzudecken und Gegenmaßnahmen einzuleiten.

Verständnisfragen (Lösungen siehe Anhang)

Aufgabe 1:

Wie würden sich die steuerlichen Ergebnisse verändern, wenn anstelle der Einnahme-Überschuss-Rechnungen die Bilanzierung als Abschlussform gewählt
würde?

Aufgabe 2:

Nennen Sie mir Gründe dafür und dagegen, die Bilanzierung als Abschlussform
anstelle von Einnahme-Überschuss-Rechnungen zu wählen.

Aufgabe 3:

Welche Auswirkungen hätte auf die Fallstudie die Aufnahme eines annuitätischen Kredites gegenüber der Tilgungsaussetzung?

III Wolfgang Ix Kaufmännische Dienste – relevante Erfolgsfaktoren einer Unternehmensgründung

Wolfgang Kuhn

1 Einführung in die Grundproblematik

Ziel der folgenden Fallstudie ist es, an einem sehr praxisnahen Beispiel einzelne Determinanten des Erfolgs einer Unternehmensgründung freizulegen und zu diskutieren. Gründungen sind in der Regel durch eine Vielzahl von Erfolgsfaktoren geprägt, deren Systematisierung den verschiedensten Prinzipien folgen kann. Nach Klandt (1995) können beispielsweise grob drei Kategorien von Erfolgsfaktoren unterschieden werden, die sich auf die Gründerperson selbst, deren mikrosoziales oder deren makrosoziales Umfeld beziehen (Abbildung 1).

Neben anderen *Erfolgsfaktoren* spielen im weiteren Verlauf insbesondere die personenbezogenen Erfolgsfaktoren eine größere Rolle. Denn die Situation eines Gründers lässt sich typischerweise durch mehrere Problemfelder beschreiben (Driescher 1999, S. 24 f.): So verfügt der Gründer häufig über geringe Ressourcen bei zugleich fehlender Robustheit des Unternehmens, d.h. zumeist fehlen die finanziellen Mittel, und sollte der erste Versuch einer Markteinführung scheitern, kann dies die Existenz des gegründeten Unternehmens völlig in Frage stellen. Weiterhin sind fehlende Vergangenheitsdaten dafür verantwortlich, dass Prognosen über zukünftige Entwicklungen sehr anfällig sind. Auch muss der Gründer in der Gründungs- und Frühentwicklungsphase häufig zahlreiche Entscheidungen mit einer hohen Tragweite fassen. Dabei ist der Gründer, vor allem bei Einzelgründungen, erfahrungsgemäß weitestgehend auf sich selbst angewiesen. Nicht zuletzt liegt der Gründer oft genug Trugschlüssen auf, wenn er damit beginnt, seine gesammelten Branchenkenntnisse auf die Verhältnisse des eigenen Unternehmens zu übertragen und dabei feststellen muss, dass innerbetriebliche Erfordernisse und Erfordernisse einer Branche nicht immer deckungsgleich sind.

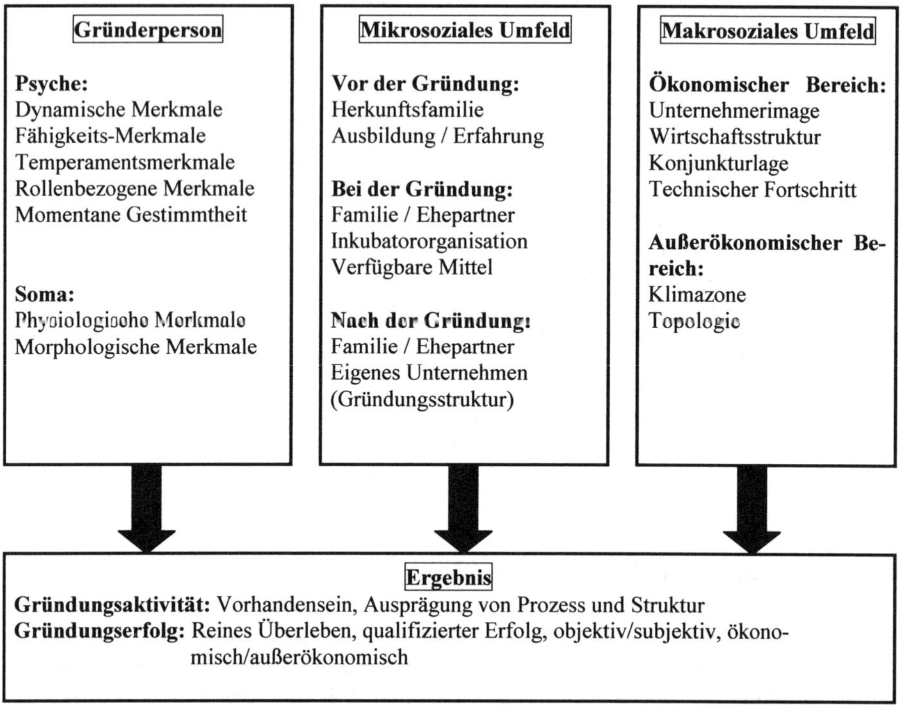

Gründerperson	Mikrosoziales Umfeld	Makrosoziales Umfeld
Psyche: Dynamische Merkmale Fähigkeits-Merkmale Temperamentsmerkmale Rollenbezogene Merkmale Momentane Gestimmtheit **Soma:** Physiologische Merkmale Morphologische Merkmale	**Vor der Gründung:** Herkunftsfamilie Ausbildung / Erfahrung **Bei der Gründung:** Familie / Ehepartner Inkubatororganisation Verfügbare Mittel **Nach der Gründung:** Familie / Ehepartner Eigenes Unternehmen (Gründungsstruktur)	**Ökonomischer Bereich:** Unternehmerimage Wirtschaftsstruktur Konjunkturlage Technischer Fortschritt **Außerökonomischer Bereich:** Klimazone Topologie

Ergebnis
Gründungsaktivität: Vorhandensein, Ausprägung von Prozess und Struktur
Gründungserfolg: Reines Überleben, qualifizierter Erfolg, objektiv/subjektiv, ökonomisch/außerökonomisch

Abbildung 1: Einteilung von Erfolgsfaktoren einer Unternehmensgründung (in Anlehnung an Klandt 1995, S. 4)

Für den weiteren Gang der Untersuchung wird zunächst die Gründung eines Unternehmens vorgestellt, um in einem weiteren Schritt nach den Erfolgsfaktoren dieser Gründung zu fragen. Das zu untersuchende Unternehmen ist dem Bereich der kaufmännischen Dienstleistungen zuzurechnen. Der vorliegende Fall basiert auf mehrstündigen Interviews, die an der BUGH Wuppertal durch Klein im Jahr 1999 durchgeführt worden sind (zur ausführlichen Darstellung des Falles siehe Klein 1999). Die Darstellung der Unternehmensgründung soll die folgenden Fragen beantworten: Worin besteht die Geschäftsidee? Welches Profil weist der Unternehmensgründer auf? Wie entstand die Gründungsidee? Wie gestaltete sich der Gründungsverlauf? Wodurch sind die im Geschäftsplan enthaltenen Partialpläne charakterisiert? Wie stellt sich ein Soll- / Ist- Vergleich zwischen der Gründungsplanung und der tatsächlichen Entwicklung dar? Wie sind die zukünftigen Perspektiven?

2   Das Unternehmen

Im Januar 1998 gründet der 52 jährige Herr Ix das Unternehmen „Wolfgang Ix Kaufmännische Dienste". Grundlage dieser Gründung ist eine mehrjährige Branchenerfahrung des Gründers im Bereich Bekleidungsindustrie und Textilmaschinenbau.

2.1   Die Geschäftsidee

Die Geschäftsidee der „Wolfgang Ix Kaufmännische Dienste" besteht in der Unterstützung des Managements kleiner und mittlerer Unternehmen (KMU´s). Herr Ix will hierbei sein Know-how zur Verfügung stellen, indem er als Teilzeitmanager die kaufmännische Führung und Organisation für KMU´s übernimmt, wobei seine Tätigkeit als Teilzeitmanager pro Mandanten einen zeitlichen Rahmen von einem halben Tag im Monat bis hin zu drei Tagen pro Woche haben soll. Schwerpunkte der angebotenen Dienstleistungen beziehen sich auf den Aufbau und die Optimierung bestehender Organisationsstrukturen, den Aufbau von Controllingsystemen und der EDV-Organisation, der Unterstützung beim Eintritt in neue Märkte sowie der Unterstützung zur Beschaffung von öffentlichen Fördermitteln.

Erfolg verspricht sich Herr Ix vor allem aus dem Problem zahlreicher KMU´s, dass die Inhaber solcher Unternehmen mit der Wahrnehmung sämtlicher kaufmännischer Tätigkeiten häufig überfordert sind. Durch die Nutzung moderner Managementmethoden, die KMU´s zumeist nicht zur Verfügung stehen, erhofft sich Herr Ix, eine attraktive Dienstleistung anzubieten. Entscheidend ist hierbei unter anderem, dass mit der Idee des Teilzeitmanagers eine Abgrenzung zu herkömmlichen Unternehmensberatungen erfolgt, die gerade von den Inhabern der KMU´s eher negativ beurteilt werden. Neben den Chancen sieht Herr Ix auch Risiken, weil ihm vor der Gründung kein Unternehmen bekannt ist, das eine vergleichbare Dienstleistung anbietet. Somit hat er zwar keine direkte Konkurrenz zu fürchten, er hat aber auch keinen konkreten Anhaltspunkt zur Abschätzung seines potenziellen Erfolgs. Alternativen zur erstellten Gründungskonzeption werden weder entwickelt noch überprüft. Beratungsdienstleistungen wurden zur Ideengenerierung nicht in Anspruch genommen. Wie Herr Ix auf die Idee des Teilzeitmanagements kam, ist für ihn heute nicht mehr nachvollziehbar. Herr Ix hat die Absicht, alle anfallenden Tätigkeiten selbst zu erledigen, mit Ausnahme der Erstellung einer Einnahmen / Überschuss-Rechnung, die er durch seinen Steuerberater erstellen lassen will.

2.2   Zum Profil des Unternehmensgründers

Herr Ix besitzt die mittlere Reife. Zunächst absolviert er eine dreijährige Lehre bei einer Tuchfabrik zum Industriekaufmann. Danach arbeitet er zwei Jahre lang als Sachbearbeiter in der Bekleidungsindustrie. Hierauf folgt eine 25 -jährige Tätigkeit im Bereich Textilmaschinenbau. Zunächst ist Herr Ix dort im kaufmännischen Bereich als Fremdsprachenkorrespondent tätig, legt eine Prüfung zum Fremdsprachenkorrespondenten in Englisch ab und besucht mehrere Französischkurse. Nach dieser Tätigkeit übernimmt Herr Ix zunächst die Exportleitung, daraufhin die Vertriebsleitung, schließlich die kaufmännische Leitung des Gesamtunternehmens, um dann Teilhaber im Unternehmen zu werden.

Als das bestehende Unternehmen übernommen wird, scheidet Herr Ix wegen aufkommenden Problemen mit den neuen Partnern aus. Es folgen zwei Jahre, in denen

Herr Ix auf Arbeitssuche ist, bis er einen neue Anstellung in einem Betonfertigteilwerk findet. Herr Ix rückt dort bis zum kaufmännischen Leiter auf, muss wegen unglücklicher Umstände jedoch diese Position wieder aufgeben, so dass er wieder arbeitslos wird.

Nach seiner eigenen Einschätzung hat Herr Ix *Kompetenzen* in erster Linie in den Bereichen Rechnungswesen, Controlling, Außenhandel, Preiskalkulation und Betriebsorganisation. Außerdem sieht er seine Stärken in seiner hohen Sozialkompetenz, in seiner Überzeugungskraft und mit kleineren Abstrichen in seinem Verhandlungsgeschick sowie seinem Durchsetzungsvermögen. Auch schätzt er seine rhetorische Fähigkeiten sowie seine Kompetenzen bei der Personalführung und der Mitarbeitermotivation noch als recht hoch ein. Offenheit, Ehrlichkeit und Flexibilität sieht er als seine wesentlichen Charakterzüge an, die ihn zum Erfolg führen sollen.

Formale *Qualifikationen* zum Unternehmer besitzt Herr Ix nicht. Aus den Erfahrungen seiner bisherigen beruflichen Tätigkeit schätzt er sich aber so ein, dass er fachliche und kaufmännische Qualitäten besitzt sowie körperlich und psychisch belastbar ist. Typische personenbezogene Hindernisse für die Selbstständigkeit kann er bei sich nicht erkennen. Hierzu zählen u.a. eine fehlende Opfer- und Risikobereitschaft, sowie mangelnde Courage und die versperrte Sicht, Chancen zu erkennen und wahrzunehmen.

Herr Ix hat die folgenden *Motive* für seinen Schritt in die Selbstständigkeit: Einkommenserzielung zumindest in ausreichender Höhe zur Absicherung seines Lebensunterhaltes, berufliche Selbstverwirklichung, Umsetzung eigener Ideen, Streben nach Unabhängigkeit, Weitergabe seines Know-Hows und seiner persönlichen Erfahrungen sowie die Schaffung von Arbeitsplätzen durch seine Dienstleistung in anderen Unternehmen.

Herr Ix verbindet mit der Unternehmensgründung die folgenden *Zielsetzungen*: Ein Mindesteinkommen von mindestens 4.000 - 5.000 DM im Monat, die permanente Sicherung der Zahlungsfähigkeit, die Erhaltung des investierten Kapitals, die Schaffung und der Erhalt seines Arbeitsplatzes, Unabhängigkeit und Prestige. Er geht davon aus, dass seine Arbeitszeit mindestens 200 Stunden im Monat beträgt und setzt sich zum Ziel, dass er etwa 30% seiner Arbeitszeit den Mandanten in Rechnung stellen kann. Als Anhaltspunkt für diese Kalkulation dienen Herrn Ix geführte Gespräche mit Unternehmensberatern, die hier eine Quote von 40% als sehr gut beurteilen.

Herr Ix ist verheiratet und kinderlos. Auf die Unterstützung seiner Ehefrau kann er sich verlassen.

2.3   Der Gründungsprozess

Im Februar 1997 wird Herr Ix arbeitslos. Bereits zu diesem Zeitpunkt fasst er den Beschluss zur Selbstständigkeit. Die Idee, Teilzeitmanagement als Dienstleistung für KMU's anzubieten, wird auch in dieser Zeit geboren. Herr Ix befasst sich seitdem mit der Entwicklung eines Gründungskonzeptes, das er vor allem zur eigenen Ori-

entierung erstellt. Während der Phase der Gründungsplanung nimmt Herr Ix Beratungsdienstleistungen bei der Industrie- und Handelskammer Wuppertal, bei der
Wirtschaftsförderungsgesellschaft Wuppertal GmbH, beim Arbeitsamt, beim Bundesministerium für Wirtschaft und bei der Go-Initiative des Landes NRW in Anspruch. Außerdem lässt sich Herr Ix von Unternehmensberatern, seinem Steuerberater und weiteren Personen aus dem privaten sowie dem geschäftlichen Umfeld beraten.
Im Januar 1998 erfolgt dann die Gewerbeanmeldung. Nach der formalen Gründung erfolgt keine weitere Beratung, mit Ausnahme der weiteren Hilfestellung
durch den Steuerberater. Herr Ix wird zunächst als Einzelunternehmer tätig. Die
Gründung einer GmbH kommt in der Anfangsphase nicht in Betracht, da der Verwaltungsaufwand und die Gründungskosten dem entgegenstehen. Herr Ix sieht außerdem während seiner ersten unternehmerischen Tätigkeiten davon ab, ein Büro
anzumieten oder zu kaufen, und arbeitet zu Hause.

2.4 Die Marktanalyse

Herr Ix nimmt im Zuge der Gründungsplanung eine *Marktanalyse* vor. Hierzu macht
er vor der Gründung eine Zielgruppenanalyse und wendet einige Instrumente der
Kundenakquise an. Als Zielgruppe definiert Herr Ix zunächst KMU´s aus der Bergisch-Märkischen Region; daraus sind die KMU´s von Interesse, die in den Bereichen Textil und Maschinenbau angesiedelt sind, wo Herr Ix bereits Branchenerfahrung besitzt.
Im Rahmen der *Kundenakquise* stößt Herr Ix auf Schwierigkeiten. Zunächst star-
tet er im November 1997 eine Mailingaktion mit dem Versand von Werbeschreiben,
Faltblättern und Antwortfaxformularen. Zwar erreicht diese erste Maßnahme ca. 850
KMU´s aus der Region, das Ergebnis ist jedoch katastrophal, da keine einzige Antwort zurückläuft. In einer zweiten Maßnahme sucht Herr Ix die telephonische Kontaktaufnahme mit potenziellen Kunden. Aber auch hier ergibt sich keine Akquisition
neuer Kunden.

Trotz dieser ersten Rückschläge ist Herr Ix so überzeugt von seiner Idee des Teilzeitmanagements, dass er seine Strategien zur Kundengewinnung weiter modifiziert.
Den nächsten gangbaren Weg der Kundenakquise sieht er im persönlichen Gespräch
mit seinen potenziellen Kunden. Hierzu wählt er eine indirekte Vorgehensweise, indem er im Dezember 1997 einen Vertrag zum Vertrieb von Internetseiten an KMU´s
eingeht. Infolgedessen kommt es im Januar 1998 zur besagten Gewerbeanmeldung.
Aber auch der letzte Versuch zur Gewinnung von Kunden scheitert, weil Herr Ix
ähnlich wie seine Vertriebspartner keine einzige Internetseite verkauft.
Zeitgleich mit dem Versuch des Vertriebs von Internetseiten geht Herr Ix eine
Zusammenarbeit mit einer Kölner Venture-Capital-Gesellschaft ein, die er aber bald
wieder aufgibt. Aus dieser Zusammenarbeit gewinnt Herr Ix jedoch einen ersten
Kunden noch vor der tatsächlichen Gründung seines Unternehmens. Die Beratungs-
tätigkeiten, denen Herr Ix im Rahmen der Zusammenarbeit nachgeht, werden unter
anderem aus Mitteln der Wirtschaftsförderungsgesellschaft Siegburg bezahlt. Daraus

ergibt sich im März 1998 eine zweite erfolgreiche Akquisition, die ebenfalls eher zu-
fällig zustande kommt, als ein Mitarbeiter der Wirtschaftsförderungsgesellschaft
Siegburg eine Visitenkarte, die er kurz vorher von Herrn Ix bei einem persönlichen
Gespräch erhalten hat, an einen potenziellen Mandanten weitergibt.

Die durchgängig negativen Erfahrungen, die Herr Ix bei der Kundenakquisition ge-
macht hat, veranlassen ihn im Folgenden dazu, seine Strategie zur Gewinnung neuer
Kunden nochmals zu ändern. In Zukunft verzichtet er voll und ganz auf weitere
Werbeaktionen und hofft, auf Basis seiner guten Arbeit von seinen Mandanten wei-
terempfohlen zu werden. Wenn seine bestehende Kunden ihm weitere potenzielle
Mandanten vermitteln, sucht er sodann das persönliche Gespräch mit ihnen.

Die unternommenen Versuche der Kundengewinnung beurteilt Herr Ix heute
insgesamt als unbrauchbar, weil er der Auffassung ist, dass Vertrauen und Vertau-
ensbildung den Grundstein für eine erfolgreiche Akquisition in seiner Branche bilden.

2.5   Die Preiskalkulation

Die Preiskalkulation nimmt Herr Ix vor, indem er sowohl darauf achtet, was er
selbst an Mitteln benötigt, als auch den Wunsch vieler Kunden berücksichtigt, einen
festen Preis für seine Dienstleistung nennen zu können: In der Anfangsphase kommt
Herr Ix auf einen Tagessatz von 700 DM, der nach den ersten erfolgreichen Tätigkeiten dann aber auf 1000 DM erhöht wird. Dabei geht er von einem Zehnstunden-
tag aus. Sollte die Dienstleistung keinen vollen Arbeitstag in Anspruch nehmen,
stellt er für jede angefangene Stunde 100 DM in Rechnung. Sollte ein Arbeitstag
mehr als zehn Stunden in Anspruch nehmen, geht dies zugunsten des Mandanten. Im
ersten Geschäftsjahr stellt Herr Ix fest, dass seine Preise insgesamt akzeptiert werden, aber keinen großen Spielraum nach oben zulassen.

2.6   Zur Investition und Finanzierung

Bei der Investitionsplanung fragt sich Herr Ix, was er an Arbeitsmitteln einsetzen
will. Er stellt fest, dass er ein Faxgerät benötigt, einen leistungsfähigen PC, geeignete Software sowie übliche Büroeinrichtungsgegenstände. Über bestehende Kontakte kann er die Software kostenlos beziehen. Seine Mobilität sichert er durch einen
bereits vorhandenen Privat-PKW. Die Geschäftsräume befinden sich – wie eingangs
erwähnt – zunächst in seinem privaten Wohnsitz. Insgesamt fallen somit Investitionen in Höhe von 15.000 DM an.
Für die weitere Zukunft plant Herr Ix die Anschaffung eines Notebooks. Diese Anschaffung wird gegenwärtig jedoch noch überprüft, da die Vernetzung mit den Mandanten solch eine Anschaffung überflüssig machen könnte. Weiterhin plant Herr Ix
mittelfristig die Anschaffung eines neuen PKW auf Leasingbasis, so dass er hierfür
noch keine Rücklagen bildet.

Was die *Finanzierung* betrifft, muss Herr Ix keine Fremdmittel aufnehmen, ebenso sieht er von der Inanspruchnahme von öffentlichen Fördermitteln ab. Die Anfangsinvestitionen in Höhe von 15.000 DM kann er aus Eigenmitteln bestreiten. In Bezug auf die Liquiditätsplanung geht Herr Ix davon aus, dass in den ersten zwei bis drei Monaten keine Einzahlungen erfolgen. Diese Zeit soll durch das Überbrückungsgeld vom Arbeitsamt abgedeckt werden.

In seiner *Plan-GuV* geht Herr Ix davon aus, dass er einen Jahresumsatz in Höhe von 70.000 DM erzielt, so dass er von Ende Januar 1998 bis Dezember 1998 einen Umsatz in Höhe von ca. 64.000 DM erwirtschaftet. Dem stehen geplante Aufwendungen in Höhe von 30.000 DM gegenüber, so dass der geplante Vorsteuergewinn im Jahr 1998 ca. 34.000 DM beträgt.

2.7   Der Soll- / Ist-Vergleich und die zukünftige Einschätzung

Herr Ix sieht alle von ihm gesetzten Ziele nach dem ersten Geschäftsjahr als erreicht an. Insgesamt beurteilt er die bisherige Entwicklung seines Unternehmens als sehr zufriedenstellend. Was seine Arbeitszeit angeht, arbeitet er tatsächlich 180 bis 240 Stunden im Monat. Davon kann er 40 - 50% seinen Mandanten in Rechnung stellen. Damit liegt er deutlich über dem von ihm anvisierten Wert von 30%. Die Liquiditätsplanung führt zu keinen Überraschungen. Mit dem Überbrückungsgeld vom Arbeitsamt kann Herr Ix seinen Lebensunterhalt in der Anfangsphase der Gründung bestreiten. Die Plan-GuV stellt sich im Nachhinein als äußerst konservativ heraus. Nachdem für das Jahr 1998 ursprünglich ein Umsatz in Höhe von 64.000 DM geplant war, erzielt Herr Ix in diesem Jahr tatsächlich einen Umsatz in Höhe von 110.000 DM. Die geplanten Aufwendungen in Höhe von 30.000 DM entsprechen in etwa der tatsächlichen Entwicklung, so dass der geplante Vorsteuergewinn in Höhe von 34.000 DM um 46.000 DM übertroffen wird.

Nach seinem erfolgreichen Unternehmensstart steht für Herr Ix die Erkenntnis, dass seine Mandanten nur über persönliche Empfehlungen zu akquirieren sind, weil seine potenziellen Mandanten vorhandene Probleme häufig offensichtlich nicht erkennen und es demzufolge Schwierigkeiten bereitet, diese von der angebotenen Dienstleistung zu überzeugen.

Für die Zukunft plant Herr Ix Erweiterungen seines Geschäftsbetriebes. Hierbei handelt es sich in erster Linie um Tätigkeiten zur Unterstützung von Förderanträgen. Auch richtet er zunehmend seinen Fokus auf Managementtätigkeiten, die sich auf typische Reorganisationsmaßnahmen beziehen. Nicht zuletzt befasst er sich mit der Idee, ein bundesweites Netzwerk zu etablieren, indem Mitarbeiter aus dem mittleren Management größerer Gesellschaften mit Mitarbeitern aus KMU's zusammengeführt werden, um durch regelmäßige Treffen das Know-how der Unternehmensführung zu verbessern. Hierbei will Herr Ix öffentliche Fördermittel in Anspruch nehmen.

3   Persönlichkeitsbezogene Erfolgsfaktoren

Unter dem Begriff „Erfolgsfaktor" werden im Folgenden die Faktoren verstanden,
„die einen nachhaltigen und längerfristigen Einfluss auf den Erfolg des Unternehmens haben und erfolgsfördernd sind. Durch ihren gezielten Einsatz können Wettbewerbsvorteile gegenüber der Konkurrenz erzielt werden" (Müller 1999, S. 53).

Persönlichkeitsbezogene Erfolgsfaktoren bilden hieraus die Teilmenge, die gerade die Eigenschaften des Gründers in den Vordergrund stellen, die Wettbewerbsvorteile erwarten lassen. In einer veröffentlichten Studie über die Eigenschaften erfolgreicher Gründer wurden aus 85 festgestellten Personenmerkmalen und Verhaltens-
komponenten die wichtigsten anhand von 14 Expertengesprächen mit Unternehmensberatern, Banken, Arbeitspsychologen und der IHK ermittelt (Abbildung 2):

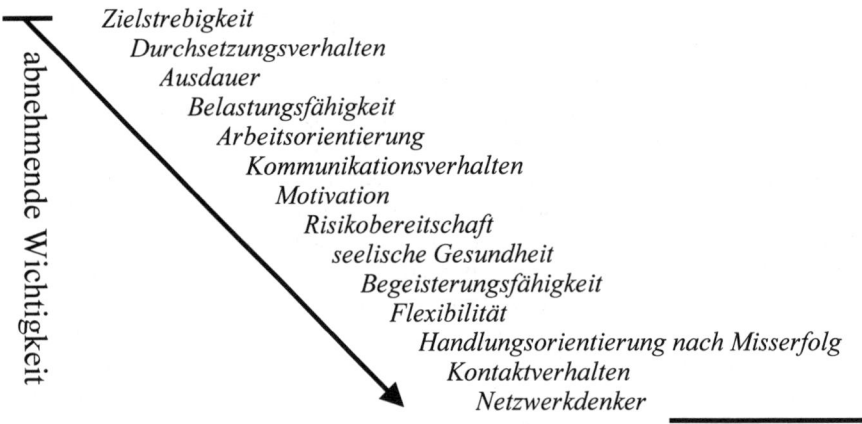

**Abbildung 2: Wichtige Merkmale einer Unternehmerpersönlichkeit
(in Anlehnung an Kemter / Klose / McKenzie 1999, S. 205)**

Goebel (1998, S. 85 ff.) weist auf die unternehmerische Kreativität als wesentlichen
Erfolgsfaktor einer Unternehmensgründung hin. In diesem Zusammenhang stellt er
die folgenden Thesen auf:

Die Produktentwicklung erfordert in erster Linie *kreatives Denken*. Der Schritt
in die Selbstständigkeit setzt hingegen kreatives Handeln voraus. Die Herstellung
eines Produktes macht sowohl kreatives Handeln notwendig, wie auch psychische
Grundfähigkeiten. Auch die Vermarktung verlangt in erster Linie psychische Grundfähigkeiten ab. Als kreativer Gründer wird hier derjenige bezeichnet, der einen
Drang nach Erfahrung hat und Sinnierkraft besitzt sowie eine berufliche Qualifikation mit Lust auf Leistung hat bzw. sucht und ein ausgeprägtes Unabhängigkeitstre-
ben vorweist. Der typischerweise erfolgreiche kreative Gründer besitzt darüber hinaus die Fähigkeit, Erfahrungen gewinnbringend zu verkaufen, antizipatorisch zu
denken und zu handeln sowie ambivalent zu erleben und zu handeln.

Auf Grundlage *empirischer Evidenzen* resümiert Preisendörfer (1999, S. 53) ü-
ber das typische Sozialprofil eines Unternehmensgründers in Deutschland während

der 90-iger Jahre und kommt zu den folgenden Schlüssen: Das Durchschnittsalter eines Gründers liegt derzeit bei etwa 40 Jahren, in Ostdeutschland darüber. Überdurchschnittlich kommt der typische Gründer aus Selbstständigenhaushalten. Er besitzt ein hohes Bildungsniveau und kommt häufig aus eher gehobenen beruflichen Positionen mit überdurchschnittlichem Einkommen, insbesondere auch Vorgesetztenpositionen. Häufig verfügt er noch vor der Gründung bereits über Branchenerfahrung, ein ausgeprägtes unternehmerisches Agieren lässt sich im Vorfeld einer Gründung jedoch nicht ausmachen. In Deutschland kann keine höhere Gründungsneigung von Ausländern gegenüber Deutschen nicht festgestellt werden. Hingegen sind Frauen deutlich unterrepräsentiert.

Weiterführende Literatur (zitierte Quellen siehe Anhang)

Driescher, H. F. (1999), Erfolgsfaktoren im Produktions- und Absatzbereich junger Unternehmen Eine empirische Analyse der Gründungs- und Frühentwicklungsphase, Köln.

Faltin, G. / S. Ripsas / J. Zimmer (1998), Entrepreneurship, Wie aus Ideen Unternehmen werden, München.

Müller, R. (1999), Erfolgsfaktoren schnell wachsender Software-Startups: eine Lebenszyklusorientierte Untersuchung von Softwareunternehmen des Produktgeschäfts, Frankfurt.

Rosenstiel, L. v. / Lang von Wins, T. (1999), Existenzgründung und Unternehmertum, Stuttgart.

Verständnisfragen (Lösungen siehe Anhang)

Aufgabe 1:
Diskutieren Sie, welche Erfolgsfaktoren bei der „Wolfgang Ix Kaufmännische Dienste" eine Rolle spielen! Was war entscheidend für den unternehmerischen Erfolg von Herrn Ix?

Aufgabe 2:
Geben Sie eine Einschätzung, welche Rolle Kreativität bei der Gründung von Unternehmen spielt!

IV Bass-O-Matic Musikservice Fred Frickel & Partner GbR – Gründung zwischen Rationalität und Emotion

Christoph Zacharias

1 Vorbemerkungen

Die nachfolgende Fallstudie basiert auf einem realen Fall. Ihre Darstellung erfolgt analog einer fiktiven Erzählung, wie sie der betreffende Gründer in einem lockeren Gespräch vortragen könnte, das nun von einem Zuhörer zusammengefasst wird. Dies beinhaltet auch bewusste oder unbewusste „Erinnerungslücken", die sich im Nachhinein im Rahmen einer psychischen Verarbeitung der Vergangenheit (inklusive einer sehr persönlichen Re-Interpretation von Ereignissen und deren Folgen) ergeben.

Somit reflektiert die gewählte Vorgehensweise den Umgang mit unklaren Informationen, deren Wahrheitsgehalt zur Disposition steht. Aus der Fülle von (oder auch aus dem Mangel an) fallbezogenen Informationen sind diejenigen auszusuchen, die ein klares Bild des Falles und seiner Probleme ergeben. Hier zeigt sich eine Variante der Informationsasymmetrie: Als Rezipient einer Falldarstellung durch den Gründer ist man auf Informationen angewiesen, die beobachtergeprägt sind. Qualitative Einschätzungen wie „hervorragende Wettbewerbsposition" sind ebenso zu hinterfragen wie scheinbar objektive Darstellungen von Vorfällen („Person X hat sich so und so verhalten").

Die vorliegende Fallstudie beruht daher auf der *Case-Study-Method* (siehe Teil 3, Kapitel I). Die Falldokumentation leitet die Teilnehmerinnen und Teilnehmer an, Probleme zu erkennen und zu lösen. Sie ist den „Entdeckungsfällen" zuzuordnen, deren didaktisches Ziel darin besteht, vorgegebene und alternative Ergebnisse bzw. Lösungsansätze zu entdecken. Hierdurch wird konvergentes Denken gefördert. Hilfen bieten die im Anschluss an die Falldarstellungen gestellten Fragen und die (für den Moderator vorgesehenen) teaching notes.

Zielsetzung der Fallstudie ist, die Anwendbarkeit von Methoden des Managements der Gründung und der frühen Entwicklung von Unternehmen unter begrenzten und damit begrenzenden Ressourcen (mangelndes Know-how der Beteiligten, Beschränkung der Umsetzbarkeit von Methoden, begrenzter Zugang zum Kapitalmarkt u. ä.) zu thematisieren.

2   Ausgangssituation

Fred Frickel hält sich selbst für ein Multitalent. Er ist Musiker, Kaufmann, Elektroniker und Computerspezialist (Hard- wie Software). Seine berufliche Selbstfindung hat entsprechend lange gedauert. Zuletzt hat er ein Fachhochschulstudium der Elektrotechnik als Ingenieur abgeschlossen.

Mit dieser Befähigung und seinen Erfahrungen in kleinen, selbstständigen Projekten und als Mitarbeiter in diversen Unternehmen hat Fred sich als Computerspezialist selbstständig gemacht. Er erkannte im aufkommenden Boom der Informations- und Kommunikationstechnik seine Chance und spezialisierte sich auf Anwendungen für öffentliche Auftraggeber. Hiermit positionierte er sich in eine anfangs lukrative Nische, die er in seiner Heimatregion zudem als erster besetzte. Mitte der neunziger Jahre wurden die entsprechenden Budgets der Institutionen öffentlichen Rechts, die er als Kunden hatte, zum Teil erheblich gekürzt. Die Zahlungsmoral verfiel, Neuaufträge sowie Wartungen und Ersatz- / Ergänzungsinvestitionen blieben weit hinter den Vorjahrswerten zurück.

Vor diesem Hintergrund begab sich Fred für drei Wochen nach Italien, um in einem Zisterzienserkloster zu sich und seinen Kernkompetenzen zu finden. Dies sollte ihm neue Perspektiven für seine Selbstständigkeit liefern. Er erkannte, dass sein „Multitalent" letztlich einen Kernaspekt aufwies: die Musik. Im Grunde kam er über die Musik zur Elektronik (Instrumenten- und Aufnahme-, Wiedergabeelektronik) und von dort erst zur Computertechnik. Nach Beendigung seiner „Exerzitien" war für ihn klar: Musikelektronik sollte seine Zukunft sein. Auf seiner Rückreise an den heimischen Niederrhein wollte er kurz Freunde in Frankfurt am Main besuchen und ihnen von seinen neuen Ideen berichten. Zufällig fand zur selben Zeit eine Messe für Musikerbedarf statt, und Fred ließ sich dies nicht entgehen.

Da er selber begeistert E-Bass spielt, schaute er sich zunächst nach diesen Instrumenten und dem gesamten Bedarf, der mit ihnen verbunden ist, um. Dabei interessierte er sich schnell für Verstärker, die speziell für Bassistenanwendungen entwickelt wurden. Bislang war der Markt hierfür unterentwickelt, insbesondere im Bereich der mit Transistoren bestückten Verstärker. Diese weisen gegenüber mit Elektronenröhren bestückten Geräte immer noch Nachteile im Klang auf. Dies ist für Musiker zumeist neben den (permanenten) Restriktionen im Bereich der liquiden Mittel alleiniges Kriterium für einen Kauf.

Fred Frickel entdeckte bald einen neuen Verstärker der Marke „Bass-O-Matic", den „Bass-Man" (Abbildung 1). Dieser arbeitet nicht nur als Vorverstärker, sondern zugleich als Multieffektgerät zur Klangbeeinflussung.

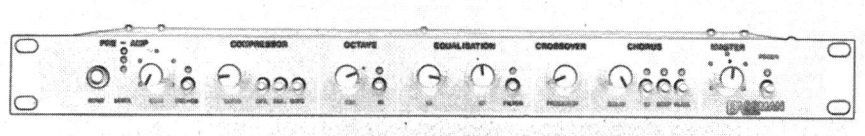

Abbildung 1: Bass-Man Multieffekt-Vorverstärker für Elektrobässe

Frickel war schnell davon überzeugt, dass der Bass-Man ein innovatives Produkt mit entsprechend hohem Alleinstellungsmerkmal (USP: Unique Selling Proposition) ist. Er verhandelte mit dem britischen Hersteller, und man einigte sich auf einen Exklusivvertrag für den Vertrieb von „Bass-O-Matic"-Produkten in Deutschland.

3   Die Gründung

Zurück am heimischen Niederrhein nahm Fred Frickel voller Tatendrang seine neue Geschäftsbasis auf. Neben dem Fred Frickel EDV-Service gründete er die Bass-O-Matic Musikservice Fred Frickel & Partner GbR. Durch die Namenswahl wollte er einen Transfer des Images der Herstellerfirma auf seinen Vertrieb herstellen. Mit dem Geschäftsführer der Herstellerfirma hatte er dies bei einem Glas Bier in Frankfurt besprochen und genehmigt bekommen.

4   Frühe Erfolge

Zunächst nahm Frickel folgende Produkte des Herstellers in sein Programm auf:

Artikel	Empf. VK	Händler EK 1-3	4-9	>10 Stück
Axe-Man	899,00	665,00	a. A.	a. A.
Bass-Man	1349,00	889,00	874,00	855,00
Pull-Man	175,00	116,00	112,00	107,00
ID-Box	175,00	116,00	112,00	107,00

Abbildung 2: Erstes Produktprogramm (alle Angaben in DM, ohne USt)

Frickel konnte vertraglich durchsetzen, dass er sein Lager nicht mit einer ersten Mindestbestückung befüllen musste, sondern nach eigener Einschätzung der Marktlage bestellen konnte. Im ersten Geschäftsjahr führte dies zu folgenden Einkäufen:

Bestelldatum	Artikel	Bestellmenge
06.05.98	Bass-Man	5
	Axe-Man	5
17.05.	Pull-Man	5
	ID-Box	5
20.05	Bass-Man	10
	Axe-Man	10
12.07.	Pull-Man	20
	ID-Box	20
	Axe-Man	10
	Bass-Man	10
27.07.	Axe-Man	10
	Pull-Man	10
25.08.	Bass-Man	5
07.09.	Bass-Man	5

Abbildung 3: Bestelldaten im ersten Geschäftsjahr

Ende des ersten Geschäftsjahres verfügte Frickel noch über folgenden Lagerbestand:

Artikel:	Axe-Man	Bass-Man	Pull-Man	ID-Box
Lagermenge:	9	9	0	17

Von 35 bestellten Bass-Man hatte Fred auf Anhieb und ohne große Promotion 24 verkauft. Dies war ein großer Erfolg für ein Produkt in einem umkämpften Nischenmarkt, das innovativ und hochpreisig ist.

Im folgenden Jahr wurde der Bass-Man in der führenden Zeitschrift „Dein Bass und Du" ausführlich getestet. Es war ein „Jubeltest", der dem Produkt beste Eigenschaften bescheinigte. Im Resümee heißt es: „Der Bass-Man ist ein überaus attraktiv und sinnvoll ausgestatteter Multieffektverstärker, auf den viele Bassisten gewartet haben. (...) Wiedergabe und Sound sind auf einem Spitzenniveau. (...) Ausstattung und Verarbeitung gehören zur unbedingten Spitzenklasse: Ein Gerät, das sich jeder ernsthafte Bassist leisten sollte."

Der Artikel blieb in der kleinen Szene der Musikelektronik nicht unbemerkt. Frickel erhielt viele Anfragen von Händlern und baute sich ein Netz auf. Die verkauften Stückzahlen verdreifachten sich in 1999 und die Lagerbestände am Ende des zweiten Jahres entsprachen denen am Ende des ersten Jahres. Gleichzeitig erhielt Fred eine Reihe von Anrufen, da freundliche Mitmenschen ihm helfen wollten, seine Erfolge zu vergrößern. Unter diesen war Boris W. Iesel. Dieser empfahl sich Frickel als Kenner der Musiker V.I.P.-Szene. Unter anderem sei er in intimen Kontakt mit den Bassisten von „Wechselstrom / Gleichstrom✗" und der „Schlaffen Kekse" – jenen Bassisten also, die als Avandgarde die Szene anführten. Frickel wollte sich solch einen interessanten Menschen anschauen, zumal Iesel nicht nur über offensichtlich beste Kontakte verfügte, sondern zudem auch als Großhandelskaufmann eine Verstärkung seines Ein-Mann-Teams darstellen konnte. Als er sich mit Boris W. Iesel traf, wurde das Vorstellungsgespräch durch häufiges Klingeln des Mobiltelefons von Iesel unterbrochen. Als moderneren Kommunikator erkannte Iesel die Dringlichkeit seiner Gespräche sofort auf dem Display und nahm nur zwei an, beide mit dem Bassisten der „Schlaffen Kekse". Offensichtlich war dieser sehr aufgeregt und brauchte dringend technische Betreuung. Fred war beeindruckt und stellte Iesel sofort als Mitarbeiter ein.

In der Folgezeit liefen die Geschäfte glänzend. Allein die Nachfrage seitens der Avandgarde der Bassmusiker blieb aus.

5   Crisis and crash

Beeindruckt von der Leistung Iesels wollte sich Frickel wieder eine Auszeit gönnen, um über neue Geschäftsfelder nachzudenken. Da ihm der Aufenthalt im italienischen Kloster zum ersten Erfolg verhalf, plante er, dort ein zweites Mal inspiriert zu werden. Im Mai 2000 fuhr er mit seinem neuen Motorrad, einer Crashman 1800, gen Süden.

Kurz hinter der italienischen Grenze musste er wegen eines LKWs, der sich in einer Bremssituation quer stellte, heftig bremsen. Er kam genau vor dem Lastkraftwagen zum Stehen. Dies galt nicht für den PKW, der ihm folgte. Für Fred bedeutete dies eine Fraktur der Wirbelsäule und einen sechswöchigen Aufenthalt in einem italienischen Krankenhaus.

Geschäftlich verließ er sich nun voll und ganz auf Iesel. Per Mobiltelefon, Fax und Internet hielt er Kontakt mit ihm. Die Aktivitäten des EDV-Service waren ohnehin zurückgegangen, die restlichen Aufträge konnten freie Mitarbeiter abwickeln. Der Musikservice wurde komplett von Iesel übernommen. Dermaßen beruhigt widmete sich Frickel seiner Rekonvaleszenz.

Nach sechs Wochen kehrte Frickel zurück und fand folgende Situation vor:
– Iesel hatte sich dem Hersteller „Bass-O-Matic" als Partner der GbR ausgegeben und für diese 60 Axe-Man und 80 Bass-Man bestellt.
– Hierzu hatte er – ebenfalls unter Vorgabe einer Vertretungsberechtigung – im Namen der GbR bei Frickels Hausbank einen kurzfristigen Kredit in Höhe von 60 TDM zusätzlich zu den laufenden Kreditrahmen aufgenommen. Zur Besicherung hat Iesel das gesamte Warenlager (Wert zu Einstandspreisen: DM 94.678,14) sicherungsübereignet.
– Das Warenlager war komplett geräumt, als Fred es aufsuchte.

- Zwischenzeitlich gründete Iesel das Unternehmen „Iesels Bass-O-Matic: Musikservice GbR" und verkaufte offensichtlich Waren aus Frickels Lager an die bekannten Kunden.
- Der Hersteller unternahm gerichtliche Schritte gegen Frickel persönlich, da die Rechnungen für die 140 Bassverstärker nicht bezahlt waren. Insgesamt (inkl. Nebenkosten) belief sich die Forderung auf DM 87.669,82.
- Die Hausbank stellte alle Forderungen sicher und drohte bei Nichtbedienung innerhalb drei Wochen mit Zwangsvollstreckung.

Weiterführende Literatur

Aigner, W. / M. Meyer / D. Rößl (1993), Marketing-Fallstudien für Klein- und Mittelbetriebe, Wien.

Dörner, D. (1989), Die Logik des Mißlingens: Strategisches Denken in komplexen Situationen, Hamburg.

Kaapke, A. / M. Froböse (1999), Fallstudien zum Handelsmanagement, Stuttgart / Berlin / Köln.

Rue, L. W. / P. G. Holland (1986), Strategic Management – Concepts and Experiences, New York usw.

Voeth, M. / D. W. Kleine / C. Reinkemeier (1998): Fallstudien und Grundlagen der Betriebswirtschaftslehre, Herne / Berlin.

Verständnisfragen (Lösungen siehe Anhang)

Aufgabe 1:

Fred Frickel zeigt durchweg ein intuitives Entscheidungsverhalten. Welche Methoden der Entscheidungsunterstützung würden Sie ihm anraten, um zu einer strategischen Neuausrichtung seiner Aktivitäten zu gelangen? Beschreiben Sie die Methoden und erläutern sie ihren Stellenwert im Gründungskontext.

Aufgabe 2:

Offensichtlich hat Frickel den Test des Bass-Man in der Zeitschrift „Dein Bass und Du" nicht selber initiiert; er ging vom Hersteller aus. Welche Möglichkeiten des Marketings hat Frickel in dieser Phase der Unternehmensentwicklung weiterhin nicht wahrgenommen?

Aufgabe 3:
Nach Freds Rückkehr aus dem italienischen Krankenhaus fand er eine katastrophale Situation vor. Erörtern Sie, inwiefern rechtsformspezifische Begebenheiten hierzu geführt haben könnten? Wie hätte Frickel als geschäftsführender Gesellschafter einer GmbH die Verhaltensweisen von Iesel von vornherein erschweren können?

Teil 4: Repetitorium

Repetitorium

Teil 1

I Unternehmensgründung als Motor der wirtschaftlichen Entwicklung
(Koch)

Zu Aufgabe 1:

Offenbar begünstigen junge, dynamische Organisationsstrukturen die Genese innovativer Produkte und Verfahren. Dabei dürfte unter anderem eine Rolle spielen, dass die erfolgreiche Umsetzung von Neuem von allen Mitgliedern einer Organisation Fähigkeiten erfordert, die in älteren, größeren Unternehmen bisweilen weniger ausgeprägt sind: Insbesondere ein gemeinsames Problembewusstsein aller Akteure, Flexibilität der Entscheidungen und Anpassungsfähigkeit im Wandel.

Im Makrokontext ist zudem entscheidend, dass der heutige Strukturwandel bestimmte komparative Vorteile technologieorientierter KMUs noch verstärkt. Denn mit der Tertiarisierung der Wirtschaft sinkt die Arbeitsintensität von Produktionen, die Wissensintensität steigt und zunehmend komplexe Produkte erfordern integrierte Produkt-Service-Lösungen. Die Beschleunigung nahezu aller ökonomischen Prozesse bei gleichzeitiger Ausdehnung des ökonomisch relevanten Raumes erfordert immer flexiblere Leistungseinheiten, die sich zeitpunktgerecht zu projektbezogenen Wertschöpfungsketten zusammenschließen können.

Zu Aufgabe 2:

Ausgangspunkt ist die Annahme, dass ein Wettbewerbskontext, aus dem heraus innovative Problemlösungen zusammen mit innovativen Organisationsstrukturen hervorgehen, einen entscheidenden Mechanismus zum „Evolutionserfolg" soziokultureller Systeme darstellt. Denn innovationsorientierte Unternehmensgründungen erhöhen die Anpassungsflexibilität volkswirtschaftlicher Strukturen, die notwendig ist, will man den sich stellenden Problemen rechtzeitig begegnen.

Neben dieser Strukturanpassungswirkung, die zu den wichtigsten Gründungsfolgen zu zählen ist, gibt es weitere wohlstandswirksame Effekte: Hierbei kann man zwischen faktor- und güterseitigen Wirkungen unterscheiden. Auf der Faktorseite steht zunächst die Investitionswirkung, womit die Möglichkeit angesprochen ist, dass mit einer Gründung dem Faktor Kapital neue, gegebenenfalls effizientere Investitionsmöglichkeiten geboten werden. In engem Zusammenhang damit ist die Beschäftigungswirkung zu nennen. Inwiefern freilich die aus einer Gründung resultierenden Arbeitsplätze aus volkswirtschaftlicher Sicht tatsächlich neu sind, hängt mit der Art der Gründung zusammen. Handelt es sich um eine Aus- oder Umgründung wird der Netto-Arbeitsmarkt-Effekt häufig eher gering ausfallen. Ähnliches gilt für Gründungen, die zu einem Verdrängungswettbewerb führen.

Zu den güterseitigen Wirkungen gehört die Versorgungswirkung, wobei man davon ausgeht, dass der Nutzen Einzelner auch durch eine größere Vielfalt an Alternativprodukten sowie durch neue Güter, die Bedürfnisse besser befriedigen, erhöht wird. Außerdem ist hier die Wettbewerbswirkung zu nennen. Der Gründung neuer Unternehmen kommt nämlich stets auch eine Korrektivfunktion zu, indem etablierte

Konkurrenten zu mehr Effizienz, zu wirksamerer Kostenkontrolle, zu Preisreduktionen und schließlich zu einer ständigen Aktualisierung ihrer Angebotspalette in Verbindung mit erhöhten Forschungs- und Entwicklungsbemühungen gezwungen werden.

Zu den Wirkungen, die sowohl auf der Güter- wie auf der Faktorseite von Relevanz sind, gehört neben der Strukturanpassungswirkung die Innovationswirkung. Denn der Erfindung und Einführung neuer sowie Modifikation etablierter Produkte stehen Innovationen im Bereich der Herstellung gegenüber. Dazu zählen etwa Lernkurveneffekte, die unter anderem zur Folge haben, dass sich über das Qualifizierungsniveau des Faktors Arbeit Effizienzparameter der Produktion ändern.

Zu Aufgabe 3:
Grundsätzlich kann man zwischen Maßnahmen einer direkten und solchen einer indirekten Förderung unterscheiden. Im ersten Fall geht es vorrangig um die Schaffung konkreter Gründungsmotive. Dies können sein: (a) monetäre Anreize, wie beispielsweise gründerspezifische Steuervergünstigungen, Subventionen, Darlehen oder Bürgschaften, (b) Elemente einer gründerspezifischen Infrastruktur, wie Technologieparks oder Gründerzentren und (c) gezielte Qualifizierungsbemühungen – etwa in Form von Beratungen oder Schulungen.

Indirekte Gründungsförderung hingegen bezieht sich auf Möglichkeiten, die Gründungskultur in einer Jurisdiktion über den Abbau von Gründungshemmnissen zu verbessern. Auch hier lassen sich drei Kategorien von Maßnahmen nennen: (a) Veränderungen der Märktestruktur durch den Abbau von Wettbewerbsverzerrungen zu Ungunsten von Gründern, (b) Aufklärung von Sachzusammenhängen und auf diesem Wege Stärkung des gesellschaftlichen Ansehens von Unternehmensgründern – beispielsweise durch die Einbringung des Gründungsthemas in Standard-Curricula und schließlich (c) Korrekturen im Bereich der rechtlich-administrativen Sphäre etwa durch den Abbau von Verfahrensineffizienzen und das Verhindern von Behördenwillkür.

II Gründungsmanagement als komplexe unternehmerische Aufgabe
(Zacharias)

Zu Aufgabe 1:
Porter differenziert zwei Grundtypen von Strategien: Kostenführerschaft und Differenzierung. Unter Einbezug des strategischen Zielobjektes ergeben sich prinzipiell vier strategische Stoßrichtungen: Die Strategie der *Differenzierung* zielt darauf ab, Wettbewerbsvorteile über die Qualität (= wahrgenommener Abnehmerwert) der angebotenen Produkte / Dienstleistungen zu erzielen. Bei möglichst branchenüblicher (= paritätischer) Kostenposition soll das Ergebnis Differenzierungsmerkmale aufweisen, so dass das Unternehmen dauerhafte Wettbewerbsvorteile erlangt. Die Strategie der *Kostenführerschaft* soll dem Unternehmen im Verhältnis zum Branchendurchschnitt eine niedrigere Kostenposition sichern und somit zur dauerhaften Erzielung höherer Gewinnmargen dienen. Zweitrangig ergibt sich ein Spielraum für Preiswettbewerbe.

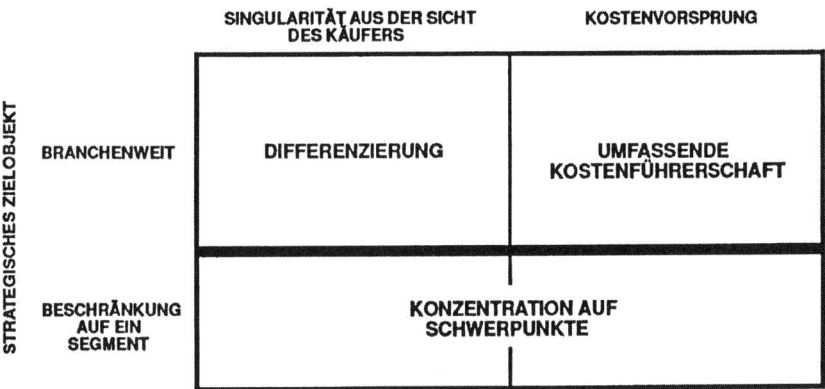

Hybride Strategietypen sehen Möglichkeiten, die beiden Hauptwettbewerbsvorteile nach Porter gemeinsam mit einer Strategie zu erreichen. Grundsätzlich lassen sich mögliche Strategietypen deshalb wie folgt einteilen:

DIFFEREN-ZIERUNGS-VORTEIL		KOSTENVORTEIL		
		SCHLECHTER	GLEICH GUT	BESSER
BESSER		QUALITÄTSIMAGE-STRATEGIE (1)	PREIS/LEISTUNGS-STRATEGIE AUF LEISTUNGSBASIS (2)	WELTMEISTER-STRATEGIE (3)
GLEICH GUT		PROBLEMSTRATEGIE: PRINZIP HOFFNUNG (4)	PATTSTRATEGIE (5)	PREIS/LEISTUNGS-STRATEGIE AUF PREISBASIS (6)
SCHLECHTER		VERLIERER-STRATEGIE (7)	PROBLEMSTRATEGIE: PRINZIP HOFFNUNG (8)	BILLIGER JAKOB-STRATEGIE (9)

Eine Möglichkeit, Kostenführerschaft und Differenzierung zu integrieren bietet der Strategietypus der *Zeitführerschaft* (ausführlich: Zacharias 1998).

Zu Aufgabe 2:
Die Erstellung von Netzplänen ist in diesem Zusammenhang hilfreich, um die z.T. sehr kreativen Prozesse im Kontext der Produktinnovation kaufmännisch zu strukturieren. Hierbei ist besonders die Problematik des *strategischen Zeitfensters* (strategic window) zu beachten: Innovationen können meist nur zu bestimmten Zeitpunkten in den Markt gebracht werden. Die Entwicklungen des Marktes und des Wettbewerbs

sind also zu berücksichtigen. Ein Netzplan kann helfen, auf (zeit-) kritische Aktionen aufmerksam zu machen und ein wirkungsvolles Projektmanagement zu installieren.

Zu Aufgabe 3:
Die verschiedenen Gründe für das Scheitern einer Produkteinführung beruhen auf vielfältigen Wirkungszusammenhängen und sind nicht abschließend aufzählbar. Als Beispiele kommen in Betracht: Die Wahl eines falschen Zeitpunkts der Einführung (zu früh oder zu spät); eine falsche Preisstrategie (zu hoher oder zu niedriger Einführungspreis); ein fehlerhaftes Konzept bzw. eine fehlerhafte Umsetzung der Markteinführung (Werbung, Produktionskapazitäten, Ersatzteilservice u.ä.); die Entwicklung des Produktes erfolgte am Bedarf (= Bedürfnis plus Kaufkraft) des Marktes vorbei. Weitere Gründe sind möglich und sollten diskutiert werden.

Teil 2
I Gründerperson

1 Der Unternehmer in der wirtschaftswissenschaftlichen Literatur
(Tröger)

Zu Aufgabe 1:
Entrepreneurship bezeichnet einen ökonomischen Prozess. Hierbei fallen unter den Begriff Entrepreneurship alle im Rahmen einer Gründung notwendigen Aktivitäten. Diese Abgrenzung ist im Wesentlichen für die wissenschaftliche Forschung von Relevanz, um den Rahmen des Forschungsfeldes abzustecken. Der Entrepreneur bezeichnet dagegen eine natürliche Person, die – je nach Definition – unternehmerische Funktionen wahrnimmt, oder die persönlichen Charakteristika und Fähigkeiten eines Unternehmers besitzt.

Zu Aufgabe 2:
Für den Unternehmer im Schumpeterschen Sinne hat das Eigentum an den Produktionsmitteln, und damit am Unternehmen, keine Bedeutung. Relevant ist lediglich, ob eine Person die von Schumpeter aufgestellten Funktionen ausübt oder nicht. Daher ist es auch möglich, dass jemand der ein Unternehmen zur Gänze besitzt, nicht Unternehmer ist, oder dass jemand als Angestellter eines Unternehmens trotzdem unternehmerisch tätig wird (Intrapreneur).

Zu Aufgabe 3:
Die „Findigkeit" des Unternehmers ist eine Begabung, die es dem Unternehmer innerhalb einer Umwelt, die durch unvollkommene Informationen geprägt ist, erlaubt, unternehmerische Gelegenheiten aufzuspüren und auszunutzen. Diese Begabung ist aber unterschiedlich ausgeprägt und wird unterschiedlich intensiv umgesetzt. Der reine Unternehmer widmet sich ausschließlich der Tätigkeit des Erkennens und

Verwertens bisher nicht genutzter Informationen. Das Finden und Ausnutzen impliziert im weiteren Schritt, dass der Unternehmer gegenüber seinen Mitmenschen über einen Wissensvorsprung verfügt, aber dieser dann durch die unternehmerische Tätigkeit publik gemacht wird. Ein Unternehmer muss nicht eine natürliche Person sein, sondern die Findigkeit kann auch das Merkmal von Organisationen oder Teams sein.

2 Der Unternehmer mit seinen Funktionen und Eigenschaften in der Praxis (Klandt / Tröger)

Zu Aufgabe 1:
Berufserfahrung, insbesondere branchenspezifische Berufserfahrung, ist im Hinblick auf den Erfolg eine sehr wichtige Komponente. Dies wird deutlich, wenn man sich die notwendigen Planungsschritte vor der eigentlichen Gründung des Unternehmens vor Augen hält. Einerseits kann die spezifische Branchenerfahrung bereits bei der Entwicklung einer Gründungsidee sehr hilfreich sein, andererseits ist sie natürlich ein extrem hilfreicher Faktor in Bezug auf die Qualität und Vollständigkeit der zu erstellenden Machbarkeitsanalyse. Auch das Ausnutzen des persönlichen bestehenden Netzwerkes innerhalb der Branche ist natürlich von hohem Wert. Die gute Schulausbildung ist bei diesen Punkten nur bedingt wichtig. Gesunder Menschenverstand und „Unternehmergeist" werden in der schulischen oder universitären Ausbildung kaum vermittelt, sind aber wichtiger als klassische Intelligenz im mathematisch testbaren Sinne.

Zu Aufgabe 2:
Risiken werden in der wirtschaftswissenschaftlichen Literatur zumeist nur auf das finanzielle bzw. monetäre Risiko beschränkt. Dieses Risiko, das den möglichen Verlustfall des im gegründeten Unternehmen eingesetzten Kapitals (gegebenenfalls auch des gesamten persönlichen Vermögens bei unbeschränkter Haftung) ausdrückt, ist jedoch nicht das einzig relevante Risiko. Es besteht ein Karriererisiko, das die mögliche Aufgabe einer vielversprechenden Karriere als Angestellter, Beamter etc. beinhaltet. Darüber hinaus besteht ein familiäres Risiko, das aufgrund des hohen zeitlichen Aufwandes im Rahmen einer Gründung ein Auseinanderbrechen der bisherigen familiären Strukturen zur Folge haben kann. Des weiteren ist noch das psychische Risiko relevant. Entscheidend hierbei ist die emotionale Verbundenheit des Gründers mit seinem Gründungsvorhaben, so dass ein Scheitern auch als persönlicher Misserfolg interpretiert wird und daher mangelndes Selbstbewusstsein zur Folge haben kann.

Zu Aufgabe 3:
Die Liste der möglichen Vor- und Nachteile ist natürlich stets subjektiv und daher je nach Betrachter unterschiedlich lang. Einige wichtige Punkte sind aber sicherlich:

Vorteile:
- Der Unternehmer ist in seinen Entscheidungen unabhängig und nicht an eine Hierarchie gebunden.
- Er kann seine eigenen Ideen verwirklichen und ist wirtschaftlich unabhängig.
- Der (unternehmerische) Gewinn verbleibt vollständig zu seiner Verfügung.
- Der Unternehmer hat zu einem gewissen Grade die Möglichkeit, die Arbeitszeiten selbst zu gestalten.
- Unternehmensstrukturen können eigenverantwortlich gestaltet werden.
- Der Unternehmer erhält ein unvermitteltes leistungsbezogenes Feed-back auf seine Tätigkeit.
- Der (erfolgreiche) Unternehmensgründer genießt zur Zeit ein recht hohes gesellschaftliches Ansehen. Das war aber nicht immer so und muss auch nicht so bleiben.

Nachteile:
- In der Regel ist der Unternehmer bei Entscheidungen auf sich selbst gestellt und trägt die volle Verantwortung für die getroffenen Entscheidungen.
- Das Einkommen eines Unternehmers ist in der Regel viel volatiler als bei einer angestellten Tätigkeit.
- Der Unternehmer ist erhöhten persönlichen Risiken ausgesetzt (vgl. Aufgabe 2).
- Die Arbeitszeiten liegen meist spürbar über denen einer angestellten Tätigkeit, insbesondere in der Gründungsphase.
- Es kann nicht mehr auf bestimmte angenehme bestehende Strukturen im (Groß-) Unternehmen zurückgegriffen werden, wie z. B. ein funktionierendes Sekretariat.
- Der Unternehmer muss auf das soziale Sicherungsnetz, das Angestellte und Beamte genießen, verzichten und selbst Vorsorge für sich und seine Familie treffen.

3 Wirtschaftsdidaktische Förderung der Handlungskompetenz von Unternehmensgründerinnen und -gründern (Braukmann)

Zu Aufgabe 1:
Die Frage wird im Rahmen verschiedener Disziplinen, z.B. der Wirtschaftsdidaktik und insbesondere der Entrepreneurship Education, kontrovers diskutiert. Ein abschließendes Urteil kann nicht ohne jegliche verbleibende Zweifel abgegeben werden. Aus wirtschaftsdidaktischer Perspektive ist die systematische Aneignung betriebswirtschaftlichen und branchenbezogenen Fachwissens durchaus möglich. Demgegenüber erscheint eine Persönlichkeitsentwicklung zum Unternehmer – die beispielsweise das Erlernen der Fähigkeit umfasst, Fachwissen überzeugend und effizient zur Anwendung zu bringen bzw. Fachwissen als Persönlichkeit handelnd umsetzen zu können – ungleich schwieriger.

Die Annahme, unternehmerisches Denken und Handeln könne grundsätzlich gelehrt bzw. gelernt werden, wird z.B. durch Beiträge im Rahmen der Entrepreneurship Education tendenziell gestützt.

Als didaktische Zielkategorie kann dabei die Entwicklung einer gründungsbezogenen (beruflichen) Handlungskompetenz dienen.

Zu Aufgabe 2:
Die berufliche Handlungskompetenz lässt sich umschreiben als Fähigkeit und Bereitschaft in beruflichen Situationen sach- und fachgerecht, persönlich durchdacht und in gesellschaftlicher Verantwortung zu handeln. Sie umfasst also nicht allein kognitive, sondern in gleichem Maße auch affektive und psychomotorische Fähigkeiten. Sie kann demnach in verschiedene Teilkompetenzen untergliedert werden, beispielsweise in die Fach- Methoden- und Sozialkompetenz. Diskutiert werden auch weitere Binnendifferenzierungen der beruflichen Handlungskompetenz, z.B. die Einteilung in Individual-, Sach-, Human-, Lern- und Sprachkompetenz.

Analog zur beruflichen Handlungskompetenz würde sich auch die gründungsspezifische Handlungskompetenz in mehrere Kompetenzbereiche untergliedern lassen. Hierbei wäre insbesondere das spezifische Anforderungsprofil im Gründungskontext zu berücksichtigen.

Beispielsweise würde die Präsentation eines Geschäftsplans Anforderungen sowohl an die Fachkompetenz (u.a. kaufmännisches und betriebswirtschaftliches Fachwissen zur Rechtfertigung der gewählten Finanzierungsarten), die Methodenkompetenz (u.a. Anwendung geeigneter Strukturierungsmethoden für den Vortrag sowie Einsatz entsprechender Präsentationstechniken für die Darstellung) und die Sozialkompetenz (u.a. Fähigkeit der Selbstdarstellung und überzeugende Argumentation vor einer Gruppe) des Gründers stellen.

Zu Aufgabe 3:
Das Konzept der handlungsorientierten Didaktik lässt sich konkretisieren durch die Kriterien der (1) Ganzheitlichkeit, (2) einer lerneraktiven, weitgehend selbständigen Aneignung von Lehr- / Lerninhalten durch die Lernenden, (3) einer Lernerorientierung und damit Individualisierung des Unterrichts (4) sowie einer reflexiven bzw. metakognitiven Auseinandersetzung mit den Lernprozessen.

II Gründungskonzept

1 Engpass-konzentrierte Gründungsstrategie (Mewes)

Zu Aufgabe 1:
a) Die beiden Wege sind:
- entweder den standardisierten Bildungs- und Berufswegen zu folgen, oder
- sich gezielt in eine aktuell besonders erfolgversprechende Bedarfslücke hineinzuentwickeln. Die Wirtschaft zeigt immer wieder, dass in solchen Marktlücken

selbst schwächere und schlechter organisierte Unternehmen erfolgreicher sind als stärkere und besser organisierte in umkämpfteren Märkten. Für Angestellte gilt das auch.

b) Beide sind den zweiten Weg gegangen.

c) Wegen der immer schnelleren Veränderungen der Verhältnisse und Bedürfnisse. Sie verändern sich schneller als die aus den gestrigen Verhältnissen entwickelten und bürokratisch verwalteten Bildungswege und Berufsbilder folgen können.

Zu Aufgabe 2:
Die wichtigsten Erfolgsfaktoren der EKS sind:
- spitzere Konzentration und Spezialisierung,
- genaueres Zielen auf den jeweiligen Engpass als wirkungsvollsten Punkt („Ju-jitsu-Prinzip"),
- Steigerung des Nutzens für seine Zielgruppe und Mitwelt,
- zunehmende Integration in eine besonders erfolgversprechende Zielgruppe,
- gezieltere und dadurch schnellere Innovation mit der Folge eines wachsenden Vorsprunges,
- sukzessiv fortschreitende Kooperation,
- gezieltere Beobachtung und Nutzung dynamischer Entwicklungen.

Zu Aufgabe 3:
Durch die fortwährende Orientierung seiner Spezialisierung an einer konkreten Zielgruppe und der Veränderung ihrer Bedürfnisse. Das Ergebnis ist, dass man mit seiner Spezialisierung stets im optimalen Kontakt mit seiner Zielgruppe bleibt und sich nicht nur nicht isoliert, sondern immer tiefer in seine Zielgruppe integriert und unersetzlich wird.

Zu Aufgabe 4:
Sie sollten ihm u.a. raten, sich nach den sieben Schritten der EKS zu entwickeln:
- zunächst die speziellen Eigenschaften und Stärken zu analysieren, die er anderen Informatikern gegenüber hat,
- das Aufgaben- bzw. Geschäftsfeld zu suchen, für das er durch seine speziellen Eigenschaften und Stärken am besten geeignet ist,
- in diesem Aufgabenfeld die für ihn erfolgversprechendste Zielgruppe und schließlich Teilzielgruppe herauszufiltern,
- die Probleme zu analysieren, die die Teilzielgruppe auf seinem Aufgabengebiet hat, und sich auf das von der Teilzielgruppe derzeit am brennendsten empfundene Problem (Punkt der größten Knappheit) zu konzentrieren,
- durch die Fokussierung (Konzentration) auf dieses brennendste Problem und die wachere Einbeziehung der neuesten Entwicklungen einen überzeugenden Innovationsvorsprung zu entwickeln (Brennglas-Prinzip),
- auf der Basis seines wachsenden Innovationsvorsprunges sukzessiv mit Partnern zu kooperieren, die seine eigenen Kräfte möglichst optimal ergänzen und verstärken,

– auf Aufgabenfeld und Zielgruppe konzentriert den dynamischen Veränderungen der Verhältnisse optimal zu folgen.

2 Der integrierte Gründungsplan
(Finke-Schürmann)

Zu Aufgabe 1:
Für eine realistische und glaubwürdige Gründungsplanung ist es notwendig, interne Widersprüchlichkeiten der Aussagen zu vermeiden. Es besteht eine Reihe von Abhängigkeiten zwischen den einzelnen Planungsschritten. So stellt der quantitative Teil eine Detaillierung des vorher verbal beschriebenen Unternehmenskonzeptes dar. Dabei werden in den Erfassungsplänen die im Rahmen des Konzeptes zu erwartenden Einnahmen / Erträge sowie die Ausgaben / Aufwendungen aufgelistet. Für den Liquiditätsplan werden die liquiditätswirksamen Positionen dieser Erfassungspläne übertragen und ausgewertet. Die erfolgswirksamen Positionen finden Eingang in die Erfolgsrechnung. Der Liquiditätsplan gibt weiterhin Aufschluss über den Kapitalbedarf zu verschiedenen Zeitpunkten und stellt somit eine Basis für die Finanzierungsplanung dar. Umgekehrt sind Ergebnisse der Finanzierungsplanung als quantifizierte Positionen in die anderen quantitativen Teilpläne aufzunehmen.

Die Einzelpositionen im quantitativen Teil müssen wiederum im qualitativen Textteil näher erläutert werden, um die Planungsannahmen zu belegen und zu erklären. Ausführliche Belege der Aussagen werden im Anhang beigefügt. Schließlich stellt die Kurzfassung eine übersichtliche Zusammenfassung der wichtigsten Aussagen dar.

Diese Zusammenhänge geben die Reihenfolge der Planungsaktivitäten vor. Festschreibungen in einem Teilbereich bilden Rahmenbedingungen und Restriktionen für andere Bereiche. In einem mehrstufigen Erstellungsprozess müssen bereits fertiggestellte Teilpläne und –abschnitte des Planungsdokumentes regelmäßig überarbeitet werden und an neue Planfestschreibungen angepasst werden. Zusätzliche Komplexität ergibt sich aus dem Umstand, dass grundlegende Informationen und Rechercheergebnisse üblicherweise nicht in der optimalen Planungsreihenfolge vorliegen und meist bei neuen Informationen (z.B. Finanzierungszusagen, Angebote für Anlagen) die gesamte Planung überprüft und angepasst werden muss.

Zu Aufgabe 2:
Für die Planung einer Unternehmensgründung sind eine Reihe von Annahmen über den Markt und die zukünftige Entwicklung des neuen Unternehmens zu treffen. Eine realistische Planung kann daher nur aufgrund von möglichst vielen Informationen über das Umfeld des Unternehmens vorgenommen werden, aus denen diese Annahmen abgeleitet werden können. Die Ausführungen zu dieser Frage orientieren sich an der im Beitrag vorgestellten Mustergliederung.

Unternehmenskonzept und Gründerteam: Dabei sollten Informationen über Referenzfälle für das Konzept und ihren Erfolg eingeholt werden. Für die Identifikation von kritischen Erfolgsfaktoren sind umfassende Informationen über die Branche und das Umfeld notwendig. Wissen über mögliche Rechtsformen von Unternehmen und ihre Auswirkungen auf den Geschäftsbetrieb hilft bei der Entscheidung über die Rechtsform. Von Partnern und wichtigen neuen Mitarbeitern sind Lebensläufe und Informationen über Branchen-, Führungs- und Gründungserfahrung einzuholen.

Umsatzplanung: Die Abschätzung der zu erwartenden Umsätze ist eine wesentliche Aufgabe in der Gründungsplanung, da in der Regel die Umsatzplanung den Ausgangspunkt für die anderen Teilpläne bildet. Aus diesem Grund muss gerade hierbei sorgfältig recherchiert werden. Wesentliche notwendige Informationen betreffen das Absatzpotenzial und den Wettbewerb:

Absatzmarktanalyse:
- Größe der definierten Zielgruppe
- Interesse der Zielgruppe an der angebotenen Leistung / Nachfrage und Bedarf
- Abnahmemengen und -häufigkeit, Anforderungen an das Produkt
- Marktübliche Preise oder Zahlungsbereitschaft der Abnehmer
- Gewünschte Konditionen und Distributionswege
- Marktübliche Kommunikationsstrategien und ihre Wirkung

Wettbewerbsanalyse:
- Anzahl, Art und Marktanteile der Wettbewerber
- Leistungen, Konditionen und Distributionswege der Wettbewerber
- Kommunikationspolitik und Strategie der Wettbewerber

Einsatzplanung / Beschaffung: Hierbei sind vor allem Informationen über Finanzierung, Personal, Beschaffung der notwendigen Anlagen und anderer Produkte sowie Standortinformationen von Bedeutung.

Finanzierung:
- Möglichkeit der Inanspruchnahme von öffentlichen Fördermitteln
- Marktübersicht Venture Capital-Unternehmen
- Kontakte zu Business Angels
- Konditionen von Kreditinstituten

Personal:
- Angebot entsprechend qualifizierten Personals (nach Anforderungsprofil)
- Marktübliche Löhne und Gehälter
- Rechtliche Bestimmungen und Informationen über Sozialleistungen

Beschaffung:
- Bezugsquellen, Preise und Konditionen für Maschinen, Anlagen, Ausstattung, Möbel, Waren, Roh-, Hilfs- und Betriebsstoffe etc.

Standort:
- Informationen über die möglichen Standortalternativen
- Kosten, Zeit und Konditionen für Grunderwerb, Neubau, Miete, Pacht

Je nach Gründungsvorhaben und Vorwissen der Gründer können eine Reihe von weiteren Informationen z.B. über Patente, aktuelle und zukünftige technologische Entwicklungen usw. notwendig und wichtig sein.

Zu Aufgabe 3:

Bei einer Anpassung der Gründungsplanung an ein konkretes Vorhaben ist zunächst festzustellen, welches die wichtigsten Besonderheiten des Konzeptes sind. Dabei kann die Business Plan-Mustergliederung in diesem Beitrag als eine Art Checkliste dienen. Erste Überlegungen zu möglichen kritischen Erfolgsfaktoren sollten als wichtiger Schritt bereits zu Beginn der Planung angestellt werden. Dazu gehört vor allem die Identifikation möglicher Engpassfaktoren. Die Recherche- und Planungsaktivitäten sollten dann vor allem auf diese Aspekte konzentriert werden. Bei einer Bestätigung der getroffenen Vermutungen im Laufe der Gründungsplanung müssen diese Bereiche schließlich auch im Gründungsplandokument detailliert und umfassend berücksichtigt werden. Im Rahmen dieses Lösungsteils können nicht alle Aspekte des Beispielfalles „e-commerce" aufgeführt werden. Jedoch sollen hier einige Beispiele für Besonderheiten eines solchen Konzeptes gegeben werden, die Sie auf Grundlage der Ausführungen im Beitrag (Checkliste: Mustergliederung) selbst ergänzen können:

Entwicklungsgeschwindigkeit der Branche: Es verändern sich technische Möglichkeiten, Nutzergruppen und Anwendungen sowie Marktteilnehmer des Internets in erstaunlicher Geschwindigkeit. So besteht die Gefahr, dass der optimale Zeitpunkt für die Verwirklichung einer Idee verpasst wird und Chancen verspielt werden. Informationen über die Branche haben nur eine geringe Haltbarkeit. Daher sollte die Planung und Evaluation des Konzeptes möglichst sehr schnell geschehen. Auch ist die Vorhersage über relevante zukünftige Entwicklungen aufgrund der Dynamik des Marktes schwerer zu treffen als in anderen Branchen. Die Anforderungen an die Flexibilität und Sicherheit der Schätzungen sind aufgrund der größeren Unsicherheit über die Annahmen höher als bei anderen Gründungsplänen.

Konkurrenzsituation: Einige sehr erfolgreiche Vorbilder haben die Attraktivität der Branche gezeigt und eine große Anziehungskraft bewirkt. Es sind nicht nur vorhandene Konkurrenten (nicht nur online) zu beobachten, sondern auch potenzielle Nachahmer oder parallele Gründungen stellen eine Gefahr dar. Es hat sich gezeigt, dass in der Regel die schnelle Umsetzung des Konzeptes und eine rasche Marktdurchdringung wichtige kritische Erfolgsfaktoren darstellen. Dies erfordert einen relativ hohen Kapitalbedarf in der Gründungs- und Frühentwicklungsphase, der bei der Planung berücksichtigt werden muss. Eine Reihe von Internet Start-Ups sind aus diesem Grund Venture Capital finanziert. Für diese Finanzierungsart sind in der Regel hohe Anforderungen an den Gründungsplan zu stellen.

Innovation: Aus den bisherigen Überlegungen lässt sich ableiten, dass nur ein wirklich innovatives Konzept mit einem wirklichen Zusatznutzen für den Kunden eine realistische Erfolgschance hat. Das Konzept ist auf diesen Aspekt hin zu prüfen und das Besondere des Angebotes ist detailliert im Gründungsplan darzustellen. Ein innovatives Konzept führt zu einer weiteren Schwierigkeit: Die Abschätzung möglicher Umsatzpotenziale ist deutlich schwieriger, als bei traditionellen imitatorischen Gründungen, bei denen häufig Vergleichszahlen und Erfahrungswerte vorliegen.

Personalmarkt: Ein Engpassfaktor könnte im Bereich Personal liegen, da qualifizierte Kräfte aufgrund des außergewöhnlichen Wachstums der Internetmärkte nicht ausreichend zur Verfügung stehen.

III Gründungsformen

1 Wesen und Wege der Selbstständigkeit (Saßmannshausen)

Zu Aufgabe 1:
a) Hinweise zur Lösung finden Sie in:
Bümmerhoff (1994), Hilpert (1987) sowie oben in Kapitel IV.3

b) Unter den Richtlinien und Hinweisen zum § 18 EStG (R / H 142 ff.) finden sie den Hinweis H 146. In diesem Hinweis befindet sich ein Verweis auf die Richtlinie 134. Diese ist demnach auf den § 18 EStG analog anzuwenden. Das gleiche gilt dann für die zugehörigen Hinweise H 134 - H 134c.

Zu Aufgabe 2:
Im Fall MITS spricht gegen eine Kategorisierung als innovative Gründung die Tatsache, dass das Unternehmen keineswegs die Mikroprozessorentechnologie so weit entwickelt hat, dass der kostengünstige Bau von Personal Computern möglich wurde. Vielmehr profitierte MITS von den Basisinnovationen anderer Unternehmen. Dennoch handelt es sich bei MITS um eine innovative Gründung. Nach Schumpeter zeichnet sich ein Pionierunternehmer dadurch aus, dass er Innovationen zum Bestehen am Markt verhilft. Dabei unterscheidet Schumpeter fünf Formen der Innovation:
1. Neue Güter oder neue Qualitäten bekannter Güter.
2. Neue, noch nicht praktisch bekannte Produktions- oder Absatzmethoden.
3. Neue oder neu erschlossene Absatzmärkte.
4. Neue Bezugsquellen von Rohstoffen oder Halbfabrikaten.
5. Neue interne oder externe Organisationsstrukturen.

Eine Innovation kann also auch darin bestehen, eine *Invention*, also eine Erfindung, am Markt nutzbar und durchsetzbar zu machen. Diese innovative Leistung hat das Unternehmen erbracht. Für die Invention des Mikroprozessors wurde eine neue Anwendungsmöglichkeit gefunden und wurden entsprechende Produkte entwickelt und am Markt durchgesetzt.
  Bei Microsoft kann ebenfalls von einer innovativen Gründung gesprochen werden. Gates und Allen hatten erkannt, dass das neue Produkt von MITS, der PC, neue Nachfrage nach Zubehör, nämlich Software, schaffen wird. Erst mit einer solchen Software erschloss sich der volle Nutzen des PC für den Kunden. Dies ist ein Bei-

spiel dafür, dass Innovationen in komplementären Beziehungen zueinander stehen können – eine wichtige Ursache für die Entstehung von Clustern und Netzwerken in Technologiebranchen.

2 Die Wahl der Rechtsform
(Bischoff, Th.)

Zu Aufgabe 1:
Bei Aufgabe 1 kann davon ausgegangen werden, dass der Gründer mangels finanziell ausreichender Mittel eine Form für seine Tätigkeit bevorzugt, die keine Kosten der Gründung und kein gesetzliches Mindestkapital voraussetzt.

Ein nennenswertes Haftungsrisiko ist bei der angestrebten Gründung nicht ersichtlich. Er will weder langfristige Mietverträge noch Arbeitsverträge abschließen. Die geplante Tätigkeit kann nicht zu großen Haftungen gegenüber Kunden führen. Diese werden bei einer Schlechtleistung aller Wahrscheinlichkeit nach den Lohn nicht auszahlen. Darüber hinausgehende Schadensersatzansprüche sind aus Schlechtleistungen nur in geringem Umfange zu erwarten.

Da der Gründer keine Partner einbinden möchte und insoweit die Unternehmensleitung allein ausübt, wird man im vorliegenden Falle nicht empfehlen, eine GmbH zu gründen. Vielmehr wird der Gründer als Einzelunternehmer, hier als einfacher Gewerbetreibender, tätig werden. Er muss seine Tätigkeit also nur als Gewerbe anmelden. Eine Anmeldung zum Handelsregister als eingetragener Kaufmann erscheint nicht erforderlich, da der Gewerbetreibende bei den geworbenen Kunden und bei zukünftigen Kunden nur auf seine Person und nicht etwa auf eine zumindest nach außen größer erscheinende Firma hinweisen will.

Soweit das Vorhaben von 2 Gründern durchgeführt werden sollte, würde man aus den gleichen Gründen den Abschluss eines GbR-Vertrages empfehlen. Sollte sich im Nachhinein die Unzuverlässigkeit eines Partners herausstellen, so könnte der GbR-Vertrag nach dem Gesetz grundsätzlich jederzeit gekündigt werden. Die Kundenverträge würden im Zuge der Liquidation ebenfalls kurzfristig gekündigt und der zuverlässige Partner könnte versuchen, diese Kundenverträge – mit deren Einverständnis – auf sich persönlich als Einzelunternehmer umzuschreiben.

Zu Aufgabe 2:
Bei Aufgabe 2 wollen die Gründer eine erhebliche Marketingaktion durchführen. Auch aus anderen Gründen benötigen sie Kapital. Hierfür haben sie ein der GmbH oder sogar der AG entsprechendes Stamm- bzw. Grundkapital aufzubringen, was die Gründung einer Kapitalgesellschaft anders als im ersten Falle nicht ausschließt.

Zudem kann auf die Gründer ein erhebliches Haftungsrisiko zukommen. Wenn infolge eines Programmfehlers ein mehrtägiger Produktionsausfall eintritt, so kann dieser in jedem Falle zur Insolvenz beider Gründer führen, soweit diese mit ihrem Privatvermögen haften.

Bereits diese Punkte sprechen für die Gründung einer Kapitalgesellschaft. Da das Gründungsvorhaben finanziert werden muss und die Gründer privat über unterschiedlich großes Vermögen verfügen, würde im vorliegenden Falle angeregt, dass jeder Gründer die erforderlichen 50.000 Euro persönlich finanziert und für das Gründungsvorhaben als Kapital der Kapitalgesellschaft zur Verfügung stellt. Würde abweichend nur das gesetzlich notwendige Kapital von 12.500 Euro zur Verfügung gestellt und der Restbetrag von der Gesellschaft als Darlehn aufgenommen, so würde die Bank im Regelfall die fehlenden 75.000 Euro durch beide Gesellschafter verbürgen lassen. In der Praxis würde dies im Insolvenzfalle zu einer Inanspruchnahme des über Grundbesitz verfügenden Gesellschafters führen. Bei meinem Vorschlag würde der vermögende Gesellschafter aber nur seine Einlage von 50.000 Euro verlieren, was eine klare Risikoreduktion bedeutet. Da die Gründer weder die Beteiligung von weiteren Geldgebern in der Zukunft benötigen, noch andere Personen in ihre Tätigkeit – z.B. als Aufsichtsräte – einbinden wollen, erscheint die GmbH für die Gründer als die richtige Rechtsform.

Gewerbesteuerlich lassen sich bei dieser Lösung noch Vorteile finden, die gemäß der unter Kapitel VII.1 dargestellten Lösung erreicht werden können.

Zu Aufgabe 3:
Aufgrund der Vorgabe kann von dem Gründer nur eine Aktiengesellschaft gegründet werden, da nur diese zu dem späteren Zeitpunkt an der Börse zugelassen werden kann. Die damit verbundenen höheren Kosten muss und will der Gründer in Kauf nehmen. Da Gesellschaften, die nach dem Start schnellstmöglich an die Börse wollen, einem hohen Insolvenzrisiko ausgesetzt sind, wenn der Börsengang scheitert (die Kosten des Börsenganges liegen bei ca. 2 Mio. Euro), ist durch diese Rechtsform auch eine Haftungsbeschränkung auf die eingesetzten Mittel erreicht. Die Alternative GmbH-Gründung und spätere Umwandlung in eine AG scheint im vorliegenden Falle unzweckmäßig, weil diese nicht nur mehr Geld kostet, als die direkte Gründung, sondern weil zudem die Umwandlung auch noch einiges an Zeit in Anspruch nimmt und gerade dieser zeitliche Aufwand einem schnellen Börsengang entgegensteht. Zudem lässt sich die gewünschte Mitarbeiterbeteiligung bei einer AG besser umsetzen als bei einer GmbH, da die Beteiligung an der GmbH nur notariell erfolgen kann, wohingegen die Übertragung von Aktien ohne Notar möglich ist. Zudem ist die AG wegen ihrer nicht personalistischen Struktur und der Einräumung von stimmrechtslosen Vorzugsaktien für eine Mitarbeiterbeteiligung besser geeignet als die GmbH.

3 Unternehmenskauf durch MBO / MBI
(Kasperzak)

Zu Aufgabe 1:
Hauptmotive aus Verkäufersicht
- Lösung von Nachfolgeproblemen
- Konzentration auf Kernkompetenzen
- Erzielung hoher Verkaufspreise

Hauptmotive aus Käufersicht
- Übernahme einer gewachsenen Organisationsstruktur
- Nutzen von Informationsvorsprüngen
- Erlangung der unternehmerischen Selbständigkeit
- Erlangung von Vermögensvorteilen

Zu Aufgabe 2:

Die besondere Bewertungsproblematik liegt insbesondere in der Art der Kaufpreisfinanzierung begründet. Der Einsatz eines hohen Anteils von fremden Mitteln bringt eine hohe Zins- und Tilgungsbelastung in den ersten Perioden nach dem Erwerb mit sich. Dies prägt die Zahlungsstromcharakteristik in dieser frühen Phase. Daher erscheint es grundsätzlich geboten, die Bewertung anhand eines Phasenmodells, das den Planungshorizont spezifiziert, durchzuführen. Da die hohe Verschuldung und die daraus resultierenden steuerlichen Vorteile oftmals eine Triebfeder für die Durchführung eines MBO / MBI sind, ist es für die Manager zudem wichtig, genaue Informationen über den Wert der steuerlichen Vorteile zu erhalten. Diese Überlegung führt zum APV-Ansatz, der durch eine komponentenweise Zerlegung des Unternehmenswertes charakterisiert ist. Gegenüber dem WACC-Ansatz bietet der APV-Ansatz darüber hinaus den Vorteil, dass die Fremdkapitalbestände als fixiert unterstellt werden. Diese Annahme dürfte der vertraglich fixierten Entschuldungsstrategie einer MBO / MBI-Transaktion weitaus stärker entgegen kommen als die schwankenden Fremdkapitalbestände im Rahmen des WACC-Ansatzes.

Zu Aufgabe 3:

Zunächst soll, der Methodik des APV-Ansatzes folgend, der Wert des Unternehmens bei fingierter reiner Eigenfinanzierung V_U berechnet werden. Dieser Wert berechnet sich wie folgt:

$$V_U = \frac{100 \cdot (1-0,5)}{1,14} + \frac{250 \cdot (1-0,5)}{1,14^2} + \frac{280 \cdot (1-0,5)}{1,14^3} + \frac{280 \cdot (1-0,5)}{0,14 \cdot (1,14)^3}$$

$V_U = 910\,\text{GE}.$

Nun sind die steuerlichen Vorteile zu quantifizieren. Symbolisiert TS das Tax Shield, berechnet sich der Barwert der Steuervorteile nach

$$TS = \frac{0,06 \cdot 0,5 \cdot 1000}{1,06} + \frac{0,06 \cdot 0,5 \cdot 850}{1,06^2} + \frac{0,06 \cdot 0,5 \cdot 650}{1,06^3} + \frac{0,06 \cdot 0,5 \cdot 500}{0,06 \cdot (1,06)^3}$$

$TS = 277\,\text{GE}.$

Der Unternehmensgesamtwert als Summe der Teilkomponenten V_U und TS beträgt somit 1.187 GE. Setzt man davon den Marktwert des Fremdkapitals zum Bewertungszeitpunkt in Höhe von 1.000 GE ab, resultiert daraus der Marktwert des Eigenkapitals in Höhe von 187 GE.

IV Gründungsfinanzierung

1 Finanzierungsplanung
(Nelles / Rocke)

Zu Aufgabe 1:

Jahr	2001	2002	2003	2004	2005
Marktvolumen					
Produkt A	50.000.000 E	55.000.000 E	60.500.000 E	66.550.000 E	73.205.000 E
Produkt B	00.000.000 C	33.000.000 E	37.632.000 E	42.147.840 E	47.205.581 E
Produkt C	100.000.000 E	115.000.000 E	132.250.000 E	152.087.500 E	174.900.625 E
Marktanteil					
Produkt A	2%	4%	6%	8%	10%
Produkt B	4%	6%	8%	10%	12%
Produkt C	3%	5%	7%	9%	11%
Umsatz					
Produkt A	1.000.000 E	2.200.000 E	3.630.000 E	5.324.000 E	7.320.500 E
Produkt B	1.200.000 E	2.016.000 E	3.010.560 E	4.214.784 E	5.664.670 E
Produkt C	3.000.000 E	5.750.000 E	9.257.500 E	13.687.875 E	19.239.069 E
Gesamtumsatz	**5.200.000 E**	**9.966.000 E**	**15.898.060 E**	**23.226.659 E**	**32.224.238 E**

Zu Aufgabe 2:
In der Gründungsphase sind Unternehmen stärker als in anderen Lebensphasen von nicht monetären externen Faktoren wie beispielsweise Management-Know-how, Erfahrung und Kontakten bzw. Netzwerken abhängig. Diese werden von Fremdkapitalgebern aus verschiedenen Gründen i.d.R. nicht zur Verfügung gestellt. Im Gegensatz dazu wird ein Eigenkapitalgeber aufgrund der Abhängigkeit seiner Rendite vom unternehmerischen Erfolg eher bereit und fähig sein, die oben genannten Leistungen in das Unternehmen einzubringen.

2 Eigenfinanzierung durch Venture Capital
(Nathusius)

Zu Aufgabe 1:
Neugegründete Technologieunternehmen haben zunächst neben dem gründungsspezifischen Aufwand primär Produktentwicklungs- und Markteinführungsaufgaben zu leisten. Diese Aufgaben führen zu z.T. erheblichen Anlaufverlusten, die nur durch Eigenkapital oder Eigenkapitalsurrogate gedeckt werden können. Dabei spielt neben den spezifischen Funktionen des Eigenkapitals und des Fremdkapitals in den Entwicklungsstufen von Unternehmen auch die Vermeidung der Überschuldungssituation des Gründungsunternehmens eine Rolle.

Die den Gründern zur Verfügung stehenden eigenen finanziellen Mittel sind typischerweise beschränkt, so dass eine Einwerbung von Eigenkapital von externen

Eigenkapitalgebern notwendig ist. Ergänzend zu Eigenkapitalmitteln können in dieser Phase auch Mezzanine Finanzierungsinstrumente zum Einsatz kommen.

Mit fortschreitendem Entwicklungsstand des neugegründeten Unternehmens werden die Finanzbedarfe auch zunehmend durch Investitionen in die Fertigungsanlagen, in die Logistik und in die Betriebs- und Geschäftsausstattung sowie auch durch steigenden Betriebsmittelbedarf durch zunehmende Umsatztätigkeit im Markt gekennzeichnet. Dies sind Finanzbedarfe, die banküblich mit Fremdkapital (Kreditfinanzierung, Leasing, Factoring etc.) gedeckt werden können.

In der Frühphase des Gründungsunternehmens ist die Fähigkeit, aus dem operativen Cash Flow des Gründungsunternehmens den Kapitaldienst zu erbringen, nicht gegeben. Diese ergibt sich erst mit der zunehmenden Geschäftätigkeit des jungen Unternehmens im Markt und dem daraus generierten Cash Flow. Ab welchem Zeitpunkt ein Gründungsunternehmen in der Lage ist, aus dem Cash Flow nicht nur den variablen und fixen Kostenapparat zu decken sondern auch noch den Kapitaldienst zu leisten, zeigt eine detaillierte Liquiditätsplanung.

Zu Aufgabe 2:

Venture Capital	*Kreditfinanzierung*
voll haftend (Gesellschafterrechte)	nicht haftend (Gläubigerrechte)
zinsfrei (Ziel: Wertzuwachs der Anteile)	zu verzinsen (Ziel: laufende Bedienung)
tilgungsfrei	zu tilgen
unbefristet	befristet
für Geschäftsführung frei verfügbar	für Geschäftsführung nicht frei verfügbar
Value Adding durch Finanzier	kein Value Adding durch Finanzier

Zu Aufgabe 3:

Merkmale	Vorteilhaftigkeit
– Schwerpunkt: wissensbasiert (nicht anlagen- / investitionsbasiert)	plus
– Schnelligkeit in der Markteinführung entscheidend (time-to market)	plus
– Marktzutrittsschranken niedrig	minus
– großer potenzieller (latenter) Wettbewerb (Innovationen u. viele Imitationen)	neutral
– Unternehmenskultur hoch-flexibel und „porös" zur Umwelt	plus
– Unternehmen offen für Kooperationen und Akquisitionen	plus
– Gründer-Teams: „High Potentials" und erfahrene Manager	plus
– Venture Capital sorgt für Beschleunigung: Kosten der Produktentwicklung und der Markteinführung nicht limitiert, Netzwerke und Value Adding durch Finanziers	plus
– Exit-Kanäle und attraktive Bewertungen (z.Zt.) gegeben	plus

3 Private Risikoübernahmen durch Business Angels
(Haps)

Lösung / Bewertung

Nur wenige Geschäftsideen werden einen Investor überzeugen können. Es ist besser, sich entsprechend selbstkritisch zu prüfen und gegebenenfalls das Vorhaben abzubrechen und sich unnötigen Aufwand zu ersparen.

Erreichte Gesamtpunktzahl	< 30	30 – 35	>35
Kommentar	Das Vorhaben weist an mehreren Stellen deutliche Defizite auf. Offensichtliche Fehleinschätzung des Vorhabens.	Das Vorhaben besitzt Substanz, benötigt aber noch etwas Zeit.	Das Vorhaben ist überzeugend.
Empfehlung	Vorhaben überdenken; Vorhaben nicht weiterverfolgen oder konstruktive Partner zu Rate ziehen.	Defizite ausgleichen, detaillierte Recherchen durchführen, Gespräche mit mehreren Business Angels durchführen.	Für die Argumente der Investoren offen sein; Bereitschaft Vorhaben zu korrigieren. Auswahl von mehreren Investoren prüfen.

V Gründungsmarketing

1 Markt- und Konkurrentenanalysen als Instrumente des Gründungsmarketing
(Faix)

Zu Aufgabe 1:
Bei der Abgrenzung des relevanten Marktes ist unter dem Aspekt der Ähnlichkeit der Leistungen zunächst an existierende Unternehmen als Wettbewerber zu denken, die bereits über das Internet Finanzinformationen anbieten. Unter Berücksichtigung der anvisierten Zielgruppen ist näher zu untersuchen, ob diese Anbieter die gleichen Abnehmer ansprechen und diese die einzelnen Leistungsangebote auch tatsächlich als austauschbar ansehen. Mögliche Substitutionskonkurrenz kann sich aufgrund der (zumindest partiell) gleichen Bedürfnisbefriedigung z.B. zu Tageszeitungen, Fernseh- und Radioprogrammen mit entsprechenden Nachrichtenangeboten ergeben. Potenzielle Wettbewerber können u.a. Unternehmen des Finanzdienstleistungssektors (Banken, Versicherungen etc.) sein, die über Finanz- und Wirtschaftsinformationen verfügen und entsprechende Internetangebote einrichten bzw. ihre bestehenden Internetangebote erweitern; dabei kann es sich auch um Lieferanten für das zu gründende Unternehmen handeln, für die womöglich eine Vorwärtsintegration interessant ist. Analog sind Abnehmer als Kandidaten für eine Rückwärtsintegration in Betracht zu ziehen. Zudem können potenzielle Konkurrenten u.a. auch Unternehmen

sein, die im Internet gegenwärtig andere Informationsinhalte (z.B. politische Nachrichten) offerieren, aber ihre Angebote womöglich um Finanzdaten erweitern.

Im Rahmen des Markteintritts des neuen Unternehmens sind die verschiedenen Marktzugangsbarrieren sowie die möglichen Konkurrentenreaktionen zu beachten. Wichtige Barrieren resultieren z.B. aus den bestehenden Beziehungen der Konkurrenten zu ihren Abnehmern, die von einem Newcomer – etwa durch das Angebot besonderer Nutzenvorteile – zunächst durchbrochen werden müssen. Die Intensität der Konkurrentenreaktionen ist hoch, wenn die Wettbewerber durch den Eintritt unter starken Druck gesetzt werden (z.B. bei einem geringen Marktwachstum) oder Chancen in lukrativen Marktsegmenten nicht nutzen können.

Zu Aufgabe 2:
Bei der Analyse der Abnehmer sind zunächst die Bedürfnisse zu präzisieren, die auf der Nachfragerseite befriedigt werden sollen. Während bei Privatkunden vor allem an die Verbesserung der Einkommens- und Vermögenssituation, unter Umständen aber z.B. auch an die Profilierung der Nutzer der Finanzinformationen im sozialen Umfeld (als Meinungsführer u.ä.) zu denken ist, werden für Geschäftskunden, die im Regelfall höhere Ansprüche an den Umfang und die Qualität des Informationsangebotes stellen, in erster Linie Gewinnmotive maßgeblich sein. Im Hinblick auf die Verhaltensweisen der Abnehmer interessieren jeweils u.a. die (für möglich gehaltenen und tatsächlichen) Zeiten und Dauern der entsprechenden Informationsnutzung, die bestehenden Preisbereitschaften und konkreten Leistungsanforderungen (z.B. im Hinblick auf verschiedene Wertpapierkenngrößen, die Einbeziehung ausländischer Börsen) oder auch die allgemein genutzten Medien (als Basis für die kommunikative Ansprache der Zielgruppe). Die Segmentierung der Abnehmer anhand ihres Verhaltens ist aufgrund des recht hohen Erhebungsaufwandes bzw. der unzureichenden Informationsgrundlagen in jungen Märkten problematisch. Psychographische Merkmale wie z.B. Einstellungen der Abnehmer lassen sich – vor allem bei spezieller Bezugnahme auf das fragliche Produkt – ebenfalls nur aufwändig ermitteln; womöglich sind aber allgemeinere Angaben (z.B. die Einstellungen der Nutzer gegenüber dem Internet) bereits ausreichend. Sozioökonomische Kriterien wie „Alter", „Einkommen" oder die Ausstattung von Haushalten (im Falle von Privatkunden) mit internetfähigen PC stellen vielfach einen wirtschaftlich vertretbaren Weg zu einer kaufverhaltensrelevanten Einteilung dar. Oft lassen sich mit sozioökonomischen Merkmalen auch die Innovatoren unter den Abnehmern aussagekräftig beschreiben. Die Segmentierung von Geschäftskunden erfolgt zweckmäßigerweise zweistufig: Während in einer ersten Stufe bspw. zwischen Unternehmen aus verschiedenen Teilmärkten des Finanzsektors oder auch größeren und kleineren Unternehmen unterschieden werden kann, werden auf einer zweiten Ebene etwa Ansprechpartner im Unternehmen mit gleichartiger Ausbildung zu homogenen Gruppen zusammengefasst.

Die fragliche Differenzierungsstrategie kann gegen die Rivalität unter den etablierten Konkurrenten und die Gefahr des Markteintritts neuer Wettbewerber schützen, wenn das spezielle Angebot (aktuelle, schnell verfügbare Informationen) Wettbewerbsvorteile bzw. eine hohe Kundenbindung erzeugt, die von Dritten schwierig zu überwinden ist. Die aufgrund der Leistungsbesonderheiten durchsetzbaren (und die Verringerung der Abnehmermacht anzeigenden) höheren Preise steigern dabei die Erträge, sofern die Kosten, die z.B. für die erforderlichen technologischen und organisatorischen Maßnahmen aufzubringen sind, nicht gleichermaßen zunehmen. Der gewonnene Spielraum zur weiteren Angebotsverbesserung lässt sich dazu nutzen, die Position gegenüber Ersatzprodukten (wie z.B. Fernsehprogrammen mit ausführlichen Finanznachrichten) durch günstigere Preis-Leistungs-Verhältnisse zu stärken. Insgesamt kann die gute Marktposition auch die Stellung gegenüber Lieferanten (z.B. Agenturen, die Informationsinhalte zur Verfügung stellen) verbessern.

Zu Aufgabe 3:
Der relevante Konkurrent wird als Reaktion auf den Eintritt des neuen Unternehmens womöglich den Konzentrationsansatz aufgeben und sein Angebot auf den Gesamtmarkt ausdehnen, also mittels einer Differenzierungsstrategie alle (oder einen großen Teil der) in Betracht kommenden Nachfragergruppen ansprechen. Die Wahrscheinlichkeit dieser Veränderung ist umso höher, je stärker der Wettbewerber den Markteintritt als Bedrohung seiner Position im Segment der Tageszeitungen sowie als potenzielle Gefährdung seiner Wachstumsziele und Stellung als Technologieführer empfindet; angesichts der überlegenen finanziellen und technologischen Ressourcen des Unternehmens könnte eine Reaktion mit großer Intensität erfolgen. Die aufgrund der Fähigkeiten des Konkurrenten prinzipiell gegebene weitere Option eines Wechsels zu einer umfassenden oder auch nur gegenüber wenigen Segmenten ausgespielten Kostenführerschaft scheint dagegen weniger wahrscheinlich, da der wettbewerbsstrategische Grundansatz vollständig ausgewechselt werden müsste und die Vorteile aus der besonderen Stellung bei der bisherigen Kundengruppe verloren gingen. Eine zentrale Schlussfolgerung für die Planung Ihres Unternehmens besteht darin, eine strategische Provokation des Konkurrenten zu vermeiden, indem das von diesem bediente Segment als Zielgruppe ausgespart bzw. nicht aggressiv bearbeitet wird.

2 Standortwahl: Unternehmerische Handlungsfelder, Standortfaktoren und Standortverbünde
(Fallgatter)

Zu Aufgabe 1:
Berücksichtigen Sie bei der Beantwortung insbesondere die Überlegungen aus Kapitel 2.2. Erläutern Sie zunächst die Besonderheiten einer kostenorientierten Standortanalyse. Als Beispiele liegen vor allem Unternehmungen bzw. Unternehmungsgründungen aus dem Speditionsgewerbe oder produzierende Unternehmungen nahe.

Zu Aufgabe 2:
Achten Sie bei der Beantwortung vor allem auf Kapitel 2.3. Gehen Sie kurz auf die Wirkung neuer Medien und Technologien für einzelne Branchen ein, bevor Sie die dem entgegenstehenden Agglomerationseffekte von Standortverbünden erläutern. Als Produktivitätsvorteile von Standortverbünden lassen sich vor allem die intensive

Konkurrenzsituation oder auch der unmittelbare Lieferanten- und Kundenkontakt anführen.

Zu Aufgabe 3:
Legen Sie Ihrer Beantwortung Kapitel 2.2 zugrunde. Für eine Zahnarztpraxis und vor allem einen Systemgastronomiebetrieb liegen ertragsorientierte Standortüberlegungen nahe, während Unternehmungsgründungen im Bereich Softwareentwicklung mehrheitlich kostenorientierte Kriterien heranziehen werden.

3 Marketing für Unternehmen in der Gründungsphase
(Koppelmann)

Zu Aufgabe 1:
Die Austauschbeziehungen (Interaktionsbeziehungen) lassen sich als ein System von Input- / Outputprozessen beschreiben, wobei die Outputprozesse die Inputprozesse definieren. Die begrenzte Prognosemöglichkeit der Reaktionen der Marktpartner beeinflusst das Marktrisiko. Die folgende Übersicht enthält einige Austausch-Objekte:

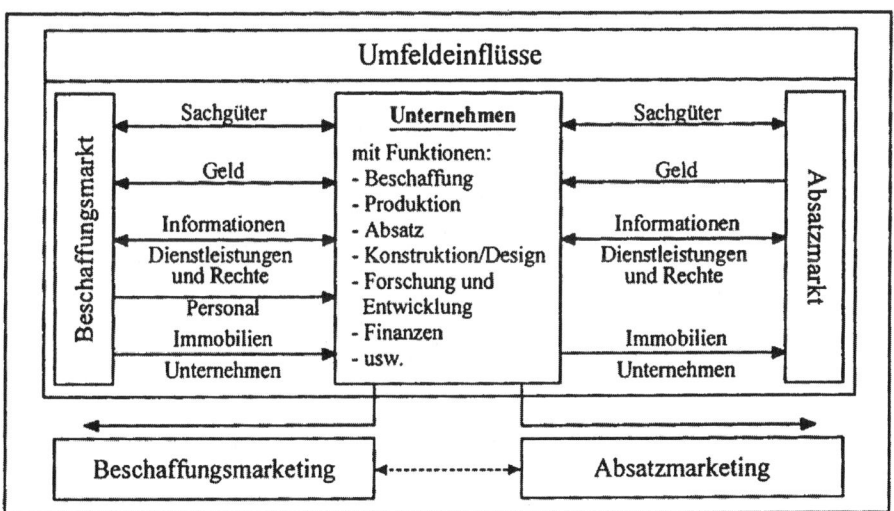

Zu Aufgabe 2:
Aus der folgenden Übersicht ergeben sich Zuordnungen der Profilierungsstrategien zu den Produktzielen:

Produktprofilierungsstrategien / Produktziele	Kostenführer-schaftsstrategie	Kognitions-strategie	Gute Partner-schaftsstrategie	technische Faszi-nationsstrategie	ästhetische Faszi-nationsstrategie
Billige Massenprodukte	x				
Exklusive Spitzenprodukte					x
Intelligente Spitzenprodukte		x		x	
Solide Produkte		x	x		
Gängige Produkte	x				
Pionierprodukte		x		x	x
Me-too-Produkte	x				
Designorientierte Produkte					x
Spezialitäten		x			

4 Patente und Patentverträge als Wettbewerbsparameter (Kloyer)

Zu Aufgabe 1:
F&E-Abnehmer sind wegen der aus hidden characteristics, hidden action und hidden information resultierenden Gefahr opportunistischen Verhaltens des F&E-Anbieters nicht bereit, schon in einer frühen Innovationsprozessphase eine kontinuierliche Beteiligung des Anbieters am Innovationsertrag zu vereinbaren.

Zu Aufgabe 2:
Durch die Lizenzgebühren wird der F&E-Anbieter am Innovationsertrag kontinuierlich beteiligt. Allerdings ist die Höhe seines Anteils dabei festgeschrieben. Je größer die Zeitspanne zwischen der Vertragsunterzeichnung und der Markteinführung des Endprodukts ist, desto eher kann sich der vereinbarte Anteil aus der Perspektive des Anbieters später als nicht zufriedenstellend erweisen. Die Rendite des Lizenznehmers kann dann deutlich über den angenommenen Werten liegen, weil ein höher als prognostiziert ausfallendes Marktvolumen nicht erwartete Economies of Scale ermöglicht. Deshalb sollte ein Patentlizenzvertrag die Option auf eine Neuverhandlung der Lizenzgebühr beinhalten. Um in einer Neuverhandlung hinreichenden Einfluss nehmen zu können, sind flankierende Maßnahmen erforderlich.

Zu Aufgabe 3:

Auf vielfältige Weise wirken die ursprüngliche Erfindung einzäunende Patente: Sie erschweren dem Lizenznehmer die Umgehung des ursprünglichen Patents durch eigene F&E-Aktivitäten oder den Bezug von einem alternativen F&E-Anbieter, und sie können die Herausbildung von Wettbewerbsspielregeln in der präparadigmatischen Phase der Entwicklung einer Branche derart beeinflussen, dass die Nachfrage nach Know-how des Lizenzgebers zunimmt. Wirksam kann auch eine Regelung sein, nach der der Lizenzgeber neben dem Abnehmer gleichberechtigter Miteigentümer jenes schützbaren Know-hows wird, das der Abnehmer im weiteren Verlauf des Innovationsprozesses aufbaut und das unabdingbare Voraussetzung für eine weiterhin erfolgreiche Produktion und Vermarktung des Endprodukts ist. Einfluss haben auch einige der klassischen, in der Transaktionskostentheorie genannten Instrumente, wie z.B. Unterpfänder bzw. partnerspezifische Investitionen des Abnehmers oder Konventionalstrafen. Sofern der Abnehmer bereit ist, sie abzuschreiben bzw. zu bezahlen, können sie dem Anbieter allerdings keinen Einfluss bei Neuverhandlungen verschaffen. Ein Lizenzgeber kann seine Verhandlungsmacht auch dadurch ausbauen, dass er sich vertraglich Möglichkeiten des Einblicks in das Management der nachfolgenden Innovationsprozessstufen zusichern lässt. Dadurch kann er sich zu einem potenziellen direkten Konkurrenten seines Lizenznehmers entwickeln.

Eine starke Wirkung auf die Entwicklung der Verhandlungsposition hat auch die Wahl zwischen ausschließlicher und einfacher Lizenz. Auch ein neu gegründeter F&E-Anbieter, der nicht über die für die Produktion und Vermarktung eines Endprodukts erforderlichen Ressourcen verfügt, sollte berücksichtigen, dass durch die Vergabe einer einfachen Lizenz die Möglichkeit besteht, weitere Lizenzen zu vergeben, und somit spätere Neuverhandlungen durch den Verweis auf alternative Lizenznehmer im eigenen Sinne beeinflusst werden können.

VI Personalwirtschaft im Gründungskontext

1 Der Gründer als Arbeitgeber: Rechte und Pflichten im Arbeitsverhältnis (Pietzko)

Zu Aufgabe 1:

Nein, hierbei handelt es sich um eine arbeitsvertragswidrige Verhaltensweise. Ein Arbeitnehmer, der erkrankt, ist verpflichtet, seinen Arbeitgeber hiervon unverzüglich zu unterrichten. „Unverzüglich" bedeutet: ohne schuldhaftes Zögern. D.h. der Arbeitnehmer muss, sobald feststeht, dass er aufgrund seines beeinträchtigten Gesundheitszustands seine Arbeitsleistung nicht erbringen bzw. seinen Arbeitsplatz nicht aufsuchen kann, seinen Arbeitgeber hierüber schnellstmöglich, z.B. durch einen Telefonanruf, informieren oder durch Familienmitglieder etc. informieren lassen. Unabhängig davon ist der Arbeitnehmer kraft Gesetzes verpflichtet, spätestens ab dem dritten Kalendertag seiner Erkrankung eine ärztliche Bescheinigung über seine Arbeitsunfähigkeit vorzulegen. Anderenfalls berechtigt das Verhalten des Arbeitnehmers den Arbeitgeber zur Abmahnung. Insbesondere im Wiederholungsfall (nach vorheriger Abmahnung) käme auch eine Kündigung in Betracht.

Zu Aufgabe 2:
Dies hängt davon ab, ob in dem Betrieb den Mitarbeitern persönliche Telefonate gestattet sind oder nicht. Darf die betriebliche Telefonanlage ausschließlich zu betrieblichen Zwecken genutzt werden, ist eine derartige Kontrolle der Telefonate möglich. Besteht eine Genehmigung, im Betrieb auch persönliche Telefonate zu führen, käme aus Gründen des Persönlichkeitsschutzes allenfalls die Protokollierung der ersten Ziffern der angerufenen Personen oder Unternehmen in Betracht.

Zu Aufgabe 3:
Grundsätzlich schuldet ein Arbeitnehmer nur die arbeits- oder tarifvertraglich vorgesehene Arbeitszeit. Er kann deshalb – falls der Arbeitsvertrag keine abweichende Regelung vorsieht – außerhalb seiner Arbeitszeit einer Nebentätigkeit nachgehen. Allerdings wird die arbeitsrechtlich zulässige Grenze für eine Nebentätigkeit überschritten, wenn der Arbeitnehmer durch seine Nebentätigkeit die ordnungsgemäße Erbringung seiner sonstigen Arbeitsleistung gefährdet. Dies wäre im vorliegenden Fall anzunehmen, da einem übernächtigten Mitarbeiter bei der Eingabe der Kassenbeträge voraussichtlich zusätzliche Fehler unterlaufen werden.

2 Rechtliche Rahmenbedingungen der Personalpolitik in jungen Unternehmen (Backes-Gellner / Kay)

Zu Aufgabe 1:
Das Betriebsverfassungsgesetz kommt zur Anwendung, wenn im wesentlichen zwei Voraussetzungen erfüllt sind. Erstens müssen in dem Betrieb mindestens fünf Arbeitnehmer dauerhaft beschäftigt sein, wobei Gesellschafter, mithelfende Familienangehörige und leitende Angestellte nicht mitgezählt werden. Dann steht den Arbeitnehmern nach dem Betriebsverfassungsgesetz das unverweigerliche Recht zu, einen Betriebsrat zu wählen. Die zweite Voraussetzung besteht darin, dass die Arbeitnehmer ihr Wahlrecht tatsächlich in Anspruch nehmen und die Wahl eines Betriebsrates initiieren und erfolgreich durchführen.

Zu Aufgabe 2:
Die Kündigungsfristen nach BGB geben vor, innerhalb welchen Zeitraumes ein unbefristetes Arbeitsverhältnis beendet werden kann. Sie hängen von der Dauer des Arbeitsverhältnisses ab und nehmen schrittweise mit der Dauer zu. So kann das Arbeitsverhältnis, wenn es noch keine zwei Jahre bestanden hat, mit einer Frist von vier Wochen zum 15. oder zum Ende eines Monats gekündigt werden. Befindet sich der Arbeitnehmer noch in der Probezeit (maximal sechs Monate), kann mit einer Frist von zwei Wochen gekündigt werden. Das Kündigungsschutzgesetz soll den Arbeitnehmer nicht grundsätzlich vor einer Kündigung schützen, sondern einen Schutz vor willkürlichen Kündigungen bieten, indem die Wirksamkeit der Kündigung an das Vorliegen bestimmter Gründe geknüpft wird. Solche Gründe können in der Person und dem Verhalten des Arbeitnehmers liegen oder in dringenden betrieblichen Erfordernissen. Kommen bei der sogenannten betriebsbedingten Kündigung mehrere Arbeitnehmer in Frage, sind bei der Auswahl soziale Aspekte zu be-

rücksichtigen. Das Kündigungsschutzgesetz gilt jedoch nur, wenn folgende zwei Bedingungen gleichermaßen erfüllt sind: Erstens muss der Betrieb regelmäßig mehr als fünf Arbeitnehmer beschäftigen. Und zweitens muss der Arbeitnehmer bereits länger als ein halbes Jahr in dem Unternehmen beschäftigt sein.

Zu Aufgabe 3:
Sonderregelungen im Zusammenhang mit der Entgeltfortzahlung gelten für Unternehmen mit maximal 20 Arbeitnehmern. Diese Sonderregelungen sehen vor, dass den betroffenen Unternehmen 80% der mit der Entgeltfortzahlung verbundenen Kosten von der zuständigen Krankenkasse erstattet werden. Diese Mittel werden jedoch nicht von der Krankenkasse und somit allen Beitragszahlern zur Verfügung gestellt, sondern durch eine Umlage der an diesem Ausgleich beteiligten Unternehmen aufgebracht.

3 Führung in wachsenden Unternehmen
   (Volkmann)

Zu Aufgabe 1:
a) Wesentliche charakteristische Merkmale eines wachsenden Unternehmens sind:
   – zunehmende Komplexität des Unternehmens, z.B. verursacht durch einen größeren Kundenkreis, neue Absatzmärkte / Standorte, erhöhten Personalbestand
   – wachsende Dynamik im Unternehmen, insbesondere in schnell wachsenden Branchen
   – Einführung einfacher Organisationsstrukturen und formaler Regeln
   – durch die Organisationsstruktur und Regeln bedingt, werden die Informations- und Kommunikationsprozesse formaler und unpersönlicher
   – vermehrter Ressourceneinsatz (z.B. Personal, Finanzmittel) aufgrund des Umsatzwachstums erforderlich
   – zur Anpassung an den erhöhten Personalbestand werden veränderte Führungsstile und Führungsstrukturen notwendig
   – der erhöhte Finanzbedarf ist in der Regel mit einem Bedarf an zusätzlichen Finanzierungsformen (Eigen- und Fremdfinanzierungsformen) verbunden
   – das Unternehmen wächst in eine strategische Dimension. Dies erfordert den Einsatz strategischer Planungs- und Kontrollsysteme sowie den Aufbau eines Controlling-Bereiches.

b) Wesentliche Chancen und Risiken, die für die Unternehmensführung in der Wachstumsphase bestehen können, sind:

Chancen	Risiken
– Positive Auswirkungen durch Umsatz- und Ertragswachstum auf die Motivation der Mitarbeiter (insbesondere bei variablen Vergütungssystemen) – Stabilisierung und Systematisierung durch Organisation – Schaffung von Freiräumen für den Unternehmer / die Führungsspitze durch Delegation von Kompetenzen und Verantwortung	– Stagnation durch die Schaffung eines zu hohen Maßes an Stabilität und starren Strukturen – Finanzierung des Wachstums ist nicht gesichert; Kosten steigen überproportional zum Umsatz- und Ertragswachstum – Mitarbeiter sind in der erforderlichen Qualität zur Erreichung des Wachstums nicht verfügbar – Investition in neue Geschäftsfelder; laterale Diversifikation – Überlastung und Überforderung der Führung

Zu Aufgabe 2:
Typische von den Lebensphasen eines Unternehmens unabhängige Eigenschaften der Führung in der Wachstumsphase:
– fachliches Können des Unternehmers bzw. der Führungspersönlichkeit,
– Einheit von Person und Aufgabe, d.h. die Führungskräfte identifizieren sich voll mit ihrer Arbeit und ihrem Unternehmen und fühlen sich voll verantwortlich, sowie
– Vitalität und Ausdauer, d.h. die unerschöpfliche Energie und Leistungsfähigkeit sowie das erforderliche Steh- und Durchhaltevermögen der Führung.

Diese Kerneigenschaften bilden die Grundlage für die Fähigkeiten, sich selbst, Mitarbeiter und Kunden zu begeistern und Verantwortung zu übernehmen. Unternehmer benötigen Mitarbeiter und Kunden, die sie begeistern können und die ihnen folgen. Weitere wichtige phasenunabhängige Eigenschaften sind die Zielstrebigkeit, Kommunikations- und Durchsetzungsfähigkeit sowie die (physische und psychische) Belastbarkeit.

Typische *phasenabhängige* Eigenschaften der Unternehmensführung in der Wachstumsphase:

Gründungsphase	Wachstumsphase
Dynamisch-schöpferischer Pionier – Pionierbereitschaft – Kreativität, Innovation und Intuition, verbunden mit wenig Routinetätigkeiten – hohes Maß an Improvisationsfähigkeit – Zielorientierte Konzentration (z.B. Fokussierung auf Markt und Neukunden)	Vielseitig-dynamischer Allrounder – Führungsstärke – Motivationsfähigkeit – Planungs-, Steuerungs- und Kontroll-Fähigkeiten – Fähigkeit zur Organisation – Management-Fähigkeiten, insbesondere die Delegation von Kompetenzen und Verantwortung (= Zeit für Überlegungen außerhalb des Tagesgeschäftes) – Fähigkeit zum strategisch vernetzten Denken

Zu Aufgabe 3:
Grundsätzlich ist der Einsatz aller Führungsstile in der Wachstumsphase von Unternehmen möglich. Diese reichen von autoritären bis zu kooperativen Ausprägungsformen. Dementsprechend finden wir in der betrieblichen Praxis grundsätzlich die vielfältigsten Führungsstile, die vor allem durch die Charaktereigenschaften der Unternehmer- bzw. Führungspersönlichkeit geprägt sind.

Mit erhöhtem Personalbestand, erweitertem Produkt- / Leistungsprogramm sowie einem expandierenden Kundenkreis und neuen Absatzmärkten, wird ein neuer Führungsstil erforderlich. Die Erfahrungen der Praxis zeigen, dass ein stärker delegativer Führungsstil in Wachstumsunternehmen praktikabel ist. Danach wird die Delegation von Verantwortung und Kompetenzen erforderlich, um eine Überlastung oder sogar Überforderung des Unternehmensgründers bzw. der Führungsspitze zu vermeiden. Damit wird der Gründer von operativen Aufgaben und der Beschäftigung mit Detailproblemen entlastet und kann sich stärker auf strategische Aufgaben konzentrieren.

Für den Unternehmensgründer unter psychologischen Aspekten oftmals problematisch ist der Übergang von der Gründungs- und Frühentwicklungsphase auf die Wachstumsphase. Die bislang erfolgreich praktizierte enge Unternehmer-Mitarbeiter-Beziehung ist aufgrund der gestiegenen Komplexität nicht mehr möglich. Der Unternehmer ist nunmehr gezwungen, Führungsstärke sowie Management-, Planungs- und Organisations-Fähigkeiten zu zeigen. Ist der Unternehmer selbst nicht in der Lage sich entsprechend zu ändern, kann es empfehlenswert sein, ein entsprechend fähiges Topmanagement zu gewinnen und einzusetzen.

VII Steuern und Versicherungen im Gründungskontext

1 Steuerliche Grundlagen
(Bischoff, J. G.)

Zu Aufgabe 1:
Eine Möglichkeit der Unterteilung des deutschen Steuersystems wird in der Übersicht unter „1.1 Einführung" dargestellt. Weitere Gliederungsmöglichkeiten sind nachfolgend aufgeführt:

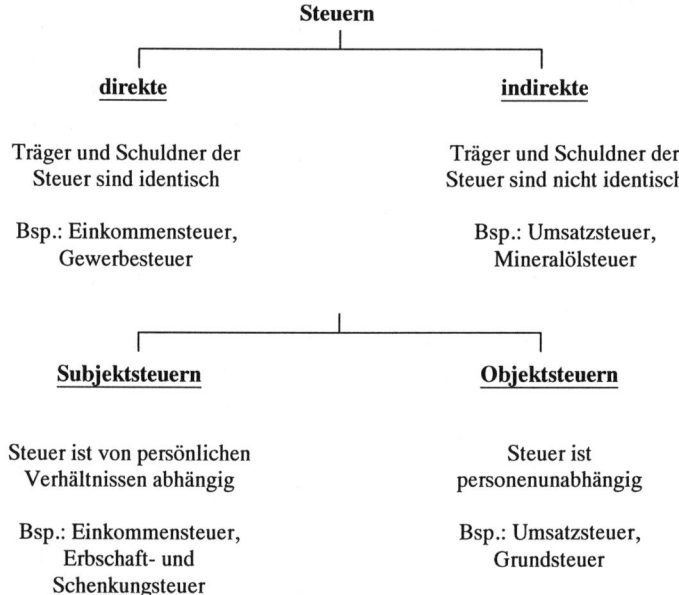

Für den Existenzgründer sind im Wesentlichen die Einkommensteuer (bei Einzelunternehmen und Gesellschaftern von Personengesellschaften) bzw. die Körperschaftsteuer (bei Kapitalgesellschaften), die Gewerbesteuer, die Umsatzsteuer sowie die Lohnsteuer für Arbeitnehmer von Bedeutung.

Zu Aufgabe 2:
Rechtsformbedingte Besteuerungsunterschiede:

	Einzelunter- nehmen	Personen- gesellschaft	Kapitalgesellschaft
Einkommen- / Körperschaft- steuer	Einkommensteuer		Körperschaftsteuer
	Gewinne des Unternehmens		Gewinne des Unternehmens
	= Einkünfte aus Gewerbebetrieb / selbständiger Arbeit (Freiberufler)		= immer Einkünfte aus Gewerbebetrieb
	bei Personengesellschaften muss jeder Gesellschafter seinen Anteil am Gewinn in der entsprechenden Einkunftsart der Einkommensteuer unterwerfen		
	Steuersätze: progressiv maximal 51% seit 2000 (ab 2002: 48,5% ab 2003: 47% ab 2005: 42%)		Steuersätze: bis 2000: - für einbehaltene Gewinne 40% - für ausgeschüttete Gewinne 30%
	für gewerbliche Einkünfte: - Tarifbegrenzung 45% - ab 2001 Steuerermäßigung		ab 2001: - einheitlich für einbehaltene - und ausgeschüttete Gewinne 25%
Gewerbesteuer	- nur gewerblich tätige Einzelunternehmen / Personengesellschaften, (keine Freiberufler, Landwirte) - Freibetrag: 48.000 DM - Staffelung der Gewerbesteuermesszahl von 1% bis 5% bei steigendem Gewerbeertrag		- alle Körperschaften kraft Rechtsform unabhängig von der Tätigkeit - kein Freibetrag - einheitliche Gewerbesteuermesszahl von 5%
Umsatzsteuer	keine rechtsform-		bedingten Unterschiede

Zu Aufgabe 3:
a) Die GmbH als Kapitalgesellschaft unterliegt der Gewerbesteuer kraft Rechtsform. Dabei ist die Art der Tätigkeit ohne Bedeutung. Bei der Gründung einer

GmbH unterliegen somit sämtliche Gewinne der Gewerbesteuer. Es gibt keinen Freibetrag und die Steuermesszahl beträgt 5%.

b) Wird eine GbR gegründet, ist zu prüfen, welche Art der Tätigkeit von dem Unternehmen ausgeführt wird. Bei der Entwicklung von Software (Systemsoftware) werden freiberufliche Einkünfte erzielt. Der Vertrieb von Software ist gewerbliche Tätigkeit. Wenn in einer Personengesellschaft sowohl freiberufliche als auch gewerbliche Tätigkeiten ausgeübt werden, sind sämtliche Einkünfte als gewerblich einzustufen (Abfärbtheorie). Somit unterliegen im Beispielsfall auch bei einer GbR sämtliche Gewinne der Gewerbesteuer. Für die GbR kommt bei der Berechnung der Gewerbesteuer ein Freibetrag von 48.000 DM sowie eine Staffelung der Gewerbesteuermesszahlen von 1% bis 5% zur Anwendung. Allerdings ist zu berücksichtigen, dass ein Unternehmerlohn den gewerbesteuerlichen Gewinn der GbR, im Gegensatz zum Gesellschafter-Geschäftsführer-Gehalt bei einer GmbH, nicht mindern darf.

c) Wenn die Tätigkeiten getrennt werden, treten folgende gewerbesteuerlichen Konsequenzen ein. Die GbR übt mit der Softwareentwicklung ausschließlich freiberufliche Tätigkeiten aus. Diese unterliegen nicht der Gewerbesteuer. Die GbR muss somit keine Gewerbsteuer für die Gewinne aus der Entwicklung der Software zahlen. Die GmbH, die den Vertrieb übernimmt, zahlt aufgrund ihrer Rechtsform Gewerbesteuer. Die von der GbR in Rechnung gestellte Softwareentwicklung und -wartung sind bei der GmbH Betriebsausgaben und mindern somit den gewerbesteuerlichen Gewinn.

Mit dieser Gestaltung, die Softwareentwicklung in der Rechtsform der GbR und den Vertrieb in der Rechtsform der GmbH zu betreiben, werden sowohl finanzielle und haftungsrechtliche als auch steuerliche Vorteile erzielt.

2 Das Management der Unternehmensversicherung unter besonderer Berücksichtigung der Gründungsphase (Steffen)

Zu Aufgabe 1:

Ein effizientes Risikomanagement kann sich in drei Schritten vollziehen: Zunächst geht es darum, traditionelle unternehmerische Risiken im Zusammenhang mit der Entwicklung neuer Produkte sowie in den Bereichen Vertrieb und Auswahl der Geschäftspartner zu erkennen (Sachwertrisiken, Haftungsrisiken, straf- und zivilrechtlichen Risiken etc.).

Zweitens ist zu prüfen, ob ein Risiko vermeidbar, kalkulierbar oder ggf. existenzgefährdend für das Unternehmen ist. Dabei lassen sich oftmals durch technische oder organisatorische Veränderungen Risiken vermeiden oder mindern. Restrisiken sind nach ihrer Eintrittswahrscheinlichkeit gewichtet einem externen Risikoträger zuzuführen.

Drittens sind Strategien der Schadensverhütung bzw. Schadensbegrenzung zu implementieren. Klassische Ansatzpunkte sind hier technische und organisatorische

Maßnahmen, z.B. durch die Einhaltung von „Stand der Technik" oder der Vorschriften der Berufsgenossenschaften.

Zu Aufgabe 2:

Grundsätzlich lassen sich in diesem Zusammenhang mindestens drei Risikobereiche unterscheiden. Der erste ist der Bereich „Arbeitskraft", der sich wiederum in die Unterbereiche Krankheit, Invalidität, Berufsunfähigkeit, Hinterbliebenenschutz und Altersvorsorge untergliedert.

Im Risikobereich „Sachwerte" geht es hingegen um die Versicherung von (1) Gebäuden, Betriebseinrichtungen und Werkstoffen, (2) Elektronischen Geräten und Maschinen sowie (3) Transporten.

Der Risikobereich „Erträge und Aufwendungen" erfasst schließlich (1) Fragen der Haftung, (2) mögliche Folgen von Rechtsstreitigkeiten (d.h. die persönlichen straf- und zivilrechtlichen Risiken im Arbeitsalltag), (3) Folgen einer Betriebsunterbrechung (z.B. Ertragsausfälle in Folge von Feuer, Einbruch-Diebstahl, Maschinenbruch oder Transportschäden) sowie (3) Vermögensschäden (Forderungsausfälle u.a.).

VIII Gründungscontrolling

1 Gründungscontrolling zur Sicherung des Unternehmenserfolges (Matthes)

Zu Aufgabe 1:

– Zunächst grobe Formulierung der lang-, mittel- und kurzfristigen Motive (Basisziele) der Gründungsidee, die sukzessive und abgestimmt auf die wachsende Erkenntnis möglicher kontrollierbarer Effekte des Gründungsvorhabens inhaltlich und zeitlich präzisiert (operationalisiert) und nach ihrer Bedeutung für den Gründer und andere Gründungsinstitutionen (Partner, Finanziers / Kapitalgeber, Kunden u.a.) gewichtet (priorisiert) werden (vgl. hierzu die Erläuterungen zu Axiom 7 und 4).

– Angesichts der vielfältigen Unschärfen, Unsicherheiten und Grenzen valider Wirkungsprognosen, die aktuellen Entwicklungsentscheidungen des Gründungsprojekts zu Grunde gelegt werden sollen, sind die Eintrittsgewichte für noch unscharfe risiko- und chancenreiche Gründungsprozesse und -effekte (insbesondere bezüglich der Ertrags- und Aufwandsentwicklungen innovativer Produkte und Technologien in neuen Marktnischen) anhand zumindest subjektiv transparenter und entsprechend kontrollierbarer Argumente zu entwickeln.

– Die Unsicherheitsstruktur (Grenzwerte, Spannweiten, Maßgrößen / Dimensionen, Aggregationsgrad, Präzisions- und Informationsgrad) noch kontrollierbarer Wirkungsprognosen gibt die Basis für die Fixierung von Zielstrukturen des Gründungsprojekts (vgl. hierzu deren Formalisierung in den Formeln (16) bis (17) als Ausdruck des harten Kerns eines Gründungszielsystems).

– Als inhaltliche Zielkategorien sind nach diesem formalen Entwicklungsmuster zumindest Einkommens-, Liquiditäts-, Markt-, Personal- u.a. Kapazitätsziele als harte Bandbreitenziele (mit scharfen Ober- und / oder Untergrenzen), weichere, nicht priorisierte Ziele in Form offener dynamischer Ansprüche mit breiteren Toleranzen projektbezogen zu definieren und zu hierarchisieren (strategische über operativen Teilzielen, Priorisierung notwendiger Existenzsicherungen wie Liquiditätsuntergrenzen und Einkommensminima als Lösung möglicher Zielkonflikte).

– An der Strukturierung des Zielsystems orientiert sich der Kern des Informations- und Kontrollsystems des Gründungsprojekts. Das IuK-System hat die primäre Aufgabe der Analyse und Aufbereitung zielbezogener Plan- und Kontrolldaten sowie der laufenden Soll-Ist bzw. Zielabweichungen, die sowohl eine Anpassung von Gründungsstrategien wie -zielen unter Berücksichtigung aktueller Entwicklungen von Rahmenbedingungen und Handlungsoptionen anregen oder begründen können.

Zu Aufgabe 2:

– Als formaler Rahmen der Prognose von Gründungseffekten kann das Kernmodell eines Gründungsprojekts nach den Formeln (1) bis (16) benutzt werden. Alle hier strukturierten Parameter und Bedingungsstrukturen (siehe Kapitel 1.2.2 Modellierung von Gründungsprozessen) müssen im konkreten, subjektiv eingegrenzten Gründungsfall erfahrungsgestützt prognostiziert werden: Potenzialbedarfe und -beiträge, Fristen und Termingrenzen aller definierten Gründungsprozesse, ihre Integration in Relationen und Bedingungen des Typs (1) bis (17). Die Abschätzung von Eintrittsgewichten für offene (strategische) Prozessalternativen, die im und auf das Gründungsprojekt in hinreichendem Maß wirken können, ist auf der Basis überprüfbarer Verhaltensprognosen der relevant erscheinenden projektendo- und -exogenen Institutionen (Gründer, Partner, Kunden, Kreditgeber, Umfelder) vorzunehmen.

– Sofern diese Postulate nicht erfüllbar sind und damit Prognose- bzw. Planungsgrenzen bzw. entsprechende Ungewissheiten des Gründungsprojekts erkannt werden, müssen materielle und immaterielle Reaktions- und Anpassungsreserven (Wissens- und Methodenpotenziale im Controlling-System des Gründungsprojekts sowie Kapitalreserven) vorgehalten werden, um positive wie negative Überraschungen während des Projektablaufs bewältigen zu können bzw. die Flexibilität des Projektcontrolling in einem Mindestmaß zu garantieren.

– Eine offene Frage ist die Wahl der anzuwendenden Prognosemethoden: grundsätzlich ist angesichts der offenen Komplexität von Gründungsprojekten keine der derzeit verfügbaren Prognosemethoden auszuschließen – von mathematisch-statistischen Modellen bis hin zu fallspezifischen Simulationen bzw. Szenarios (vgl. hierzu Aufsatz VIII.2.), soweit die Prämissen dieser Modelle auf partielle Prognosebereiche des Gründungsfalles zutreffen.

– Je enger die Prognosegrenzen und je kleiner damit die begründ- und damit verantwortbar gestaltbaren Felder des Gründungsprojekts sind, um so flexibler muss das Controlling-System mit entsprechenden Lern- und Wissensinvestitionen entwickelt werden.

Zu Aufgabe 3:

Denkbar sind insbesondere Differenzierungen der Leitungsaufgaben nach
- Interessen der Gründungsinstitutionen (personale Organisation),
- Prozesskategorien (funktionale Organisation),
- Produktkategorien (Objekt- und Projektorganisation),
- Reichweite der Steuerungsentscheidungen (strategische, operative, taktische Projektorganisation),
- räumlichen Aktionsfeldern (divisionale Organisation)
- und deren Kombinationen.

Die gewählte Organisationsform muss die Fülle der Entscheidungsaufgaben weitestgehend berücksichtigen und durch entsprechende ziel- und datenorientierte Steuerungsregeln expliziert werden (siehe Kapitel 1.2.5).

2 EDV-gestützte Instrumente des Gründungscontrolling (Matthes / Arendt / Pütz)

Zu Aufgabe 1:

Angesichts des geringen Controlling-Budgets und der zu erfüllenden Mindestanforderungen an Controlling-Aussageninhalte bzw. bzgl. zu generierender Gründungsplanungsergebnisse bieten sich in erster Linie Tabellenkalkulationssysteme, Projektmanagementsysteme und kleine RDBMS (auch Desktop Datenbanken genannt), wie etwa in Microsoft Office oder Star Office, an.

Hinweise zum Einsatz bei der Datenanalyse und Problemstrukturierung von Gründungsprozessen: Tabellenkalkulationssysteme können insbesondere zur Anwendung der Methoden der BWIO, Investitionsrechnung und Nutzwertanalyse genutzt werden. Liegen bei der originären Gründung Daten über vergleichbare realisierte Gründungen vor (Daten aus Verbänden, statistisches Bundesamt etc.) können ferner quantitative Prognosen mit Hilfe der Tabellenkalkulationssysteme realisiert werden. Projektmanagementsysteme bieten sich insbesondere zur prozessualen Abbildung der groben Rahmenstruktur des Gründungsvorhabens an.

Zur Modellierung und Selektion von Gründungsprozessen und -projekten kann wiederum auf Projektmanagementsysteme zurückgegriffen werden. Prozess- / Projektselektionen können bei Vorliegen einfacher Optimierungsprobleme mit Hilfe von Tabellenkalkulationssystemen realisiert werden. Zur Realisierung des notwendigen Einsatzes von Softwaresimulationssysteme können entsprechende Gründungsberatungsdienstleistungen wahrgenommen werden.

Zur Aggregation von Gründungsprozessalternativen zu Gründungsteilplänen kann wiederum auf Tabellenkalkulationssysteme (insbesondere Statistikfunktionen) zurückgegriffen werden. Der zur Selektion und Integration von Gründungsteilplänen notwendige Einsatz von Softwaresimulationssystemen kann wiederum über entsprechende Gründungsberatungsdienstleistungen gewährleistet werden. Desktop Datenbanken können zur datentechnischen Selektion generierter Planprognosedaten und deren Transformation in periodisierte, aggregierte Plandaten eingesetzt werden. Die entsprechenden Datenmodelle lassen sich problemlos in große RDBMS importieren, deren Einsatz im Laufe der Entwicklung der zu gründenden Unternehmung erforderlich werden kann.

Zur Unterstützung bei der Kontrolle und Adaption von Gründungsprozessen und -projekten kann angesichts der Beziehungen dieser Phasen innerhalb des Gründungsphasenzyklus wiederum auf die zuvor skizzierten IT-Instrumente mit den entsprechenden Anwendungsbezügen zurückgegriffen werden.

Zu Aufgabe 2:
Unternehmensgründungen sind in besonderen Maße hohen Risiken ausgesetzt, da ihr Leistungsprogramm häufig eine geringe Reife und Marktstabilität aufweist. Der gewünschten Verstetigung von Gründungsprozessen stehen häufig vielfältige potenzielle Veränderungen der Gründungsumweltparameter und deren Effekte gegenüber, die turbulente Anpassungsmaßnahmen in der Frühentwicklungsphase einer Gründung auslösen. Derartige Problemevolutionen lassen sich in entsprechenden Prozess- / Projektentwicklungsszenarien, wie im Phasenmodell des Gründungscontrolling expliziert, mit entsprechend notwendigen Anpassungsmaßnahmen entwickeln, die als Alternativpläne in den Gründungsgesamtplan einfließen.

Aufgrund der vielfältigen Relationen bzw. Interdependenzen in den einzelnen Gründungsprojekten ist Veränderungen der Gründungsumweltparameter, die nicht im Gründungsgesamtplan berücksichtigt worden sind nicht angemessen zur Sicherung des Unternehmungsfortbestandes mit ad hoc Anpassungsplanen zu begegnen. Aufgrund der i.d.R. mit Plananpassungen und der Initiierung entsprechender Anpassungsmaßnahmen verbundenen Vorlaufzeiten ist häufig kein rechtzeitiges Reagieren möglich, wodurch nahezu zwangsläufig Insolvenz droht.

Zu Aufgabe 3:
Definition des Begriffes Datenmanagement; Definition der Aufgaben des DM-Prozesses; Beschreibung der Korrelation zwischen den Prozessen der Gründungsplanung und des Datenmanagement; Hervorhebung der Rekursivität der Prozessphasen; Beschreibung der Aktivitäten der einzelnen Phasen; Beschreibung der aus den Aktivitäten resultierenden Ergebnisse.

3 Die Organisation des Rechnungswesens
   (Botta)

Zu Aufgabe 1:
Nach den Vorschriften des HGB ist jeder Kaufmann dazu verpflichtet, Bücher zu führen, sowie Inventare und Jahresabschlüsse aufzustellen. Insofern leitet sich bereits aus den gesetzlichen Bestimmungen die Notwendigkeit zur Buchführung ab. Wichtig ist hierbei, dass die für Kaufleute geltenden Vorschriften auch auf Gesellschaften des HGB anzuwenden sind, weil Personengesellschaften qua definitione ein Handelsgewerbe betreiben und Kapitalgesellschaften kraft ihrer Rechtsform die Ei-

genschaften eines Kaufmannes zukommen. Der Gesetzgeber vermutet, dass Kapitalgesellschaften im Allgemeinen größer sind als Personengesellschaften, woraus sich für Kapitalgesellschaften eine besondere Akzentuierung des Vorsichtsprinzips ableitet. Deshalb unterliegen Kapitalgesellschaften strengeren (Gliederungs-)Vorschriften in Bezug auf die Aufstellung und die Offenlegung von Jahresabschlüssen.

Neben den gesetzlichen Erfordernissen geben die Aufgaben und Inhalte des Rechnungswesens Aufschluss über den Stellenwert der Buchführung bei Unternehmensgründungen. So leisten insbesondere die Dokumentations- und die Informationsfunktion des Rechnungswesens einen wesentlichen Beitrag für die Unternehmensplanung sowie die Analyse der Vermögens-, Finanz- und Ertragslage.

Es empfiehlt sich, die Buchführung bereits im Gründungsstadium – insbesondere aus organisatorischen Gründen – ernsthaft zu betreiben. Dies gilt um so mehr, je eher der zu gründende Betrieb als Wachstumsunternehmen anzusehen ist, das auf konsistente Planungen und auf ein funktionierendes Controlling in besonderem Maße angewiesen ist.

Zu Aufgabe 2:
Das Gesamtkostenverfahren dient zur Erfassung aller nach Kostenarten gegliederten Kosten und Verkaufserlöse; es weist Kosten somit periodenbestimmt aus. Beim Umsatzkostenverfahren hingegen werden nur die Kosten erfasst, die den erzielten Umsatzerlösen exakt gegenüberstehen; dabei werden Kosten also umsatzbestimmt ausgewiesen.

Die Vor- und Nachteile der jeweiligen Verfahren sind im Einzelfall zu prüfen; u.a. spielt eine Rolle, welche Art der Kostenerfassung im Unternehmen implementiert wird und wie die Produktionspalette strukturiert ist. So setzt beispielsweise das Umsatzkostenverfahren voraus, dass die entstandenen Kosten eindeutig den Bereichen Herstellung, allgemeine Verwaltung, Vertrieb und sonstigen betrieblichen Bereichen zugeordnet werden können. Bei Einproduktunternehmen bietet das Umsatzkostenverfahren die Möglichkeit, dass Einblicke in die Kalkulationsstruktur des Unternehmens gewonnen werden können.

Ferner ist zu beachten, dass deutsche Unternehmen in der Vergangenheit häufig das Gesamtkostenverfahren angewendet haben. Wird hingegen die Unternehmensgründung mit der Absicht vollzogen, international zu agieren, ist das Umsatzkostenverfahren grundsätzlich vorzuziehen, weil dieses den internationalen Standards mehr entspricht.

Zu Aufgabe 3:
Zu erklären sind zunächst die Begriffe Ein- und Zweikreissystem. Bei der Wahl des Verfahrens ist im Einzelfall zu prüfen, ob der Vorteil einer erhöhten Differenzierung des internen Rechnungswesens den Nachteil eines größeren Abstimmungsaufwandes des Zweikreissystems überwiegt. Ferner ist darauf zu achten, dass sich eine Wahlentscheidung der beiden Systeme oftmals von vornherein erübrigt, wenn nämlich Vorgaben insbesondere von Handelsverbänden existieren.

IX Gründungsförderung

1 Gründungsorientierte Förderprogramme
(Struck)

Zu Aufgabe 1:
Finanzierungsstruktur:

Investitionsvolumen	40 T Euro
DtA-StartGeld	40 T Euro

Nebenerwerbsgründer können öffentliche Mittel nur über das DtA-StartGeld erhalten. Dann aber gleich 100% der Investitionen – einschließlich Betriebsmittel (Markteinführung, Schulungen etc.). Der Investitions- und Betriebsmittelbedarf liegt unter 50.000 Euro. Die Finanzierung kann also komplett über ein DtA-StartGeld-Darlehen abgedeckt werden.

Zu Aufgabe 2:
Finanzierungsstruktur:

Investitionsvolumen	500 T Euro
Eigenkapitalergänzung	200 T Euro
Hausbankdarlehen	200 T Euro

Anmerkung:
- Der Anteil des haftenden Kapitals in der Bilanz liegt zwar bei 30%, überschreitet aber nach Umsetzung der Investition nicht die 40%-Grenze des Betriebsvermögens.
- Das Eigenkapitalergänzungsdarlehen (EKE) kann daher in der maximalen Höhe von 60 Prozent der Kosten gewährt werden.
- Die Hausbank übernimmt die restlichen 40 Prozent der Finanzierung.
- Sie war mit einer nachrangigen Absicherung des Hausbankdarlehens einverstanden, da Ertragssituation und Zukunftsaussichten des Unternehmens sehr gut eingeschätzt werden.
- Alle Gesellschafter haben für das Darlehen die quotale Haftung übernommen, da mit EKE das Unternehmen gefördert wird und nicht der einzelne Gesellschafter.

Zu Aufgabe 3:
Finanzierungsstruktur:

Eigene Mittel	24 T Euro
Eigenkapitalhilfe	40 T Euro
DtA-Existenzgründungsdarlehen	96 T Euro
Summe	160 T Euro

Anmerkungen:
- Ein ERP-Existenzgründungsdarlehen kommt für Angehörige der Heilberufe (ausgenommen Tierärzte) nicht in Betracht.

– Die 40-Prozent-Grenze für EKH und Eigenmittel ist eingehalten.
– Die 75-Prozent-Grenze für öffentliche Mittel einschließlich DtA-Existenzgründungsdarlehen kann auf Grund der geschaffenen Arbeitsplätze überschritten
  werden.
– Weil Ärzte nicht vorsteuerabzugsberechtigt sind, lässt sich bei ihnen die Mehr-
  wertsteuer ebenfalls mitfinanzieren im Gegensatz zu allen anderen Vorhaben.

2 Gründungschancen durch Technologietransfer
(Lux / Dürselen)

Zu Aufgabe 1:
Einige Regionen in Deutschland müssen schon seit Jahren einen Strukturwandel von
einer Montan- zu einer mittelstandsgeprägten Region bzw. die Schließung von
Großindustriestandorten vollziehen und verkraften. Besonders gravierend ist der
damit verbundene Abbau von sehr vielen Arbeitsplätzen. Die Regionen setzen bei
der Kompensation dieser Arbeitsplatzverluste neben anderen Maßnahmen auch auf
die Förderung und Unterstützung von jungen Unternehmen und auf die Initiierung
von Neugründungen, vielfach im High-Tech-Bereich. Hiermit werden langfristig die
Hoffnungen auf neue florierende Unternehmen mit den entsprechenden sicheren Arbeitsplätzen verbunden.
Eine Maßnahme in diesem Zusammenhang ist die Gründung von Technologiezentren. Über 60 Zentren sind allein in Nordrhein-Westfalen entstanden. Begonnen
hat diese Art der Förderung junger Unternehmen 1984 in Aachen, parallel zu Berlin.
Die Zentren haben verschiedene Schwerpunkte und dienen nur noch teilweise der
ausschließlichen Unterstützung von Existenzgründern. Zentren in diesem Sinne betreiben Wirtschaftsförderung mit dem Ziel der Start-Up-Förderung von motivierten
und engagierten Gründern mit Erfolg versprechenden Geschäftsideen. Diese Förderung geschieht über folgende Maßnahmen:
– Vermietung von Büro-, Labor- oder Produktionsflächen zu vielfach gestaffelten,
  bei Einmietung günstigen Quadratmeterpreisen, die sich mit zunehmender Miet-
  dauer den Mietpreisen außerhalb der Zentren angleichen
– Umfassende Gründungsberatung zur optimalen Unterstützung der Gründer beim
  Aufbau des Unternehmens hinsichtlich Unternehmensplanung, Finanzierung,
  Markteintritt, Technologie
– Zugang zu umfangreichem Netzwerk, wie Behörden, Kreditinstituten, Koopera-
  tionspartnern, Forschungseinrichtungen, technologieorientierten Unternehmen
– Durchführung von Kontaktforen, um mit anderen Unternehmen ins Gespräch zu
  kommen und über den Austausch von Wissen und Erfahrung zu profitieren
– Enger Kontakt der Mieter untereinander, um von den Erfahrungen der anderen
  auf kurzem Wege zu profitieren.

Einige Technologiezentren haben sich auf technologieorientierte Gründer spezialisiert, um über deren Wachstumspotenziale den oben beschriebenen Arbeitsplatzver-
lust erfolgreich und mittelfristig bewältigen zu können. Im Umfeld neuer Tech-

nologien ist umfassendes Wissen von entscheidender Bedeutung. Ausgehend von den eigenen Kernkompetenzen, ist bei der Umsetzung vieler Produkte zusätzliches Spezialwissen erforderlich, das im Sinne der Entwicklungszeit-Optimierung von externen Fachleuten hinzugenommen wird. Die oben genannten Förderaspekte der Technologiezentren kommen beim Technologietransfer in besonderem Maße zum Tragen, da gerade in diesem Bereich der enge Kontakt zu kompetenten Partnern unerlässlich ist, um zielgerichtet eigene Ideen zu verwirklichen. Informationen sind nötig, die über den Transfer aus anderen Unternehmen erlangt werden können.

Zu Aufgabe 2:
Die Innovationsdynamik von jungen Unternehmen wird von vielen Faktoren bestimmt. Die wichtigsten dieser Faktoren sind: Idee / Produkt; Technologie / Produktion; F+E-Tätigkeit; Kompetenz / Wissen / Erfahrung; Markt; Motivation; Kapital; Politik; Organisation.

Bei nahezu allen dieser Faktoren kann auch die technologische Basis des Unternehmens eine entscheidende Rolle spielen und ist somit wichtiger Ansatzpunkt für den Technologietransfer. In diesem Zusammenhang müssen sowohl die im Unternehmen vorhandenen Technologien als auch die Möglichkeiten der Beschaffung anderer, neuerer Technologien betrachtet werden. Folgende Schwerpunkte können gesehen werden:

Idee, Produkt
Die Umsetzung der Geschäftsidee bzw. der dieser zu Grunde liegenden Produkte hängt unter wirtschaftlichen Gesichtspunkten u.a. von den eingesetzten Produktionstechnologien ab. Informationen hinsichtlich der Einsatzmöglichkeiten neuer Technologien und hinsichtlich neuester Entwicklungen, die den Produktionsprozess beeinflussen können, müssen aktuell vorliegen.

Technologie, Produktion
Die Integration neuester Technologien in den Produktionsprozess bedarf aktuellstem Wissen. Die Abläufe müssen an die aktuellen Möglichkeiten angeglichen werden, um die Wettbewerbfähigkeit des Unternehmens langfristig sichern zu können. In diesem Umfeld ist der optimierte, wirtschaftliche Einsatz vorhandener, aber auch die Integration neuer, flexiblerer, schnellerer oder wirtschaftlicherer Technologien von Bedeutung.

F+E-Tätigkeit
Forschungs- und Entwicklungsergebnisse in neue Anwendungen zu bringen ist ein Zentralpunkt des Technologietransfers. Für junge Unternehmen ist die ständige Weiter- oder Neuentwicklung von Produkten entscheidend für die langfristige Wettbewerbsfähigkeit. Eigene Ressourcen sichern die notwendige Flexibilität. Der Weiterentwicklungsprozess muss parallel zum Produktionsprozess derzeitiger Produkte vonstatten gehen.

Kompetenz, Wissen, Erfahrung
Für die bisher benannten Faktoren ist die fachliche Kompetenz, die Summe der verfügbaren Informationen, das Wissen, und die Branchenerfahrung auf technologischer Seite bestimmend für den letztendlichen Unternehmenserfolg. Das Wissen muss sich aus allen Unternehmensbereichen, von der Unternehmensleitung bis zur Produktion, heraus aufbauen und vor allem an den Schnittstellen der unterschiedlichsten Bereiche präsent sein.

Markt
Der Erfolg des Markteintritts mit neuen Produkten eines gerade gegründeten Unternehmens hängt erfahrungsgemäß vom Preis, verbunden mit den zusätzlichen Mehrwerten für den Kunden ab. Die Preisbildung wird u.a. von den Fertigungstechnologien und dem notwendigen technischen Know-how mitbestimmt.

Motivation
Die Motivation beinhaltet das Potenzial des Unternehmers und seiner Mitarbeiter, sich höher zu qualifizieren und ständig auf dem aktuellen Stand der Technologien etc. zu sein. Sie prägt aber auch durch den Willen, mit schwierigen Situationen und neuen Herausforderungen umgehen zu können, die Erfolgsmöglichkeiten des Unternehmens.

Kapital
Vermehrter Kapitaleinsatz ist meist ein Merkmal bei der Einführung neuer Technologien. Prototypen müssen entwickelt und umgesetzt werden, Spezialwissen muss integriert werden, unterschiedliche Wege zur Produktumsetzung können verfolgt werden. Dies bedeutet in der Regel zusätzliches, nicht im notwendigen Maße im Unternehmen vorhandenes Kapital.

Politik
Die Politik bestimmt vielfach die Rahmenbedingungen für den Einsatz neuester Technologien, z.B. durch die Festlegung von Zulassungsbestimmungen und Sicherheitsstandards. Die Politik legt aber auch die Rahmenbedingungen für spezielle, finanzielle Förderprogramme, Zuschüsse oder Kreditprogramme fest.

Zu Aufgabe 3:
Spezielle Förderprogramme (Zuschüsse oder Kreditprogramme) unterstützen Unternehmen bei der Entwicklung neuer Technologien. Sie sind teilweise Bundesland spezifisch oder bundesweit anzuwenden. Sie charakterisieren sich u.a. durch folgende Ziele für die Unternehmen, die sie einsetzen:
- Anwendungsspezifische Entwicklung neuer Technologien
- Abfederung des technisch-wirtschaftlichen Risikos einer Neuentwicklung
- Integration neuen Wissens, abseits der Kernkompetenzen, bei den Unternehmen
- Vielfach Knüpfung von Gewinn bringenden Kooperationen
- Teilweise enge Vernetzung mit den Forschungseinrichtungen, vor allem mit den Hochschulen

- Schaffung einer Zukunftssicherung in Folge der Horizonterweiterung
- Gewünschter Einsatz bei Existenzgründern oder Jungunternehmen, aber auch für etablierte Unternehmen zugänglich

Die Rahmenbedingungen sind umfangreich. Beispiele derartiger Programme sind das ERP-Innovationsprogramm der Kreditanstalt für Wiederaufbau KFW oder das Technologie-Programm-Wirtschaft des Ministeriums für Wirtschaft und Mittelstand, Technologie und Verkehr des Landes NRW, ein spezielles Zuschussprogramm für NRW. Weitere Informationen sind in der Förderdatenbank des Bundesministeriums für Wirtschaft und Technologie BMWI zu finden (www.bmwi.de) oder in der Broschüre „Innovationsförderung – Hilfen für Forschung und Entwicklung" des Bundesministeriums für Bildung und Forschung und des BMWi.

3 Coaches und Mentoren
(Rauen)

Zu Aufgabe 1:
Die Grundvoraussetzungen für eine professionelle Beratung sind
- Freiwilligkeit,
- Diskretion und
- persönliche Akzeptanz.

Eine Beratung wird nicht „verordnet", der Klient hat ein eigenständiges und begründetes Interesse an einer Beratungsbeziehung, die er freiwillig sucht und deren Vorteile er einsieht.

Die Inhalte der Beratung sind und bleiben vertraulich und dienen nicht der Beurteilung des Klienten zum Zwecke Dritter. Der Klient muss auf diese Diskretion immer vertrauen können, damit er sich offen in den Prozess einbringen und genau die Themen besprechen kann, die ansonsten verschwiegen werden. Ein seriöser Berater ist verpflichtet, entsprechend zu handeln bzw. andersartige Aufträge abzulehnen.

Die persönliche Akzeptanz zwischen Berater und Klient muss als Arbeitsgrundlage gegeben sein. Der Klient muss die Kompetenz und die Position des Beraters als mindestens gleichwertig erleben, damit er die Beratung annehmen kann.

Sind die Grundvoraussetzungen nicht gegeben oder steht der Klient einer Beratungsbeziehung bzw. dem Berater kritisch gegenüber, sollte der Berater den Auftrag ablehnen. Gleiches gilt, wenn die Probleme eines Klienten einer (psycho-) therapeutischen Behandlung bedürfen. Hier kann ein Berater bestenfalls Kontakte zu Therapeuten, Ärzten, Selbsthilfegruppen usw. vermitteln.

Zu Aufgabe 2:
Bei der Unternehmensgründung können zahlreiche ungeahnte Schwierigkeiten und Belastungssituationen auftreten. Junge Gründer sind in ihrer Managementkompetenz

oftmals überfordert und profitieren besonders bei folgenden Punkten von einer Beratung:
- Verbesserung des Selbst-Managements und der Führungskompetenz, Vermittlung von Managementerfahrung
- Integration neuer Mitarbeiter
- Auflösen unangemessener Verhaltens-, Wahrnehmungs- und Beurteilungstendenzen
- Überprüfung der Lebens- und Karriereplanung
- Unterstützung bei akuten Konflikten
- Förderung von Teamarbeit
- Herstellen von Geschäftskontakten
- Direkte Hilfe bei unternehmerischen Problemen

Zu Aufgabe 3:
Der Coach liefert als Prozessberater keine direkten Vorschläge, sondern begleitet den Klienten durch den Lösungsprozess und regt dabei an, wie in Zukunft selbstständig Probleme effektiv bewältigt werden können und welche Faktoren dabei zu berücksichtigen sind. Coach und Klient sind gleichgestellt, die Verantwortung für die Aufgaben verbleibt beim Klienten. Diese Form der Beratung bietet sich insbesondere dann an, wenn keine fertigen Lösungen gewollt oder möglich sind und wenn die Ursachen der beruflichen Probleme auch im persönlichen Verhalten und Erleben liegen (z.B. in einer unangemessenen Wahrnehmung oder in Verhaltenseinschränkungen).

Der Mentor fungiert als praktischer Ratgeber und väterlicher Freund hauptsächlich auf der konkreten Ebene und nicht auf der Prozessebene. Er ist eher mit einem Fachberater vergleichbar, hat aber auf Grund seines Erfahrungswissens in unterschiedlichen Bereichen eine übergreifende Fachkompetenz und verfügt über zahlreiche Geschäftskontakte. Die Beratung besteht oftmals aus konkreten Ratschlägen, Unterweisungen, Anleitungen und Direktiven. Es existiert daher ein klares Beziehungsgefälle zwischen dem Mentor und seinem Schützling. Mentoring ist dann hilfreich, wenn auf etablierte Lösungen und Erfahrungswissen zurückgegriffen werden soll.

Teil 3
I Einführung in die Fallstudienmethodik
(Zacharias / Kuhn)

Zu Aufgabe 1:
Bei der Incident Method erfolgt eine kurze Darstellung eines konkreten betrieblichen Vorfalls. Der Bearbeiter wird so in eine Handlungssituation hinein „katapultiert". Ihm obliegt, die Relevanz der Situation zu erkennen und notwendige Informationen zur Lösung zu beschaffen. Demgegenüber erhält der Bearbeiter bei der Case Study Method eine Fülle von relevanten und irrelevanten Daten, die nicht nur

vor dem Hintergrund thematisierter Probleme zu diskutieren sind, sondern auch die Notwendigkeit beinhalten, verdeckte Probleme und Situationskomponenten zu finden. (Teaching Note: Zur Unterstützung der Beantwortung empfiehlt es sich, die genannten Fallstudienvarianten den Studierenden vorab zugänglich zu machen.)

Zu Aufgabe 2:
a) Siehe Abbildung 2: Ablaufdiagramm einer Fallstudie.
b) Abbildung 2 weist keine Informations- bzw. Handlungsrückkopplungen auf. Diese werden im praktischen Verlauf dennoch auftreten. Hier sei beispielhaft auf die Phasen der Konfrontation und der Information verwiesen: Während in der Konfrontation die Problemerfassung im Zentrum steht, gilt es in der Informationsphase, die für die Problemlösung relevanten Daten zu beschaffen. Vor dem Hintergrund der somit gewonnenen Informationen kann das zunächst erfasste Problem in der Wahrnehmung der Bearbeiter eine Modifikation erfahren.

Zu Aufgabe 3:
Zur Diskussion der Vor- und Nachteile des Einsatzes der Fallstudienmethodik sowie ihres Beitrags für eine Entrepreneurship Education sei auf I.5 verwiesen. Dabei muss beachtet werden, dass sich die Zielgruppen grundlegend hinsichtlich ihres wirtschaftswissenschaftlichen Vorwissens unterscheiden: Im Rahmen der Ausbildung von Studierenden der Wirtschaftswissenschaften verhilft die Fallstudienmethodik in erster Linie zu einer Anwendung bekannter Wissensmodule in konkreten Handlungssituationen. Demgegenüber werden Studierende anderer Disziplinen zum Teil erstmalig mit ökonomischem Gedankengut vertraut gemacht. Anhand der jeweiligen Problemsituationen erhalten sie Zugang zu spezifischen Lösungsmethoden und -instrumenten, deren Bedeutung sich auf der Basis eines Verständnisses für die inhaltlichen Problemkomponenten entfaltet.

II Fallstudie 1
(Wenzel)

Zu Aufgabe 1:
Steuerpflichtige können nach § 4 Abs. 3 EStG als Gewinn den Überschuss der Betriebseinnahmen über die Betriebsausgaben ansetzen, wenn sie aufgrund gesetzlicher Vorschriften nicht verpflichtet sind, Bücher zu führen und regelmäßig Abschlüsse zu machen und sie dies auch nicht freiwillig tun. Freiberufler wie z.B. Ärzte können demnach stets den Gewinn nach § 4 Abs. 3 EStG ermitteln.

Bei einer Abschlusserstellung ist der Gewinn gemäß § 4 Abs. 1 EStG der Unterschiedsbetrag zwischen dem Betriebsvermögen am Schluss des Wirtschaftsjahres und dem Betriebsvermögen am Schluss des vorangegangenen Wirtschaftsjahres vermehrt um den Wert der Einnahmen und vermindert um den Wert der Einlagen.

Bei der Einnahmen-Überschuss-Rechnung gilt das Zu- und Abflussprinzip. Geschäftsvorgänge werden danach erst im Zeitpunkt der Zahlung berücksichtigt. Dieses Prinzip wird jedoch durch zahlreiche Ausnahmen durchbrochen. So sind z.B. gemäß § 4 Abs. 3 Satz 2 ff. EStG durchlaufende Posten nicht als Betriebseinnahmen oder -ausgaben zu erfassen. Ferner sind u.a. die Vorschriften über die Absetzung für Abnutzung zu befolgen.

Beim Betriebsvermögensvergleich werden dagegen Geschäftsvorgänge in der Rechnungsperiode erfasst, der sie wirtschaftlich zugehören.

Geschäftsvorgänge, die bei der Einnahmen-Überschuss-Rechnung nicht berücksichtigen wurden, sind beim ersten Betriebsvermögensvergleich zu berücksichtigen. Durch den Wechsel der Gewinnermittlungsart ist daher eine Gewinnberichtigung erforderlich. Das Gesetz enthält jedoch keine ausdrücklichen Regelungen für die Zu- und Abrechnungen. Im Wesentlichen wirken sich auf den Gewinn folgende Zu- und Abschläge aus:

- *Vorräte*: Es erfolgt als Korrektur zu der Betriebsausgabe im Zahlungszeitpunkt ein Gewinnzuschlag.

- *Forderungen (außer Darlehen)*: Es erfolgt ein Gewinnzuschlag, da für die bereits erbrachten Leistungen die Zahlungen noch ausstehen.

- *Aktive Rechnungsabgrenzungen*: Auch hier erfolgt eine Gewinnzurechnung, da zwar die Zahlungen bereits eingegangen sind, die Leistungen jedoch erst in späteren Rechnungsperioden erbracht werden.

- *Verbindlichkeiten (außer Darlehen)*: Verbindlichkeiten führen zu Gewinnabschlägen, da Lieferungen oder Leistungen bereits empfangen, jedoch noch nicht bezahlt wurden.

- *Rückstellungen*: Es erfolgt ein Gewinnabschlag, da die Zahlungen für die nach Höhe und Fälligkeitszeitpunkt ungewissen Verbindlichkeiten für bereits erhaltene Lieferungen oder Leistungen noch ausstehen.

In Höhe des Saldos der Gewinnzu- und -abschläge ergibt sich ein Übergangsergebnis, das der normalen Besteuerung unterliegt.

Zu Aufgabe 2:
Ärzte sind als Freiberufler nicht verpflichtet, Bücher zu führen und regelmäßig Abschüsse zu machen. Werden jedoch freiwillig Abschlüsse gemacht, so sind entsprechend auch Bücher zu führen. Dabei sind die Grundsätze ordnungsmäßiger Buchführung / Bilanzierung zu beachten. Die Erstellung der Buchführung geht dabei weit über den Aufwand zur Aufbereitung einer Einnahmen-Überschuss-Rechnung hinaus.

Diesem Nachteil steht der Vorteil gegenüber, dass die möglichen betriebswirtschaftlichen Aussagen einer ordnungsmäßigen Buchführung weit über die Aussagen einer buchungstechnisch einfachen Gegenüberstellung von Betriebseinnahmen und Betriebsausgaben hinausgehen.

Wie in der Lösung zur Aufgabe 1 erläutert, können die unterschiedlichen Gewinnermittlungsarten zu deutlich unterschiedlichen Gewinnen für die jeweiligen Veranlagungszeiträume führen. Diese Tatsache kann sich der Steurpflichtige durch die Wahl der Gewinnermittlungsart zu Nutze machen. In der Fallstudie beträgt zum Beispiel der Verlust gemäß Einnahmen-Überschuss-Rechnung im ersten Jahr DM 128.541. Gleichzeitig bestehen Forderungen in Höhe von DM 60.000, die bei einer

Abschlusserstellung ergebniserhöhend zu berücksichtigen wären. Ceteris paribus ergebe sich trotz der Ergebniserhöhung um die Forderungen für das erste Jahr keine Steuerbelastung, während die Forderungen im Zeitpunkt der Zahlung nicht nochmals das Ergebnis erhöhen. Es wäre in diesem Fall abzuwägen, ob im Falle der Gewinnermittlung durch Erstellung einer Einnahmen-Überschuss-Rechnung ein eventuell möglicher Verlustrücktrag und eine spätere Ergebniserhöhung bei Zahlung der Forderungen vorteilhafter ist als im Falle der Abschlusserstellung ein geringerer möglicher Verlustrücktrag und der Wegfall der Ergebniserhöhung im Zeitpunkt der Zahlung der Forderungen.

Zu Aufgabe 3:
In der Fallstudie werden die Gründungsinvestitionen in Höhe von DM 350.000 über ein Darlehen finanziert, das erst am Ende der Laufzeit durch die Ablaufleistung der dafür abgeschlossenen Lebensversicherung getilgt wird. Bei einem Nominalzins von 6,5 vom Hundert und einer Laufzeit von 12 Jahren ergibt sich folgende jährliche Belastung:

Zinsen	DM	22.750
Lebensversicherungsbeiträge	DM	19.920
Gesamt	DM	42.670

Bei Abschluss eines annuitätischen Darlehens sind die Raten jeweils gleich hoch. Bei gleichem Nominalzins und gleicher Laufzeit beträgt die monatliche Rate für Zins und Tilgung insgesamt DM 3.506,72. Im Gegensatz zum tilgungsausgesetzten Darlehen ist der Zinsverlauf dabei degressiv, der Tilgungsverlauf progressiv. Von Zahlung zu Zahlung nimmt die Zinsbelastung ab und im gleichen Maße der Tilgungsanteil zu.

Der Tilgungsplan sähe wie folgt aus:

Datum	Darlehensvaluta	Zins	Tilgung	Annuität
01.01.2001	350.000,00			
31.12.2001	330.082,94	22.163,58	19.917,06	42.080,64
31.12.2002	308.832,01	20.829,71	21.250,93	42.080,64
31.12.2003	286.157,87	19.406,50	22.674,14	42.080,64
31.12.2004	261.965,18	17.887,95	24.192,69	42.080,64
31.12.2005	236.152,28	16.267,74	25.812,90	42.080,64
31.12.2006	208.610,61	14.538,97	27.541,67	42.080,64
31.12.2007	179.224,45	12.694,48	29.386,16	42.080,64
31.12.2008	147.870,24	10.726,43	31.354,21	42.080,64
31.12.2009	114.416,18	8.626,58	33.454,06	42.080,64
31.12.2010	78.721,63	6.386,09	35.694,55	42.080,64
31.12.2011	40.636,55	3.995,56	38.085,08	42.080,64
31.12.2012	0,00	1.444,09	40.636,55	42.080,64
		154.967,68	350.000,00	50.4967,68

Vor Berücksichtigung der steuerlichen Auswirkungen liegt die liquiditätsmäßige Belastung des tilgungsausgesetzten Darlehens gegenüber dem Annuitätendarlehen DM 7.072,32 höher. Bei der Würdigung der Frage, welche Finanzierungsvariante sich als die günstigere darstellt, kommt der steuerlichen Auswirkung entscheidende Bedeutung zu. In den ersten drei Jahren ergeben sich aufgrund der Verluste bzw. geringen steuerpflichtigen Ergebnisse kaum steuerliche Auswirkungen. Ab dem vierten Jahr unterliegen die Gewinne dem Spitzensteuersatz, so dass unterschiedliche Zinsbelastungen auch steuerliche Auswirkungen haben. Vom vierten bis zwölften Jahr betragen die Zinsen bei dem Annuitätendarlehen DM 92.567,89 und bei dem Tilgungsaussetzungsdarlehen DM 204.750. Im Vergleich der Finanzierungsvarianten ergibt sich bei einem Spitzensteuersatz von 48,5 vom Hundert eine zusätzliche steuerliche Entlastung von DM 54.408 zugunsten des Tilgungsaussetzungsdarlehens.

Ferner erfährt der Darlehensnehmer durch den Abschluss der Lebensversicherung eine finanzielle Absicherung im Todesfall. Die eingesparten Beiträge für eine zusätzliche Risikolebensversicherung, deren Abschluss bei einem Annuitätendarlehen von dem Kreditinstitut gefordert werden, erhöhen die Vorteilhaftigkeit.

III Fallstudie 2
(Kuhn)

Zu Aufgabe 1:
Vor dem Hintergrund der theoretischen Erkenntnisse über die Persönlichkeit von Unternehmern zeigt sich Herr Ix als ein insgesamt sehr typischer Unternehmer. So verfügt er offensichtlich über zahlreiche wichtige Merkmale einer erfolgreichen Unternehmerpersönlichkeit, wie sie von Kemter / Klose / McKenzie herausgestellt worden sind: Zielstrebigkeit, Durchsetzungsverhalten, Ausdauer und Belastungsfähigkeit sind Attribute, die auf Herrn Ix zutreffen; insbesondere hat er diese Eigenschaften während der Phase der Kundengewinnung mehrfach gezeigt. Offensichtlich ist Herr Ix auch über die Maßen begeisterungsfähig, wenn man beachtet, mit welcher Hartnäckigkeit er an seiner Idee des Teilzeitmanagements während der problematischen Kundengewinnungsphase festgehalten hat. Ebenso verfällt Herr Ix bei Misserfolgen nicht in eine Lethargie, sondern weist insgesamt eine ausgeprägte Handlungsorientierung auf. Die Kalkulation seiner Arbeitszeit spricht dafür, dass er motiviert ist und eine Arbeitsorientierung besitzt. Bezüglich des Kommunikationsverhaltens schätzt sich Herr Ix selbst so ein, dass er ein hohes Maß an Sozialkompetenz besitzt. Seine zukünftigen Ambitionen lassen außerdem darauf schließen, dass er ein Netzwerkdenker ist und Kontaktverhalten zeigt.

Was die Attribute Risikobereitschaft, seelische Gesundheit und Flexibilität anbelangt, lassen sich keine so eindeutigen Schlüsse ziehen. Denn die Gründung der „Wolfgang Ix Kaufmännische Dienste" ist auf Grund der insgesamt sehr geringen Investitionssumme mit keinen nennenswerten Risiken verbunden. Ob Herr Ix seelisch gesund ist, lässt sich anhand der vorliegenden Informationen kaum beantworten. In Bezug auf die Fähigkeit zur Flexibilität zeigt Herr Ix zwar, dass er während der Kundengewinnungsphase zahlreiche Instrumente teils simultan und teils seriell einsetzt, die Hartnäckigkeit hingegen, mit der er seine Geschäftsidee verfolgt, könnte den Schluss zulassen, dass Herr Ix nicht in allen Bereichen flexibel ist.

Stellt man Kreativität als wesentlichen Erfolgsfaktor unternehmerischen Handelns heraus, so kann man Herrn Ix auch in diesem Bereich Qualitäten bescheinigen. Seine Geschäftsidee scheint auf den ersten Blick sehr pfiffig zu sein, indem er sich durch seine Tätigkeit als Teilzeitmanager von einem Negativimage abgrenzt, das Unternehmensberatern für gewöhnlich anhaftet. Selbst die Kategorie des erfolgreichen kreativen Gründers lässt sich auf Herrn Ix übertragen, insbesondere wenn man berücksichtigt, wie er seine bisherigen Erfahrungen gewinnbringend in Form von Dienstleistungen zu verkaufen versucht.

Vergleicht man das von Preisendörfer typologisierte Sozialprofil eines deutschen Unternehmensgründers mit Herrn Ix, so lassen sich folgende Gemeinsamkeiten feststellen: Herr Ix hat vor seiner Gründung gehobene Positionen bekleidet. Außerdem besitzt er Branchenerfahrung, lässt vor seiner Gründung aber kein ausgeprägtes unternehmerisches Verhalten erkennen.

Neben den personenabhängigen Erfolgsfaktoren sehen auch das mikrosoziale und das makrosoziale Umfeld des Herrn Ix insgesamt günstig aus. Bezüglich seines mikrosozialen Umfeldes ist bekannt, dass Herr Ix eine Ehefrau hat, die ihm unterstützend zur Seite steht. Da keine Kinder existieren, haben die ohnehin geringen unternehmerischen Risiken, die Herr Ix eingeht, auf sein mikrosoziales Umfeld keine übergeordnet große Bedeutung.

In Bezug auf sein makrosoziales Umfeld begegnet Herr Ix geschickt dem latenten Problem eines negativen Beraterimages, indem er ausdrücklich keine Unternehmensberatungsgesellschaft gründet.

Zu Aufgabe 2:
Klären Sie zunächst unter Zuhilfenahme der Literatur, was man unter Kreativität versteht. Verschaffen Sie sich zusätzlich einen Überblick über Kreativitätstechniken. Konstruieren Sie sodann Beispiele für Kreativität und Kreativitätstechniken, um anschließend Anhaltspunkte für Ihre Antwort zu finden, welche Rolle Kreativität für Unternehmensgründungen spielt.

IV Fallstudie 3
(Zacharias)

Zu Aufgabe 1:
Die Entscheidungssituation in der Fallstudie ist schlecht strukturiert. Fred muss unter Unsicherheit seine Zukunft planen und kennt die relevanten Informationen nur rudimentär, zumal sich diese dynamisch ändern. Weiterhin ist im gegebenen Fall von bewußt handelnden Gegenspielern auszugehen, deren komplexes Entscheidungsverhalten kalkuliert werden muss. Allgemein bieten sich daher Varianten von Entscheidungsmatrizen, Simulationen und / oder computergestützten Entscheidungsunterstützungsmodellen an (siehe auch die Kapitel VIII.1 und 2).

Aus dem strategischen Management könnte Fred Verfahren der Wettbewerbspositionierung (z.B. Portfolio-Matrizen inklusive SWOT-Analyse) bzw. der Geschäftsfeldplanung (z.B. Abell-Schema oder Ansoff-Matrix) entlehnen. An dieser Stelle bietet sich eine Diskussion der Methoden und Instrumente des strategischen Managements an, soweit sie die Neuprodukt- bzw. -geschäftsfeldplanung betreffen.

Zu Aufgabe 2:
Im vorliegenden Fall wurde das Marketing auf die Aspekte der Werbung reduziert. Das strategische und operative Marketing verwendet eine offenere Perspektive. So sind mindestens die Aspekte des Marketing-Mix (Produkt-, Kontrahierungs-, Distributions- und Kommunikations-Mix) zu berücksichtigen. Eine Vertiefung bietet Kapitel V.3 sowie Grulms (2000).

Zu Aufgabe 3:
Zur Beantwortung dieser Frage sollte eine Vertiefung des deutschen Gesellschaftsrechts vorgesehen werden. Insbesondere die Aspekte der Innen- und Außenwirkungen verschiedener Akteure in differenten Rechtsformen (hier: GbR und GmbH) sind heraus zu stellen und gegeneinander abzugrenzen.

So ist zu beachten, dass die GbR nicht rechtsfähig ist, d.h. Träger aller Rechte und Pflichten sind stets die Gesellschafter gemeinschaftlich. Sofern gesellschaftsvertraglich nichts anderes beschlossen ist, führen alle Gesellschafter der GbR die Geschäfte gemeinsam und vertreten diese nach außen. Im Grundsatz gilt ferner das Prinzip der gesamtschuldnerischen Haftung; das bedeutet, dass jeder Gesellschafter für die Verbindlichkeiten im Außenverhältnis voll haftbar ist. Relativiert kann diese Rechtslage werden, indem einem Gesellschafter eine Vollmacht ausgestellt wird, die auf bestimmte Höchstbeträge beschränkt ist. Dazu bedarf es besonderer Hinweise.

Bei einer GmbH handelt es sich um eine juristische Person mit den dahinter stehenden Gesellschaftern. Folglich haftet im Außenverhältnis die Gesellschaft mit ihrem gesamten Vermögen, und nicht die Gesellschafter persönlich.

Quellenverzeichnis

Abell, D. (1980), Defining the Business: The Starting Point of Strategic Planning, Englewood Cliffs.

Addison, J. T. et al. (1999), Verbreitung, Bestimmungsgründe und Auswirkungen von Betriebsräten: Empirische Befunde aus dem Hannoveraner Firmenpanel, in: B. Frick et. al. (Hrsg.): Die wirtschaftlichen Folgen der Mitbestimmung, Frankfurt a.m. / New York, S. 223-252.

Adelberger, O. L. (1993), Formen der Innenfinanzierung, in: G. Gebhardt et al. (Hrsg.), Handbuch des Finanzmanagements – Instrumente und Märkte der Unternehmensfinanzierung, München.

Aebli, H. (1991), Zwölf Grundformen des Lehrens – Eine allgemeine Didaktik auf psychologischer Grundlage, Stuttgart.

Ahl, P. (1974), Möglichkeiten und Grenzen der Fallmethode im Betriebswirtschaftskundeunterricht an der kaufmännischen Berufsschule, in: R. Pilz (Hrsg.), Entscheidungsorientierte Unterrichtsgestaltung in der Wirtschaftslehre, Paderborn.

Aigner, W. / M. Meyer / D. Rößl (1993), Marketing-Fallstudien für Klein- und Mittelbetriebe, Wien.

Albach, H. / K. Bock / T. Warnke (1985), Kritische Wachstumsschwellen in der Unternehmensentwicklung, Stuttgart.

Albers, W. (Hrsg.) (1983), Handwörterbuch der Wirtschaftswissenschaften, Stuttgart usw.

Alefeld, G. / J. Herzberger (1974), Einführung in die Intervallrechnung, Wien / Zürich.

Andrews, P. / S. Manes (1993), Gates. How Microsoft's Mogul Reinvented an Industry, – and Made Himself the Richest Man in America, Wokingham / New York / Ontario.

Arndt, H. (1952), Schöpferischer Wettbewerb und klassenlose Gesellschaft, Berlin.

Arnold, R. / H.-J. Müller (1992), Ganzheitliche Berufsbildung, in: G. Pätzold (1992), S. 97-121.

Asch, D. / G. R. Kaye (1996), Financial Planning – Modelling Methods and Techniques, London.

Ashby, W. R. (1956), An Introduction to Cybernetics, London.

Backes-Gellner, U. et al. (2000), Wettbewerbsfaktor Fachkräfte. Rekrutierungschancen und -probleme von kleinen und mittleren Unternehmen, Wiesbaden.

Backes-Haase, A. (1998), Handlungsorientierung oder Methodenwechsel? Anmerkungen aus der Sicht einer systematisch-konstruktiven Wirtschaftsdidaktik, Wirtschaft und Erziehung, 5, S. 165-169.

Backhaus, K. (1997), Industriegütermarketing, München.

Backhaus, K. et al. (1996), Multivariate Analysemethoden, eine anwendungsorientierte Einführung, Berlin usw.

Bain & Company, (2000), One Economy!, Studie zur E-Business Start-up-Szene in Deutschland, München.

Ballwieser, W. (1990), Unternehmensbewertung und Komplexitätsreduktion, Wiesbaden.

Ballwieser, W. (1991), Unternehmensbewertung beim Management Buy-Out, in: J. Baetge (Hrsg.), Akquisition und Unternehmensbewertung, Düsseldorf, S. 81-96.

Ballwieser, W. / H. Schmid (1990), Charakteristika und Problembereiche von Management Buy-Outs (I): Das Wirtschaftsstudium, 5, S. 299-305.

Balzert, H. (1996), Lehrbuch der Softwaretechnik: Software-Entwicklung, Heidelberg.

Balzert, H. (1998), Lehrbuch der Softwaretechnik: Software-Management, Software-Qualitätssicherung, Unternehmensmodellierung, Heidelberg.

Bank, V. / R. Reckstadt (1998), Schlusselqualitikationen zwischen Verehrung und Verzehrung, in: H. C. Jongebloed (Hrsg.), Wirtschaftspädagogik als Wissenschaft und Praxis - oder: Auf dem Wege zur Komplementarität als Prinzip, Kiel, S. 143-183.

Bass, H. H. (1998), J. A. Schumpeter, Eine Einführung, in: Lemper, L. et al. (Hrsg.): Materialien des Universitätsschwerpunktes „Internationale Wirtschaftsbeziehungen und Internationales Management", 12, Bremen.

Bauer, A. / W. Brosch / B. Ellermann (1991), Richtig versichert – besser gesichert, Karlsruhe.

Bauer H. H. (1989), Marktabgrenzung, Berlin.

Baumgarten, B. (1996), Petri-Netze, Grundlagen und Anwendungen, Heidelberg et al.

Bea, F. X. (1997), Entscheidungen des Unternehmens, in: F. X. Bea et. al. (Hrsg.) Allgemeine Betriebswirtschaftslehre, Bd. 1: Grundfragen, Stuttgart, S. 376-507.

Beck, H. (1994), Herkömmlicher Unterricht und handlungsorientierter Unterricht - Einordnungsversuche mit Literaturhinweisen zur Lerneinheit 'Kreditsicherheit', Erziehungswissenschaft und Beruf, 1, S. 13-17.

Beck, H. (1996), Handlungsorientierung des Unterrichts – Anspruch und Wirklichkeit im betriebswirtschaftlichen Unterricht, Darmstadt.

Beck-Texte im dtv (1999), Einkommensteuerrecht, Einkommensteuergesetz mit Einkommensteuergrund- und Splittingtabelle, Einkommensteuer-Durchführungsverordnung, Einkommensteuerrichtlinien, München.

Beck-Texte im dtv (2000), Bürgerliches Gesetzbuch mit Einführungsgesetz usw., München.

Behrens, K. C. (1971), Allgemeine Standortbestimmungslehre, Opladen.

Beiderwieden, K. (1994), Schlüsselqualifikationen erfordern offene Methoden in der Berufsbildung, Zeitschrift für Berufs- und Wirtschaftspädagogik, 1, S. 76-88.

Belbin, M. R. (1996), How to Build Successful Teams, Butterworth Heinemann.

Benkenstein, M. (1997), Strategisches Marketing: Ein wettbewerbsorientierter Ansatz, Stuttgart usw.

Betsch, O. / A. P. Groh / L. G. E. Lohmann (1998), Corporate finance: Unternehmensbewertung, M & A und innovative Kapitalmarktfinanzierung, München.

Biallo, H. (1993), Die geheimen deutschen Weltmeister. Mittelständische Erfolgsunternehmen und ihre Strategien, Wien.

Bierich, M. (1983), Innenfinanzierung der Unternehmen, in: F. W. Christians (Hrsg.), Finanzierungshandbuch, Wiesbaden.

Bitz, M. (1998), Bd.1. Investition, in: M. Bitz et al. (Hrsg.), Vahlens Kompendium der Betriebswirtschaftslehre, Band 1, München, S. 107-174.

Bleicher, K. (1989), Metaplanung, in: N. Szyperski (Hrsg.), Handwörterbuch der Planung, Stuttgart, Sp. 1119-1129.

Bleicher, K. (1991), Das Konzept Integriertes Management. Das St. Galler Management-Konzept, Frankfurt a.M. / New York.

Bleicher, K. (1994), Normatives Management, Frankfurt a.M. / New York.

Böhler, H. (1977), Methoden und Modelle der Marktsegmentierung, Stuttgart.

Boehm-Bezing, C. L. von (1999), Business Angels und ihre Netzwerke, Die Bank 9, S. 598-601.

Bohm, J. (1995), Die technologieorientierten Förderprogramme der Europäischen Union, des Bundes und der Bundesländer, in: W. Dieterle / E. Winckler (Hrsg.), Gründungsplanung und Gründungsfinanzierung, München.

Bonz, B. (1999), Methoden der Berufsbildung, Stuttgart.

Botta, V. (1997), Einführung in das Controlling, in: R. Walter (Hrsg.), Wirtschaftswissenschaften, Paderborn / München, S. 220-253.

Botta, V. (1998), Rechnungswesen und Controlling: Bausteine des Rechnungswesens und ihre Verknüpfung, Herne / Berlin.

Botta, V. (1999), Controlling: Management-Aufgabe und -Instrument, Jenaer Vorträge, Bd. 7, Baden-Baden.

Braudel, F. (1990), Sozialgeschichte des 15.-18. Jahrhunderts, Bd. 1-3, München.

Braukmann, U. (1993), Makrodidaktisches Weiterbildungsmanagement, Köln.

Braukmann, U. (1996), Zur handlungsorientierten Didaktik als theoretischer Kontext einer „Kooperativen Selbstqualifikation", in: C. Heidack (Hrsg.), Kooperative Selbstqualifikation – Schule und Wirtschaft; Dokumentation und Zukunftsperspektiven der Kompetenzentwicklung, Düsseldorf, S. 69-107.

Braukmann, U. (2000a), Zur Förderung von Existenzgründungen aus Hochschulen – Konturen eines neuen hochschuldidaktischen Aufgabenfeldes, in: G.A. Straka / R. Bader / P. Sloane (Hrsg.) (2000), Perspektiven der Berufs- und Wirtschaftspädagogik – Forschungsberichte der Frühjahrstagung 1999, Opladen 2000, S. 87-104.

Braukmann, U. (2000b), „Förderung von Existenzgründungen aus Hochschulen – im Rahmen des bizeps-Projektes entwickelte Konturen einer Gründungsdidaktik", unveröffentlichtes Typoskript, Wuppertal 2000 (Teile sind bereits in Klandt / Nathusius / Szyperski / Heil 2000 und in Euler / Jongebloed / Sloane 2000 veröffentlicht).

Braukmann, U. (2000c), Förderung von Existenzgründungen aus Hochschulen – im Rahmen des bizeps-Projektes entwickelte Konturen einer Gründungsdidaktik, in: H. Klandt / K. Nathusius / N. Szyperski / A. H. Heil (Hrsg.), G-Forum 1999. Dokumentation des 3. Forums Gründungsforschung, Köln, 8. Oktober 1999, Lohmar / Köln 2000, S. 103-134.

Braukmann, U. (2000d), Zur Entwicklung und programmatischen Ausrichtung einer Gründungsdidaktik an Hochschulen, in: D. Euler / H. C. Jongebloed / P. Sloane (Hrsg.): Sozialökonomische Theorie – sozialökonomisches Handeln, Kiel 2000, S. 347-369.

Brealey, R. A. / S. C. Myers (2000), Principles of Corporate Finance, Boston usw.

Brezski, E. (1993), Konkurrenzforschung im Marketing, Wiesbaden.

Brockhaus – Die Enzyklopädie (1998), Bd. 20, S. 34.

Brockhaus, R. H. / P. Horwitz (1986), The Psychology of the Entrepreneur, in: The Art and Science of Entrepreneurship, Cambridge, S. 25-48.

Brockhoff, K. (1999), Forschung und Entwicklung. Planung und Kontrolle, München.

Bühl, A. / P. Zöfel (1999), SPSS: Methoden für die Markt- und Meinungsforschung, München.

Bull, I. et al. (Hrsg.) (1995), Entrepreneurship, Perspectives on Theory Building, Oxford usw.

Bümmerhoff, D. (Hrsg.) (1994), Lexikon der Volkswirtschaftlichen Gesamtrechnung, München usw.

Bundesministerium für Arbeit und Sozialordnung (BMA) (28.6.2000), Verzeichnis der für allgemeinverbindlich erklärten Tarifverträge (Stand: 1.4.2000), http://www.bma.de/de/arbeit/arbeitsrecht/tarifverzeichnis.htm.

Bund-Länder-Kommission für Bildungsplanung und Forschungsförderung (1997), Aus- und Weiterbildung zur unternehmerischen Selbständigkeit für Absolventen des beruflichen Bildungswesens, 55, Bonn 1997.

Burgelman, R. A. (1983), A Process Model of Internal Corporate Venturing in Diversified Major Firms, Administrative Science Quarterly, 28, S. 223-244.

Bussiek, J. (1994), Anwendungsorientierte Betriebswirtschaftslehre für Klein- und Mittelunternehmen, München / Wien.

BVK (2000), BVK Jahrbuch 2000, Bundesverband Deutscher Kapitalbeteiligungsgesellschaften- German Venture Capital Association e.V., Berlin.

BVK (2000), Bundesverband Deutscher Kapitalbeteiligungsgesellschaften – German Venture Capital Association e.V. (BVK): Directory 2000, Leitfaden für Unternehmer und Mitgliederverzeichnis, Berlin.

Büschgen, H. E. (1991), Grundlagen betrieblicher Finanzwirtschaft, Unternehmensfinanzierung, 3. Aufl., Frankfurt a.M.

Chamberlin, E. (1933), The Theory of Monopolistic Competition, Cambridge.

Choi, Y. / L. Merville (1998), A Unified Model of Corporate Acquisitions and Devestitures: An Incentive Perspective, in: Review of Quantitative Finance and Accounting, 10, S. 127-154.

Churchill, N. (1997), The six key phases of company growth, in: D. Muzyka / S. Birley (Hrsg.), Mastering Enterprise, London.

Clark, J. (1940), Toward a Concept of Workable Competition, American Economic Review, 30, S. 241-256.

Collins, O. F. / D. G. Moore (1964), The Enterprising Man, Michigan, East Lancing.

Copeland, T. / T. Koller / J. Murrin (2000), Valuation – measuring and managing the value of companies, New York usw.

Corsten, H. (1998), Grundlagen der Wettbewerbsstrategie, Stuttgart / Leipzig.

Csikszentmihalyi, M. (1995), Dem Sinn des Lebens eine Zukunft geben – Eine Psychologie für das 3. Jahrtausend, New York / Stuttgart.

Cyert, R. / J. G. March (1963), A Behavioral Theorie of the Firm, Englewood Cliffs.

Daferner (2000), Eigenkapitalausstattung von Existenzgründungen im Rahmen der Frühphasenfinanzierung, Sternenfels.

Daniel, R. D. (1961), Management Information Crisis, Harvard Business Review, 39 (5), S. 111-121.

Daschmann, H.-A. (1994), Erfolgsfaktoren des Mittelstandes. 5 Bausteine für den langfristigen Erfolg, Eschborn.

Date, C. J. (2000), An Introduction to Database Systems, Reading Mass. usw.

Dederichs, J. (1993), Ein computergestütztes Basismodul kollektiver strategischer Controllingsysteme, Bergisch Gladbach / Köln.

Diekmann, H. (1998), Existenz- und Unternehmensgründungen, Köln.

Dörner, D. et. al. (1983), Lohhausen – Vom Umgang mit Unbestimmtheit und Komplexität, Bern / Stuttgart / Wien.

Dörner, D. (1989), Die Logik des Mißlingens: Strategisches Denken in komplexen Situationen, Hamburg.

Driescher, H. F. (1999), Erfolgsfaktoren im Produktions- und Absatzbereich junger Unternehmen, Eine empirische Analyse der Gründungs- und Frühentwicklungsphase, Köln.

Drucker, P. F. (1992), Die Zukunft managen, Düsseldorf usw. (Orig.: Managing for the Future, New York).

Drukarczyk, J. (1990), Management Buyouts: Wirtschaftswissenschaftliches Studium, 11, S. 545-549.

Drukarczyk, J. (1993), Management Buyouts – Effizienzgewinne, Vermögensumverteilung und gesellschaftsrechtliche Schranken, W. H. Staehle / J. Sydow (Hrsg.), Managementforschung 3: Berlin usw., S. 19-52.

Drukarczyk, J. (1998), Unternehmensbewertung, München.

Drukarczyk, J. (1999), Finanzierung, Stuttgart.

Drukarczyk, J. / D. Honold (1999), Unternehmensbewertung, DCF-Methoden und der Wert steuerlicher Finanzierungsvorteile, Zeitschrift für Bankrecht und Bankwirtschaft, 11, S. 333-408.

Deutsche Ausgleichsbank (1998), Innovation versus Tradition, Bonn-Bad Godesberg.

Dyckerhoff, C. S. (1995), Intrapreneuring, Band 2 der St. Gallener Beiträge zum unternehmerischen Wandel, Bern / Stuttgart / Wien.

Ebner, H. / H. Reinisch (1989), Handlungsorientierung – Kritische Anmerkungen zu einer aktuellen Kennzeichnung didaktischer Entwürfe, Arbeit und Lernen, 66, S. 3-9.

Eckert, M. (1992), Handlungsorientiertes Lernen in der beruflichen Bildung - Theoretische Bezüge und praktische Konsequenzen, in: G. Pätzold (1992), S. 55-78.

Eisele, W. (1999), Technik des betrieblichen Rechnungswesens, München.

Engels, P. (1995), Die Versicherungen des Betriebs: Leitfaden für Klein- und Mittelbetriebe, Freiburg i. Br.

Erickson, J. / J. Wallace (1994), Mr. Microsoft, die Bill Gates-Story, Der Atemberaubende Aufstieg eines Computerfreaks zum Multimilliardär, Frankfurt a.M. / Berlin.

Ernst, H. (1996), Patentinformationen für die strategische Planung von Forschung und Entwicklung, Wiesbaden.

Esser, F. H. / M. Twardy (1998), Entrepreneurship als didaktisches Problem einer Universität – aufgezeigt am Organisationsentwicklungskonzept „WIS-EX" der

Universität zu Köln, Kölner Zeitschrift für „Wirtschaft und Pädagogik", 24, S. 5-26.

EVCA (2000), EVCA 2000 Directory, Directory of EVCA Members, Zaventem.

EVCA (Hrsg.) (2000), European Private Equity and Venture Capital Association (EVCA): 2000 Yearbook, Zaventem.

Faix, A. (1994), Der Einsatz des Marketing-Assessment zur Abschätzung wettbewerbsbezogener Folgen von Produktinnovationen, Arbeitspapier des Instituts für Markt- und Distributionsforschung der Universität zu Köln, Köln.

Faix, A. (1998a), Patente im strategischen Marketing, Berlin.

Faix, A. (1998b), Michael E. Porter: Verfechter einer nachhaltigen Wettbewerbsorientierung, Das Wirtschaftsstudium, 27, S. 1413-1416.

Faix, A. / W. Görgen (1994), Das „Konstrukt" Wettbewerbsvorteil: Grundlagen, Kennzeichnung und Planung, Marketing Zeitschrift für Forschung und Praxis, 16, S. 160-166.

Fallgatter, M. (2000), „Entrepreneurship": Potenzielle Legitimationsprobleme und Konturen einer jungen Disziplin, unveröffentlichtes Typoskript, Bielefeld, Mai 2000.

Faltin, G. / S. Ripsas / J. Zimmer (Hrsg.) (1998), Entrepreneurship – Wie aus Ideen Unternehmen werden, München.

Fatzer, G. / K. Rappe-Giesecke / W. Looss (1999), Qualität und Leistung von Beratung: Supervision, Coaching, Organisationsentwicklung, Köln.

Fayyad, U. M. / G. Piatetsky-Shapiro / P. Smyth (1996), From Data Mining to Knowledge Discovery: An Overview, in: U. M. Fayyad et al. (Hrsg.), Advances in Knowledge Discovery and Data Mining. AAAI Press / The MIT Press, Menlo Park, California, S. 1-35.

Federmann, R. (2000), Bilanzierung nach Handelsrecht und Steuerrecht: Gemeinsamkeiten, Unterschiede und Abhängigkeiten von Handels- und Steuerbilanz unter Berücksichtigung internationaler Rechnungslegungsstandards, Berlin.

Franke, G. / H. Hax (1999), Finanzwirtschaft des Unternehmens und Kapitalmarkt, 4. Aufl., Berlin u.a.

Frese, M. (1998), Einführung in den Gegenstand, in: M. Frese (Hrsg.), Erfolgreiche Unternehmensgründer – psychologische Analysen und praktische Anleitungen für Unternehmer in Ost- und Westdeutschland, Göttingen / Bern / Toronto / Seattle, S. 1-4.

Freter, H. (1983), Marktsegmentierung, Stuttgart usw.

Frick, S. et al. (1998), Möglichkeiten zur Verbesserung des Umfeldes für Existenzgründer und Selbständige: Wege zu einer neuen Kultur der Selbständigkeit, Essen

Friedrich, K. (1999), Der Robin Hood des SmartCard-Marktes, in: StrategieBrief, 12, S. 3-10.

Friedrich, K. (2000), Reife Leistungen – Strategie für die dritte Lebensphase, in: StrategieBrief, 3, S. 3-10.

Gabler Wirtschaftslexikon (1997), Wiesbaden, S. 3391.

Garavan, T. N. / B. O'Cinneide (1994), Entrepreneurship Education and Training Programmes – A Review and Evaluation Part 2, Journal of European Industrial Training, 18 (11), S. 13-21.

Gartner, W. B. (1988), „Who is an entrepreneur?" is the wrong question, in: American Journal of Small Business, 12(4), S. 11-32.

Gaul, D. / K. Bartenbach (1993), Patentlizenz- und Know-how-Vertrag, Köln.

Gebhardt, G. / W. Gerke / M. Steiner (1993), Handbuch des Finanzmanagements – Instrumente und Märkte der Unternehmensfinanzierung, München.

Geigenberger (1999), Risikokapital für Unternehmensgründer, Der Weg zum Venture Capital, München.

Gereth, B. / K. W. Schulte (1992), Mezzanine-Finanzierung, Bergisch Gladbach - Köln.

Gerpott, T. J. (1999), Strategisches Technologie- und Innovationsmanagement. Eine konzentrierte Einführung, Stuttgart.

Geschka, H. / R. Hammer (1997), Die Szenario-Technik in der strategischen Unternehmensplanung, in: D. Hahn / B. Taylor (Hrsg.), Strategische Unternehmungsplanung – strategische Unternehmungsführung: Stand und Entwicklungstendenzen, Heidelberg, S. 464-489.

Gibb, A. A. (1996), Entrepreneurship and Small Business Management: Can We Afford to Neglect Them in the Twenty-first Century Business School, British Journal of Management, 7, S. 309-321.

Giersch, H. (1984), The Age of Schumpeter, in: American Economic Review, 1974(2), AEA Papers and Proceedings, S. 103–109.

Goebel, P. (1990), Erfolgreiche Jungunternehmer. Lieber kleiner Herr als großer Knecht. Welche Fähigkeiten brauchen Firmengründer?, München.

Goebel, P. (1998), Die ökonomisch erfolgreichen Gründer, in: G. Faltin / S. Ripsas / J. Zimmer (Hrsg.), Entrepreneurship, Wie aus Ideen Unternehmen werden, München, S. 85-92.

Görgen, W. (1992), Strategische Wettbewerbsforschung, Bergisch Gladbach / Köln.

Gort, M. / S. Klepper (1982), Time Paths in the Diffusion of Product Innovations, Economic Journal, 92, S. 630-653.

Grant, A. J. (1998), Entrepreneurship – die grundlegende wissenschaftliche Disziplin für das Fach Wirtschaft des 21. Jahrhunderts, in: G. Faltin et. al. (Hrsg.) Entrepreneurship – Wie aus Ideen Unternehmen werden, München.

Greiner, L. E. (1982), Evolution und Revolution im Wachstum von Organisationen, Harvard Manager, 3, S. 7-15. (Orig.: Evolution and Revolution as Organization Grow, in: Harvard Business Review, 1972, 50, S. 37-46).

Grinyer, P. H. / J. Wooller (1978), Corporate Models Today, London.

Groß, H. (1975), Die Chancen ändern sich – Gedanken zum Wachstum, Düsseldorf.

Grüner, H. (1993), Entrepreneurial Learning – Ist eine Ausbildung zum Unternehmertum möglich?, in: Zeitschrift für Berufs- und Wirtschaftspädagogik, 5, S. 485-509.

Grulms, M. (2000), Marketing in neugegründeten Unternehmen, Lohmar / Köln.

Gudjons, H. (1997), Handlungsorientierter Unterricht. Begriffskürzel mit Theoriedefizit? In: Pädagogik, 1, S. 6-10.

Hadley, G. (1964), Nonlinear and Dynamic Programming, Reading, Mass / London / New York.

Hahn, D. (1970), Wachstumspolitik industrieller Unternehmungen, in: Betriebswirtschaftliche Forschung und Praxis, 22, S. 609-626.

Hahn, D. (1993), Planung und Kontrolle, in: Handwörterbuch der Betriebswirtschaftslehre, 2. Bd., Stuttgart.

Hahn, D. (1997), Zweck und Entwicklung der Portfolio-Konzepte in der strategischen Unternehmungsplanung, in: D. Hahn / B. Taylor (Hrsg.), Strategische Unternehmungsplanung – strategische Unternehmungsführung: Stand und Entwicklungstendenzen, Heidelberg, S. 372-406.

Haken, H. (1984), Erfolgsgeheimnisse der Natur – Synergetik: Die Lehre vom Zusammenwirken, Stuttgart.

Halfpap, K. (1988 / 1991), Durch Handlungsorientierung kritische Bildung – Eine Erwiderung zu Hentkes Beitrag: „Handlungsorientierung oder kritische Bildung?" – Wirtschaft und Erziehung 3 / 88, S. 83-86, in: Bundesverband der Lehrer an Wirtschaftsschulen (Hrsg.) (1991), Handlungsorientierter Unterricht – Kritik und Rechtfertigung in „Wirtschaft und Erziehung", Wolfenbüttel, S. 32-37.

Halfpap, K. (1992), Berufliche Handlungsfähigkeit – Ganzheitliches Lernen – Anforderungen an das Lehr- und Ausbildungspersonal, in: G. Pätzold (1992), S. 140-161.

Halfpap, K. (1996), Der Paradigmawechsel durch Handlungsorientierung: Vom Lehren zum Lernen lassen, in: Wirtschaft und Erziehung, 9, S. 297-299.

Halfpap, K. (1998), Curricula für berufsbildende Schulen handlungsorientiert konstruieren und evaluieren, Erziehungswissenschaft und Beruf, 2, S. 166-179.

Hanau, P. / K. Adomeit (2000), Arbeitsrecht: Juristische Lernbücher Bd. 1, Neuwied.

Handgrätinger, S. / T. Mtibaa, COMICS – Von der Garagenfirma zum National Player, in: A. Gerybadze / H. Kohlert (Hrsg.), Branchenstudie Entrepreneure in der IT-Industrie, Düsseldorf, S. 71-80.

Haupt, R. (2000), Industriebetriebslehre. Einführung. Management im Lebenszyklus industrieller Geschäftsfelder, Wiesbaden, S. 43 ff.

Haupt, R. / M. Kloyer (2001), Management von Innovationskooperationen. Eine empirische Untersuchung von Unternehmen in Hochtechnologiebranchen, Lehrstuhl für Allgemeine Betriebswirtschaftslehre / Produktion und Industriebetriebslehre der Friedrich-Schiller-Universität Jena (im Erscheinen).

Hauschildt, J. (1997), Innovationsmanagement, München.

Hax, H. (1985), Investitionstheorie, Würzburg / Wien.

Hébert, R. F. / A. N. Link (1988), The Entrepreneur, New York.

Heimbrock, K. J. (1997), Dynamisches Unternehmen: Erfolgreiche Unternehmens-Architektur durch Organisations-Evolution, Frechen-Königsdorf / Köln.

Heitzer, B. / C. Sohn (1999), Zur Bedeutung des Neuen Marktes für die Venture Capital-Finanzierung in Deutschland, in: Finanz Betrieb, Heft 11/1999, S. 397-405.

Hemer, J. (1999), Mobilisierung von Business Angels in Deutschland, Beitrag zur Tagung „Beteiligungskapital in der Finanzierung von KMU: Grundfragen, Konzepte, Erfahrungen" am 22. / 23. April 2000 in Freiburg / Sachsen.

Hemmer, E. (1997), Sozialpläne und Personalanpassungsmaßnahmen: eine empirische Untersuchung, Köln.

Hertog, F. D. / T. Tolner (1996), Groups and Teams, in: M. Warner (Hrsg.), International Encyclopedia of Business and Management, Vol. 5, Routledge / London / New York.

Hesse, G. (1990), Evolutorische Ökonomik oder Kreativität in der Theorie, in: U. Witt (Hrsg.), Studien zur evolutorischen Ökonomik I, Berlin, S. 49-73.

Hesse, G. / L. T. Koch (1997), Volkswirtschaftliche Theorie wirtschaftlichen Wandels, in: R. Walter (Hrsg.), Wirtschaftswissenschaften: Eine Einführung, Paderborn usw., S. 499-536.

Heuss, E. (1965), Allgemeine Markttheorie, Tübingen / Zürich.

Hilb, M. (1997), Management by Mentoring. Ein wiederentdecktes Konzept zur Personalentwicklung, Neuwied.

Hillier, F. S. / G. J. Lieberman (1997), Operations-Research: Einführung, aus dem Amerikan. übers. von Gabriele Bauer, München / Wien.

Hilpert, K. (Hrsg.) (1987), Selbstverwirklichung, Chancen, Grenzen Wege, Mainz.

Hisrich R. D. / M. P. Peters (1988), Entrepreneurship, Mc Graw Hill, Boston.

Holtbernd, T. / B. Kochanek (1999), Coaching: Die zehn Schritte der erfolgreichen Managementbegleitung, Köln.

Homburg, C. (1998), Quantitative Betriebswirtschaftslehre: Entscheidungsunterstützung durch Modelle; mit Beispielen, Übungsaufgaben und Lösungen, Wiesbaden.

Hubmann, H. / H.-P. Götting, (1998), Gewerblicher Rechtsschutz, München.

Hüttner, M. (1976), Der Einsatz „aktiver Lernmethoden", speziell der „Fallmethode" im berufsbildenden Schulwesen, in: DtBFsch, 5, S. 346.

Hummel, T. R. (1994), Betriebswirtschaftslehre. Gründung und Führung kleiner und mittlerer Unternehmen, München / Wien.

Ichbiah, D. (1996), Die Microsoft Story, Bill Gates und das erfolgreichste Softwareunternehmen der Welt, München.

Jahrmann, F.-U. (1999), Finanzierung: Darstellung, Kontrollfragen, Fälle und Lösungen, Berlin.

Jaspers, K. (1958), Die Atombombe und die Zukunft des Menschen, München und Basel.

Jensen, K. (1997), Coloured Petri Nets, Basic Concepts, Analysis Methods and Practical Use, Berlin usw.

Johnson, B. A. (1990), Toward a multidimensional model of entrepreneurship: The case of Achievement motivation and entrepreneur, in: Entrepreneurship Theory and Practice, S. 39-54.

Jung, H. (1996), Allgemeine Betriebswirtschaftslehre, München / Wien.

Kaapke, A. / M. Froböse (1999), Fallstudien zum Handelsmanagement, Stuttgart / Berlin / Köln.

Kaiser, F.-J. (1973), Entscheidungstraining: die Methoden der Entscheidungsfindung: Fallstudie, Simulation, Planspiel, Bad Heilbrunn.

Kaiser, F.-J. (1983), Grundlagen der Fallstudiendidaktik: Historische Entwicklung – theoretische Grundlagen – unterrichtliche Praxis, in: F.-J. Kaiser (Hrsg.), Die Fallstudie, Bad Heilbrunn.

Kaiser, F.-J. (1987), Grundannahmen handlungsorientierten Lernens und die Arbeit im Lernbüro, in: F.-J. Kaiser (Hrsg.), Handlungsorientiertes Lernen in kaufmännischen Berufsschulen, Bad Heilbrunn, S. 11-48.

Kaplan, S. (1989), Management Buyouts: Evidence on Taxes as a Source of Value, in: The Journal of Finance, 44, S. 611-632.

Kasperzak, R. (2000), Unternehmensbewertung, Kapitalmarktgleichgewichtstheorie und Komplexitätsreduktion, Betriebswirtschaftliche Forschung und Praxis, erscheint demnächst.

Kayser, G. (1997), Unternehmensführung, in: H.-C. Pfohl (Hrsg.), Betriebswirtschaftslehre der Klein- und Mittelbetriebe. Größenspezifische Probleme und Möglichkeiten zu ihrer Lösung, Berlin, S. 81-102.

Kelton, W. D. / R. P. Sadowski / D. A. Sadowski (1998), Simulation with Arena, Boston, Mass. usw.

Kemter, P. / H.-E. Klose / G. McKenzie (1999), Persönlichkeitsfaktoren und Erfolg in klein- und mittelständischen Unternehmen, in: L. v. Rosenstiel / T. Lang- von Wins (Hrsg.), Existenzgründung und Unternehmertum, Stuttgart, S. 196-207.

Kern, W. (1992), Industrielle Produktionswirtschaft, Stuttgart.

Kirchhoff, S. / H. Klandt / U. Winand (1994), Unternehmerische Partnerschaft: Ein Erfolgsfaktor?, in: D. Müller-Böling / K. Nathusius (Hrsg.), Unternehmerische Partnerschaften, Stuttgart.

Kirzner, I. M. (1978), Wettbewerb und Unternehmertum, Tübingen.

Kiser, B. (1985), Gründungsmanagement, Bern usw.

Klandt, H. (1984), Aktivität und Erfolg des Unternehmensgründers, Eine empirische Analyse unter Einbeziehung des mikrosozialen Umfeldes, Band 1 der Reihe Gründung, Innovation und Beratung, Bergisch-Gladbach.

Klandt, H. (1991), Zur Existenzberechtigung einer speziellen Betriebswirtschaftslehre des Gründungsmanagements. in: V. D. Müller-Böling et. al. (Hrsg.), Innovations- und Technologiemanagement, Stuttgart, S. 479-494.

Klandt, H. (1994), Unternehmer-Teams – Eine wiederentdeckte Idee, in: V. D. Müller-Böling / K. Nathusius (Hrsg.), Unternehmerische Partnerschaften, Stuttgart.

Klandt, H. (1995), Der Unternehmensgründer, in: K. M. Dieterle und E. M. Winckler (Hrsg.), Gründungsplanung und Gründungsfinanzierung, München, S. 1-22.

Klandt, H. (1996), Der integrierte Unternehmensplan: Ein Instrument für die Gründungsplanung, Dortmund.

Klandt, H. (1998), Entrepreneurship spielend lernen: Erfahrungen beim Einsatz eines Computerplanspiels zur Vermittlung der mittelständischen Unternehmerrolle, in: G. Faltin / S. Ripsas / J. Zimmer (1998), S. 197-216.

Klandt, H. (1998), Gründungsmanagement. Der integrierte Unternehmensplan, München / Wien.

Klandt, H. (1999), Gründungsmanagement. Der integrierte Unternehmensplan, München / Wien.

Klandt, H. / T. H. Finke-Schürmann (2000), Existenzgründung für Hochschulabsolventen: So erstellen Sie einen überzeugenden Business Plan, Frankfurt a.M.

Klandt, H. / L. Krafft (2000), Die Bedeutung von Venture Capital für die Entwicklung von Internet / E-Commerce-Gründungen in Deutschland, Diskussionspapier, EBS, Oestrich-Winkel.

Klein, M. (1999), Eine Unternehmensgründungsbiographie aus der Sicht des Gründers: Wolfgang Ix Kaufmännische Dienste: Gründung aus der Arbeitslosigkeit heraus, in: U. Braukmann / L. T. Koch / W. Matthes (Hrsg.), Arbeitspapiere des Gründerseminars, BUGH Wuppertal.

Knight, F. H. (1921), Risk, Uncertainty and Profit, Houghton Miffin, Boston.

Koch, L. T. (2000a), Gründungskultur: Ökonomischer Gehalt und gesellschaftspolitischer Anspruch, in: U. Braukmann / L. T. Koch / W. Matthes (Hrsg.), Arbeitspapiere des Gründerseminars, BUGH Wuppertal.

Koch, L. T. (2000b), Relativer Wohlstand der Nationen im Globalisierungsprozess, Baden-Baden.

Koch, L. T. / W. Kuhn (2000), Alternative Wege in die Selbständigkeit: Ein Überblick, in: U. Braukmann / L. T. Koch / W. Matthes (Hrsg.), Arbeitspapiere des Gründerseminars, BUGH Wuppertal.

Kofler, E. (1981), Fuzzy Sets oder LPI-Theorie, in: G. Menges / H. Schelbert / P. Zweifel (Hrsg.), Stochastische Unschärfe in den Wirtschaftswissenschaften, Frankfurt a.M., S. 65-113.

Köhler, R. (1993), Beiträge zum Marketing-Management: Planung, Organisation, Controlling, Stuttgart usw.

Köhler, R. (1998), Methoden und Marktforschungsdaten für die Konkurrentenanalyse, in: B. Erichson / L. Hildebrandt (Hrsg.), Probleme und Trends in der Marketing-Forschung, Stuttgart, S. 25-48.

Kollmer, N. / M. Vogl (1997), Das neue Arbeitsschutzgesetz, München.

Kondratieff, N. (1926), Die langen Wellen der Konjunktur, Archiv für Sozialwissenschaft und Sozialpolitik, 56.

Koontz, H. (1980), The management theory jungle revisited. Academy of Management Review, 5(2), S. 175-187.

Kotler, P. / F. Bliemel (1999), Marketing-Management: Analyse, Planung, Umsetzung und Steuerung, Stuttgart.

Kotsch-Faßhauer, L. (1997), Wie macht man sich selbständig? – Rechtliche und praktische Hilfen zur Existenzgründung, Stuttgart / Bad Wörishofen.

Kotsch-Faßhauer, L. (2000), Wie macht man sich selbständig? Rechtliche und praktische Hilfen zur Existenzgründung, Stuttgart.

Kreikebaum, H. (1997), Strategische Unternehmensplanung, Stuttgart usw.

Kreilkamp, E. (1987), Strategisches Management und Marketing, Berlin / New York.

Kubr, T. / D. Ilar / H. Marchesi (1997), planen, gründen, wachsen: Mit dem professionellen Businessplan zum Erfolg, Zürich.

Küpper, H.-U. (1997), Controlling-Konzeption, Aufgaben und Instrumente, Stuttgart.

Kußmaul, H. (1999), Betriebswirtschaftslehre für Existenzgründer – Grundlagen mit Fallbeispielen und Fragen der Existenzgründungspraxis, München / Wien.

Lachenmaier (1999), Krisensicher finanzieren ohne Bank, Kapital für Existenzgründer, kleine und mittlere Unternehmen, Landsberg / Lech.

Laux, H. / F. Liermann (1997), Grundlagen der Organisation, Berlin usw.

Leicht, R. / R. Strohmeyer (1998), Beschäftigungsbeitrag und Wachstumsmuster kleinerer Betriebe, in: G. Faltin et al. (Hrsg.), Entrepreneurship: Wie aus Ideen Unternehmen werden, München, S. 41-58.

Leitermann, R. (1995), Rechtsformwahl, in: W. Dieterle / E. Winckler (Hrsg.), Gründungsplanung und Gründungsfinanzierung, München, S. 173-201.

Leopold, G. / H. Frommann (1998), Eigenkapital für den Mittelstand, Venture Capital im In- und Ausland, München.

Lieb, M. (2000), Arbeitsrecht, Heidelberg.

Link, U. (1988), Strategische Konkurrenzanalyse im Konsumgütermarketing, Idstein.

Littel, A. D. (1997), Management von Innovation und Wachstum, Wiesbaden.

Looss, W. (1991), Coaching für Manager – Problembewältigung unter vier Augen, Landsberg / Lech.

Looss, W. (1997), Unter vier Augen, Landsberg / Lech.

Lorenz, T. (1989), Venture Capital Today, A Practical Guide to the Venture Capital Market, New York / London.

Löwisch, M. (2000), Arbeitsrecht: Ein Studienbuch, Neuwied.

Lück, W. / A. Böhmer (1994), Entrepreneurship als wissenschaftliche Disziplin in den USA, in: Schmalenbachs Zeitschrift für betriebswirtschaftliche Forschung, 5, S. 403-421.

Mackert, R. (1997), Zur Problematik handlungsorientierter Ansätze in der Didaktik der Wirtschaftslehre, in: Erziehungswissenschaft und Beruf, 4, S. 462-468.

Manz, K. / A. Dahmen (1998), Finanzierung, München.

March, J. G. / H. A. Simon (1958), Organizations, New York.

Marr, R. / A. Picot (1991), Absatzwirtschaft, in: E. Heinen (Hrsg.), Industriebetriebslehre: Entscheidungen im Industriebetrieb, Wiesbaden, S. 623-728.

Martin, C. (1996), Existenzgründung leichtgemacht – ein Leitfaden für Unternehmer, Wien.

Matthes, W. (1972), Gründungsmodell der Prozessstruktur der Unternehmung, Berlin.

Matthes, W. (1973), Terminierungsmodelle für klinische Prozesse, Teil I-III, Berlin.

Matthes, W. (1979), Netzplantechnik, Erweiterungen der, in: W. Kern (Hrsg.), Handwörterbuch der Produktionswirtschaft, Stuttgart, Sp. 1327-1340.

Matthes, W. (1986), Phasen des Managementprozesses, WISU, 18(6), S. 283-290.

Matthes, W. (1989), KOLLPROG – Module eines kollektiven Prognosesystems zur Entwicklungsplanung der Unternehmung, in M. R. Wolff (Hrsg.), Mikrorechnereinsatz in den Wirtschaftswissenschaften, München / Wien, S. 149-174.

Matthes, W. (1990), Evaluation Techniques, in: E. Grochla et al. (Hrsg.), Handbook of German Business Management, Stuttgart et al., Sp. 852-861.

Matthes, W. (1993), Input-Output-Analyse, betriebswirtschaftliche, in: W. Wittmann et. al. (Hrsg.), Handwörterbuch der Betriebswirtschaft, Teilband 2, Stuttgart, Sp. 1813-1826.

Matthes, W. / J. Dederichs / M. Pütz (2000), Unternehmensgründung als Aufgabe des Entwicklungscontrollings, in: H. Klandt et. al. (Hrsg.), G-Forum 1999: Dokumentation des 3. Forums Gründungsforschung, Lohmar / Köln.

Mayer, A. et al. (1993), Fuzzy Logic, Einführung und Leitfaden zur praktischen Anwendung mit Fuzzy Shell in C++, Bonn usw.

McClelland, D. C. (1961), The Achieving Society, Princeton, Van Nostrand.

McClelland, D. C. (1962), Business Drive and national achievement, Harvard Business Review, 40, S. 99-112.

McClelland, D. C. (1965), Achievement Motivation Can Be Developed, in: Harvard Business Review, S. 6-24.

Meisel, P. G. (1995), Arbeitsrecht für die betriebliche Praxis: ein Handbuch für alle Führungskräfte im Betrieb und Unternehmen, Köln.

Menges, G. / H. Schelbert / P. Zweifel (1981), Stochastische Unschärfe in den Wirtschaftswissenschaften, Frankfurt a.M.

Mertens, D. (1974), Schlüsselqualifikationen, in: Mitteilungen zur Arbeitsmarkt- und Berufsforschung, 1, S. 36-43.

Mertens, P. (1993), Prognoserechnung, Würzburg / Wien.

Mewes, W. (1970 / 74), Die kybernetische Managementlehre (EKS), Fernlehrgang in 12 Lehrheften, Frankfurt a.M.

Mewes, W. / K. Friedrich (1998), Lehrgang der EKS®-Strategie, Pfungstadt.

Meyer, H. (1996a), Unterrichtsmethoden - I: Theorieband, Frankfurt a.M.

Meyer, H. (1996b), Unterrichtsmethoden - II: Praxisband, Frankfurt a.M.

Middendorf, W. (1994), Ansätze und Implikationen von Interdisziplinarität im Unterricht an berufsbildenden Schulen, in: Zeitschrift für Berufs- und Wirtschaftspädagogik, 2, S. 186-190.

Middendorf, W. (1997), Erste Betrachtungen zur Umsetzung der Lernfeldorientierung in den Lehrplänen der Berufsschule am Beispiel Nordrhein-Westfalen, Zeitschrift für Berufs- und Wirtschaftspädagogik, 5, S. 521-531.

Mieck, I. (1993), Wirtschaft und Gesellschaft Europas von 1650 bis 1850, in: I. Mieck (Hrsg.), Europäische Wirtschafts- und Sozialgeschichte von der Mitte des 17. Jahrhunderts bis zur Mitte des 19. Jahrhunderts, Stuttgart, S. 1-179.

Milgrom, P. / J. Roberts (1992), Economics, organization and management, Englewood Cliffs, New Jersey.

Milling, P. (1996), Simulationen in der Produktion, in: W. Kern / H.-H. Schröder / J. Weber (Hrsg.): Handwörterbuch der Produktionswirtschaft, Stuttgart 1996, Sp. 1840-1852.

Mintzberg, H. / J. A. Waters (1985), Of Strategies, Deliberate and Emergent, Strategic Management Journal, 6, S. 257-272.

Modigliani, F. / M. H. Miller (1958), The Cost of Capital, Corporation Finance and the Theory of Investment, American Economic Review, 48, S. 261-297.

Morrison, A. (1998), An introduction to entrepreneurship, in: A. Morrison (Hrsg.) (1998), Entrepreneurship – An international perspective, Oxford usw., S. 1-14.

Müller, G. F. (1999a), Indikatoren unternehmerischen Verhaltens bei Psychologiestudenten, Report Psychologie, 7, S. 462-473.

Müller, G. F. (1999b), Dispositionelle und biographische Bedingungen beruflicher Selbständigkeit, in: K. Moser / B. Batinic / J. Zempel (Hrsg.), Unternehmerisch erfolgreiches Handeln, Göttingen, S. 173-192.

Müller, G. F. (2000), Selbständig organisierte Erwerbstätigkeit, unveröffentlichtes Typoskript (Vorabfassung), Berlin.

Müller, R. (1999), Erfolgsfaktoren schnell wachsender Software-Startups: eine Lebenszyklusorientierte Untersuchung von Softwareunternehmen des Produktgeschäfts, Frankfurt a.M.

Nagel, K. (1969), Die innerbetriebliche Ausbildung von Führungskräften in Großunternehmungen, Berlin.

Napiwotzki, R. (1997), Strategisches Finanzcontrolling, Entwicklung eines wissensbasierten Prognosesystems zur Unterstützung des strategischen Finanzcontrollings, Lohmar / Köln.

Nathusius, K. (1979), Venture Management: Ein Instrument zur innovativen Unternehmensentwicklung, Berlin.

Nathusius, K. (1989), Gründungsplanung, in: N. Szyperski (Hrsg.), Handwörterbuch der Planung, Stuttgart, Sp. 609-618.

Nathusius, K. (1994), Typologie Unternehmerischer Partnerschaften, in: V. D. Müller-Böling / K. Nathusius (Hrsg.), Unternehmerische Partnerschaften, Stuttgart.

Nathusius, K. (2000), Stichwort „Venture Capital", in: G. Kirschbaum (Hrsg.), Existenzgründung Handbuch, Bonn, Fach F, 3. Kapitel, S. 1-76.

Nathusius, K. (2001), Die Eignung von Mezzanine Finanzierungen für Gründungsunternehmen, in: J. Mugler / H. Klandt (Hrsg.), 4. Forum Gründungsforschung, Wien.

Neugebauer, L. (1997), Unternehmertum in der Unternehmung, Göttingen.

Nieschlag, R. et al. (1997), Marketing, Berlin.

o.V. (2000), Venture Capital Panel: eine Initiative der VDI-Nachrichten und der Firma Mackewicz & Partner, VDI-Nachrichten vom 11.02.2000, Nr. 6.

Ott, B. (1995), Ganzheitliche Berufsausbildung. Theorie und Praxis handlungsorientierter Techniklehre in Schule und Betrieb, Stuttgart.

Pagenberg, J. / B. Geissler (1997), Lizenzverträge, Köln usw.

Pätzold, G. (1993), Lehrmethoden in der beruflichen Bildung, Heidelberg.

Pätzold, G. (Hrsg.) (1992), Handlungsorientierung in der beruflichen Bildung, Frankfurt a.M.

Pay, D. de (1996): Schutzrechte und Schutzrechtspolitik, in: W. Kern et al. (Hrsg.), Handwörterbuch der Produktionswirtschaft, Stuttgart, Sp. 1829-1840.

Penrose, E. T. (1980), The Theory of the Growth of the Firm, Oxford.

Perlitz, M. / P. J. Vassen (1976), Grundlagen der Fallstudiendidaktik, Köln.

Perlitz, M. (1985), Strategisches Innovationsmanagement – Der Zwang zur Innovation, Innovation, 7, S. 725 ff.

Perlitz, M. (1988), Wettbewerbsvorteile durch Innovation, in: H. Simon (Hrsg.), Wettbewerb und Wettbewerbsfähigkeit, Stuttgart, S. 47-65.

Peters, M. (1994), The long term effects of starting a business with or without a team – Results of a survey amongst solo and team start ups in the Netherlands, in: V. D. Müller-Böling / K. Nathusius (Hrsg.), Unternehmerische Partnerschaften, Stuttgart.

Peterson, R. A. (1981), Entrepreneurship and Organization, in: P. C. Nystrom / W. H. Starbuck (Hrsg.), Handbook of Organizational Design, New York, S. 65-83.

Pfeffer, J. / G. R. Salancik (1978), The external control of organizations. A resource dependence perspective, New York.

Pfeiffer, F. (1994), Selbständige und abhängige Erwerbstätigkeit, Arbeitsmarkt- und industrieökonomische Perspektiven, Frankfurt a.M. / New York.

Pfeiffer, W. / F. Dögl (1997), Das Technologie-Portfolio-Konzept zur Beherrschung der schnittstelle Technik und Unternehmensstrategie, in: D. Hahn / B. Taylor (Hrsg.), Strategische Unternehmungsplanung – strategische Unternehmungsführung: Stand und Entwicklungstendenzen, Heidelberg, S. 407-435.

Pichler, J. H. / H. J. Pleitner / K.-H. Schmidt (Hrsg.) (2000), Management in KMU: Die Führung von Klein- und Mittelunternehmen, Bern usw.

Picot, A. / H. Dietl / E. Franck (1999), Organisation. Eine ökonomische Perspektive, Stuttgart.

Piercy, N. (1992), Market-Led Strategic Change: Making Marketing Happen in Your Organization, Oxford.

Piercy, N. / W. Giles (1989), Making SWOT Analysis Work, Marketing Intelligence & Planning, 7, S. 5-7.

Pietzko, J. (1999), Spiel mir das Lied vom Arbeitnehmer, Chef: Kündigungsschutz für Geschäftsführer, Arbeitsrecht pur, 4, S. 15 ff.

Pleitner, H. J. (1996), Unternehmerpersönlichkeit und Unternehmensentwicklung, in: H. J. Pleitner (Hrsg.), Bedeutung und Behauptung der KMU in einer neuen Umfeldkonstellation, Beiträge zu den ‚Rencontres de St-Gall', St. Gallen.

Pleschak, F. / M. Kulicke / F. Stummer (1998), Beteiligungsfinanzierung in Technologie-Unternehmen der neuen Bundesländer, Wissenschaftliche Reihe der Deutschen Ausgleichsbank, Bd. 9, Karlsruhe / Freiberg.

Porter, M. E. (1988), Wettbewerbsstrategie, Frankfurt a.M.

Porter, M. E. (1986), Wettbewerbsvorteile, Frankfurt a.M.

Porter, M. E. (1993), Nationale Wettbewerbsvorteile. Erfolgreich konkurrieren auf dem Weltmarkt, Wien.

Porter, M. E. (1996), Wettbewerbsvorteile: Spitzenleistungen erreichen und behaupten, Frankfurt a.M. / New York.

Porter, M. E. (1997), Wettbewerbsstrategie: Methoden zur Analyse von Branchen und Konkurrenten, Frankfurt a.M. / New York.

Potthoff, H. / I. Kipker (2000), Job-Maschine Neuer Markt. Personal-Erfolgsfaktoren deutscher Wachstumsunternehmen. Vortrag im Forum Mitbestimmung und Unternehmen am 19. Mai 2000 in Köln, organisiert von der Hans Böckler Stiftung und der Bertelsmann Stiftung.

Preisendörfer, P. (1999), Zugangswege zur beruflichen Selbständigkeit, in: L. v. Rosenstiel / T. Lang- von Wins (Hrsg.), Existenzgründung und Unternehmertum, Stuttgart, S. 49-71.

Pritsker, A. A. B. / W. W. Happ (1966), Graphical Evaluation and Review Technique: Part 1, Fundamentals, The Journal of Industrial Engineering, 17, S. 267-274.

Pritsker, A. A. B. / J. J. O'Reilly (1999), Simulation with Visual SLAM and Awe-Sim, New York usw.

Pritsker, A. A. B. / L. Watters / P. Wolfe (1969), Multiproject Scheduling with Limited Resource, A Zero-One Programming Approach, Management Science, 16, S. 93-108.

Pritsker, A. A. B. / G. E. Whitehouse (1966), GERT: Graphical Evaluation and Review Technique: Part II, Probabilistic and Industrial Engineering Applications, The Journal of Industrial Engineering, 17, S. 293-301.

Pukas, D. (1999), Das Lernfeld-Konzept im Spannungsfeld von Didaktik-Relevanz der Berufsschule und Praxis-Relevanz der Berufsausbildung, Zeitschrift für Berufs- und Wirtschaftspädagogik, 1, S. 84-103.

Pümpin C. / J. Prange (1991), Management der Unternehmensentwicklung: Phasengerechte Führung und der Umgang mit Krisen, Frankfurt a.M. / New York.

Rabetge, C. (1991), Fuzzy Sets in der Netzplantechnik, Wiesbaden.

Rasner, C. et al. (1996), Das Existenzgründer-Buch: Von der Geschäftsidee zum sicheren Geschäftserfolg, Landsberg / Lech.

Rauen, C. (1999), Coaching. Innovative Konzepte im Vergleich, Göttingen.

Rauen, C. (22.09.2000), Auswahl von Coaches, http://www.coaching-report.de.

Rauen, C. (Hrsg.) (2000), Handbuch Coaching, Göttingen.

Reibnitz, U. von (1991), Szenario-Technik, Instrumente für die unternehmerische und persönliche Erfolgsplanung, Wiesbaden.

Reimers, J. (1996), Geschäftsberichte – Quellen für anschaulichen, fächerübergreifenden und handlungsorientierten Rechnungswesen-Unterricht, Wirtschaft und Erziehung, 10, S. 341-348.

Rentrop, N. (1985), Ausgewählte Strategien im Gründungsprozeß: Die Strategie der innovativen Imitation und das Konzept der kritischen Erfolgsfaktoren als strategische Ansätze zur Verbesserung der Qualität von Unternehmungsgründungen, Bergisch Gladbach / Köln.

Ripsas, S. (1997), Entrepreneurship als ökonomischer Prozeß, Wiesbaden.

Ripsas, S. (1998), Elemente der Entrepreneurship Education, in: G. Faltin / S. Ripsas / J. Zimmer, S. 217-233.

Robinson, J. (1933), The Economics of Imperfect Competition, London.

Rocke, R. / M. Nelles (2000), Neuer Markt: Optionaler Anteil bei Unternehmenswerten, Finanz Betrieb, 10.

Röpke, W. (1966), Jenseits von Angebot und Nachfrage, Erlenbach-Zürich / Stuttgart.

Rose, M. (1997), Standpunkte zur aktuellen Steuerreform: Vorträge des zweiten Heidelberger Steuerkongresses, Heidelberg.

Rösler, P. (1993), Kreditfinanzierung durch Intermediäre, in: G. Gebhardt et al. (Hrsg.), Handbuch des Finanzmanagements – Instrumente und Märkte der Unternehmensfinanzierung, München.

Rückle, H. (2000), Coaching: So spornen Manager sich und andere zu Spitzenleistungen an, Landsberg / Lech.

Rudolph, A. (1998), Prognoseverfahren in der Praxis, Heidelberg.

Rue, L. W. / P. G. Holland (1986), Strategic Management - Concepts and Experiences, New York usw.

Sahm, A. (1975), Weiterbildung, betriebliche, in: E. Gaugler (Hrsg.), Handwörterbuch des Personalwesens, Stuttgart, S. 2024.

Sarasvathy, D. K. et al. (1998), Perceiving and managing business risks: Differences between entrepreneurs and bankers, Journal of Economic Behaviour & Organization, 33, S. 207-225.

Schäfer, M. (1972), Die Mächtigen der Wirtschaft: Porträts bedeutender Unternehmerpersönlichkeiten aus fünf Jahrhunderten, Würzburg.

Schaub, G. (2000), Arbeitsrechts-Handbuch. Systematische Darstellung und Nachschlagewerk für die Praxis, München.

Schefczyk, M. (1998), Erfolgsstrategien deutscher Venture Capital-Gesellschaften, Stuttgart.

Schefczyk, M. (1999), Erfolgsdeterminanten von Venture Capital-Investments in Deutschland, in: Zeitschrift für betriebswirtschaftliche Forschung, 51, S. 1123-1145.

Schelten, A. (1994), Einführung in die Berufspädagogik, Stuttgart.

Schierenbeck, H. (2000), Grundzüge der Betriebswirtschaftslehre, München / Wien.

Schinkel, K.-D. (2000), Führung in jungen Unternehmen, in: A. Gerybadze / H. Kohlert (Hrsg.), Branchenstudie Entrepreneure in der IT-Industrie, Düsseldorf, S. 127-131.

Schmidt, H. B. (1958), Die Fallmethode, Essen.

Schmitt, F. (1998), Strategisches Kapazitätscontrolling, Entwicklung einer unscharfen interaktiven Mehrzieloptimierungskonzeption zur Unterstützung des Strategischen Kapazitätsentwicklungscontrollings, Lohmar / Köln.

Schmolke, S. / M. Deitermann (1999), Industrielles Rechnungswesen, Darmstadt.

Schreyögg, A. (1995), Coaching: Eine Einführung für Praxis und Ausbildung, Frankfurt a.M.

Schulte, R. / H. Klandt (1996), Aus- und Weiterbildungsangebote für Unternehmensgründer und selbständige Unternehmer an deutschen Hochschulen, herausgegeben vom Bundesministerium für Bildung, Wissenschaft, Forschung und Technologie, Bonn.

Schumpeter, J. A. (1929), Der Unternehmer in der Volkswirtschaft von heute, in: B. Harms (Hrsg.), Strukturwandlungen der deutschen Volkswirtschaft, Berlin.

Schumpeter, J. A. (1939), Business-Cycles, New York / London.

Schumpeter, J. A. (1949/1998), Change and the Entrepreneur, reprinted in: Entrepreneurship, edited by Sue Birley, Ashgate / Vermont, S. 3-23.

Schumpeter, J. A. (1950/1993), Kapitalismus, Sozialismus und Demokratie, München usw.

Schumpeter, J. A. (1987), Kapitalismus, Sozialismus und Demokratie, Tübingen.

Schumpeter, J. A. (1911/1987), Theorie der wirtschaftlichen Entwicklung, Berlin.

Schumpeter, J. A. (1934/1993/1997), Theorie der wirtschaftlichen Entwicklung, Berlin.

Schwarze, J. (1996), Netzplantechnik, Grundlagen der, in: W. Kern / H.-H. Schröder / J. Weber (Hrsg.), Handwörterbuch der Produktionswirtschaft, 2. Aufl., Stuttgart, Sp. 1275-1290.

Schwetzler, B. (1999), Stochastische Verknüpfung und implizite bzw. maximal zulässige Risikozuschläge bei der Unternehmensbewertung, Arbeitspapier Nr. 29 der Handelshochschule Leipzig (HHL).

Shackle, G. L. S. (1970), Expectation, Enterprise and Profit, London.

Shane, S. A. / F. Hoy (1996), Franchising: A Gateway to Cooperative Entrepreneurship, Journal of Business Venturing, 11, S. 325-327.

Shaver, K. G. / Scott, L. R. (1991), Person, Process, Choice: The Psychology of New Venture Creation, in: Entrepreneurship Theory and Practice, S. 23-45.

Simon, H. (1988), Management strategischer Wettbewerbsvorteile, Zeitschrift für Betriebswirtschaft, 58, S. 461-480.

Simon, H. (1996), Die heimlichen Gewinner – Die Erfolgsstrategien unbekannter Weltmarktführer, Frankfurt a.M.

Simon, H. A. (1955), A Behavioral Model of Rational Choice, Quarterly Journal of Economics, 69, S. 99-118.

Sloane, P. (1993), Theorien für das Handeln. Über „pädagogische Konsequenzen" und „didaktisches Handeln" in der Auseinandersetzung mit Martin Schmiel, in: K. H. Sommer / M. Twardy (Hrsg.), Berufliches Handeln, gesellschaftlicher Wandel, pädagogische Prinzipien – Festschrift für Martin Schmiel zur Vollendung des 80. Lebensjahres, Esslingen, S. 393-424.

Slovin, M. et. al. (1995), A comparison of information conveyed by equity carve-outs, spin-offs, and asset sell-offs, Journal of Financial Economics, 37, S. 89-104.

Smilor, R. W. (1997), Entrepreneurship: Reflections on a subversive activity, Executive Forum, Journal of Business Venturing, 12, S. 341-346.

Soto, H. de (1998), Marktwirtschaft von unten, in: G. Faltin et al. (Hrsg.), Entrepreneurship: Wie aus Ideen Unternehmer werden, München, S. 29-40.

Specht, G. / C. Beckmann (1996), F&E-Management, Stuttgart.

Speth, H. (1997), Theorie und Praxis des Wirtschaftslehre-Unterrichts.

Spiegelhalter, H. J. (2000), Arbeitsrechtslexikon, München.

Spinelli, S. / S. Birley (1996), Toward a Theory of Conflict in the Franchise System, Journal of Business Venturing, 11, S. 329-342.

Sraffa, P. (1926), The Laws of Returns under Competitive Conditions, Economic Journal, 36.

Staehle, W. H. (1999), Management. Eine verhaltenswissenschaftliche Perspektive, München.

Stanworth, J. / J. Curran (1999), Colas, Burgers, Shakes and Shirkers: Towards a Sociological Model of Franchising in the Market Economy, Journal of Business Venturing, 14, S. 323-344.

Steffenhagen, H. (1994), Marketing, Stuttgart usw.

Steilmann, K. (1999), Regeln für Unternehmer, Witten.

Steinmann, H. / B. Kumar / E. Bleyer (1972a), Die Fallmethode in der universitären Führungsbildung. Ergebnisse einer empirischen Befragung betriebswirtschaftlicher Lehrstühle, Heft 2 der Arbeitspapiere des Betriebswirtschaftlichen Instituts der Friedrich-Alexander-Universität Erlangen-Nürnberg, Nürnberg.

Steinmann, H. / B. Kumar / E. Bleyer (1972b), Die Fallmethode in der betrieblichen und außerbetrieblichen Weiterbildung von Führungskräften. Ergebnisse einer empirischen Befragung, Heft 7 der Arbeitspapiere des Betriebswirtschaftlichen Instituts der Friedrich-Alexander-Universität Erlangen-Nürnberg, Nürnberg.

Stern, V. (2000), Steuer- und Abgabenbelastung in Deutschland, Wiesbaden.

Stevenson, H. H. et. al. (1999), New Business Ventures and the Entrepreneur, Mc Graw Hill, Boston.

Stewart, G. B. (1999), The Quest for Value: A Guide for Senior Managers, New York.

Struck, J. (1999a), Quo Vadis Gründungsstatistik, Deutsche Ausgleichsbank (Hrsg.) Wissenschaftliche Reihe, Bd. 10, Bonn / Berlin.

Struck, J. (1999b), Eigenkapitalmangel als Investitionshemmnis, Eine Bilanzstrukturanalyse junger Unternehmen aus den neuen Bundesländern, in: Betriebswirtschaftliche Forschung und Praxis, 3, S. 293-306.

Stürk, P. (1998), Wegweiser Arbeitsschutzgesetz – Kurzinformation für die Praxis, Bielefeld.

Szyperski, N. / K. Nathusius (1977), Probleme der Unternehmensgründung, Stuttgart.

Szyperski, N. / K. Nathusius (1999), Probleme der Unternehmensgründung – Eine betriebswirtschaftliche Analyse unternehmerischer Startbedingungen, Lohmar / Köln.

Taylor, A. (1997), „Am I an Entrepreneur?", Across the Board, S. 37-38.

Teece, D. J. (1986), Profiting from technological innovation: Implications for integration, collaboration, licensing and public policy, Research Policy, S. 285-305.

Tempelmeier, H. (1998), Beschaffung und Logistik, in: M. Bitz et al. (Hrsg.), Vahlens Kompendium der Betriebswirtschaftslehre, Bd. 1, München, S. 235-274.

Timmons, J. (1999), New Venture Creation. Entrepreneurship for the 21st Century, Boston usw.

Ulrich, H. / G. J. B. Probst (1991), Anleitung zum ganzheitlichen Denken und Handeln: Ein Brevier für Führungskräfte, Stuttgart.

Unterkofler, G. (1989), Erfolgsfaktoren innovativer Unternehmensgründungen: Ein gestaltungsorientierter Lösungsansatz betriebswirtschaftlicher Gründungsprobleme, Frankfurt a.M.

Verleger, H. (1994), Erfahrungen von Beteiligungsgesellschaften mit Unternehmerischen Partnerschaften, in: V. D. Müller-Böling / K. Nathusius (Hrsg.), Unternehmerische Partnerschaften, Stuttgart.

Vesper, K. H. (1993), New Venture Mechanics, New Jersey, Prentice Hall.

Vogelauer, W. (Hrsg.) (2000), Coaching Praxis: Führungskräfte professionell begleiten, beraten, unterstützen, Neuwied.

Völzgen, H. (1971), Stochastische Netzwerkverfahren, Berlin / New York.

Voeth, M. / D. W. Kleine / C. Reinkemeier (1998), Fallstudien und Grundlagen der Betriebswirtschaftslehre, Herne / Berlin.

Wahsner, R. et. al. (2000), Arbeit und Recht in Klein- und Mittelbetrieben, Frankfurt a.M.

Walterscheid, K. (1998), Entrepreneurship Education als universitäre Lehre, Diskussionsbeitrag Nr. 261, Diskussionspapiere der Fernuniversität Hagen, Hagen.

Wassermann, W. (1999), Diener zweier Herren. Arbeitnehmer zwischen Arbeitgeber und Kunde, Münster.

Weber, A. (1921), Über den Standort der Industrien. Erster Teil: Reine Theorie des Standorts, Tübingen.

Weber, K. / R. Trzebiner / H. Tempelmeier (1987), Simulation mit GPSS, Bern.

Wedell, H. (1999), Grundlagen des Rechnungswesens, Bd. 2: Kosten- und Leistungsrechnung, Herne / Berlin.

Wedell, H. (2000), Grundlagen des Rechnungswesens, Bd. 1: Buchführung und Jahresabschluss, Herne / Berlin.

Welzel, B. (1995), Der Unternehmer in der Nationalökonomie. Untersuchungen zur Wirtschaftspolitik, Bd. 101, Institut für Wirtschaftspolitik an der Universität zu Köln.

Wenz, J. (1993), Unternehmensgründungen aus volkswirtschaftlicher Sicht, Bergisch Gladbach / Köln.

Whitehouse, G. E. / A. A. B. Pritsker (1969), GERT: Part III – Further Statistical Results, Renewal Times and Correlations, in: AIIE Transactions Industrial Engineering Research and Development, 1, S. 45-50.

Whitmore, J. (1994), Coaching für die Praxis: Eine klare, prägnante und praktische Anleitung für Manager, Trainer, Eltern und Gruppenleiter, Frankfurt a.M.

Wiedmann, K.-P. / R. Kreutzer (1985), Strategische Marketingplanung: Ein Überblick, in: H. Raffée / K.-P. Wiedmann (Hrsg.), Strategisches Marketing, Stuttgart, S. 61-141.

Windau, P. von / M. Schumacher (1996), Strategien für Sieger: Erfolgsgeheimnisse mittelständischer Unternehmen, Frankfurt a.M. / New York.

Wirtschaftsprüfer-Handbuch (1998), Institut der Wirtschaftsprüfer in Deutschland e.V. (Hrsg.), Handbuch für Rechnungslegung, Prüfung und Beratung, Band II, Düsseldorf.

Witt, U. (1994), Wirtschaft und Evolution, WiSt, 10, S. 503-512.

Witte, T. (1993), Simulation und Simulationsverfahren, in: W. Wittmann et. al. (Hrsg.), Handwörterbuch der Betriebswirtschaft, Teilband 3, Stuttgart, Sp. 3837-3849.

Wittwer, W. (1998), Wie das Rad neu erfunden wurde – Die neuen Empfehlungen zum Rahmenstoffplan für die Ausbildung der Ausbilder, Berufsbildung, 54, S. 19-21.

Wöhe, G. (1996), Einführung in die Allgemeine Betriebswirtschaftslehre, München.

Wöhe, G. / H. Kußmaul (2000), Grundzüge der Buchführung und Bilanztechnik, München.

Wolff, K. (1992), Die Fallstudie als Unterrichtsmethode, Konstruktion, Lernprozeßgestaltung, in: Wirtschaft und Erziehung, 10, S. 324.

Wollny, P. (1998), Existenzgründung – Handbuch für Berater und Unternehmensgründer, Herne / Berlin.

Wrede, B. A. (2000), So finden Sie den richtigen Coach, Frankfurt a.M.

WSI-Tarifarchiv (24.6.2000), Tarifverträge: Urlaubsgeld für (fast) alle. Tarifliches Urlaubsgeld zwischen 220 und 3.139 DM, http://www.boeckler.de/WSI/tarchiv/aktuell.cgi?pmid=156.

Zahn, E. (1998), Innovation, Wachstum, Ertragskraft: Wege zur nachhaltigen Unternehmensentwicklung, in: E. Zahn / S. Foschiani (Hrsg.), Innovation, Wachstum, Ertragskraft: Wege zur nachhaltigen Unternehmensentwicklung, Stuttgart, S. 1-17.

Zentes, J. (1998), Marketing, in: M. Bitz et al. (Hrsg.), Vahlens Kompendium der Betriebswirtschaftslehre, Bd. 1, München, S. 329-410.

Zillessen, W. / F. Dömer (2000), Innovation durch Neue Medien, in: H. Heilmann (Hrsg.), Wettbewerbsmotor Neue Medien, Stuttgart, S. 2-27.

Zimmermann, H.-J. (1993), Fuzzy Technologie als Schlüsseltechnologie für KMU's, in: H. J. Pleitner (Hrsg.), 20th International Small Business Congress 1993, Interlaken, S. 311-320.

Zweifel, P. (1981), Risikoeinschätzung mithilfe der LPI-Analyse: Der Fall Atomenergie, in: G. Menges / H. Schelbert / P. Zweifel (Hrsg.), Stochastische Unschärfe in den Wirtschaftswissenschaften, Frankfurt a.M., S. 17-39.

Zu den Autoren

Arendt, Volker

Volker Arendt, geb. am 29.07.1967 in Solingen, studierte Wirtschaftswissenschaft an der Bergischen Universität GH Wuppertal und schloss 1995 sein Studium als Diplom-Ökonom ab. Seit April 1995 ist er Wissenschaftlicher Mitarbeiter am Lehrstuhl für Rechnergestütztes Controlling, Univ.-Prof. Dr. Winfried Matthes, an der Bergischen Universität GH Wuppertal mit den Forschungsschwerpunkten informationstechnologiebasierte Informationsversorgung im Controlling, insb. Datenbankbasierte Entscheidungsunterstützung sowie Entwicklung datenbankbasierter Anwendungssysteme im Verwaltungscontrolling.

Backes-Gellner, Uschi

Prof. Dr. Uschi Backes-Gellner ist Vorstand des Instituts für Mittelstandsforschung (IfM) in Bonn und Direktorin des Seminars für Personalwirtschaftslehre der Universität zu Köln.

Bischoff, Johannes Georg

Prof. Dr. Johannes Georg Bischoff, geb. 18.04.1952, ist Steuerberater, vereid. Buchprüfer, Honorarprofessor an der Bergischen Universität GH Wuppertal und Autor von 16 Fachbüchern. Er ist Gründer und Mehrheitsgesellschafter der Unternehmensgruppe Prof. Dr. Bischoff & Partner® (Steuerberater, Rechtsanwälte, Wirtschaftsprüfer).

Bischoff, Thomas

Thomas Bischoff, Jahrgang 1956, Rechtsanwalt in Köln, legte 1985 sein 2. Staatsexamen ab. In der Zeit von 1985 bis 1987 bearbeitete er als Assessor in einem Notariat gesellschaftsrechtliche Vorgänge. 1987 erfolgte die Zulassung als Rechtsanwalt. Er ist Partner der Sozietät Bischoff & Partner GbR, Rechtsanwälte, Steuerberater, Wirtschaftsprüfer, mit Sitz in Köln und Chemnitz, Mitgesellschafter verschiedener Steuerberatungsgesellschaften und seit 1989 Vorstand der Prof. Dr. Bischoff Unternehmensberatung AG. Seit Beginn seiner beruflichen Tätigkeit beschäftigt er sich schwerpunktmäßig mit der Gründung und Umstrukturierung von Unternehmen.

Botta, Volkmar

Prof. Dr. Volkmar Botta, Jahrgang 1941, studierte Betriebswirtschaftslehre und Maschinenbau. Nach seinem Abschluss als Dipl.-Kfm. (1971) war er von 1971-85 Wissenschaftlicher Mitarbeiter an der Universität Göttingen, promovierte 1976 zum Dr. rer. pol. und habilitierte sich 1983. Seit 1989 ist er außerplanmäßiger und seit 1996 ordentlicher Professor. Nach einer anfänglichen Lehrstuhlvertretung hat er seit 1996 den Lehrstuhl für allgemeine Betriebswirtschaftslehre, insbesondere Rechnungswesen und Controlling an der Friedrich-Schiller-Universität Jena inne. Erfahrungen in der Wirtschaftspraxis sammelte Professor Botta von 1971-84 in der Dienstleistungsbranche sowie von 1986-95 in der Automobilindustrie in Geschäftsführungsfunktionen im In- und Ausland. Seine heutigen Forschungsschwerpunkte liegen in den Bereichen Controlling, Rechnungslegung, Informations- und Kostenmanagement, Change Management, Controlling-Konzepte (Balanced-Controlling), Checklisten Rechnungslegung sowie Internationales Rechnungswesen.

Braukmann, Ulrich

Prof. Dr. Ulrich Braukmann, geb. 1959, studierte Wirtschaftspädagogik der Wirtschafts-, Sport- und Sozialwissenschaften an der Universität zu Köln, der Deutschen Sporthochschule Köln sowie der London School of Economics and Political Science. Anschließend war er wissenschaftlicher Mitarbeiter bei Prof. Dr. Martin Twardy (Universität zu Köln) sowie Assistent am Lehrstuhl für Wirtschaftspädagogik (Prof. Dr. Peter F.E. Sloane) der Wirtschaftswissenschaftlichen Fakultät der Universität Jena. Seit 1997 ist Braukmann Professor für Didaktik der Wirtschafts- und Sozialwissenschaften am Fachbereich Wirtschaftswissenschaft der Universität GH Wuppertal. Schwerpunkte seiner Forschungs- und Entwicklungsarbeit liegen im Bereich der wirtschaftsberuflichen Aus- und Weiterbildung sowie der Entrepreneurship Education. Außerdem verfügt er über langjährige Erfahrungen als Organisationsentwickler, Dozent und Prüfer in verschiedenen Bereichen der Berufsbildung.

Dürselen, Stefan

Stefan Dürselen, Diplom-Ingenieur Maschinenbau (Fertigungstechnik an der RWTH Aachen) ist seit Juli 1999 Projektmanager der Kreissparkasse Köln im Zentralbereich Unternehmens- und Technologieförderung und u.a. verantwortlich für die Integration der technologischen Komponente in das Dienstleistungsspektrum der Kreissparkasse Köln (Technologiebewertung, -beratung, -transfer, -finanzierung). Zuvor war er sieben Jahre im Bereich des Technologietransfers in der Technologieregion Aachen tätig.

Faix, Axel

Dr. Axel Faix ist wissenschaftlicher Assistent am Marketing-Seminar der Universität zu Köln. Nach kaufmännischer Ausbildung und Tätigkeit im Vertrieb eines Industrieunternehmens studierte er von 1985-1991 Betriebswirtschaftslehre an der Universität zu Köln (Abschluss als Diplom-Kaufmann). Ab 1992 war er zunächst als Mitarbeiter am Marketing-Seminar; seit seiner Promotion zum Dr. rer. pol. im Jahre 1998 ist er dort als Habilitand beschäftigt.

Fallgatter, Michael

Dr. Michael J. Fallgatter, Jg. 1965, studierte Betriebswirtschaftslehre an der J. W. Goethe Universität Frankfurt; anschließend war er Wissenschaftlicher Mitarbeiter an der Friedrich-Schiller-Universität Jena; seit 1996 arbeitet er als Wissenschaftlicher Assistent am Lehrstuhl für Organisation, Personal und Unternehmungsführung der Universität Bielefeld. 1999 hielt er sich als Visiting Scholar am Babson College, Boston, Mass. auf. Die Schwerpunkte seiner Forschung und Lehre liegen in den Bereichen Entrepreneurship, junge Unternehmungen, Unternehmungswachstum, Organisation und Wissenschaftstheorie.

Finke-Schürmann, Tanja

Dipl.-Kff. Tanja H. Finke-Schürmann gehörte als Wissenschaftliche Assistentin zum „Gründungsteam" von Prof. Dr. Heinz Klandt beim Aufbau des ersten deutschen Lehrstuhls für Unternehmensgründung an der European Business School, Oestrich-Winkel. Vorher arbeitete sie am Fachgebiet für Empirische Wirtschafts- und Sozialforschung an der Universität Dortmund. Sie ist Mitgesellschafterin des jungen dynamischen START-Forschungsinstituts in Dortmund, zu dem sie im März 2000 wechselte.

Haps, Axel

Dipl.-Kfm. Axel Haps ist Geschäftsführer der Business Angels e.V. in Wuppertal. Ziel seiner Organisation ist es, private Investoren mit herausragenden Start-Ups zwecks Unternehmensbeteiligung zusammenzubringen. Ein Teil seiner Tätigkeit ist die Analyse von jährlich mehreren hundert Business Plänen. Herr Haps hat über 20 Jahre Managementerfahrung in international ausgerichteten Unternehmen gesammelt.

Kasperzak, Rainer

Dr. rer. pol. Rainer Kasperzak, geb. 1963, ist Wissenschaftlicher Assistent am Lehrstuhl für Allgemeine Betriebswirtschaftslehre an der Universität Marbung, insbesondere Wirtschaftsprüfung. Seine Arbeits- und Forschungsgebiete sind: Unternehmenspublizität, Unternehmensnetzwerke und Unternehmensbewertung.

Kay, Rosemarie

Dr. Rosemarie Kay ist wissenschaftliche Mitarbeiterin im IfM, Bonn.

Klandt, Heinz

Prof. Dr. Heinz Klandt ist seit März 1998 Inhaber des ersten deutschen Lehrstuhls für Gründungsmanagement und Entrepreneurship an der European Business School in Oestrich-Winkel. Weiterhin ist er geschäftsführender Direktor des bifego (Betriebswirtschaftliches Institut für empirische Gründungs- und Organisationsforschung), geschäftsführendes Präsidiumsmitglied des FGF (Förderkreis Gründungs-Forschung e.V. - Entrepreneurship Research), Gründer und Mitgesellschafter der START Forschungs- und Beratungsgesellschaft mbH, Mitglied der Fakultät des „European Doctoral Programme in Entrepreneurship and Small Business" sowie Country Vice President des ECSB (European Council for Small Business). Klandt studierte zunächst Betriebswirtschaftslehre und Sozialpsychologie in Köln, war anschließend Assistent am BIFOA (Direktor Prof. Dr. Dr. h.c. mult. Erwin Grochla) und am Planungsseminar der Universität zu Köln (Direktor Prof. Dr. Dr. h.c. Norbert Szyperski). Er war mehrere Jahre als Unternehmensberater und Trainer tätig, promovierte 1984 zum Dr. rer. pol. und arbeitete von 1990 bis 1998 als Professor und Leiter des Fachgebietes Empirische Wirtschafts- und Sozialforschung an der WiSo Fakultät der Universität Dortmund.

Kloyer, Martin

Dr. Martin Kloyer, Dipl.-Kfm. und Wissenschaftlicher Mitarbeiter am Lehrstuhl für ABWL / Produktion und Industriebetriebslehre an der Wirtschaftswissenschaftlichen Fakultät der Friedrich-Schiller-Universität Jena, hat die Arbeitsschwerpunkte Unternehmenskooperationen sowie Technologie- und Innovationsmanagement. Zudem engagiert er sich u.a. im Rahmen von Gründerseminaren.

Koch, Lambert T.

Prof. Dr. Lambert T. Koch hat in Mainz und Würzburg Volkswirtschaftslehre studiert. Nach seiner Promotion zum Dr. rer. pol. habilitierte er sich an der Friedrich-Schiller-Universität Jena über ein Thema aus dem Bereich der International Economics. Heute hat er den Lehrstuhl für Wirtschaftswissenschaft, insbes. Unternehmensgründung und Wirtschaftsentwicklung an der Bergischen Universität GH Wuppertal inne. Dort gilt sein Interesse unter anderem den Bereichen des internen und externen Gründungsmanagements (Gründungsförderung), des Innovations- und Technologiemanagements sowie der Unternehmensinternationalisierung und internationalen Wirtschaftsentwicklung.

Koppelmann, Udo

Prof. Dr. Udo Koppelmann, geboren 1939 in Duisburg, hat in Köln Betriebswirtschaftslehre studiert. Nach seiner Promotion und Habilitation wird er 1972 Direktor des Instituts für Wirtschaftliche Warenlehre (1981 umbenannt in: Seminar für Allgemeine Betriebswirtschaftslehre, Beschaffung und Produktpolitik (Produktmarketing)). 1979 folgt eine Gastprofessur in Kyoto / Japan. Von der FernUniversität Hagen erhält er 1983 einen Ruf auf den Marketing-Lehrstuhl. 1990 / 1991 ist er Dekan der Wirtschafts- und Sozialwissenschaftlichen Fakultät der Universität zu Köln. Er hat zahlreiche Vorstandspositionen namhafter Institutionen inne.

Kuhn, Wolfgang

Dipl.-Ök. Wolfgang Kuhn absolvierte im März 1998 sein Studium der Wirtschaftswissenschaft an der Bergischen Universität GH Wuppertal. Er ist dort seit dem Wintersemester 1998 / 1999 Mitarbeiter am Lehrstuhl für Unternehmensgründung und Wirtschaftsentwicklung. Er promoviert zum Thema: „Zwischen Bildungsauftrag und Börsengang: eine kritische Analyse zur Marktfähigkeit deutscher Hochschulen".

Lux, Helmut

Helmut Lux ist als Direktor der Kreissparkasse Köln Leiter des neu gegründeten Zentralbereichs Unternehmens- und Technologieförderung (Aufgabenbereiche: Existenzgründungen, Förderkredite, Wagniskapital, Innovationsmanagement, Technologieförderung). Zudem ist er Geschäftsführer der KSK-Wagniskapital GmbH und des Rheinisch-Bergischen Technologie-Zentrums, deren Aufbau er seit 1995 aktiv gestaltet. Bei der Kreissparkasse Köln ist er seit 1964 tätig.

Matthes, Winfried

Prof. Dr. Winfried Matthes, geb. am 05.07.1941 in Berlin, studierte Betriebswirtschaft an der Freien Universität Berlin und schloss dort 1966 sein Studium als Diplom-Kaufmann ab. 1969 promovierte er dort zum Dr. rer. pol. am Industrieseminar
(Direktor Prof. Dr. Dr. h.c.mult. Erich Kosiol). Ab 1969 war er als wissenschaftlicher Assistent am Lehrstuhl für Industriebetriebslehre danach Unternehmensfor-
schung (Prof. Dr. H. Steinmann und Prof. Dr. M. Meyer), ab 1971 als Assistenzpro-
fessor für Betriebswirtschaftslehre im Fachbereich Wirtschaftswissenschaft der FU
Berlin mit Habilitation für Betriebswirtschaftslehre 1974 tätig. 1976 wurde er zum
Professor für Betriebswirtschaftslehre an der Universität zu Köln ernannt und über-
nahm dort 1980-1986 vertretungsweise den Lehrstuhl für Betriebswirtschaftliche
Planung. 1987 wurde er zum Professor für Betriebswirtschaftslehre, insb. Rechner-
gestütztes Controlling an der Bergischen Universität GH Wuppertal berufen. Seit
Herbst 1991 ist er zudem Dekan des Fachbereichs Wirtschaftswissenschaft an der
Bergischen Universität GH Wuppertal.

Mewes, Wolfgang

Wolfgang Mewes ist Begründer der EKS-Unternehmens- und Karrierestrategie. Bis
1990 ist er Inhaber des Wolfgang Mewes Verlages in Frankfurt gewesen, vorher war
er Prüfer in WP-Gesellschaften sowie Leiter des Rechnungswesens in einem Zeit-
schriftenverlag. Er ist Verfasser zahlreicher Lehrwerke für Bilanzbuchhaltung, Kostenrechnung, Controlling, praktische Betriebswirtschaftslehre, machtorientierte
Führungslehre sowie Karriere- und Unternehmensstrategien. Er ist Lehrbeauftragter
für Unternehmenspolitik.

Nelles, Michael

Prof. Dr. Michael Nelles beendete im Jahre 1990 sein betriebswirtschaftliches Studium als Diplom Kaufmann in Essen. Danach arbeitete er bis 1991 im Bereich Investment Banking bei Barclays BZW in London und betreute im Rahmen seiner Tätigkeiten M&A-Transaktionen und Private Equity-Investitionen. An seine Arbeit in
London schloss sich eine Promotion in Essen und München an, die er im Jahre 1995
beendete. Nach der Promotion folgte die Habilitation, die er Anfang 2000 erfolgreich abschloss. Seit April 2000 ist er Inhaber der Professur für Unternehmensfinanzierung und Banken an der Universität Wuppertal. Neben seinem universitären
Werdegang hielt er zahlreiche Vorträge und Seminare für Unternehmen und Banken
im In- und Ausland. Zudem nahm er eine Reihe von Beratertätigkeiten war. Herr
Prof. Dr. Nelles bekleidet mehrere Aufsichtsratsmandate, u.a. den Vorsitz des Aufsichtsrates der BOV AG und Bluefish Technologie AG, ehemals auch den Vorsitz
des Aufsichtsrates der Phenomedia AG. Anfang 2000 gründete er gemeinsam mit
Prof. Dr. Rainer Elschen die ConPAIR AG (Unternehmensberatung). Kernkompe-

tenzen liegen in den Bereichen IPO-Management, Equity Financing, Mergers & Acquisitions sowie Risikomanagement.

Pietzko, Joachim

Dr. Joachim Pietzko, geb. 12.11.1959, studierte von 1978-1984 Jura in Köln, Lausanne und Genf. 1987 promovierte er bei Professor Dr. Hanau (Köln) über das arbeitsrechtliche Thema des Betriebsübergangs. Seit 1989 ist er als zugelassener Rechtsanwalt in Köln tätig. Er publizierte u.a. über arbeits- und medienrechtliche Themen und ist seit 1997 Mitherausgeber der Zeitschrift „Arbeitsrecht pur".

Pütz, Markus

Markus Pütz, geb. am 29.05.1965 in Schleiden, studierte Betriebswirtschaftslehre an der Universität zu Köln und schloss 1993 sein Studium als Diplom-Kaufmann ab. Von 1994 bis 1999 arbeitete er bei der Babcock Prozessautomation GmbH in Oberhausen, bis 1997 als Projektleiter und danach als Unternehmensberater im Bereich Analyse und Entwicklung von Fertigungsplanungs- und -steuerungssystemen. Seit März 1998 ist er Wissenschaftlicher Mitarbeiter am Lehrstuhl für Rechnergestütztes Controlling (Univ.-Prof. Dr. Winfried Matthes) an der Bergischen Universität GH Wuppertal mit dem Forschungsschwerpunkt Prozesssimulation und Entwicklungscontrolling, insb. in der Flexiblen Automatisierung.

Rauen, Christopher

Dipl.-Psych. Christopher Rauen studierte Psychologie und Volkswirtschaftslehre in Osnabrück und ist als freiberuflicher Unternehmensberater, Fachbuchautor und Lehrbeauftragter der Universität Osnabrück tätig. Sein Arbeitsschwerpunkt ist das Einzel-Coaching von Fach- und Führungskräften.

Rocke, Roman

Dipl.-Betriebswirt Roman Rocke, B.A. absolvierte parallel zu seinem Studium der Betriebswirtschaftslehre an der Fachhochschule für Ökonomie und Management, Essen, sowie der Hogeschool Zeeland, Niederlande, eine 18-monatige Ausbildung zum Groß- und Außenhandelskaufmann bei der Thyssen Handelsunion AG in Düsseldorf. Er beendete sein Studium im Januar 2000 und ist seither für das Institut Risc-F tätig, einer Einrichtung der Universitäten Essen und Wuppertal. Neben seinen wissenschaftlichen Tätigkeiten leitet er den Bereich Corporate Finance der Unternehmensberatung ConPAIR AG.

Saßmannshausen, Patrick

Dipl.-Kfm. Patrick Saßmannshausen studierte bis 1999 BWL / Interkulturelles Management an der Friedrich-Schiller-Universität Jena und Scandinavian Area Studies an der University Odense, Dänemark. Er ist Wissenschaftlicher Mitarbeiter am Lehrstuhl für Unternehmensgründung und Wirtschaftsentwicklung an der Bergischen Universität GH Wuppertal (Prof. Dr. Lambert T. Koch). Seine Forschungsschwerpunkte liegen im Bereich strategischer Fragestellungen des praktischen Gründungsmanagements.

Steffen, Frank

Frank Steffen, Jg. 1941, seit 1962 in der Versicherungsbranche tätig, davon 25 Jahre in leitender Position, war zuletzt Geschäftsführer der Gerling-Konzern Wuppertal GmbH. Für den Gerling-Konzern ist er zudem Teilprojektleiter im Rahmen der Bergisch-Märkischen Initiative zur Förderung von Existenzgründungen, Projekten und Strukturen (bizeps).

Struck, Jochen

Dr. Jochen Struck, geb. am 3.11.1958, verheiratet, vier Kinder, studierte nach Abschluss einer Lehre zum Groß- und Außenhandelskaufmann Wirtschafts- und Sozialwissenschaften. Bis 1994 war er dann wissenschaftlicher Mitarbeiter am bifego (betriebswirtschaftliches Institut für empirische Gründungs- und Organisationsforschung) sowie im Fachgebiet für empirische Wirtschafts- und Sozialforschung an der Universität Dortmund unter Leitung von Prof. Dr. D. Müller-Böling und Prof. Dr. H. Klandt. 1997 erfolgte die Promotion zum Dr. rer. pol. mit dem Thema „Gründungsstatistik als Informationsquelle der Wirtschaftspolitik". Seit 1994 arbeitet Struck als Leiter der Abteilung „Markt- und Mittelstandsforschung" bei der Deutschen Ausgleichsbank in Bonn.

Tröger, Nils H.

Dipl.-Volksw. Nils H. Tröger studierte nach seiner Ausbildung zum Bankkaufmann bei der Deutsche Bank AG Volkswirtschaft an der Johann Wolfgang Goethe-Universität in Frankfurt am Main und an der Gothenburg School of Economics and Commercial Law in Göteborg, Schweden. Seit dem 1. Oktober 1998 ist Herr Tröger als wissenschaftlicher Mitarbeiter am Stiftungslehrstuhl für Gründungsmanagement und Entrepreneurship (DtA) an der European Business School, Oestrich-Winkel tätig.

Volkmann, Christine

Prof. Dr. Christine Volkmann studierte von 1981-1986 Betriebswirtschaftslehre an der Justus Liebig-Universität in Gießen. Nach Abschluss ihrer Promotion arbeitete sie von 1989-1999 im Hause der Deutsche Bank. Stationen ihrer beruflichen Tätigkeit waren insbesondere die Abteilung für Konzernentwicklung in der Zentrale in Frankfurt und das Firmenkundengeschäft in den Filialen Dortmund und Köln. Zuletzt war sie in Frankfurt im Geschäftsbereich Unternehmen und Immobilien für den Bereich Unternehmenssicherung und -nachfolge zuständig. Seit April 1999 ist sie Professorin an der Fachhochschule Gelsenkirchen für Betriebswirtschaftslehre, insbesondere Management und Entrepreneurship. Sie ist Mitglied des Vorstandes im Institut zur Förderung von Innovation und Existenzgründung der Fachhochschule Gelsenkirchen.

Wenzel, Hans-Peter

Dipl.-Oec. Hans-Peter Wenzel absolvierte eine Bankausbildung bei der Sparkasse Bonn und studierte Wirtschaftswissenschaften an der Universität GH Duisburg. Vor dem Steuerberaterexamen arbeitete er fünf Jahre als Wirtschaftprüfungsassistent. Nach einer Tätigkeit als Finanzdienstleistungsmakler ist er seit 1988 in Düsseldorf als Steuerberater niedergelassen und betreut dort überwiegend Freiberufler und leitende Angestellte.

Zacharias, Christoph

Prof. Dr. Christoph Zacharias studierte Betriebswirtschaftslehre und Philosophie an der Universität zu Köln. Nach dem Abschluss als Diplom-Kaufmann war er von 1987-1991 wissenschaftlicher Mitarbeiter am Seminar für Allgemeine Betriebswirtschaftslehre und Betriebswirtschaftliche Planungslehre. Die Promotion zum Dr. rer. oec. erfolgte 1992. 1991 gründete er mit einem Partner eine Unternehmensberatung, die er 1998 als geschäftsführender Gesellschafter verließ. In den Jahren 1995-1997 übernahm er zusätzlich die Geschäftsführung einer mittelständischen Beteiligungsgesellschaft. Seit 1998 arbeitet er als wissenschaftlicher Mitarbeiter am Lehrstuhl für Unternehmensgründung und Wirtschaftsentwicklung an der Bergischen Universität GH Wuppertal. Parallel zu dieser Tätigkeit erfolgte die Ernennung zum Professor für Betriebswirtschaftslehre an der Rheinischen Fachhochschule Köln.